पाठ्यचर्या और शिक्षण की विधियाँ

CURRICULUM AND METHODS OF TEACHING

प्रो. एच. एस. श्रीवास्तव

पूर्व डीन, राष्ट्रीय शैक्षिक अनुसंधान और प्रशिक्षण परिषद्

(NCERT), नई दिल्ली

अनुवादक

प्रो. एम. जी. चतुर्वेदी

पूर्व क्षेत्रीय निदेशक

केन्द्रीय हिन्दी संस्थान, आगरा

दिल्ली और हैदराबाद केन्द्र

SHIPRA

(First Published in India in 2009)

Rs. 1250; US$ 50

ISBN: 978-81-7541-500-3

2014 Impression

पाठ्यचर्या और शिक्षण की विधियाँ

Published by:
SHIPRA PUBLICATIONS
LG 18-19, Pankaj Central Market,
I.P. Ext., Patparganj, Delhi 110092, India
Ph.: +91 11 22235152/6152
Email: info@shiprapublication.com
Website: www.shiprapublication.com

आमुख

हिन्दी माध्यम की शिक्षण-प्रशिक्षण संस्थानों की बढ़ती संख्या और उनमें प्रशिक्षणाधीन छात्रों की बढ़ती माँगों को ध्यान में रखते हुए प्रो. एच.एस. श्रीवास्तव, पूर्व डीन, रा.शै.अ. प्र. परिषद् (NCERT) नई दिल्ली, की अंग्रेजी में लिखी पुस्तक 'Curriculum and Methods of Teaching—2nd Rev. Edn.' का हिन्दी रूपान्तरण 'पाठ्यचर्या और शिक्षण की विधियाँ' के रूप में प्रस्तुत है।

निश्चित ही यह पुस्तक अब तक हिन्दी में लिखी गई शिक्षा और शिक्षण विषयक पुस्तकों में विशिष्ट ही नहीं, अपितु अनेक दृष्टियों से महत्त्वपूर्ण है। क्योंकि इसमें शिक्षा के क्षेत्र में, विशेषकर पाश्चात्य देशों में चल रहे मूलभूत चिन्तन और व्यवहारों का प्रार्माणक परिचय प्रस्तुत किया गया है। इतना ही नहीं, इसमें शिक्षा विषयक सभी सिद्धान्तों या दर्शनों की आलोचनात्मक प्रस्तुति की गई है, और उनके अनुप्रयोगों की चर्चा भी गई है। साथ ही सभी कठिन विचारों या संकल्पनाओं को सरल भाषा में समझाने का प्रयत्न किया गया है तथा ऐसे व्यवहारिक सूत्र संकेत दिए गए हैं, जिनकी सहायता से प्रशिक्षणाधीन और सेवारत शिक्षक-प्रशिक्षक, अपने शिक्षण-प्रशिक्षण के कार्य और अधिक प्रभावी रूप से सम्पन्न कर सकते हैं।

प्रस्तुत पुस्तक तीन खंडों में विभक्त है। पहले खंड में पाठ्यचर्या, शिक्षण और मूल्यांकन से संबंधित सभी मूलभूत सिद्धान्तों की चर्चा की गई है। दूसरे खंड में शिक्षण और अधिगम की सभी पारम्परिक और अपारम्परिक प्रविधि का विवेचन किया गया है। तीसरे खंड में विद्यालयी शिक्षा के सभी स्तरों पर पढ़े-पढ़ाए जाने वाले सभी विषयों के शिक्षण की विशिष्ट पद्धतियों का विवेचनात्मक परिचय दिया गया है।

शिक्षा, शिक्षण और अधिगम की व्यापक और गहन विवेचना के कारण प्रस्तुत पुस्तक-शिक्षाशास्त्र के सभी विद्यार्थियों के लिए पाठ्यपुस्तक का कार्य कर सकती है; शिक्षाशास्त्रियों के लिए समीक्षात्मक चिंतन-मनन का आधार प्रदान कर सकती है और कार्यरत सभी शिक्षकों और शिक्षा-संस्थानों के लिए संदर्भ-ग्रंथ का कार्य कर सकती है।

प्रस्तुत पुस्तक की विषय-अनुक्रमणिका को सरसरी नज़र से देखने से समझ में आ सकता है कि इसमें शिक्षा के सभी पक्षों की चर्चा है, चाहे वह पाठ्यचर्या हो या पाठ्यक्रम, चाहे शिक्षा और शिक्षण के उद्देश्य हों, या विषयवस्तु और उनके शिक्षण की प्रविधियाँ हों, अथवा शैक्षिक सहायक उपकरण या सामग्री हो, या मूल्यांकन के उपकरण, प्रश्न, प्रश्न-पत्र निर्माण, से जुड़े विषय हों, सभी के विषय में प्रामाणिक और अद्यतन सामग्री दी गई है।

अत: लेखक और अनुवादक का विश्वास है कि शिक्षा और बालकों के विकास में रुचि रखने वाले सभी व्यक्तियों के लिए यह पुस्तक अत्यन्त उपयोगी और सार्थक सिद्ध होगी।

पुस्तक के अन्त में, उन सभी संदर्भ ग्रंथों की सूची दी गई है जिनके आधार पर इसे लिखा गया है।

अंत में पुस्तक में सुधार के लिए दिए जाने वाले सभी सुझावों का सदा मुक्त-हृदय से स्वागत है।

प्रो. एच.एस. श्रीवास्तव
प्रो. एम.जी. चतुर्वेदी

विषय सूची

खंड-I (Part-I)
अधिगम और शिक्षण के आधार

खण्ड I (Part I)

शिक्षण और अधिगम के आधार
(Foundations of Teaching and Learning)

1

इक्कीसवीं शताब्दी के लिए शिक्षा
(Education for Twenty First Century)

(संयुक्त राष्ट्र के शैक्षिक, वैज्ञानिक और सांस्कृतिक संगठन (UNESCO) का प्रतिवेदन–अधिगम–एक आंतरिक कोश (या सीखना–एक अंदरूनी खजाना (Learning the Treasure within) है।)

वर्तमान शताब्दी में संयुक्त राष्ट्र के शैक्षिक, वैज्ञानिक और सांस्कृतिक संगठन (UNESCO) के प्रतिवेदन "अधिगम एक आंतरिक कोश" के उल्लेख के बिना आज न किसी शैक्षिक आलेख का आरम्भ किया जा सकता है और न ही करना चाहिए। इसलिए उसके विभिन्न अध्यायों के विचार्य बिन्दुओं और संस्तुतियों को इस पुस्तक की भूमिका के रूप में प्रस्तुत किया जा रहा है।

1.1 स्थानीय समुदाय से विश्व समाज की ओर (From the Local Community to A World Society)

आज के जीवन के मूल में विश्वव्यापी अंतरनिर्भरता और वैश्वीकरण की महान शक्तियाँ क्रियाशील हैं जो न केवल इस समय प्रभावशाली हैं अपितु इक्कीसवीं शताब्दी में और अधिक प्रभावी होंगी। इसीलिए यह आवश्यक है कि अंतरराष्ट्रीय संगठनों के स्वरूप और उनकी भूमिकाओं को, शिक्षा और संस्कृति के साथ–साथ अन्य क्षेत्रों में भी भली–भाँति समझा जाए।

आज अल्पजन और बहुजन के बीच की बढ़ती हुई खाई एक बड़ा खतरा बनती जा रही है। क्योंकि एक ओर अल्पजन समाज इस नए दौर में सफलतापूर्वक आगे बढ़ रहा है तो दूसरी ओर बहुजन समाज यह अनुभव कर रहा है कि वह तो नित नई होने वाली घटनाओं पर निर्भर होता जा रहा, जिनमें उसकी कोई भूमिका नहीं है। परिणामस्वरूप बहुजन समाज में व्यापक विद्रोह की भावना पनप सकती है और जनतांत्रिक व्यवस्थाओं को आघात लग सकता है।

अतः हमें ऐसे आदर्शवादी लक्ष्य को लेकर चलना चाहिए जिसमें संसार के विभिन्न देश एक–दूसरे को समझने की अधिकाधिक कोशिश करें, अपने दायित्वों को और अधिक समझें और अपने–अपने सांस्कृतिक और आध्यात्मिक अंतरों को स्वीकार करते हुए विश्व समाज में और अधिक एकात्मकता लाएँ। शिक्षा सबको ज्ञान का मार्ग दिखाती है। अतः उसे अन्य लोगों और पूरे विश्व को भली–भाँति समझने में सहायता करनी चाहिए।

1.2 सामाजिक एकात्मकता से जनतांत्रिक सहभागिता की ओर (From Social Cohesion to Democratic Participation)

शिक्षा-नीति को पर्याप्त रूप से वैविध्यपूर्ण होना चाहिए तथा उसे इस तरह रूपायित करना चाहिए कि वह सामाजिक विलगीकरण या बिखराव की एक और उत्प्रेरक न बने।

व्यक्तियों के सामाजीकरण और वैयक्तिक विकास में परस्पर द्वन्द्व की स्थिति पैदा नहीं होनी चाहिए। इसलिए यह आवश्यक है कि ऐसे तंत्र को विकसित किया जाए जहाँ सामाजिक एकीकरण के गुणों और वैयक्तिक अधिकारों को संतुलित रूप से मिलाकर चला जा सके।

शिक्षा अपने आपसे उन समस्याओं का समाधान नहीं कर सकती जो सामाजिक संबंधों के टूटने से पैदा होती हैं। परन्तु शिक्षा से यह अपेक्षा अवश्य की जा सकती है कि वह साथ-साथ रहने की भावना को संपुष्ट करने में सहायक सिद्ध हो। क्योंकि यही भावना सामाजिक संबद्धता और राष्ट्रीय अस्मिता की मौलिक घटक होती है।

विद्यालय स्वयं इस कार्य को करने में तब तक सफल नहीं हो सकते जब तक कि वे स्वयं अल्पजन समुदायों को संबंधित व्यक्तियों के सहयोग से मुख्य धारा के साथ जोड़ने और उन्हें आगे बढ़ाने में अपना योगदान नहीं करते। इस कार्य में उन्हें सदा संबंधित समुदाओं के निजत्व का (व्यक्तित्व का) विशेष ध्यान रखना होगा।

ऐसा लगता है कि जनतंत्र विभिन्न देशों की विभिन्न परिस्थितिओं के अनुसार विभिन्न अवस्थाओं से गुजरते हुए विभिन्न रूपों में विकसित हो रहा हो। इस प्रक्रिया में जनतंत्र की आंतरिक शक्ति के लिए निरंतर खतरा बना रहता है। अत: सक्रिय और सचेत नागारिकता-शिक्षा का प्रारम्भ विद्यालयों में अवश्य होना चाहिए।

जनतांत्रिक सहभागिता वस्तुत: अच्छी नागरिकता का आधार होती है जिसे सूचना-प्रधान-समाज और जनसंचार के माध्यमों के लिए उपयुक्त अनुदेशन और व्यवहार की सहायता से उत्प्रेरित और प्रोत्साहित किया जा सकता है। आवश्यकता है कि इसके लिए उपयुक्त संदर्भ बिन्दु और उनकी व्याख्या के लिए उचित सहायता प्रदान की जाए जिससे बौद्धिक समझ और निर्णय करने की क्षमता दृढ़ हो।

शिक्षा का महत्त्वपूर्ण दायित्व है कि वह सभी बालकों और वयस्कों को ऐसी सांस्कृतिक भूमिका प्रदान करे कि वे अपने परिवेश में होने वाले सभी परिवर्तनों को यथासंभव समझ सकें। आशय यह कि वे सूचनाओं के अंबार से उपयोगी सूचनाएँ चुन सकें, उनकी प्रभावी व्याख्या कर सकें और घटनाओं को उनके ऐतिहासिक परिप्रेक्ष्य में समझ सकें।

1.3 आर्थिक-समृद्धि से मानव विकास की ओर (From Economic Growth to Human Development)

विकास के नए आदर्श में प्रकृति के प्रति अधिक सम्मान और जनता के समय की नई रूपरेखा पर अधिक बल दिया जाता है। इसी तरह समाज में कार्यों के स्थान के भविष्यपरक अध्ययनों में तकनीकी तरक्की के प्रभावों और सामाजिक और निजी जीवन में होने वाले परिवर्तनों पर विचार किया जाना चाहिए। संयुक्त राष्ट्र की विकासात्मक परियोजनाओं (UNDP) के अन्तर्गत किए गए कार्यों की रूपरेखा के साथ-साथ विकास

के सभी पक्षों पर विचार करते हुए उसका सर्वांगीण आंकलन करना चाहिए। शिक्षा और विकास की नीतियों के बीच नए प्रकार के संबंधों को जोड़ना चाहिए जिससे संबंधित देशों में ज्ञान और कौशलों के आधारों को और मजबूत किया जा सके। देश में उपलब्ध साधन सामग्री के परिप्रेक्ष्य में नवाचारों, सामूहिक कार्यों, स्व-रोजगार और नये उद्‌यम करने की भावना को समन्वित करना चाहिए। इसके परिणामस्वरूप बुनियादी शिक्षा सर्वसुलभ हो सकती है और उसमें आवश्यक सुधार किया जा सकता है। (जोमेतियन घोषणा (Jomtien Declaration)।

1.4 शिक्षा के चार मूलाधार (The Four Cornerstones of Education)

आजीवन शिक्षा के चार स्तम्भ माने जाते हैं:

1. ज्ञानार्थ अधिगम (जानने के लिए सीखना) (Learning to know)
2. क्रियार्थ अधिगम (करने के लिए सीखना) (Learning to do)
3. सहयोगार्थ अधिगम (साथ-साथ रहने के लिए सीखना) (Learning to live together)
4. स्वरूप-ज्ञानार्थ अधिगम (स्वरूप विकसित करने के लिए सीखना) (Learning to be)

1. *ज्ञानार्थ अधिगम (जानने के लिए सीखना)*: कतिपय विषयों के सामान्य, पर कुछ विषयों के पर्याप्त और व्यापक ज्ञान को, उन पर गंभीरता से कार्य करने के अवसरों के साथ जोड़ना ही ज्ञानार्थ अधिगम कहलाता है। इसे सीखना और सीखने की विधि भी सीखना, कहा जा सकता है, जिससे आजीवन शिक्षा द्वारा प्रदत्त अवसरों का हमेशा लाभ उठाया जा सके।

2. *क्रियार्थ अधिगम (करने के लिए सीखना)*: इसका आशय न केवल किसी व्यावसायिक कौशल को प्राप्त करना है, अपितु विभिन्न परिस्थितियों में अन्य लोगों के साथ कार्य करने की क्षमता विकसित करना भी है। नौजवान छात्रों के प्रसंग में इसका अर्थ विविध प्रकार के सामाजिक कार्य, कार्य-अनुभव आदि भी होता है जो किसी राष्ट्रीय या स्थानीय संदर्भ में अनौपचारिक या किसी वैकल्पिक अध्ययन या कार्य के रूप से औपचारिक भी हो सकता है।

3. *सहयोगार्थ अधिगम (साथ-साथ रहने के लिए सीखना)*: इसका आशय है, अन्य लोगों को समझने और सराहने की क्षमता को विकसित करना है। साथ ही संयुक्त परियोजनाओं को क्रियान्वित करने में परस्पर-निर्भरता की सराहना करना, शांति, परस्पर समझ और अनेक दृष्टियों को आदर के साथ स्वीकार करने के मूल्य के साथ प्रतिद्वन्द्वता की समस्याओं का समाधान करने की योग्यता विकसित करना भी सहयोगार्थ अधिगम का तात्पर्य है।

4. *स्वरूप ज्ञानार्थ अधिगम (स्वरूप विकसित करने के लिए सीखना)*: इसका आशय है, अपने व्यक्तित्व को और अच्छी तरह विकसित करना और व्यक्तिगत उत्तरदायित्व, निर्णय और अधिक स्वायत्तता के साथ कार्य करने की योग्यता विकसित करना। इस संदर्भ में शिक्षा को व्यक्तियों के संप्रेषण-कौशलों, शारीरिक क्षमताओं, सौन्दर्य बोध, तर्कशीलता, स्मृति जैसी शक्तियों की उपेक्षा कभी नहीं करनी चाहिए।

औपचारिक शिक्षा, अन्य सभी प्रकार के अधिगमों की उपेक्षा करके केवल ज्ञानार्जन पर जोर देती रही है। परंतु आज सर्वसमावेशी शिक्षा व्यवस्था के विषय में सोचना चाहिए। शिक्षा की विषयवस्तु और शिक्षण-विधियों, दोनों के संबंध में किए जाने वाले सुधार और भावी नीतियाँ इसी नई दृष्टि से विकसित की जानी चाहिए।

1.5 आजीवन शिक्षा (Life-Long Education)

आजीवन अधिगम की संकल्पना इक्कीसवीं शताब्दी में प्रवेश की कुंजी है जो प्रारम्भिक और सतत शिक्षा की पारंपरिक संकल्पनाओं से बहुत आगे जाती है तथा जो अधिगमशील समाज की संकल्पना से जुड़ी हुई है तथा जिससे सब कुछ सीखने और अपनी सभी क्षमताओं को विकसित करने का अवसर प्राप्त होता रहता है।

सतत शिक्षा अपने इस नए रूप में, विशेष रूप से विकसित देशों में प्रचलित उपक्रमों से बहुत आगे जाती है, जैसे पाठ्यक्रमों का समुन्नयन, नवीकरण प्रशिक्षण, पुनर्प्रशिक्षण और वयस्कों के लिए प्रोन्नति या परिवर्तन-पाठ्यक्रम। वस्तुतः इसके द्वारा सबको विविध उद्देश्यों के लिए सीखने के विविध अवसर प्राप्त हो सकते हैं, जैसे अधिगम या प्रशिक्षण के लिए दोबारा या तिबारा अवसर, जिससे प्रशिक्षणार्थी और अधिक ज्ञान और सौंदर्य-बोध की इच्छा की पूर्ति कर सकें या व्यावहारिक प्रशिक्षण के साथ अपने व्यवसाय या रोजगार की व्यापक और गहरी समझ प्राप्त कर आगे बढ़ने की इच्छा को पूरी कर सकें या औरों से आगे निकल सकें। संक्षेप में आजीवन शिक्षा समाज द्वारा प्रदत्त अधिगम के सभी अवसरों का लाभ लेने के लिए प्रेरित करती है।

1.6 प्राथमिक शिक्षा से विश्वविद्यालयी शिक्षा की ओर (From Basic Education to University)

प्राथमिक शिक्षा सभी देशों की आवश्यकता है, यद्यपि यह विभिन्न देशों में विविध प्रकार की विषय-वस्तुओं के साथ प्रचलित है। इसे और अधिक मजबूत करने की आवश्यकता है। इसलिए प्राथमिक शिक्षा पर अधिक बल दिया जाना चाहिए और उसके पारम्परिक शैक्षिक कार्यक्रमों यथा पठन, लेखन और अंकगणित के साथ-साथ भाषिक अभिव्यक्ति की योग्यता विकसित करनी चाहिए जो संवाद और समझ का आधार बन सकें।

विज्ञान और वैज्ञानिक-जगत को स्वीकार करने की आज आवश्यकता है जिसकी माँग आगे और बढ़ेगी, क्योंकि यही वैज्ञानिक और तकनीक क्रांति के रूप में इक्कीसवीं शताब्दी का द्वार खोलेगी।

विशेष संदर्भों में प्राथमिक शिक्षा को स्वीकार करते हुए, विशेषकर अत्यधिक वंचित देशों और अत्यधिक वंचित जन-समुदाओं के लिए ऐसे कार्यक्रम चलाए जा सकते हैं, जिनमें दैनिक जीवन के तथ्यों की जानकारी दी जाए जिससे प्राकृतिक परिवेश और सामाजीकारण के विविध रूपों को समझा जा सके। इसी तरह प्रौढ़ व्यक्तियों के लिए साक्षरता और मूलभूत शिक्षा की आवश्यकता को भी ध्यान में रखना होगा।

शिक्षा के सभी स्तरों पर शिक्षक-शिक्षार्थी संबंधों पर विशेष बल दिया जाना चाहिए क्योंकि अत्यंत विकसित शैक्षिक प्रौद्योगिकी इस प्रकार के शिक्षक-शिक्षार्थी के संबंधों (संप्रेषण-संवाद-संमुखीकरण) को विकसित करने में मात्र सहायक हो सकती हैं।

माध्यमिक शिक्षा के विषय में भी, विशेषकर आजीवन शिक्षा के सामान्य संदर्भ में पुनर्विचार करने की आवश्यकता है। विद्यालयों द्वारा इसके लिए विविध प्रकार के व्यक्तिनिष्ठ अधिगम मार्गों का आयोजन इस प्रकार किया जा सकता है कि भविष्य में कभी भी शिक्षार्थी के लिए विद्यालय आने का मार्ग अवरुद्ध न हो।

यदि इन सिद्धान्तों को पूरी तरह लागू किया जाए तो विषयों के चयन और मार्गदर्शन से सम्बन्धित विवाद स्वतः समाप्त हो सकते हैं। ऐसी स्थिति में सभी को लगेगा कि किशोरावस्था में उनके द्वारा चुने गए विषयों या पाठ्यक्रमों के बावजूद उनके द्वारा भविष्य में नए विषय या पाठ्यक्रम चुनने या विद्यालय में पुनः प्रवेश के द्वार कभी भी बंद नहीं होंगे। अवसर की समानता तभी चरित्रार्थ हो सकेगी।

शिक्षा व्यवस्था के उच्च-स्तर पर विश्वविद्यालयों की भूमिका सदैव महत्त्वपूर्ण रहनी चाहिए चाहे, जैसाकि कुछ देशों में हैं विश्वविद्यालयों के अतिरिक्त, उच्च शिक्षा की अन्य संस्थाएँ भी हैं।

विश्वविद्यालयों के निम्नलिखित चार प्रकार्य हो सकते हैं:

1. शिक्षण और अनुसंधान के लिए शिक्षार्थियों को तैयार करना।
2. सामाजिक और आर्थिक जीवन की विशिष्ट आवश्यकताओं के अनुरूप विशेष प्रकार के प्रशिक्षण पाठ्यक्रम आयोजित करना।
3. अत्यन्त व्यापक अर्थ में आजीवन शिक्षा के विविध रूपों के द्वार सबके लिए खुले रखना।
4. शिक्षा के क्षेत्र में अंतर-राष्ट्रीय सहयोग प्रदान करना।

सभी सामाजिक और नैतिक समस्याओं पर विश्वविद्यालयों को स्वतंत्र और पूर्णतः उत्तरदायित्वपूर्ण संस्थाओं के रूप में अपना अभिमत अभिव्यक्त करना चाहिए। इन्हें बौद्धिक-प्राधिकरण के रूप में कार्य करना चाहिए जिसकी समाज को सदा आवश्यकता रहती है। क्योंकि वह इसकी सहायता से ही सोचता, समझता और कार्य करता है।

किसी एक ही शिक्षा व्यवस्था के राजपथ के दुराग्रह से मुक्त होकर ही, माध्यमिक शिक्षा का वैविध्य और विश्वविद्यालयी शिक्षा की विविध सम्भावनाएँ सर्वसामान्य जनशिक्षा की समस्या का समाधान प्रस्तुत कर सकती है।

कार्य और शिक्षा को समय की आवश्यकतानुसार बदलने जैसे उपागमों की सहायता से विद्यालयों में अनुत्तीर्णता की समस्याओं से लड़ा जा सकता है।

आजीवन अधिगम के प्रसार को प्रमाणित करने की नई प्रणालियों पर भी विचार करना होगा जिसमें अध्येताओं द्वारा अर्जित क्षमताओं का ध्यान रखना होगा।

1.7 नए परिप्रेक्ष्यों की खोज में शिक्षक (Teachers in Search of New Perspectives)

यद्यपि शिक्षकों की भौतिक और मनोवैज्ञानिक स्थितियाँ विभिन्न देशों में विभिन्न प्रकार की हैं फिर भी उनकी स्थिति के समुन्नयन की आवश्यकता है। यदि अपने समाज की प्रगति करनी है और लोगों की परस्पर समझ को बढ़ाना है तो आजीवन अधिगम को संयुक्त राष्ट्र के शिक्षा आयोग द्वारा निर्धारित लक्ष्यों के अनुरूप शिक्षकों की स्थिति में सुधार करना होगा; समाज द्वारा उनके महत्त्व को स्वीकारना होगा और उन्हें आवश्यक अधिकार और संसाधन प्रदान करने होंगे।

आजीवन अधिगम की संकल्पना का सीधा संबंध अधिगमशील समाज के साथ है। 'अधिगमशील' समाज अपने सदस्यों को अधिगम के अनेक और विविध प्रकार के अवसर प्रदान करता है। ये अवसर विद्यालय और सांस्कृतिक, सामाजिक और आर्थिक जीवन से सम्बन्धित होते हैं जिनमें सांस्कृतिक जीवन से जुड़े लोगों के साथ परिवार, उद्योग, व्यापार, स्वैच्छिक संगठनों आदि के साथ सहयोग और भागीदारी की आवश्यकता होती है।

शिक्षकों के लिए भी अपना ज्ञान और कौशल बढ़ाने की आवश्यकता बनी रहती है। उनका व्यावसायिक जीवन इस तरह का होना चाहिए जिसमें अपनी कार्यप्रणाली को और अधिक प्रभावी बनाने के अवसर रहें और सांस्कृतिक, सामाजिक और आर्थिक जीवन के अनुभवों से लाभ लेने की संभावना भी रहे। अध्ययन-अवकाश या सेबेटिकल छुट्टियों जैसी सुविधाएँ सामान्यत: उपलब्ध कराई जाती हैं। इस तरह की सुविधाओं को समुचित रूप से सभी शिक्षकों को प्रदान किया जाना चाहिए।

यद्यपि शिक्षण मूल रूप से एकांतिक क्रिया है। क्योंकि प्रत्येक शिक्षक अपने कर्त्तव्यों या उत्तरदायित्वों को स्वयं पूरा करता है। फिर भी शिक्षण की गुणवत्ता बढ़ाने के लिए सामूहिक कार्य, विशेष रूप से माध्यमिक स्तर पर आवश्यक होता है। शिक्षार्थियों के विशेष वर्गों या कक्षाओं के लिए इस प्रकार के सामूहिक कार्यों को अपनाया जा सकता है।

संयुक्त राष्ट्र का शैक्षिक आयोग, विभिन्न देशों के शिक्षकों के विनिमय या आदान-प्रदान और भागीदारी पर बल देता है। इस प्रकार के विनिमय और भागीदारी का महत्त्व वर्तमान क्रियाकलापों से संपुष्ट होता है। ये न केवल शिक्षा की गुणवत्ता बढ़ाते हैं, अपितु अन्य देशों के अनुभवों, सभ्यताओं और संस्कृतियों को समझने और स्वीकार करने में सहायक होते हैं।

शिक्षकों की भूमिका पर इस प्रकार का बल या भार, संवाद या विचार-विमर्श का विषय हो सकता है अथवा शिक्षकों के संगठनों के साथ अनुबंध का विषय भी हो सकता है तथा वह संस्थागत सहयोग की सीमाओं से भी आगे जा सकता है। क्योंकि-शिक्षा संगठन अपने सदस्यों के नैतिक और भौतिक हितों की रक्षा के साथ उसके पास अपने अनुभवों का भंडार भी होता है, जिसका लाभ वे नीति निर्धारकों को दे सकते हैं।

1.8 शिक्षा के विकल्प: राजनैतिक कारक (Choices for Education : The Political Factor)

शिक्षा के प्रकार के चयन का अर्थ समाज के प्रकार का चयन होता है। इसलिए सभी देशों में इस प्रकार के विकल्प का चयन शिक्षा व्यवस्था के समुचित मूल्यांकन के आधार पर जनसामान्य के व्यापक स्तर पर विचार-विमर्श का विषय होना चाहिए। आयोग इस प्रकार की चर्चा के लिए सभी राजनीतिक अधिकारियों को आमंत्रित करता है, जिससे जनतांत्रिक सहमति प्राप्त की जा सके। क्योंकि यह सहमति सभी शैक्षिक सुधारों की सफलता के लिए सर्वाधिक प्रभावी रणनीति का मार्ग प्रशस्त कर सकती है।

आयोग इस बात के पक्ष में है कि शिक्षा से संबंधित सभी निर्णयों को शिक्षा के साथ संबंध रखने वाले सभी विभागों, व्यक्तियों और शैक्षिक संस्थाओं की सक्रिय भागीदारी के पश्चात् ही लिया जाना चाहिए। इसी प्रकार शैक्षिक प्रशासन का विकेन्द्रीकरण किया जाना चाहिए। किन्तु शैक्षिक संस्थाओं को स्वायत्तता प्रदान करनी चाहिए। क्योंकि जहाँ-जहाँ ऐसे कुछ अध्ययन हुए हैं, वहाँ उनसे शैक्षिक विकास और नवविचारों को गति मिली है और लाभ हुआ है।

उपर्युक्त के संदर्भ में यह उल्लेखनीय है कि आयोग शिक्षातंत्र के संचालन में राजनैतिक प्राधिकरण की महत्त्वपूर्ण भूमिका मानता है जिसका कर्त्तव्य है कि वह शैक्षिक विकल्पों का निर्धारण करे और उनके क्रियान्वयन को लचीले ढंग से नियमित करे। क्योंकि शिक्षा एक ऐसी सामुदायिक संपदा है जिसका नियंत्रण बाजार की शक्तियों के हाथों में नहीं छोड़ा जा सकता है।

किसी देश के शैक्षिक नियोजन के लिए आवश्यक धन की प्राप्ति में सीमाओं को आयोग कम नहीं आँकता। परन्तु इसके लिए निजी और सरकारी दोनों से आवश्यक धन की व्यवस्था की वकालत करता है। विकासशील देशों में प्राथमिक शिक्षा के लिए सरकारी आर्थिक सहायता की आवश्यकता रहती है। परन्तु इसके लिए चुने गए विकल्प ऐसे नहीं होने चाहिए जिनसे पूरी शिक्षा का सामंजस्य खतरे में पड़े और शिक्षा के अन्य रास्तों पर इसका कोई बुरा प्रभाव पड़े।

यह आवश्यक है कि संपूर्ण शिक्षा के लिए आवश्यक आर्थिक व्यवस्था का पुनरीक्षण समय-समय पर किया जाना चाहिए और इस बात का ध्यान रखना चाहिए कि यह पुनरीक्षण सभी को आजीवन शिक्षा/अधिगम प्राप्त करने के सिद्धांत को ध्यान में रखकर किया जाए।

सूचना और संप्रेषण की प्रौद्योगिकी के क्षेत्र में हुई प्रगति के कारण भावी संसार में ज्ञान-प्राप्ति की संभावनाओं पर विचार-विमर्श किया जाना चाहिए। अत: आयोग संस्तुति करता है:

- नई शैक्षिक प्रौद्योगिकी की सहायता से दूरस्थ शिक्षा में सुधार और उसका विविधीकरण
- प्रौढ़ शिक्षा और शिक्षकों के सेवाकालीन प्रशिक्षण में शैक्षिक प्रौद्योगिकी का अधिकाधिक प्रयोग।
- विकासशील देशों में शैक्षिक प्रौद्योगिकी के आधारभूत संसाधनों और क्षमताओं को और मजबूत करना और व्यापक समाज के इस प्रकार की प्रौद्योगिकियों का प्रचार-प्रसार करना। क्योंकि तभी इनका उपयोग औपचारिक शिक्षा व्यवस्था में संभव हो सकता है; और
- संयुक्त राष्ट्र के शिक्षा विज्ञान और संस्कृति के संगठन (UNESCO) के तत्त्वावधान में इस प्रकार की प्रौद्योगिकियों के प्रचार-प्रसार के कार्यक्रमों का संचालन।

2

भारतीय शिक्षा का परिप्रेक्ष्य
(The Perspectives of Indian Education)

2.1 परिवर्तन (The Change)

शिक्षा के क्षेत्र में किन्हीं अवरोधकों को तोड़ा नहीं जाता, अपितु उसके बढ़ते हुए क्षितिज के पीछे-पीछे दौड़ा जाता है। इस दृष्टि से ऐसी स्थिति आ जाती है जहाँ परिवर्तन (change) ही नियत या स्थिर (constant) रहता है। लेकिन सामान्यत: जब कोई परिवर्तन की घटनाओं के यथार्थों के बारे में सोचता है तो वह केवल विज्ञान और प्रौद्योगिकी की क्षेत्रों में हुए परिवर्तनों पर रुक जाता है। सामान्यत: हम दूसरे क्षेत्रों में हो रहे परिवर्तनों के बारे में न सोचते हैं और न ही कल्पना करते हैं कि 'इतिहास' भी बदल गया है। कुछ समय पूर्व हरियाणा और कच्छ में हुए पुरातात्विक उत्खननों के कारण हमारी प्राचीन सभ्यता के समय की सीमाएँ भी पीछे चली गई हैं। अनेक नए देशों के अस्तित्व में आने के कारण 'भूगोल' भी बदल गया है। 'राजनीति' में भी परिवर्तन आया है। क्योंकि अनेक पूर्व उपनिवेश और निरंकुश राजशाही, प्रजातंत्र बन गए हैं। प्रजातंत्रों की प्रारम्भिक अवस्थाओं में अनेक स्थानों पर भ्रष्टाचार बढ़ा है और राजनीति का अपराधीकरण हुआ है। 'समाज विज्ञान' भी बदल गया है, क्योंकि नगरीकरण और बहिर्गमन के कारण ग्रामीण समुदायों का विघटन हुआ है। सूक्ष्म स्तर पर भी संयुक्त परिवारों के स्थान पर एकल परिवार आ गए हैं जिससे परम्परागत संबंध टूट रहे हैं। 'अर्थशास्त्र' भी बदला है, क्योंकि दार्शनिक आदर्शवाद (Philosophic idealism) का स्थान भौतिक व्यावहारिकतावाद (Materialistic Pragmatism) ने ले लिया है, संरक्षित उपभोगकतावाद पर वैश्वीकरण हावी हो गया है, परस्पर सहयोग की अर्थव्यवस्था को दबाया जा रहा है, अब छात्रों को भी उपभोक्ता माना जाने लगा है और शिक्षा को एक व्यावसायिक उपक्रम।

अत: निष्कर्ष रूप में कह सकते हैं कि सभी क्षेत्रों में शीघ्र गति से ज्ञान का विस्तार हो रहा है और जल्दी ही वह निरर्थक भी होता जा रहा है। अत: ज्ञानार्जन एक ऐसी अस्थायी सम्पत्ति बन गई है जिसका विघटन कभी भी हो सकता है; जो कभी भी समाप्त हो सकती है और जिसको कोई अपनी स्थायी संपत्ति मानकर आश्वस्त नहीं रह सकता है। इस प्रसंग में सभी शैक्षिक प्रयासों का लक्ष्य केवल अस्थायी ज्ञान देना न होकर ऐसा कार्य होना चाहिए जिससे शिक्षार्थी स्थायी क्षमताएँ प्राप्त कर सकें और वे जिनका उपयोग विभिन्न संदर्भों में कर सकें। ऐसी क्षमताएँ ही छात्रों के साथ सदा रह सकती हैं और वे विभिन्न स्थितियों में उनका उपयोग कर सकते हैं।

2.2 शिक्षा का परिवर्तित प्रयोजन (The Changed Purpose of Education)

शिक्षा के लिए शिक्षा का सिद्धांत आज स्वीकार्य नहीं हो सकता है। उसे आज प्रयोजनपरक होना चाहिए और यह दिखाना चाहिए कि वह न केवल व्यक्ति और समुदाय के लिए उपयोगी है, अपितु वह विश्व के लिए भी उपयोगी है। वर्तमान संदर्भ में निम्नलिखित बिन्दु विशेष रूप से विचारणीय हैं:

- निश्चित समय सीमा में शत-प्रतिशत साक्षरता की प्राप्ति के लिए, विशेषकर लड़कियों के संदर्भ में, साक्षरता कार्यक्रमों को चलाना।
- आजीविका के लिए व्यावसायिक कौशलों के प्रशिक्षण द्वारा गरीबी-उन्मूलन के कार्यक्रमों का संचालन।
- स्वरोजगार और नए संभावित व्यवसायों में रोजगारों की संभावनाओं को बढ़ाने वाले कार्यक्रमों को चलाना।
- उपर्युक्त कार्यक्रमों के परिणामस्वरूप शहरी और ग्रामीण क्षेत्रों में समुदायों और व्यक्तियों के आर्थिक विकास के लिए, संपत्ति उत्पादन के कार्यक्रम चलाना।
- स्वस्थ रहने के लिए जागरूकता उत्पन्न कर स्वास्थ्य संवर्धन कार्यक्रम चलाना, जिससे गुणात्मक और परिमाणात्मक दोनों रूपों में कार्यक्षमता को बढ़ाया जा सकता है, बालकों और महिलाओं की मृत्युदर को घटाकर सभी की प्रकार्यात्मक आयु को बढ़ाया जा सकता है।
- सहकार और भागीदारी के अध्ययन से सामाजिक पुनर्जीवन के कार्यक्रम चलाना।
- अपनी प्राचीन ज्ञान-परम्परा और विरासत का लाभ लेने के लिए सांस्कृतिक समृद्धि के कार्यक्रम चलाना।
- धार्मिक बोधात्मक ज्ञान के ऐसे कार्यक्रम चलाना जिनसे धर्म को एक प्रवाहमान विचारधारा के रूप में प्रस्तुत किया जाए, न कि सीमाबद्ध पोखर के रूप में। साथ ही शान्तिपूर्ण सहअस्तित्व के मूल्यों को जोड़कर सहनशीलता और अहिंसा के विचारों को सम्मिलित किया जाए क्योंकि इन मूल्यों को सभी धर्म स्वीकार करते हैं।
- मानव मुक्ति के कार्यक्रमों के द्वारा रूढ़िवाद, जड़ता, अंधविश्वास, संकुचित दृष्टियों से मुक्ति या आजादी का संदेश प्रसारित किया जाना चाहिए।
- भविष्य दर्शन के कार्यक्रमों के अंतर्गत ऐसे अवसर प्रदान किए जाएँ जिनसे भविष्य की चुनौतियों को साहस और सफला के साथ सामना करने के लिए समुचित योग्यताओं और क्षमताओं का विकास संभव हो सके। उद्यमिता अर्थात् नए कार्य करने की इच्छा और क्षमता को इस प्रकार के कार्यक्रमों में आवश्यक घटक के रूप में विशेष स्थान रहेगा ही।

शिक्षा का उद्देश्य है, व्यक्ति का प्रशिक्षण इस प्रकार किया जाए कि वह–

- नवाचार करने से सक्षम हो।
- अपने आप को विकसित करने में समर्थ हो।
- शीघ्र गति से परिवर्तनशील संसार के साथ ताल-मेल बैठाने में योग्य हो।
- परिवर्तनों को आत्मसात करने में सक्षम हो।

भविष्य के लिए शिक्षा या भावी शिक्षा के स्वरूप के विषय में विस्तार से चर्चा होनी चाहिए। भविष्य को आज जिस रूप में वैज्ञानिक आधारों पर देखा जा रहा है, उसे अब नितांत अज्ञात तो नहीं कह सकते, फिर भी उसे पूरी तरह अनुमानित भी नहीं कह सकते। कल तक की शिक्षा आज प्रासंगिक नहीं रही; उसी तरह आज की शिक्षा आने वाले कल तक और अधिक अप्रासंगिक हो जाएगी। इसीलिए एक बार में दी जाने वाली शिक्षा आजीवन सक्षम बनाए रखने में पूरी तरह अपर्याप्त सिद्ध हो चुकी है। इसीलिए आज शिक्षार्थियों के कौशलों का निरंतर उन्नयन करते रहने की आवश्यकता है। यह आजीवन शिक्षा की अवधारणा की और अधिक संपुष्टि करती है।

व्यक्तियों के जीवन-चक्र में शिक्षा-कार्य और अवकाश ग्रहण करने की जो पुरानी अवधारणा चली आ रही थी, वह अब व्यर्थ सिद्ध हो चुकी है और वह अब "शिक्षा-कार्य और कोई अवकाश ग्रहण नहीं", के रूप में बदल चुकी है। इस तरह अब शिक्षा-क्रम में केवल अल्पविराम लग सकते हैं, पूर्ण विराम कभी भी नहीं।

डा. आर.एच. दबे के शब्दों में, संपूर्ण जीवन के परिप्रेक्ष्य में अपेक्षाकृत अधिक श्रेष्ठ और गुणयुक्त जीवन की प्राप्ति के लिए, शिक्षा एक ऐसी प्रक्रिया है जिससे मानव का रूपांतरण होता है; मानव ज्ञान का प्रकाश प्राप्त करता है और शक्ति सम्पन्न बनता है।

शिक्षा के लक्ष्यों, प्रयोजनों और उद्देश्यों के विषय में न केवल विचार किया जाना चाहिए, अपितु उनका स्पष्ट विधान भी होना चाहिए और उन्हें तीनों क्षेत्रों–संज्ञानात्मक (चिन्तन) (Cognitive), भावात्मक (अनुभूति) (Affective) और मनोगत्यात्मक (क्रिया) (Psycho-motor) के क्षेत्रों के रूप में विशेष रूप से परिभाषित करना चाहिए। केवल ज्ञानार्जन पर ही नहीं, अपितु जीवन की व्यावहारिक स्थितियों में उसके अनुप्रयोग पर भी ध्यान देने की आवश्यकता रहती है। इसके अतिरिक्त शिक्षा के कार्यक्रमों में सौन्दर्य बोध, मूल्य और अर्जित ज्ञान पर चिन्तन को भी समाहित करना चाहिए जिससे छात्रों के संपूर्ण व्यक्तित्व का विकास संभव हो सके और उनमें शैक्षिक और शैक्षिकेतर और सह-शैक्षिक पक्षों पर भी ध्यान दिया जाए जिससे वह समृद्ध, शक्ति-सम्पन्न और योग्य व्यक्ति बन सके।

2.3 शिक्षा की विषय-वस्तु की नई दिशाएँ (New Directions in the Content of Education)

शिक्षा की विषय-वस्तु में परिवर्तन और उसके अद्यतीकरण के विषय में नए दृष्टिकोण को अपनाने की आवश्यकता है जिससे विषय-वस्तु के स्वरूप आदि में आवश्यक परिवर्तन किया जा सके और ध्यान रहे ये परिवर्तन वास्तविकता में होने चाहिए, केवल, नाम भर बदलने के रूप में नहीं, जैसे कि एक रात में प्राथमिक शिक्षा का नाम बदल कर बेसिक एजूकेशन कर दिया गया और विद्यालयों के साइन बोर्ड बदल दिए गए परन्तु शिक्षा के चरित्र में कोई बदलाव नहीं आया।

व्यापार और उद्योग के साथ सहयोग के आधार पर, शैक्षिक विषय-वस्तु का न केवल विकास किया जाए, अपितु उसके क्रियान्वयन में भी इनका सहयोग लिया जाना चाहिए। यह केवल परामर्श का बहाना भर न रहे। तभी व्यापार और उद्योगों में संबंधित कौशलों का विकास किया जा सकेगा और इस प्रकार शिक्षा द्वारा तैयार किये गए मानव-संसाधन का और उसके उपभोक्ताओं के बीच प्रत्यक्ष संबंध सुधरेंगे और अधिक मजबूत होंगे।

इसी तरह पाठ्यक्रम (Syllabus) की संकल्पना से पाठ्यचर्या (Curriculum) की

संकल्पना की ओर अग्रसर होने की आवश्यकता है, जिससे शैक्षिक विषय-वस्तु से आगे बढ़कर शैक्षिक विषय-वस्तुओं के शिक्षण-अधिगम के उद्देश्यों के विषय के साथ, शिक्षण और अधिगम की प्रविधियों, सहायक सामग्री और मूल्यांकन के विषय में भी विचार किया जा सके। परिर्वतन की इस प्रक्रिया में विषय-वस्तु के चयन में शास्त्रों (Disciplines) की सीमाओं से निकलकर एक समान्वित उपागम को स्वीकार करना होगा और शास्त्र की मूलभूत संकल्पनाओं को उनके अनुप्रयोग से जोड़ना होगा। उदाहरण के लिए भौतिक-विज्ञान के इतिहास को बताते समय न्यूटन या आइसटाइन के सिद्धान्तों के विषय में बताने के साथ उनके अनुप्रयोगों के बारे में भी बताना होगा।

विषय-वस्तु को इतिहास के रेखीय क्रम में पढ़ाने के बदले (जैसे बाबर के बाद हुँमायूँ, अकबर के बाद जहाँगीर आदि के बदले सोचना होगा कि इनके शासनकाल में फ्रांस, आदि अन्य देशों में किसका शासन था) उसे समसामयिक संदर्भ में प्रस्तुत करना होगा। इस प्रसंग में जापान का उल्लेख किया जा सकता है। उसने इसी दृष्टि से समसामायिक समाज का नया विषय अपनी विद्यालयी पाठ्यचर्चा से स्वीकृत किया है।

अमूर्त से मूर्त की ओर बढ़ कर और ज्ञात परिवेश के उदाहरणों की सहायता से छात्रों में उनकी शैक्षिक विषय-वस्तु के दृढ़ीकरण में सहायता मिलती है। जीवन में विषय-वस्तु के तात्कालिक उपयोग की समझ के साथ, उसके भविष्य में दूरगामी अनुप्रयोग को शिक्षण- क्रम में लाया जाना चाहिए जिससे छात्रों में न केवल विषय-वस्तु की अंतर्दृष्टि विकसित हो, अपितु उनमें भविष्य दर्शन और निर्णय लेने की क्षमता भी विकसित हो।

विषय-वस्तु के तथ्यों के अतिरिक्त, उसकी मूलभूत समझ के अनुसार सामान्यीकरण की योग्यता का विकास भी शिक्षण-क्रम में समन्वित होना चाहिए। जैसे आर्यों की सभ्यता का विकास गंगा-युमना के दोआब में हुआ था, वैसे ही ईरानी सभ्यता का विकास यूफ्रेतस (Euphrates) और टिग्रिस (Tigris) नदियों के किनारे तथा मिस्र की सभ्यता का विकास नील नदी के किनारं हुआ था। इस तथ्य के आधार पर निष्कर्ष रूप में कहा जा सकता है कि प्रारंभिक सभ्यताएँ नदियों के किनारे ही विकसित हुई थी।

विषय-वस्तु में निरंतर हो रहे परिवर्तनों को ध्यान में रखने की आवश्यकता भी है जिसके लिए सीमांत पाठ्यचर्या (Frontline Curriculum) की संकल्पना को स्वीकार किया जा सकता है। तदनुसार पाठ्यचर्या के अधिकांश भाग (90%) को चार-पाँच सालों में बदला जा सकता है, परन्तु उसका अल्पांश (10%) जिसे 'सीमांत पाठ्यचर्या' कहा जाता है, दो सालों में बदल सकते हैं और उसकी विषय-वस्तु में हुए नए परिवर्तन शामिल किए जा सकते हैं।

विषय-वस्तु में बदलाव की एक दिशा और भी है। किसी विषय-वस्तु के बिन्दुओं के मानकों को परिभाषित करने के बदले, उनकी व्याख्या-विवेचना की जानी चाहिए जिससे छात्र उन्हें सरलता से समझ सकें। एतदर्थ चित्रों, मानचित्रों, आरेखों का उपयोग किया जा सकता है। इससे न केवल स्व-संवर्धन होता है अपितु विषय-वस्तु की पूरी समझ भी सिद्ध होती है।

2.4 पाठ्यचर्चा क्रियान्वयन (Curriculum Transaction)

विभिन्न संस्थाओं द्वारा एक-ही निर्धारित शिक्षण क्रमों (Courses) के अनुसरण के बाद भी शिक्षा की गुणवत्ता में जो उल्लेखनीय अंतर दिखाई देता है उसका कारण शिक्षण

और अधिगम की निर्धारित और प्रचलित प्रविधियाँ ही हैं। अतः शिक्षा के निर्धारित लक्ष्यों की प्राप्ति के लिए पाठ्यचर्या-क्रियान्वयन को एक महत्त्वपूर्ण आधार माना जाता है।

इस संदर्भ में सबसे पहले इस बात का संकेत करना चाहिए कि हमें परंपरागत 'बोलो और सुनो' की शिक्षण विधि के स्थान पर शिक्षण और अधिगम के अनेक नए उपागमों के प्रयोग की आवश्यकता है (नई विधियों पर अलग से एक स्वतंत्र अध्याय दिया गया है।)

अध्ययन के विभिन्न विषयों में हुए विकास के कारण शिक्षण के लिए निर्धारित विषय-वस्तु की मात्रा भी काफी बढ़ी है। अतः प्रत्येक छात्र इस सब को आत्मसात करने में कठिनाई का अनुभव करता है। 'वर्ग और सहभागी-अधिगम अभ्यास' (Group and participatory learning practices) की विधियों को कक्षाध्यापन में स्वीकार और प्रोत्साहित करना चाहिए। 'वर्ग और सहभागी अधिगम' की विधि न केवल छात्रों को अधिक ज्ञान का प्रकाश देती है, अपितु विषय-वस्तु के ज्ञान के आन्तरीकरण में सहायक भी होती है। इससे समूह में कार्य करने की भावना विकसित होती है जो व्यावसायिक स्थितियों के जीवंत यथार्थ में अत्यंत सहायक सिद्ध होती है।

अधिगम को और अधिक समृद्ध बनाने के लिए मुद्रित सामग्री के साथ-साथ इंटरनेट, सीडी-रोम आदि के उपयोग की सभी संभावनाओं को तलाशना चाहिए। इनके प्रभावी उपयोग की क्षमता भी छात्रों में विकसित की जानी चाहिए।

इससे शिक्षक भी शिक्षण की नई तकनीकों से परिचित हो सकेंगे और वे केवल ज्ञान के वितरक मात्र न रह कर, मार्गदर्शक की भूमिका निभाने में समर्थ हो सकेंगे। क्योंकि ज्ञान का भंडार द्रुतगति से बढ़ रहा है। अतः छात्रों के साथ-साथ शिक्षकों को भी सह- अध्येता बनना चाहिए, विशेषकर सीमांत पाठ्यचर्या की विषय-वस्तु के संदर्भ में।

इस प्रकार छात्र शिक्षा के विषय बन सकेंगे और वे शिक्षा की मात्र वस्तु नहीं रहेंगे। वे केवल सीखेंगे नहीं, वे कैसे सीखते हैं, यह भी सीखेंगे और अंत में स्वेच्छा से आगे बढ़ने के दायित्व को स्वीकार कर सकेंगे। स्वनिर्देशित अधिगम के अपने अभियान में वे सफल होकर भविष्य में नए दायित्व लेने में समर्थ हो सकेंगे।

इस प्रकार की स्थिति में, शिक्षण और अधिगम के स्थान की सीमाएँ कक्षा से बाहर आकर, प्रयोगशाला, पर्यावरण और जीवन और कार्य की वास्तविक परिस्थितियों तक पहुँच सकती हैं। इस प्रकार अधिगम की विकासमान नई स्थितियों से शिक्षा का रूपान्तरण होगा। इससे शिक्षार्थी जीवंत प्राकृतिक चुनौतियों का सामना करने में समर्थ हो सकेंगे और कृत्रिम परिस्थितियों में बनावटी प्रावधानों के कल्पित परीक्षणों से बच सकेंगे। इस प्रकार के प्रायोगिक अधिगम से वे रटंत विद्या का मूलोच्छेद भी कर सकेंगे।

इसी तरह 'क्षेत्र-सर्वेक्षण और पुस्तकालय अनुसंधान' भी ज्ञानार्जन के साधन बन सकते हैं। इससे ऐंजिल (Engels) के *उपभोग के नियम* (*Law of Consumption*) को परीक्षा में लिखने भर के लिए रटना नहीं पड़ेगा, अपितु यह स्वनिगमित परिणाम के रूप में छात्र के ज्ञान का अंग बन जाएगा जिसे वह कभी भूल नहीं सकेगा।

इन नए उपागमों से छात्रों की अधिगम की गति सहज रूप से, न कि आकस्मिक रूप से बढ़ेगी, उसके अधिगम की गुणवत्ता बढ़ेगी और अधिगम की मात्रा भी बढ़ेगी। छात्र जैसे-जैसे एक अवस्था से दूसरी अवस्था की ओर बढ़ेगा, उसकी अपने शिक्षकों, सहपाठियों,

और स्वयं के साथ विविध प्रकार की अंत:क्रियाएँ बढ़ेंगी और उनमें अभिप्रेरणा और एकाग्रता का स्तर भी बढ़ेगा।

शिक्षा और प्रौद्योगिकी के सहज मिलन से छात्र ज्ञान के भंडार को सहज रूप से प्राप्त कर सकेंगे जिससे उनके अधिगम की गति दूरगामी होगी और उसमें गम्भीरता भी बढ़ेगी, चाहे इस प्रकार के ज्ञान के लिए उन्हें किसी अनुदेशक की सहायता लेनी पड़े या दूरस्थ अधिगम या ऑन-लाइन अधिगम की सुविधा का लाभ लेना पड़े, या सीडी-रोम जैसी सुविधाओं से अधिगम प्राप्त करना पड़े।

पाठ्यचर्या के क्रियान्वयन में ऐसा लचीलापन होना चाहिए कि वह विभिन्न प्रकार के व्यक्तियों के लिए, विभिन्न अवसरों और संदर्भों की आवश्यकताओं की पूर्ति कर सके और सभी स्थितियों में प्रासंगिक और उत्तरदायी सिद्ध हो। ध्यान रखना चाहिए कि प्रतिभा सम्पन्न छात्रों को यदि शिक्षण सामग्री से परिचित करा दिया जाए तो वे स्वत: आगे बढ़ जाते हैं। परंतु मध्यवर्ती छात्रों के लिए शिक्षण-सामग्री का प्रारम्भिक परिचय ही पर्याप्त नहीं होता, उसके पुनर्वलन की आवश्यकता होती है जबकि कमजोर छात्रों द्वारा अधिगम के आन्तरीकरण और संपोषण के लिए पुनः पुनः शिक्षण और दृढ़ीकरण की आवश्यकता होती है।

2.5 अधिगम सामग्री और सहायक उपकरण (Learning Materials and Aids)

जैसाकि पहले संकेत किया जा चुका है आज शैक्षिक प्रौद्योगिकी की विकासमान स्थितियों को देखने से ऐसा लगता है कि अब अधिगम की केवल मुद्रित सामग्री ही पर्याप्त नहीं रहेगी। अब हमें इसके लिए प्रौद्योगिकी आधारित शैक्षिक सामग्री (जैसे: सीडी-रोम या इंटरनेट आदि) की भी आवश्यकता होगी। इनका उपयोग हम स्व-अधिगम की सामग्री के संदर्भ या शिक्षक द्वारा निर्देशित अधिगम-सामग्री दोनों रूपों में कर सकेंगे। अत: आवश्यक होगा कि शिक्षक और शिक्षार्थी दोनों को इनके लाभकारी और प्रभावी उपयोग के लिए आवश्यक तैयारी करनी होगी। इसलिए सभी शिक्षक-शिक्षार्थियों के लिए केवल कम्प्यूटर की प्रारम्भिक जानकारी ही पर्याप्त नहीं होगी, उन्हें कम्प्यूटर संचालन के सभी कौशलों को सीखना होगा।

2.6 विद्यार्थी-संवृद्धि या प्रगति का मूल्यांकन (Evaluation of Student Growth)

- शिक्षा को जब मानव के संवर्धन, सशक्तीकरण और सक्षम बनाने की प्रक्रिया माना जाता है तो शिक्षार्थियों की प्रगति या संवृद्धि और उनके व्यक्तित्व के विभिन्न पक्षों के मापन और आकलन करने की आवश्यकता होगी। इसलिए मूल्यांकन को एक ऐसी प्रक्रिया मानना होगा जो शिक्षा की पूरी अवधि तक चले।
- मूल्यांकन, प्रमाण के रूप से संकलित अभ्यासों पर आधारित हो, जो छात्रों की उपलब्धियों (संवृद्धि) के उन सभी प्रकारों और मात्राओं का आकलन करे, जो उन्हें पढ़ाया गया हो।
- मूल्यांकन की प्रक्रिया इस प्रकार आयोजित हो कि वह तीनों, संज्ञानात्मक (चिन्तन), भावात्मक (अनुभूति) और मनोगत्यात्मक (क्रिया) विकास के क्षेत्रों

का आकलन कर सके जिसका संबंध शैक्षिक और शैक्षिकेतर/सहशैक्षिक क्षेत्रों में की गई संप्राप्ति के साथ भी हो।

- मूल्यांकन में उसकी विविध प्रकार की पारंपरिक और गैर-पारंपरिक तकनीकों और मूल्यांकन के उपकरणों का प्रयोग किया जाना चाहिए।
- मूल्यांकन-गुणात्मक और परिमाणात्मक दोनों रूपों में किया जाना चाहिए।
- मूल्यांकन न केवल उपलब्धियों का आकलन करे, अपितु अधिगम की गति और मात्रा को बढ़ाने में सहायक भी हो।
- मूल्यांकन परिणामों की सार्थक घोषणा करे और मूल्यांकित व्यक्तियों या वर्गों के विषय में विविध प्रकार के निर्णय लेने में सहायक सिद्ध हो।

मूल्यांकन की उपर्युक्त विवरणात्मक परिभाषा आज इसलिए भी महत्त्वपूर्ण है क्योंकि सामान्यत: आजकल हम वही पढ़ाते हैं जिसका परीक्षण करते हैं, न कि जो कुछ पढ़ाते हैं उसका परीक्षण करें।

हमारी बाह्य/सार्वजनिक परीक्षाओं में जो कमियाँ हैं, वे ही संस्थाओं द्वारा चलाई जाने वाली परीक्षाओं में भी दिखाई देती हैं। क्योंकि ये सभी परीक्षाएँ केवल शास्त्रीय (अकादमिक) ज्ञान तक सीमित रहती हैं, शास्त्रेतर पक्षों की नितांत उपेक्षा करती हैं जो जीवन में सफलता के लिए बहुत महत्त्वपूर्ण होती हैं।

परीक्षा-पद्धति के उन दोषों और प्रक्रिया की कमियों के कारण बाह्य परीक्षाओं की विश्वसनीयता और पवित्रता लगभग समाप्त हो गई हैं। अत: इस पर सदोष परीक्षा के परिणामों की अपरिवर्तनीयता के कारण असहाय छात्रों को मुक्त करने की विशेष आवश्यकता है।

पारंपरिक परीक्षा-पत्रों में दिए गए विकल्पों में से कुछ ही प्रश्नों को हल करने के आग्रह के कारण शिक्षण और अधिगम दोनों सीमित हो जाते हैं। क्योंकि परीक्षा केवल चुने हुए बिन्दुओं की ही होती है तो अध्यापक भी चुने हुए बिन्दुओं को पढ़ाते हैं और छात्र भी चुने हुए बिन्दुओं को सीखते हैं।

पारंपरिक बाह्य/सार्वजनिक परीक्षाओं में विभिन्न परीक्षकों द्वारा किए गए मूल्यांकनों में विविधता दिखाई देती है। इसी प्रकार विभिन्न विषयों में प्राप्तांकों की व्याप्ति और उनके वितरण की अभिरचनाओं में भी अंतर दिखता है जो वर्ष-प्रति-वर्ष, या एक परीक्षा से दूसरी परीक्षा तक में मिलती है जिसके फलस्वरूप विभिन्न परीक्षाओं में कोई एक प्राप्तांक तुलनीय नहीं रहता। इस प्रकार सभी विषयों की सभी परीक्षाओं में विद्यार्थियों की उपलब्धियों के स्तरों को 33%, 45%, 60%, और 75% में बाँटने की अपरिवर्तनीय परम्परा निश्चित ही नितांत अवैज्ञानिक कही जा सकती है। इन कमियों को दूर करने के लिए 1986-92 तक की शिक्षा नीतियों में अंकों के स्थान पर ग्रेड-पद्धति को प्रस्तावित किया गया है। ग्रेड-पद्धति के अनुसार प्रत्येक विषय की प्रत्येक परीक्षा के ग्रेडस् या स्तरमानों अथवा श्रेणियों का निर्धारण और तद्विषयक विज्ञप्ति का आधार उस परीक्षा में छात्रों के प्राप्तांक होते हैं और उन्हीं के आधार पर श्रेणियों का निर्धारण होता है, जबकि पारंपरिक परीक्षा पद्धति में ये परीक्षा से पहले ही निर्धारित कर लिए जाते हैं और किसी भी प्रकार के वैज्ञानिक आधार के बिना, यादृच्छिक रूप से परीक्षा में प्राप्तांकों को श्रेणियों में सार्वकालिक रूप से निर्धारित कर लिया जाता है। परंतु ग्रेडस् पद्धति के अंतर्गत उत्तीर्ण-अनुत्तीर्ण की संकल्पना

का महत्त्व नहीं रहता। वस्तुत: अतुलनीय वस्तुओं (अंकों) के योग के आधार पर छात्रों की संप्राप्ति को विभिन्न श्रेणियों या विशेष योग्यता के रूप में मानना लगभग वैसा ही है, जैसे कोई मौसम की जानकारी प्राप्त करने के लिए तापमान (सेलसियस के रूप में) ऊमस (प्रतिशत के रूप में) और वर्षा (सेंटीमीटरों में) के अंकों को जोड़ दें।

विभिन्न विषयों के पूरे साल तक चलने वाले शिक्षण क्रमों का प्रावधान और योग्यता के प्रमाण-पत्र को पाने के लिए, एक ही बार में सभी विषयों की परीक्षाओं को एक साथ करने की परंम्परा के कारण ही छात्रों में अनावश्यक तनाव और दबाव पैदा होता है। इस दुरवस्था से छात्रों को मुक्ति दिलाने के लिए ही राष्ट्रीय मूल्यांकन परियोजना (NPE) द्वारा सत्रीय व्यवस्था (Semester System) की अनुशंसा की गई है जिसके अनुसार खंडों में परीक्षा देकर छात्र क्रेडिट अर्जित कर उन्हें जोड़ सकते हैं तथा आवश्यक क्रेडिट प्राप्त करके अंत में 'प्रमाण-पत्र' प्राप्त कर सकते हैं।

पारंपरिक परीक्षाएँ सामान्यत: छात्रों की स्मरण-शक्ति का ही मूल्यांकन करती हैं, न कि उसकी अन्य उच्चतर योग्यताओं की और परीक्षा के अंत में दिए जाने वाले योग्यता-प्रमाण-पत्र भी परीक्षा उत्तीर्ण करने का उल्लेख करते हैं, न कि छात्रों की विशिष्ट योग्यताओं का स्पष्ट आकलन और प्रमाणीकरण। अत: इन प्रमाण-पत्रों को ऐसे बटुए कहा जा सकता है जिनमें एक भी पैसा नहीं रखा हो।

इस संदर्भ में यह भी उल्लेखनीय है कि पारम्परिक परीक्षा पद्धति में सभी विषयों में उत्तीर्ण होने के लिए 33% अंकों की जो सीमा रेखा मान रखी है, उसके कारण अखिल भारतीय स्तर पर उत्तीर्ण होने वाले छात्रों का प्रतिशत लगभग 50% है, जिसका अर्थ है, परीक्षा में बैठने वाले सभी छात्रों में से लगभग आधे छात्रों को असफल घोषित कर, उन्हें शिक्षा प्राप्त करने या किसी व्यवसाय को चुनने के लिए अयोग्य घोषित कर देते हैं। क्या इस प्रकार अयोग्य घोषित छात्र किसी काम के नहीं हैं? इसीलिए सार्वजनिक/बाह्य परीक्षाओं से सभी का विश्वास उठता जा रहा है और इसीलिए अनेक उच्च शिक्षा संस्थाएँ और नियोक्ता (नौकरी देने वाली संस्थाएँ) उद्योगों या उम्मीदवारों के चयन के लिए स्वयं प्रवेश-परीक्षा आदि आयोजित करने लगी हैं। बाह्य परीक्षाओं को आयोजित करने वाली संस्थाएँ पढ़ाने वाले शिक्षकों पर विश्वास नहीं करती। इसलिए आवश्यकता इस बात की है कि विद्यालय स्वयं सतत और सर्वसमावेशी मूल्यांकन पद्धति स्वीकार करें और अपना प्रमाण-पत्र जारी करें जिसमें छात्रों के सभी शैक्षिक और सह व इतर शैक्षिक सभी पक्षों का उल्लेख हो और विद्यालय के प्रमाण-पत्र को बाह्य परीक्षा के प्रमाण-पत्र के पूरक के रूप में मान्यता प्रदान की जाए।

छात्रों की विविध योग्यताओं, प्रवीणताओं, संप्राप्तियों और कौशलों का सार्थक प्रमाणीकरण होना चाहिए। वस्तुत: प्रमाण-पत्र को छात्रों के न्यूनतम संप्राप्ति स्तर को बताने वाला न हो कर उनकी सभी विशिष्ट क्षमताओं को बताने वाला होना चाहिए।

2.7 भारतीय शिक्षा का वैश्वीकरण (Globalisation of Indian Education)

अपने देश में सभी शैक्षिक प्रयासों को महत्त्वाकांक्षाओं के आसमानों को छूने के साथ-साथ, भूमिगत यथार्थ को कभी भूलना नहीं चाहिए। हमें समझना चाहिए कि जो भी

पाश्चात्य है, वह सभी अनिवार्य रूप से आधुनिक नहीं है। भारत में हमारी अवधारणाएँ आदर्शपरक अधिक होती हैं, जबकि पाश्चात्य अवधारणाएँ आद्यंत यथार्थपरक होती हैं। आदर्शपरक दृष्टि से हम सोचते हैं परन्तु यथार्थपरक रूप से हम आचरण करते हैं। पश्चिमी जगत जहाँ, भौतिक सुख-सुविधाओं को महत्त्वपूर्ण मानता है, वहीं भारत में अन्य बातों के साथ शिक्षा में आध्यात्मिका भी एक लक्ष्य रहता है।

पाश्चात्य दृष्टि के विपरीत भारतीय अपने अतीत की उपेक्षा नहीं करते, अपितु उसे वर्तमान के साथ संयोजित करते रहते हैं। यदि पाश्चात्य दृष्टि जीवन के रहस्यों को उद्घाटित करने का प्रयास करती है तो भारतीय दृष्टि जीवन को उत्सव के रूप में स्वीकारती है। भारतीय-शिक्षा व्यवस्था को इन बातों पर विचार करना चाहिए कि हम वैश्विक दृष्टि से सोचते हुए भी राष्ट्रीय दृष्टि से जीवनयापन कर सकें।

उपर्युक्त को ध्यान में रखते हुए हमें वैश्वीकरण की प्रक्रिया को सहानुभूतिपूर्वक समझना चाहिए कि

- अब वैश्वीकरण के प्रभाव से बचा नहीं जा सकता है।
- वैश्वीकरण को एक सम्मानित संकल्पना के रूप में स्वीकारना चाहिए, न कि केवल एकांगी रूप से केवल आर्थिक मुद्दों तक सीमित मानना चाहिए।
- अब तक वैश्वीकरण के प्रयासों का संबंध बड़े आर्थिक मुद्दों तक ही रहा है, न कि जीवन के अन्य पक्षों के साथ। इसके निम्नस्तर तक छनकर पहुँचने की पगडंडी अभी तैयार होनी है।
- वैश्वीकरण को परस्पर आदान-प्रदान की प्रक्रिया के रूप में समझा जाना चाहिए जिसमें लेन-देन की भावना हो, किसी भी स्थिति में इसे एकतरफा प्रवाह के रूप में स्वीकार नहीं करनाा चाहिए।
- भारतीय शिक्षा के वैश्वीकरण में लाभ और हानि दोनों की संभावनाएँ हैं। अत: इसके पक्ष और विपक्ष के विषय में विचार करने के साथ उनके निहितार्थों की समीक्षा करने के पश्चात् भारतीय दृष्टिकोण को विकसित करने की आवश्यकता है।
- उदारीकरण और वैश्वीकरण के नाम पर भारत को सभी प्रकार के दबावों से मुक्त रहकर भारतीय संस्कृति की आत्मा को होने वाले दुष्प्रभावों से बचाना चाहिए।
- शिक्षा के क्षेत्र में वैश्वीकरण के नाम पर विदेशी शैक्षिक संस्थाओं के साथ जो भी संबंध विकसित हों, उनके लिए आवश्यक सरकारी नियम बनाने चाहिए और उनका अनुपालन पूरी निष्ठा के साथ किया जाना चाहिए जिससे शैक्षिक आक्रमण से बचा जा सके और शिक्षा के व्यापारीकरण में छिपे आर्थिक शोषण के एजेंडा से बचा जा सके।

2.8 विश्व के शैक्षिक विकास में भारत अपना मौलिक अवदान-प्रदान करता रहे। (Let us continue To Be Givers)

सभ्यताओं के विकास में भारत सदा से अपना मौलिक अवदान प्रदान करता रहा है और इसीलिए विश्व की वैचारिक समृद्धि और विकास में भारत का उल्लेखनीय योगदान रहा है। भारत ने विश्व को दिया है–

- शून्य की अवधारणा, जिसने गणित में क्राान्ति की।

- दशमलव पद्धति, जिसने गणना को नया रूप दिया।
- चक्र की अवधारणा जिसने यूरोप में औद्योगिक क्रांति को आधार प्रदान किया।
- संख्यांक जो जीवन और जीवन के आधार हैं।

अत: हमें इस प्रक्रिया को निरंतर बढ़ाते रहना चाहिए जिससे सूचना प्रौद्योगिकी के क्षेत्र में निर्यात की संभावनाओं को और बढ़ाया जा सके। हमें अधिक से अधिक क्षेत्रों में विश्व का नेतृत्व करना चाहिए जिसके लिए आवश्यक क्षमता और शक्ति हममें परम्परा प्राप्त है।

हमारी शक्तियाँ और निर्यातोन्मुख उपक्रमों की प्रारम्भिक क्षमताएँ, केवल इतिहास की ही बातें नहीं हैं, अपितु आज की वास्तविकताएँ भी हैं। आज हमें निर्विवाद रूप से पूरे संसार में तकनीकी मानव संसाधनों के सबसे बड़े निर्यातकों में दूसरा स्थान प्राप्त है जिसे सभी स्वीकार करते हैं और हम सभी देशों को तकनीकी व्यक्तियों का निर्यात कर भी रहें हैं। हमारी विशेषज्ञता निश्चित ही हमारी परम्परा प्राप्त शिक्षा का ही परिणाम है।

अपने संकोची या विनीत स्वभाव के कारण हम अच्छे विक्रेता कभी नहीं रहे। परन्तु हमें अब समझ लेना चाहिए कि यद्यपि विनयशीलता निश्चित रूप से एक बड़ा गुण है; परन्तु अंतर्मुखी व्यवहार प्राय: आत्म–पराजय के भाव को उत्पन्न करता है। क्योंकि उससे हम अपनी क्षमताओं और उपलब्धियों के उचित विज्ञापन और प्रचार में संकोच करते हैं।

इस संदर्भ में यह भी उल्लेखनीय है कि अन्य देशों में विकसित शैक्षिक विचार–धाराओं और दर्शनों पर हमारे देश में विस्तार से अनुसंधान कार्य किए जा रहे हैं और आधुनिक तकनीकी पद्धतियों से उनका आलेखन भी किया जा रहा है। परन्तु हमारे अपने देश में जिन शैक्षिक दर्शनों और पद्धतियों का विकास हुआ है, उन पर अपेक्षाकृत कम ही विचार किया जा रहा है। अत: उनकी उपेक्षा पूरे विश्व समुदाय में भी हो रही है।

यद्यपि इस दिशा में कुछ प्रारम्भिक महत्त्वपूर्ण कार्य हुए हैं, परंतु हमें अब सुदृढ़ निश्चय के साथ अपने इस संकोची स्वभाव से बाहर आना चाहिए।

परंतु हमें कुछ सावधानियाँ भी बरतनी चाहिए। हमें अपने वर्तमान और अतीत की उपलब्धियों को भावी परिप्रेक्ष्य के बिना, अधिक महिमा मंडित नहीं करना चाहिए।

ज्ञान–विज्ञान के सभी क्षेत्रों में अन्य सभी विकसित राष्ट्रों के साथ सफलतापूर्वक मुकाबला करने के लिए, हमें सभी अंतरराष्ट्रीय विकासों को आत्मसात् करना चाहिए। परन्तु यह कार्य करते समय हमें उनका आलोचनात्मक आकलन भी करना चाहिए और देखना चाहिए कि हमारी संस्कृति और आवश्यकताओं के साथ उनका उचित तालमेल बैठता है या नहीं।

अत: आवश्यक है हम अंतरराष्ट्रीय विचारधाराओं का अपने शैक्षिक लक्ष्यों और उद्देश्यों के साथ संतुलित संबंध स्थापित करें। इसीलिए आगे राष्ट्रीय लक्ष्यों और शैक्षिक उद्देश्यों की सामान्य रूपरेखा दी जा रही है।

2.9 राष्ट्रीय लक्ष्य (National Goals)

हमारे राष्ट्रीय लक्ष्यों का आधार हमारा संविधान है और हमारी सांस्कृतिक विरासत है, जिन्हें निम्नलिखित रूप से सूचीबद्ध किया जा सकता है:

- जनतंत्र के सिद्धान्तों को बढ़ावा।
- व्यक्ति का सम्मान।

- मज़हब, भाषा, लिंग, जाति की दृष्टि से मुक्त रहकर सभी को सभी क्षेत्रों में विकास करने के अवसरों की सामानता।
- संविधान और कानून के लिए सम्मान।
- राष्ट्रीय सुरक्षा, एकता और एकात्मकता।
- सामाजिक और आर्थिक विकास और न्याय।
- विश्व और देश की विभिन्न संस्कृतियों की सुरक्षा और विकास।
- परस्पर विश्वास, सम्मान और सहिष्णुता व परस्पर आदान-प्रदान के आधार पर अंतरराष्ट्रीय शांति और सहयोग।
- संयुक्त राष्ट्र संघ और अन्य अंतरराष्ट्रीय संस्थाओं के साथ सहयोग और अंतरराष्ट्रीय शांति और समझ से संबंधित उनके क्रियाकलापों में योगदान।

2.10 शिक्षा के लक्ष्य (Aims of Education)

उपर्युक्त राष्ट्रीय लक्ष्यों के परिप्रेक्ष्य में भारतीय शिक्षा के लक्ष्यों को इस प्रकार परिगणित किया जा सकता है:

- सृजनशीलता और आत्मविश्वास के गुणों और मूल्यों के साथ, व्यक्ति में वांछनीय अभिवृत्तियों, कार्यक्षमताओं और योग्यताओं का विकास।
- जीवनयापन के सभी क्षेत्रों में सामाजिक न्याय और नैतिकता के उत्तदायित्त्व के साथ, एकता, पंथ-निरपेक्षता और जनतंत्र की भावना को सुरक्षित रखते हुए, उन्हें और आगे बढ़ाने की इच्छा को जागृत करना।
- लचीली, ग्राह्य और विविध प्रकार से उपयोगी क्षमताओं और प्रतिभा के विकास के द्वारा व्यक्ति को प्रभावी और सहजता के साथ क्रियात्मक जगत् में प्रवेश के लिए तैयार करना।
- इस लक्ष्य को शिक्षण क्रम के क्रियान्वयन द्वारा ही भली-भाँति प्राप्त किया जा सकता है, जिसको व्यापक व्यवसाय, बाजार, उद्योग और व्यापार के सहयोग से, न कि केवल परामर्श से, प्राप्त किया जा सकता है।
- कठिन कार्य, परिश्रम और निपुणता की क्षमता की अपेक्षा करने वाले सभी शारीरिक क्रियाकलाप की योग्यता सभी छात्रों में विकसित करने के लिए उनको शारीरिक रूप से योग्य एवं सक्षम बनाना।
- छात्रों की जन्मजात सहज बौद्धिक क्षमताओं और कुशलताओं को पूरी तरह विकसित करना और उपयुक्त संस्कार देकर उन्हें समृद्ध करना।
- शिक्षा प्राप्त करते समय या कार्य करते समय, अज्ञात परिस्थितियों का सामना करने, निर्णय लेने, समस्या समाधान करने और आलोचनात्मक चिन्तन करने की क्षमताओं को विकसित करना।
- देश की तकनीकी, आर्थिक, सांस्कृतिक और सामाजिक आवश्यकताओं और अपेक्षाओं की पूर्ति के लिए समुचित पाठ्यचर्या की रूपरेखा, उसके क्रियान्वयन की योग्यताओं का विकास करना।
- परस्पर सद्भावना के साथ विश्व के विभिन्न भागों में वर्तमान समाजों की समझ के माध्यम से अंतर-राष्ट्रीय भाईचारे की भावना का विकास करना।

3

अधिगम के नियम और सिद्धांत
(The Theory and Principles of Learning)

3.1 विहंगावलोकन (A Macro Overview)

शिक्षण तभी सफल माना जाता है जब उससे अधिगम हो। अत: यह आवश्यक है कि शिक्षक जानें कि अध्येता किस तरह अधिगम करते हैं।

अधिगम निर्विवाद रूप से शिक्षण का लक्ष्य माना जाता है। अत: वांछनीय है कि शिक्षक अधिगम की घटना को समझें–उन कारकों को पहचानें, जिनसे अधिगम की गति बढ़ती है और जिनके कारण वह रुकती है। उन स्थितियों को समझें जिनमें अधिगम सहज रूप से होता है और जो उसके मार्ग में अवरोध पैदा करती हैं। उन परिस्थितियों को जानें, जिनसे अधिगम सफल होता है और जिनसे सफल नहीं होता।

शिक्षा शिक्षार्थियों में उत्पन्न करती है:

- योग्यता/क्षमता (Enablement)
- सशक्तीकरण (Empowerment)
- संवर्धन (Enrichment)

अधिगम का सर्वाधिक महत्त्वपूर्ण साधन है इन लक्ष्यों को पाने के लिए शिक्षार्थियों की क्षमताओं को विकसित करना, जिससे शिक्षार्थियों में बदलाव आता है और उनकी क्षमताओं का संवर्द्धन होता है तथा जो उनके आचरण में प्रतिबिम्बित होता है।

विद्यालयों में शिक्षण–अधिगम की प्रक्रिया मुख्य रूप से तीन प्रकार की अंत:क्रियाओं के रूप में घटित होती हैं:

शिक्षक–अध्येता की अंत:क्रियाएँ (Teacher-Learner Interaction): इसमें शिक्षक की भूमिका प्रधान होती है और अध्येता सामान्यत: निष्क्रिय रहते हैं। इस प्रकार की स्थिति में छात्रों की एकाग्रता न्यूनतम रहती है।

अध्येता–अध्येता अंत:क्रियाएँ (Learner-Learner Interaction): इस स्थिति में अध्येता सहभागी अधिगम की स्थिति में कार्य करते हैं, या समूह में कार्य करते हैं, या किसी परियोजना पर मिलकर कार्य करते हैं। इस प्रकार की स्थिति में छात्रों की एकाग्रता का स्तर बढ़ जाता है।

स्व–स्व अंत:क्रियाएँ या स्वाध्याय (Self-Self Interaction or Self-learning) या स्व–शिक्षण (Auto-Instruction) की स्थितियों में स्व–निर्देशित अधिगम का प्रारंभ होता है। इसमें चुनौती या चैलेंज का भाव बढ़ता है और एकाग्रता स्तर सब से अधिक होता है।

अतः शिक्षकों का यह महत्त्वपूर्ण दायित्व या प्रकार्य होता है कि वे अध्येताओं को अपने आपसे स्वतंत्र करें जिससे वे शिक्षा के स्वयं कर्त्ता बनें न कि कर्म।

शिक्षण-अधिगम की प्रक्रिया में अब प्रौद्यौगिकी की भूमिका बढ़ती जा रही है। तकनीकी उपकरणों, कार्य करने के मॉडलों, वीडियो फिल्मों या दृश्य चलचित्रों का उपयोग अब बढ़ता जा रहा है जो न केवल ज्ञान के परिपूरक होते हैं, अपितु वे परिवेश की घटनाओं और विविध प्रकार के तथ्यों में अध्येताओं की और अधिक अंतर्दृष्टि विकसित करते हैं। अतः इनका अधिक से अधिक उपयोग किया जा रहा है। दूरदर्शन ने शिक्षा के क्षेत्र में एक नई पाठ्यचर्या जोड़ दी है जो घर की, सहपाठियों के तात्कालिक-परिवेश की और विद्यालय की पाठ्यचर्या की पूरक सिद्ध हो रही है। इसी तरह इंटरनेट एक नया साधन है जिससे अध्येता अपने ज्ञान को और बढ़ा सकते हैं। परन्तु ध्यान रखना चाहिए कि ये तकनीकी उपकरण शिक्षा के सभी प्रश्नों का उत्तर नहीं हो सकते हैं। हाँ, वे शिक्षा में सहायक अवश्य हो सकते हैं। शैक्षिक प्रौद्योगिकी शिक्षक का स्थान कभी नहीं ले सकती, यद्यपि वह उसकी शिक्षण योजना में पुनर्वलन की महत्त्वपूर्ण भूमिका निभा सकती हैं।

अतः अध्येताओं की बौद्धिक परिपक्वता और उनकी पाठ्यचर्या के साथ उचित तालमेल बैठाने की आवश्यकता है। प्रौद्योगिक संसाधनों को उनकी उपलब्धिता और पहुँच का भी ध्यान रखना होगा। प्रौद्योगिक उपकरण, क्योंकि बहु-उपयोगी होते हैं और उनका उपयोग कहीं भी किया जा सकता है, अतः उनको अपनाया जा सकता है। क्योंकि उनका उपयोग कभी भी किसी भी स्थान पर किसी भी व्यक्ति द्वारा किया जा सकता है। शिक्षण में सहायक इन उपकरणों को प्रासंगिक और उपयोगी होना चाहिए और उनका उपयोग दायित्वपूर्वक किया जाना चाहिए।

शिक्षा प्रदान करने की विधाओं में गत कुछ समय से नाटकीय परिवर्तन हुए हैं। अतः उनको समझना चाहिए और देखना चाहिए कि ये पर्यावरण के रूपांतरण और आदान-प्रदान की दृष्टि से प्रासंगिक हैं या नहीं। इस कार्य की प्रविधियों को आवश्यकताओं के अनुरूप होना होगा और भविष्य में होने वाले परिवर्तनों के लिए तैयार रहना होगा। इन परिवर्तनों में से प्रमुख इस प्रकार हैं:

- अनुदेशक निर्देशित अधिगम (Instructor-led Learning)
- दूरस्थ अधिगम (Distance Learning)
- सीडी-रोमस् की सहायता से अधिगम (Learning through CD-ROMs)
- ऑन-लाइन-स्वाध्याय (On line self-learning)

शैक्षिक तकनीकों का विस्तार और वैविध्य आज के संदर्भ में न केवल वांछनीय है, अपितु आवश्यक भी है। क्योंकि शिक्षा अपने वर्तमान स्वरूप में अब चल नहीं सकती। अतः अध्ययन या अधिगम का दायित्व स्वयं अध्येताओं को अपने शिक्षकों से लेना होगा। इस संदर्भ में यह वांछनीय नहीं है कि हम शिक्षार्थियों को शिक्षा के उपभोगताओं और खरीददारों के रूप में स्वीकार करें। शिक्षा को जो एक धार्मिक या मानव प्रेम से परिचालित क्रियाकलाप है, उसे एक व्यापारिक और वाणिज्यिक उद्यम के रूप में स्वीकार नहीं किया जा सकता। अतः सबके लिए शिक्षा की अवधारणा पर नई दृष्टि से विचार करना होगा। 'स्व-विकास के लिए शिक्षा' और प्रौद्योगिकी के मेल-मिलाप को बढ़ाना आवश्यक है, जिससे विकास की प्रक्रिया को व्यापक अर्थ में प्रभावित किया जा सके।

शिक्षण की प्रविधियों में वैविध्य के बावजूद नीचे लिखे कुछ सामान्य परिप्रेक्ष्य और चुनौतियाँ हैं, जिनका सामना अब करना होगा–

- आधुनिकीकरण (Modernisation)
- वैश्वीकरण (Globalisation)
- उदारीकरण (Liberalisation)
- प्रौद्योगिकीकरण (Technologisation)
- व्यावसायीकरण (Professionalsation)
- भारतीयकरण (Indianisation)

इन सभी में अंतिम बिन्दु सर्वाधिक महत्त्वपूर्ण है। क्योंकि शिक्षा, सामाजिक और सांस्कृतिक आचार-विचार और विरासत से विमुख होकर कभी भी सफल नहीं हो सकती।

अधिगम के सिद्धान्त और व्यवहार के महत्त्वपूर्ण पक्षों की स्पष्ट, पर संक्षिप्त व्याख्या राजमल पी. देवदास द्वारा अपनी पुस्तक 'गृहविज्ञान शिक्षण की प्रविधियाँ' में दिया गया है जो इस प्रकार है:

"अधिगम कैसे होता है? वे स्थितियाँ क्या हैं जो अधिगम में सहायक सिद्ध होती हैं। अनुभव और प्रशिक्षण के परिणामस्वरूप अध्येता के व्यवहार/आचरण में होने वाले परिवर्तन या बदलाव को ही अधिगम कहते हैं। (McConnell)। विद्यालय में अधिगम का अर्थ है लक्ष्यों की प्राप्ति में छात्रों के आचारण में परिवर्तन या सुधार लाना। यह एक ऐसी प्रक्रिया है जिससे छात्र अपने अतीत के अनुभवों के आधार पर लाभाविन्त होता है। स्किनर (Skinner) के अनुसार अधिगम गतिशील आचरण या व्यवहार की स्वीकृति है।'' जब अधिगम होता है तो अध्येता में उसके अतीत के अनुभव के आधार पर उसमें नई क्षमताएँ और तकनीक विकसित होती हैं।

अधिगम द्वारा उद्दीपन और अनुक्रिया के बीच मानसिक जुड़ाव के कारण एक प्रकार का संबंध स्थापित होता है। इस तरह अधिगम का आशय है, विचारों और घटनाओं आदि के बीच संबंध स्थापित करना। सभी अध्येताओं में मनुष्य सबसे श्रेष्ठ अध्येता/शिक्षार्थी है, क्योंकि वह विभिन्न प्रकार के संबंध स्थापित करने में सक्षम है। अधिगम के मनोविज्ञान और पर्याप्त तैयारी के आधार पर मनुष्य अनेक प्रकार के संबंध बना सकता है जो प्रभावी चिंतन, नियोजन और क्रियान्वयन के आधार पर विकसित होते हैं" अत: शिक्षकों के लिए अधिगम की प्रक्रिया के कारकों को समझना अत्यंत महत्त्वपूर्ण है। छात्र ज्ञान के प्रति अनुक्रिया विविध प्रकार से करते हैं। जब शिक्षक उन कारकों को समझ लेता है जो अधिगम को बढ़ाते हैं तो वह शिक्षण-अधिगम की प्रक्रिया को अधिक प्रभावशाली, गतिशील और मितव्ययतापूर्ण बना सकता है जिससे अधिगम अधिक गम्भीर हो सकता है और त्रुटिपूर्ण प्रयासों को छोड़कर सही संबंध स्थापित कर सकता है।

3.2 अधिगम के नियम (Principles of Learning)

हलफिश (Hullfish) और स्मिथ (Smith) ने अधिगम के पाँच नियम बताएँ हैं, इन के अनुसार–

1 जब किसी कार्य में अध्येता का दाव लगा होता है तो वह अधिगम के लिए अधिक अभिप्रेरित होता है।

2. अधिगम अध्येता की शारीरिक और बौद्धिक योग्यता के स्तर से परिचालित होता है।

3. अधिगम तभी रूपायित होता है या साँचे में ढलता है, जब अध्येता लक्ष्य और क्रियाओं के बीच सार्थक-संबंध देखता है।
4. अधिगम का मूल्यांकन तभी हो पाता है, जब अध्येता किसी प्रकार यह जान सके कि वह प्रगति कर रहा है। और
5. अधिगम तभी अध्येता के वैयक्तिक और सामाजिक विकास से जुड़ता है जब वह संतोषजनक विकास और तालमेल का अनुभव करता है।

3.3 अधिगम में अभिप्रेरणा (Motivation in Learning)

अभिप्रेरणा अधिगम की सर्वाधिक शक्तिशाली दिशा-निर्देशक होती है। क्योंकि जीवन और अधिगम में अभिप्रेरणा सफलता के लिए अपरिहार्य होती है। अधिगम में उपलब्धि/संप्राप्ति मुख्य रूप से इस पर निर्भर होती है कि अध्येता वास्तव में कितना सीखना चाहता है और उसमें कितनी सफलता प्राप्त करता है और अपने लक्ष्य को प्राप्त करने में वह कितनी शक्ति और कितना प्रयत्न लगाना चाहता है।

शिक्षक छात्रों को सीखने के लिए कई तरीकों से अभिप्रेरित कर सकते हैं। इसके लिए सामान्यतः प्रयुक्त तरीके हैं—अनिवार्यता, जोर-जबरदस्ती, प्रंशसा करके या पुरस्कार देकर ललचाना, रुचि बढ़ाना, जिज्ञासा बढ़ाना आदि। जब कभी आत्माभिव्यक्ति, आत्म-निर्देशन या स्वेच्छा से किए गए क्रिया-कलापों के माध्यम से सम्पूर्ण व्यक्तित्व और चरित्र को विकसित करना होता है तो उसमें जोर-जबरदस्ती करना और लालच देने के लिए कोई स्थान नहीं होता। अध्येता तभी अच्छी तरह सीखते हैं और अपना पूरा विकास करते हैं जब वे अपनी ओर से पूरा प्रयास करते हैं, जब अपने व्यवहार और प्रतिक्रिया में पूरी ताकत लगाते हैं और जब वे अपने पूरे परिवेश के साथ गतिशील संबंध बनाते हैं।

अध्येताओं की अध्ययन में रुचि जगाने और उसको बनाए रखने की कला को सभी शिक्षकों को सीख लेना चाहिए। अभिप्रेरणा की उच्चस्तरीय तीव्रता अध्येताओं को अधिक क्रियाशील बनाने में सहायक सिद्ध होती है और अधिगम से संबंधित क्रिया-कलापों में उनकी सक्रिय भागेदारी सुनिश्चित करती है। केवल बार-बार किसी काम को करने से अधिगम नहीं होता, इसके पीछे कोई उद्देश्य होना चाहिए और सक्रियता भी, जिसमें सभी अध्येता सहभागी हों। शिक्षकों को चाहिए कि वे इस प्रकार की सकारात्मक अभिप्रेरणा के द्वारा अधिगम की प्रक्रिया को निर्देशित करें।

रिचर्डसन (Richordson) ने शिक्षण और अधिगम को जोड़ने वाले निम्नलिखित नियम बताए हैं:

1. अधिगम अध्येताओं की सक्रिय भागेदारी का परिणाम होता है।
2. अध्येता की वर्तमान उपलब्धि या संप्राप्ति से ही अधिगम का प्रारम्भ होता है।
3. अभिप्रेरणा के परिणामस्वरूप अधिगम की प्रभावशीलता बढ़ती है।
4. अधिगम कई माध्यमों से होता है।
5. अधिगम शब्दों के अर्थों या अन्य प्रतीकों के अनुभवों पर आधारित होता है।
6. अधिगम सम्पूर्ण व्यक्ति में किसी सम्पूर्ण स्थिति की प्रतिक्रिया/अनुक्रिया के रूप से होता है।
7. अधिगम, विभिन्न व्यक्तियों की विभिन्न प्रकार की क्षमताओं और आवश्यकताओं के अनुरूप विभिन्न प्रकार का होता है।

थौर्नडाइक (Thorndike) की दृष्टि में, अधिगम की प्रक्रिया में जो नियम काम करते हैं, वे हैं, तत्परता, परिणाम या प्रभाव और बारंबारता और नवीनता का तत्कालिकता के साथ अभ्यास। यदि अध्येता को सार्थक संकेतों के आधार पर सीखने के लिए तैयार कर लिया गया है तो उसे सीखने के लिए तत्पर माना जा सकता है। तभी तत्परता का नियम काम करता है। इसी तरह यदि किसी प्रयत्न/प्रभाव से सफलता मिलती है या संतोष या पुरस्कार मिलता है तो उसे बारंबार किया जा सकता है। यदि प्रोत्साहन या पुरस्कार की मात्रा बढ़ती है तो अधिगम की गुणवत्ता भी बढ़ सकती है, बशर्ते कि अभिप्रेरणा की मात्रा भी बढ़ती रहे। इसे ही परिणाम या प्रभाव का नियम कहते हैं। किसी कार्य के निष्पादन की गति पुरस्कार के संतुष्टि-मूल्य पर निर्भर होती है। 'ग्रहणशीलता' (Adaptation), 'समायोजन' (Adjustment), 'नियमित परिवर्तन' (Regulative Change) जैसे शब्दों द्वारा सफल अधिगम को परिभाषित किया जाता है, जो परिणाम/प्रभाव के नियम को बताते हैं। किसी प्रयत्न की बारंबारता से ऐसी शक्ति उत्पन्न होती है जिससे बारंबारता या पुनरुक्ति सरल या सहज हो जाती है। इसे ही बारंबारता का नियम कहते हैं। जो कार्य अभी-अभी किया गया है उसे सरलता से दोबारा किया जा सकता है। इसे ही नवीनता या तात्कालिकता का नियम कहा जाता है। बारंबारता और नवीनता या तात्कालिकता मिलकर ही 'अभ्यास' का नियम कहलाते हैं। फिर भी ध्यान रखना चाहिए कि अधिगम की क्षमता/योग्यता, व्यक्ति के स्नायुतंत्र और मांसपेशियों के विकास के स्तर पर निर्भर होती है। अतः केवल अभ्यास या ड्रिल अधिगम को अधिक प्रभावित नहीं करते।

3.4 परिपक्वता और अधिगम (Maturation and Learning)

अधिगम की प्रक्रिया में परिपक्वता का विशेष महत्त्व है, विशेषकर केन्द्रीय स्नायुतंत्र और मांसपेशियों में प्राप्त परिपक्वता। जैसे-जैसे जीव/व्यक्ति परिपक्व होता है, उसकी जन्मजात-क्षमताएँ, अपने आप प्रस्फुटित होती जाती हैं। मस्तिष्क के विकास और कार्य करने की क्षमता में गर्भावस्था के दौरान दिए गए उचित पौष्टिक आहार और प्रारम्भिक बाल जीवन की महत्त्वपूर्ण भूमिका होती है। किसी कार्य को करने के प्रभावी प्रशिक्षण के लिए आवश्यक परिपक्वता की मात्रा को ही सामान्यतः 'अधिगम तत्परता' कहते हैं।

थाइन (Thyne) ने अधिगम के आचरण या व्यवहारगत परिणामों के रूप में निम्नलिखित चार अभिलक्षण माने हैं:

1. किसी भी अधिगम की स्थिति में अध्येता कुछ न कुछ करना सीखता है। यही व्यवहारगत अभिलक्षण है।
2. अध्येता, इससे पहले भिन्न प्रकार के काम करता था, अतः अब वह व्यवहार में कुछ बदलाव दिखलाता है।
3. किसी विशेष प्रकार की स्थिति में ही व्यवहार में बदलाव दिखता है।
4. अंत में, पुराना और नया व्यवहार किसी विशेष स्थिति मात्र में नहीं होता, अपितु प्रत्येक का अपना अवसर होता है, या वह किसी की अनुक्रिया के रूप में होता है। अधिगम का अर्थ ही है, किसी स्थिति विशेष में किसी नई अनुक्रिया को करने लगना।

किसी अधिगम के होने के लिए चार बातें आवश्यक होती हैं।–अनुसंकेतन (Cue), बल (Force), उत्साहन (Promptness) और पुनर्वलन (Reinforcement)।

अनुसंकेतन का आशय है कि अधिगम की किसी एक घटना के लिए कई स्थितियाँ हो सकती है, जो उसके अनुसंकेतन का कार्य करें। शिक्षक को चाहिए कि वह देखे कि कौन-कौन सी स्थितियाँ अनुसंकेतन का कार्य कर सकती हैं। उदाहरण के लिए शिक्षक छात्रों को संदर्भ के लिए बताई गई किताबों की पृष्ठ-संख्या बता दें। प्रत्येक व्यवहार के दो पक्ष हो सकते हैं: उसका स्वरूप और प्रारंभ करने का समय। अध्येता को इन दोनों के प्रति अनुक्रिया प्रकट करनी है, जो स्थिति की घटक हो और इनमें इतना बल भी रहे कि अधिगम सिद्ध हो जाए। स्थिति ऐसी होनी चाहिए कि वह अध्येता को प्रतिक्रिया करने के लिए बाध्य करे और उससे अनुक्रिया निकाल सके। अधिगम की किसी भी स्थिति में अनुसंकेतन में बल अवश्य होना चाहिए। उत्साहन यह सुनिश्चित करे कि अनुसंकेतन से जो अनुक्रिया हो, वह पूर्व निर्धारित स्वरूप की हो। अधिगम की किसी भी स्थिति में उत्साहन एक या एक से अधिक, एक के बाद एक होने वाली स्थितियों के रूप में हो। सामान्यत: विद्यालयों में उत्साहन शिक्षकों के द्वारा दिए गए निर्देशों के रूप में होता है। पुनर्वलन का आशय है कि अनुक्रिया का विशिष्ट रूप अनुसंकेतन से संबंधित हो । अधिगम तभी संभव होगा जब उक्त चारों प्रकार के प्रकार्य पूरे हों।

3.5 साहचर्य अधिगम (Conditional Learning)

साहचर्य अधिगम अधिगम का एक ऐसा रूप है, जिसमें कोई अनुक्रिया किसी एक उद्‌दीपन के बदले किसी दूसरे उद्‌दीपन से प्राप्त की जाती है। साहचर्य का अर्थ है किसी एक अनुक्रिया और एक उद्‌दीपन के बीच संबंध स्थापित करना जो स्वाभाविक न होते हुए भी साहचर्य के कारण जुड़ा रहता है। साहचर्य अधिगम के सरलतम स्तर को द्योतित करता है। अधिगम में साहचर्य के नियम को सर्वप्रथम पैवलोव (Pavlov) द्वारा स्थापित किया गया था। वह कुत्तों पर कुछ प्रयोग कर रहा था। सभी जानते हैं कि खाने के उद्‌दीपन के साथ मुँह में लार आ जाना स्वाभाविक है। पैवलोव ने अपने प्रयोगों से सिद्ध किया कि खाने के साथ जुड़ी अन्य चीजों से भी मुँह में लार आ सकती है; जैसे कि खाना देने वाली चम्मच की आवाज़। क्योंकि 'लार आने' की अनुक्रिया चम्मच की आवाज के कारण हुई थी। अत: पैवलोन द्वारा उसे साहचर्यजनित अनुक्रिया कहा गया।

3.6 प्रयत्न और त्रुटि (Trial and Error)

क्लेटोन (Clayton) ने बताया है कि 1898, में थॉर्नडाइक ने अधिगम का एक सिद्धान्त प्रतिपादित किया था, जो मूलत: पशुओं पर उसके द्वारा किए गए प्रयोगों जैसे बक्से में बिल्ली पर आधारित था। बाद में उसने इस सिद्धान्त का विस्तार किया और विद्यालीय स्थितियों में इस उपागम का प्रयोग किया। प्रारम्भ में प्रदर्शित व्यवहार की इकाई एक प्रकार के संबंध को बताती है जो इन्द्रियों द्वारा ग्रहीत प्रभाव और क्रिया करने की इच्छा के बीच होता है। इस प्रकार कि स्थिति में पहले अध्येता कई प्रकार की अनुक्रियाएँ करता है। परन्तु बाद में वह ऐसी एक अनुक्रिया करने लगता है जिससे समस्या का सही समाधान हो जाता है। स्थिति को बार बार करने पर धीरे-धीरे गलत अनुक्रियाएँ कम होती जाती हैं और अंत में सही अनुक्रिया स्थापित हो जाती हैं। इस प्रकार अधिगम प्रयत्न और त्रुटियों की

प्रक्रियाओं के परिमाण के रूप में सिद्ध हो जाता है। प्रारम्भिक प्रयत्नों में त्रुटियाँ अधिक होती हैं परन्तु बाद में वे कम होती जाती है और अंत में सफलता मिल जाती है।

3.7 अंतर्दृष्टिपूर्ण अधिगम (Insightful Learning)

कोलर (Kohler) ने एक बार एक चिंपैंजी को पिंजड़े में बंद कर दिया और उस पिंजड़े में एक केला लटका दिया। पिंजड़े में उसने दो लकड़ियाँ भी रख दीं जो इतनी छोटी थीं कि उनसे केले तक नहीं पहुँचा जा सकता था। केला प्राप्त करने के उसके असफल प्रारम्भिक प्रयत्नों के बाद चिंपैंजी समझ गया कि एक लकड़ी को दूसरी लकड़ी के छेद में डाला जा सकता है। इससे उसे सूझा कि वह दोनों लकड़ियों को जोड़ कर केला प्राप्त कर सकता है। उसने ऐसा ही किया और केला प्राप्त कर लिया। वस्तुत: न तो वह खोजी किस्म का अधिगम था जिसमें साहचर्य का सिद्धान्त हो, या प्रयत्न और त्रुटि का सिद्धान्त, अपितु यह अचानक होने वाली सूझ-बूझ थी जिससे अंतर्दृष्टि उत्पन्न हो गई। मनुष्यों में सामान्यत: इस प्रकार का अंतर्दृष्टिपूर्ण अधिगम होता है।

3.8 अनुकरणात्मक अधिगम (Learning by Imitation)

अनुकरणात्मक अधिगम तब होता है जब कोई व्यक्ति किसी दूसरे व्यक्ति को अपने लिए मुश्किल कार्य को करते हुए देखता है तो वह उसका अनुकरण करने लगता है और अंतत: सीख लेता है। अनुकरण द्वारा सीखने में सामान्यत: त्रुटियाँ कम होती हैं। क्योंकि अनुकरण में उसे अनुसंकेतन मिलते रहते हैं। बोलना, लिखना, खेलना जैसे अनेक कौशलों को दूसरे लोगों को देखकर और उन्हें उसी तरह बारंबार करने से सीखा जाता है। छात्र उन्हीं का अनुकरण करते हैं ज़िन्हें वे सराहते हैं और जिनके जैसा बनना चाहते हैं। वह अनुकार्य व्यक्ति की भूमिका के साथ अपने-आपको जोड़ता है, क्योंकि वह वैसा ही बनना चाहता है। नन (Nunn) के अनुसार अनुकरण व्यक्तित्व निर्माण की पहली सीढ़ी है। व्यक्ति को जितना अधिक अनुकरण का क्षेत्र मिलता है उसका व्यक्तित्व उतना ही अधिक समृद्ध रूप से विकसित होता है। अनुकरण कभी पूरी नकल नहीं होता। उसमें हमेशा सृजनशीलता के लिए स्थान रहता है जिसके मूल में अनुकर्त्ता की पसंद और रुचि के अनुसार चयन की संभावना बनी रहती है।

3.9 स्मरण और विस्मरण (Remembering and Forgetting)

ऐसे अनेक कारक और अभ्यास हैं जो स्मरण और विस्मरण को प्रभावित करते हैं। स्मरण एक सक्रिय प्रक्रिया है। छात्रों के लिए स्मरण या याद करना बहुत महत्त्वपूर्ण होता है। क्योंकि जो कुछ वे सीखते हैं उसका पुन: स्मरण कर सकते हैं और फिर और अधिक सीख सकते हैं। जब कोई एक ही प्रयास में किसी विषय-वस्तु का अधिगम करता है तो उसे गड्डमगड्ड अधिगम (Messed Learning) या अवितरित अधिगम कहते हैं। परंतु जब किसी विषय-वस्तु को थोड़े विश्राम के अंतराल के साथ सीखा जाता है तो उस पद्धति को वितरित अधिगम (distributed learning) या 'अंतरालित अधिगम' (spaced learning) कहते हैं। यद्यपि यह वैज्ञानिक आधारों पर सुनिश्चित नहीं हो पाया है कि अंतरालित या अधिगम और अवितरित गड्ड-मड्ड अधिगम से अपेक्षाकृत उत्तम होता है। परंतु अवितरित अधिगम कई बार मतिविभ्रम का कारण बन जाता है।

अधिगम का प्रारंम्भ सदैव सरल से मिश्रित की ओर, खंड से संपूर्ण की ओर, सामान्य से विशेष की ओर और मूर्त से अमूर्त की ओर होना चाहिए। किसी एक पाठ का एक इकाई के रूप में अधिगम को संपूर्ण अधिगम कहते हैं। किसी पाठ को विभिन्न खंडों में बाँटना और फिर एक-एक खंड के अधिगम को खंड-खंड अधिगम कहते हैं। यद्यपि संपूर्ण अधिगम अध्येताओं के लिए अधिक लाभकारी होता है। क्योंकि इससे वह संपूर्ण पाठ का बोधन कर सकता है। परन्तु यदि पाठ लंबा हो तो उसको कुछ सार्थक इकाइयों में बाँटकर सीखना संपूर्ण पाठ के अधिगम में सहायक सिद्ध होता है।

यदि सीखे गए नए विषय का बार-बार अभ्यास किया जाए तो उसकी धारणा अधिक स्थायी होती है। अत: छात्रों को सीखे गए पाठ को बार-बार पढ़ने या पुनरीक्षण-करने के लिए प्रोत्साहित करना चाहिए।

किसी सीखे जाने वाले पाठ की सार्थकता, अधिगम की गति और धारणा (Retention) की मात्रा को प्रभावित करती है। गिलफोर्ड (Guilford) ने अपने प्रयोगों से दिखाया है कि शिक्षण सामग्री छात्रों के लिए जितनी सार्थक होती है, उतनी अच्छी उनकी धारणा होती है। रटने से सीखने की तुलना में समय के विभिन्न अंतरालों के साथ वस्तुओं के अधिगम से धारणा अधिक स्थायी होती है। किसी तथ्य की व्याख्या, विवेचना और सिद्धांतों के विनियोग की योग्यता की अपेक्षा तथ्यात्मक सूचनाओं को जल्दी विस्मृत किया जाता है। इसीलिए गिलफोर्ड बलपूर्वक कहता है कि विशेषकर छोटे बच्चों के लिए अमूर्त सामग्री की अपेक्षा अधिक मूर्त सामग्री का और द्वितीय/तृतीय श्रेणी के अनुभवों की अपेक्षा प्रत्यक्ष अनुभव का उपयोग करना चाहिए। शिक्षा में सभी पाठों को अधिक से अधिक सार्थक बनाना चाहिए। जिन शब्दों का बच्चों के जीवन के साथ किसी प्रकार संबंध नहीं होता, उनकी वर्तनी उनसे पूछना व्यर्थ होता है। यदि प्रासंगिक अनुभवों से जोड़ कर वैज्ञानिक तथ्यों का पुनर्वलन न किया जाए तो बालक उन्हें शीघ्र ही भूल जाते हैं। इसी तरह प्रसंग से हटकर नाम और तिथियाँ अपने-आपमें मूल्यहीन होती हैं। अत: उन्हें ऐसी इकाइयों के साथ समायोजित करना चाहिए जिनका बालकों के जीवन में कोई महत्त्व हो। समानताओं और विषमताओं की ओर ध्यान आकर्षित कर शिक्षण सामग्री का सार्थक संयोजन किया जा सकता है और कौन, क्या, कब कहाँ और क्यों के संबंधों पर बल दिया जा सकता है।

विस्मरण की रेखाओं से ज्ञात होता है कि क्रियात्मक कौशलों की अपेक्षा वाचिक पक्ष जल्दी विस्मृत होते हैं। ऐंविंगस (Ebbinghaus) द्वारा निरर्थक अक्षरों की सहायता से अधिगम और विस्मण के विषय में किए गए अनुसंधानों से ज्ञात होता है कि प्रारम्भ में व्यक्ति जल्दी भूलता है और क्रमश: पूर्ण विस्मरण की ओर बढ़ता है।

विस्मरण के आरेख विविध प्रकार के होते हैं। इस वैविध्य के मूल में विद्यालयों में किए जाने वाले कार्यों की सार्थकता की सीमा तो होती ही है, साथ ही उनकी सम्बद्धता और संगठन भी होता है। कभी-कभी ऐसी स्थितियाँ आती हैं जिनमें अति-अधिगम और आकस्मिक पुन: स्मरण भी दिखाई देता है।

3.10 प्रशिक्षण का अंतरण (Transfer of Training)

किसी एक कौशल पर अधिकार किसी अन्य कौशल के अधिगम में सहायक सिद्ध होता है। इसे ही प्रशिक्षण (अधिगम) का अंतरण कहा जाता है। परंतु थौर्नडाइक के प्रयोगों और अनुभवों से यह सिद्ध होता है कि अधिगम का अंतरण सदा-सर्वदा नहीं होता।

प्रयोग की स्थिति और अधिगम की स्थिति के बीच पाई जाने वाली समानता और भिन्नता, अंतरण और धारणा के विभेद का आधार होती है। जब, जिस स्थिति में अधिगम किया गया हो, उसी स्थिति में उसका मापन हो, तो धारणा का मापन होता है। यदि स्थितियाँ भिन्न-भिन्न हों तो प्रशिक्षण के अंतरण का आकलन या मापन होता है। निम्नलिखित कारक अधिगम और उसके अंतरण को प्रभावित करते हैं:

1. सार्थक अनुसंकेतन और उपयुक्त अनुक्रिया की दृष्टि से कार्य के बोध की स्पष्टता।
2. सामग्री की सार्थकता और प्राप्त बोधन/समझ।
3. ज्ञान या कौशल को अर्जित करने के प्रसंग।
4. अति-अधिगम की मात्रा और उद्दीपन और अनुक्रिया की समानता जैसे कार्यों के व्यवधान को कम या बढ़ाने वाली स्थितियाँ।

अतः विद्यालय की पाठ्यचर्या के प्रत्येक पक्ष को संपूर्ण पाठ्यचर्या के अंग के रूप में देखा जाना चाहिए—वे सभी स्थितियाँ जो अधिगम के अनुभवों को प्रदान करती हैं, चाहे वे विद्यालय की सीमाओं के बाहर की हों या शिक्षण और परीक्षण के लिए निर्धारित शिक्षण-क्रम से संबंधित हों। इनमें वैयक्तिक भेद या अंतरों, अभिप्रेरणाओं, रुचियों, अभिवृत्तियों, उपलब्धि/संप्राप्ति और विकास को भी शामिल किया जाना चाहिए।

3.11 अभीष्ट अधिगम (Optimising, Learning)

अधिगम के नियमों पर आधारित, लेसी (Laccy) के मार्गदर्शक-सिद्धांतों के अनुसार—

1. अध्येता का अधिगम तभी प्रभावशाली होता है जब उसके पूर्व अनुभवों के संदर्भ में शिक्षण किया जाता है।
2. जब अध्येता को बौद्धिक और भावनात्मक स्तर पर उत्तेजक वातावरण (स्थितियाँ) मिलता है।
3. जब वे अधिगम की स्थिति में अपने आपको सुरक्षित पाते हैं और शिक्षक के लिए उनके मन में सम्मान की भावना होती है।
4. उनकी बुद्धि में अवधारणाओं के निर्माण के लिए विविध प्रकार के प्रत्यक्ष और मूर्त अनुभव प्राप्त होते हैं।
5. जब वे संपूर्ण स्थिति और उसके विभिन्न अंगों के संबंधों को समझते हैं।
6. जब उन्हें आलोचनात्मक चिन्तन और समस्या समाधान से संबंधित क्रिया-किलापों में सक्रिय किया जाता है।
7. अपने लिए सार्थक लक्ष्यों और समस्याओं के चयन में जब वे सक्रिय रूप से सहभागी होते हैं।
8. जब अधिगम के अनुभवों को अनुकूलित साँचों में सार्थक रूप से नियोजित किया जाता है और अधिगम की प्रत्येक क्रिया का अपना सुनिश्चित उद्देश्य होता है।
9. वैयक्तिक क्षमताओं, रुचियों, और आवश्यकताओं के अनुरूप वैविध्य की व्यवस्था होती है।

10. ज्ञानेन्द्रियों से प्राप्त अनुभवों के पुनर्वलन के लिए सार्थक अभ्यासों की व्यवस्था होती है।
11. ज्ञान और कौशलों के समान ही अभिवृत्तियों और सराहना के लिए भी शिक्षक अधिगम अनुभवों का नियोजन करता है।
12. जब छात्र कक्षा में अर्जित अधिगम को, उनसे संबंधित सोद्देश्य क्रियाओं की ओर ले जाता है और विद्यालय से बाहर की स्थितियों में भी उनका अंतरण करने में समर्थ होता है।
13. जब छात्र अपने अधिगम के अनुभवों के मूल्यांकन में भाग लेते हैं और उपलब्धि के भाव के साथ-साथ बौद्धिक और भावात्मक संतोष का अनुभव करते हैं।

क्योंकि अधिगम और शिक्षण को अलग नहीं किया जा सकता, अत: शिक्षकों से अच्छे मार्गदर्शन और प्रभावशाली क्रिया-कलापों की अपेक्षा की जाती है। शैक्षिक क्रिया-कलापों के नियोजन के लिए शिक्षकों को अधिगम और शिक्षण दोनों के नियमों का अनुप्रयोग करना चाहिए और विशेष रूप से जीवन के अनुभवों के साथ उनका संबंध स्थापित करना चाहिए जिससे शिक्षार्थी उनको सार्थक और मूर्त रूप में स्वीकार कर सकें और उनका अपने जीवन में उपयोग कर सकें।

4

पाठ्यचर्या: अधिगम और शिक्षण का आधार
(Curriculum: The Foundation of Teaching and Learning)

4.1 भूमिका (Introduction)

शिक्षण-पद्धतियाँ उस पाठ्यचर्या की रूपरेखा के संदर्भ में ही अपनी सार्थकता प्राप्त करती हैं जिसके क्रियान्वयन का प्रयास शिक्षक करते हैं। अत: वांछनीय है कि पाठ्यचर्या की संकल्पना/अवधारणा, उसके विविध पक्षों, उसके विकास और क्रियान्वयन की प्रक्रिया, उसके पुनरीक्षण और नवीकरण पर चर्चा कर ली जाए।

यद्यपि यह कहना सही नहीं होगा कि पाठ्यचर्या की आधुनिक संकल्पना और पाठ्यचर्या के सिद्धान्तों को भारत में भली-भाँति नहीं समझा गया है। फिर यह कहने में हमें किसी प्रकार का संकोच नहीं है कि देश में उनका उपयुक्त रूप में अनुपालन नहीं हो रहा। वास्तविक रूप से उनके अनुपालन की स्थितियों में सामान्यत: उन्हें अव्यावहारिक, खर्चीला, समय-साध्य ही नहीं, कभी-कभी नितान्त अव्यवहार्य भी कह दिया जाता है।

परन्तु नि:संदेह रूप से यह कहा जा सकता है कि कुछ स्थानों पर वैज्ञानिक रूप से पाठ्यचर्या निर्माण का कार्य हुआ है। परन्तु ऐसी संस्थाएँ कुछ ही हैं। इस प्रकार के कुछ वैज्ञानिक प्रयास हुए हैं जिनमें तकनीकी दृष्टि से सही सिद्धान्तों और प्रक्रिया के अनुरूप पाठ्यचर्या निर्माण का कार्य हुआ है। परन्तु सामान्य रूप से भारतीय शिक्षा तंत्र में यह पक्ष अभी भी उपेक्षित क्षेत्र है।

सामान्यत: कतिपय शिक्षा-क्रमों (Courses) के लिए राज्यों के माध्यमिक शिक्षा बोर्डों या राज्यों के शिक्षा विभागों या विश्वविद्यालयों द्वारा जो पाठ्यचर्याएँ विकसित की गई हैं, वस्तुत: उन्हें कुछ पाठ्य विषयों की परिगणना मात्र ही कहा जा सकता है, पाठ्यचर्या नहीं। सामान्यत: उन्हें पाठ्यक्रम (Syllabus) कहा जाता है और वे इसके अतिरिक्त और कुछ नहीं हैं। यहाँ तक कि इन पाठ्यक्रमों में विषय-वस्तुओं या अध्ययन के विषयों को मान्य मानदण्डों के अनुसार परिभाषित भी नहीं किया जाता और सामान्यत: पाठ्यक्रम विशेष के विषयों की प्रक्रियात्मक व्याख्या को शिक्षकों या निर्धारित पाठ्यपुस्तकों के ऊपर छोड़ दिया जाता है। हाँ, अब कुछ शैक्षिक संस्थाएँ विभिन्न शिक्षाक्रमों (Courses) के पाठ्यक्रमों में विभिन्न विषयों के शैक्षणिक उद्देश्यों को अवश्य देने लगी हैं। परन्तु यह सब कुछ मात्र भी दिखाने के लिए ही होता है, प्रकार्यात्मक रूप में नहीं। क्योंकि ऐसी अधिकांश स्थितियों में पहले से वर्तमान पाठ्यक्रमों पर शैक्षणिक उद्‌देश्यों को आरोपित-सा कर दिया जाता है।

वस्तुतः इस प्रकार पाठ्यचर्या निर्माण के क्रम को उलट दिया जाता है। परंतु इस प्रकार के नवाचारों को पाठ्यचर्चा नहीं कहा जा सकता।

यहाँ यह कहना भी कोई अतिशयोक्ति नहीं होगा कि शिक्षक-शिक्षा के शिक्षाक्रमों में भी जहाँ पाठ्यचर्या को एक-केन्द्रिक अवधारणा माना जाता है, कुछ प्रश्नपत्रों के रूप में विषयों की परिगणना दिखाई देती हैं, न कि पाठ्यचर्या निर्माण के मूलभूत सिद्धान्तों के आधार पर विकसित और निर्धारित कोई पाठ्यचर्या।

प्रस्तुत अध्याय का मुख्य उद्देश्य पाठ्यचर्या निर्माण की एक व्यावहारिक रणनीति प्रस्तुत करना है जिस पर शिक्षा-क्रमों को निर्धारित करने वाले शैक्षिक-अभिकरण स्वीकार करने या अनुकूलित करने के लिए विचार कर सकते हैं।

यहाँ पाठ्यचर्या निर्माण की अवधारणा को इस प्रकार स्पष्ट करने का प्रयास किया जाएगा जिससे वास्तविक स्थितियों में उसका अनुप्रयोग किया जा सके।

4.2 आधारभूत विचार (Basic Considerations)

पाठ्यचर्या-निर्माण के मुख्यतः तीन आधारभूत विचारणीय बिन्दु हैं:

4.2.1. *व्यक्तिः* बालक, उनकी सम्भावित आयु-वर्ग, मानसिक विकास स्तर, पार्श्वभूमि (परिवार व समाज), उनके पूर्व ज्ञान का स्तर और आकांक्षाएँ आदि।

4.2.2. *समाजः* इसके अंतर्गत सामाजिक व्यवस्था, राष्ट्र की आर्थिक नीतियाँ, राजनैतिक व्यवस्था, सांस्कृतिक विरासत, राष्ट्र का जीवन-दर्शन।

4.2.3. *मानव-ज्ञानः* विभिन्न क्षेत्रों में सुरक्षित मानव ज्ञान जो तीव्रगति से विकसित हो रहा है और जिसका प्रभाव हमारी जीवन-शैली पर पड़ रहा है।

उपर्युक्त तीन विचार पाठ्यचर्या की आधार भूमि हैं और ये ही शैक्षिक उद्देश्यों के स्रोतों में सर्वाधिक महत्त्वपूर्ण होते हैं।

4.3 उद्देश्य-कथन और उनका व्युत्पादन (Derivation and Statement of Objectives)

उपर्युक्त विचारों की व्याख्या ही शैक्षिक उद्देश्यों की दिशा निर्धारित करती हैं। क्योंकि इन्हीं समग्र उद्देश्यों के आधार पर शिक्षा के विभिन्न स्तरों के लिए (प्राथमिक, माध्यमिक और विश्वविद्यालय) उद्दश्यों को व्युत्पन्न किया जा सकता है और अंत में स्तरानुसार उद्देश्यों के आधार पर विभिन्न विषय-क्षेत्रों और शिक्षा-क्रमों के लिए शैक्षणिक उद्देश्यों को विकसित किया जा सकता है।

इन शैक्षणिक उद्देश्यों के आधार पर विभिन्न शिक्षा-क्रमों के लिए वास्तविक पाठ्यचर्या की संक्रियात्मक रूपरेखा निर्धारित की जाती है जिन्हें शिक्षार्थियों के संवर्धन/विकास के तीन क्षेत्रों के रूप में, यथा संज्ञानात्मक (cognitive), भावात्मक (affective) और मनोगत्यात्मक (Psychomotor), सोचा जा सकता है। स्पष्टीकरण के लिए शैक्षणिक उद्देश्य का वर्गीकरण आगे दिया जा रहा है जिसे सामान्यतः संभाम (CAP) कहा जाता है।

4.4 शैक्षिक उद्देश्यों का संभाम (संज्ञानात्मक, भावात्मक, मनोगत्यात्मक) के रूप में (CAP Classification of Educational Objectives)

संज्ञानात्मक, भावात्मक और मनोगत्यात्मक क्षेत्रों के उद्देश्यों के अधिक्रम का सामासिक आदर्श (मॉडल)।

4.5 छात्र-संवर्धन/विकास (Affective Growth)

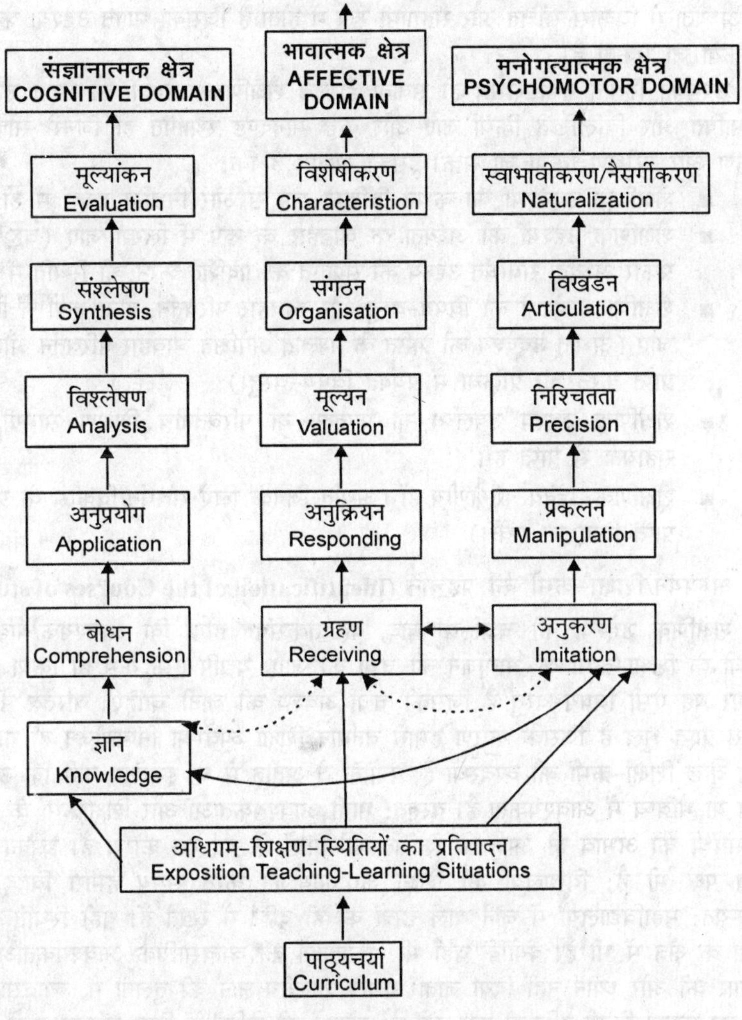

आरेख 4.1

- ■ बी.एस. ब्लूम आदि-टैक्सोनॉमी ऑफ़ एजूकेशनल ऑब्जेक्टिव-कॉग्नेटिव एण्ड अफैक्टिव, डोमेन, डेविड मैके, कम्पनी, न्यूयॉर्क द्वारा प्रस्तावित
- ■■ आर. एच. दवे, डेवलपमेंट इन ऐजूकेशनल टेस्टिंग खंड-I, यूनीवर्सिटी ऑफ लंदन, 1969, पृ. 203-214। तीनों क्षेत्रों को मिलाकर सामासिक मॉडल प्रस्तावित

4.1 आरेख से स्पष्ट होता है कि जब कोई छात्र किसी शिक्षण-अधिगम स्थिति का सामना करता है तो उससे उसमें कुछ विकास/संवर्धन होता है जो उसके व्यक्तित्व के एक

या एकाधिक पक्षों में हो सकता है और वह विभिन्न मात्रा में भी हो सकता है। इसका अर्थ है कि अध्येता में विकास संचित और सहगामी रूप में होता है जिसका मापन उद्देश्यों के रूप में किया जा सकता है।

उपर्युक्त स्थिति तभी संभव हो सकती है जब शैक्षणिक उद्देश्यों को स्पष्ट रूप से परिभाषित और विलिखित किया जाए और कुछ मानदण्ड स्थापित हों जिनसे सोद्‌देश्य शिक्षण और परीक्षण किया जा सके। इसका आशय है कि:

- शैक्षणिक उद्‌देश्यों का कथन विशिष्ट रूप से और निर्भ्रान्त शब्दों में हो।
- शैक्षणिक उद्देश्यों को अध्येता के व्यवहार के रूप में लिखा जाए (वह जिस प्रकार अध्येता संबंधित उद्देश्य की संप्राप्ति को प्रदर्शित करने की स्थिति में हो।)
- शैक्षणिक उद्देश्यों को विषय-वस्तु और व्यवहार परिवर्तन, दोनों रूपों में लिखा जाए (अर्थात् उद्‌देश्य की प्राप्ति के पश्चात् अपेक्षित व्यवहार परिवर्तन और इसे प्राप्त करने की प्रक्रिया में प्रयुक्त विषय-वस्तु।)
- शैक्षणिक उद्देश्य उपलब्ध या प्राप्तव्य या परिवर्तनीय शिक्षण सामग्री की सहायता से प्राप्त हों।
- शैक्षणिक उद्देश्य परीक्षणीय हों (अर्थात् जिनके लिए संवर्धन/विकास के प्रमाण प्राप्त किए जा सकें।)

4.6 अध्ययन/शिक्षा-क्रमों की पहचान (Identification of the Courses of study)

शैक्षणिक उद्देश्यों की चर्चा के बाद, यह तर्कसंगत होगा कि आवश्यक/वांछनीय विषयों के शिक्षा-क्रमों के आयोजन की चर्चा की जाए। यद्यपि ऐसा कम ही किया जाता है। पर यह ऐसी विषय-वस्तु है जिसकी चर्चा अवश्य की जानी चाहिए। वास्तव में यह परंपरा प्राप्त भूल है जिसके कारण हमारी वर्तमान शिक्षा व्यवस्था निष्प्रयोजन हो गई है। आज कुछ शिक्षा-क्रमों की व्यवस्था है, क्योंकि वे अतीत में थे, इसलिए नहीं कि उनकी आज या भविष्य में आवश्यकता है। वस्तुतः भावी आवश्यकताओं और शिक्षाक्रमों के बीच के संबंधों का अभाव ही आज के शिक्षित बेरोजगारों के दर्द का कारण हैं। इसका एक दूसरा पक्ष भी है; विद्यालयों की शिक्षा का आयोजन करते समय हमारा विद्वद् वर्ग सामान्यतः महाविद्यालयों में जाने वाले छात्रों को ही दृष्टि में रखते हैं। यही स्थिति उच्च शिक्षा के क्षेत्र में भी है। क्योंकि वहाँ भी अध्येताओं की व्यावसायिक आवश्यकताओं या रोजगार की ओर ध्यान नहीं दिया जाता। यद्यपि शास्त्रीय ज्ञान की तुलना में, व्यावसायिक ज्ञान का महत्त्व किसी दृष्टि से कम नहीं है। उद्देश्यों की प्राप्ति के लिए अध्येताओं में कुछ मूलभूत कुशलताएँ विकसित करने की आवश्यकता है। इसलिए पाठ्यचर्या में विभिन्न धाराओं के विषयों को सम्मिलित किया जाना चाहिए।

4.7 विभिन्न शिक्षण-क्रमों के लिए पाठ्यचर्या का विकास (Deveoping Curriculum for the Different Courses)

विभिन्न प्रकार के विषयों के विविध प्रकार के शिक्षण-क्रमों और उनके उद्देश्यों की पहचान करने के बाद ही उनकी अपनी-अपनी पाठ्यचर्याओं के निर्माण का कार्य किया जा सकता है। पाठ्यचर्या निर्माण के प्रसंग में यह मानकर चलना चाहिए कि इस कार्य को कोई एक व्यक्ति नहीं कर सकता। **इसमें** विषय-विशेषज्ञों का जो एकाधिकार अतीत काल

से चला आ रहा, उसे अब पाठ्यचर्या निर्माण के कार्य में कदापि नहीं माना जाना चाहिए। क्योंकि पाठ्यचर्या निर्माण का कार्य एक प्रक्रिया है जिसमें अनेक विशेषज्ञों के योगदान की आवश्यकता होती है। मुख्य रूप से इस कार्य में, जैसाकि आरेख सं. 4.2 में दिखाया गया है, हर प्रकार के विशेषज्ञोंओं के विशेष योगदान की आवश्यकता होती है।

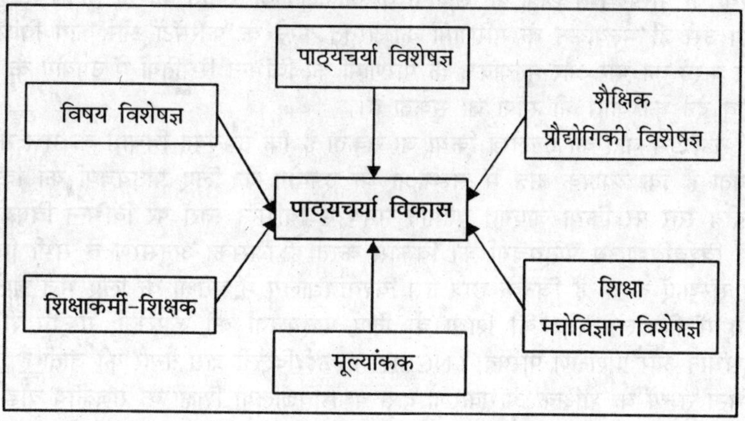

आरेख 4.2

पाठ्यचर्या निर्माण के कार्य में इन विशेषज्ञों की अपनी-अपनी भूमिका रहती है। संक्षेप में कहा जा सकता है कि पाठ्यचर्या विशेषज्ञ पूरे अनुष्ठान की सामान्य रूपरेखा या योजना का संचालक होगा। वह विभिन्न विशेषज्ञों के कार्यों का समन्वयन करेगा, विषय विशेषज्ञ, जो उच्च शिक्षा संस्थाओं या विश्वविद्यालय से लिया जा सकता है और जो सुनिश्चित कर सकते हैं कि जो विषय-वस्तु ली जा रही है, वह सही है, अद्यतन है और तथ्यों का प्रस्तुतीकरण भी सही है। शैक्षिक प्रौद्योगिकी का विशेषज्ञ यह बता सकेगा कि प्रस्तावित शिक्षण की प्रविधियाँ और सहायक सामग्री शैक्षणिक स्थिति के लिए उपयुक्त हैं या नहीं। वह उद्देश्यों, विषय-वस्तु और शैक्षणिक तकनीकों के बीच उचित सम्बन्ध स्थापित कर सकेगा। वह किसी प्रशिक्षण संस्था से संबंधित शिक्षाशास्त्री भी हो सकता है। शिक्षा मनोविज्ञान का विशेषज्ञ निर्धारित लक्ष्यों की प्राप्ति के लिए प्रस्तावित विषय-वस्तु और पद्धति की संभावनाओं की जाँच कर सकता है। वह छात्रों के मानसिक विकास की दृष्टि से उनकी उपयुक्तता पर विचार कर सकता है और प्रस्तुतीकरण की पर्याप्तता आदि को देख सकता है। शिक्षा-कर्मी निश्चित ही शिक्षक होगा जो उद्देश्य, विषय-वस्तु और पद्धति की उपयुक्तता शिक्षार्थियों की दृष्टि से देख सकता है। वह बता सकता है कि प्रस्तावित उद्देश्य छात्रों की दृष्टि से अधिक उच्च या निम्न तो नहीं हैं। विषय-वस्तु अनुस्तरित है और वह छात्रों के वर्ग के पूर्व अर्जित ज्ञान और क्षमताओं के अनुरूप हैं और क्या प्रस्तावित पद्धति, उपलब्ध संसाधनों द्वारा प्रयुक्त हो सकती है या उनमें कुछ हेरफेर करना पड़ेगा या नए संसाधन प्राप्त करने होंगे। उसे पाठ्यचर्या को उपलब्ध समय की सीमाओं में क्रियान्वित करने की दृष्टि से निर्णय करना होगा। सबसे महत्त्वपूर्ण बात यह भी है कि उसे आत्मनिरीक्षण करके यह बताना होगा कि प्रस्तावित पाठ्यचर्या के अनुसार सामान्य शिक्षक

शिक्षण कर सकेंगे या नहीं। मूल्यांकक को छात्रों के विकास के तीनों क्षेत्रों (संज्ञानात्मक, भावात्मक और मनोगत्यात्मक) में परिमाण के आकलन के लिए मूल्यांकन की उपयुक्त तकनीकों की सही पहचान कर, चुनना होगा। उसे ही अधिकांश मामलों में मूल्यांकन के विभिन्न प्रकार के उपकरण विकसित करने पड़ेंगे और उपलब्धि के स्तरों को पूर्वनिर्धारित उद्देश्यों के परिप्रेक्ष्य में छात्रों की संप्राप्ति के आकलन के प्रकारों को भी सुनिश्चित करना होगा। उसे ही मूल्यांकन के परिणामों को प्रस्तुत करने के फॉरमेंटों और कार्य विधि को तैयार करने का भार और मूल्यांकन के परिणामों का विभिन्न स्थितियों में उपयोग के लिए सुझाव देने का काम भी सौंपा जा सकता है।

यहाँ इस बात का उल्लेख किया जा सकता है कि उपर्युक्त विचारों के मूल में यह मान्यता है कि व्यापक क्षेत्र में संस्थाओं के उपयोग के लिए पाठ्यचर्या का विकास केन्द्रीय स्तर पर किया जाएगा। वर्तमान समय में विभिन्न स्तरों पर विभिन्न विषयों के लिए विश्वविद्यालय पाठ्यचर्या का विकास करते हैं जिसका अनुसरण वे सभी विभाग और संस्थाएँ करती हैं जिनके छात्र उस विश्वविद्यालय में परीक्षा के लिए भेजे जाते हैं। भारत में विद्यालय स्तर की शिक्षा के लिए पाठ्यचर्या की रूपरेखा, राष्ट्रीय शैक्षिक अनुसंधान और प्रशिक्षण परिषद, (NCERT) नई दिल्ली द्वारा तैयार की जाती है, जिसे विभिन्न राज्यों के शैक्षिक अभिकरणों द्वारा यथा विद्यालयी शिक्षा के राजकीय बोर्ड और राज्यों के शिक्षा विभाग (प्राथमिक और उच्च प्राथमिक स्तर के लिए) उन्हें यथावत् या थोड़े बहुत बदलाव के साथ स्वीकार कर लेते हैं। क्योंकि प्रस्तुत अध्याय में दिए गए प्रस्ताव में कोई मूलभूत परिवर्तन नहीं सुझाए गए हैं अत: पाठ्यचर्या के निर्माण के कार्य में संलग्न किसी भी अभिकरण के लिए दिए गए सुझावों को स्वीकार करना कठिन नहीं होगा।

फिर भी पाठ्यचर्या निर्माण के कार्य में जुड़ी हुई इन संस्थाओं/अभिकरणों के लिए यह आवश्यक होगा कि वे इस प्रकार की स्थितियाँ और आवश्यक सुविधाएँ प्रदान करें जिनसे सभी की अनुभूत आवश्यकताओं की पूर्ति के लिए पाठ्यचर्याओं का विकास किया जा सकें और वर्तमान पाठ्यचर्याओं की विसंगतियों को दूर किया जा सके, साथ ही यह याद रखना होगा कि उद्योगों के समान शिक्षा के क्षेत्र में किए गए कार्यों का प्रतिफल शीघ्र नहीं मिलता। आज हम जो विनिवेश करते हैं, उसका प्रतिफल आगामी पीढ़ी को मिलेगा और आज जिस समय और शक्ति का विनिवेश इस कार्य में किया जा रहा है, उसके फल का अनुमान भविष्य में ही किया जा सकेगा।

संक्षेप में, किसी शिक्षण-क्रम के लिए पाठ्यचर्या के विकास के लिए निम्नलिखित बिन्दु हो सकते हैं:

1. शिक्षण/अनुदेशन के उद्देश्य
2. शिक्षण-क्रम
3. प्रत्येक शिक्षण-क्रम की पाठ्यचर्या

   3.1 प्रत्येक शिक्षण-क्रम के विशिष्ट उद्देश्य

   3.2 प्रत्येक शिक्षण-क्रम की विभिन्न इकाइयों के लिए विषय-वस्तु

      3.2.1 सैद्धान्तिक

      3.2.2 प्रायोगिक

3.3 शैक्षणिक सामग्री
- 3.3.1 शिक्षकों के उपयोग के लिए
- 3.3.2 शिक्षार्थियों के उपयोग के लिए
- 3.3.3 शिक्षक और शिक्षार्थी दोनों के उपयोग के लिए

3.4 शैक्षणिक पद्धति और सहायक सामग्री

3.5 मूल्यांकन की योजना
- 3.5.1 सुधार के लिए सतत और समग्र विद्यालयगत मूल्यांकन
- 3.5.2 मापन के लिए बाह्य मूल्यांकन

4.8 पाठ्यचर्या सामग्री का विकास (Developing Curriculum Materials)

प्रारम्भ में पारंपरिक शैक्षिक व्यवस्था में केवल पाठ्य-पुस्तकें ही इस प्रकार की सामग्री थी। कुछ समय पहले तक इनका निर्माण निजी रूप से व्यक्तियों द्वारा किया जाता था और शैक्षिक अभिकरण, इनमें से कुछ को किसी विशिष्ट शिक्षण क्रम के लिए चुन लेते थे। इन्हें स्वीकृत या संस्तुत 'पाठ्य-पुस्तक' कहा जाता था और उस शिक्षण क्रम में सभी छात्र उन्हीं पाठ्य-पुस्तकों की सहायता से परीक्षा की तैयारी करते थे। कुछ समय से अब विद्यालयी स्तर की पाठ्य-पुस्तकों के विकास का कार्य सरकारी अभिकरण भी कर रहे हैं।

1960 के बाद से विद्यालय स्तर पर 'शिक्षक संदर्शिका' और छात्रों के लिए अभ्यास-पुस्तिकाएँ प्रचलित हो गई हैं। इससे पहले इस प्रकार की सामग्री का निर्माण करने का कोई सुनिश्चित प्रयास नहीं था। हाँ, विदेशों में इस प्रकार की सामग्री प्रचलित थी। परंतु उनका संबंध भारत की पाठ्यचर्याओं के लिए नहीं था। क्योंकि उनका आयात किया जाता था अतः वे महँगी भी थी। अतः देश में ऐसा गलत प्रचार हो गया कि यदि उनको देश में ही विकसित किया जाए तो भी वे महँगी होंगी और अधिकांश छात्रों और शिक्षकों के लिए उनको खरीदना उनकी क्रय क्षमता के बाहर ही होगा। अतः इस प्रकार के भय के कारण इस प्रकार के कार्य की कोई योजना नहीं बनी। अतः 1960 के आस-पास राष्ट्रीय शैक्षिक अनुसंधान और प्रशिक्षण परिषद्, नई दिल्ली ने एक व्यापक पाठ्यचर्या परियोजना का शुभारंभ किया। इस प्रकार देश में पहली बार किसी सरकारी संस्था ने इसकी योजना बनाई और विविध प्रकार की शैक्षिक सामग्री के निर्माण का कार्य शुरू किया। पाठ्य-पुस्तकों के अतिरिक्त शिक्षक संदर्शिकाएँ, छात्रों के लिए अभ्यास पुस्तिकाएँ, सुलेख-पुस्तिकाएँ, पठन तत्परता सामग्री विकसित की गईं।

'सामाजिक अध्ययन' के लिए भी शिक्षक संदर्शिका, शैक्षणिक मानचित्र/आरेख आदि पाठ्य-पुस्तकों के साथ-साथ विकसित किए गए। विज्ञान शिक्षा के लिए पाठ्य-पुस्तकों के अतिरिक्त संदर्शिका, निदर्शन और प्रयोगों के लिए सस्ते उपकरण, प्रयोगशाला मैन्यूअल आदि का विकास किया गया।

उपर्युक्त विवरण में शैक्षणिक सामग्री के प्रमुख प्रकारों की चर्चा की गई है। शिक्षा के विभिन्न स्तरों पर कार्य करने के लिए बनी संस्थाओं को इस दिशा में और भी काम करने की आवश्यकता है। यहाँ यही विशेष रूप से कहना है कि विभिन्न प्रकार की शैक्षणिक सामग्री के निर्माण के काम को पाठ्यचर्या निर्माण के काम के अभिन्न अंग के रूप में स्वीकार किया जाना चाहिए। इसके लिए किसी विशिष्ट विभाग के निर्माण की आवश्यकता नहीं है। हाँ एक छोटा-सा वर्ग इस दिशा में महत्त्वपूर्ण कार्य कर सकता है।

इसका आशय यही है कि हमें उस पारम्परिक व्यवस्था से थोड़ा हटकर कार्य करना होगा जिसमें विभिन्न विषयों के शिक्षाक्रमों के पाठ्यक्रमों के निर्माण के विविध अध्ययन बोर्ड बनाए जाते थे। ये बोर्ड आपस में किसी प्रकार के संबंध के अभाव के कारण अलग-अलग रूप से काम करते थे जिसके कारण विषयों में समन्वय का अभाव रहता था और उनके विविध शिक्षा-क्रमों में एकसूत्रता नहीं होती थी। इस सारी चर्चा का फलितार्थ यही है कि पाठ्यचर्या निर्माण एक विशेषज्ञता वाला कार्य है जिसे कोई भी शैक्षिक अभिकरण थोड़े से प्रशासनिक हेरफेर से कर सकता है। अभिकरण के अंतर्गत ही अकादमिक/पाठ्यचर्या एकक स्थापित किया जा सकता है जिसमें पाठ्यचर्या, मूल्यांकन, शैक्षणिक सामग्री, शैक्षिक प्रौद्योगिकी आदि के विशेषज्ञ एक साथ मिलकर काम कर सकते हैं। आवश्यकतानुसार यह इकाई यथासमय बाहर के विशेषज्ञों को भी आमन्त्रित कर सकती है। वर्तमान संदर्भ में यह वांछनीय ही नहीं परमावश्यक भी है कि शिक्षाविद् व्यवसाय और व्यापार की संस्थाओं के साथ भी सहयोग करें जिसमें केवल परामर्श ही नहीं, उनकी पूरी भागेदारी भी हो और शिक्षणक्रमों के विकास और क्रियान्वयन में उनका सक्रिय सहयोग हो। इस प्रकार नौकरी के बाजार की आवश्यकताओं का भी ध्यान रखा जा सके। परंतु पाठ्यचर्या निर्माण और उसके क्रियान्वयन के लिए शैक्षणिक और मूल्यांकन की सामग्री के निर्माण का दायित्व पूर्णतः शैक्षिक अभिकरण का ही होना चाहिए। तभी समन्वित पाठ्यचर्या निर्माण का कार्य संभव हो सकेगा।

इस प्रकार की परिस्थिति में (सेट-अप में) स्कूल स्तर पर, बोर्ड ऑफ स्टडीज़ (अध्ययन बोर्ड) अथवा शिक्षण-क्रम की समितियाँ, पाठ्यचर्या समितियों का रूप ले सकती हैं। (भारतीय संदर्भ में राष्ट्रीय पाठ्यचर्या की रूपरेखा को यथावत या कुछ अनुकलन के साथ स्वीकार किया जा सकता है।) पाठ्यचर्या की संकल्पना के विस्तार के लिए इन समितियों में कार्यरत व्यक्तियों की सेवाओं का उपयोग विविध प्रकार शैक्षणिक सामग्री और मूल्यांकन के उपकरणों के विकास से संबंधित कार्यों के लिए किया जा सकता है। साथ ही इनसे संबंधित अन्य सभी शास्त्रीय पक्षों से जुड़े अनुष्ठानों में भी इन विशेषज्ञों की सेवाएँ ली जा सकती हैं। शैक्षिक अभिकरणों के कार्य को दो भागों में विभक्त किया जा सकता है, यथा मूल्यांकन और प्रमाणीकरण से संबन्धित कार्यों का एक विभाग और दूसरा प्रशासनिक पक्ष का कार्यभार ले सकता है। इस प्रकार के विभागों को कार्य करने के लिए आवश्यक सहायक कर्मचारियों की आवश्यकता होगी ही। इस व्यवस्था से अकादमिक कार्य को उचित सम्मान भी मिल सकेगा।

स्पष्ट है कि अकादमिक कार्यों के कई आयाम होते हैं। अतः उसको अधिक सम्मान और अधिकार प्राप्त होने चाहिए जो अब तक पाठ्य-क्रम समितियों को प्राप्त नहीं है। विशेषकर परीक्षा के कार्यों से संबंधित अभिकरणों द्वारा, जो केवल परीक्षाओं के आयोजन के कार्य में ही व्यस्त रहते हैं।

14.9 मूल्यांकन सामग्री (उपकरण) और कार्य विधि का विकास (Deveoping Evaluation Procedures and Materials)

शैक्षणिक सामग्री और पद्धति और मूल्यांकन के लिए आवश्यक उपकरण या सामग्री और कार्य-विधि के विकास के कार्य साथ-साथ चल सकते हैं। शैक्षणिक सामग्री का लक्ष्य और प्रकार्य है, अध्येता को शैक्षणिक उद्देश्यों की प्राप्ति में सहायता प्रदान करना है

जबकि मूल्यांकन के द्वारा प्रदत्त शैक्षणिक सामग्री की सहायता से छात्रों की उपलब्धियों के स्तर का आकलन करना है।

मूल्यांकन के कार्यक्रम को उक्त रूप में विकसित करने के लिए निम्नलिखित बातों का ध्यान रखना होगा।

4.9.1 उद्देश्य आधारित (Objective based)

संज्ञानात्मक, भावात्मक और मनोगत्यात्मक क्षेत्रों से संबन्धित सभी शैक्षणिक उद्देश्यों के वैध और विश्वसनीय रूप से मूल्यांकन का आधार प्रदान करना आवश्यक है। क्योंकि इसी के आधार पर छात्रों के विकास की कमियों और सामर्थ्य का सही आकलन संभव होता है जिसके अनुसार न केवल छात्रों द्वारा प्राप्त विभिन्न क्षमताओं का आकलन और प्रमाणीकरण होता है, अपितु उनमें उपचारात्मक उपायों से और अधिक सुधार करने की संभावना भी सामने आती है।

4.9.2 सतत (Continuous)

थोड़े-थोड़े अंतराल के बाद सामान्यत: किए जाने वाले परीक्षणों के बदले सतत परीक्षण और मूल्यांकन करते रहने से छात्रों की उपलब्धियों और उनकी गुणवत्ता की सही जाँच होती रह सकती है जिससे छात्र और शिक्षक दोनों लाभान्वित हो सकते हैं।

4.9.3 समग्र (Comprehensive)

मूल्यांकन कार्यक्रम द्वारा छात्रों के विकास के दोनों पक्षों शास्त्रीय और शास्त्रेतर की जाँच करनी चाहिए। क्योंकि इसी के आधार पर शैक्षिक संस्थाएँ अपने छात्रों की सभी क्षमताओं के विकास के लिए उपयुक्त कार्यक्रम बना सकती हैं और उनके क्रियान्वयन के लिए पर्याप्त अवसर प्रदान कर सकती हैं। क्षमताओं के समग्र मूल्यांकन के अभाव में छात्रों की क्षमताओं के विकास के कुछ पक्षों की उपेक्षा हो सकती।

4.9.4 विविध प्रकार की तकनीकों और उपकरणों का उपयोग (Use of a varicty of techniques and tools)

मूल्यांकन कार्यक्रम का आयोजन क्योंकि छात्रों के विकास के शैक्षिक और गैर-शैक्षिक दोनों पक्षों के लिए किया जाता है, अत: आवश्यक है कि परीक्षण की विविध प्रकार की तकनीकों का उपयोग किया जाए, जैसे निरीक्षण, जाँच-सूची, वस्तु-सूची, मान-दर आदि।

4.10 पाठ्यचर्या-क्रियान्वयन (Curriculum Implementation)

गह एक अत्यन्त महत्त्वपूर्ण कदम है। क्योंकि इसके माध्यम से ही पाठ्यचर्या निर्माण में अनेक तत्त्वों का समावेश किया जाता है। यह मुख्यत: शिक्षकों का कार्य क्षेत्र है; वह इसका स्वामी और संचालक होता है और वही पाठ्यचर्या में मान्य सभी अधिगम-अनुभवों को प्रदान करता है, या उसमें हेर-फेर करता है। यही वह अवस्था है जिसमें एक ओर पाठ्यचर्चा और दूसरी ओर शिक्षक और शिक्षार्थियों के बीच की अन्त:क्रियाएँ संभव होती हैं। इसे निम्नलिखित आरेख की सहायता से स्पष्ट किया जा सकता है।

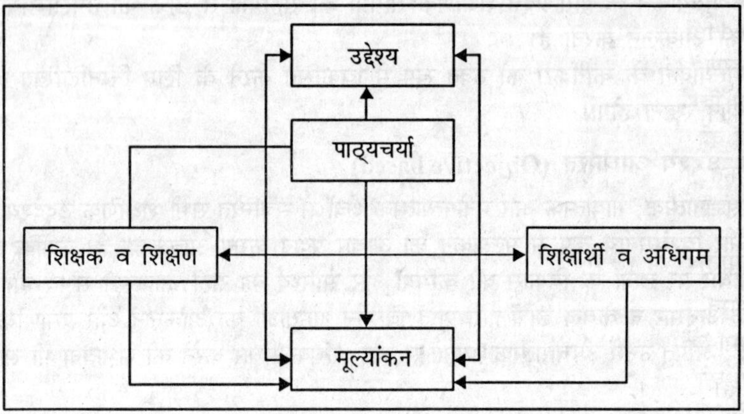

आरेख 4.3

उद्देश्य पाठ्यचर्या के विभिन्न पक्षों को जोड़ने वाली कड़ी होते हैं जिसके अनुसार शिक्षक और शिक्षार्थी दोनों कार्य करते हैं। शिक्षक और शिक्षार्थी दोनों, पाठ्यचर्या के क्रियान्वयन के द्वारा उद्देश्यों की प्राप्ति के लिए कार्य करते हैं और जिनका व्यवस्थित रूप से मूल्यांकन भी उन्हीं उद्देश्यों के आधार पर किया जाता है। इसे ही पाठ्यचर्या क्रियान्वयन कहते हैं और इसकी प्रक्रिया को, उद्देश्य आधारित अनुदेशन और अधिगम।

यहाँ इस बात का उल्लेख किया जा सकता है कि उपर्युक्त क्रियान्वयन को कई बाहरी और अन्दरूनी तत्त्व प्रभावित करते रहते हैं। शिक्षक की दृष्टि से उल्लेख्य है, उसकी अकादमिक पार्श्व-भू, या शैक्षिक योग्यता, प्रशिक्षण, संसाधनों की उपलब्धता और अनुदेशन की सहायक सामग्री, उसकी शिक्षण में रुचि और वचनबद्धता और कार्य करने से प्राप्त संतोष इत्यादि। शिक्षार्थियों की दृष्टि से देखें तो शैक्षिक विषयों में उनकी रुचि और अध्ययन के प्रति अभिवृत्ति, उसकी उपलब्धि और विकास का स्तर, पाठ्यक्रम को आत्मसात् करने के लिए उसकी पूर्व तैयारी, उसकी भावी योग्यताएँ, उसकी अभिप्रेरणा आदि। शिक्षक और शिक्षार्थी दोनों की दृष्टि से उल्लेखनीय हैं, विद्यालय का वातावरण और आचार-विचार, उसके द्वारा दी जा रही अभिप्रेरणा और प्रोत्साहन के साथ-साथ शैक्षणिक सामग्री की उपलब्धता और उनका उपयोग।

इस संदर्भ में अनुदेशन का उपागम भी एक महत्त्वपूर्ण तथ्य है जिस पर ध्यान दिया जाना चाहिए। सामान्यतः शिक्षाशास्त्री शिक्षण-अधिगम की स्थिति को सामान्य समरूपी वक्ररेखा (Symmetrical Normal Curve) और स्टेनाइन स्केल (Stanine Scale) (इनकी विस्तार से चर्चा श्रेणीकरण से संबंधित अध्याय में की जाएगी) की अवधारणा के आधार पर देखते हैं। वे सोचते हैं कि किसी भी वर्ग में 4% व्यक्ति ही उच्चतम और 4% ही निम्नतम स्तर के अंक प्राप्त करते हैं। इस विचार ने शिक्षा शास्त्रियों के चिन्तन को बाँध रखा है और वे किसी दूसरी दृष्टि से स्थिति को देखना नहीं चाहते।

वस्तुतः प्राप्तांकों के सामान्य वितरण में कई बार आकस्मिकता और संयोग की भी भूमिका रहती है। यदि अनुदेशन (शिक्षण) की प्रक्रिया में कुछ नए बच्चों को डाल दिया

जाए तो प्राप्तांकों का वितरण सामान्य नहीं रहता और वह नकारात्मक वक्र रूप (Negatively Skewed form) ग्रहण कर लेता है। अतः इसे मानने के लिए पर्याप्त कारण हैं कि प्राप्तांकों का वितरण जितना सामान्य के निकट हो, उतना ही अधिक-निष्प्रभावी हमारा अनुदेशन है। शिकागो विश्वविद्यालय के प्रो. बी. एस. ब्लूम ने इस तर्क को प्रस्तावित किया है जो हमारे शिक्षकों की रुचि का विषय हो सकता है और उसे वे शैक्षणिक चुनौती के रूप से स्वीकार कर सकते हैं। अतः हमें सबसे अधिक कमजोर शिक्षार्थियों को भी प्रतिभाशाली छात्रों के समान उच्च प्राप्तांक प्राप्त करने के योग्य बनाने की क्षमता में विश्वास रखना चाहिए।

4.11 पाठ्यचर्या का मूल्यांकन (Curriculum Evaluation)

भारत में पाठ्यचर्या विकास के क्षेत्र में सबसे कमजोर पक्ष पाठ्यचर्या विकास के कार्यक्रमों का वस्तुनिष्ठ मूल्यांकन ही है। क्योंकि पाठ्यचर्या और उसकी सामग्री के पूर्व परीक्षण की आवश्यकता होती है जिससे ज्ञात हो सके कि वे उद्देश्यों की प्राप्ति के लिए उपयुक्त और पर्याप्त हैं या नहीं। भारतीय संदर्भ में ऐसा शायद ही कभी होता हो और यदि ऐसा कहीं-कहीं होता भी है तो उस प्रकार नहीं होता जिस प्रकार होना चाहिए। वस्तुतः पाठ्यचर्या के मूल्यांकन के लिए उसकी विभिन्न इकाइयों का मूल्यांकन तभी किया जा सकता है जब उनको विकसित किया जाता है अथवा जब पूरी पाठ्यचर्या विकसित हो जाए तभी उसका संपूर्णतः मूल्यांकन भी किया जा सकता है। परन्तु वैज्ञानिक दृष्टि से जब नितांत नई पाठ्यचर्या का विकास किया जाता है तब उक्त दो प्रकारों से पूर्वपरीक्षण किया जाना चाहिए। परंतु यदि किसी पूर्व विकसित पाठ्यचर्या के किसी अंशविशेष का पुनरीक्षण करना हो तो उसमें जोड़े गए नए अंशों का ही पूर्व परीक्षण किया जाना चाहिए।

परन्तु इन सभी प्रकारों के मूल्यांकनों का उद्देश्य यह पता लगाना होता है कि पाठ्यचर्या के विभिन्न तत्त्व और उसकी कार्य विधि व व्यवहार, किस सीमा तक निर्धारित उद्देश्यों की प्राप्ति में सहायक हैं। इस प्रक्रिया में एक ही प्रकार की सामग्री और प्रविधि के बदले कई प्रकार की सामग्री और प्रविधियों का प्रयोग किया जा सकता है जिसके आधार पर सर्वोत्तम या सर्वाधिक प्रभावी सामग्री और प्रविधि को स्वीकार किया जा सके। पूर्व परीक्षण के आधार पर नीचे लिखे प्रश्नों के उत्तर प्राप्त करने का प्रयास किया जाना चाहिए।

- क्या शिक्षण/अनुदेशन के लिए निर्धारित उद्देश्य अध्येताओं की क्षमताओं के अनुरूप हैं?
- क्या विषय-वस्तुओं का एक या एकाधिक सम्मुचय उद्देश्यों की प्राप्ति के लिए उपयुक्त और पर्याप्त है?
- पूर्वपरीक्षण में प्रयुक्त विविध पद्धत्तियों में कौन-सी पद्धत्ति, अन्य पद्धतियों की तुलना में अधिक उपयुक्त है।
- कौन-सी शिक्षण-सामग्री या उनका सेट-अन्यों की तुलना में छात्रों के लिए अधिक उपयुक्त है।
- क्या मूल्यांकन की योजना वैध और विश्वसनीय परीक्षण के लिए उपयुक्त है? और क्या इनके द्वारा प्राप्त निदानों के आधार पर किए गए उपचार अभिप्रेरणा, पुनर्वलन आदि की सहायता से शिक्षण और अधिगम में सुधार लाने में समर्थ हैं?

उपर्युक्त सोपानों के आधार पर पाठ्यचर्या की प्रभावशीलता का प्रयोग से पहले परीक्षण किया जा सकता है। इस कार्य के लिए पर्याप्त समय, प्रयत्न और धन की आवश्यकता होगी जिससे कई प्रकार के शैक्षिक संकटों से बचा जा सकता है।

4.12 निष्कर्ष (Conclusion)

निष्कर्ष रूप में कहा जा सकता है कि अतीत में पाठ्यचर्या, कई प्रकार के सामाजिक, आर्थिक, राजनैतिक, सांस्कृतिक आदि कारणों से परिपीड़ित रही है। कुछ समय से सोद्देश्य पाठ्यचर्या विकास के कार्यक्रमों का शुभारंभ हुआ है। परंतु जब-जब पाठ्यचर्या में परिवर्तन करने के प्रयास हुए हैं तो वे भी स्थापित वर्तमान साँचे में ढाले गए हैं, उन्हें किसी चेलेंज के रूप में स्वीकार नहीं किया गया है । संभवतः ये परिवर्तन कुछ अनुभवों पर आधारित हों। परंतु इन परिवर्तनों के मूल में प्रयोगात्मक अध्ययन नहीं हैं। क्योंकि भारत में पाठ्यचर्या निर्माण या विकास के सारे प्रयास अनियोजित रूप में हुए हैं।

पाठ्यचर्या निर्माण और क्रियान्वयन का उपर्युक्त प्रस्ताव निश्चित ही सभी समस्याओं का समाधान नहीं हो सकता। इसके लिए अन्य दृष्टियों और उपागमों की आवश्यकता है जिससे पाठ्यचर्या से जुड़ी सभी समस्याओं का समाधान किया जा सके। अब तक भारत में पाठ्यचर्या निर्माण के सभी प्रयास तदर्थ रूप में हुए हैं जिनकी तुलना अनियोजित नगर निर्माण के साथ-की जा सकती है। परिणाम स्वरूप हम दुष्ट दृष्टि और तदर्थ निर्णय के शिकार होते रहे हैं। अतः आवश्यकता है हम वैज्ञानिक दृष्टि से पाठ्यचर्या निर्माण करें जिससे इक्कीसवीं शताब्दी के लिए हम अपने बाल-बच्चों को तैयार कर सकें।

5

शैक्षिक उद्देश्यों की सैद्धान्तिक रूपरेखा
(Theoretical Paradigms of Educational Objectives)

5.1 उद्देश्यों का प्रयोजन (The Purpose of Objectives)

सभी शैक्षिक प्रक्रियाएँ उद्देश्यों से ही शुरू होती हैं और शिक्षण और परीक्षण के सभी कार्यों को करने में सफल होने के लिए सभी शिक्षकों को इन्हें भली-भाँति समझ लेना चाहिए। छात्रों के सम्पूर्ण व्यक्तित्त्व के विकास के व्यापक लक्ष्य के साथ शिक्षकों को उन तीनों क्षेत्रों को भी अच्छी तरह समझ लेना चाहिए जिनके अंतर्गत उद्देश्यों का वर्गीकरण किया जाता है, अर्थात् सभी शिक्षकों को छात्रों के विकास के संज्ञानात्मक, भावात्मक और मनोगत्यात्मक तीनों पक्षों के साथ परिचित होना चाहिए। क्योंकि इनका संबंध उद्देशों की संकल्पना और उनसे जुड़े तथ्यों के साथ है। अत: आगे इन्हीं की चर्चा की जा रही है।

शैक्षिक उद्देश्यों के सम्यक विकास के लिए पहला कदम है, उनकी निष्पत्ति पर विचार करना जिनके आधार पर वर्गीकरण की रूपरेखा भी तैयार की जा सकती है। इससे वे अलग-अलग न रहकर एक व्यवस्था के अंग बन जाते हैं। वस्तुत: शैक्षिक उद्देश्यों की निष्पत्ति और उनके वर्गीकरण से न केवल स्पष्टता आ जाती है, अपितु उनके अंतर्सम्बन्ध भी स्पष्ट हो जाते हैं जिससे उनका सार्थक प्रयोग किया जा सकता है, साथ ही समान प्रकार के उद्देश्यों की अतिव्याप्ति या उनकी परस्पर व्याप्ति से भी बचा जा सकता है। अत: शैक्षिक उद्देश्यों को भली-भाँति परिसीमित और परिभाषित करना चाहिए। उद्देश्यों के स्पष्टीकरण के आधार पर यह पता चल सकता है कि प्रमुख उद्देश्यों के सभी पक्षों को लिया गया है या नहीं। अत: उद्देश्यों की सुस्पष्ट व्यवस्था, पाठ्यचर्या के विकास, शिक्षण और परीक्षण/मूल्यांकन से बनने वाले प्रभावशाली शैक्षिक कार्यक्रम को आधार प्रदान कर सकते हैं। वर्गीकरण का तंत्र विशेषकर शिक्षण और मूल्यांकन के क्षेत्रों में अनुसंधान के लिए भी आवश्यक है, साथ ही वह शैक्षिक उद्देश्यों के विषय में शिक्षकों के बीच संवाद का आधार भी हो सकता है जिसके अभाव में शिक्षा के क्षेत्र में सुधार के सभी प्रयास निष्फल हो सकते हैं।

5.2 शैक्षिक उद्देश्यों के वर्गीकरण में बाधा (A snag in the Classification of Objectives)

जैसाकि सभी जानते हैं, शैक्षिक उद्देश्यों के कथन के, दो घटक होते हैं: व्यवहार परिवर्तन से सम्बन्धित और विषय-वस्तु से संबन्धित। सामान्यत: उद्देश्यों के वर्गीकरण के लिए उस तरह का तर्क संगत आधार प्रदान करना कठिन होता है जिसमें उक्त दोनों घटकों

की आवश्यकताओं की पूर्ति हो सके। विषय-वस्तुपरक वर्गीकरण में शास्त्रीय पक्षों पर अधिक बल रहता है, जबकि व्यवहारपरक वर्गीकरण में प्रक्रिया पर अधिक भार रहता है। इसके अतिरिक्त, विभिन्न प्रकार की कोटियों की अपेक्षाओं का संश्लेषण कर कोई समन्वित सूची तैयार करना, अपने आप में कोई सरल कार्य नहीं है। इस दिशा में अनेक प्रयास हुए हैं, परन्तु उनका अंत उद्देश्यों के अत्यंत जटिल सूचीकरण में हुआ है जिनका व्यावहारिक स्तर पर उपयोग नहीं किया जा सकता। उनमें व्यावहारिकता का अभाव दिखता है। शिक्षा का लक्ष्य, क्योंकि छात्रों के व्यवहार में परिवर्तन लाना होता है, अतः शैक्षिक उद्देश्यों का व्यवहारपरक वर्गीकरण महत्त्वपूर्ण माना जाता है। यद्यपि इस दिशा में काफी प्रयास हो चुके हैं, फिर भी आगे कार्य करने की आवश्यकता है।

5.3 अध्ययन का अष्ट वर्षीय मॉडल (The Eight Year Study Model)

टेलर (Tayler) के नेतृत्व में पहली बार व्यवस्थित रूप से शैक्षिक उद्देश्यों के व्यवहारपरक वर्गीकरण का कार्य उनके द्वारा विकसित एक मूल्यांकन कार्यक्रम के आधार के रूप में हुआ था।[1] ऐतिहासिक दृष्टि से विचार करने के लिए, उद्देश्यों की योजना जो उक्त प्रयोग के अंतर्गत विकसित की गई थी, नीचे दी जा रही है:

1. चिन्तन के प्रभावशाली प्रकारों का विकास।
2. महत्त्वपूर्ण सिद्धान्तों, विचारों और सूचनाओं को प्राप्त करना।
3. प्रभावशाली ढंग से कार्य करने के कौशलों और आदतों का विकास।
4. सौन्दर्य बोध के अनुभवों और सामाजिक समस्याओं के प्रति संवेदनशीलता का विकास।
5. स्वार्थपरक अभिवृत्ति के स्थान पर समाजपरक अभिवृत्ति के संस्कार।
6. संगीत, कला और साहित्य के रसास्वाद का विकास।
7. वांछनीय रुचियों का विस्तार।
8. सामाजिक और वैयक्तिक विकास।
9. शारीरिक स्वास्थ्य का विकास।
10. जीवनदर्शन का स्वरूपायन और वर्गीकरण।

उपर्युक्त उद्देश्यों के दस सूत्री आदर्श के विकास का मुख्य आधार पाठ्यचर्या विश्लेषण था, साथ ही सम्मेलन में इस पर चर्चा भी हुई थी। इस अध्ययन के अंतर्गत तीस विद्यालयों की पाठ्यचर्याओं के उद्देश्यों को संकलित कर, उनकी व्यवहारपरक समानताओं के आधार पर, उनका पुनर्वर्गीकरण किया गया था। यद्यपि प्रयोगकर्त्ता खुले मन से कार्य कर रहे थे और उन्हें अपने मॉडल की कमियों का भान था, फिर भी, वे मानते थे कि जैसे-जैसे नए प्रमाण मिलेंगे अर्थात् किसी एक व्यवहार के अंतर्गत प्राप्त विविध प्रकार के विशिष्ट स्पष्टीकरणों की संगति और सहसंबंध तथा विभिन्न प्रकार के व्यवहार-सूत्रों के सामाजिक महत्त्व के आधार पर, उद्देश्यों के वर्गीकरण में और आगे सुधार किया जा सकेगा। अंत में प्रशासकों, शिक्षकों और विशेषज्ञों के सम्मेलन में उनका पुनरीक्षण किया गया और अंतिम रूप से उद्देश्यों की सूची तैयार कर ली गई।

---

1. ऍडवेंचर इन अमेरिकन ऐज्यूकेशन. वो. III. अप्रेसिंग एंड रिकॉर्डिंग स्टूडेंटस् प्रोग्रेस p. 18.

5.4 शैक्षिक उद्देश्यों की वर्गिकी (वर्गीकरण विज्ञान) (Taxonomy of Educational Objectives)

शैक्षिक उद्देश्यों के वर्गीकरण के मॉडलों को बाद में विकसित करने के कई प्रयास किए गए। परन्तु ब्लूम और उसके सहयोगियों ने शैक्षिक उद्देश्यों का जो वर्गिकी मॉडल (Taxonomical Model) विकसित किया, उसे सभी ने स्वीकार कर लिया। इस मॉडल के अतंर्गत अध्येता के विकास के तीन आयामों–संज्ञानात्मक, भावात्मक और मनोगत्यात्मक पक्षों (ज्ञान, भाव और क्रिया) के रूप में उद्देश्यों का त्रिखंडीय वर्गीकरण किया गया।

'वर्गिकी' वर्गीकरण की एक योजना है जिसका उपयोग मूलतः जीव-विज्ञान में वनस्पति और पशुओं के वर्गीकरण में किया जाता है। इसके अंतर्गत विशिष्ट मानदण्डों के आधार पर वनस्पति या पशुओं की विशिष्टताओं की वृद्धि और विशिष्टताओं की सामान्यताओं की घटती दर के आधार पर इस वर्गीकरण को चलाया जाता है, जिसमें प्रत्येक परवर्ती समूह पूर्ववर्ती समूह से एक अधिक्रम में जुड़ा रहता है अर्थात् क्रम, परिवार, वंश और नस्ल, के रूप में एक-दूसरे से संबंधित रहते हैं। इसी प्रकार शैक्षिक उद्देश्यों को उनकी कठिनाइयों या जटिलताओं के आरोही या अवरोही क्रम के आधार पर एक अधिक्रम के रूप में संयोजित किया जा सकता है।

ब्लूम और उसके सहयोगियों द्वारा विकसित शैक्षिक उद्देश्यों की वर्गिकी (या अधिक्रम) में हमें शैक्षिक, तार्किक और मनोवैज्ञानिक वर्गीकरण का न्यायसंगत मेल दिखाई देता है। शैक्षिक दृष्टि से विभिन्न कोटियों में अन्तर महत्त्वपूर्ण प्रतीत होता है। क्योंकि इसकी पारिभाषिक शब्दावली को सूक्ष्मता से इस प्रकार परिभाषित किया गया है कि पूर्ववर्ती अर्थ अपने-आपमें तर्कसंगत प्रतीत होते हैं। अंततः मानसिक प्रक्रियाओं के बारे में भी मनोवैज्ञानिक जानकारियों के साथ-साथ वह लगातार जुड़ा रहता है। इस वर्गीकरण में दशमलव गणना के तंत्र का उपयोग किया गया है। यद्यपि इस वर्गीकरण को मान्यता व्यापक स्तर पर प्राप्त हो चुकी है, फिर भी उसे अभी प्रायोगिक प्रमाणों की आवश्यकता है।

5.5 संज्ञानात्मक क्षेत्र से संबन्धित उद्देश्य (ब्लूम के मॉडल के अनुसार) (Objectives of the Cognitive Domain, Blooms Model)

संज्ञानात्मक क्षेत्र मानसिक जीवन के बौद्धिक घटक का प्रतिनिधित्त्व करता है जो निश्चित ही शैक्षिक दृष्टि से अत्यंत महत्त्वूपर्ण माना जाता है। मानसिक प्रक्रियाओं के वर्गीकरण के अनेक प्रयत्न हुए हैं। इसीलिए तार्किक चिंतन, विकासात्मक चिंतन, अभिव्यक्तिपरक चिंतन आदि जैसे शब्दों का प्रयोग मिलता है। इस संदर्भ में गिलफोर्ड (Guilford) के त्रि-आयामी चिन्तन मॉडल (संक्रिया-विषय-वस्तु-उत्पाद) के या बुद्धि की संरचना का उल्लेख किया जा सकता है जिसके अंतर्गत बौद्धिक संक्रिया को एक अधिक्रमीय प्रक्रम के रूप में यथा, संज्ञान, स्मृति, भिन्न रूपी चिन्तन और मूल्यांकन के रूप में स्पष्ट किया गया है।

ब्लूम की अधिक्रमी वर्गिकी इन प्रक्रियाओं को निम्नलिखित छह भागों में बाँटती और उन्हें नियोजित करती है:

1. ज्ञान (Knowledge)
    - विशिष्ट ज्ञान (Knowledge of Specifics)
    - प्रविधि ज्ञान (Knowledge of Methodology)

- अमूर्त ज्ञान (Knowledge of Abstraction)

2. बोधन (Comprehension)
   - अनुवाद (Translation)
   - व्याख्या (Interpretation)
   - प्रक्षेपण (Extrapolation)
3. अनुप्रयोग (Application)
4. विश्लेषण (Analysis)
   - तत्त्वों का विश्लेषण (Analysis of Elements)
   - संबंधों का विश्लेषण (Analysis of Relationships)
   - संगठन के सिद्धान्तों/नियमों का विश्लेषण (Analysis of Organisational Principles)
5. संश्लेषण (Synthesis)
   - विशिष्ट संप्रेषण का उत्पाद (Production of Unique Communication)
   - योजना का उत्पाद (Production of Plan)
   - अमूर्त संबंधों के गण की निष्पत्ति (Derivation of a set of Abstracts Relationship)
6. मूल्यांकन (Evaluation)
   - आंतरिक मानदण्डों के रूप में निर्णय करना (Judging in term of Internal Criteria)।
   - बाह्य मानदण्डों के रूप में निर्णय करना (Judging in term of External Criteria)।

व्यवहार की उक्त छह कोटियाँ, सहज से जटिल के रूप में संयोजित हैं जिन्हें विशिष्ट व्यवहारों के स्पष्टीकरण के रूप में आगे और परिभाषित किया गया है।

ज्ञान के अंतर्गत विशिष्टों, सार्वभौम तत्त्वों, प्रविधियों, प्रक्रियाओं, साँचों या अभिरचनाओं, संरचनाओं, विन्यासों, सामान्यीकारणों आदि के पुनःस्मरण आदि को स्वीकार किया गया है। विशेष मनोवैज्ञानिक प्रयोग की प्रक्रिया में स्मृति की महत्त्वपूर्ण भूमिका होती है और शेष पाँचों को उनसे भिन्न 'बौद्धिक क्षमता' कहा गया है। क्योंकि इन्हें सामग्री और समस्याओं को समझने के लिए सामान्यीकृत तकनीकों और संक्रियाओं के संगठित मॉडलों की आवश्यकता होती है।

उद्देश्यों की दूसरी उच्चतर कोटि के रूप में बोध या बोधन को माना गया है जिसे समझ का निम्नतमस्तर कहा जाता है और जिसे संप्रेषित ज्ञान के बराबर माना जाता है और अन्य किसी सामग्री के साथ अनिवार्यतः सम्बद्ध हुए बिना या उसके पूर्ण निहितार्थों का समझे बिना, संप्रेषित विचार या सामग्री के उपयोग के रूप में स्वीकार किया जाता है।

अनुप्रयोग तीसरी कोटि है जिसका सम्बन्ध किसी विशिष्ट और मूल स्थिति में उसके उपयोग के साथ होता है और जिसकी सहायता से समस्या का समाधान प्राप्त किया जाता है। इस उद्देश्य के सीमित क्षेत्र को लेकर कुछ मतभेद हो सकता है जिसके कारण अनुप्रयोग शब्द का प्रयोग किया गया है। परन्तु इसका समर्थन इस आधार पर किया जा सकता है कि शब्दों को कभी-कभी तात्कालिक आवश्यकता के आधार पर नया अर्थ दिया

जा सकता है और उसे इस प्रकार परिभाषित किया जा सकता है कि वह अपरिचित स्थितियों में अर्जित ज्ञान के उपयोग को व्यंजित कर सके।

विश्लेषण शैक्षिक उद्देश्यों की चतुर्थ कोटि है। इसका आशय है कि किसी संदेश का उसके घटक बिन्दुओं में तोड़ना और इस प्रकार तोड़ना कि उनके संबंधों और अनुक्रमों या किसी घटक के दोनों, संबंधों और अनुक्रमों को स्पष्ट किया जा सके। कुछ इस उद्देश्य को आलोचनात्मक चिन्तन के समकक्ष मानते हैं। परन्तु इसे आंशिक रूप से ही सत्य माना जा सकता है। विश्लेषण आलोचनात्मक चिन्तन का एक महत्त्वपूर्ण घटक अवश्य है परन्तु आलोचनात्मक चिन्तन में और भी बहुत कुछ होता है। विश्लेषण के आधार पर हम घटकों/तत्त्वों और उनके संबंधों या नियमों को पहचान व समझ सकते हैं।

संश्लेषण उद्देश्यों की पाँचवीं कोटि है जिसके द्वारा विभिन्न तत्त्वों या अंगों को इस प्रकार संश्लेषित किया जाए या जोड़ा जाए कि उससे एक नई अभिरचना निष्पन्न हो जाए। इसमें सृजनात्मकता का अंश भी रहता है।

मूल्यांकन इन सब कोटियों में सर्वाधिक महत्त्वपूर्ण कोटि है जिसके लिए एक अत्यंत जटिल मानसिक प्रक्रिया की आवश्यकता होती है और जिसके द्वारा किसी सामग्री, प्रविधि या संदेश पर किसी बाहरी या भीतरी मानदण्ड के आधार पर निर्णय लिया जाता है।

5.6 भावात्मक क्षेत्र से संबन्धित उद्देश्य (क्रैथोल (Krethwohl) के मॉडल के अनुसार) (Objectives of Affective Domain-Krathwahl's Model)

संज्ञानात्मक क्षेत्र से संबन्धित उद्देश्यों की तुलना गें भावात्मक क्षेत्र से संबंधित उद्देश्यों के विधान के बारे में शिक्षा-शास्त्रियों के बीच अधिक स्पष्टता और सहमति का अभाव दिखाई देता है। इसी प्रकार रुचि, सराहना, मूल्य, अभिवृत्ति आदि ऐसे शब्द हैं जिन्हें अलग-अलग अर्थों में समझा जाता है। उदाहरण के लिए सराहना शब्द के अंतर्गत थोड़ी-बहुत समझ से लेकर पूर्ण रसबोध तक की स्थिति को ग्रहण कर लिया जाता है। शिक्षा में भावात्मक उद्देश्यों के क्षरण या घिसाव के कारकों के अतिरिक्त, निश्चित ही उनके प्रभाव क्षेत्र के विषय में स्पष्टता के अभाव और अर्थ की अस्पष्टता के कारण उनके सम्यक् अन्वेषण में कठिनाइयाँ आती हैं। क्रैथोल द्वारा विकसित भावात्मक उद्देश्यों के अधिक्रम को निम्नलिखित पाँच कोटियों में समझा जा सकता है:

1. ग्रहण करना (ध्यान देना) (Receiving, Attending)
   - जागरूकता (Recurring (Awarences))
   - ग्रहण करने की इच्छा (Willingness to receive)
   - संयमित अनुक्रिया (Controlled or selected response)
2. अनुक्रिया करना (Responding)
   - अनुक्रिया की तत्परता (Acquiescence in responding)
   - अनुक्रिया की इच्छा (Willingness to respond)
   - अनुक्रिया में संतोष (Satisfaction in response)
3. मूल्यन (Valuing)
   - मूल्य की स्वीकृति (Acceptance of a Value)
   - मूल्य का अधिमान (Preference of a Value)
   - प्रतिबद्धता (Commitment)

4. संगठन (Organisation)
   - मूल्य का संकल्पन (Conceptualisation of a Value)
   - मूल्य-व्यवस्था का संगठन (Organisation of a Value System)
5. किसी एक या एकधिक मूल्यों द्वारा विशेषीकरण (Characterisation by a Value or Value Complex)
   - सामान्यीकृत समुच्चय/गण (Generalized set)
   - विशेषीकरण (Characterisation)

'ग्रहण करना' भावात्मक व्यवहार की निम्नतम या अत्यंत प्राथमिक कोटि है। इस स्तर पर अध्येता कुछ विशिष्ट उद्दीपकों के प्रति ही संवेदनशील होता है। यह वैसा ही है जैसे कि कोई शिक्षक किसी छात्र के ध्यान को आकर्षित करे। जागरूकता, ग्रहण करने की इच्छा, ध्यान/अवधान की प्रकृति इसके महत्त्वपूर्ण उपस्तर हैं।

'अनुक्रिया' में अधिक अभिप्रेरणा और अवधान में नियमितता दिखाई देती है। व्यावहारिक दृष्टि से इसे 'रुचि' भी कहा जा सकता है जिसका अर्थ है, किसी विशिष्ट वस्तु या उद्दीपन के प्रति अनुक्रिया करने की प्रवृत्ति। रुचि तीन स्तरों पर दिखाई देती है– (1) अपेक्षित अवसर प्रकट होने के रूप में, (2) स्वैच्छिक अनुक्रिया के रूप में, (3) भावात्मक रंगत के साथ अनुक्रिया के रूप में।

'मूल्य' तीसरी कोटि है जिसमें उत्तमता के भाव का अधिकतम आन्तरीकरण होता है और उसके साथ एकात्मता का भाव भी रहता है। इसमें व्यवहार की अभिप्रेरणा भी काम करती है जिसके मूल में व्यक्ति की सायास इच्छा न होकर, उस व्यवहार को चलाने वाले मूल्य के साथ प्रतिबद्धता होती है। इस उद्देश्य को अभिवृत्ति भी कह सकते हैं। वस्तुत: ये उद्देश्य मनुष्य के अंत:करण को विकसित करने वाले तत्त्व हैं जिनसे उसका व्यवहार नियंत्रित होता है।

'संगठन' चौथा सोपान है जो अभिवृत्तियों या मूल्यों के तंत्र को व्यंजित करता है। सामान्यत: किसी व्यक्ति का व्यवहार या आचरण किसी एक अभिवृत्ति से अभिप्रेरित नहीं होता, अपितु कई अभिवृत्तियों के संकुल से परिचालित होता है। किसी व्यक्ति की आचरण संहिता या उसके सार्वजनिक जीवन के मानदण्ड किसी मूल्य व्यवस्था के संगठन से संचालित होते हैं।

'विशेषीकरण' भावात्मक उद्देश्यों की अंतिम कोटि है जो तभी संभव होती है जब किसी व्यक्ति के व्यवहार को हम लगातार पूर्व अर्जित किसी विशेष मूल्य या अभिवृत्ति द्वारा संचालित पाते हैं। अंतत: प्रत्येक व्यक्ति अपना ऐसा निजी जीवन दर्शन विकसित कर लेता है और एक आन्तरिक शक्ति पैदा कर लेता है जिससे उसका अपना जीवन संचालित होता है।

भले ही भावात्मक क्षेत्र के उक्त उद्देश्य अधिक्रमीय प्रतीत न हों, क्योंकि उनमें उत्क्रमीयता (Hierarchy) स्पष्ट नहीं दिखती, फिर भी शैक्षिक दृष्टि से इन्हें अत्यंत उपयोगी माना जा सकता है।

5.7 मनोगत्यात्मक उद्देश्यों से सम्बन्धित क्षेत्र (दवे का मॉडल) (Objectives of the Psycho-motor Domain) (Dave's Model))

मनोगत्यात्मक क्षेत्र का संबंध स्नायु और मांसपेशियों के समन्वयन में प्राप्त स्तर के साथ होता है। जैसे-जैसे समन्वय का स्तर बढ़ता है, क्रिया अधिकाधिक परिष्कृत, गतिशील

और स्वचालित हो जाती है। प्रो. आर.एच. दवे ने इसे निम्नलिखित पाँच कोटियों में विभाजित किया है:

1. अनुकरण (Imitation)
   - संवेग/प्रेरणा (Impulsion)
   - प्रकट पुनरुक्ति (Overt Repetition)
2. प्रकलन (जोड़-तोड़) (Manipulation)
   - निर्देशों का अनुसरण (Following Instruction)
   - चयन (Selection)
   - नियतन/निर्धारण (Fixation)
3. निश्चितता (Precision)
   - पुनरुत्पादन (Reproduction)
   - नियंत्रण (Controll)
4. संगठन (Articulation)
   - अनुक्रम (Sequence)
   - संगति (Hormony)
5. सहजीकरण (Naturalisation)
   - स्व-संचालन (Automation)
   - आन्तरीकरण (Internalisation)

अनुकरण: मनोगत्यात्मक उद्देश्य का संबंध आचरण/व्यवहार के निम्नतम स्तर के साथ होता है। यह व्यवहार उत्तेजना, उत्साह या प्रोत्साहन के रूप में शुरू होता है और अप्रत्यक्ष आंतरिक अभ्यास के रूप में यह प्रकट होता है जिसे भौतिक स्तर पर एक मानसिक क्रिया के रूप में स्वीकार किया जा सकता है। शीघ्र ही यह एक स्पष्ट क्रिया के रूप में विकसित हो जाता है जिसमें थोड़े से प्रारम्भिक समन्वयन के बाद पुनः पुनः करने की क्षमता आ जाती है।

प्रकलन (जोड़-तोड़): यह दूसरा मनोगत्यात्मक व्यवहार/आचरण का उच्चतर स्तर है जिसमें निर्देशों का अनुसरण, कई क्रियाओं में से किसी एक क्रिया का चयन और तदनुसार आचरण की क्रिया संभव होती है। यह क्रिया करने के निर्णय के प्रारम्भ और प्रकलन या जोड़-तोड़ के क्रियाकलापों की प्रारम्भिक कठिनाइयों के अंत को द्योतित करती है।

सुनिश्चिता: यह तीसरी कोटि है। यह तब दिखती है जब व्यक्ति संक्रिया के पुनरुत्पादन के काम को उपयुक्त गति और परिष्कार के साथ सम्पन्न करता है जिससे व्यक्ति अपनी क्रियाओं के तालमेल और नियंत्रण के साथ आवश्यकता के अनुरूप कार्य जैसे बढ़ावा, घटाना या बदलना करने की क्षमता प्राप्त कर लेता है।

संगठन: यह चौथी कोटि है जो तभी सिद्ध मानी जाती है जब व्यक्ति अनेक क्रियाओं को समुचित रूप से उनके क्रम और लय को ध्यान में रखते हुए सम्पन्न करता है। इसमें विभिन्न क्रियाओं के बीच समन्वय स्थापित करना होता है अर्थात् उचित अवसर पर उचित समय और क्रम के साथ कार्य किया जाए।

सहजीकरण: यह अंतिम कोटि है जो स्वाभाविक क्रिया के पूर्ण रूप को बताती है और स्वचालन से आदत तक की व्याप्ति को व्यंजिम करती है। इस स्तर पर कार्यकर्त्ता कार्य करने

की प्रक्रिया में किसी मानसिक शक्ति का विस्तार नहीं करता। उसकी क्रिया मशीनवत् स्वसंचालित हो जाती है और जिसमें किसी प्रकार के सचेत चिन्तन या नियोजन की आवश्यकता नहीं होती अर्थात् वह सहज सहजात क्रिया के रूप में होती है।

मनोगत्यात्मक क्षेत्र के उद्देश्यों वर्गीकरण में सभी विषयों के सभी शिक्षकों की रुचि नहीं हो सकती। परन्तु लेखन, भाषण, दस्तकारी या मोटर चलाने जैसे पाठ्यचर्या के क्षेत्रों में इनका व्यापक रूप से अनुप्रयोग किया जा सकता है। संज्ञानात्मक और भावात्मक क्षेत्रों के विपरीत मनोगत्यात्मक क्षेत्र के उद्देश्यों का एक संदर्भ से दूसरे संदर्भ में अंतरण अधिक व्यापक नहीं हो सकता।

5.8 विभिन्न क्षेत्रों के उद्देश्यों का अंतर-संबंध (Interrelationship at Different Domains of Objectives)

शैक्षिक उद्देश्यों का त्रिआयामी क्षेत्रों में वर्गीकरण न तो सुनिर्धारित है और न ही एकांगी; क्योंकि एक क्षेत्र में अध्येता की उपलब्धि, दूसरे क्षेत्र की उपलब्धि पर बहुत सीमा तक निर्भर होती है। उदाहरण के लिए समझ या बोधन के आधार पर ही किसी वस्तु का मूल्य निर्धारित किया जा सकता है। इसी प्रकार किसी विषय में रुचि जगाने के लिए उपयुक्त संज्ञान की आवश्यकता होती है। इसी तरह संज्ञानात्मक और मनोगत्यात्मक क्षेत्रों के किसी कार्य के निष्पादन की गुणवत्ता बहुत कुछ रुचि और अभिवृत्ति से प्रभावित होती है।

इसी तरह बोधन मनोगत्यात्मक क्षेत्र के अंतर्गत परिगणित 'निश्चितता' का स्वाभाविक घटक होता है और रुचि को संज्ञानात्मक क्षमताओं के भावात्मक घटक के रूप में देखा जा सकता है। अतः कह सकते हैं कि विभिन्न कोटियों के बीच समानान्तरता की मात्रा संबंध की तत्परता के रूप में वर्तमान रहती है। प्रत्येक कोटि के निम्न स्तर आपस में बहुत पास दिखाई देते हैं, जैसे जानना, ग्रहण करना और अनुकरण करना परस्पर एक-दूसरे पर निर्भर होते हैं। उच्च स्तरीय कोटियों में भी एक प्रकार की समानान्तरता दिखाई देती है। इस प्रकार किसी एक क्षेत्र की कोई कोटि और किसी दूसरे क्षेत्र की कोटि या कोटियों के समान दिख सकती है।

उद्देश्यों के उक्त परस्पर संबंधों के कई निहितार्थ हैं। उदाहरण के लिए, किसी एक उद्देश्य के लिए अनुदेशन या शिक्षण की योजना बनाते समय इस बात का भी ध्यान रखना चाहिए कि कैसे किसी क्षेत्र के उद्देश्य के लिए किसी दूसरे क्षेत्र के समान या समानान्तर उद्देश्य का उपयोग किया जा सकता है। इस संदर्भ में यह कहा जा सकता कि भावात्मक उद्देश्य संज्ञानात्मक उद्देश्यों की तुलना में अपेक्षाकृत उपेक्षित ही रहते हैं। इसलिए 'आलोचनात्मक चिन्तन' या 'समस्या समाधान' जैसे बहुप्रशंसित उद्देश्यों की तुलना में भावात्मक उद्देश्य उपेक्षित ही रह जाते हैं। अतः यदि विभिन्न क्षेत्रों के उद्देश्यों के परस्पर संबंधों को ठीक से समझा जाए तो 'उद्देश्यों पर पूर्ण अधिकार' और 'अन्तरण' की दुविधा का उचित समाधान प्राप्त किया जा सकता है।

अधिगम के अनुभवों के परिणामस्वरूप उक्त तीनों क्षेत्रों में छात्रों का विकास लगभग एक साथ होता है। परन्तु प्रत्येक अधिगम-अनुभव से छात्र के विकास के तीनों क्षेत्रों में एक समान मात्रा में विकास नहीं होता। अतः जब छात्र के लिए अधिगम-अनुभव संयोजित किया जाता है तभी विभिन्न क्षेत्रों में विकास होता है। परन्तु वह विभिन्न क्षेत्रों में विभिन्न

प्रकार का होता है। अतः यह शिक्षक का दायित्व होता है कि वह ऐसी कार्य योजना बनाए जिसमें अधिगम के विविध प्रकार के अनुभवों का सम्मिश्रण हो और जिससे छात्रों में वांछित व्यवहार/आचरण परिवर्तन हो और सभी क्षेत्रों में उसका विकास हो।

यहाँ इस बात का भी उल्लेख किया जा सकता है कि वैयक्तिक अंतरों के कारण तीनों क्षेत्रों में एक प्रकार के अधिगम से विभिन्न प्रकार के अध्येताओं में विकास का स्तर विभिन्न प्रकार का हो सकता है। इससे व्यक्तिनिष्ठ अनुदेशन/शिक्षण का महत्त्व बढ़ जाता है।

उक्त तीनों प्रकार के उद्देश्यों के अधिक्रम या वर्गिकी को C.A.P. या (सं.भा.म) कहा जा सकता है।

शैक्षणिक उद्देश्यों के अधिक्रमीय वर्गीकरण की उपयोगिता के विषय में कभी विवाद की स्थिति भी उत्पन्न हो सकती है। अतः आवश्यक है कि संप्राप्ति-परीक्षण के लिए उसकी उपयोगिता के बारे में कुछ चर्चा कर ली जाए:

1. क्योंकि अनुस्तरित जटिलता के नियम के अनुसार अधिक्रम की कोटियों को संयोजित किया गया है। अतः ये अध्येताओं के उन सार्थक स्तरों की पहचान में बहुत ही सहायक सिद्ध होते हैं जिनसे एक ही कोटि के उच्च और निम्न स्तरों को पहचाना जा सकता है जिन पर अध्येता कार्य कर रहा है साथ ही उनके अन्य उच्चस्तर की कोटियों की प्रकृति के उच्च और निम्न सीमाओं को भी जाना जा सकता है।
2. इसीके आधार पर आकलन के लिए प्रासांगिक उपकरणों और तकनीकों के विषय में निर्णय लिया जा सकता है, उनका विकास किया जा सकता है और उनका उपयोग भी किया जा सकता है। इस प्रकार उनका कोटीकरण स्पष्ट और सरल भी हो सकता है।
3. इसके आधार पर समग्र मूल्यांकन के नियमों को व्यावहारिक बनाया जा सकता है और अध्येता के विकास के विविध पक्षों–संज्ञानात्मक, भावात्मक और मनोगत्यात्मक की व्याप्ति को सुनिश्चित किया जा सकता है।
4. इसके द्वारा वैध रूप में मूल्यांकन के उपकरणों के मूल्यांकन करने में सुविधा हो सकती है।
5. मूल्यांकन छात्रों के विकास के विभिन्न आयामों के सार्थक संश्लेषण में सहायक सिद्ध हो सकता है। इस दृष्टि से उद्देश्यों के तीनों क्षेत्रों के बीच अंतर-संबंध के क्षेत्रों की पहचान विशेष रूप से महत्त्वपूर्ण हो सकती है।
6. शिक्षण-अधिगम की स्थितियों की पहचान और अनुस्तरण में उद्देश्यों का तर्कसंगत कोटिकरण सहायक होता है जिसके आधार पर परीक्षण के लिए उपयुक्त स्थितियों को चुना जा सकता है और उनके अनुक्रम के बारे में निर्णय कर सकते हैं।
7. उद्देश्यों के वर्गीकरण की उक्त योजना से पाठ्यचर्या विकास और शिक्षण-सामग्री के निर्माण में सहायता मिल सकती है।
8. सुपरिभाषित मानदण्डों के आधार पर किया गया वर्गीकरण शिक्षकों के बीच, शिक्षकों और मूल्यांककों के बीच, पाठ्यचर्या निर्माताओं और अनुसंधान

कर्त्ताओं के बीच और व्यवहारवादी और वैज्ञानिकों के बीच सार्थक संवाद के लिए आधार प्रदान कर सकता है।

9. शैक्षिक उद्देश्यों की वर्गिकी या अधिक्रम के कारण शिक्षा के क्षेत्र में अनुसंधान के कई नए द्वार खुल गए हैं जिनमें से उद्देश्यों का पुनर्मूल्यांकन, सर्वाधिक महत्त्वपूर्ण है, जैसे विभिन्न क्षेत्रों, कोटियों और कोटियों के बीच परस्पर संबंधों का अध्ययन। इसी प्रकार उद्देश्यों के अधिक्रमों का प्रायोगिक अध्ययन भी अनुसंधान का एक क्षेत्र हो सकता है जिसके आधार पर कई प्रकार के अध्ययन किए जा सकते हैं। विभिन्न उद्देश्यों के लिए अधिगम को स्थायी रूप से धारण करने या उसके क्षरण से संबंधित अध्ययन भी अत्यंत लाभकारी हो सकते हैं। उद्देश्य आधारित शिक्षण और परीक्षण के प्रायोगिक कार्यों के लिए शिक्षकों को प्रोत्साहित किया जा सकता है। समय के साथ इस प्रकार के कार्यों को व्यापक और विविध रूपों से सम्पन्न किया जा सकता है।

प्रस्तुत अध्याय के आधार के रूप में संज्ञानात्मक क्षेत्र में ब्लूम, भावात्मक क्षेत्र में क्रेथोल और मनोगत्यात्मक क्षेत्र में दवे द्वारा प्रस्तावित मॉडलों को स्वीकार किया गया है। परन्तु उनका अनुसरण शब्दों में नहीं आशय में किया गया है। उन पचास वर्षों में भारत में विभिन्न विद्यार्थियों, शिक्षकों, शिक्षक-प्रशिक्षकों, शिक्षा मनोवैज्ञानिकों, समाज शास्त्रियों, शैक्षिक प्रबंधकों, शैक्षिक नियोजकों के साथ हुई चर्चाओं और सुझावों के आधार पर उद्देश्यों का प्रारूप प्रस्तुत किया गया है।

6

शैक्षिक उद्देश्यों के व्यावहारिक आयाम (The Practical Dimensions of Educational Objectives)

पूर्व अध्याय में दी गई सैद्धान्तिक रूपरेखा के पश्चात् प्रस्तुत अध्याय में जीवंत स्थितियों में उनके अनुप्रयोग और संक्रियात्मक निहितार्थों की चर्चा की जा सकती है।

6.1 शैक्षिक उद्देश्यों के स्रोत (Sources of Educational Objectives)

वस्तुत: जीवनदर्शन शिक्षा सहित सभी क्रियाकलापों के सभी पक्षों का मुख्य स्रोत होता है। इसी मूलभूत आधार भूमि से सभी शैक्षिक लक्ष्यों को निष्पन्न किया जा सकता है, जिनमें से कुछ मुख्य इस प्रकार हैं:

- सामाजिक व्यवस्था और जीवन के साथ उसके जुड़े संबंध सूत्र, उदाहरणार्थ हम भारतीय और अन्य पौर्वात्य व्यक्ति अपने अतीत की उपेक्षा नहीं करते, अपितु उसे वर्तमान से जोड़कर जीते हैं। इसीलिए इसका जीवन और शिक्षा के लिए विशेष महत्त्व है।
- आर्थिक संरचना भी शैक्षिक लक्ष्यों की महत्त्वपूर्ण निर्धारक होती है जो पूंजीवादी और समाजवादी समाजों वाले देशों में विभिन्न प्रकार की हो सकती है।
- शैक्षिक लक्ष्यों और व्यवहारों पर राजनैतिक व्यवस्था का भी महत्त्वपूर्ण प्रभाव रहता है जिसके कारण जनतांत्रिक और तानाशाही व्यवस्थाओं में अंतर दिखाई देता है।
- सांस्कृतिक धरोहर भी निर्विवाद रूप से शैक्षिक लक्ष्यों का निर्धारण करती है जिसमें राष्ट्रीय गौरव का भाव निहित रहता है।
- वर्तमान मानवीय ज्ञान का भण्डार भी एक महत्त्वपूर्ण कारक होता है। क्योंकि जिन तथ्यों की तलाश हम अतीत में कर रहे थे, आज उनके बारे में जानते हैं। इससे शैक्षिक लक्ष्यों का आधार और दृष्टि दोनों प्रभावित होती हैं।
- शैक्षिक लक्ष्यों में हम उस व्यक्ति की उपेक्षा भी नहीं कर सकते जिसके लिए उनकी परिगणना की जाती है, यथा, शिक्षार्थी की आयु, परिपक्वता का स्तर, पूर्व ज्ञान आदि।

6.2 शैक्षिक उद्देश्यों के स्तर (The Levels of Educational Objectives)

शैक्षिक लक्ष्यों में स्पष्ट रूप से एक प्रकार का अधिक्रम रहता है, यथा–

लक्ष्य (Goal) संपूर्ण सामान्य

प्रयोजन (Aims)

उद्देश्य (Objectives)

विशिष्टीकरण/स्पष्टीकरण (Specification) अंग विशेष/विशिष्ट

ऊपर से नीचे की ओर यात्रा का अर्थ है, संपूर्ण से अंगों की ओर जाना, यथा, एक लक्ष्य के अंतर्गत कई प्रयोजन हो सकते हैं, एक प्रयोजन के कई उद्देश्य हो सकते हैं और एक उद्देश्य के लिए कई विशिष्टीकरण या स्पष्टीकरण हो सकते हैं।

कभी-कभी इसमें सामान्य से विशेष की ओर गति दिखाई दे सकती है, उदाहरण के लिए 'उत्तम' का आशय उत्तम व्यक्ति का निर्माण हो सकता है। विभिन्न स्थितियों और विभिन्न विचारधाराओं में इसकी विभिन्न प्रकार से व्याख्या की जा सकती है। इस संदर्भ में उत्तम का अर्थ उत्तम नागरिक बनाना भी हो सकता है। विभिन्न समाजों में भी इसका अर्थ अलग-अलग हो सकता है।

तानाशाही में अच्छे नागरिक की निष्ठा तानाशाह के साथ हो सकती है, जबकि साम्यवादी समाज में वही निष्ठा 'दल' के प्रति हो सकती है। ऐसी पृष्ठभूमि में प्रयोजन का अर्थ ऐसा मतदाता तैयार करना भी हो सकता है जो मतदान के बारे में न्यायसंगत निर्णय ले सके। इसके बाद स्पष्टीकरण/विशिष्टीकरण का स्थान आता है जो उद्देश्यों के अनुप्रयोग से संबन्धित होते हैं और इंगित करते हैं कि अध्येता अपने आचरण परिवर्तन के माध्यम से किसी विशेष उद्देश्य की संप्राप्ति को निदर्शित कर सकेगा।

इस अधिक्रम को निम्नलिखित आरेख की सहायता से भी समझा जा सकता है:

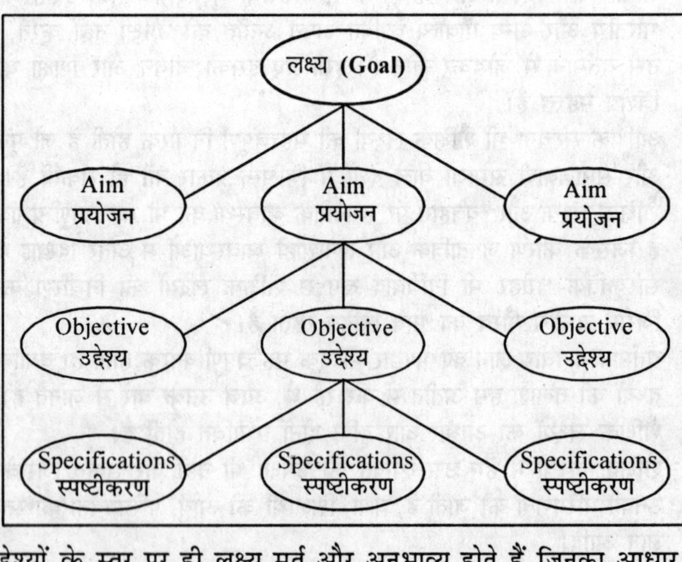

उद्देश्यों के स्तर पर ही लक्ष्य मूर्त और अनुभाव्य होते हैं जिनका आधार शैक्षिक निर्विष्ट (Input) होता है और उनके मूल्यांकन की प्रक्रिया द्वारा परीक्ष्य (Testable) होते हैं और जिसके माध्यम से उपलब्धि की मात्रा के बारे में निर्णय लिया जा सकता है।

विभिन्न उद्देश्यों के स्पष्टीकरण वस्तुतः वे क्षमताएँ होती हैं जिन्हें योग्यताओं के रूप में प्राप्त करने और मूल्यांकन की स्थितियों और परीक्षण के उपकरणों को विकसित करने के आधार के रूप में स्वीकार किया जाता है।

6.3 शैक्षिक उद्देश्यों का कथन/विवरण (The Statements of Educational Objectives)

वस्तुतः उद्देश्य शैक्षिक प्रक्रिया में मूर्त होने वाले लक्ष्यों के स्तर को संकेतित करते हैं। अतः शैक्षिक उद्देश्यों का कथन स्पष्ट रूप से करना चाहिए। शैक्षिक उद्देश्यों के कथन की निम्नलिखित विशेषताएँ होती हैं:

- उद्देश्यों का कथन मूर्त रूप में किया जाना चाहिए जिनमें किसी प्रकार की अस्पष्टता और संदिग्धता न हो।
- उद्देश्यों के कथन में व्यवहार परिवर्तन और विषयवस्तु दोनों घटक होने चाहिए अर्थात् छात्रों के व्यवहार में वांछनीय परिवर्तन (क्षमताएँ) और विषय-वस्तु जिसकी सहायता से परिवर्तन घटित होता है।
- उद्देश्यों का संबंध अपने विषय के साथ ही होना चाहिए।
- उद्देश्यों का छात्रों की योग्यताओं के स्तर के साथ तालमेल (संवाद) होना चाहिए।
- छात्रों और शिक्षकों के व्यवहार के रूप में ही उद्देश्यों का कथन किया जाना चाहिए (जैसे कि....योग्यता प्राप्त करना, न कि प्राप्त करने में छात्र की सहायता करना।)
- उद्देश्य सदा संप्राप्य होने चाहिए।
- उद्देश्य मूल्यांकन के लिए उपयुक्त होने चाहिए।

6.4 उद्देश्यों की परिभाषा

उपयोगी होने के लिए, उद्देश्यों को उनके घटकों में तोड़ना चाहिए और प्रत्येक घटक का छात्र के आचरण/व्यवहार से संबंध स्पष्ट होना चाहिए। इन्हीं घटकों को स्पष्टीकरण/विशिष्टीकरण कहते हैं और उन्हें इसका उत्तर देने में समर्थ होना चाहिए कि किसी विशेष उद्देश्य की प्राप्ति को निदर्शित करने के लिए छात्र क्या-क्या कर सकेगा। आगे सामाजिक विज्ञान में 'समझने' के उद्देश्य के कथन का नमूना देखा जा सकता है:

उद्देश्य कथन

समाज विज्ञान के विशिष्ट तथ्यों, शब्दों, अवधारणाओं, नियमों, प्रकल्पनों, प्रवृत्तियों आदि की समझ को विकसित करना।

उद्देश्यों का स्पष्टीकरण

यह निदर्शित करने के लिए कि विद्यार्थी ने उक्त उद्देश्य को प्राप्त कर लिया है, वह–

- विभेद कर सकेगा।
- वर्गीकरण कर सकेगा।
- तुलना और व्यतिरेक कर सकेगा।
- संबंधों को पहचान सकेगा।

- उदाहरण दे सकेगा।
- त्रुटियों को पहचान सकेगा और सुधार सकेगा।

जैसाकि पहले कहा गया है, ये स्पष्टीकरण वस्तुत: क्षमताएँ हैं जिन्हें विकसित किया जाना है और जिनका परीक्षण किया जाना है जिससे शैक्षिक सामग्री की सहायता से छात्र में हुए विकास की मात्रा का आकलन किया जा सके।

7

छात्र-वर्गों का प्रबंधन
(Managing Student-Groups)

सफल शिक्षक होने के लिए विविध प्रकार के गुणों की आवश्यकता होती है। उनमें से एक महत्त्वपूर्ण गुण है, समूह या वर्ग के साथ प्रभावी व्यवहार करना। क्योंकि उसे कक्षा में छात्रों के वर्गों को शिक्षा प्रदान करनी होती है। शिक्षक को न केवल ज्ञान प्रदान करना और शिक्षार्थियों को इस योग्य बनाना होता है कि वे आवश्यक क्षमताएँ प्राप्त कर सकें, अपितु उसे, शिक्षण और अधिगम की सभी प्रक्रिया में छात्रों के वर्गों का प्रबंधन भी करना होता है।

विभिन्न कक्षाओं में, छात्रों के वर्गों में, पहले की कक्षाओं में साथ-साथ पढ़ चुके होने के कारण उनमें एक प्रकार की बंधुता दिखाई देती है। परंतु वे विभिन्न प्रकार के परिवारों, सामाजिक और सांस्कृतिक वर्गों, आयुवर्गों और विभिन्न मूल्य वाले पारिवारिक व्यवसायों के परिवेश से आते हैं, इसलिए कक्षा के विभिन्न वर्ग अत्यंत असमान होते हैं। विभिन्न छात्रों के निजी बौद्धिक विकास के स्तर भी भिन्न-भिन्न प्रकार के होते हैं।

अत: सभी शिक्षकों को कक्षा में ऐसे छात्रों का सामना करना पड़ता है जिनमें समानता की अपेक्षा असमानताएँ अधिक होती हैं, समान वर्गों की अपेक्षा असमान वर्गों का अधिक सामना करना पड़ता है। इसीलिए अधिकांश शिक्षक मध्यम मार्ग का अनुसरण करते हुए शिक्षण कार्य करते हैं जिससे व्यक्तिगत शिक्षण पर अधिक ध्यान देना सम्भव नहीं होता।

7.1 छात्र-वर्गों की विशेषताएँ (Characteristics of Students Groups)

अपनी आयु के अनुरूप बालकों के सहज लक्षण कक्षा के सभी छात्रों में मिलते हैं। सभी बालकों में, विशेषकर छोटी कक्षाओं में अपने सर्वोत्तम स्वरूप को प्रदर्शित करने और अपने व्यवहार और उपलब्धियों में दूसरों का विशेषकर शिक्षकों का ध्यान आकृष्ट करने की प्रवृत्ति होती है। उनमें प्रतियोगिता की भावना भी खूब होती है। कुछ अपवादों के साथ, सामान्यत: सभी बालक वर्तमान में ही रहते, क्योंकि भविष्य उनकी कल्पना से परे होता है। सबको अपनी प्रशंसा अच्छी लगती है और बुराई बुरी। इसीलिए इनका उपयोग कक्षा में अधिक सीखने और प्रगति करने के लिए या खेलने के लिए अभिप्रेरणा के रूप में किया जाता है।

परिश्रम करने की मात्रा, भावात्मक स्थिरता, कब्जा करने, पहल करने, सामाजिक सेवा करने, भाषा-अधिग्रहण, कुछ बातों को गंभीरता या उदासीनता से लेने आदि की अभिवृत्ति के क्षेत्र में बालकों में अन्तर दिखाई देता है। सामान्यत: उनके इस प्रकार के आचरण पर पारिवारिक प्रभाव अधिक कार्य करता है।

7.2 शिक्षकों के वांछित गुण (Desired Charactsristics of Teachers)

क्योंकि हमारी कक्षाएँ असमान वर्गों से बनी होती हैं, अत: हमारे शिक्षकों के लिए उनका प्रबंधन कोई सरल कार्य नहीं है। अत: सभी शिक्षकों में मन और मस्तिष्क में न केवल कुछ गुण होने चाहिए, अपितु उन गुणों को उन्हें प्रदर्शित भी करना चाहिए और स्नेह, प्रेम, समझ, न कि दंड और भय से बालकों/छात्रों के विश्वास को जीतना चाहिए। इन्हीं गुणों के कारण शिक्षक अपने छात्रों के लिए आदर्श बन सकते हैं जिनमें से कुछ नीचे दिए जा रहे हैं:

- छात्रों के कल्याण में रुचि
- सहायता करने की प्रवृत्ति
- सभी छात्रों के साथ समानता का व्यवहार
- वैयक्तिक और शैक्षिक आयामों में छात्रों का मार्गदर्शन
- सहनशीलता
- क्षमाशीलता
- अपने विषय पर पूरा अधिकार इत्यादि

शिक्षकों के व्यक्तित्व के इन्हीं गुणों के कारण छात्र उनके नजदीक आते हैं और इन्हीं से छात्रों के विकास की गति बढ़ती है।

7.3 संस्था का उत्तरदायित्व (The Responsibility of the Institution)

अत: शैक्षिक संस्थाओं को एक सुसंबद्ध इकाई के रूप में कार्य करना चाहिए जिससे सभी छात्र वांछित दिशा में पूरा विकास कर सकें। संस्था के सभी सदस्यों के लिए छात्रों के व्यक्तित्व का सर्वांगीण विकास ही सर्वाधिक महत्त्वपूर्ण लक्ष्य होना चाहिए।

छात्रों के शैक्षिक विकास के साथ, गैर-शैक्षिक विकास पर भी पूरा ध्यान दिया जाना चाहिए। इसीलिए शैक्षिक विषयों की परीक्षाओं में अच्छे अंक और ग्रेड प्राप्त करना, कई लक्ष्यों में से एक होना चाहिए।

वस्तुत: संपूर्ण और भद्र-व्यक्तित्व का विकास ही संस्थाओं का ध्येय-वाक्य होना चाहिए।

इस संदर्भ में छात्रों के व्यवहार/आचरण का निरंतर निरीक्षण और मार्गदर्शन न केवल कक्षा में, अपितु पुस्तकालय, प्रयोगशाला, खेल के मैदान, विद्यालय के कार्यक्रमों और सांस्कृतिक कार्यक्रमों, पर्यटन, विद्यालयी पिकनिक, अध्ययन-यात्राओं, अंतर विद्यालयी कार्यक्रमों और प्रतियोगिताओं आदि में किया जाना चाहिए। इन अनौपचारिक स्थितियों में छात्रों के व्यक्तित्व के जो लक्षण दिखाई देते हैं, वे परीक्षा में प्राप्त अंकों की तुलना में जीवन में सफलता प्राप्त करने के लिए अधिक प्रासंगिक होते हैं। इसीलिए इन स्थितियों में छात्रों का मार्गदर्शन अधिक महत्त्वपूर्ण होता है। इन परिस्थितियों में किया गया निरीक्षण

अंकों की प्राप्ति के लिए नहीं अपितु व्यक्तित्व के विविध पक्षों के विकास के लिए विशेष रूप से महत्त्वपूर्ण होता है और शिक्षा की संपूर्ण योजना को सकारात्मक शक्ति और सार्थकता प्रदान करते हैं।

इन परिस्थितियों में छात्रों के व्यवहार के निरीक्षण का दायित्व न केवल शिक्षकों का होता है, अपितु यह उनके सहपाठियों का भी होता है। छात्रों द्वारा स्व-मूल्यांकन को भी बढ़ावा दिया जाना चाहिए। उन्हें अपनी दैनिक डायरी लिखने के लिए प्रोत्साहित करना चाहिए जिसमें वे अपने वांछनीय और/या अवांछनीय क्रिया-कलापों के विषय में स्वयं लिख सकते हैं। इस कार्य से छात्रों का अंतः करण विकसित होता है और वे मूल्यों को विकसित करने में समक्ष हो जाते हैं।

7.4 अनुशासन अनुरक्षण (Maintaining Discipline)

शिक्षकों को चाहिए कि वे अपने छात्रों को अनुशासन पालन में सहायता करें और समूह में उचित व्यवहार करना सिखाएँ। इस संबंध में छात्रों को निम्नलिखित बातों में प्रशिक्षित किया जाना चाहिए:

- परिश्रम के महत्त्व को समझाना।
- पंक्ति में अपनी बारी के लिए प्रतीक्षा करना।
- एक समय में एक ही व्यक्ति का बोलना।
- दूसरों को बोलने के लिए अवसर देना।
- कुहनी को डेस्क पर रख ही हाथ उठाना।
- कोई बोल रहा हो तो उसे बीच में न टोकना।
- अपनी गलती मान लेना और उसे फिर न करना।
- विजय और पराजय को समान भाव से स्वीकार करना।
- दूसरों के दृष्टिकोण का सम्मान करना।
- दर्द या कष्ट की स्थिति में दूसरों की सहायता करना।
- खेल के नियमों का अनुसरण करना।
- रेफरी या शिक्षक के निर्णय का सम्मान करना।
- स्वयं स्वच्छ रहना, समय से काम करना, नियमित रहना।
- शांति और सहयोग के साथ समूह में रहने का अभ्यास करना।
- अपने घर, विद्यालय और देश के बारे में गौरव का भाव रखना।

उपर्युक्त क्षमताओं के प्रदर्शन के लिए आवश्यक है कि छात्रों के समूह को प्रशिक्षित किया जाए जिससे वे नियमित विद्यार्थी जीवन शैली को अंगीकार कर सकें।

7.5 दंड और पुरस्कार (Rewards and Punishments)

शारीरिक दंड के पूर्ण निषेध के कारण छात्रों को अभिप्रेरित करने के लिए, विविध प्रकार और मात्रा में उनके कार्यों की सराहना और पुरस्कृत किया जा सकता है। यह कार्य उन्हें 'उत्तम', 'अति-उत्तम' जैसे विशेषणों के प्रयोग द्वारा किया जा सकता है या विद्यालय के कार्यक्रमों सर्वश्रेष्ठ कार्य के लिए पुरस्कार दिया जा सकता है। यद्यपि छात्रों की भर्त्सना की जा सकती है। परन्तु यह कार्य कभी-कभी ही और एकांत में ही करना चाहिए। हाँ, प्रशंसा अवश्य सार्वजनिक रूप से की जा सकती है।

गलती करने वाले छात्रों के साथ चर्चा करके, उन्हें परामर्श देना, सुरक्षित और प्रभावशाली उपाय माना जाता है जिससे वह अपनी गलती समझ सकता है और भविष्य में फिर कभी न करने का निश्चय भी कर सकता है।

इसी प्रकार छात्रों की समस्याओं के समाधान के लिए उनके माता-पिता/अभिभावकों के साथ निकट का संबंध अत्यंत उपयोगी होता है। जब ये सम्पर्क बार-बार और अनौपचारिक रूप से होते हैं तो अधिक लाभकारी सिद्ध होते हैं।

7.6 नाटकीय (मॉक) संसद और न्यायालय (Mock Parliaments and Courts)

अनुशासन बनाए रखने के लिए नियम आदि बनाने की दृष्टि से विद्यालयों में नाटकीय (मॉक) संसदों का आयोजन किया जा सकता है। इससे छात्र अनुशासन के मानदण्डों के क्रियान्वयन को सहर्ष कर सकेंगे और उनकी सराहना भी कर सकेंगे।

इसी प्रकार अनुशासन से संबन्धित किसी प्रचलित प्रकरण (केस) के बारे में निर्णय लेने के लिए नाटकीय (मॉक) न्यायलायों का आयोजन भी किया जा सकता है। इससे छात्रों में अनुशासन की भावना विकसित की जा सकती है और उनमें वांछित अभिवृत्तियों का विकास किया जा सकता है।

7.8 निष्कर्ष (Conclusion)

सभी वर्गों की परस्पर क्रियाओं से संबन्धित समस्याओं के विषय में शिक्षकों को यह समझ लेना चाहिए कि वे ऐसे अपरिपक्व व्यक्तियों के साथ काम कर रहे हैं जो अच्छे और बुरे के बारे में निर्णय करने में असमर्थ हैं। क्योंकि उनके लिए वर्तमान ही महत्त्वपूर्ण होता है अत: वे भविष्य के लाभों के विषय में उतावले होते हैं। वे संवेदनशील भी होते हैं जिनके लिए थोड़ा-सा तात्कालिक लाभ या हानि उनकी प्रसन्नता या दु:ख का कारण बन जाता है। परन्तु थोड़े से लाभ से होने वाली प्रसन्नता थोड़े समय के लिए ही हो सकती है परन्तु हानि से होने वाला कष्ट स्थायी दुष्प्रभाव छोड़ सकता है।

अत: समूह के क्रिया-कलापों में संतुलन बनाए रखने के लिए उपर्युक्त बातों को ध्यान में रखना चाहिए जिससे उनके विकास की गति, मात्रा आदि का और अधिक सुधार किया जा सके।

8

समुन्नत अधिगम के लिए संवर्धित शिक्षण
(Enriched Teaching for Improved Learning)

अधिगम, संवर्धन/विकास का मुख्य निर्णायक कारक और प्रगति का एक मात्र मार्ग माना जाता है। अत: हमारा प्रयत्न होना चाहिए जिससे अध्येताओं को समर्थ, शक्तिमान और संवृद्ध बनाया जा सके।

8.1 मूलभूत आधार (The Fundamental Foundation)

जैसाकि पहले कहा गया है, उद्देश्य ही अधिगम अनुभवों और मूल्यांकन को जोड़ने वाला तत्त्व होता है और क्योंकि शिक्षकों को इन दोनों से भली-भाँति परिचित होना चाहिए, अत: संक्षेप में इनकी चर्चा का जा रही है।

शिक्षा के सिद्धान्तकारों और प्रयोक्ताओं को भली-भाँति यह बात अच्छी तरह समझ लेनी चाहिए कि शैक्षणिक उद्देश्यों, अधिगम-अनुभवों और मूल्यांकन की तकनीकों के बीच वास्तविक संबंध होता है। पूर्व निर्धारित उद्देश्यों की प्राप्ति के लिए शिक्षण की योजना तैयार की जाती है और मूल्यांकन की तकनीकों की सहायता से यह पता लगाया जाता है कि प्रयुक्त शिक्षण-सामग्री कहाँ तक छात्रों को उद्देश्यों की प्राप्ति में सहायक सिद्ध हुई है।

वस्तुत: उद्देश्य-आधारित शिक्षण और उद्देश्य-आधारित मूल्यांकन सभी शैक्षिक संस्थाओं के शैक्षणिक कार्यक्रमों का महत्त्वपूर्ण आधार होता है जिसे निम्नलिखित आरेख द्वारा प्रस्तुत किया जा सकता है।

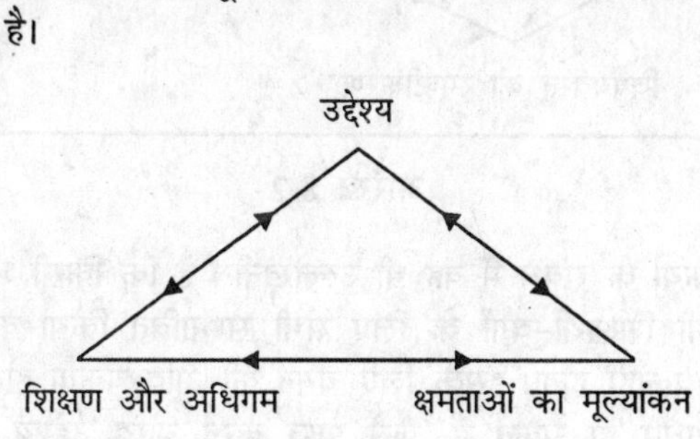

आरेख 8.1

सबसे पहले शैक्षणिक उद्देश्यों की संप्राप्ति में होने वाली मानसिक-प्रक्रियाओं को समझ लिया जाए। शिक्षण की समस्त प्रक्रिया वस्तुत: इन्हीं उद्देश्यों की प्राप्ति के लिए चलाई जानी

चाहिए। इस प्रक्रिया की समझ के आधार पर ही हम कह सकते हैं कि शिक्षण की सफलता तभी मानी जा सकती है जब अधिगम सिद्ध हो जाता है और अधिगम अनुभवों के आधार पर ही सम्भव होता है। विभिन्न ज्ञानेन्द्रियों द्वारा संग्रहीत विचार ही अनुभवों का निर्माण करते हैं। विचारों के अनुभवों को आत्मसात् करने के लिए बाह्य परिस्थितियों (उद्दीपकों) के प्रति ज्ञानेन्द्रियाँ अनुक्रिया करती हैं जो छात्रों के क्रिया-कलापों से निष्पन्न होती हैं। अतः उद्देश्यों की सम्प्राप्ति के लिए छात्रों के क्रिया-कलाप ही प्रारंम्भिक बिन्दु बनते हैं।

शिक्षण और अधिगम के क्रिया-कलापों में भागीदारी के लाभों पर आधारित मूल्यांकन के उपकरणों को तैयार किया जाता है जिससे अपेक्षित लक्ष्यों के अनुभावन की मात्रा का आकलन किया जाता है। छात्रों के निष्पादन के विश्लेषण के आधार पर निष्पादन की कमियों या अधिगम के समस्यामूलक बिन्दुओं को पहचाना जाता है। फिर प्रक्रिया को उलटा जाता है और अधिगम-अनुभवों का परीक्षण किया जाता है तथा लक्ष्यों के प्रभावी अनुभावन के लिए, उन्हें परिवर्धित कर पुनः प्रयुक्त किया जाता है। यदि आवश्यक हो तो उन्हें यथार्थ बनाने के लिए लक्ष्यों में भी कुछ परिवर्तन किया जा सकता है जिससे उन्हें सम्यक रूप से प्राप्त किया जा सके और उनका मूल्यांकन किया जा सके।

जैसाकि पहले बताया गया है, उद्देश्यों का स्पष्टीकरण दो रूपों में किया जाता है– 1. क्षमताओं का स्पष्टीकरण और 2. विषय-वस्तु का स्पष्टीकरण और ये दोनों शिक्षण-अधिगम की स्थितियों के मध्य बिन्दु पर मिलते हैं। उद्देश्यों के दोनों पूर्वोक्त स्पष्टीकरणों के संश्लेषण के रूप में ये स्थितियाँ आगे के शैक्षणिक कार्यक्रमों और मूल्यांकन की रणनीति को तैयार करने का आधार बनती हैं।

मूल्यांकन और अधिगम के संबंधों को उक्त मॉडल के आधार पर और अधिक विस्तारित किया जा सकता है जिसे निम्नलिखित आरेख की सहायता से समझा जा सकता है:

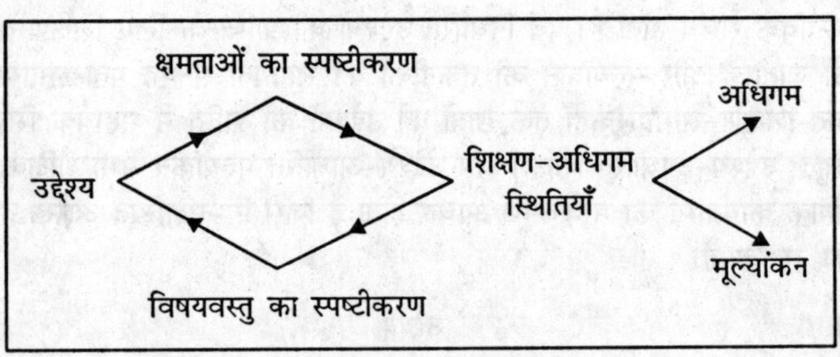

आरेख 8.2

अधिगम-प्रक्रिया के संबंध में यह भी उल्लेखनीय है कि किसी भी विशेष शैक्षणिक कार्यक्रम द्वारा सभी शिक्षार्थी-वर्गों के लिए सभी सम्भावित क्रिया-कलापों का विवरण प्रस्तुत करना सम्भव नहीं होता। इसके लिए चयन की आवश्यकता होती है जिसके लिए कुछ वैचारिक आधार हो सकते हैं, जैसे प्राप्त करने योग्य उद्देश्य (प्राप्तव्य उद्देश्य) उपलब्ध समय, उपलब्ध संसाधन और अध्येताओं की परिपक्वता का स्तर।

अध्येताओं के क्रिया-कलापों और उद्देश्यों के बीच के संबंधों को स्पष्टतः समझने के लिए निम्नलिखित तालिका पर विचार किया जा सकता है जिसमें क्रियाकलाप और उनसे

संबंधित उद्देश्य दिए गए हैं। इसके आधार पर हम कुछ निष्कर्ष निकाल सकते हैं।

अध्येताओं के क्रियाकलाप	*उद्देश्य*
प्रायोगिक कार्यों का निष्पादन	समझ और कौशल
प्रदर्शनी का आयोजन	रुचि, सराहना, अनुप्रयोग, कौशल
मनोरंजक भ्रमण/क्षेत्रीय यात्रा	ज्ञान, समझ
परिचर्चा	समझ, आलोचनात्मक चिन्तन
भाषण	ज्ञान, समझ
नाटक करना	बोध, रुचि

उपर्युक्त के आधार पर जो सामान्य निष्कर्ष निकाले जा सकते हैं, वे हैं:

- विभिन्न क्रियाओं की सहायता से विभिन्न उद्देश्यों को प्राप्त किया जा सकता है। परन्तु इसके विपरीत यह सम्भव नहीं है कि सभी उद्देश्यों को एक ही क्रिया से प्राप्त कर लिया जाए।
- एक उद्देश्य की प्राप्ति के लिए एक या एक से अधिक क्रियाओं की आवश्यकता हो सकती है परन्तु इसके विपरीत किसी एक क्रिया से एक ही समय में एक से अधिक उद्देश्यों की प्राप्ति की जा सकती है।

8.2 उद्देश्य-आधारित शिक्षण के मूल सिद्धान्त (Principles of Objective-Based Instruction)

उपर्युक्त सामान्य निष्कर्षों के आधार पर हम उद्देश्य आधारित शिक्षण के कुछ महत्त्वपूर्ण सिद्धान्तों को समझ सकते हैं, जो इस प्रकार हैं:

8.2.1 सुसंगति का सिद्धान्त (Principle of Relevance)

इसका आशय है कि शिक्षण और अधिगम के लिए ऐसी क्रियाओं को चुना जाए जो उद्देश्यों के लिए संगत हों और उनमें उनको प्राप्त करने की क्षमता भी हो। क्योंकि यह सम्भव नहीं कि सभी उद्देश्यों को प्राप्त करने के लिए सभी क्रियाएँ सक्षम हों। प्रस्तुत परिस्थितियों की आवश्यकताओं के अनुरूप हमें सावधानीपूर्वक उन्हें चुनना होगा।

8.2.2 सहगामी या समाकलित अधिगम का सिद्धान्त (Principle of Concomitant or Collateral Learning)

इसका तात्पर्य है कि अध्येता के क्रिया-कलापों से केवल एक ही उद्देश्य की प्राप्ति नहीं होती। क्योंकि वे विभिन्न दिशाओं में कार्य करती हैं। किसी एक ही उद्देश्य की प्राप्ति करने के लिए किए गए क्रिया-कलाप अन्य उद्देश्यों की प्राप्ति में भी आकस्मिक रूप से सहायक सिद्ध हो सकते हैं।

8.2.3 पर्याप्ता/यथेष्टता का सिद्धान्त (Principle of Adequacy)

इसका अर्थ है कि शिक्षण के उद्देश्यों की प्राप्ति के लिए चुनी गई क्रियाएँ पूरी तरह पर्याप्त हों। क्रियाओं की यह पर्याप्तता, संगत क्रियाओं के चयन पर आधारित होती है जिनमें पर्याप्त

क्रियाएँ हों, उन्हें बारंबार किया जाए और इन अधिगम-अनुभवों को समुचित अंतराल के प्रस्तुत किया जाए।

8.2.4 वैविध्य का सिद्धान्त (Principle of Variety)

यह उपर्युक्त तीनों सिद्धान्तों का सहवर्ती सिद्धान्त है जिसके अनुसार वांछित उद्देश्यों की प्राप्ति के लिए विविध प्रकार की क्रियाओं को चुनना चाहिए और उनका प्रयोग करना चाहिए।

8.3 शिक्षण की प्रविधियाँ (Methods of Teaching)

पूर्वोक्त सिद्धान्तों की चर्चा के पश्चात् अब शिक्षण प्रविधियों के विषय में विचार-विमर्श किया जा सकता है जिसे इस प्रकार परिभाषित किया जा सकता है कि "प्रविधि उन क्रियाकलापों की नियोजित व्यवस्था है जिससे अधिगम निष्पन्न हो और जिससे शिक्षण के वांछित उद्देश्यों को प्राप्त किया जा सके।

शिक्षण की प्रविधियों को दो वर्गों में विभाजित किया जा सकता है:

(अ) शिक्षण की मानक प्रविधियाँ,

(आ) किन्हीं विशिष्ट प्रयोजनों के लिए आयोजित अनुदेशन की विशिष्ट प्रविधियाँ

शिक्षण की मानक प्रविधियाँ सर्वविदित हैं। अनुदेशन की प्रक्रिया में जिन क्रिया-कलापों को किया जाता है, उन्हें भी लगभग सभी जानते हैं। इस प्रकार की नामित क्रियाओं को एक क्रम में लगभग कर्मकांडीय संस्कारों के समान किया जाता है और उनसे जिन उद्देश्यों को प्राप्त किया जाता है, वे भी सर्वविदित हैं।

इसके विपरीत अनुदेशन की विशिष्ट प्रविधियाँ शिक्षक की अपनी सूझ-बूझ का परिणाम होती हैं जो शिक्षण की प्रक्रिया के दौरान विकसित हो सकती हैं या जिन्हें स्वयं शिक्षक शिक्षण के लिए आवश्यक समझता है। ये अपनी प्रकृति में मौलिक होती हैं और इनमें क्रियाओं का संयोजन विशेष प्रकार से होता है जिनसे शिक्षक अपने शिक्षण के विशिष्ट लक्ष्यों को प्राप्त कर लेता है। इस प्रकार की प्रविधि में क्रियाओं के अनुक्रम, उनके प्रकार और मात्रा में सदा एक प्रकार का लचीलापन रहता है।

उद्देश्य आधारित अनुदेशन या शिक्षण में मुख्यतः दूसरे प्रकार की प्रविधि का अनुसरण किया जाता है, हाँ, यदाकदा उसमें पहली औपचारिक प्रविधि की कुछ बातों को भी समाहित किया जा सकता है।

8.4 उद्देश्य-आधारित शिक्षण का नियोजन (Planning Objective-based Instruction)

उद्देश्य आधारित शिक्षण को निम्नलिखित मुख्य प्रक्रियापरक सोपानों में बाँटा जा सकता है:

- उद्देश्य आधारित शिक्षण सामग्री का निर्माण और उपयोग
- उद्देश्य के अनुरूप शिक्षण का नियोजन जिसके अंतर्गत निम्नलिखित की योजना बनाई जा सकती हैं:

(क) एक वर्षीय योजना

(ख) एक सत्रीय योजना

(ग) इकाई योजना

(घ) कालांश योजना

उद्देश्य आधारित शिक्षण की योजना में, वार्षिक योजना महत्त्वपूर्ण होती है। क्योंकि पूरे शिक्षणक्रम को पूरा करने के समय का बँटवारा (या टाइम-बजट) करने की दिशा में यह पहला कदम होता है।

शिक्षक को कुछ कालांश (पीरियड) समूची शैक्ष्य विषय-वस्तु की मात्रा को पूरा करने के लिए दिए जाते हैं। इसलिए नियोजन में सबसे पहले विषय-वस्तु को विभिन्न उप-इकाइयों में बाँटा जाता है और उसी के अनुरूप समय निर्धारित किया जाता है तथा कार्यक्रम के लिए उपलब्ध संसाधन, शक्ति, समय आदि को दृष्टि में रखते हुए उनके सापेक्षिक महत्त्व को निर्धारित किया जाता है जिनसे उद्देश्यों को प्राप्त किया जा सके। इसको नीचे दी गई तालिका से स्पष्ट किया जा सकता है जिसमें समूची विषय-वस्तु को छह प्रमुख इकाइयों में बाँटा गया है और जिसे पूरा करने के लिए अस्सी कालांश का समय उपलब्ध रहता है।

विकास के क्षेत्र →	*संज्ञानात्मक क्षेत्र*			*भावात्मक क्षेत्र*		*मनोगत्यात्मक क्षेत्र*	*कालांश संख्या*
उद्देश्य →	*ज्ञान*	*बोध*	*अनुप्रयोग*	*रुचि*	*अभिवृत्ति*	*कौशल*	
विषय-वस्तु की इकाइयाँ ↓							
इकाई-1	√				√		15
इकाई-2		√		√			10
इकाई-3	√		√			√	25
इकाई-4		√			√		15
इकाई-5	√		√				10
इकाई-6	√	√		√		√	5
						कुल	**80**

तालिका 8.3

शिक्षण के नियोजन में, शिक्षण इकाइयों का निर्माण दूसरा चरण होता है। इस प्रकार इकाइयाँ सामान्यत: शिक्षकों की सहायता से विशेषज्ञों द्वारा बनाई जाती हैं और फिर उन्हें शिक्षकों को दे दिया जाता है। शिक्षक को पूरी शिक्षण प्रक्रिया का स्वामी होना चाहिए और उसे दी गई शिक्षण इकाई का कभी दास नहीं बनना चाहिए। क्योंकि शिक्षक को कक्षा की आवश्यकता और अपेक्षाओं के अनुसार इन इकाइयों का उपयोग करना है। साधन सम्पन्न शिक्षक या उसके पास समय और सुविधा हो तो स्वयं अपनी शिक्षण इकाई बना सकता है। पाठ योजना इसके बाद का सोपान होता है। शिक्षण इकाई के आधार पर शिक्षक प्रत्येक

कालांश के लिए पाठ्योजना तैयार कर सकते हैं जो कक्षा की आवश्यकताओं और सुविधाओं के अनुरूप हो।

यहाँ पुनः एक बार इस बात पर जोर दिया जा सकता है कि पूर्वोक्त शैक्षिक उद्देश्य, बालकों के मनोवैज्ञानिक विकास के स्तर, समाज व्यवस्था, आर्थिक पर्यावरण, राजनैतिक व्यवस्था, सांस्कृतिक परम्परा और संबंधित समाज में वर्तमान ज्ञान के भंडार के आधार पर निष्पन्न किए जाते हैं। समग्र शैक्षिक उद्देश्यों से विभिन्न शैक्षिक स्तरों के अनुरूप शैक्षिक उद्देश्य निकाले जाते हैं जिनके आधार पर शिक्षा के विभिन्न स्तरों के लिए पाठ्यचर्या का विकास किया जाता है। स्तरानुकूल उद्देश्यों से स्तर विशेष के विभिन्न विषयों के शिक्षण के उद्देश्य निष्पन्न किए जाते हैं जिनके अनुसार बाद में इकाई योजना और पाठ योजना तैयार की जाती हैं। यदि इस प्रक्रिया को उलट कर देखा जाए तो कहा जा सकता है कि विभिन्न पाठों के उद्देश्यों की सम्प्राप्ति से इकाई के उद्देश्यों को प्राप्त किया जा सकता है। विभिन्न इकाइयों के उद्देश्यों की सम्प्राप्ति से विभिन्न विषयों के उद्देश्यों की प्राप्ति हो सकती है। विभिन्न विषयों के उद्देश्यों की सम्प्राप्ति से स्तर विशेष के उद्देश्यों को प्राप्त किया जा सकता है जो अंततः सम्पूर्ण शिक्षा के उद्देश्यों की प्राप्ति में सहायक सिद्ध हो सकते हैं।

उपर्युक्त चर्चा के आधार पर यह कहा जा सकता है कि शिक्षण और परीक्षण में एक प्रकार की समानान्तरता होती है जिसे निम्नलिखित आरेख द्वारा प्रस्तुत किया जा सकता है।

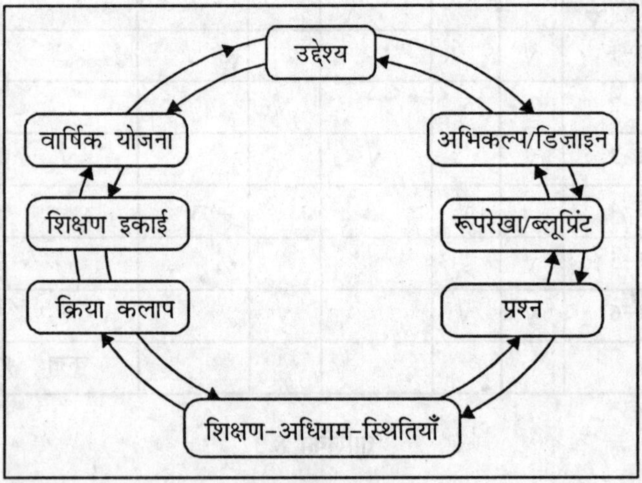

आरेख 8.4

8.5 शैक्षणिक सामग्री की प्रकृति और प्रयोजन (Nature and Purpose of Instructional Materials)

सफल और समृद्ध शिक्षण के लिए उपयुक्त शिक्षण सामग्री की महती आवश्यकता होती है। सम्प्रति कुछ समय से ज्ञान का विस्फोट हुआ है जिसके परिणामस्वरूप विभिन्न विषयों को नए आयाम और अर्थ मिल गए हैं। अनेक स्थानों पर ऐसी शैक्षिक सामग्री और

सहायक सामग्री का अभाव भी दिखाई देता है जो संबन्धित कक्षा शिक्षण की दृष्टि से संगत हो। विभिन्न विषयों के पाठ्यक्रम भी इतने संक्षिप्त होते हैं कि उनसे विषय-वस्तु की सुनिश्चित व्याप्ति जिसके आधार पर शिक्षण और परीक्षण किया जाना है, स्पष्ट नहीं होती। इसी तरह पाठ्य-पुस्तकें भी कई दृष्टियों से दोष युक्त होती हैं।

नए प्रकार की शिक्षण सामग्री और अध्ययन के विषयों की संरचना इस प्रकार होती है कि जो कुछ भी सीखा जा सकता है उसमें से कुछ भी न छोड़ा जाए। शिक्षण प्रविधियाँ, चाहे जितनी सूक्ष्मता के साथ तैयार की जाएँ उपयुक्त विषय-वस्तु के आधार के बिना प्रभावशाली नहीं हो सकती। क्योंकि उन्हीं पर शैक्षणिक सामग्री तैयार की जाती है।

इसी प्रकार मूल्यांकन भी उद्देश्यों के परीक्षण में असफल रहेगा, जब तक कि विषय-वस्तु के आधार पर, विभिन्न अवधारणाओं के बोधन, कौशलों और अभिवृत्तियों के विकास आदि का विवरण तैयार न किया जाए। क्या सिखाया जाना है, के संदर्भ में ही क्रिया-कलाप भी सोद्‌देश्य हो सकते हैं और यदि शिक्षक, विषय-वस्तुओं के सम्पूर्ण परिप्रेक्ष्य को नहीं समझता तो सारे शैक्षिक क्रिया-कलाप निरर्थक सिद्ध हो सकते हैं।

शिक्षक और शिक्षार्थियों, दोनों के लिए विषय-वस्तु का मुख्य उपलब्ध स्रोत शैक्षणिक सामग्री ही है। अत: शैक्षणिक सामग्री के प्रभावी होने के लिए उसमें अद्यतन विषय-वस्तु का होना बहुत आवश्यक है जो पाठ्यचर्या के क्रियान्वयन में शिक्षक के लिए सहायक सिद्ध हो सकता है। अत: शैक्षणिक सामग्री में 'क्या सिखाया जाए' और 'कैसे सिखाया जाए' के लिए आवश्यक मार्गदर्शन भी होना चाहिए।

शिक्षक और शिक्षार्थी दोनों के लिए शैक्षणिक सामग्री विकसित की जा सकती है। स्रोत-इकाई, शिक्षण-इकाई, सदर्भ-पुस्तकें, शिक्षक-पुस्तिका, पात्यचर्या-संदर्शिका आदि शिक्षकों के लिए विकसित की जा सकती हैं, जबकि पाठ्य-पुस्तकें, सहायक पुस्तकें, अभ्यास-पुस्तिकाएँ, पत्रिका आदि शिक्षार्थियों के लिए हो सकती हैं। दोनों शिक्षक और शिक्षार्थी, पाठ्य-पुस्तक, मानचित्र-पुस्तिका (एटलस), इंटरनेट आदि का उपयोग समान रूप से कर सकते हैं।

यहाँ, शिक्षण इकाई और स्रोत इकाई के अंतर को भी समझ लेना चाहिए। स्रोत -इकाई में मूलभूत सूचनाएँ होती हैं, जिनमें से शिक्षक आवश्कयतानुसार चयन कर सकता है। इसके विपरीत शिक्षण इकाई में उसकी विषय-वस्तु और उसके शिक्षण की प्रक्रिया के बारे में आवश्यक मार्ग दर्शन के सूत्र होते हैं। शिक्षण इकाई का निर्धारित पाठ्य-क्रम के साथ सीधा और सार्थक संबंध होता है और उसमें उसके शिक्षण के लिए निर्धारित समय, कक्षा आदि का भी उल्लेख रहता है। शिक्षण इकाइयों के निर्माण के लिए विषय-वस्तु पर पूरा अधिकार और शिक्षण की प्रविधियों की पूरी समझ होनी चाहिए। शिक्षण इकाइयों को कभी भी पाठ्य-पुस्तक की विषय-वस्तु की प्रतिलिपि नहीं बनाना चाहिए और न ही उस विषय की उच्चस्तरीय पुस्तकों से संकलित सामग्री का समुच्चय। उन्हें विशिष्ट आवश्यकताओं के अनुरूप विशेष रूप से नाप तोल कर बनाना चाहिए।

पूरे वर्ष के पाठ्यक्रम को सबसे पहले उपयुक्त इकाइयों में बाँटना चाहिए। प्रत्येक इकाई, विषय-वस्तु, क्रम और पूर्ववर्ती व परवर्ती के साथ संबंध की दृष्टि से स्वायत्त होनी चाहिए। प्रत्येक इकाई को आगे कई पाठों के रूप में विभक्त करना चाहिए।

8.6 शिक्षण इकाई की एक प्रस्तावित रूपरेखा/प्रारूप (A Suggested Format of Teaching Unit)

शिक्षण इकाई की रूपरेखा न तो कठोर/अनन्य होनी चाहिए और न ही सभी विषयों और सभी स्तरों के लिए एक समान होनी चाहिए। अत: आगे उसकी सामान्य रूपरेखा प्रस्तावित की जा रही है।

8.6.1 प्रस्तावना

शिक्षण इकाई की प्रस्तावना में विषय के महत्त्व का प्रतिपादन होना चाहिए, साथ ही उसकी विशेषताओं या नवीनताओं, उनके निहितार्थों और जीवन में उनकी प्रासांगिकता की भी चर्चा होनी चाहिए। यह छात्रों के पूर्व अध्ययनों पर आधारित हो और प्रस्तुत इकाई की विषय-वस्तु को भी आधार प्रदान करने वाली हो।

8.6.2 विशिष्ट उद्देश्य

शिक्षण इकाई में पढ़ाए जाने वाले विषय के विशिष्ट उद्देश्यों को बताया जाना चाहिए जिन्हें इकाई की विषय-वस्तु के प्रमुख विचारों के बोध, ज्ञान के अनुप्रयोग, कौशलों के विकास, वांछित रुचियों और अभिवृत्तियों को अधिगम के परिणामों के रूप में परिगणित किया जाना चाहिए। किसी विषय के अध्ययन के सामान्य उद्देश्यों के आधार पर ही विशिष्ट उद्देश्यों का कथन किया जाता है।

उद्देश्यों का कथन स्पष्ट और सूक्ष्म हो, उसके शब्द बोधगम्य हों और संबंधित इकाई की विषय-वस्तु के अधिगम के महत्त्व को बताने वाले हों। वस्तुत: उद्देश्यों का कथन इसलिए विशेष रूप से महत्त्वपूर्ण होता है कि उससे अध्ययन की दिशा निर्धारित होती है और विषय-वस्तु के प्रस्तुतीकरण, उसके लिए आवश्यक क्रियाओं और मूल्यांकन के लिए वास्तविक परिप्रेक्ष्य मिलता है। वस्तुत: इनका कथन उद्देश्यों के स्पष्टीकरणों के रूप में किया जाना चाहिए कि अध्ययन के बाद अध्येता संबंधित उद्देश्यों की प्राप्ति के रूप में क्या-क्या करके दिखाएँगे।

8.6.3 विषय-वस्तु का विश्लेषण

शिक्षण इकाई में दिया गया विषय वस्तु का विश्लेषण, पाठ्य-पुस्तक की विषय-वस्तु की मात्र पुनर्प्रस्तुति नहीं होनी चाहिए। इसमें विषय-वस्तु की बारीकियों का स्पष्ट विवरण होना चाहिए तथा उसका सही परिप्रेक्ष्य भी स्पष्ट होना चाहिए, तभी शिक्षण प्रभावशाली और स्पष्ट हो सकेगा। इसमें मूल स्रोत से उद्धरण भी हो सकते हैं और ऐसी सामग्री भी हो सकती है जो सामान्य शिक्षकों की पहुँच के बाहर हो। इकाई की विषय-वस्तु में ऐसी सामग्री भी हो जो किसी महत्त्वपूर्ण विशिष्ट विचार की भूमिका की अंग तो न हो, परन्तु जो उसके अनुक्रमों के संबंधों को स्पष्ट करने या उसका समर्थन करने के लिए उपयुक्त हो।

प्रमुख विचार, जिन्हें एक प्रकार से मूलभूत संकल्पना भी कह सकते हैं, अधिगम के बिन्दु बनते हैं जिन्हें छात्र अधिगम के दौरान आत्मसात् करते हैं। परंतु आनुशांगिक अंशों को विस्मृत भी किया जा सकता है। सामाजिक अध्ययन में निम्नलिखित को 'प्रमुख विचार' के रूप में देखा जा सकता है:

- अशोक के प्रशासन को केन्द्रीकृत राजशाही का प्रतीक कहा जा सकता है।

- भारतीय शिक्षा में आधुनिकता राजा राममोहन राय लाए।
- नागरिक के अधिकार और कर्त्तव्य दोनों होते हैं।
- औद्योगीकरण अपने साथ कई समस्याएँ भी लाया है।
- सभी प्रारंभिक सभ्यताएँ नदियों के किनारे विकसित हुई हैं।
- वैज्ञानिक विकास हमेशा मानव कल्याण के लिए नहीं हुआ।

विषय-वस्तु हमेशा अद्यतन और प्रामाणिक होनी चाहिए। यदि कोई विवादास्पद विषय हो तो उससे संबंधित सभी दृष्टियों को वस्तुपरक रूप से प्रस्तुत किया जाना चाहिए। यदि कोई सामान्य कथन हो तो उससे संबंधित प्रमाण दिए जाने चाहिए। विषय-वस्तु समग्रता की दृष्टि से कम भी हो सकती है। परन्तु उसमें भ्रांतियों या गोल-मोल बातों के लिए कोई स्थान नहीं होना चाहिए।

8.6.4 शिक्षण-संकेत और क्रिया-कलाप

शिक्षण को प्रभावशाली होने के लिए उसे उद्देश्य आधारित तो होना ही चाहिए परंतु उसे छात्रों के क्रिया-कलापों से संबंधित भी होना चाहिए। इन क्रिया-कलापों को सदा प्रयोजनपरक होना चाहिए और उद्देश्यों की प्राप्ति के लिए निर्धारित विषय-वस्तु से निकालना चाहिए। इस संदर्भ में दिए गए सुझाव, स्पष्ट और विषय-वस्तु के प्रसंग में होने चाहिए। इन्हें अनुदेशन की प्रक्रिया, शिक्षक की भूमिका तथा शिक्षार्थियों के क्रिया-कलापों के साथ, उनके क्रियान्वयन के उपागमों को भी बताना चाहिए। यदि चर्चा या विचार-विमर्श प्रस्तावित हो तो उसके लिए उपयुक्त अवसर और उसमें विचारणीय बिन्दुओं का स्पष्ट संकेत दिया जाना चाहिए। शिक्षकों के लिए संकेत स्पष्ट हों और यदि कोई गृहकार्य दिया जाना हो तो उसके लिए स्पष्ट निर्देश दिए जाने चाहिए जो सृजनात्मक और काम चलाऊ हों।

8.6.5 क्षमताओं का मूल्यांकन

मूल्यांकन शिक्षण या अनुदेशन का आवश्यक अंग है जो सम्पूर्ण शिक्षण-अधिगम की प्रक्रिया के अंग के रूप में सतत रूप से चलना चाहिए। इन्हें उद्देश्यों पर आधारित होना चाहिए तथा छात्रों के विकास के शैक्षिक और शैक्षिकेतर, दोनों पक्षों को समाहित करते हुए समग्र रूप में किया जाना चाहिए।

मूल्यांकन को सदा, वैध (सही), विश्वसनीय (निर्भर होने लायक), वस्तु-निष्ठ (न्यायसंगत) और व्यावहारिक (सामान्य) होना चाहिए। उसके प्रश्न केवल स्मृति का परीक्षण करने वाले न हों। इसके लिए उपयुक्त प्रश्न बनाने के लिए शिक्षक के पास विषय-वस्तु का पूरा ज्ञान अपेक्षित होता है। मूल्यांकन की प्रक्रियाएँ और उपकरण ऐसे हों जिनसे वे संज्ञानात्मक, भावात्मक और मनोगत्यात्मक क्षेत्रों से संबंधित शैक्षणिक उद्देश्यों की प्राप्ति में सहायक हो सकें।

8.6.6 संदर्भ सामग्री

शिक्षण इकाई के एक खण्ड में संबंधित पुस्तकों की सूची होनी चाहिए जिन्हें शिक्षक और शिक्षार्थी संबंधित विषय के बारे में देख सकें। पुस्तकों की सूची बहुत बड़ी न हो कर भी अपने आप में पूरी होनी चाहिए जिसमें पुस्तकों के लेखक, प्रकाशक, प्रकाशन का वर्ष, संस्करण, संबंधित अध्याय और पृष्ठ आदि का स्पष्ट विवरण हो।

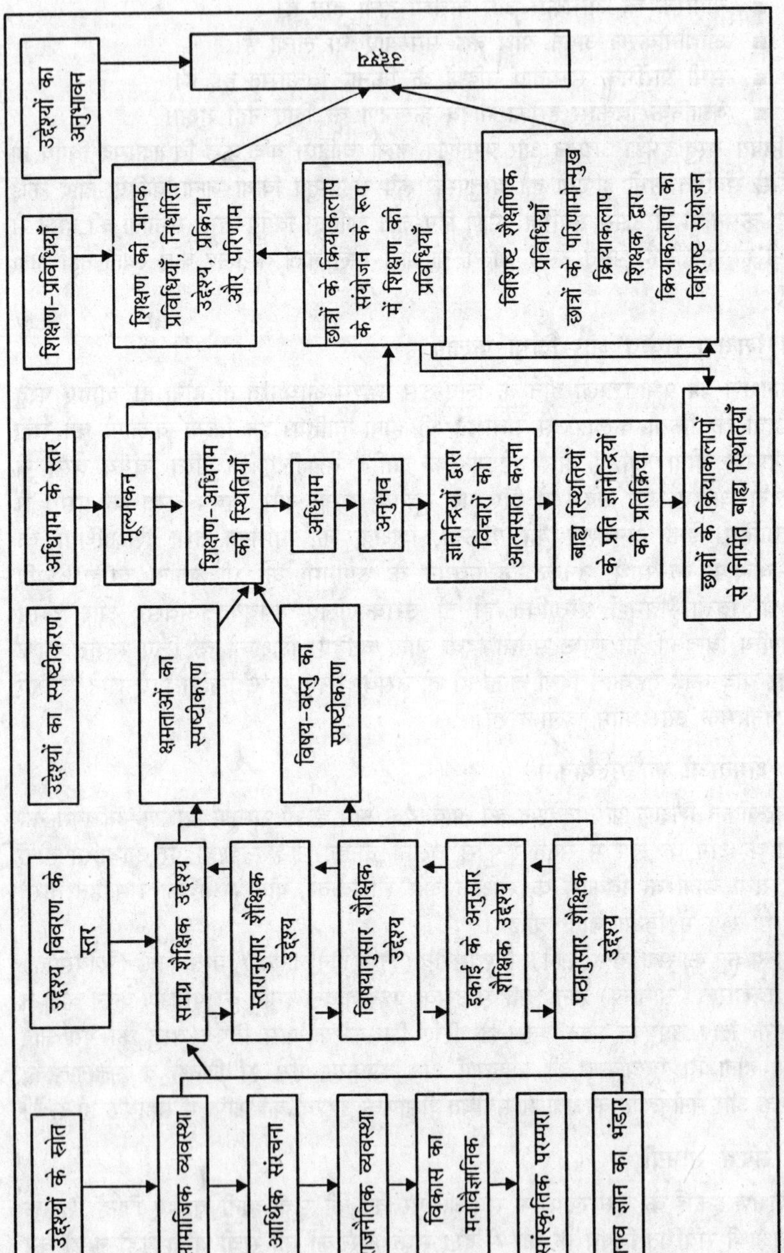
उद्देश्यों के स्रोत
सामाजिक व्यवस्था
आर्थिक संरचना
राजनैतिक व्यवस्था
विकास का मनोवैज्ञानिक
सांस्कृतिक परम्परा
मानव ज्ञान का भंडार
उद्देश्य विवरण के स्तर
समग्र शैक्षिक उद्देश्य
स्तरानुसार शैक्षिक उद्देश्य
विषयानुसार शैक्षिक उद्देश्य
इकाई के अनुसार शैक्षिक उद्देश्य
पठानुसार शैक्षिक उद्देश्य
उद्देश्यों का स्पष्टीकरण
क्षमताओं का स्पष्टीकरण
विषय-वस्तु का स्पष्टीकरण
अधिगम के स्तर
मूल्यांकन
शिक्षण-अधिगम की स्थितियाँ
अधिगम
अनुभव
ज्ञानेन्द्रियों द्वारा विचारों को आत्मसात करना
बाह्य स्थितियों के प्रति ज्ञानेन्द्रियों की प्रतिक्रिया
छात्रों के क्रियाकलापों से निर्मित बाह्य स्थितियाँ
शिक्षण-प्रविधियाँ
शिक्षण की मानक प्रविधियाँ, निर्धारित उद्देश्य, प्रक्रिया और परिणाम
छात्रों के क्रियाकलाप के संयोजन के रूप में शिक्षण की प्रविधियाँ
विशिष्ट शैक्षणिक प्रविधियाँ छात्रों के परिणामोन्मुख क्रियाकलाप शिक्षक द्वारा क्रियाकलापों का विशिष्ट संयोजन
उद्देश्यों का अनुभावन

आरेख 8.5

8.7 निष्कर्ष (Conslusion)

उपसंहार के रूप में यह कहा जा सकता है कि समुन्नत अधिगम के लिए शिक्षण तब तक मात्र एक नारा रहेगा, जब तक कि हम सेवापूर्व और सेवाकालीन शिक्षक-शिक्षा के कार्यक्रमों द्वारा शैक्षणिक सामग्री के उपयोग में शिक्षकों की क्षमताओं को और अधिक विकसित न करें। कुशलतापूर्वक निर्मित शिक्षण इकाइयों का विकास और उनकी उपलब्धता इस दिशा में एक महत्त्वपूर्ण कदम है।

उद्देश्य आधारित शिक्षण और मूल्यांकन एक ही सिक्के के दो पक्ष हैं। अच्छी शिक्षण इकाई के निर्माण में शिक्षक, शिक्षाशास्त्री, विषय-विशेषज्ञ और मूल्यांकन के विशेषज्ञों की सहायता ली जानी चाहिए।

आगे उद्देश्य आधारित शिक्षण की रूपरेखा आरेख 8.5 की सहायता से समझी जा सकती है।

9

सतत और समग्र मूल्यांकनः छात्रों के शैक्षिक और सहशैक्षिक पक्षों के विकास साथ
(Continuous and Comprehensive Evaluation: Covering Both Scholastic and Co-Scholastic Aspects of Pupil's Growth)

9.1 ऐतिहासिक सिंहावलोकन (Historical Overview)

शिक्षा का लक्ष्य व्यक्ति का सर्वांगीण विकास करना है। सर्वांगीण विकास में व्यक्तित्व के दोनों पक्ष-शैक्षिक और सह-शैक्षिक रहते हैं। क्योंकि हमारी परीक्षा व्यवस्था केवल शैक्षिक पक्ष तक ही सीमित रहती है, इसीलिए सभी शिक्षकों और शिक्षार्थियों का ध्यान और प्रयत्न इसी पक्ष तक सीमित रहते हैं।

1986-92 की राष्ट्रीय शिक्षा नीति ने पहली बार शिक्षा व्यवस्था की इस कमी की ओर ध्यान दिया और सतत और समग्र मूल्यांकन की योजना को लागू करने के लिए निर्देश दिए जिसमें विद्यार्थियों के व्यक्तित्व के शैक्षिक और शैक्षिकेतर पक्षों की ओर ध्यान दिया और उन्हें शिक्षा नीति में समाहित किया। शिक्षा नीति के इस निर्देश के पीछे तर्क था कि यदि छात्रों की कुछ योग्यताओं, कौशलों, गुणों के सार्वजनिक उपयोग के लिए मूल्यांकन करना है तो शैक्षिक संस्थाएँ छात्रों के व्यक्तित्व के दोनों पक्षों के विकास के लिए आवश्यक क्रियाओं को करने-करवाने के लिए प्रेरित होंगी।

सतत और समग्र मूल्यांकन के विचार का उद्देश्य मूलतः शैक्षिक व्यवस्था के इस असंतुलन को समाप्त करना है। प्रथम शब्द 'सतत' का आशय यही है कि व्यक्तित्व के चिह्नित क्षेत्रों का मूल्यांकन एक सतत चलने वाली प्रक्रिया हो, न कि परस्पर असम्बद्ध घटनाओं का समुच्चय। साथ ही उसे सम्पूर्ण शिक्षण-अधिगम की प्रक्रिया का अपरिहार्य अंग माना जाए और पूरे शैक्षिक सत्र की अवधि में लगातार रूप से किया जाए। द्वितीय शब्द 'समग्र' का आशय है कि शैक्षिक पक्ष के साथ व्यक्तित्व के अन्य विभिन्न पक्षों, अर्थात् योग्यताओं, कौशलों, गुणों, रुचियों, अभिवृत्तियों, मूल्यों और स्कूल के बाहर की जाने वाली क्रियाओं आदि को भी शामिल किया जाए, उसे मात्र शैक्षिक सम्प्राप्ति तक ही सीमित न रखा जाए। तृतीय शब्द 'मूल्यांकन' का तात्पर्य है कि मूल्यांकन करने के पूरे आयोजन का लक्ष्य केवल छात्रों की सम्प्राप्ति या कुशलता के स्तर का आकलन या मापन करना ही नहीं होता, अपितु उसका लक्ष्य छात्रों के विकास का निदान और उपचार/समृद्धीकरण भी होता है।

इस प्रकार की 'मूल्यांकन की विद्यालयीन योजना' से न केवल छात्रों का शैक्षिक विकास होगा, अपितु इससे उनके शारीरिक स्वास्थ्य का भी विकास होगा, उनमें वांछित वैयक्तिक और सामाजिक गुणों का भी समुन्नयन होगा, उनमें वाँछित अभिवृत्तियों और मूल्यों का भी विकास सिद्ध होगा जिससे वे अपनी रुचियों का विकास और संस्कार कर सकेंगे और वे विविध प्रकार की सहशैक्षिक क्रियाओं में भाग लेकर विविध प्रकार के कौशलों और क्षमताओं को प्राप्त कर सकेंगे।

9.2 योजना के विविध आयाम (Dimensions of the Scheme)

9.2.1 शैक्षिक पक्ष

पाठ्यचर्या के क्षेत्र

मूल्यांकन की तकनीकें

- लिखित परीक्षा
- मौखिक परीक्षा
- प्रयोगात्मक परीक्षा

मूल्यांकन के उपकरण

- प्रश्नपत्र
- इकाई-परीक्षण
- परियोजना कार्य
- सर्वेक्षण

मूल्यांकन की आवर्तिता/आवृत्ति

- एक सत्र में दो बार
- व्याप्ति सभी छात्रों के लिए

9.2.2 गैर शैक्षिक क्षेत्र

स्वास्थ्य की स्थिति

- उम्र के संदर्भ में ऊँचाई
- ऊँचाई के संदर्भ में भार/वजन
- छाती का विस्तार
- दृष्टि
- श्रवणशक्ति

मूल्यांकन की तकनीकें

- आयुर्वेदिक जाँच
- शिक्षक द्वारा निरीक्षण

आकलन के उपकरण

- ऊँचाई और भार/वजन के चार्ट
- भार-तोलन मशीन
- मापनी-टेप
- आकलन की आवर्तिका/आवृत्ति
  एक शैक्षिक सत्र में एक बार
- व्याप्ति सभी छात्रों के लिए

वैयक्तिक और सामाजिक गुण

- नियमितता
- समयनिष्ठता
- अनुशासन
- साफ़-सफ़ाई की आदत
- पहल करने की आदत
- सहयोग
- दायित्व का भाव
- परिश्रमशीलता

मूल्यांकन की तकनीक

- निरीक्षण
- मूल्यांकन के उपकरण
- वृत्तान्त अभिलेख
- निर्धारण मापनी

मूल्यांकन की आवर्तिता/आवृत्ति

- एक शैक्षिक सत्र में दो बार

■ नागरिक चेतना
■ समाज-सेवा का भाव

रुचियाँ	**व्याप्ति**
साहित्यिक रुचियाँ ■ कविता पाठ ■ वाद-विवाद ■ सर्जनात्मक लेखन ■ अतिरिक्त पठन	■ प्रथम चार वैयक्तिक और सामाजिक गुणों का आकलन सभी छात्रों का करना चाहिए, शेष का उन्हीं छात्रों पर करना चाहिए जिनमें इन गुणों के कुछ लक्षण/प्रमाण दिखाई दें।
वैज्ञानिक रुचियाँ ■ अन्वेषण वृत्ति ■ प्रयोग वृत्ति ■ विज्ञान क्लब के क्रिया-कलाप	■ कोई छात्र अपनी रुचि के किसी एक क्षेत्र को मूल्यांकन के लिए चुन सकता है। परन्तु वह अपनी इच्छानुसार एकाधिक क्षेत्रों में भी भाग ले सकता है।
सांस्कृतिक रुचियाँ ■ संगीत ■ नृत्य ■ नाट्य	जिस किसी क्षेत्र में छात्र की रुचि हो, उसमें उसका आकलन किया जाना चाहिए। मूल्यों के विषय में छात्रों का मूल्यांकन तभी किया जा सकता है जबकि वे अपने व्यवहार में किसी/किन्हीं मूल्यों का प्रमाण दें।
कलात्मक रुचियाँ ■ अंकन/ड्राइंग ■ चित्रांकन/पेंटिंग ■ मूर्तिकला ■ बेल-बूटे की कढ़ाई	■ सह-पाठ्यचर्या क्रियाओं में से खेल-कूद सभी छात्रों के लिए अनिवार्य होने चाहिए, परन्तु उसका आकलन उसी खेल के संबंध में होना चाहिए जिसे वह चुने। इसके अतिरिक्त खेल-कूद के बदले विद्यालय में उपलब्ध कोई दूसरी क्रिया, कोई छात्र चाहे तो चुन सकता है।
अभिवृत्ति ■ शिक्षकों के प्रति ■ अपने सहपाठियों के प्रति ■ विद्यालय के कार्यक्रमों के प्रति ■ विद्यालय की संपदा के प्रति	छात्रों का मूल्यांकन अपने चुने हुए क्षेत्र में होना चाहिए, वह चाहे तो एकाधिक क्षेत्रों में भाग ले सकता है जिसका उल्लेख उसके प्रमाण-पत्र में किया जाए।

मूल्य

■ श्रम के महत्त्व का भाव
■ ईमानदारी
■ साहस
■ शिष्टाचार
■ सहनशीलता
■ क्षमाशीलता
■ साथ साथ काम करने का भाव

सह-शैक्षिक क्रियाएँ

- खेल-कूद, मनोरंजन
- व्यायाम/शालेय खेल
- तैराकी
- स्काउटिंग
- बागवानी
- दस्तकारी
- साहसिक क्रिया-कलाप

(*नोट*: शैक्षिक विषयों और स्वास्थ्य स्थिति के संबंध में छात्रों की सम्प्राप्ति का उल्लेख अंकों में किया जा सकता है, जबकि अन्य क्षमताओं में सम्प्राप्ति का उल्लेख A.B.C.D.E. ग्रेड के रूप में किया जा सकता है। क्योंकि E ग्रेड असफलता की सूचक है अत: उसे किसी छात्र को नहीं दिया जाना चाहिए।)

9.3 संक्रियात्मक रणनीति (Coperational Storategy)

इस योजना के अनुसार प्रत्येक विद्यालय अपनी ओर से एक स्वतंत्र प्रमाण-पत्र सभी छात्रों को उनकी सभी सम्प्राप्तियों के विषय में जारी कर सकता है जिसके अंतर्गत निम्नलिखित को सम्मिलित किया जा सकता है:

- विद्यालय में शैक्षिक सम्प्राप्ति का स्तर
- स्वास्थ्य की स्थिति
- वैयक्तिक और सामाजिक गुण
- रुचियाँ
- अभिवृत्तियाँ और मूल्य
- सह-पाठ्यचर्या के बाह्य क्रिया-कलापों में दक्षता का स्तर विद्यालय में हुए मूल्यांकन का प्रमाण-पत्र, बोर्ड के प्रमाण-पत्र के पूरक प्रमाण-पत्र के रूप में जारी किया जा सकता है जो बोर्ड द्वारा निर्धारित रूप में हो सकता है तथा बोर्ड के प्रमाण-पत्र में भी इस बात का उल्लेख हो सकता है कि इसके साथ विद्यालय में हुए मूल्यांकनों का प्रमाण-पत्र विद्यालय द्वारा जारी किया गया, संलग्न है, छात्र के सम्पूर्ण व्यक्तित्व के विषय में निर्णय करते समय इस प्रमाण-पत्र को भी उचित महत्त्व प्रदान किया जाए।

9.4 योजना के प्रमुख अभिलक्षण (Saliant Feature of the Scheme)

प्रस्तुत योजना में छात्रों के मूल्यांकन में विद्यालयों को बोर्ड के समकक्ष खड़ा कर उनके स्तर को ऊपर उठाया गया है। क्योंकि इस योजना के अंतर्गत छात्रों की क्षमताओं और सामर्थ्यों के मूल्यांकन का प्रमाण-पत्र स्वयं विद्यालय द्वारा स्वतंत्र रूप से जारी किया जाएगा जो छात्र के सार्वजनिक उपयोग के लिए प्रमाण-पत्र का कार्य कर सकता है।

बोर्ड के प्रमाण-पत्र में पाद-टिप्पणी के रूप में विद्यालय के प्रमाण-पत्र का उल्लेख, उसकी मान्यता प्रमाणित करता है जिसका उपयोग भविष्य में उच्च शिक्षा की संस्थाएँ और नियोक्ता कर सकते हैं। सामाजिक उपयोग के लिए बोर्ड के प्रमाण-पत्र के पूरक प्रमाण-पत्र के रूप में विद्यालय द्वारा जारी प्रमाण-पत्र की मान्यता एक महत्त्वपूर्ण बात है और

प्रगाणीकरण के अधिकार को विद्यालयों को दिए जाने के कारण विद्यालयों की मान-मर्यादा में भी वृद्धि हो सकती है।

बोर्डों द्वारा आयोजित सार्वजनिक बाह्य परीक्षाओं की यह आलोचना कि वे केवल छात्रों के शैक्षिक आकलन पर ही केन्द्रित होती हैं, विद्यालय के प्रमाण-पत्र से स्वत: निरस्त हो जाएगी। क्योंकि उसमें छात्रों के शैक्षिकेतर पक्षों का आकलन भी उल्लिखित होगा।

इस योजना से आंतरिक मूल्यांकन से जुड़े अनेकों अनाचारों से भी मुक्ति मिल सकेगी (जहाँ छात्र अंतिम परिणाम के लिए परीक्षा के अंकों में आंतरिक परीक्षा के अंकों को जोड़ा जाता है) क्योंकि इस योजना के अनुसार दोनों अंकों/ग्रेडों को अलग-अलग रूप में दो स्वतंत्र प्रमाण-पत्रों द्वारा दिया जाएगा।

अपनी सरलता और लचीलेपन के कारण इस योजना को सभी विद्यालयों में लागू किया जा सकता है और इससे शिक्षकों का भार भी नहीं बढ़ेगा। क्योंकि उनका पहले से किए जाने वाला कार्य इसके द्वारा व्यवस्थित हो जाएगा।

इस योजना से यह प्राचीन मान्यता भी सिद्ध हो जाएगी कि जो शिक्षक हैं वे ही परीक्षक होने चाहिए।

9.5 सह-शैक्षिक क्षेत्रों में विकास का मूल्यांकन (Evaluation Growth in Co-Scholastic Areas)

आकलन के उपकरण (The Tools of Assessment)

आकलन के उपकरण–प्रमाण-पत्र में लिखे जाने के लिए एक शैक्षिक सत्र में दो 'आकलन' प्रस्तावित हैं जिसमें वृत्तान्त-अभिलेख-प्रपत्र और निर्धारण मापनी का उपयोग उपकरणों के रूप में किया जा सकता है।

वृत्तान्त-अभिलेख का उपयोग–मूलत: वृत्तान्त अभिलेख प्रपत्र का उपयोग साक्ष्य-संग्रह के लिए किया जाता है। इन्हें प्राचार्य के कार्यालय या कर्मचारी कक्ष से प्राप्त किया जा सकता है। किसी छात्र के किसी उल्लेखनीय क्रिया या आचरण को देख कर कोई भी शिक्षक इस प्रपत्र को भर सकता है जिसका प्रारूप इस प्रकार हो सकता है।

वृत्तान्त अभिलेख प्रपत्र (Anecdotal Record Form)

छात्र का नाम.. कक्षा .... वर्ग ....

निरीक्षण का दिनांक..........................

अवसर और स्थान	*वृत्तान्त (तथ्यपरक कथन)*	*शिक्षक की टिप्पणी*

शिक्षक के हस्ताक्षर

दिनांक ....

वृत्तान्त-अभिलेख-प्रपत्र को भरने के बाद, उसे कक्षा अध्यापक को दे देना चाहिए जो इनको संग्रहीत कर रखेगा और आगे उपयोग करेगा। वस्तुतः इनसे छात्रों के आचरण की बातों को याद रखा जा सकता है और निरीक्षण का क्षेत्र विस्तृत हो सकता है। इनका विशेष महत्त्व इसलिए भी होता है कि किसी छात्र के व्यक्तित्व के किन्हीं पक्षों का तभी निर्धारण किया जा सकता है जब उनका निरीक्षण किया गया हो।

निर्धारण-मापनी का उपयोग (Use of Rating Scales)

निर्धारण-मापनी छात्रों के विकास के सह-शैक्षिक पक्षों के आकलन का प्रमुख उपकरण है। इस प्रकार की निर्धारण मापनी सामान्यतः पंचसूत्री होती हैं-A B C D और E या क, च, ट, त, और प। E या प को असफलता का बिन्दु माना जाता है, अतः उसका प्रयोग न करना ही प्रस्तावित है। अतः छात्रों को चार कोटियों (या क्षमताओं के परास या रेंज) में ही विभाजित किया जा सकता है।

वैयक्तिक और सामाजिक गुणों जैसे कुछ मामलों में निर्धारण मापनी का उपयोग किया जाना चाहिए जैसाकि अनुशासन के मामले में नीचे दिखाया गया है।

अनुशासन के लिए निर्धारण मापनी (Rating Scale for Discipline)

E	D	C	B	A
प	त	ट	च	क
नियमों का कभी-कभी या कभी भी पालन नहीं करता	कभी कभी नियमों का पालन करता है। पर उद्दंड है।	सामान्यतः नियमों का पालन करता है और अपने दायित्वों को समझता है।	अधिकांश समय नियमों का पालन करता है, दायित्व जानता है, परन्तु कभी-कभी उद्दंडता दिखता है।	हमेशा नियमों का पालन करता है, दी गई भूमिका का निर्वाह करता है और छात्रों को भी ऐसा करने के लिए प्रेरित करता है और विनीत है।

रुचि तथा अन्य सह-पाठ्यचर्या की क्रियाओं के मामले में कभी-कभी मूल्यांकन के एक से अधिक मानदण्डों पर मूल्यांकन करने की स्थिति हो सकती है, उदाहरण के लिए 'नाट्य' को ले सकते हैं:

- साज-सज्जा (मेक अप)
- अभिनय
- संवाद
- भाव-प्रदर्शन

ऐसी स्थितियों में प्रत्येक मानदण्ड के लिए अलग-अलग निर्धारण मापनी विकसित की जा सकती है और अंतिम रूप से प्रमाण-पत्र के कुल ग्रेड लिखने के लिए निम्नलिखित प्रक्रिया को स्वीकार किया जा सकता है:

विभिन्न ग्रेडों के प्रतीकों के लिए अंकों के रूप में मूल्य निर्धारण	*मूल्यांकन के चार मानदण्डों के आधार पर छात्र द्वारा प्राप्त ग्रेड प्रतीक*	*छात्र द्वारा प्राप्त ग्रेडों का अंकों में परिवर्तन*	*कुल ग्रेड प्रतीक की उपलब्धि*
A (क) = 5	मेक-अप – B	4	4+4+5+4 = 17
B (च) = 4	अभिनय – B	4	
C (ट) = 3	संवाद – A	5	17÷4
D (त) = 2	भाव प्रदर्शन – B	4	= 4.25
E (प) = 1			= B

ग्रेड रेंज (परास)				
E	D	C	B	A
0.6 <-->1.5	1.6<--> 2.5	2.6<-->3.5	3.6<-->4.5	4.6<-->5.5

क्योंकि 4.25 B या च ग्रेड के रेंज या परास में आता है, अत: प्रमाण-पत्र में उल्लेख के लिए अंतिम ग्रेड प्रतीक B या च है।

आकलन के मानकों की समरूपता के लिए निर्धारण मापनी को केन्द्रीय स्तर पर विकसित किया जा सकता है और फिर उन्हें शिक्षकों को दिया जा सकता है।

9.6 शैक्षिक क्षेत्र में आकलन (Assessment in Scholastic Areas)

प्रमाण-पत्र में उल्लेख के लिए, शैक्षिक क्षेत्र में आकलन का अंकन प्रत्येक शैक्षिक सत्र में दो बार किया जाना चाहिए। वस्तुत: दो अर्ध-वार्षिक प्रविष्टियाँ होनी चाहिए। X कक्षा में एक बार हो सकती हैं। परन्तु IX और उससे नीचे की सभी कक्षाओं में दो प्रविष्टियाँ, प्रत्येक शैक्षिक सत्र में की जा सकती हैं।

प्रक्रिया के रूप में आकलन सतत होगा और पूरे शैक्षिक वर्ष में फैला होगा। परीक्षण, दत्तकार्य, परियोजना कार्य, क्षेत्र-कार्य, सर्वेक्षण आदि को मूल्यांकन स्थितियों के रूप में स्वीकार किया जा सकता है। समय की विभिन्न अवधियों के लिए अंकों के प्रतिशतों के रूप में मूल्यांकनों के अधिभारों को निर्धारित किया जा सकता है। कक्षा में दिए गए अभ्यास कार्यों को यद्यपि अधिक अधिभार दिया जा सकता है। परंतु विशिष्ट कालावधियों के आधार पर उन्हें घटाया भी जा सकता है। मान लीजिए शैक्षिक सत्र जुलाई में शुरू होता है और अप्रैल में समाप्त तथा मई और जून ग्रीष्मावकाश के हैं। नीचे के उदाहरण में समस्तरीय रेखाएँ, मूल्यांकन के परिणामों को लिखने के लिए समय को बिन्दुओं द्वारा दर्शाती हैं और उर्ध्वाधर रेखाएँ, संप्राप्ति की व्याप्ति और उनके लिए निर्धारित अधिभारों को

संकेतित करती हैं। विद्यालय के अंदर किए गए आंतरिक मूल्यांकन में 50% अंकों को अगली कक्षा में प्रोन्नयन के लिए स्वीकार किया जा सकता है।

<table>
<tr><td>जुलाई-अगस्त</td><td>10%</td><td rowspan="3">30</td><td rowspan="5">40%</td></tr>
<tr><td>सितम्बर-अक्टूबर</td><td>10%</td></tr>
<tr><td>नवम्बर-दिसम्बर</td><td></td></tr>
<tr><td>जनवरी-फरवरी</td><td>10%</td><td></td></tr>
<tr><td>मार्च-अप्रैल</td><td></td><td></td></tr>
</table>

9.7 स्वास्थ्य की स्थिति का आकलन (Assessment of Health Status)

स्वास्थ्य का आकलन मूलत: वर्ष में दो बार किया जाएगा और उन्हीं पक्षों तक सीमित रहेगा जिन्हें शिक्षक स्वयं कर सकने में समर्थ होंगे। इसके लिए भार-तोलन मशीन और मापनी टेप की आवश्यकता होगी। ऊँचाई और छाती का आकलन मीटर और सेंटीमीटर में तथा वजन का किलो और ग्राम में किया जाएगा। लड़के-लड़कियों की आयु और ऊँचाई को बताने वाले चार्ट और इसी प्रकार ऊँचाई के प्रतिमानकों और उनके अनुरूप वजन को बताने के लिए चार्टों का उपयोग किया जा सकता है जिन्हें शिक्षा विभाग विद्यालयों को दे सकता है। विशेष उल्लेख के कॉलम में, यदि कोई विशेष शारीरिक कमी हो तो उसका उल्लेख किया जा सकता है।

यदि स्वास्थ्य परीक्षा, डॉक्टरों द्वारा की जाए तो जाँच के आधार पर स्वास्थ्य संबंधी आवश्यक जानकारी, अभिभावकों/माता-पिता को, कक्षा-अध्यापक या प्रधानाचार्य द्वारा दी जा सकती हैं।

रूचियों, अभिवृत्तियों, मूल्यों और सह-शैक्षिक क्रियाओं का निर्धारण (Ratings of Interests, Attitudes, Vulues and Co-Curricular Activities)

इसका मूल्यांकन निर्धारण मापनी द्वारा किया जा सकता है और उन्हें प्रमाण-पत्र में लिखा जा सकता है।

प्रमाण-पत्र में उल्लेख के लिए निर्धारण को निश्चित करने के हेतु प्रशासनिक प्रक्रिया (Administrative Procedure for Determining Ratings for Entry in the Certificate)

जबकि ऊँचाई, वजन तथा शैक्षिक सम्प्राप्ति के विषय में वस्तुनिष्ठ मूल्यांकन किया जा सकता है। परन्तु कुछ भौतिक रूप से मापनीय सहपाठ्यचर्या की क्रियाओं के मूल्यांकन में यथासम्भव वस्तुनिष्ठ बनाना चाहिए। कुछ मामलों में वृत्तांत अभिलेख प्रपत्र उपलब्ध हो सकते हैं। परन्तु कुछ मामलों में छात्रों की भागेदारी और विविध क्रियाओं में उनकी क्षमताओं के विषय में निरीक्षण आधार बन सकता है। इस कार्य के लिए, इसलिए प्रस्तावित

है कि कक्षा अध्यापक के साथ कार्य करने के लिए प्रधानाचार्य किसी दूसरे अध्यापक को भी नियुक्त कर सकता है।

9.8 सतत और समग्र (CCE) मूल्यांकन के प्रमाण पत्र-के लिए (Format of a CCE Certificate) प्रस्तावित 'प्रारूप' या 'फार्मेट' का उदाहरण (माध्यमिक स्तर के लिए)

विद्यालय का संक्षिप्त विवरण

- विद्यालय का नाम
- पूरा पता, टेलीफोन/फैक्स का नंबर
- सम्बद्ध बोर्ड का नाम और संबंधन संख्या
- विद्यालय का संक्षिप्त विवरण
- स्थापना वर्ष
- विद्यालय का प्रकार
- विद्यालय का परिसर और भौतिक व सामाजिक परिवेश
- जनसंख्या का प्रकार जिनकी सेवा विद्यालय कर रहा है।

छात्र का संक्षिप्त विवरण

- छात्र का नाम
- प्रवेश-पंजीकरण का नंबर
- यदि कोई सार्वजनिक परीक्षा पास की हो तो उसका वर्ष और रोल नंबर
- लिंग (लड़का/लड़की)
- जन्म तिथि
- अभिभावक (माता/पिता) का नाम
- स्थायी पता

शैक्षिक सम्प्राप्ति का स्तर (प्रतिशत में)

कक्षा / *आकलन*	*कक्षा*	
	प्रथम आकलन	*द्वितीय आकलन*
विषय		
प्रथम भाषा		
द्वितीय भाषा		
सामाजिक विज्ञान		
विज्ञान		
गणित		
अतिरिक्त विषय, यदि कोई हो तो		

स्वास्थ्य की स्थिति

कक्षा	कक्षा							
आकलन	प्रथम आकलन				द्वितीय आकलन			
पक्ष	ऊँचाई सें.मी. में	वजन किलो. ग्रा. में	छाती सामान्य	विस्तृत छाती	ऊँचाई	वजन	छाती सामान्य	छाती विस्तृत
विशेष टिप्पणी यदि कोई हो तो								

वैयक्तिक और सामाजिक गुण

संख्या	कक्षा	कक्षा	
	आकलन	प्रथम आकलन	द्वितीय आकलन
	गुण		
1.	नियमितता		
2.	समय निष्ठता		
3.	अनुशासन		
4.	साफ-सफाई की आदत		
5.			
6.			
7.			

रुचियाँ

रुचियों के प्रकार साहित्यिक/वैज्ञानिक/सांस्कृतिक/कलात्मक आदि	चुनी गई क्रियाएँ	कक्षा	
		प्रथम आकलन	द्वितीय आकलन

रुचियों से संबंधित अतिरिक्त क्रियाएँ जिनमें बिना निर्धारण के भाग लिया हो

रुचियों का प्रकार	*क्रियाएँ*

अभिवृत्तियाँ और मूल्य

	अभिवृत्ति		
सं.	*कक्षा*	*कक्षा*	
	आकलन	*प्रथम आकलन*	*द्वितीय आकलन*
	अभिवृत्तियाँ		
1.	शिक्षकों के प्रति		
2.	विद्यालय के कार्यक्रमों के प्रति		
3.	सहपाठियों के प्रति		
4.	विद्यालय की संपदा के प्रति		
	मूल्य		
	कक्षा	*कक्षा*	
	आकलन	*प्रथम आकलन*	*द्वितीय आकलन*
	मूल्य		
1.			
2.			
3.			
4.			
5.			

पाठ्यचर्या से संबंधित बाह्य क्रियाएँ

सं.	कक्षा	कक्षा	
	आकलन	प्रथम आकलन	द्वितीय आकलन
	क्रियाएँ		
1.			
2.			
3.			
4.			

अतिरिक्त सह-पाठ्यचर्या के क्रिया-कलाप जिनमें भाग लिया हो

सं.	क्रियाकलाप
1.	
2.	
3.	
4.	
5.	
6.	

दिनांक ....

टिप्पणी:

....

....

....

कक्षा अध्यापक के हस्ताक्षर

प्राचार्य की टिप्पणी:

....

....

....

प्राचार्य के हस्ताक्षर

10

विविध प्रकार के प्रश्नों का निर्माण
(Preparing Questions of Different Forms)

यह निर्विवाद रूप से सत्य है कि शैक्षिक सुधार के किसी भी समग्र कार्यक्रम के लिए परीक्षा-पद्धति और प्रश्न-पत्रों की गुणवत्ता में सुधार आवश्यक होगा। प्रत्येक प्रश्न-पत्र का प्रत्येक प्रश्न इस प्रकार से बनाया जाना चाहिए कि जब उसे संयुक्त रूप से प्रश्न-पत्र में सम्मिलित किया जाए तो वह मापन या आकलन का सर्वांगीण सफल साधन बन जाए। चाहे हम निबंधात्मक प्रश्नों का प्रयोग करें या लघूत्तर प्रश्नों या अतिलघुत्तर प्रश्नों या वस्तुनिष्ठ प्रश्नों का निर्माण करें। अंत में वे सभी प्रकार के प्रश्न मिलकर अच्छे प्रश्नों या प्रश्न-पत्र के लक्षणों या गुणों से युक्त होने चाहिए। इसी बात की चर्चा आगे की जा रही है।

10.1 अच्छे प्रश्नों की विशेषताएँ (Characteristics of Good Questions)

उद्देश्य आधारित (Objective Based)

अच्छे प्रश्न को सदा पूर्व निर्धारित उद्देश्य पर आधारित होना चाहिए और प्रभावी रूप में संबंधित योग्यता का परीक्षण करने वाला होना चाहिए। कभी-कभी कोई प्रश्न एक से अधिक उद्देश्यों का परीक्षण कर सकता है; कभी-कभी वह एक उद्देश्य के एक या एक से अधिक स्पष्टीकरण का परीक्षण कर सकता है जिसके आधार पर प्रश्न बनता हो। यदि कभी कोई प्रश्न एक से अधिक उद्देश्यों का परीक्षण करता है तो उसे ऐसा प्रश्न कहा जाता है जो उद्देश्यों के अधिक्रम में उच्चतम उद्देश्य का परीक्षण करता है।

विषय-वस्तु-विशिष्ट (Content-Specific)

जिस विषय-वस्तु पर प्रश्न आधारित होता है, वह उस उद्देश्य के साथ निकट से संबंधित होता है जिसका परीक्षण किया जा रहा है। इसलिए प्रश्न-निर्माता को विषय या उसके उप-विषय का ध्यान रखना चाहिए जिस पर वह प्रश्न बना है। अतः प्रश्न विषय-वस्तु के उसी क्षेत्र से संबंधित हो जिसका परीक्षण उसके द्वारा किया जाना है।

प्रश्नों के प्रकार (Form of Questions)

प्रश्नों के मूलतः चार प्रकार हैं:– निबन्धात्मक, लघूत्तर, अतिलघूत्तर और वस्तुनिष्ठ प्रश्न। प्रश्न का प्रकार, वांछित विषय-वस्तु की प्रकृति और क्षमता के प्रकार जिसका कि

परीक्षण किया जाना है, पर निर्भर होता है। किन्हीं क्षमताओं के परीक्षण के लिए प्रश्नों के कुछ प्रकार अधिक उपयुक्त होते हैं। उदाहरण के लिए निबंधात्मक प्रश्न, विषय-वस्तु या विचारों के संयोजन की योग्यता, विश्लेषण, व्याख्या आदि के लिए अधिक उपयुक्त होते हैं। अतः प्रयास किया जाना चाहिए कि प्रश्न पत्रों में प्रश्नों के प्रकारों का सम्मिश्रण न्याय संगत हो। प्रश्न-पत्र की रूपरेखा तैयार करते समय हमें इस विषय में निर्णय कर लेना चाहिए।

प्रश्नों की शब्दावली (Warding of Questions)

मूल्यांकन में वस्तुनिष्ठता बनाए रखने के लिए यह आवश्यक है कि प्रश्नों की भाषा स्पष्ट, सुनिश्चित और निर्भ्रांत हो। अपरिचित और कठिन शब्दों का प्रयोग करने से बचना चाहिए जिससे प्रश्नों का बोध छात्रों के लिए समस्या न बने और उनकी कठिनाई का स्तर भी न बढ़े। प्रश्नों की शब्दावली ऐसी होनी चाहिए जिसे सभी छात्र और परीक्षक उससे एक ही अर्थ समझें, विशेषकर अपेक्षित उत्तर की व्याप्ति और विस्तार की दृष्टि से। सामान्यतः प्रचलित शब्दावली जैसे वर्णन कीजिए, विस्तार कीजिए, चर्चा कीजिए, संक्षिप्त टिप्पणी लिखिए या प्रतिवेदन लिखिए, आप क्या जानते हैं, आदि, से बचना चाहिए। छात्रों के द्वारा जो लिखा जाना है, उसे निर्भ्रान्त शब्दों में प्रश्न बनाते समय लिखना चाहिए।

स्थिति की संरचना (Structuring the Situation)

उपयुक्त प्रश्न बनाने के लिए उपयुक्त स्थिति का चयन, प्रश्न निर्माण का एक महत्त्वपूर्ण सोपान है। ज्ञान के परीक्षण के लिए पाठ्य-पुस्तक की स्थितियाँ सही हो सकती हैं। इसी प्रकार ज्ञान या बोध के लिए कक्षा में चर्चित अन्य स्थितियाँ भी उपयुक्त हो सकती हैं। परन्तु ज्ञान के अनुप्रयोग के लिए कुछ अपरिचित स्थितियों को रेखांकित करना होगा, या उन्हें प्रकल्पित करना होगा। यद्यपि इस प्रकार की स्थितियाँ पाठ्यपुस्तक की सीमा से बाहर की हो सकती हैं। परन्तु उन्हें छात्रों की योग्यता के स्तर और अधीत विषय-वस्तु के अनुरूप ही होना चाहिए। अतः प्रस्तावित है कि शिक्षक इस प्रकार की स्थितियों को संकलित करता रहे जिससे आवश्यकता के अनुसार वह उनका उपयोग कर सके।

अनुमानित काठिन्य स्तर (Estimated Difficulty Level)

प्रश्न-पत्र निर्माण के समय परीक्षक को छात्रों के उत्तर देने की क्षमताओं के संदर्भ में अनुमानित काठिन्य स्तर का ध्यान रखना चाहिए। प्रश्नों के काठिन्य का स्तर सामान्यतः उत्तर देने में छात्रों की मानसिक प्रक्रिया, परीक्षा के लिए वाँछित विषय-वस्तु का क्षेत्र और उत्तर देने में लगने वाले समय पर निर्भर होता है। अनुभवी शिक्षक किसी प्रश्न के काठिन्य के स्तर का सहज ही अनुमान पहले से ही लगा सकते हैं। परंतु वास्तविक काठिन्य की सूची, प्रश्नों के प्रयोग के बाद ही उनके उत्तरों के विश्लेषण के आधार पर ही तैयार की जा सकती है। बहुविकल्पी प्रश्न इस प्रकार के विश्लेषण के लिए उपयुक्त माने जाते हैं। परंतु अनुभवी शिक्षक काठिन्य स्तर का अनुमान लगा लेते हैं। इसके आधार पर ही विविध प्रकार के काठिन्य स्तर के प्रश्नों का निर्माण, प्रश्न-पत्र तैयार करते समय किया जा सकता है।

विभेदीकरण मूल्य (Discrimination Value)

जब तक किसी प्रश्न का प्रायोगिक स्थिति में परीक्षण नहीं कर लिया जाता, तब तक उसके विभेदीकरण-मूल्य का अन्दाज/अनुमान लगाना सम्भव नहीं होता। फिर भी जब कोई नितान्त नवीन स्थिति हो और सामान्य प्रकार के प्रश्नों से बचा जाना हो तो ऐसा प्रश्न उत्तम छात्रों को कमजोर छात्रों से विभेदीकरण करने में सामान्यत: सफल होता है। इस प्रकार काठिन्य स्तर के ध्रुव बिन्दु पर बने प्रश्न इस प्रकार के विभेदीकरण में अधिक प्रभावी नहीं होते, जबकि मध्यम बिन्दु वाले प्रश्न अपेक्षाकृत प्रभावी पाए जाते हैं।

उत्तर के क्षेत्र का परिसीमन (Delimiting the Scope of the Answer)

प्रश्न बनाते समय, प्रश्न निर्माता या परीक्षक को प्रश्न के अपेक्षित उत्तर पर ध्यान देना चाहिए। इसी प्रकार अंक योजना बनाते समय, उसे अपेक्षित उत्तर की रूपरेखा तैयार कर लेनी चाहिए और प्रश्न के प्रत्येक अंश के लिए अंक निर्धारित कर लेने चाहिए। यह कार्य प्रश्न बनाते समय ही कर लेना चाहिए। इससे प्रश्न की भाषा की कमियाँ, यदि कोई हों तो स्पष्ट हो जाती हैं। अत: प्रश्न की भाषा स्पष्ट और सुनिश्चित होनी चाहिए जिससे अपेक्षित उत्तर परिभाषित और परिसीमित रहें।

अंक-योजना/कुंजी (Marking Scheme/Key)

वस्तुनिष्ठ प्रश्नों को बनाते समय अंक योजना बनानी चाहिए, जबकि दीर्घ-उत्तरों, लघु-उत्तरों और अतिलघु उत्तरों की रूपरेखा और अंक योजना तैयार कर लेनी चाहिए। अंकों के रूप में अपेक्षित उत्तरों के प्रत्येक बिन्दु का अधिभार निश्चित कर लेना चाहिए।

प्रश्नों के निर्माताओं या प्रश्न-पत्र निर्माताओं को प्रत्येक प्रश्न को बनाते समय, प्रश्नों के पूर्व चर्चित आयामों तथा प्रश्न-निर्माण के अन्य नियमों आदि के विषय में सचेत रहना चाहिए।

10.2 उद्देश्यनिष्ठ प्रश्नों के प्रकार (Forms of Objective-Based Questions)

शिक्षण और परीक्षण के विभिन्न उद्देश्यों के परीक्षण के लिए निर्मित प्रश्नों को ही उद्देश्यनिष्ठ प्रश्न कहते हैं। ये विभिन्न प्रकार के हो सकते हैं जिनमें से उद्देश्य निष्ठ प्रश्न भी एक प्रकार होता है। इनके तीन प्रकार हैं: निबन्धात्मक प्रश्न (दीर्घ उत्तर प्रकार), लघु उत्तर प्रकार, और अति लघु उत्तर प्रकार। ये सभी प्रश्न किसी न किसी उद्देश्य/योग्यता/क्षमता/कुशलता का परीक्षण करते हैं। इस दृष्टि से सभी उददे्श्य-आधारित प्रश्न, उद्देश्य-निष्ठ होते हैं। यद्यपि सभी उद्देश्य-आधारित प्रश्न उद्देश्य-निष्ठ प्रकार के नहीं होते।

इस प्रकार प्रश्नों को विभिन्न प्रकारों में (चार्ट 10.1) में वर्गीकृत किया जा सकता है।

आगे प्रश्नों के विभिन्न प्रकारों, की विशेषताओं, उनकी शक्तियों और दुर्बलताओं के बिन्दुओं और उनके निर्माण के नियमों की चर्चा की जाएगी।

जैसा कि पहले बताया जा चुका है, विषय-वस्तु (विषय) और उद्देश्यों (योग्यताओं)

के आधार पर ही प्रश्नों के प्रकारों–निबंधात्मक, लघूत्तर, अतिलघूत्तर या वस्तुनिष्ठ को चुना जा सकता है।

प्रश्न प्रकार (Question Form)

- निश्चित अनुक्रिया के प्रश्न / Fixed response questions
  - वस्तुनिष्ठ / Objective Type
    - सत्य-असत्य प्रकार / True False Type
    - मिलान प्रकार / Matching Type
    - रिक्त स्थान पूर्ति प्रकार / Fill-in-the balnk Type
    - बहुविकल्पी प्रकार / Multiple Choice Type
      - केवल सही उत्तर प्रकार / Only Correct Answer Type
      - केवल गलत उत्तर प्रकार / Only Wrong Answer Type
      - सर्वोत्तम उत्तर प्रकार / Best Answer Type
      - मिश्रित प्रकार / Mixed Type
  - अति लघु-उत्तर / Very Short Answer Type
- मुक्त अनुक्रिया के प्रश्न / Free response questions
  - लघु-उत्तर प्रकार / Short Answer Type
  - निबन्धात्मक प्रकार/दीर्घ उत्तर प्रकार / Essay Type/Long Answer Type

लिखित परीक्षण के मूल्यांकन के बहुप्रयुक्त उपकरणों में दो प्रकार के प्रश्न आते हैं- एक मुक्त अनुक्रिया वाले और दूसरे निश्चित अनुक्रिया वाले। दीर्घ उत्तर या निबंधात्मक प्रश्नों का जो मूलतः मुक्त अनुक्रिया वाले प्रश्न होते हैं, प्रयोग काफी समय से हो रहा है। पारंपरिक प्रश्नपत्रों में तो इसी प्रकार के प्रश्न होते रहे हैं। परंतु अब, इनकी कमजोरियों के अनुभव के पश्चात् (जैसाकि देश और विदेशों में हुए अनुसंधानों से सिद्ध हो चुका है।) और उनकी परिशुद्धता या सटीकता, परीक्षा परिणामों की वस्तुनिष्ठता और निर्भरता पर पड़ने वाले बुरे प्रभाव के कारण, लघूत्तर प्रश्न, जो इसी प्रकार के होते हैं, अब अधिक प्रचलित हो गए हैं। निश्चित अनुक्रिया वाले प्रश्न (अति लघूत्तर और वस्तुनिष्ठ) इस प्रकार के होते हैं, जिनके उत्तर निश्चित होते हैं और उनके अपेक्षित उत्तरों से भिन्न सभी उत्तर अशुद्ध माने जाते हैं। इसके विपरीत मुक्त अनुक्रिया वाले प्रश्नों के उत्तर में परीक्षार्थी अपने उत्तर की भाषा के प्रयोग में स्वतंत्र रहता है।

दीर्घ उत्तर या मुक्त अनुक्रिया वाले प्रश्नों का प्रयोग अब भी सीमित रूप में होता है। परन्तु उन्हीं योग्यताओं के परीक्षण के लिए होता है, जिनका परीक्षण अन्य प्रकार के प्रश्नों द्वारा प्रभावी रूप से नहीं कर सकते।

विविध प्रकार के प्रश्नों के निर्माण की प्रक्रिया के विषय में कुछ महत्त्वपूर्ण बातें नीचे दी जा रही हैं:

1. वस्तुनिष्ठ प्रकार (बहुविकल्पी प्रश्न, चार विकल्पों के साथ)
2. अति लघु उत्तर वाले प्रश्न के लिए सामान्यतः एक या दो अंक निर्धारित होते हैं और उनका उत्तर एक शब्द या एक पदबंध या एक वाक्य में और गणित में दो सोपानों की गणना तक में दिया जा सकता है। इनके उत्तर लिखने में लगभग एक मिनट का समय लगता है।
3. लघु उत्तर वाले प्रश्नों के लिए सामान्यतः दो से चार अंक निर्धारित होते हैं जिनके उत्तर को 25 से 50 शब्दों में दिया जा सकता है और गणित में चार से छह सोपानों को लिया जा सकता है। इस प्रकार के प्रत्येक प्रश्न के उत्तर में 3 से 5 मिनट का समय लगता है।
4. दीर्घ उत्तर या निबंधात्मक प्रश्नों के उत्तरों की सीमा 100 से 400 शब्दों और गणितीय गणना में 10 तथा 10 से अधिक सोपानों तक माना जाता है। इनके लिए 5 से 15 तक अंक दिए जा सकते हैं।
5. भाषाओं में 'रचना' के प्रश्नों के उत्तर में छात्रों को किसी विषय की चर्चा करनी होती है जिनमें वे अपनी शब्दावली, वाक्य संरचना आदि का प्रयोग करते हैं और जिसमें वे अपनी मौलिकता और शैली का प्रयोग कर सकते हैं। इस प्रकार के प्रश्नों के लिए भी कोई समय सीमा निर्धारित करनी पड़ती है जो उत्तर की अपेक्षित लम्बाई के आधार पर निश्चित की जा सकती है। इस प्रकार के प्रश्नपत्र के प्रश्न की भाषा में इसका निर्देश किया जा सकता है। उत्तर की दीर्घता और उत्तर लिखने में अपेक्षित समय के निर्धारण के लिए आनुपातिक रूप से कोई नियम/फॉर्मूला तैयार किया जा सकता है, जैसे कि उत्तर के रूप में 100 शब्दों के अनुच्छेद के लिए 5 अंक निर्धारित कर सकते हैं।

10.3 दीर्घ उत्तरी या निबन्धात्मक प्रश्नों का निर्माण (Preparing Long Answer or Essay Type Questions)

पारंपरिक दृष्टि से इस प्रकार के प्रश्नों को बनाना और प्रयोग करना सामान्यतः सरल कार्य माना जाता रहा है। इन प्रश्नों को करने में परीक्षार्थियों को भी पर्याप्त स्वतंत्रता मिलती है। वे अपनी भाषा का प्रयोग और लेखन की शैली का प्रयोग कर सकते हैं। इन प्रश्नों के हल में परीक्षार्थी, जैसे चाहें अपनी भाषा का प्रयोग करते हैं, कुछ तथ्यों को चुनते हैं और प्रश्न की अनुक्रिया में विचारों का संयोजन करते हैं।

इन प्रश्नों के उत्तरों में परीक्षार्थियों को विश्लेषण, संश्लेषण, पुनर्संयोजन और स्थितियों के मूल्यांकन का अवसर मिलता है, साथ ही वे विशेष परिणाम निकालने की दृष्टि से उसकी विवेचना और व्याख्या कर सकते हैं और अपनी दृष्टि के पक्ष या विपक्ष में तर्क दे सकते हैं।

इस प्रकार के प्रश्नों में परीक्षार्थियों को अपनी मौलिकता और सृजनशीलता प्रदर्शित करने का अवसर मिलता है। ये प्रश्न प्रभावी रूप से छात्रों की उन मानसिक प्रक्रियाओं का परीक्षण कर सकते हैं जिन्हें किसी अन्य साधन/प्रश्नों से नहीं जाँचा जा सकता।

कमियाँ (Shortcomings)

उक्त सकारात्मक बिन्दुओं के बावजूद, दीर्घ-उत्तरी या निबंधात्मक प्रश्नों में कुछ गम्भीर कमियाँ दिखाई देती हैं। ये जैसे परीक्षार्थी को स्वतंत्रता देते हैं वैसे ही परीक्षक को भी स्वतंत्रता देते हैं जिसके कारण अंकों में आत्मनिष्ठता का तत्त्व आ जाता है। इसीलिए इस प्रकार के प्रश्नों की आलोचना होती है जो उचित ही है। क्योंकि उनमें इसके कारण अंकों में अविश्वास की मात्रा बढ़ जाती है।

इसके अतिरिक्त एक दूसरी कमी यह है कि इनके लिए लम्बे उत्तर लिखने पड़ते हैं, जिसके लिए अधिक समय की आवश्यकता होती है और क्योंकि उत्तर देने के लिए अधिक समय की आवश्यकता होती है, अत: इस तरह के कुछ ही प्रश्न पूछे जा सकते हैं। क्योंकि ऐसे प्रश्न कुछ ही हो सकते हैं, अत: निर्धारित पाठ्यक्रम के अत्यंत अल्पांश का ही इनके द्वारा परीक्षण किया जा सकता है। अनेक बार इस प्रकार के प्रश्नों के कारण, केवल चुने हुए अंशों का शिक्षण और सीमित अध्ययन करने की प्रवृत्ति बढ़ती है जिसके कारण परीक्षा के परिणामों की विश्वसनीयता, निर्भरता और वैधता (परिशुद्धता), विषय-वस्तु के सीमित चयन के कारण, बाधित होती है।

इसी पार्श्व भूमि के कारण, यद्यपि प्रश्नपत्रों में दीर्घ उत्तरी प्रश्नों को सम्मिलित किया जाता है। परंतु ऐसे प्रश्नों की संख्या और उनके लिए निर्धारित अंक कम से कम रखे जाते हैं।

उपर्युक्त कमियों के बाद भी दीर्घ-उत्तरी प्रश्नों का प्रयोग परीक्षाओं में होता आ रहा है। क्योंकि जैसाकि पहले बताया जा चुका है हम इस प्रकार के प्रश्नों के माध्यम से परीक्षार्थियों की उन योग्यताओं का परीक्षण करते हैं जिन्हें मूल्यांकन के किसी अन्य उपकरण से प्रभावी रूप में नहीं जाँचा जा सकता। अर्थात् छात्रों के विचारों को तोलने की क्षमता, किसी बात के पक्ष या विपक्ष में तर्क करने की योग्यता, विभिन्न वस्तुओं (तथ्यों) के बीच संबंध स्थापित करने की योग्यता, आलोचनात्मक दृष्टि से स्थितियों के विश्लेषण या उनसे निकलने वाले निहितार्थों तक पहुँचने की योग्यता का परीक्षण अन्यथा नहीं किया जा सकता। इस प्रकार के प्रश्नों से छात्रों में स्वाध्याय की दृष्टि भी विकसित होती है।

दीर्घ-उत्तरी प्रश्नों के निर्माण के कुछ मार्ग दर्शक सिद्धान्त (Some Guiding Principles for Preparing Long Answer Questions)

दीर्घ उत्तरी प्रश्नों या निबंधात्मक प्रश्नों के निर्माण का काम सरल नहीं होता। इसीलिए इस प्रकार के प्रश्नों को बनाने के लिए नीचे कुछ संकेत सूत्र दिए जा रहे हैं:

- अपनी सीमाओं के कारण दीर्घ उत्तरी या निबंधात्मक प्रश्नों को उन्हीं शैक्षणिक उद्देश्यों के आकलन के लिए लिया जाना चाहिए जिन्हें अन्य किसी प्रकार से नहीं किया जा सकता।
- विशेष उद्देश्यों की दृष्टि से छात्रों की मानसिक प्रक्रियाओं या अधिगम के परिणामों के परीक्षण के लिए दीर्घ उत्तरी/निबंधात्मक प्रश्न पूछे जाने चाहिए।
- इन प्रश्नों के निर्माण की भाषा ऐसी होनी चाहिए जिससे परीक्षार्थी को अपेक्षित उत्तर की लगभग लम्बाई और व्याप्ति स्पष्टत: समझ में आए।
- दीर्घ उत्तरी/निबंधात्मक प्रश्नों के निर्माण के समय-परीक्षार्थियों की मानसिक परिपक्वता के स्तर को सदा ध्यान में रखना चाहिए। उत्तर की प्रकृति और

लम्बाई विभिन्न कक्षाओं के लिए भिन्न-भिन्न प्रकार की हो सकती है। उदाहरण के लिए ऐसे प्रश्न जिनके उत्तर में चर्चा, व्याख्या, संक्षिप्तीकरण, या मूल्यांकन अपेक्षित हों, उन्हें उच्चतर कक्षाओं में पूछा जा सकता है, जबकि सूचीकरण, विवरण, चयन आदि से संबंधित प्रश्न निम्नतर कक्षाओं के लिए उपयुक्त हो सकते हैं।

- इस प्रकार के प्रत्येक प्रश्न के उत्तर की रूपरेखा और अपेक्षित उत्तर के विभिन्न भागों के मूल्य-बिन्दुओं को, अंक योजना में स्पष्टता से लिखा जाना चाहिए। यह कार्य प्रश्न बनाते समय ही करना चाहिए। प्रश्नों का प्रारूप बनाकर उनकी भाषा का पुनरीक्षण करना चाहिए और जाँच करके देखना चाहिए कि वह अपेक्षित उत्तर को परीक्षार्थी में उद्दीप्त कर सकता है या नहीं। यदि आवश्यक हो तो प्रश्न की भाषा को सुधारा जा सकता है जिससे अपेक्षित उत्तर ही प्राप्त हो।
- नीचे लिखे निर्देशक वाक्यों के प्रयोग से बचना चाहिए–
  - विशदीकरण या विस्तार कीजिए
  - उदाहरण देकर स्पष्ट कीजिए
  - समीक्षा कीजिए
  - चर्चा कीजिए
  - सिद्ध कीजिए

    या
  - संबंध बताइए
  - मूल्यांकन कीजिए
  - तोलिए
  - परीक्षा कीजिए
  - ....पर निबंध लिखिए
  - ....संक्षिप्त टिप्पणी लिखिए
  - .... के बारे में आप क्या सोचते हैं।
  - .... के बारे में आप क्या जानते हैं।

उपर्युक्त शब्दों/पदबंधों का आशय अनेक बार परीक्षार्थी और परीक्षक स्पष्टतः नहीं समझ पाते। इसलिए इस प्रकार के अबोधगम्य निर्देश वाक्यों के बदले में ऐसे वाक्यों का प्रयोग किया जाना चाहिए जिनसे परीक्षार्थी अपेक्षित उत्तर ही लिखें।

- इससे छात्रों की इस प्रवृत्ति पर अंकुश लग सकेगा कि वे जो कुछ उस विषय के बारे में जानते हैं, सब कुछ लिख दें, न कि प्रश्न के उत्तर की आवश्यकता के अनुरूप अनुक्रिया करें।
- प्रश्नों की भाषा इस प्रकार की होनी चाहिए कि प्रत्येक प्रश्न एक सुनिश्चित समस्या को प्रस्तुत करे। यद्यपि छात्र अपनी रुचि के अनुसार भाषा शैली का चयन करने में स्वतंत्र हों, परन्तु उन्हें प्रश्न की शब्दावली के अनुसार सुनिश्चित आयामों और मानदण्डों से बँधकर ही उत्तर देना चाहिए।
- प्रत्येक प्रश्न के उत्तर के लिए निर्धारित पूर्णांक (10) नहीं लिखने चाहिए

अपितु अपेक्षित उत्तर के विभिन्न बिन्दुओं के लिए अंक अलग-अलग लिखने चाहिए जैसे: (2+4+4),

- प्रश्न-पत्र के लिए निर्धारित प्रश्न ऐसे नहीं होने चाहिए जिनका उत्तर पाठ्य-पुस्तक के किसी अंश पर सीधे-सीधे आधारित हो, अपितु प्रश्न किसी स्थिति या समस्या से संबंधित हो जिसके उत्तर के लिए परीक्षार्थी को स्मृति के आधार पर कुछ भी लिखने के बदले कुछ सोचना पड़े।

दीर्घ उत्तरी प्रश्नों का अंकन (Scoring of Long Answer Questions)

पारंपरिक व्यवस्था में दीर्घ उत्तरी/निबंधात्मक प्रश्नों को बनाने में अधिक समय नहीं लगता था। परन्तु उनका उत्तर लिखने में अधिक समय लगता है। इसी तरह यद्यपि प्रश्न बनाने में सरल होते हैं। परंतु उत्तर देने में अंक देने में और मूल्यांकन में कठिन होते हैं।

विस्तृत अंक योजना को, जिसमें उत्तर की रूपरेखा हो और अपेक्षित उत्तर के विविध तथ्यों या पक्षों (जिन पर मूल्यांकन करते समय ध्यान किया जाना है) के रूप में मूल्य-बिन्दु हों, जिन पर अंक दिए जाने हैं, प्रश्न-पत्र बनाने के साथ-साथ तैयार कर लेना चाहिए और तदनुसार ही उत्तर का मूल्यांकन करना चाहिए।

मूल्यांकित किए जाने वाले उत्तर के इन पक्षों के बारे में परीक्षार्थियों को प्रश्न-पत्र के द्वारा ही बता दिया जाना चाहिए, उदाहरणार्थ, ऐसी स्थितियाँ हो सकती हैं, जहाँ वर्तनी की अशुद्धियों के कारण अंकों को काटा जाना है या नहीं।

समन्वय समिति की बैठक में सभी परीक्षकों द्वारा नमूने के प्रश्न-पत्रों की जाँच और प्रश्न-पत्र निर्माता द्वारा प्रस्तावित अंक-योजना में सुधार, यदि आवश्यक हों तो, के बाद अंक-योजना को ध्यानपूर्वक अंतिम रूप देना चाहिए। इससे प्रश्न की भाषा में, यदि किसी प्रकार की अस्पष्टता हो तो उसे सही किया जा सकता है और मूल्यांकन को अधिक वस्तुनिष्ठ बनाया जा सकता है।

जहाँ तक संभव हो दीर्घ-उत्तरी निबंधात्मक प्रश्नों का अंकन अपेक्षित उत्तर के विश्लेषण के आधार पर करना चाहिए। जब अपरिहार्य हो, तभी केवल प्रभाव के आधार पर मूल्यांकन करना चाहिए।

प्रश्न-पत्र के निर्देशों के द्वारा छात्रों को स्पष्टत: बताना चाहिए कि किन-किन बिन्दुओं पर अंक देते समय बल होगा। इस प्रकार की सूचना, सामान्य निर्देशों द्वारा या प्रश्न की भाषा द्वारा दिए जा सकते हैं। इसी तरह, यदि उत्तर में किसी प्रकार के आरेख या उदाहरण आदि परीक्षार्थी द्वारा दिया जाना है तो उसे स्पष्टत: बताना चाहिए। इसे प्रश्न-पत्र निर्माता द्वारा छात्र पर या परीक्षक की सूझ-बूझ पर नहीं छोड़ना चाहिए।

उत्तर पुस्तिकाओं के मूल्यांकन के लिए अंक योजना को अंतिम रूप देते समय अपेक्षित उत्तर की प्रक्रिया के सोपानों या पक्षों या उपपक्षों का उल्लेख स्पष्टत: करना चाहिए और प्रत्येक सोपान/पक्ष के लिए सुनिश्चित अंक/अधिभार बताया जाना चाहिए, अर्थात् किसी विशेष स्थिति में और जहाँ संभव हो, अपेक्षित उत्तर का विश्लेषण, व्याख्या और अनुमान आदि के लिए अलग से अंक निर्धारित करने चाहिए। इसी प्रकार यदि वर्तनी, भाषा, शैली, संबद्धता और प्रस्तुति आदि को स्वतंत्र रूप से महत्त्व दिया जाना है, तो यह बात परीक्षार्थी को बता दी जानी चाहिए। संक्षेप में परीक्षार्थी को यह पता होना चाहिए कि उससे क्या अपेक्षित है और वह किन बिन्दुओं से अधिक अंक पा सकता है या खो सकता है।

गणित की अंक योजना में परिगणना के सोपान और उनके लिए निर्धारित अंक/अधिभार की सूचना परीक्षार्थियों को दी जानी चाहिए।

10.4 लघूत्तरी प्रकार के प्रश्नों का निर्माण (Preparing Short-Answer Type Questions)

लघूत्तरी प्रश्न, दीर्घउत्तरी और वस्तुनिष्ठ प्रश्नों के बीच समझौते के रूप में होते हैं जिनमें दोनों प्रकारों के प्रश्नों के अच्छे बिन्दु रहते हैं।

दीर्घ-उत्तरी प्रश्नों में, वस्तुनिष्ठता और विश्वसनीयता अपेक्षाकृत कम होती है, जबकि लघूत्तरी प्रश्न इस दृष्टि से अच्छे माने जाते हैं।

अधिकांशतः वस्तुनिष्ठ प्रश्न विचारों की अभिव्यक्ति, संगठन और संश्लेषण जैसी योग्यताओं के परीक्षण करने में असमर्थ होते हैं। परंतु लघुत्तरी प्रश्न कुछ सीमा तक इन दोषों से मुक्त रहते हैं अर्थात् सीमित रूप में इन योग्यताओं का परीक्षण कर पाते हैं।

क्योंकि इस प्रकार के प्रश्नों में निबंधात्मक और वस्तुनिष्ठ प्रश्नों के गुण होते हैं और दोष नहीं होते, अतः इस प्रकार के प्रश्नों का प्रयोग परीक्षाओं में अधिकाधिक हो रहा है।

अनेक परीक्षाओं में लघूत्तरी प्रश्नों के लिए 50% अंक निर्धारित किए जाते हैं और शेष 50% अंकों को दीर्घ उत्तरी और वस्तुनिष्ठ प्रश्नों के लिए सुरक्षित रखा जाता है।

लघूत्तरी प्रश्नों की रचना बड़े ध्यान से की जानी चाहिए जिससे स्पष्ट और सुनिश्चित उत्तर मिल सके। उनकी भाषा स्पष्ट होनी चाहिए और ऐसी नहीं, जिससे अस्पष्ट और गोल-मोल उत्तर देने की प्रवृत्ति को बढ़ावा मिले। इसी आधार पर लघूत्तरी प्रश्नों को पारंपरिक संक्षिप्त टिप्पणी जैसे प्रश्नों से अलग किया जाता है। पारंपरिक टिप्पणी वाले प्रश्नों में विषय का उल्लेख तो होता है, परन्तु इस बात का उल्लेख नहीं होता कि विषय का विस्तार किस प्रकार या किस दिशा में करना है। उदाहरणार्थ 'जनतंत्र पर संक्षिप्त टिप्पणी लिखिए' जैसे प्रश्न के उत्तर में परीक्षार्थी को पता नहीं होता कि उसे कितना लंबा या छोटा उत्तर लिखना है, जबकि जनतंत्र जैसे विषय पर पूरी पुस्तक लिखी जा सकती है। आशय यह कि लघूत्तरी प्रश्नों को पारंपरिक टिप्पणी वाले प्रश्नों के समान नहीं समझना चाहिए।

वस्तुनिष्ठ प्रश्नों की तुलना में लघूत्तरी प्रश्नों के निर्माण में अपेक्षाकृत कम कुशलता की आवश्यकता होती है।

लघूत्तरी प्रश्नों की लंबाई/आयामों की सीमा कुछ अनिश्चित रहती है क्योंकि उन्हें परिभाषित करना कठिन होता है, फिर भी कुछ व्यावहारिक संकेत यहाँ दिए जा रहे हैं:

- लघूत्तरी प्रश्नों के उत्तर 30-50 शब्दों में दिए जा सकते हैं।
- गणित में परिगणना के छह सोपानों तक सीमित रहा जा सकता है।

सामान्यतः इनके लिए 2 से 4 क्रेडिट या अंक निर्धारित किए जाते हैं तथा उनके उत्तर लिखने में 5 मिनट का समय लगता है।

इस प्रकार एक प्रश्न-पत्र में अनेक लघूत्तरी प्रश्न हो सकते हैं जिनसे दीर्घ उत्तरी प्रश्नों की अपेक्षा पाठ्यक्रम के एक बड़े अंश का वस्तुनिष्ठ रूप से मूल्यांकन किया जा सकता है। इस प्रकार से परीक्षण के विस्तार के आधार पर छात्रों की क्षमताओं और सामर्थ्य का विश्वसनीय आकलन किया जा सकता है। उदाहरण के लिए लघूत्तरी प्रश्नों की भाषा इस प्रकार हो सकती है:

इतिहास–ऐसे दो प्रमाण/साक्ष्य लिखिए जिनसे सिद्ध हो कि भारत में ब्रिटिश साम्राज्य का वास्तविक संस्थापक क्लाइव था।

हिन्दी–50-60 शब्दों में 'वृक्ष' पर एक अनुच्छेद लिखिए जिसमें आप निम्नलिखित शब्दों का प्रयोग कर सकते हैं।

सुंदरता	उपयोगिता
आनंद	जंगल
शाखाएँ	छाया
टहनी	फल
पक्षी	लट्ठे

कभी-कभी दीर्घ उत्तरी प्रश्न को लघूत्तरी प्रश्नों में बदला जा सकता है जिससे लाभ हो सकता है। नीचे दिए गए उदाहरण को देखिए–

दीर्घ उत्तरी प्रश्न का सामान्य रूप (Usual Form of Long Answer Question)

प्रश्न–जैवीविकास के विविध सिद्धान्तों की चर्चा कीजिए। (निबंधात्मक प्रश्न)

परिवर्तित रूप (लघूत्तरी प्रश्न) (Modified Form (Short-Answer Questions)

(i) जैवी विकास के विविध सिद्धान्तों का नामोल्लेख कीजिए।

(ii) आप की दृष्टि में कौन-सा सिद्धान्त जैवी विकास की प्रक्रिया को अच्छी तरह स्पष्ट करता है। दो तर्क/कारण लिखिए।

(iii) उन दो नियमों को लिखिए जिन पर लमार्क (Lamarck) का सिद्धान्त आधारित है।

(iv) वैसमान (Weisman) का सिद्धान्त द व्रीज (D Voies) के सिद्धान्त से किस प्रकार अलग है।

इस प्रकार के प्रश्नों का उपयोग आंतरिक और बाह्य परीक्षाओं में सफलतापूर्वक किया जा सकता है। इस प्रकार के प्रश्न अपेक्षाकृत अधिक विश्वसनीय होते हैं क्योंकि ये अधिक सुनिश्चित और सुपरिभाषित होते हैं और इनका मूल्यांकन अधिक वस्तुनिष्ठ दृष्टि से किया जा सकता है। इनसे पाठ्यक्रम के अधिक अंश को लिया जा सकता है। अतः एक निबंधात्मक प्रश्न के बदले ऐसे अनेक प्रश्न पूछे जा सकते हैं। निबंधात्मक प्रश्नों की अपेक्षा इन प्रश्नों से छात्रों की सम्प्राप्ति के व्यापक क्षेत्र का मूल्यांकन किया जा सकता है। इससे विषयवस्तु के उपयुक्त परिदृश्य के व्यापक नमूने लिए जा सकते हैं जिससे प्रश्न-पत्र की वैधता और विश्वसनीयता में सुधार हो सकता है।

10.5 अतिलघु-उत्तरी प्रकार के प्रश्नों का निर्माण (Preparing Very Short Answer Type Questions)

अतिलघु-उत्तरी प्रश्नों को वस्तुनिष्ठ प्रश्न के स्थान पर प्रयोग के लिए खोजा गया है। इस प्रकार के प्रश्नों का आकलन वस्तुनिष्ठ प्रश्नों के समान ही किया जाता है। परन्तु इनके निर्माण में उन सभी नियमों का पालन करना आवश्यक नहीं होता जिनकी आवश्यकता वस्तुनिष्ठ प्रश्नों के निर्माण के लिए होती है।

अतिलघु उत्तर के प्रश्नों का उत्तर एक शब्द, एक पद या अधिक से अधिक एक वाक्य में दिया जा सकता है। इनमें एक या दो ही परीक्षण बिन्दु होते हैं। अतः इनका अंकन

वस्तुनिष्ठ प्रश्नों के समान ही वस्तुनिष्ठ रूप से किया जा सकता है। ऐसे प्रश्नों के लिए सामान्यत: एक या दो अंक निर्धारित होते हैं और उत्तर देने में एक मिनट का समय लगता है। क्योंकि इन प्रश्नों के उत्तर लिखने में बहुत कम समय लगता है और कम ही अंक निर्धारित होते हैं। अत: एक प्रश्न-पत्र में ऐसे अनेक प्रश्न हो सकते हैं जिनके लिए थोड़े से ही अंकों की जरूरत होती है। ये निर्धारित पाठ्यक्रम के बड़े अंश को ले सकते हैं जिससे प्रश्न-पत्र की विश्सनीयता बढ़ जाती है।

कभी-कभी जब प्रश्नों का वर्गीकरण 'उत्तर चुनने वाले' और 'उत्तर देने वाले' प्रश्नों के रूप में किया जाता है तो लघु-उत्तर वाले प्रश्नों को 'देने वाले' प्रश्नों के साथ वर्गीकृत किया जाता है। क्योंकि वस्तुनिष्ठ प्रश्नों के विपरीत इन प्रश्नों का उत्तर छात्र द्वारा दिया जाता है, न कि दिए गए विकल्पों से चुना जाता है।

अतिलघु-उत्तरी प्रश्नों के कई रूप हो सकते हैं। अंग्रेजी से संबंधित कुछ नमूने यहाँ दिए जा रहे हैं:

Fill in the Blank Type:

I am not satisfied .... your answer.

Completion Type:

I was too worried ....

Analogy Type:

Soyabean: Proteen :: Rice :

Location Type

Show the location of Sydney on the out line map of the world.

Transformation Type

Questions on
Reported speech
Voices
Synthesis
Transformation of sentences

Usage Type

Use the following words/phrases in your own sentences.
Break/Break up.
Look/Look after.

Question Type

What is a mole?

10.6 वस्तुनिष्ठ (बहुविकल्पी) प्रश्नों का निर्माण (Preparing Objective Type Multiple Choice Questions)

उद्देश्य आधारित और वस्तुनिष्ठ परीक्षण के बीच का अंतर कई बार करना कठिन होता है और इसीलिए एक को दूसरा समझ लिया जाता है। अत: इसे अच्छी तरह समझ लेना चाहिए कि जब कोई प्रश्न किसी विशेष उद्देश्य या योग्यता को दृष्टि में रखकर

बनाया जाता है जिसका विशेष रूप से आकलन करना होता है तो उसे उद्‌देश्य आधारित प्रश्न कहते हैं।

परंतु जब कोई प्रश्न वस्तुनिष्ठ दृष्टि से, न कि व्यक्तिनिष्ठ दृष्टि से किसी छात्र की संप्राप्ति का आकलन करने के लिए तैयार किया जाता है तो उसे वस्तुनिष्ठ प्रकार का प्रश्न कहते हैं।

वस्तुनिष्ठ प्रकार के परीक्षण के कई रूप हैं। दो विकल्प वाले प्रश्न, जिन्हें सत्य/असत्य या हाँ/ना प्रकार के प्रश्न कहा जाता है, काफी समय से प्रचलित वस्तुनिष्ठ प्रश्न हैं। इसी प्रकार रिक्त स्थान की पूर्ति वाले प्रश्न भी बहु-प्रयुक्त प्रश्न हैं। 'मिलान करने वाले' प्रश्नों में दो या दो से अधिक खाने या कॉलम होते हैं। उदाहरण के लिए, किसी दो खाने के मिलान वाले प्रश्न के एक खाने में किसी नियम का उल्लेख/निर्देश होता है और दूसरे खाने में उस नियम का उदाहरण। छात्र से अपेक्षा की जाती है कि वह उदाहरण/विवरण के सामने नियम की संख्या लिखे। इसी प्रकार 'मास्टर लिस्ट' प्रकार के प्रश्नों में दो भाग होते हैं। एक सूची में लगभग समान शब्दों, संकल्पनाओं आदि के विकल्पों की सूची होती है, उसे ही मास्टर सूची/लिस्ट कहते हैं। दूसरी सूची, जो सामान्यतः पहली सूची से लंबी होती है, जिसमें मास्टर सूची से संबंधित कई कथन दिए जाते हैं, जिनमें से सही कथन को छात्र को चुनना होता है। बहुविकल्पी प्रश्नों में एक कथन या प्रश्न के आगे उत्तर के चार विकल्प दिए जाते हैं। छात्र को उनमें से सही विकल्प को चुनना होता है।

सामान्यतः परीक्षाओं में वस्तुनिष्ठ प्रश्नों के उक्त प्रकारों में से बहुविकल्पी प्रश्नों का प्रयोग अधिक किया जाता है। इसमें, किसी प्रश्न या अपूर्ण कथन को आधार के रूप में दिया जाता है और उसके आगे कई शब्द, पदबंध या कथन विकल्प के रूप में दिए जाते हैं जिनसे उत्तर बनता हो या अपूर्ण कथन पूरा होता हो। छात्र को सही शब्द/पदबंध/कथन को चुनकर उत्तर देना होता है। वांछित उद्‌देश्य के परीक्षण में इस प्रकार के प्रश्नों की प्रभावशीलता उनके गठन पर निर्भर होती है। निम्नलिखित संकेतों को बहुविकल्पी प्रश्नों के निर्माण के समय ध्यान में रखना चाहिए।

बहुविकल्पी परीक्षण बिन्दुओं (प्रश्नों) के लेखन के लिए कुछ सुझाव **(*Suggestions for Writing Multiple Choice Test Items/Questions*)**

जैसाकि पहले बताया गया है, बहु-विकल्पी प्रश्नों में एक आधार (Stem) होता है जो किसी कथन या प्रश्न के रूप में हो सकता है और जिसके बाद चार (अथवा पाँच) विकल्प या किस्ट्रेक्टर होते हैं। उत्तर के रूप में बनने वाले वाक्य सही और पूरा भाव देने वाला हों।

इस प्रकार के प्रश्नों के निर्माण के लिए निम्नलिखित सुझाव दिए जा रहे हैं:

1. विकल्पों में केवल एक ही विकल्प सही या सर्वोत्तम विकल्प होना चाहिए। जिन विकल्पों में अत्यधिक समानता हो, उनसे बचना चाहिए। इनके बारे में पूरी समीक्षा के बाद ही निर्णय करना चाहिए।
2. आधार/स्टेम लगभग समग्र हो जिसमें केन्द्रीय भाव रहे और विकल्पों में ऐसा कुछ न रहे जिसे आधार में होना चाहिए।
3. छात्रों को कुछ लिखने या नकल करने की आवश्यकता नहीं होनी चाहिए, बल्कि उन्हें विकल्पों को ठीक करने या उनकी संख्या लिखने की ही आवश्यकता होनी चाहिए।

4. पाठ्य-पुस्तक की भाषा से बचना चाहिए। रटने वाले छात्रों को भ्रमित करने के लिए उनसे मिलते-जुलते वाक्य विकल्प या डिस्ट्रेक्टर के रूप में दिए जा सकते हैं।
5. आधार या स्टेम और उसके विकल्प संभव और साफ सुथरे होने चाहिए।
6. अच्छे प्रश्न प्राप्त करने के लिए, कभी किसी प्रश्न को उत्तर या उत्तर को प्रश्न के रूप में लिखने का प्रयास किया जा सकता है।
7. सभी विकल्प काफी सीमा तक संभावित होने चाहिए जिन्हें काफी सारे छात्र भूल से चुन सकें। सभी विकल्प–सही और गलत, लगभग समान हों, उनकी भाषा, लम्बाई और अन्य भौतिक विशेषताएँ मिलती-जुलती हों। सभी डिस्ट्रेकटर सामान्य रूप से छात्रों द्वारा की जाने वाली गलतियों जैसे हों।
8. सभी विकल्पों को इस दृष्टि से देखा जाना चाहिए कि उनमें सही उत्तर पाने के कोई सूत्र तो नहीं छिपे हैं। इसके लिए निम्नलिखित बातों पर ध्यान दिया जा सकता है:
   (क) सही विकल्प गलत विकल्पों की तुलना में न अधिक लंबे या छोटे हों।
   (ख) सभी विकल्प, व्याकरणिक दृष्टि से सही होने चाहिए और आधार वाक्य (स्टेम) के साथ संगत भी हों। चाहे वे प्रश्न के रूप में हो या अपूर्ण कथन के रूप में। इसी प्रकार वचन या काल आदि को सही विकल्प के चयन का आधार न बनने दें।
   (ग) यदि कोई तर्कसंगत क्रम संभव हो तो विकल्पों को उसके अनुसार अथवा अकारादि क्रम में संयोजित करना चाहिए।
   (घ) सभी सही विकल्यों का स्थान एक ही नहीं होना चाहिए, उन्हें बदल-बदलकर विभिन्न स्थानों पर रखना चाहिए।
   (ङ) आधार वाक्य (स्टेम) का कोई अंश डिस्ट्रेक्टर के बाद नहीं आना चाहिए।

निष्कर्ष रूप में कहा जा सकता है कि यद्यपि बहु-विकल्पी प्रकार के प्रश्नों का प्रयोग परीक्षाओं में सामान्य रूप से हो रहा है, परंतु हमें वस्तुनिष्ठ प्रश्नों के अन्य प्रकारों का भी प्रयोग कक्षा में और चर्चा का सूत्रपात करने के लिए शिक्षण की युक्तियों के रूप में करना चाहिए। इस प्रकार की चर्चा विचारों के दृढ़ीकरण में सहायक सिद्ध होती हैं। बहुविकल्पी प्रश्नों के अतिरिक्त अन्य सभी वस्तुनिष्ठ प्रश्नों का प्रयोग कक्षा दो तक की परीक्षाओं में किया जा सकता है।

बहुविकल्पी प्रकार के प्रश्नों का उपयोग परीक्षाओं में, इसलिए अधिक हो रहा है, क्योंकि इनके परिणामों की गणना के लिए विशेषकर उनके काठिन्य और विभेदीकरण के मानकों को सांख्यकीय आधारों पर तैयार किया जा चुका है।

11

संतुलित प्रश्न–पत्र और इकाई–परीक्षणों का निर्माण (Setting Balanced Question Papers and Unit Tests)

11.1 भूमिका (The Backdrop)

परीक्षण की विभिन्न तकनीकें या युक्तियाँ प्रचलित हैं, जैसे लिखित परीक्षा, मौखिक परीक्षा, व्यावहारिक या प्रायोगिक परीक्षा, निरीक्षण या प्रेक्षण। इनमें से प्रत्येक युक्ति परीक्षण के विभिन्न उपकरणों का प्रयोग करती है। उदाहरण के लिए, हम निरीक्षण या प्रेक्षण अनुसूचियों, जाँच–सूचियों, वस्तु–सूचियों, निर्धारण–मापनियों और प्रश्न–पत्रों का मूल्यांकन के उपकरणों के रूप में प्रयोग करते हैं। इनमें से प्रश्न–पत्र और परीक्षण सर्वाधिक प्रयुक्त उपकरण हैं।

जबकि प्रश्न–पत्र और परीक्षण लिखित परीक्षा में मूल्यांकन उपकरणों के रूप में प्रयुक्त होते हैं, उनका प्रयोग अन्य तकनीकों के लिए भी होता है।

सार्वजनिक/बाह्य परीक्षाएँ सर्वाधिक प्रचलित परीक्षाएँ हैं और क्योंकि ये मुख्यतः लिखित परीक्षाएँ होती हैं, अतः प्रश्न–पत्र को परीक्षण का सर्वाधिक महत्त्वपूर्ण उपकरण माना जाता है।

प्रश्न–पत्रों के पारंपरिक रूप में अनेक प्रकार के दोष थे जिनका कुछ सीमा तक निराकरण राष्ट्रीय शैक्षिक अनुसंधान और प्रशिक्षण परिषद (NCERT) के परीक्षा सुधार आन्दोलन द्वारा किया जा चुका है। परीक्षा सुधार का यह कार्यक्रम मुख्यतः देश की विद्यालयी शिक्षा तक ही सीमित रहा है और विश्वविद्यालय अब भी काफी हद तक परीक्षा के पारंपरिक रूप को ही चला रहे हैं। कहीं–कहीं विद्यालय स्तर के सुधारों का कुछ प्रभाव विश्वविद्यालयों की परीक्षाओं में दिखाई देता है।

विद्यालायी स्तर पर परीक्षा सुधार के कार्यक्रमों पर मूल्यांकन विज्ञान के क्षेत्र में हुए नवीनतम विकासों का विशेष प्रभाव रहा है जिनके कारण शिक्षा की संकल्पना, विषय–वस्तु और प्रक्रिया में क्रान्ति हो गई है। पहले ऐसा माना जाता था कि जो विषय को जानता है, वही उस विषय को पढ़ा सकता है और जो पढ़ा सकता है, वही परीक्षा भी ले सकता है। परंतु शिक्षा–शास्त्र और मूल्यांकन के विज्ञान के क्षेत्र में हुए विकास के कारण अब इस विचार को स्वीकार नहीं किया जाता। वस्तुतः शिक्षा–शास्त्र और मूल्यांकन दोनों में विज्ञान और कला के अंश वर्तमान रहते हैं। शिक्षा–शास्त्र और मूल्यांकन के विषय में और अधिक न कहकर अब संतुलित प्रश्न–पत्र के निर्णय के बारे में विचार किया जा सकता है।

11.2 पारंपरिक प्रश्न-पत्रों की कमियाँ और उनके उपचार (Shortcomings of Traditional Question Papers and their Remediation)

पारंपरिक लिखित परीक्षा के दोषों का मुख्य कारण उसके प्रश्न-पत्रों का स्वरूप माना जाता है जिनमें-

- स्मरण पर अधिक बल दिया जाता है।
- व्यक्तिनिष्ठता अधिक रहती है।
- निर्धारित विषय-वस्तु के सीमित रूप का ही परीक्षण होता है।
- कुछ प्रशासनिक कमियाँ रहती हैं।

आगे इन कमियों की प्रकृत्ति और शिक्षण-परीक्षण पर उनके प्रभावों का विश्लेषण और उन्हें दूर करने के उपायों पर विचार किया जा रहा है।

11.2.1 स्मरण पर अधिक भार (Over-Emphasis on Memorisation)

पारम्परिक प्रश्न-पत्रों के प्रश्न मुख्यत: विषय-वस्तु से संबंधित होते हैं जिनके हल के लिए छात्रों को तथ्यों को याद करना और उन्हें उत्तर के रूप में लिखना पड़ता है।

सामान्यत: हम वही पढ़ाते हैं, जिसे परीक्षा में पूछा जाता है, न कि उसकी परीक्षा करते हैं, जिसे पढ़ाया गया है। इसके कारण उच्च स्तरीय क्षमताओं, जैसे, बोधन, अनुप्रयोग, विश्लेषण, संश्लेषण, आलोचनात्मक चिन्तन, मूल्यांकन आदि की सामान्यत: उपेक्षा होती रही है। इस प्रकार की शिक्षा से न केवल परीक्षा में, अपितु भावी जीवन में भी छात्र रट्टू तोता या मशीन बन जाते हैं, न कि सृजनशील व्यक्ति। सम्भवत: इससे विदेशी शासकों की निम्न और मध्यम स्तर के कर्मियों की आवश्यकताओं की पूर्ति भले हुई हो, परंतु स्वतंत्र भारत की नई आवश्यकताओं की पूर्ति में ये अत्यंत अपर्याप्त सिद्ध हुए हैं।

इसी कारण परीक्षण में विषय-वस्तु के साथ-साथ क्षमताओं के विकास का नया शक्तिशाली आयाम जोड़ा गया है। विषय वस्तु के विषय-उपविषय के रूप में विभाजन के साथ-साथ प्रत्येक विषय के शिक्षण के उद्देश्यों (योग्यताओं/क्षमताओं) की पहचान की गई है और उन्हें स्पष्टीकरणों के रूप में आगे विभाजित किया गया है। उदाहरण के लिए बोधन और समझ के उद्देश्य को आगे विभेदीकरण, वर्गीकरण, तुलना और व्यतिरेक, संबंधों की पहचान, उदाहरण देना, त्रुटियों को पहचानना और उन्हें सुधारना जैसे घटकों में विभाजित किया जाता है। क्षमताओं का इस प्रकार का विभाजन अब विषय-वस्तु के साथ-साथ, परीक्षण की युक्तियों (प्रश्नों) के अपरिहार्य और केन्द्रिक घटक बन गए हैं। इसी वस्तुस्थिति के कारण, स्मरण-प्रत्यभिज्ञान, पुन: स्मरण, पुनर्निर्माण के साथ-साथ उच्चस्तरीय मानसिक क्षमताओं को विकसित करने की ओर विद्यालय प्रवृत्त हो गए हैं, जबकि पुराने समय में विषय-वस्तु के स्मरण पर ही अधिक बल रहा करता था।

इसके अतिरिक्त पारंपरिक योजना में मुख्य रूप से मानसिक क्षमताओं पर ही ध्यान केन्द्रित रहता था। परंतु सुधारी गई व्यवस्था में बल सम्पूर्ण व्यक्तित्व के विकास पर है जिसमें बुद्धि की क्षमताओं (संज्ञानात्मक क्षमताओं) के साथ-साथ, हृदय की क्षमताओं (भावात्मक-क्षमताएँ) और हस्त कौशलों (मनोगत्यात्मक-क्षमताएँ) पर भी समान रूप से

बल दिया जाता है। इन उद्देश्यों के अधिक्रम का विकास भी हो चुका है, जैसाकि उद्देश्यों के अध्याय में पहले विचार किया जा चुका है। विभिन्न संज्ञानात्मक, भावात्मक और मनोगत्यात्मक क्षमताओं के मूल्यांकन को समग्र और सतत विद्यालय आधारित मूल्यांकन के अंग के रूप में स्वीकार किया जा चुका है।

परीक्षा-पत्र के माध्यम से लिखित परीक्षाओं में परीक्षण मुख्यत: व्यक्तित्व के संज्ञानात्मक पक्ष और अंशत: मनोगत्यात्मक और भावात्मक पक्षों का होता है। एक संतुलित प्रश्न-पत्र के निर्माण में संबंधित विषय के परीक्षण के लिए वांछित उद्देश्यों को सूचीबद्ध कर उनके अधिभार को अंकों में निर्धारित किया जाता है जो संबंधित विषय में उस उद्देश्य की संगति पर आधारित होता है। उदाहरण के लिए भूगोल और जीव विज्ञान जैसे विषयों में कौशलों के लिए, भौतिक विज्ञान और रसायन विज्ञान में ज्ञान के अनुप्रयोग के लिए और इतिहास में ज्ञान के लिए पर्याप्त अंक निर्धारित किए जा सकते हैं।

इस प्रक्रिया में दूसरा कदम विषय-वस्तु और उद्देश्यों के लिए निर्धारित अधिभार के अनुरूप प्रश्नों का निर्माण करना होता है। इसमें प्रश्नों के प्रकारों को चुनना महत्त्वपूर्ण मानदण्ड होता है। उदाहरण के लिए अभिव्यक्ति की योग्यता के परीक्षण के लिए दीर्घ उत्तरी/निबंधात्मक प्रश्न, न कि वस्तुनिष्ठ प्रश्न चुनना उचित होगा। साथ ही प्रश्न के प्रत्येक रूप को विशेष नियमों का पालन करना होगा, जैसाकि पहले विविध प्रकार के प्रश्नों के निर्माण से संबंधित अध्याय में बताया जा चुका है।

उपर्युक्त सभी उपायों की सहायता से स्मरण पर दिए जाने वाले बल की समस्या का समाधान किया जा सकता है और व्यवस्थित रूप से प्रश्न-पत्र में उच्चस्तरीय क्षमताओं के परीक्षण को उचित अनुपात में स्थान प्राप्त हो सकता है। इससे प्रश्न-पत्रों की वैधता में सुधार करने में सहायता मिल सकती है।

11.2.2 व्यक्तिनिष्ठता (Subjectivity)

पारम्परिक लिखित परीक्षा की एक बड़ी कमी उसकी व्यक्तिनिष्ठता भी रही है जो तीन स्तरों पर दिखाई देती हैं। प्रश्न-पत्र निर्माता की व्यक्तिनिष्ठता विशेष रूप से उल्लेखनीय है। क्योंकि प्रश्न-पत्र निर्माता प्रश्न-पत्र बनाते समय पाठ्यक्रम के किसी भी अंश को लेने या न लेने में पूर्णत: स्वतंत्र रहता है और कोई उसके इस अधिकार पर प्रश्न नहीं कर सकता। मूलत: ये प्रश्न तथ्य पर होते हैं और 'स्पष्ट कीजिए' 'उदाहरण देकर समझाएँ', या 'विस्तार कीजिए' जैसे निर्देश वाक्यों का अपरिभाषित रूप में प्रयोग किया जाता है। इस प्रकार के प्रश्न-पत्रों में सामान्यत: संक्षिप्त टिप्पणी लिखिए, ऐसा प्रश्न अवश्य रहता है, जिसमें 'जनतंत्र' जैसा विषय भी दिया जाता है, जिस पर कोई चाहे तो पूरी पुस्तक ही लिख सकता है।

परंतु अब प्रश्न-पत्र निर्माताओं की असीमित स्वतंत्रता पर कुछ अंकुश लगाया जा चुका है। क्योंकि अब उसे प्रश्न-पत्र की रूपरेखा/खाका ('संलग्न फारमेट') दिया जाता है और प्रश्नों की भाषा के बारे में स्पष्ट निर्देश दिए जाते हैं जिससे प्रश्नों की भाषा भ्रामक न हो और अपेक्षित उत्तर का विस्तार और व्याप्ति स्पष्ट हो सके। अब प्रश्न-पत्र निर्माता से अंक योजना विकसित करने की अपेक्षा की जाती है जिसमें अपेक्षित उत्तर के विभिन्न

अंशों और उनके लिए निर्धारित अंकों का विवरण हो। इस प्रकार की व्यवस्था से प्रश्न-पत्र निर्माता पर अंकुश लगता है और प्रश्न-पत्र अधिक प्रभावी बनते हैं।

यद्यपि अध्याय के अंत में रूपरेखा/खाके के फोरमेट दिए जा रहे हैं, फिर भी उसके कुछ बिन्दुओं पर यहाँ चर्चा की जा सकती है:

- उद्देश्यों के लिए अधिभार
- विषय-वस्तु के प्रमुख क्षेत्रों के लिए अधिभार
- प्रश्नों के विभिन्न प्रकारों के लिए अधिभार
- खंडों की योजना
- विकल्पों के प्रतिरूप/पैटर्न

इनके अतिरिक्त, प्रश्न-पत्र निर्माता से प्रश्न-पत्र बनाने के लिए खाका या ब्लूप्रिंट तैयार करने की अपेक्षा की जाती है। इसमें प्रत्येक उद्देश्य और परीक्षा के विषय के संदर्भ में प्रत्येक प्रश्न की स्थिति, प्रश्न का स्वरूप और उसके लिए निर्धारित अंक व्यवस्थित रूप में उल्लिखित रहते हैं। इसका फारमेट अध्याय के अंत में दिया जा रहा है। इससे रूपरेखा और ब्लूप्रिंट, प्रश्नों तथा अंक योजना के बीच सह-स्थिति/समतुल्यता को नियंत्रित किया जा सकता है। प्रश्न-पत्र निर्माता को, ब्लूप्रिंट, प्रश्न और अंक योजना के अतिरिक्त, प्रश्न का विश्लेषण (फारमेट संलग्न) भी करना पड़ता है। इस तालिका में प्रत्येक प्रश्न या प्रश्नांश के बारे में निम्नलिखित बिन्दु विचारणीय हो सकते हैं:

1. परीक्षित उद्देश्य और स्पष्टीकरण
2. परीक्षित वस्तु (विषय/उपविषय)
3. प्रश्न का प्रकार
4. प्रश्न के अंक
5. अपेक्षित काठिन्य स्तर (सरल/सामान्य/कठिन)
6. उत्तर देने का अपेक्षित समय

परीक्षार्थी की व्यक्तिनिष्ठता **(Subjectivity of the Examinee)**

यह भी एक सामान्य वस्तुस्थिति है और मुख्यत: प्रश्न की अस्पष्टता अर्थात् भाषा या शब्दावली की अस्पष्टता के कारण परीक्षार्थी उसे चाहे जैसे समझ सकता है और तदनुसार उत्तर दे सकता है। पारंपरिक प्रश्न-पत्रों के प्रश्नों के उत्तर में परीक्षार्थी कुछ भी कर सकता था। अत: प्रश्न का सही उत्तर देने के बदले वह सब कुछ लिख देता था जो उसे आता था।

परन्तु अब प्रश्नों की भाषा पर अंकुश होने के कारण अर्थात् स्पष्ट और सुनिश्चित शब्दों में अपेक्षित उत्तर के रूप और व्याप्ति के स्पष्टीकरण के कारण परीक्षार्थी जान सकता है कि उसे क्या लिखना है, उत्तर के कितने खंड हैं, उत्तर कितना लंबा हो सकता है और उत्तर के प्रत्येक खंड के लिए कितने अंक निर्धारित हैं। इसीलिए नए प्रकार के प्रश्न-पत्रों में प्रश्न के पूर्णांक (मानो कि 10) न लिख कर, अपेक्षित उत्तर खंडों के अंकांश (जैसे- 2+4+4) लिखे जाते हैं।

***परीक्षकों की व्यक्तिनिष्ठता* (Subjectivity of the Examiner)**

यह भी एक सामान्य स्थिति है जो अब वैज्ञानिक अध्ययनों से सिद्ध हो चुकी है। 'मापन की मानक भूलें' (Standard Error of Measurement) जैसे तकनीकी शब्द का मूल भी यही है।

इलाहाबाद में एडविन हारपर (Edwin Harper) के अध्ययन 'Hundred Marking Ten' द्वारा सिद्ध हुआ कि अंकों में 5% से लेकर 8% का अंतर होता है और 50% से अधिक मामलों में यह अंतर 5% से अधिक भी हो सकता है।

राष्ट्रीय शैक्षिक अनुसंधान और प्रशिक्षण परिषद् (NCERT) के 1998 के एक अध्ययन से भी यही सिद्ध हुआ था जिसमें एक बोर्ड की 12वीं कक्षा की इतिहास की 10 उत्तर पुस्तिकाओं का मूल्यांकन 20 परीक्षकों द्वारा किया गया था। उत्तर पुस्तिकाओं और परीक्षकों को यादृच्छिक रूप से चुना गया था। परीक्षकों ने उत्तर पुस्तिकाओं की जीरोक्स प्रतियों का मूल्यांकन किया, जबकि वे उसी कक्षा की, उसी विषय की वास्तविक उत्तर पुस्तिकाओं का वास्तविक मूल्यांकन कर रहे थे और उसी प्रकार की अंक योजना का अनुसरण कर रहे थे, जिनका अनुसरण उन्होंने जीरोक्स प्रतियों के अपेक्षित मूल्यांकन में किया था।

बीस परीक्षकों में से अत्यन्त नरम और अत्यन्त कठोर परीक्षकों द्वारा 10 उत्तर-पुस्तिकाओं पर 100 अंकों में से जो अंक दिए गए थे, वे इस प्रकार थे:

परीक्षक	*उत्तर-पुस्तिका संख्या*										मीन/ माध्य
	1	2	3	4	5	6	7	8	9	10	
अत्यंत सरल परीक्षक द्वारा दत्त अंक	50	66	23	35	37	74	54	53	39	37	46.8
अत्यंत कठोर परीक्षक द्वारा दत्त अंक	21	28	02	10	14	43	23	19	05	07	17.2
दोनों के बीच अंत्तर	29	38	31	25	23	31	31	34	34	30	29.6

बीस साल पहले इसकी स्थिति और भी खराब हो सकती है। परन्तु अब दुबारा जाँच की योजना के कारण स्थिति में थोड़ा सुधार अवश्य हुआ है। फिर इस दिशा में और भी काम करने की आवश्यकता है।

Council for Indian School Certificate Examination (CISCE) द्वारा इस दिशा में कुछ कदम उठाए गए हैं। प्रश्न-पत्र निर्माता द्वारा विकसित अंक योजना के बाद, प्रत्येक उपयुक्त परीक्षक स्वयं उत्तर पुस्तिकाओं को जाँचता है। फिर समन्वय समिति की बैठक में उन पर चर्चा होती है। उसी के बाद अंक योजना को उपयोग के लिए अंतिम रूप से स्वीकार किया जाता है। इस संदर्भ में यह भी एक सुझाव बोर्डों को दिया जा सकता है कि वे अपने से संबंधित सभी विद्यालयों के लिए अनिवार्य कर दें कि संबद्धता चालू रखने के लिए मूल्यांकन के कार्य के लिए अपने शिक्षकों को प्रतिनियुक्त करें। क्योंकि अच्छे विद्यालय मूल्यांकन के लिए अपने शिक्षक नहीं भेजते। अच्छी संख्या के परीक्षक उपलब्ध न होने के कारण बोर्डों को प्रत्येक परीक्षक को मूल्यांकन के लिए अधिक उत्तर पुस्तिकाएँ देनी पड़ती हैं जिनके साथ वे न्याय नहीं कर पाते।

मूल्यांकन केन्द्रों पर अतिरिक्त व्यक्तियों की नियुक्ति की जानी चाहिए जो अंकों के जोड़ों की जाँच करते रहें और देखते रहें कि उत्तर के सभी खंडों का मूल्यांकन हुआ है, प्रत्येक खंड के लिए अलग से अंक दिए गए हैं और उत्तर पुस्तिका के मुख पृष्ठ पर और अंक तालिका में अंक सही रूप में लिखे गए हैं। वे यह भी देख सकते हैं कि उत्तर पुस्तिका के मुख पृष्ठ पर पूरक उत्तर-पुस्तिकाओं की उल्लिखित संख्या के अनुरूप पूरक उत्तर-पुस्तिकाएँ हैं या नहीं। मूल्यांकन केन्द्र के उप-प्रधान परीक्षक को स्वयं कुछ उत्तर पुस्तिकाओं की जाँच करनी चाहिए, न कि केवल हस्ताक्षर करके औपचारिकता पूरी करनी चाहिए और जाँच कर्ताओं को देखना चाहिए कि अंक योजना का अनुपालन अक्षरशः और भावशः हो रहा है या नहीं। तभी मापन/आकलन की भूलों को कम किया जा सकता है। उपर्युक्त उपायों से परीक्षा में वस्तुनिष्ठता को काफी सीमा तक लाया जा सकता है।

11.2.3 विषय-वस्तु की अपर्याप्त व्याप्ति (Inadequate Content Coverage)

जब किसी प्रकार की रूपरेखा और ब्लूप्रिंटों का प्रयोग नहीं होता था तब स्थिति अधिक भयावह थी। अब स्थिति कुछ सुधरी है, फिर भी अभी बहुत कुछ करना शेष है। परीक्षाओं में विषय-वस्तु की सीमित व्याप्ति के कारण ही चयनित अध्यापन और चयनित अध्ययन की प्रवृत्ति बलवती होती है। प्रश्नों में विकल्पों के प्रावधान से स्थिति और भी अधिक बिगड़ती है। मान लीजिए पाठ्यक्रम में 20 विषय निर्धारित हैं, प्रश्न पत्र में 16 विषयों पर प्रश्न हैं और यदि परीक्षार्थी 12 विषयों से संबंधित प्रश्नों को करता है तो वह 100 अंकों के प्रश्नों को कर सकता है और 5 विषयों से संबंधित प्रश्नों के सही उत्तर देकर वह उत्तीर्ण हो सकता है। इस प्रकार–

20 विषय	*अर्थात् 100%*	*विषय वस्तु की पूर्ण व्याप्ति*
प्रश्न पत्र में 16 विषय	अर्थात् 80%	विषय-वस्तु की दृश्यमान व्याप्ति
पूर्णांक प्राप्ति के लिए 12 विषय	अर्थात् 60%	विषय-वस्तु की वास्तविक व्याप्ति
परीक्षा उत्तीर्ण करने के लिए 5 विषय	अर्थात् 20%	विषय-वस्तु की यथार्थ व्याप्ति

सामान्यतः अनुभूत उक्त स्थिति में कोई छात्र सरलता से पाठ्यक्रम के 40% अंश को छोड़ सकता है, फिर भी उच्चत्तम अंक प्राप्त करने की कामना कर सकता है। वस्तुतः मात्र परीक्षा उत्तीर्ण करने के लिए पाठ्य सामग्री के केवल 20% के अध्ययन की आवश्यकता रहती है। निश्चित ही यह स्थिति घातक है।

विकल्पों के कारण भी चयनित अध्ययन और चयनित अध्यापन चलता है जिससे पूरी परीक्षा पद्धति एक मजाक बन जाती है।

पारंपरिक प्रश्नों में सामान्यतः ८ प्रश्न रहते हैं और निर्देश होता है, "सभी प्रश्नों के अंक समान हैं, किन्हीं पाँच प्रश्नों के उत्तर लिखिए।" इस प्रकार के विकल्प की स्थिति में किसी भी प्रश्न को किसी दूसरे प्रश्न का स्थानापन्न माना जा सकता है। इसका निहितार्थ है–

- यदि कोई परीक्षार्थी एक विषय को जानता है तो इसका मतलब है कि वह किसी और विषय-वस्तु को भी जानता है।

- सभी प्रश्न एक ही योग्यता और विषय-वस्तु का परीक्षण करते हैं।
- सभी प्रश्नों के उत्तर लिखने में एक-सा समय लगता है।
- सभी प्रश्नों के काठिन्य का स्तर समान है।

परन्तु ये सारे निहितार्थ निराधार हैं।

पारंपरिक परीक्षा की स्थिति में एक ही प्रश्न-पत्र के होने के बावजूद विभिन्न परीक्षार्थी विभिन्न प्रश्नों को हल करते हैं, अर्थात् विभिन्न प्रश्न-पत्रों का हल करते हैं। यदि 'क' को 40 अंक मिले हैं, 'ख' को 50 और 'ग' को 60 तो यह नहीं कहा जा सकता कि 'ग' प्रथम 'ख' द्वितीय और 'क' तृतीय श्रेणी का है। क्योंकि तीनों ने अलग-अलग विकल्प चुन कर अलग-अलग प्रश्न-पत्रों का हल किया है, अर्थात् उन्होंने एक ही प्रश्न-पत्र का हल नहीं किया है।

प्रश्न-पत्रों में वैकल्पिक प्रश्न दिए जा सकते हैं, बशर्ते-

- सभी विकल्प एक ही वस्तु/विषय का परीक्षण करें।
- एक रूप वाले हों।
- सभी का काठिन्य स्तर समान हो।
- उत्तर देने में लगभग समान समय लेने वाले हों।
- सभी के लिए समान अंक निर्धारित हों।

सभी विकल्पों की समानता सुनिश्चित करने की दृष्टि से उक्त सभी शर्तों को एक ही समय में पूरा करना कठिन ही नहीं, असम्भव भी है।

कभी-कभी समग्र विकल्प होते हैं, जैसे कि सभी प्रश्नों के अंक समान हैं, कभी, किन्हीं पाँच प्रश्नों के उत्तर लिखिए। इसी प्रकार एक ही प्रश्न में आंतरिक विकल्प होते हैं, जैसे कि दिए गए पाँच में से किन्हीं तीन विकल्पों को कीजिए और एकान्तर विकल्प-यह या वह प्रकार के। यदि विकल्प देने ही हों तो उसका एक सर्वसामान्य नियम है।

वस्तुनिष्ठ उत्तर प्रकार
अति लघूत्तरी प्रकार
लघूत्तरी प्रकार } कोई विकल्प नहीं

दीर्घ उत्तरी प्रकार-एकान्तरी आंतरिक समान विकल्प

अतः आवश्यक है कि विषय-वस्तु के मुख्य क्षेत्रों को पहले रेखांकित करना चाहिए, फिर प्रश्न-पत्र के पूर्णांक से उनके लिए उपयुक्त अधिभार (अंक) निश्चित करना चाहिए। इन अधिभारों के परिप्रेक्ष्य में प्रश्नों को तैयार करने के लिए निम्नलिखित आधारों का ध्यान रखना चाहिए:

- विषय में किसी विशेष क्षेत्र का महत्त्व
- उस क्षेत्र का काठिन्य स्तर
- उस क्षेत्र के अध्ययन और अध्यापन में लगने वाला समय

परीक्षा लेने वाली संस्था द्वारा तैयार रूपरेखा (डिजाइन) में इन अधिभारों का निर्धारण किया जा सकता है जिसका उपयुक्त प्रतिफलन प्रश्न-पत्र निर्माता द्वारा तैयार की गई ब्लूप्रिंट में दिखना चाहिए। इसके आधार पर फिर प्रश्न-पत्र तैयार किए जा सकते हैं। यह एक

तकनीकी अभ्यास है जिसे किसी अप्रशिक्षित अध्यापक द्वारा नहीं किया जा सकता। अतः मूल्यांकन की संकल्पना और तकनीकों में और विशेष कर प्रश्न-पत्र निर्माण की प्रक्रिया में प्रशिक्षण की व्यवस्था की जानी चाहिए और इस प्रकार से प्रशिक्षित व्यक्तियों को ही प्रश्न-पत्र निर्माता के रूप में नियुक्त करना चाहिए।

11.2.4 प्रशासनिक विसंगतियाँ (Administration Inadequacies)

प्रश्न-पत्र निर्माताओं का मूल्यांकन की संकल्पना और तकनीकों में और प्रश्न-पत्र निर्माण की प्रौद्योगिकी में प्रशिक्षण तो किया ही जाना चाहिए जिससे वे अपने कार्य को वैज्ञानिक तरीके से कर सकें।

इसके लिए रूपरेखा के साथ विस्तृत निर्देश तैयार कर प्रचालित किए जाने चाहिए। एक ही समय में एक रूपरेखा पर तीन प्रश्न-पत्र तैयार करवाने चाहिए। इस कार्य को एक दल द्वारा सामूहिक रूप से किया जाना चाहिए और उस दल में विषय-विशेषज्ञ, शिक्षा-शास्त्री और कार्यरत अध्यापक रह सकते हैं। तीनों व्यक्तिओं को एक ही रूप-रेखा देकर उन्हें ब्लूप्रिंट और प्रश्न-पत्र बनाने के काम को सौंपा जाना चाहिए। इसके बाद तीनों को एक साथ बैठकर चर्चा करनी चाहिए और तीनों प्रश्न-पत्रों को उनकी अंकन योजनाओं और प्रश्न-पत्रों के प्रश्न-वार विश्लेषणों को अंतिम रूप देना चाहिए। विषय-विशेषज्ञ प्रश्न की विषय वस्तु की प्रामाणिकता देख सकता है। प्रश्नों के निर्माण की तकनीक को शिक्षाशास्त्री को देखना चाहिए और शिक्षक को प्रश्न-पत्रों के रूप की उपयुक्तता देखनी चाहिए।

इस चर्चा के बाद प्रश्न-पत्रों और संबंधित सामग्री को पैक करके अलग-अलग सीलबंद किया जा सकता है। इन तीनों प्रश्न-पत्रों में से एक का उपयोग वार्षिक परीक्षा में, दूसरे का पूरक परीक्षा में और तीसरे का किसी अपातकालीन स्थिति में किया जा सकता है। क्योंकि तीनों प्रश्न-पत्र एक ही रूपरेखा पर आधारित हैं, अतः उन्हें स्थानापन्न रूप में प्रयुक्त किया जा सकता है।

11.3 कार्य योजना के सोपान (Steps of the Action Plan)

प्रत्येक प्रश्न-पत्र के संबंध में निम्नलिखित क्रमिक कदम उठाए जाने चाहिए:

1. परीक्षक-संस्था द्वारा प्रश्न-पत्र की रूपरेखा तैयार करना।
2. प्रश्न-पत्र निर्माता द्वारा रूपरेखा के आधार पर प्रश्न-पत्र की ब्लूप्रिंट का निर्माण जिसका फोरमेट परीक्षक-संस्था द्वारा दिया जाएगा।
3. ब्लूप्रिंट के ब्यौरों को प्रश्न-पत्र के मद (आइटम)-पत्र पर लिखना, यथा, उद्देश्य, स्पष्टीकरण, विषय, उप-विषय, रूप, अंक अपेक्षित उत्तर काल और अनुमानित काठिन्य स्तर। मद-पत्र के पृष्ठ पर अंक-योजना, अपेक्षित उत्तर की रूपरेखा, अपेक्षित उत्तर के विभिन्न खण्डों के लिए अंक लिखे जाने चाहिए। इसके लिए पर्याप्त संख्या में मद-पत्र संस्था द्वारा दिए जाने चाहिए।
4. पूरे प्रश्न-पत्र और उसकी अंक योजना के लिए आवश्यक पत्र प्रश्न-पत्र निर्माता को दिए जाने चाहिए।
5. आवश्यक निर्देशों के साथ प्रश्न-वार विश्लेषण लिखने के लिए आवश्यक फोरमेट/प्रोफोर्मा प्रश्न-पत्र निर्माता को दिए जाने चाहिए।

प्रश्न-पत्र/परीक्षण के अभिकल्प (डिजाइन) का आरूप (फोरमेट)
(Format of A Design Question Paper/Test)

विषय : ....

इकाई/प्रश्न-पत्र : ....

कक्षा : ....

समय : ....

अंक : ....

उद्देशों के लिए अधिभार

उद्देश्य	ज्ञा/ज्ञात	सम/बो	अ/अभि	कौ/स	कुल
अंकों का प्रतिशत	......	......	......	......	......
अंक	......	......	......	......	......

प्रश्न के प्रकार के लिए अधिभार

प्रश्नों के प्रकार	नि./दी. उ.	ल. उ.	अ. ल. उ.	वस्तु.	कुल
प्रश्नों की संख्या	......	......	......	......	......
निर्धारित अंक	......	......	......	......	......
अपेक्षित समय	......	......	......	......	......

विषय-वस्तु के प्रमुख पक्षों के लिए अधिभार

	इकाई/उप-इकाई	अंक
1.	....	....
2.	....	....
3.	....	....
4.	....	....
5.	....	....
6.	....	....
7.	....	....
8.	....	....

खंडों की योजना ....

विकल्पों के प्रकार ....

अनुमानित काठिन्य स्तर – कठिन .... % अंक

सामान्य .... % अंक

सरल .... % अंक

ज्ञा = ज्ञान, ज्ञा.त. = भाषा तत्वों का ज्ञान, नि. = निबंधात्मक, सम. = समझ, बो. बोधन,
अ. = अनुप्रयोग, कौ. = कौशल, दी.उ. = दीर्घउत्तरी, अ.ल.उ. = अतिलघुउत्तर,
अभि = अभि-योक्ते, स. = सराहना, ल.उ. = लघुउत्तर, वस्तु. = वस्तुनिष्ठ

ब्लूप्रिंट का आरूप (फोरमेट) (Format of a Blueprint)

विषय .... कक्षा ....

इकाई/प्रश्नपत्र .... पूर्णांक .... समय ....

उद्देश्य / प्रश्न-प्रकार / विषय-वस्तु इकाई/उप-इकाई	भाषिक तत्त्व				बोधन				अभिव्यक्ति				सराहना		योग
	ज्ञान				समझ				अनुप्रयोग				कौशल		
	नि.	ल. उ.	अल.उ.	व.	नि.	ल. उ.	अलउ.	व	नि.	ल. उ.	अ.ल. उ.	व	नि.	ल. उ.	योग
उप-योग															
योग															

टिप्पणी: कोष्ठक के अंदर के अंक प्रश्नों की संख्या और कोष्ठक के बाहर के अंक प्राप्तांक बता सकते हैं।

* बताता है कि अंकों को जोड़ा गया है–एक अंक बनाने के लिए।

सारांश:
नि. निबन्ध ...., सं................. अंक......... विकल्प प्रकार.....................
ल.उ. लघुउत्तर ...., सं................. अंक.......... खण्डों की योजना ....
अ.ल.उ. अति लघुउत्तर ...., सं................. अंक.........
व. वस्तुनिष्ठ ...., सं................. अंक.........

मद-पत्र का आरूप (Item Sheet Format)

मुख पृष्ठ (Front Side of the Item Sheet)

अ. स. ....

उद्देश्य .... विषय ....
स्पष्टीकरण .... उप-विषय ....
प्रकार .... अपेक्षित ....
अनुमानित .... उत्तरकाल ....
काठन्य स्तर .... अंक ....

प्रश्न ....
....
....

पृष्ठ भाग (Reverse Side of the Item Sheet)
अंकन कुंजी (Scoring Key)

अ.स. ....

प्रश्न संख्या	1 2 3 4 ....
कुंजी/संकेत सूत्र	

अंक योजना (Marking Scheme)

अपेक्षित उत्तर की रूपरेखा	*प्रत्येक पक्ष/खण्ड के लिए अंक*	*अभ्युक्ति*
....	....	....
....	....	....
....	....	....
....	....	....

प्रश्न–वार विश्लेषण (Question-Wise Analysis)

अ. स.	उद्देश्य	स्पष्टीकरण	विषय	उपविषय	प्रकार	अनुमानित काठिन्य स्तर	अंक	अनुमानित उत्तर काल

12

छात्रों के निष्पादन के श्रेणीकरण की प्रविधियाँ (Methods of Grading Pupil Performance)

12.1 भारत में श्रेणीकरण की संकल्पना का उदय (Emergence of the IDEA of Grading in India)

भारत में श्रेणियों के विषय में चर्चा अंकों की संकल्पना से ही शुरू की जा सकती है, यद्यपि श्रेणीकरण का विचार अंकों की व्यवस्था को समाप्त करने के लिए ही है।

अंक और श्रेणी दोनों किसी विशेष क्रिया/क्षेत्र में किसी व्यक्ति की संप्राप्ति/क्षमता/सामर्थ्य के विषय में निर्णीत स्तर को पहचानने/निर्धारित करने/घोषित करने के उपागम हैं।

अंक और श्रेणी के इस साम्य के साथ इन दोनों संकल्पनाओं में उल्लेखनीय अंतर हैं। योग्यता या गुण के अंक किसी वितरण के विस्तार के बिन्दु होते हैं, जबकि श्रेणी एक परास (रेंज) या खाँचे (स्लॉट) को इंगित करती है, जिसके बीच में किसी व्यक्ति की क्षमता या गुणों के संदर्भ में उसकी प्रवीणता या कुशलता का स्तर निर्धारित किया जाता है।

हम अंकों का प्रयोग, किसी के निष्पादन के स्तर के सूचक के रूप में करते हैं तो सामान्यत: हम 101 (0–100) बिन्दु की मापनी का प्रयोग करते हैं, परंतु श्रेणियों के प्रयोग में हम छोटी संख्या की मापनी यथा, नौ या पाँच या तीन बिन्दुओं की मापनी का प्रयोग करते हैं। अत: छोटी संख्या की श्रेणियों की तुलना में किसी व्यक्ति की क्षमताओं या सामर्थ्य के स्तर के निर्धारण में अंकों की मापनी के प्रयोग में त्रुटिपूर्ण वर्गीकरण की संभावनाएँ अधिक हो सकती हैं।

अंकों की तुलना में श्रेणी प्रदान करते समय हम अपने निर्णय के सही होने के बारे में अधिक आश्वस्त रहते हैं। इससे निर्णय की अस्थिरता, जिसके कारण कई बार संभावना या चांस का तत्त्व उत्पन्न हो जाता है वह भी कम हो जाती है। इसी कारण श्रेणी के रूप में जो सन्निकटता या लगभगता की स्थिति बननी है उसे सुनिश्चित अंकों की तुलना में अधिक वैध और विश्वसनीय माना जाता है। कोई भी व्यक्ति प्रमाणित रूप से यह नहीं कह सकता कि किसी व्यक्ति की गणितीय या भाषिक क्षमताएँ निश्चित रूप से 57% हैं, इससे जरा भी कम या ज्यादा नहीं अथवा किसी व्यक्ति की ईमानदारी निश्चित रूप से 68% है। क्योंकि इस प्रकार के आकलन को हम सामान्य रूप में ही मान सकते हैं, नितांत सुनिश्चित रूप में नहीं।

निश्चित ही कुछ मानवीय गुण ऐसे होते हैं जिनका आकलन किसी भी मूल्यांकन की तकनीक या उपकरण की सीमा से बाहर रहता है। अत: श्रेणीकरण मानवीय गुणों/विशेषताओं को नितांत सुनिश्चित रूप से आकलन करने में अपनी असमर्थता की ईमानदार स्वीकारोक्ति है।

12.2 श्रेणीकरण क्यों? (Why Grading?)

यह कहना कि क्योंकि राष्ट्रीय शिक्षा नीति 1988-92 ने संस्तुति की है कि अंकों के स्थान पर श्रेणियों का उपयोग किया जाए, अत: श्रेणीकरण को स्वीकार कर लिया जाए तो यह उन विद्वानों को संतुष्ट नहीं कर सकता जो अंक व्यवस्था के पक्षधर हैं। अत: हमें उन कारणों पर भी विचार करना चाहिए जिनके कारण यह संस्तुति की गई है। वस्तुत: साल दर साल परीक्षा में बैठने वाले विभिन्न उम्मीदवारों में अंतर दिखाई देता है। शिक्षक हमेशा कहते हैं कि किसी विशेष वर्ग के उम्मीदवार उससे पहले की वर्ष के उम्मीदवारों से अच्छे हैं या अच्छे नहीं हैं। इसका स्पष्ट प्रमाण हमें उस वर्ष मिला जिस वर्ष 10 + 2 की योजना के अंतर्गत छात्र परीक्षा में बैठे और उनकी तुलना उस वर्ष के पहले वाले वर्ष में 8 + 3 पद्धति के अंतर्गत बैठे छात्रों के साथ की गई।

परीक्षा में बैठने वाले छात्रों में पाए जाने वाले अंतर के अलावा, यह भी देखा गया कि छात्रों द्वारा उन विषयों में प्राप्त अंकों के परास (रेंज) में भी उल्लेखनीय अंतर है, जिन्हें अधिक अंक देने वाला विषय माना जाता है (जैसे अंग्रेजी में 30-80 और गणित में 0-100)। इसी तरह यह भी उल्लेखनीय है कि साल दर साल एक ही विषय के प्रश्न-पत्रों का स्तर समान नहीं होता। अत: प्रत्येक वर्ष सभी विषयों का अंकों के एक ही प्रकार से श्रेणीकरण (35%, 45%, 60%) या अंक विभाजन तर्क संगत प्रतीत नहीं होता।

12.3 श्रेणीकरण और उत्तीर्ण-अनुतीर्ण और डिविजनों या श्रेणियों की संकल्पना (Grading and Concept of Pass and Fail and Award of Divisions)

ऊपर की चर्चा के आधार पर यह भी कहा जा सकता है कि प्रत्येक विषय में 33% अंकों को उत्तीर्णता का आधार मानना तर्कसंगत नहीं लगता। श्रेणी व्यवस्था में इसीलिए उत्तीर्णता/अनुतीर्णता और प्रथम, द्वितीय या तृतीय श्रेणी के रूप में अंकों के विभाजन के विचार को मूल्यहीन माना जाता है। क्योंकि प्रत्येक विषय के लिए अलग-अलग श्रेणी दी जाती है और उनका कुल योग नहीं दिया जाता।

श्रेणी-बिन्दु-औसत (Grade Point Average)

जब अंकों के स्थान पर श्रेणी प्रदान करने की व्यवस्था को स्वीकार कर लिया जाए और यदि उच्च कक्षाओं में प्रवेश के लिए या छात्रवृत्ति प्राप्त करने के लिए श्रेणियों के योग या जोड़ की आवश्यकता हो तो श्रेणी-बिन्दु-औसत को प्राप्त किया जा सकता है। इस प्रकार की स्थितियों में यदि आवश्यक हो तो कच्चे अंकों को गिना जा सकता है। इस स्थिति में सभी विषयों में प्राप्त श्रेणियों के अंकों को जोड़कर विषयों की संख्या से विभाजित किया जा सकता है।

श्रेणी के प्रतीकों और उनके अंक-मूल्यों की नौ बिन्दुओं की मापनी, मान लीजिए निम्नलिखित प्रकार है। ध्यान रहे, श्रेणी के प्रतीक विभिन्न प्रकार के हो सकते हैं।

प्रतीकात्मक श्रेणी	I E E	H DE D_2	G D D_1	F CD C_2	E C C_1	D BC B_2	C B B_1	B AB A_2	A A A_1
श्रेणियों का अंक मूल्य	1	2	3	4	5	6	7	8	9

मान लीजिए, छह विषय हैं और छहों विषयों में छात्र द्वारा नौ बिन्दु मापनी पर प्राप्त श्रेणियाँ निम्नलिखित प्रकार हैं:

प्राप्त प्रतीकात्मक श्रेणी	B	C	A	D	C	B
श्रेणियों का अंक मूल्य	8	7	9	6	7	8

$$\text{श्रेणी बिन्दु औसत (GPA)} = \frac{\text{सभी विषयों के प्रतीकात्मक श्रेणियों के अंक – मूल्यों का योग}}{\text{श्रेणीकृत विषयों की संख्या}}$$

$$= \frac{8+7+9+6+7+8}{6} = \frac{45}{6} = 7.5$$

इस प्रकार श्रेणी बिन्दु औसत, जिससे आवश्यकता की पूर्ति हो सकती है और आवश्यकतानुसार दो दशमलव बिन्दुओं तक मूल्य बता सकता है। आवश्यकतानुसार किसी विशेष मामले में, किसी एक या अधिक विषयों को कुछ अतिरिक्त अधिभार निर्धारित किया जा सकता है। परन्तु अतिरिक्त अधिभार के ज्ञान के साथ भी श्रेणी बिन्दु औसत गणना का तरीका वही रह सकता है।

12.4 श्रेणी प्रदान करने की विधि (Methods of Awarding Grades)

श्रेणी प्रदान करने की विधि के कई उपागम प्रचलित हैं। किसी विशेष स्थिति में किसी विशेष उपागम की विधि को चुनने के लिए हमें इन्हें समझ लेना चाहिए।

श्रेणी प्रदान करने के उपागमों को निम्नलिखित आरेख की सहायता से समझा जा सकता है।

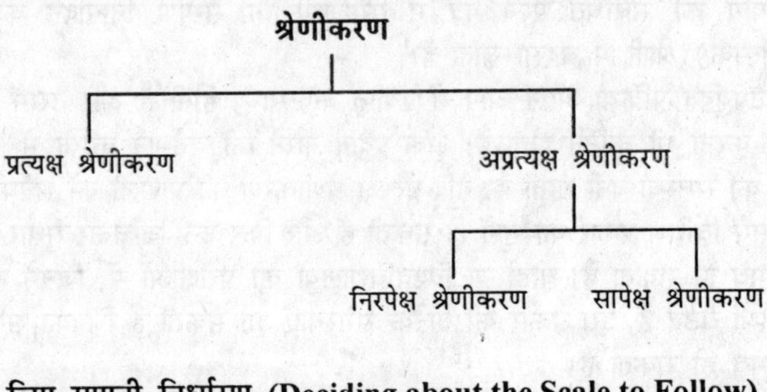

अनुसरण के लिए मापनी निर्धारण (Deciding about the Scale to Follow)

हमें सबसे पहले अनुसरण के लिए किसी एक मापनी के स्वीकार कर लेना चाहिए, जिसमें सामान्यत: तीन, पाँच या नौ बिन्दु हो सकते हैं और एक मध्य बिन्दु।

तीन बिन्दु की मापनी

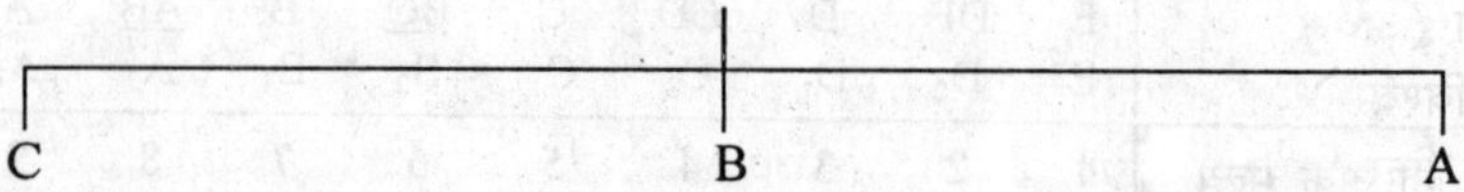

पाँच बिन्दु की मापनी

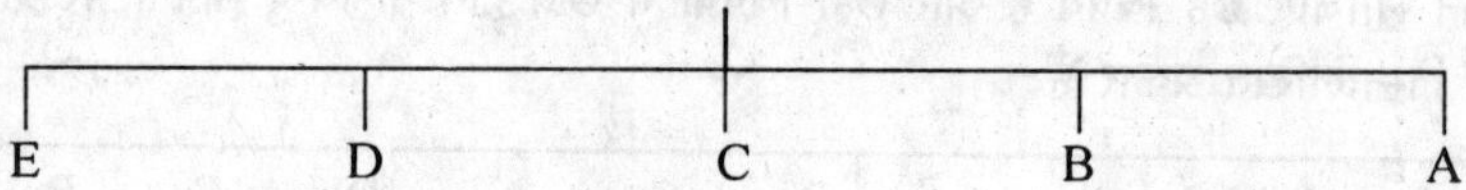

नौ बिन्दु की मापनी

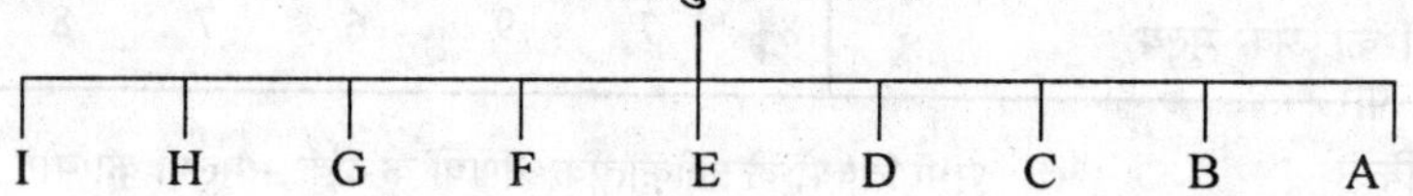

जैसे-जैसे मापनी में बिन्दुओं की संख्या बढ़ती है, विभेदीकरण सूक्ष्मतर होता जाता है। अत: विभेदीकरण की वांछित सूक्ष्मता के आधार पर मापनी को चुना जा सकता है।

12.4.1 प्रत्यक्ष श्रेणीकरण (Direct Grading)

प्रत्यक्ष श्रेणीकरण में परीक्षार्थी के निष्पादन के प्रत्येक अंश या उसके किसी भाग को अलग-अलग रूप से श्रेणी प्रदान की जाती है जिसका आधार परीक्षा लेने वाली संस्था (बोर्ड या विश्वविद्यालय) या मूल्यांकन करने वाले विशेषज्ञों द्वारा विकसित मानदण्ड होते हैं। सामान्यत: प्रत्यक्ष श्रेणीकरण में वर्णात्मक प्रतीकों (ABCD/अ, आ, इ, ई) का उपयोग किया जाता है।

प्रत्यक्ष वर्णात्मक श्रेणी के निर्धारण के बाद, प्रत्येक श्रेणी के अंकात्मक मूल्य (चयनित मापनी के अनुसार) को तालिकाबद्ध कर योग निकाला जाता है। परीक्षा-पुस्तिका में प्राप्त श्रेणियों के अंकात्मक मूल्यों के योग को प्रश्नों या मूल्यांकित खण्डों की संख्या से विभाजित किया जाता है जिसके आधार पर श्रेणी बिन्दु औसत की गणना की जाती है। इस योग को संबंधित प्रश्न पत्र में परीक्षार्थी के सम्पूर्ण निष्पादन को प्रतीकात्मक (वर्णात्मक) श्रेणी में बदला जाता है।

उपर्युक्त प्रक्रिया अपने आप में पर्याप्त कष्टसाध्य होती है और उसमें पुन: जाँच या सुधार करना भी कठिन होता है। अंक प्रदान करने की वर्तमान तरीके में भी कुल जोड़ करने की समस्या बनी रहती है। यदि प्रत्यक्ष श्रेणीकरण की प्रणाली को स्वीकार किया जाए तो उसमें विविध प्रकार की भूलें हो सकती हैं और फिर उन्हें जाँचकर सुधार करना लगभग असम्भव हो सकता है। बोर्डों या विश्वविद्यालयों की परीक्षाओं में, जिनमें बड़ी संख्या में परीक्षार्थी बैठते हैं, इस प्रकार की अनेक समस्याएँ आ सकती हैं जिनका समाधान लगभग असम्भव हो सकता है।

इसी कारण जहाँ बड़ी संख्या में उम्मीदवार परीक्षाओं में बैठते हैं, या जब एक ही प्रश्न पत्र में अनेक प्रश्न होते हैं, वहाँ प्रत्यक्ष श्रेणीकरण को स्वीकार करने की संस्तुति नहीं की जा सकती।

प्रत्यक्ष श्रेणीकरण में पारदर्शिता का भी अभाव रहता है और उसमें व्यक्तिनिष्ठता और चांस (अवसर) तत्त्व की सम्भावना भी अधिक रहती है जिसके कारण परीक्षा की साख या विश्वसनीयता ही समाप्त हो सकती है।

फिर भी संस्थागत आंतरिक मूल्यांकन में प्रत्यक्ष श्रेणीकरण की संस्तुति की जा सकती है। परन्तु निम्नलिखित बिन्दुओं का ध्यान रखना होगा:

- मूल्यांकन के मद (आइटम) कम हों
- परीक्षार्थियों की संख्या भी कम हो
- प्रदत्त श्रेणियों को यथावत रखा जाए, अर्थात् जब श्रेणीकरण बिन्दु औसतों को निकालने के लिए गणना और पुन: उन्हें श्रेणियों में बदलने की आवश्यकता न हो।

परियोजना कार्यों में प्रत्यक्ष श्रेणीकरण की विधि को स्वीकार किया जा सकता है, क्योंकि वे अपने आप में स्वतंत्र होते हैं। फिर भी, यदि किसी विशेष अधिभार वाले विषय का अंश हो, जिसको उस विषय के कुल अंकों में जोड़ा जाना है तो समस्या कठिन हो सकती है। इस प्रकार की समस्या तभी हो सकती है जब एक ही प्रश्न–पत्र के विभिन्न प्रश्नों के लिए विविध प्रकार के अंक निर्धारित हों।

12.4.2 अप्रत्यक्ष श्रेणीकरण (Indirect Grading)

अप्रत्यक्ष श्रेणीकरण का आशय है, अंकों के आधार पर श्रेणी निर्धारण। इस व्यवस्था में छात्रों के निष्पादन की इकाइयों पर अंक दिए जाते हैं जिससे सभी मूल्यांकनकर्त्ता और शिक्षक पहले से ही परिचित हैं। इस कारण इसमें समस्याएँ नहीं आती।

अप्रत्यक्ष श्रेणीकरण दो प्रकार से हो सकता है:

- निरपेक्ष श्रेणीकरण
- सापेक्ष श्रेणीकरण

निरपेक्ष श्रेणीकरण में परीक्षा से पहले ही, विभिन्न श्रेणियों के लिए अंकों का निर्धारण कर लिया जाता है।

परीक्षार्थियों को उत्तीर्ण/अनुत्तीर्ण, उनकी श्रेणियों और विशेष योग्यता घोषित करने के लिए प्रचलित व्यवस्था निरपेक्ष श्रेणीकरण के जाने पहचाने उदाहरण हैं जिसको निम्नलिखित रूप में समझा जा सकता है:

75% और उससे अधिक अंक	–	विशेष योग्यता
60% और 75% से कम अंक	–	प्रथम श्रेणी
45% और 60% से कम अंक	–	द्वितीय श्रेणी
33% और 45% से कम अंक	–	तृतीय श्रेणी
33% से कम अंक	–	अनुत्तीर्ण

जैसाकि पहले कहा गया है, परीक्षार्थी के निष्पादन के समग्र स्तरों के सूचकों की तुलना नहीं की जा सकती। क्योंकि इन्हीं कारणों से अंकों के बदले श्रेणी प्रदान करने की संस्तुति की गई है।

विभिन्न श्रेणियों के लिए अंकों के निर्धारण की सीमाओं के बारे में निर्णय तदर्थ और यादृच्छिक ही होंगे। क्योंकि ये परीक्षा से पहले ही निर्णीत होते हैं और सामान्यतः सभी विषयों के लिए समान होते हैं। क्योंकि विशेषकर विभिन्न विषयों में समान प्राप्तांक न बराबर होते हैं और न ही तुलनीय। वस्तुतः राष्ट्रीय शिक्षा नीति की अंकों के बदले श्रेणी प्रदान करने की संस्तुतिः निरपेक्ष श्रेणीकरण की व्यवस्था के प्रति एक प्रतिक्रिया ही है जिसके अनुसार सभी विषयों की सभी परीक्षाओं में प्राप्तांकों के विभाजन के लिए समान मानदण्ड अपनाया जाता रहा है।

इस प्रक्रिया में व्यक्तिनिष्ठता और चांस या भाग्य के कारण छात्रों की सम्प्राति के आकलन में हुई भूलों की चिंता किए बिना अंकों को यथावत् रूप में या अंकित मूल्य के रूप में स्वीकार कर लिया जाता है।

यद्यपि इस प्रक्रिया का निदानात्मक मूल्य है और परीक्षार्थी उच्चत्तम श्रेणी प्राप्त करने के लिए प्रयास कर सकते हैं। फिर भी तकनीकी आधारों पर निरपेक्ष श्रेणीकरण की व्यवस्था को स्वीकारने की संस्तुति नहीं की जा सकती और क्योंकि इसमें अनेक कमियाँ हैं और अंकों के स्थान पर श्रेणियों के उपयोग का सुझाव देते समय उनके उपचार की आवश्यकता बनी रहती है। परीक्षाओं के पहले ही श्रेणियों के लिए प्राप्तांकों के किसी भी सीमांकन में परीक्षा विशेष में छात्रों के वास्तविक निष्पादन पर कोई विचार नहीं किया जाता।

नौ बिन्दुओं की मापनी पर किए गए निरपेक्ष श्रेणीकरण का उदाहरण नीचे दिया जा रहा है:

वर्णात्मक श्रेणी	*श्रेणी का अंकात्मक मूल्य*	*अंकों का परास*	*विवरण*
A	9	90% और उससे ऊपर	श्रेष्ठ (Outstanding)
B	8	80% और 90% से कम	उत्तम (Excellent)
C	7	70% और 80% से कम	बहुत अच्छा (Very Good)
D	6	60% और 70% से कम	अच्छा (Good)
E	5	50% और 60% से कम	सामान्य/औसत से अच्छा (About Average)
F	4	40% और 50% से कम	सामान्य/औसत (Average)
G	3	30% और 40% से कम	सामान्य/औसत से कम (Below Average)
H	2	20% और 30% से कम	न्यूनतम (Marginal)
I	1	10% और 20% से कम	असंतोषकर (Unsatisfactory)

स्पष्टतः इस योजना के अनुसार, कुछ विषयों में उच्चत्तम श्रेणी सम्भव ही नहीं हो सकती और कुछ विषयों में अनेक उच्चत्तम श्रेणियाँ हो सकती हैं जिसका आशय होगा कि प्रतिभा सम्पन्न छात्र कुछ विशेष विषयों में ही हो सकते हैं, अन्यों में नहीं।

सापेक्ष श्रेणीकरण (Relative Grading)

अप्रत्यक्ष श्रेणीकरण का दूसरा प्रकार सापेक्ष श्रेणीकरण है, जो निरपेक्ष श्रेणीकरण से नितांत भिन्न है।

निरपेक्ष श्रेणीकरण के विपरीत जिसमें परीक्षाओं से पहले ही श्रेणियों का परास निर्धारित कर लिया जाता है और सभी विषयों पर प्रत्येक वर्ष समान रूप से लागू किया जाता है, सापेक्ष श्रेणीकरण में प्राप्तांकों की सीमाओं का निर्धारण निम्नलिखित आधारों पर किया जाता है:

- परीक्षाओं के होने के बाद
- प्राप्त प्राप्तांकों के वितरण और परास के अनुसार
- प्रत्येक परीक्षा में प्रत्येक विषय के लिए अलग-अलग

अतः सापेक्ष श्रेणीकरण में श्रेणियों का परास प्रत्येक परीक्षा के प्रत्येक विषय में प्राप्त प्राप्तांकों के वितरण के साँचे और परास के आधार पर होता है जो प्रतिवर्ष परिवर्तित होता रहता है।

इस प्रकार सापेक्ष श्रेणीकरण की पद्धति से विभिन्न विषयों में अंक प्राप्त करने की प्रकृति में, विभिन्न वर्षों के विभिन्न प्रश्न-पत्रों के प्रश्नों की मानकता में और विभिन्न वर्षों में बैठने वाले परीक्षार्थियों के वर्गों में पाए जाने वाले अंतरों की समस्या का समाधान सहज ही हो जाता है।

सापेक्ष श्रेणीकरण इस मान्यता पर आधारित है कि जब छात्रों के प्राप्तांकों को आरेख के रूप में प्रस्तुत किया जाएगा तो इस आरेख में संप्राप्ति के वास्तविक स्तर का रूप सममिति घंटे (Symmetricalbell) की आकृति वाला होगा, अर्थात् सामान्य सम्भावना वक्ररेखा (Normal Probability Curve) चाहे कोई भी परीक्षार्थी वर्ग, किसी भी विशेषता या क्षमता या योग्यता के परीक्षण के लिए किसी भी प्रकार की परीक्षा, मौखिक या लिखित में बैठा हो।

कभी-कभी वास्तविक स्थिति में मापन की त्रुटि हो सकती है जिसके कारण सम्प्राप्ति के प्रतीत और वास्तविकता के स्तरों में अंतर दिखाई दे सकता है और आरेख की वक्रता सामान्य न बन कर तिरछी (Skewed) बनती है। ऐसा इसलिए भी होता है कि हम सामान्यतः उम्मीदवारों की पूरी संख्या पर काम न करके, उसके नमूनों पर काम करते हैं जो पूरी संख्या से हमेशा बहुत कम संख्या के होते हैं। इससे प्राप्त आरेखीय वक्रता, कभी सकारात्मक होती है तो कभी नकारात्मक। यदि परीक्षार्थियों की बड़ी संख्या उच्चस्तरीय अंक प्राप्त करती है तो वक्रता को नकारात्मक रूप से तिरछा और यदि बड़ी संख्या निम्नस्तरीय अंक पाती है तो वक्रता को सकारात्मक रूप से तिरछा कहा जाता है, यथा-

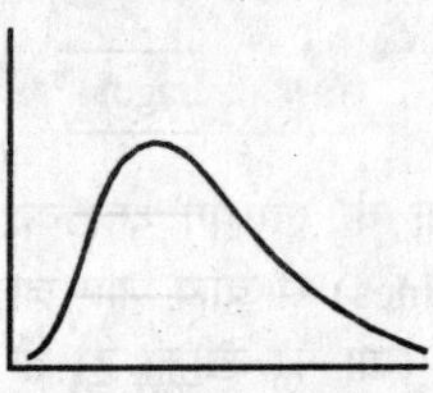

सकारात्मक तिरछी वक्रता
Positively Skewed Curve

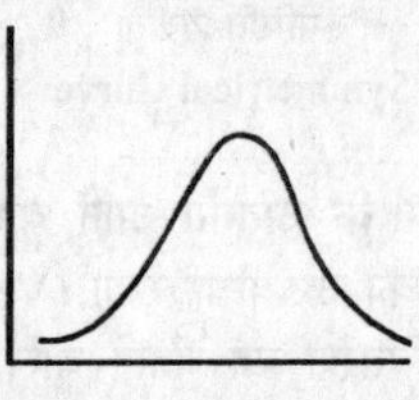

सामान्य संभावना वक्रता
Normal Probability Curve

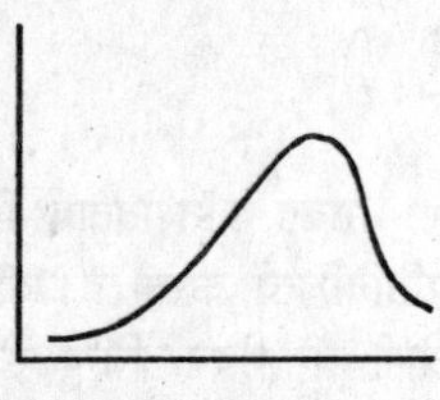

नकारात्मक तिरछी वक्रता
Negatively Skewed Curve

यद्यपि प्राप्त वक्रताओं को सामान्य वक्रताओं में बदलना चाहें तो वैज्ञानिक रीति से प्राप्त वक्रताओं को श्रेणियों में परिवर्तित किया जा सकता है। यह इसलिए संभव है क्योंकि जैसाकि पहले कहा गया है, प्राप्त वक्रताओं में प्रतीत और वास्तविक सम्प्राप्तियों के बीच के अंतर के कारण व्यावहारिक दृष्टि से श्रेणीकरण के लिए

आरेख के तिरछेपन की बात की उपेक्षा कर दी जाती है और उसे सामान्य मान लिया जाता है।

जब परीक्षार्थियों की सम्प्राप्तियों/या क्षमताओं के वर्गीकरण के लिए मापनी चयन करने की बात आती है, विशेषकर बड़े स्तर पर होने वाली सार्वजनिक परीक्षाओं में, तो हमारी दृष्टि स्टानाइन मापनी (Stanine Scale) पर पड़ती है। 'स्टानाइन' शब्द Standard nine का संक्षिप्त रूप है। द्वितीय विश्वयुद्ध के समय हवाई सैना द्वारा इस मापनी का विकास अपने सैनिकों की संव्यावसायिक प्रवीणता (Professional Proficiency) के स्तरों के वर्गीकरण के लिए किया गया था जिसमें विविध प्रकार की क्षमताओं को नौ श्रेणियों में बाँटा गया था। सम्प्रति यह मापनी सार्वभौम रूप से शैक्षिक और अन्य स्थितियों से प्रयुक्त हो रही है।

इस मापनी के प्रयोग के लिए, सभी प्राप्त प्राप्तांकों के सम्पूर्ण वितरण को नौ समान भागों में बाँट दिया जाता है जिसमें माध्य (Mean) 5 और लगभग 2 इकाइयों की मानक विसामान्यता (Standard Deviation) के साथ 1 से 9 भाग होते हैं। स्टानाइन मापनी में वितरण की रेखा के दोनों छोरों अर्थात् प्रथम और अंतिम बिन्दुओं को संयुक्त कर लिया जाता है जिससे 11 के बदले 9 ही खंड बनें। इसके कारण मापनी में कोई महत्त्वपूर्ण अंतर नहीं आता। क्योंकि ऐसे छात्र जिनके निष्पादन का स्तर दोनों छोरों पर होता है, की संख्या नगण्य होती है।

स्टानाइन मापनी की नौ श्रेणियों में आने वाले छात्रों का प्रतिशत बार वितरण दोनों दिशाओं से सामान्य वक्रता के सममिति साँचे के अनुरूप होता है।-

4% 7% 12% 17% 20% 17% 12% 7% 4%

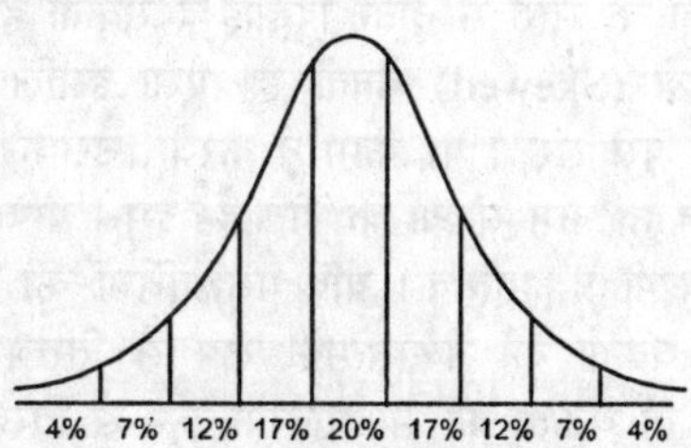

सममिति वक्रता

Symmetrical Curve

उक्त प्रतिशतताएँ किसी श्रेणी के अंतर्गत आने वाली वक्रता के लगभग क्षेत्र का प्रतिनिधित्व करती हैं। यदि वक्रता को ऊर्ध्वाधर रेखा (Vertical Lines) से बाँटा जाए जो श्रेणी के भेदक बिन्दु से सम्पूर्ण वितरण को बताने वाली आधार रेखा पर खींची हो तो आधार रेखा के ये बिन्दु स्टानाइन मापनी के एक बिन्दु से 1/2 मानक विसामान्यता के साथ दूसरे बिन्दु तक की दूरी पर रहते हैं।

ये अनुपात (जिन्हें निकटतम पूर्ण मूल्य में मिलाया गया है।) सामान्य वितरण में ½ के संबंधित अंतराल के साथ निर्मित होते हैं। सामान्य वक्रता के अंतर्गत क्षेत्रीय संबंध से सिद्ध होगा कि क्षेत्र का 9.9% मध्यमान और मानक विसामान्यता से दूर एक बिन्दु के बीच पड़ता है। अत: 2 × 9.9 = 19.8 प्रतिशत या 20 प्रतिशत मध्यमान के अंतराल में रहता है।

इसी प्रकार श्रेणी D को दी जाने वाली प्रतिशतता को तालिका के अनुसार निर्धारित किया जा सकता है। मध्यमान से ऊपर के तीन चौथाई मानक विसामान्यता तक के क्षेत्र के बीच सामान्य वक्रता का क्षेत्र 27.3 आता है। इससे 9.9 घटाने से, ज्ञात होता है कि 17 प्रतिशत प्राप्तांक मध्यमान से ऊपर के खंड में आते हैं। इसी प्रकार अन्य प्रतिशतताएँ निर्धारित की जा सकती हैं। सटानाइन मापनी के अनुसार श्रेणीवार वितरण इस प्रकार होता है–

स्टानाइन मापनी के अनुसार श्रेणीवार वितरण
(Grade-wise Distribution in a Stanins Scale)

वर्णात्मक/ प्रतीकात्मक श्रेणी	*अंतराल*	*परीक्षार्थी संख्या*	*अंकात्मक श्रेणी मूल्य*
A	1.75δ से δ	4%	9
B	1.25δ से 1.75δ	7%	8
C	0.75δ से 1.25δ	12%	7
D	0.25δ से 0.75δ	17%	6
E	−0.25δ से 0.25δ	20%	5
F	−0.75δ से 0.25δ	17%	4
G	−1.25δ से −0.75δ	12%	3
H	−1.75δ से −1.25δ	7%	2
I	−δ से −1.75δ	4%	1

यदि बड़ी संख्या में मापन के लिए पाँच बिन्दु मापनी का प्रयोग करना हो तो मापनी को पाँच बराबर के भागों में बाँटना होगा जिनमें प्रतीकात्मक श्रेणियों के लिए संख्यात्मक श्रेणी के मूल्य 3 मध्यमान और मानक विसामान्यता के साथ 1–5 के परास में हो सकते हैं। इसका श्रेणीवार वितरण निम्नलिखित रूप का होगा।

पाँच बिन्दु मापनी में श्रेणीवार वितरण
(Grade-wise Distribution in a Five-Point Scale)

प्रतीकात्मक या वर्णात्मक श्रेणी	*अंतराल*	*छात्रों की संख्या*	*संख्यात्मक श्रेणी मूल्य*
A	1.5δ से .0δ	7%	5
B	0.5δ से 1.5δ	24%	4
C	−0.5δ से 1.5δ	38%	3
D	−1.5δ से 0.5δ	24%	2
E	δ से - 1.5δ	7%	1

यहाँ इस बात का उल्लेख किया जा सकता है कि यद्यपि 'स्टानाइन की मापनी' का उपयोग व्यापक स्तर पर हो रहा है, फिर भी कुछ परीक्षा लेने वाली संस्थाएँ वितरण की

वक्ररेखा के आधार पर अपनी मापनियों को विकसित कर सकती हैं। उदाहरण के लिए एक संस्था ने सापेक्ष श्रेणीकरण की निम्नलिखित मापनी विकसित की है।

A+ A A–	शीर्षस्थ 2% उससे नीचे 6% उससे भी नीचे 12%	20%
B+ B B–	उससे नीचे 15% उससे नीचे 20% उससे भी नीचे 15%	50%
C+ C C–	उससे नीचे 12% उससे नीचे 10% उससे भी नीचे 8%	30%

12.5 विद्यालयीन स्थितियों में श्रेणीकरण (Grading in School Situations)

विद्यालयीन स्थितियों में, छात्रों का श्रेणीकरण करते समय छात्रों की सीमित जनसंख्या एक समस्या होती है। इसीलिए उपर्युक्त आदर्शवादी और वैज्ञानिक प्रणाली में कुछ समझौता करना पड़ सकता है।

सर्वप्रथम इसे समझना चाहिए कि छात्रों के निष्पादन को विभिन्न कोटियों में वर्गीकृत करना आवश्यक होता है तब नौ बिन्दुओं की मापनी अव्यावहारिक हो सकती है। क्योंकि इस प्रकार की स्थिति में छात्रों की संख्या कम होती है जिसके कारण कुछ श्रेणियों के स्थान खाली रह सकते हैं। अतः ऐसी स्थिति में पाँच बिन्दु वाली मापनी उपयोगी सिद्ध हो सकती है।

इसी प्रकार विद्यालयों के प्रबंधन के प्रकार, (यथा सरकारी विद्यालय/सरकारी सहायता प्राप्त विद्यालय/स्थानीय प्रशासन के निकाय, या नगरपालिका आदि के विद्यालय/सहायता न लेने वाले निजी विद्यालय) वितरण के तिरछेपन के विविध प्रकार के आरूप/साँचे प्रस्तुत कर सकते हैं। अतः प्रत्येक प्रकार के विद्यालय को अपनी विशिष्ट स्थिति के अनुरूप श्रेणीकरण के तंत्रों को विकसित करना होगा।

यद्यपि बड़े स्तर पर होने वाली सार्वजनिक परीक्षाओं में निरपेक्ष श्रेणीकरण की सलाह नहीं दी जा सकती। फिर भी विद्यालय, विषयों के अनुरूप विषयवार निरपेक्ष श्रेणीकरण की अपनी पद्धतियाँ विकसित कर सकते हैं। परन्तु कक्षावार और विषयवार पद्धति, छात्रों की पूर्ववर्ती परीक्षाओं में प्राप्तांकों के आधार पर विकसित की जा सकती है। इस प्रकार की विकसित की गई पद्धतियों का समय-समय पर आवश्यकतानुसार पुनरीक्षण और पुनरावर्तन करना आवश्यक होगा।

परिणाम-पत्र या रिपोर्ट कार्डों में विभिन्न विषयों में विभिन्न श्रेणियों के अंकों के परास को प्रमाण पत्र के पिछले भाग पर लिखा जा सकता है जिससे सर्व-सामान्यजन उसे बेहतर तरीके से समझ सकें।

विद्यालय, जहाँ उचित समझें, प्रत्यक्ष श्रेणियों का भी उपयोग कर सकते हैं।

छोटी संख्या के कारण विद्यालय की श्रेणियाँ पाँच या तीन बिन्दुओं की मापनी के आधार पर दी जानी चाहिए। उन्हें बाह्य परीक्षा की नौ बिन्दुओं की मापनी का अन्धानुकरण कभी नहीं करना चाहिए। क्योंकि यह व्यावहारिक नहीं हो सकता।

इसीलिए व्यावहारिक दृष्टि से एक समझौता सूत्र को प्रस्तावित किया जा रहा है जो न नितांत वैज्ञानिक है और न ही नितांत अवैज्ञानिक। किसी भी परीक्षा में प्रत्येक विषय में उच्चत्तम और निम्नतम प्राप्तांकों का पता लगाना चाहिए; फिर निम्नतम प्राप्तांकों को उच्चत्तम प्राप्तांकों से घटाना चाहिए और शेष प्राप्तांकों को चार से विभाजित करना चाहिए। इस प्रकार प्राप्त अंकों को एक-एक कर पाँच बार उच्चत्तम प्राप्तांकों से घटाना चाहिए। इस प्रकार हम श्रेणियों के सीमांत प्राप्तांकों को प्राप्त कर सकते हैं। इस प्रकार, इन श्रेणियों की सीमा में आने वाले अंकों को संबंधित श्रेणियों के लिए निश्चित किया जा सकता है।

13

शिक्षण की प्रभावशीलता का मूल्यांकन
(Evaluating Teaching Effectiveness)

शैक्षिक-प्रभावशीलता का सर्वाधिक महत्त्वपूर्ण पक्ष है शिक्षक की प्रभावशीलता। इस अध्याय में इसी की चर्चा प्रस्तावित है।

13.1 आवश्यकता (The Need)

शिक्षक की क्षमताओं का शैक्षिक मूल्यांकन उसकी उपलब्धियों की मात्रा और आयामों के आकलन और अनुमान की प्रक्रिया है।

शैक्षिक क्रियाकलापों का मूल्यांकन भी शैक्षिक कार्यों के करने में शिक्षकों की क्षमताओं के आकलन और अनुमान की प्रक्रिया है। दूसरे शब्दों में यह भी कहा जा सकता है कि यह एक ऐसी प्रक्रिया है जिसमें शैक्षिक सिद्धान्तों के व्यवहार में अनुप्रयोग का आकलन किया जाता है।

कुछ स्थितियों में शिक्षा के प्रतिफलों का आकलन गुणात्मक शब्दों में उपलब्ध होता है जबकि मूल्यांकन के प्रतिफलों का आकलन परिमाणात्मक शब्दों में अपेक्षित होता है। क्योंकि उसी के आधार पर वर्गीकरण और श्रेणीकरण होता है। इसी समस्या के समाधान के लिए एक उपागम यहाँ प्रस्तावित है जिसकी आगे चर्चा की जा रही है।

13.2 शैक्षिक क्रियाकलापों के मूल्यांकन का क्षेत्र (Scope of Evaluation of Educational Practices)

शैक्षिक क्रियाकलापों और उनसे संबंधित क्रियाओं को निम्नलिखित रूप में वर्गीकृत किया जा सकता है:

- किसी विषय के अनुदेशन से संबंधित पाठ्यचर्यायी क्रियाकलाप जिन्हें शास्त्रीय या विषयों की शिक्षा के उद्देश्यों की प्राप्ति के लिए आयोजित किया जाता है।
- शास्त्रीय या विषयों से इन क्षेत्रों के क्रियाकलाप अथवा विद्यालय की अन्य क्रियाओं और अभ्यासों से संबंधित क्रियाकलाप जिनके आयोजन का प्रयोजन छात्रों में उनसे संबंधित क्रियाओं की क्षमताओं का विकास होता है और यद्यपि वे शैक्षणिक कार्यक्रमों के महत्त्वपूर्ण उद्देश्य होते हैं परंतु उन्हें सामान्य विषयों के मात्र शिक्षण-अधिगम द्वारा प्राप्त नहीं किया जा सकता।
- मूल्यांकन, मार्गदर्शन, अभिप्रेरणा, पुनरीक्षण, शैक्षिक समस्याओं का पूर्वानुमान और निदान आदि से संबंधित क्रियाकलाप भी इसके अंतर्गत आते हैं। इन

क्रियाकलापों के नाम ही पाठ्यचर्या में उनके महत्त्व, स्थान और प्रयोजनों को स्पष्ट कर सकते हैं।

13.3 शैक्षिक अभ्यासों के मूल्यांकन का प्रयोजन (Purpose of Evaluating Educational Practices)

किसी शैक्षिक अभ्यास के मूल्यांकन के पीछे कई प्रयोजन या प्रकार्य हो सकते हैं। इस उपागम को स्पष्ट करने के लिए शिक्षक की प्रवीणता या कुशलता को संप्रति उदाहरण के रूप में लिया जा रहा है। शिक्षक-शिक्षा के कार्यक्रम के तीन प्रयोजनों को उदाहरण के रूप में यहाँ दिया जा रहा है:

- शैक्षिक अभ्यासों के समुन्नयन, आयोजन, आरंभन में शिक्षक की क्षमताओं के विकास की मात्रा या स्तर का पता लगाना या खोजना और उसके छात्रों की ताकतों और कमजोरियों का निदान करना जिनसे उनका मार्गदर्शन किया जा सके।
- किसी संभावित शैक्षिक अभ्यास के बारे में पूर्वानुमान करना जिसे एक नियमित शिक्षण के रूप में वह अच्छी तरह से आयोजित कर सकें।
- किसी शैक्षिक अभ्यास के आरंभन और आयोजन में किसी शिक्षक की क्षमताओं की कुशलताओं के स्तर को प्रमाणित करना।

13.4 शैक्षिक अभ्यासों के मूल्यांकन की क्रियाविधि (Procedure of Evaluating Educational Practices)

उद्देश्य (Objectives)

उत्तम शिक्षक-मूल्य-निर्धारण कार्यक्रम का उद्देश्य होता है, विभिन्न शैक्षिक कार्यक्रमों और अभ्यासों में शिक्षकों द्वारा प्राप्त कुशलता के स्तर का पता लगाना जिन्हें किसी शैक्षिक संस्था के विविध कार्यक्रमों में समाहित किया जाता है। अत: आवश्यक है कि सर्वप्रथम शिक्षकों की उन क्षमताओं का पता लगाया जाए जिनका मूल्यांकन किया जाना है। इस प्रकार की क्षमताएँ निम्नलिखित हो सकती हैं:

- पढ़ाए जाने वाले विषय की समझ, उसके शिक्षण के उद्देश्यों और उसके शिक्षण के लिए उपयुक्त/प्रभावी विधियों और तकनीकों की समझ को विकसित करना।
- शिक्षा के विभिन्न दर्शनों का सामान्य परिचय और उनके आधार पर अपना शिक्षा दर्शन विकसित करने की क्षमता प्राप्त करना।
- छात्रों के विकास के विभिन्न पक्षों, उनके व्यवहार और उनसे संबंधित अन्य कारकों की समझ।
- शिक्षा व्यवसाय में आस्था और शिक्षण के प्रति प्रयोगात्मक अभिवृत्ति।
- अपने व्यावसायिक विकास के लिए अभिप्रेरणा।
- निरीक्षण, सहभागिता और किसी के निरीक्षण/पर्यवेक्षण में वास्तविक शिक्षण की सहायता से शिक्षण-अधिगम से संबंधित क्रिया-कलापों को नियोजित और क्रियान्वित करने के कौशलों का विकास।
- भारत की सामान्य शिक्षा के विभिन्न स्तरों—प्राथमिक, माध्यमिक और विश्वविद्यालय या व्यावसायिक शिक्षा से संबंधित समस्याओं और अन्य विशेषताओं का सामान्य परिचय।

- विविध प्रकार के शैक्षिक, सहशैक्षिक और अन्य कार्यक्रमों और अभ्यासों से संबंधित क्रिया कलापों को आयोजित करने की योग्यता।
- छात्रों के व्यवहार के सतत और समग्र रूप से मूल्यांकन करने के लिए उपयुक्त उपकरणों को विकसित करने और उनका अनुप्रयोग करने के लिए मूल्यांकन के कौशलों और कार्य-विधियों की जानकारी प्राप्त करना।

उपर्युक्त सूची को आवश्यकतानुसार और भी आगे बढ़ाया जा सकता है।

प्रमाण (Evidences)

उपर्युक्त उद्देश्यों के संबंध में शिक्षक की क्षमताओं के मूल्यांकन के लिए आवश्यक प्रमाण संकलित करना आवश्यक होता है जिसके लिए निम्नलिखित बिन्दुओं पर शिक्षकों को विचार करना होगा:

- किसी विशेष स्थिति में शिक्षकों की विभिन्न योग्यताओं के मूल्यांकन के लिए किन उपकरणों और तकनीकों का उपयोग किया जाए।
- प्रमाण संग्रह के लिए किन विधियों को चुना जाए जिनसे मूल्यांकन की योजना में विविध प्रकार के अपेक्षित शैक्षिक परिणामों को समायोजित किया जा सके। इसमें स्थितियों के नमूनों का चयन महत्त्वपूर्ण होता है।
- इस कार्य को सम्पन्न करने में कितना समय लगाया जाए।

उदाहरण के रूप में कक्षा-अध्यापन की विशिष्ट स्थिति की दृष्टि से निम्नलिखित पक्षों को मूल्यांकन के लिए स्वीकर किया जा सकता है:

- कक्षा प्रबंधन (Class management)
- छात्रों का सहयोग (Pupils' co-operation)
- शिक्षक का अभिव्यक्ति कौशल (Teacher's expression)
- विषय-वस्तु में शिक्षक की क्षमता (Teacher's subject-matter competence)
- शैक्षणिक कार्यक्रमों में विविध प्रकार की क्रियाओं का समायोजन (Activities incorporated in the instructional programme)
- सहायक सामग्री का उपयोग (Use of aids)
- मूल्यांकन (Evaluation.)

मूल्यांकन के उपर्युक्त पक्षों का स्पष्ट रूप से स्पष्टीकरण करना चाहिए। इनमें सभी विषयओं को स्वीकार करना चाहिए जिससे उनके प्रत्येक पक्ष के आकलन के लिए उपयुक्त उपकरणों की पहचान की जा सके। प्रत्येक क्षेत्र के सभी पक्षों के प्रभावी मूल्यांकन के लिए विविध प्रकार के उपकरणों का उपयोग करना आवश्यक होगा क्योंकि एक प्रकार के उपकरण से सभी पक्षों का आकलन संभव नहीं हो सकता।

मूल्यांकन के मानदण्डों का विकास (Developing Evaluative Criteria)

आकलन को सही और विशिष्ट बनाने के लिए मूल्यांकन के मानदण्ड विकसित करने होंगे जिनसे आयोजित मूल्यांकन के सभी पक्षों के साथ न्याय हो सके।

उदाहरण के लिए यदि विषय-वस्तु में शिक्षक की दक्षता को मूल्यांकन के एक पक्ष के रूप में स्वीकार किया जाता है तो निम्नलिखित मूल्यांकन के मानदण्ड हो सकते हैं:

- निर्दोषता (Correctness)
- सुसंगतता (Relevance and)

- समृद्धि (Richness)

मूल्यांकन के उपर्युक्त मानदण्डों के परिप्रेक्ष्य में ही शिक्षक की कुशलताओं की मात्रा/स्तर का आकलन या निर्धारण किया जा सकता है।

प्रमाण-संग्रह (Collection of Evidence)

प्रत्येक क्षेत्र में मूल्यांकन के मानदण्डों के निर्धारण के पश्चात् मूल्यांकन के लिए मान्य मानदण्डों के अनुसार प्रमाण-संग्रह दूसरा सोपान है।

वर्तमान स्थिति में प्रमाण संग्रह की एक सामान्य तकनीक या विधि है–नियोजित निरीक्षण। इसके अतिरिक्त, साक्षात्कार और कार्यक्रम के क्रियान्वयन और उनके परिणामों से संबंधित आकलन के अभिलेख आदि भी प्रमाण संग्रह के आधार बन सकते हैं। उपयोगी प्रमाणों के संग्रह के लिए उपयुक्त उपकरणों का चयन या निर्माण करना होगा।

यदि शिक्षक की विषय-वस्तु से संबंधित क्षमताओं का मूल्यांकन करना है और यदि उसके मानदण्ड, निर्दोषता, सुसंगति और समृद्धि हैं तो सामान्यत: निम्नलिखित स्रोतों से प्रमाणों का संग्रह किया जा सकता है:

- किसी विशेष पाठ को पढ़ाने के लिए शिक्षक द्वारा विकसित पाठयोजना को तैयारी के स्वरूप और स्तर के मूल्यांकन के लिए लिया जा सकता है।
- कक्षा-अध्यापन की वास्तविक स्थिति में शिक्षक का आचरण या व्यवहार/निष्पादन।

इस प्रकार प्राप्त प्रमाणों को गुणात्मक या परिमाणात्मक शब्दों में सार रूप में लिखा जा सकता है।

सामान्यत: सारांश लेखन और संग्रहीत प्रमाणों की व्याख्या को गुणात्मक मूल्यांकन का आधार माना जाता है जिसे तैयार की गई सहायक सामग्री, पाठ निरीक्षण, पाठ-टिप्पणियों के अध्ययन के आधार पर प्राप्त किया जा सकता है।

गुणात्मक मूल्यांकन न केवल सम्भव है, अपितु वह अधिक उपयोगी भी सिद्ध हो सकता है। परन्तु सामान्यत: उसका उपयोग नहीं किया जाता। क्योंकि लोग सामान्यत: बदलाव का प्रतिरोध करते हैं। परन्तु अपने वैज्ञानिक आधार के कारण शैक्षिक अभ्यास की कुशलताओं का गुणात्मक प्रमाणों पर आधारित परिमाणात्मक आकलन अपेक्षाकृत अधिक स्वीकार्य हो सकता है। इसके आधार पर तुलनात्मक अध्ययन भी किए जा सकते हैं। परन्तु इस प्रकार का गुणात्मक प्रमाणों का परिमाणात्मक सूचकों में अनुवाद निश्चित रूप से वैज्ञानिक आधारों पर ही किया जाना चाहिए।

संकलित अध्ययन सामग्री का सारांकन (Summarisation of Data)

शैक्षिक प्रयोजनों के लिए इस प्रकार के सारांकन के लिए आवश्यक है कि उसे उचित रूप से साररूप में लिखा जाए और व्याख्या की जाए।

जैसाकि पहले कहा गया है कि अध्ययन सामग्री का सारांकन या तो गुणात्मक या परिमाणात्मक रूप में किया जा सकता है। गुणात्मक आकलन में किसी विशेष योग्यता के एक ही पक्ष पर ध्यान केन्द्रीत करना चाहिए जबकि परिमाणात्मक आकलन के लिए, निर्धारण मापनी जैसे उपकरणों का उपयोग किया जा सकता है जिसके अंतर्गत विभिन्न व्यक्तियों के मूल्यांकन के किसी विशेष पक्ष में उपलब्धियों के स्तर का निर्धारण किया जा सकता है।

13.5 शैक्षिक अभ्यासों में कुशलताओं का सूचकांक (PREP) और उसका व्युत्पादन (PREP Index and its Derivation)

गुणात्मक परिणामों का परिमाणात्मक प्रतिफलन कैसे प्राप्त किया जाए, इसका सोदाहरण स्पष्टीकरण आगे किया जा रहा है निर्धारण मापनी जिसका उपकरण हो सकती है। नौ बिन्दुओं की निर्धारण मापनी को इस प्रकार तैयार किया जाए कि उसके पाँच बिन्दु इस प्रकार परिभाषित हों कि उनसे सभी योग्यताओं के प्रत्येक पक्ष का मूल्यांकनात्मक मानदण्डों पर आकलन किया जा सके। विषय-वस्तु संबंधित क्षमता के आकलन के लिए निम्नलिखित निर्धारण मापनी को उदाहरण के रूप में प्रस्तुत किया जा रहा है:

8–पूर्णतः निर्दोष, पूर्णतः संगत और अत्यंत समृद्ध
7
6–दोषों, असंगति और समृद्धि के अभाव के यदा-कदा प्रमाण
5
4–सामान्यतः सही और सुसंगत और सीमित समृद्धि
3
2–दोषों, असंगति, और असमृद्धि के अनेक प्रमाण
1
0–अधिकतर दोषयुक्त असंगत और बहुत अधिक असमृद्ध विषयवस्तु

मूल्यांकन के सभी विशिष्ट पक्षों के लिए इसी प्रकार की मापनी विकसित करनी होगी। इन मापनियों के निर्धारणों को फिर संक्षिप्त विवरणों में बदला जा सकता है। मान लीजिए किसी छात्राध्यापक के पूरे पाठ का मूल्यांकन करते समय उसके विविध पक्षों का निर्धारण निम्नलिखित रूप में नौ बिन्दुओं की निर्धारण मापनी पर इस प्रकार है:

कक्षा प्रबंधन	:	5
छात्र सहयोग	:	3
अभिव्यक्ति	:	4
विषय-वस्तु की योग्यता	:	7
समायोजित क्रियाकलाप	:	5
सहायक सामग्री का उपयोग	:	3
मूल्यांकन	:	4

उक्त निर्धारणों के संक्षिप्त विवरणों को निम्नलिखित रूप में व्यक्त किया जा सकता है:

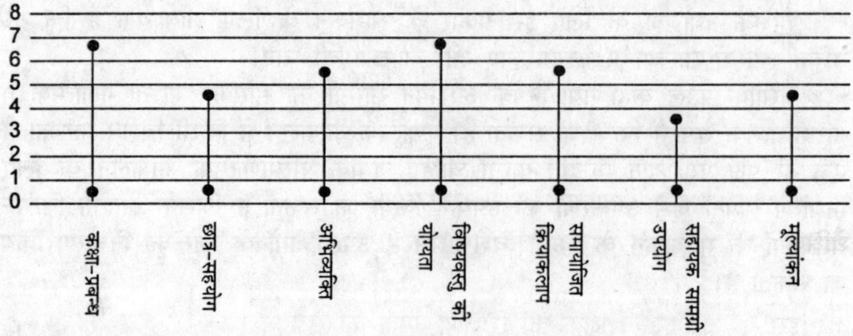

इस प्रकार के संक्षिप्त विवरण न केवल मूल्यांकन कर्त्ताओं के लिए अत्यंत उपयोगी सिद्ध होते हैं, अपितु वे शिक्षकों के स्व-मूल्यांकन में भी सहायक होते हैं। यदि शिक्षकों को समय-समय पर इस प्रकार के संक्षिप्त विवरण दिए जाएँ तो वे स्वयं अपनी क्षमताओं या कमियों को समझ सकते हैं और समझ सकते हैं कि उन्होंने कब-कब अपने मूल्यांकन के किस पक्ष में क्या प्रगति की है।

इन संक्षिप्त विवरणों को परिमाणात्मक रूपों में निम्नलिखित प्रकार से बदला जा सकता है और शैक्षिक अभ्यासों में कुशलताओं (Index of Proficiency in Educational Practice or PREP) का सूचकांक प्राप्त किया जा सकता है–

मान लीजिए, शिक्षकों के मूल्यांकन के लिए हमारे पास 75 पूर्णांक हैं और मूल्यांकन के विविध पक्षों के लिए निर्धारित अधिभार निम्नलिखित तालिका के अनुसार हैं और यह भी मान लीजिए कि मूल्यांकन के प्रत्येक पक्ष के लिए आठ में से प्राप्तांक आठ बिन्दुओं की मापनी तालिका के अनुसार निर्धारित हैं तो शैक्षिक अभ्यासों में कुशलताओं के सूचकांकों को इस प्रकार परिगणित किया जा सकता है:

क्र.स.	*मूल्यांकन के पक्ष*	*प्रत्येक पक्ष का अधिभार*	*निर्धारण मापनी के आधार पर प्राप्तांक*	*अधिभारों के प्राप्तांक*
1	कक्षा-प्रबंधन	10	5	50
2	छात्र सहयोग	5	3	15
3	अभिव्यक्ति	20	4	80
4	विषय-वस्तु दक्षता	10	7	70
5	समायोजित क्रिया-कलाप	10	5	50
6	सहायक सामग्री का उपयोग	10	3	30
7	मूल्यांकन	10	4	40
	कुल योग	**75**	**31**	**335**

कुल अधिभारों के प्राप्तांक = 50 + 15 + 80 + 70 + 50 + 30 + 40 = 335

अधिकतम प्राप्तांक जिनसे कुल अधिभारों के प्राप्तांक प्राप्त किए गए हैं। } = 8 × 75

(मापनी का अधिकतम बिन्दु 8 है और 75 किसी विशेष क्षेत्र के मूल्यांकन के सभी पक्षों का कुल अधिभारों का योग है।)

= 600

प्राप्तांक = 335/600

शैक्षिक अभ्यासों में कुशलताओं का सूचकांक (PREP/INDEX) = 335/600 × 100

= 55.83

इस प्रकार किसी शिक्षक की शिक्षण क्षमता का सूचकांक 55.83 सिद्ध होता है।

जैसाकि ऊपर स्पष्ट किया गया है, इस प्रकार हम मूल्यांकन के प्रत्येक पक्ष का PREP Index या शैक्षिक अभ्यासों या दक्षताओं का सूचकांक परिगणित कर सकते हैं जो मूल्यांकन कर्त्ता को अनेक प्रकार से उपयोगी हो सकता है।

13.6 मूल्यांकन सामग्री का उपयोग (Use of Evaluation Data)

मूल्यांकन सामग्री या तो गुणात्मक होती या परिमाणात्मक। दोनों ही प्रकार की सामग्री का उपयोग विविध प्रयोजनों के लिए किया जा सकता है, जैसे–

निदान (Diagnosis)

सुपरिभाषित शैक्षिक उद्देश्यों को प्राप्त करने के लिए विद्यालयीन कार्यक्रमों में शैक्षिक अभ्यासों को समाहित किया जाता है। इन उद्देश्यों की प्राप्ति से छात्रों का वांछित दिशा में विकास सुनिश्चित होता है। विविध प्रकार के विद्यालयीन कार्यक्रमों के आयोजन में सहायता मिलती है, शैक्षिक अभ्यासों को सम्पन्न किया जा सकता है और उद्द्देश्यों के अनुसार छात्रों के व्यक्तित्वों को समृद्ध किया जा सकता है। कोई किस सीमा तक सफल हुआ है, इसका भी मूल्यांकन किया जाना चाहिए। इसका मूल उद्देश्य शिक्षक की शक्तियों और कमजोरियों का पता लगाना है जिससे वह और अधिक प्रगति कर सके और उच्चतर सफलता प्राप्त कर सके।

स्व–मूल्यांकन और मार्गदर्शन (Self-Evaluation and Guidance)

किसी विशेष शिक्षक के मूल्यांकन के प्रत्येक पक्ष के बारे में शैक्षिक अभ्यासों में दक्षताओं के सूचकांक के व्युत्पादन और उसके आधार पर विकसित संक्षिप्त विवरण के रूप में शैक्षिक अभ्यासों के मूल्यांकन से एक और महत्त्वपूर्ण प्रयोजन सिद्ध होता है जिसे हम स्व–मूल्यांकन और स्व–मार्गदर्शन कह सकते हैं जिससे वह भविष्य में और अधिक अच्छा कार्य करने के लिए अभिप्रेरित हो सकता है।

मूल्यांकन–सामग्री के आधार पर मूल्यांकनकर्त्ता किसी शिक्षक की क्षमताओं का साधार आकलन कर सकता है। क्योंकि वह इसके आधार पर शिक्षक की कठिनाइयों को पहचान सकता है वह सुनिश्चित और अधिक प्रभावी रूप से मार्गदर्शन कर सकता है।

प्रमाणीकरण (Certification)

मूल्यांकन–सामग्री का एक महत्त्वपूर्ण प्रकार्य है कि उसके आधार पर हम मूल्यांकन के विविध क्षेत्रों में शिक्षक द्वारा प्राप्त क्षमताओं के स्तर या मात्रा का प्रमाणीकरण कर सकते हैं। शैक्षिक अभ्यासों में कुशलताओं के सूचकांकों के व्युत्पादन की सहायता से हम कुशलताओं का मापन वैध रूप से कर सकते हैं जो अपेक्षाकृत अस्पष्ट वैयक्तिक प्रभावों के आधार पर किए गए प्रमाण–पत्र की तुलना न केवल अधिक वैध होंगे, अपितु विश्वसनीय भी होंगे और नियोक्ताओं के लिए सार्थक साधन भी होंगे जिनका उपयोग वह विभिन्न प्रयोजनों के लिए कर सकता है।

पूर्वानुमान (Prediction)

मूल्यांकन-सामग्री के आधार पर हम इस बात का पूर्वानुमान कर सकते हैं कि शिक्षक किन क्षेत्रों में अधिक सफल और प्रभावी हो सकता है।

13.7 निष्कर्ष (Conclusion)

पहले शैक्षिक अभ्यासों का मूल्यांकन यादृच्छिक रूप से किया जाता था जिसके कारण मापन या आकलन न वैध होता था और न ही विश्वसनीय। इसीलिए शैक्षिक अभ्यासों के मूल्यांकन की प्रविधि के विकास की आवश्यकता का अनुभव किया जा रहा था। अब तक किया गया विचार-विमर्श इसी दिशा में प्रयास है जिसका अनुप्रयोग हम किसी भी शैक्षिक अभ्यास के मूल्यांकन के लिए कर सकते हैं। उक्त प्रविधि के अनुसार किया गया मूल्यांकन निश्चित ही पूर्व प्रचलित व्यक्तियों द्वारा या यादृच्छिक रूप से किए गए मूल्यांकनों की तुलना में अधिक विशिष्ट और सार्थक होगा।

उक्त पद्धति का उपयोग प्रशिक्षणाधीन छात्राध्यापक के शिक्षण अभ्यासों के आकलन के लिए भी एक प्रभावी उपकरण के रूप में किया जा सकता है। समीक्षा-पुस्तिका के प्रत्येक पृष्ठ के कोने में संक्षिप्त विवरण की रूपरेखा को मुद्रित किया जा सकता है तथा निरीक्षक-शिक्षक अपने निरीक्षण को बिन्दुओं के रूप में संबंधित खाने में लिख सकता है और अंत में उनको परिगणित कर वस्तुनिष्ठ परिणाम प्राप्त कर सकता है जिसे लिखित टिप्पणी के अतिरिक्त माना जा सकता है।

शैक्षिक अभ्यासों में दक्षताओं का सूचकांक

8							
7							
6							
5							
4							
3							
2							
1							
0							
	A	B	C	D	E	F	G

सूचकांक

A. कक्षा प्रबन्धन
B. छात्र सहयोग
C. अभिव्यक्ति
D. विषय-वस्तु की योग्यता
E. समायोजित क्रियाकलाप
F. सहायक सामग्री का उपयोग
G. मूल्यांकन

इसी प्रकार से वार्षिक सूचकांक को भी परिगणित किया जा सकता है और छात्राध्यापक की परीक्षा में अंतिम श्रेणी का वस्तुनिष्ठ आधार तैयार किया जा सकता है।

13.8 शैक्षिक अभ्यासों के मूल्यांकन की प्रविधि (आरेखीय प्रस्तुति) (Methodology of Evaluating Educational Practices)

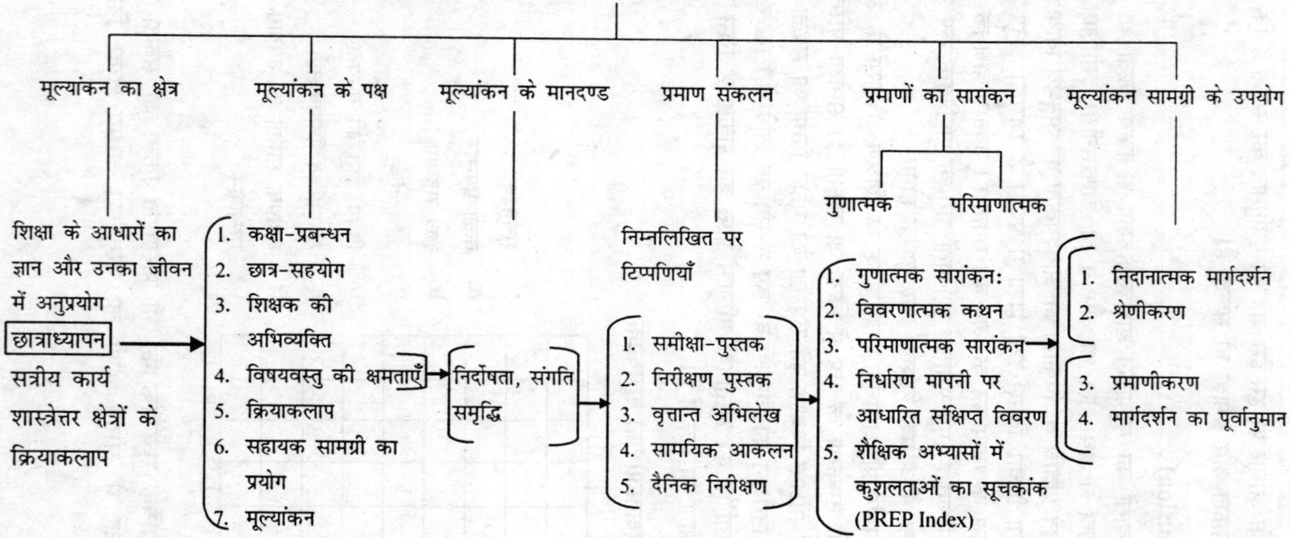

आरेख 13.1: सोपानों का आरेखीय चित्रण

खण्ड II (Part II)

शिक्षण की तकनीकें
(Techniques of Teaching)

14

शिक्षण की कुछ पारंपरिक तकनीकें (Some Conventional Teaching Techniques)

14.1 भूमिका (Introduction)

पाठ्यचर्या के क्रियान्वयन के तरीकों को ही शिक्षण की तकनीकें, पद्धति या उपागम कहते हैं जो अनेक प्रकार की हैं। परन्तु हमें उसी पद्धति या उपागम को किसी विशेष शिक्षण की स्थिति के लिए चुनना चाहिए जो

- छात्रों के आयुवर्ग से संबंधित हो।
- छात्रों की रुचि के अनुरूप हो।
- छात्रों के पूर्वज्ञान और अनुभवों पर आधारित हो।
- छात्रों की अधिगम-क्षमताओं के अनुकूल हो।
- छात्रों को स्वयं आगे सीखने के लिए अभिप्रेरित करती हो।
- छात्रों को स्वाध्याय अधिगम की दिशा में प्रोत्साहित करती हो।
- छात्रों को उद्देश्यों की प्राप्ति में सहायक हो।

इसीलिए कहा जाता है कि सभी पद्धतियाँ सभी स्थितियों के लिए उपयुक्त नहीं होती। अत: पद्धति के चयन का विकल्प, अन्य बातों के साथ, छात्रों, शिक्षक की क्षमताओं और सुविधाओं की उपलब्धता पर निर्भर होता है।

सामान्यत: प्रचलित पद्धतियों में से कुछ की चर्चा आगे की जा रही है, साथ ही उनके रूपों और उनके प्रभावी उपयोग के उपागमों की भी चर्चा की जाएगी।

14.2 भाषण-पद्धति (Lecture Method)

इस पद्धति को 'वाणी और कर्ण' (Tongue and Ear) पद्धति भी कहा जाता है और इसका व्यापक स्तर पर प्रयोग होता है जिसमें शिक्षक छात्रों को सूचना प्रदान करता है। इस पद्धति में शिक्षक तो सक्रिय रहता है परन्तु छात्र निष्क्रिय रहते हैं। इस पद्धति के अनुसार शिक्षक द्वारा पाठ्यक्रम में निर्धारित विषय-वस्तु का सम्प्रेषण ही शिक्षक का मुख्य प्रयोजन है। शिक्षक की दक्षता इस बात से जाँची जाती है कि उसने सूचना की कितनी मात्रा संप्रेषित की है, न कि इस बात से कि छात्रों ने कितनी मात्रा में उसको आत्मसात किया है। इस प्रकार शिक्षण ही साधन और साध्य बन जाता है और अधिगम मुख्य बिन्दु नहीं रहता।

भाषण पद्धति को बहुत सस्ती या किफायती पद्धति कहा जाता है। सभी पद्धतियों की तुलना में इस पद्धति द्वारा एक कालांश में काफी सूचनाएँ छात्रों को दी जा सकती हैं। शिक्षण की सफलता के लिए पूरक के रूप में भाषण के बाद अन्य विधियों या सहायक सामग्रियों या क्रियाकलापों का आयोजन किया जाता हैं। अधिगम की प्रक्रिया में छात्रों की सहभागिता से अधिगम की मात्रा में वृद्धि होती है; उसकी गति तीव्रतर होती है और छात्र सूचनाओं को आत्मसात कर लेता है।

सुकरात (Socrates) भाषण पद्धति पर विश्वास नहीं करता था, क्योंकि भाषण के द्वारा पूर्व निर्मित विचारों को छात्रों के मन में भर दिया जाता है और उन्हें इस बात का मौका नहीं दिया जाता कि वे उसे स्वयं खोज सकें, स्वयं कुछ प्रयोग कर सकें और उनके आधार पर अपने परिणाम प्राप्त कर सकें और इस प्रकार अपनी क्षमताओं को समझ सकें। सुकरात के अनुसार प्रश्न शक्तिशाली साधन होते हैं जिनसे चिन्तन उद्दीप्त होता है और वे मूल्यांकन के प्रभावी उपकरण भी हो सकते हैं। इसीलिए सुकरात की प्रश्न-पद्धति का लक्ष्य था छात्रों को स्व-मूल्यांकन के माध्यम से अचेत-अज्ञान की अवस्था से सचेत-अज्ञान की अवस्था की ओर ले जाना जिसका माध्यम और लक्ष्य होता है तथा भविष्य में जिससे और प्रश्न पूछे जा सकें। प्रश्नों की व्यंग्यात्मक और विध्वंसक अवस्था से प्रश्नों की संरचनात्मक अवस्था तक पहुँचना और सत्य का साक्षात्कार करना इसका लक्ष्य होता है।

भाषण पद्धति के दो अनिवार्य सोपान होते हैं:

- भाषण की तैयारी
- भाषण की प्रस्तुति

भाषण की तैयारी (Lecture Preparation)

शिक्षण की भाषण पद्धति के लिए तैयारी के कार्य को किसी प्रकार सरल नहीं समझना चाहिए। इसका आशय है, विभिन्न स्रोतों से सूचनाओं का संग्रह और संकलन और फिर उनका व्यवस्थित रूप से अनुक्रमण और संगठन।

इस कार्य का आधार निर्धारित पाठ्यक्रम की विषय-वस्तु और छात्रों की बौद्धिक परिपक्वता का स्तर होता है। पहले क्या बताया जा चुका है और बाद में क्या बताया जाएगा, इसी के आधार पर तैयारी की दिशा और आयाम निर्धारित होते हैं।

'समय-प्रबंधन' एक दूसरी आवश्यकता है, क्योंकि शिक्षण क्रम को निर्धारित समय में ही पूरा किया जाना है। इसीलिए समय की उपलब्धता के आधार पर ही भाषणों की संख्या निश्चित होती है तथा यह निश्चय किया जाता है कि एक भाषण में कितनी विषय-वस्तु को समाहित किया जा सकता है।

शिक्षक को अपने भाषण की विषय वस्तु के उन अंशों को रेखांकित कर लेना चाहिए जिनका अधिगम कठिन हो सकता है और उनके लिए पर्याप्त तैयारी कर लेनी चाहिए जिससे कठिनाइयों का प्रभावी समाधान हो सके।

शिक्षण-प्रक्रिया को समृद्ध बनाने और छात्रों की समस्याओं के समाधान के लिए शिक्षक को पाठ्य-पुस्तक की सीमाओं से आगे जा कर, आद्यतन सूचनाओं, आँकड़ों और संदर्भों का भी संग्रह कर लेना चाहिए।

भाषण देना या भाषण की प्रस्तुति (Lecture Presentation/Delivery)

असरदार होने के लिए प्रस्तुति को निश्चित ही प्रभावशाली होना चाहिए और

प्रभावशाली होने के लिए उसकी अपनी कुछ विशेषताएँ होनी चाहिए, उनमें से कुछ की चर्चा आगे की जा रही है।

यद्यपि भाषण भाषण ही होता है, परंतु कक्षा में उसे एकांगी नहीं होना चाहिए, अपितु उसे छात्रों की सहभागिता के साथ एक विस्तृत संवाद का रूप लेना चाहिए। उबाऊ एकालाप होने की स्थिति से बचने के लिए उसमें उदाहरणों और नए विचारों का समायोजन करते रहना चाहिए।

ध्यान आकर्षित करने वाली प्रस्तावना से छात्रों के ध्यान को बनाए रखने में सहायता मिलती है। इसके लिए विशेष प्रकार की तैयारी की आवश्यकता होती है।

भाषण के लिए उपयुक्त शब्दों और मुहावरों के चयन की सहायता से छात्रों की समझ को सुधारा जा सकता है।

भाषा और उसकी बोल कर प्रस्तुति भी भाषण की सफलता के आधार होते हैं जिनके अंतर्गत विचारों की स्पष्टता, शब्दों की सरलता, शुद्ध उच्चारण, सही अनुतान और प्रवाह के गुण होने चाहिए।

प्रभावशाली शिक्षण के लिए अनुस्तरित और अनुक्रमित प्रस्तुति आवश्यक है। ज्ञात से अज्ञात की ओर, मूर्त से अमूर्त की ओर और सामान्य से विशेष की ओर छात्रों को ले जाना सफल शिक्षण के पूर्व प्रयुक्त और प्रमाणित उपागम हैं।

ज्ञान के आत्मसात् के लिए परिभाषाओं और विशिष्ट बिन्दुओं पर जोर-देना भी आवश्यक है, चाहे इसके लिए पुनरुक्ति ही क्यों न करनी पड़े। इससे छात्रों को प्रमुख बिन्दु को लिख लेने में सहायता मिलती है जिन्हें वे बाद में याद कर सकते हैं।

एक बिन्दु के सम्यक् अधिगम को सुनिश्चित करने के पश्चात् ही दूसरे बिन्दु पर आना चाहिए। इसे ही सफल शिक्षण का परीक्षण कहा जाता है। इसे सुनिश्चित करने के लिए सार कथन किया जा सकता है और जो पढ़ाया गया है उस पर सीधे प्रश्न और परिप्रश्न किए जा सकते हैं। वस्तुतः हमें छात्रों को स्वयं प्रश्न पूछने के लिए प्रेरित करना चाहिए, विशेषकर उन बिन्दुओं पर जिन्हें वे समझ न सके हों। वस्तुतः मात्र भाषण की तुलना में छात्रों के प्रश्नों के स्पष्टीकरण शिक्षण की उत्तम युक्ति मानी जाती है। शिक्षक को छात्रों के इस प्रकार के प्रश्नों के व्यवधान का स्वागत करना चाहिए।

भाषण देते समय छात्रों की सजगता या सावधानी को सुनिश्चित करना चाहिए और इसकी एक सरलतम विधि है, छात्रों से प्रश्न पूछना और इन प्रश्नों को पूरी कक्षा में वितरित करके पूछना चाहिए जिससे सभी छात्र सावधान या सजग रहें कि उनसे भी कोई प्रश्न पूछा जा सकता है।

कक्षा का सौहार्दपूर्ण वातावरण अधिगम में सहायक होता है। पूरी कक्षा में मैत्रीपूर्ण वातावरण रहना चाहिए तथा हमें छात्रों को उनके नामों से संबोधित करना चाहिए।

इस सदंर्भ में कुछ निषेधों का भी उल्लेख किया जा सकता है। शिक्षक को कभी भी छात्रों की समझ से परे के तथ्यों और तकनीकी शब्दों के प्रयोग के द्वारा अपने ज्ञान का दिखावा नहीं करना चाहिए। उसे सदैव छात्रों को प्रत्यक्ष रूप से संबोधित करना चाहिए और उनकी आँखों और माथे की रेखाओं को देखकर पता लगाना चाहिए कि वे क्या समझे हैं और क्या नहीं।

शिक्षक को कभी अपने शब्दों को न चबाना चाहिए, न निगलना चाहिए, उसे अपने से नहीं कक्षा से बात करनी चाहिए।

14.3 चर्चा पद्धति (The Discussion Method)

शिक्षण के समय अनेक बार ऐसे मुद्दे आ जाते हैं जिनके बारे में मतभेद हो सकते हैं या ऐसी समस्याएँ हो सकती हैं, जिनके एकाधिक समाधान हो सकते हैं या ऐसी भ्रांत अवधारणाएँ हो सकती हैं, जिनके स्पष्टीकरण की आवश्यकता हो सकती है। ऐसी स्थितियों में सर्व-सहमति प्राप्त करने के लिए चर्चा करना आवश्यक हो जाता है।

चर्चा (Discussions) के द्वारा

- छात्र स्वतंत्र रूप से अपना दृष्टिकोण प्रस्तुत कर सकते हैं।
- सामूहिक चिन्तन उद्दीप्त हो सकता है।
- छात्र अपने सहपाठियों के साथ असहमत होने के लिए स्वतंत्र हो सकते हैं।
- सार्वजनिक भाषण की कुशलता का विकास होता है।

शिक्षक या नेता की भूमिका (Teacher's/Leader's Role)

चर्चा में सदैव कोई नेता होना चाहिए। स्वयं शिक्षक इस भूमिका का निर्वाह कर सकता है या किसी छात्र को इस भूमिका के लिए नामित कर सकता है।

यदि आवश्यक या वांछनीय हो तो कक्षा को किसी विषय या उपविषय पर चर्चा के लिए दो वर्गों में विभाजित किया जा सकता है और प्रत्येक वर्ग का अपना नेता हो सकता है।

इस प्रकार की स्थिति में नेता को निम्नलिखित दायित्वों का निर्वाह करना होगा:

- वह सुनिश्चित करे कि सभी को संक्षिप्त रूप से बोलने का अवसर मिले।
- समय सीमा का अनुपालन हो।
- विरोध की स्थिति में विवादों को शांत करें।

चर्चा की प्रक्रिया (The Process of Discussions)

चर्चा का आरंभ नेता द्वारा दी गई प्रस्तावना से होता है। नेता को इसके लिए विषय-वस्तुओं से संबंधित पूर्व तैयारी कर लेनी चाहिए जिससे वह बीच-बीच में बोल सके और अंत में निष्कर्ष बता सकें।

विषय-वस्तु को विभिन्न दृष्टिकोणों के उल्लेख के साथ समग्र रूप में प्रस्तुत किया जाना चाहिए।

चर्चा की मान-मर्यादा के अनुसार, चर्चा के दौरान वर्ग के नेता को संबोधित किया जाता है, न कि वर्ग के किसी अन्य व्यक्ति को। वक्ता को समय सीमा बता देनी चाहिए और यदि आवश्यक हो तो उसे बीच में रोकना या टोकना भी चाहिए।

नेता का यह भी दायित्व होता है कि वह चर्चा को मूल विषय से विचलित न होने दे। मूल विषय से विचलन होने पर तुरंत रोकना/टोकना चाहिए।

यह आवश्यक नहीं कि प्रत्येक टिप्पणी के बाद नेता कुछ कहे या हस्तक्षेप करे, जब तक कि यह नितांत आवश्यक न हो तो छात्रों को एक-एक कर अपनी बारी के अनुसार भाग लेना चाहिए। नेता को बीच-बीच में हस्तक्षेप के बदले वक्ताओं के बिन्दुओं को लिख लेना चाहिए और चर्चा के अंत में समाहार करते हुए उनका उल्लेख करना चाहिए। इससे वह वर्ग पर अपने दृष्टिकोण को आरोपित करने से बच सकता है। श्याम पट्ट पर सारांश

को बिन्दुओं के रूप में लिखने से चर्चा के मुख्य बिन्दुओं को स्पष्ट किया जा सकता है जिससे अधिगम का दृढ़ीकरण और उसको आत्मसात करने में सहायता मिलती है।

किसी भी छात्र को कभी भी दुत्कारना नहीं चाहिए और उसे सादर सुना जाना चाहिए। चर्चा की सफलता के लिए बोलने की स्वतंत्रता और अनौपचारिक वातावरण आवश्यक है। हास्य/व्यंग्य के प्रयोग से चर्चा सजीव बनती है और तनाव की घड़ियाँ सहज बन जाती हैं। अतः वाक्य में अल्प विराम के समान उनका उपयोग करते रहना चाहिए। उलझन की स्थिति में श्यामपट्ट सहायक सिद्ध हो सकता है।

प्रभावी चर्चा से अपेक्षाएँ (Pre-requisites for Effective Discussions)

जब चर्चा के लक्ष्य परिभाषित हों, चर्चा की प्रक्रिया स्पष्ट हो, तब उसके अंत में सभी सहयोगियों को लगना चाहिए:

- इस संयुक्त प्रयास में सभी ने योगदान दिया है।
- चर्चा के निष्कर्षों के साथ सभी स्वयं को जोड़ें।
- सभी को पहले की अपेक्षा अब समस्या का चित्र अधिक स्पष्ट हो।
- सभी को अनुभूति हो कि उनके दृष्टिकोण के अतिरिक्त अन्य दृष्टिकोण भी हैं।

14.4 निदर्शन (Demostration)

शिक्षण पद्धति के रूप में निदर्शन का उपयोग उन विषयों में ही होता है जिनमें प्रयोग करने की आवश्यकता होती है, जैसे भौतिक विज्ञान, रसायन विज्ञान, जीव विज्ञान, गणित, भूगोल या गृह-विज्ञान। निदर्शन का प्रयोग अपने आप में या भाषण पद्धति के अंग के रूप में किया जा सकता है।

शिक्षक, व्यावसायिक या छात्रों द्वारा निदर्शन का उपयोग किसी प्रक्रिया के उन सोपानों को दिखाने के लिए किया जाता है जिनकी सहायता से कोई कार्य निष्पन्न होता है या जिनसे किसी परिणाम की गुणवत्ता प्रमाणित की जा सकती है। निदर्शन के बाद ही कोई व्यक्ति स्वयं प्रयोग करने में सक्षम होता है।

निदर्शन की सहायता से हम किसी निष्पादन या व्यावहारिक कार्य की प्रक्रिया में क्या करना और क्या न करना सीख सकते हैं जो विवरण या वर्णन आदि की तुलना में अधिक प्रामाणिक होता है और इससे कोई भी व्यक्ति आश्वस्त हो सकता है। क्योंकि निदर्शन वस्तुतः एक क्रियात्मक चित्र होता है। एक पुरानी चीनी कहावत है कि 'हजारों शब्दों की तुलना में एक ही चित्र अधिक मूल्यवान होता है', या 'चित्र शब्दों से हजार गुणा प्रभावशाली होते हैं'। अतः निदर्शन को उससे भी अधिक मूल्यवान कहा जा सकता है।

निदर्शन शिक्षण की एक मूल्यवान युक्ति है। अतः जब निदर्शन और क्रिया के साथ भाषण दिया जाता है तो उससे उपकरणों, वस्तुओं, चीजों, मशीनों और उपयंत्रों के संबंधों को और उनके उपयोग की प्रक्रिया को हम भली-भाँति जान सकते हैं। यह आवश्यक है कि हमें प्रयोगशालाओं के उपकरणों को सुरक्षित रखना चाहिए और किसी भी प्रकार की दुर्घटना न हो, ऐसी व्यवस्था करनी चाहिए। हमें उपकरणों की भली-भाँति देखभाल करनी चाहिए और इस प्रकार रखना चाहिए कि आवश्यकता पड़ने पर उन्हें सुविधापूर्वक प्राप्त किया जा सके।

निदर्शन प्रयोगशाला में किए जाने वाले कार्यों द्वारा होता है जिसका अनुसरण छात्र स्वयं स्वतंत्र रूप से प्रयोग आदि करते समय कर सकते हैं। निदर्शन की सहायता से सिद्धान्त और व्यवहार के बीच की खाई को पाटा जा सकता है और छात्रों में चिन्तन को उद्दीप्त कर और आगे प्रयोग और अनुसंधान के लिए उनको को अभिप्रेरित किया जा सकता है।

निदर्शन के लिए छात्रों के बैठने के लिए इस प्रकार व्यवस्था करनी चाहिए जिससे सभी उसे देख सकें। इसीलिए कक्षाओं को अर्ध चंद्राकार रंग मंच जैसा बनाया जाता है जिनमें सीढ़ियों की व्यवस्था होती है।

निदर्शन के लिए निर्देशक को विशेष तैयारी करनी चाहिए तथा उसे अपने ज्ञान का पुनरीक्षण करना चाहिए और पहले और बाद में किए जाने वाले कार्यों के संबंधों को समझ लेना चाहिए जिससे वह छात्रों के प्रश्नों के उत्तर समुचित रूप से दे सके। इससे निदर्शन के रूप में प्रयोग आदि करके उसका आत्मविश्वास बना रहता है। उसे बड़े उत्साह और जीवंतता के साथ निदर्शन करना चाहिए और तनाव रहित रहते हुए छात्रों के साथ मित्रवत् व्यवहार करना चाहिए।

निदर्शन के लिए आवश्यक उपकरणों की सूची तैयार रहनी चाहिए और ध्यान रखना चाहिए कि उपकरण न केवल उपलब्ध हों, अपितु कार्यक्षम भी हों। उत्तम उपकरणों को ही प्रयोगशाला में रखना चाहिए और वे ऐसे हों जिनका उपयोग स्वयं छात्र स्वतंत्र रूप से प्रयोग आदि करने में समर्थ हों। इससे छात्रों का आत्मविश्वास बढ़ता है।

निदर्शन टेबिल की ऊँचाई 75 से.मी. या 30 ईंच की होनी चाहिए और निदर्शन के अनुरूप उसकी लंबाई और चौड़ाई हो सकती है। सामान्यत: पारंपरिक निदर्शन कक्ष पर्याप्त बड़ा होता है जिसमें बड़ी टेबिल होती है जिसमें नल, सिंक और ड्रॉअर जुड़े होते हैं। सभी ठीक से देख सकें, इसके लिए समुचित प्रकाश की व्यवस्था भी रहनी चाहिए। अच्छा हो यदि निदर्शन का पूर्वाभ्यास कर लिया जाए जिससे निदर्शनकर्त्ता को पता रहे कि कब और क्या बोलना और करना चाहिए। इस दृष्टि से निम्नलिखित सुझाव सहायक हो सकते हैं:

- मौखिक प्रस्तुति की तैयारी
- सरलता से प्राप्त करने के लिए उपकरणों का विन्यास
- बैठने, प्रकाश आदि की व्यवस्था की जाँच
- पूरी कार्य-विधि का पूर्वाभ्यास
- पूछे जाने वाले प्रश्नों की भाषा
- श्यामपट्ट पर लिखे जाने वाले प्रमुख बिन्दु
- महत्त्वपूर्ण बिन्दु और संबंध जिन पर प्रकाश डाला जाना है।

यदि संभव हो तो प्रयोगों में छात्रों को भी सहभागी बनाया जा सकता है। यह शिक्षण विधि उपयोगी सिद्ध हो सकती है। निदर्शनकर्त्ता को छात्रों की शंकाओं का समाधान करते रहना चाहिए जिससे उनके मन में किसी प्रकार की भ्रांति न रहे।

शिक्षण की पद्धति के रूप में निदर्शन की कुछ सीमाएँ भी हैं। आर्थिक दृष्टि से यह व्ययसाध्य होता है और समय साध्य भी, साथ इसमें यह मानकर चला जाता है कि सभी छात्र समान गति से सीखते हैं। अत: प्रस्तावित है कि निदर्शन और छात्रों द्वारा किए जा रहे प्रयोग यथासंभव साथ-साथ चलाए जाएँ।

14.5 प्रेक्षण/निरीक्षण (Observation)

खोज, जाँच और अधिगम के लिए निरीक्षण या प्रेक्षण एक अनिवार्य शर्त है। यह एक ऐसी प्रक्रिया है जिसके माध्यम से छात्रों को और अधिक सीखने के लिए अभिप्रेरित किया जा सकता है।

प्रेक्षण/निरीक्षण से

- छात्रों में वस्तुओं/घटनाओं और प्रक्रियाओं को यथावत रूप में देखने की क्षमता विकसित होती है कि ये कैसे होती हैं और उनके क्या महत्त्वपूर्ण अभिलक्षण हैं जिन्हें सामान्यत: हम देखने में चूक कर जाते हैं।
- छात्रों में वास्तविक/वस्तुनिष्ठ उपागम विकसित होता है जिससे वे सामूहिक या वैयक्तिक कार्यों में दक्षतापूर्ण भाग ले सकता है।
- छात्र मात्र देखते नहीं, अपितु आलोचनात्मक दृष्टि से समझते हैं और अनुभव करते हैं कि वस्तुत: वे क्या देख रहे हैं। इससे अधिगम की अभिवृद्धि होती है।

किसी छात्र या छात्र-वर्ग द्वारा निर्देशित निरीक्षण या प्रेक्षण किया जा सकता है। वर्ग-प्रेक्षण की अपेक्षा वैयक्तिक प्रेक्षण अधिगम की एक ऐसी युक्ति है जिससे व्यापक अनुभव मिलता है। क्योंकि इससे छात्र में निरीक्षण की क्षमता, स्वतंत्रता और दायित्त्व की भावना विकसित होती है। क्षेत्र-यात्रा, दृश्य, फिल्म, प्रदर्शनी आदि के समय सामूहिक प्रेक्षण अधिक प्रभावी होता है।

प्रेक्षण/निरीक्षण की तैयारी (Preparation for Making Observations)

उन स्थितियों के बारे में छात्रों को पहले बताना चाहिए जिनका प्रेक्षण किया जाना है और उन्हें किस-किस बात का निरीक्षण करना है। वस्तुत: प्रेक्षण के बिन्दुओं को यदि छात्रों को पहले दे दिया जाए तो लाभ होता है।

प्रेक्षण की कुछ स्थितियाँ स्वाभाविक हो सकती हैं और कुछ कृत्रिम या बनावटी। विशिष्ट क्रियाओं की सहायता से प्रेक्षण के द्वारा अधिगम सरल हो जाता है। कभी-कभी ज्ञान के दृढ़ीकरण के लिए अभ्यास आवश्यक होता है जिसमें क्रियाओं की बारंबारता हो और जो सामान्यीकरण के लिए भी आवश्यक हो सकता है।

प्रेक्षण/निरीक्षण की प्रक्रिया (Process of Observation)

बिना समय खोए सभी प्रेक्षणों को तत्काल सही-सही लिख लेना चाहिए। इसके लिए पहले से तैयार निरीक्षण-पत्र (Observation Sheets Schedules) उपयोगी सिद्ध होते हैं। क्योंकि उसके संबंधित खानों में सूचना तत्काल लिखी जा सकती है जिससे भविष्य में किए जाने वाली सूचनाओं के वर्गीकरण आदि में सुविधा होती है।

सही प्रेक्षण के लिए ध्यान या अवधान आवश्यक होता है जिससे अधिगम में सहायता मिलती है। प्रेक्षण की प्रक्रिया के दौरान छात्रों को आपस में बात नहीं करनी चाहिए और न ही उन्हें उपेक्षा भाव रखने देना चाहिए। निरीक्षक या शिक्षक को भी प्रेक्षण की प्रक्रिया के दौरान प्रश्न आदि नहीं पूछने चाहिए। क्योंकि प्रेक्षण की वस्तु/घटना शीघ्रता से हल हो सकती है। अत: यदि कोई प्रश्न या शंका हो तो उसे चर्चा के सत्र में विचार करने के लिए लिख कर रख लेना चाहिए।

प्रेक्षण–सत्र का समापन (Concluding the Observation Session)

प्रेक्षण-प्रक्रिया की समाप्ति पर प्रेक्षणों पर विचार–विमर्श होना चाहिए। इस सत्र में सभी छात्रों द्वारा किए गए सभी प्रेक्षणों को सूचीबद्ध करके, किसी विशेष बिन्दु पर समानताओं का सारांकन करके उनसे निष्कर्ष निकालने चाहिए जिससे छात्रों द्वारा किए गए प्रेक्षण में उनकी समझ दृढ़ हो सकती है। जब उनके प्रेक्षक के सही होने की बात की पुष्टि होती है तो छात्रों में आत्मविश्वास जागता है और भविष्य में इसी प्रकार की स्थितियों में निष्कर्ष निकालने की उनकी क्षमता बढ़ती है।

14.6 समस्या–समाधान पद्धति (Problem Solving Method)

वैज्ञानिक रीति से किसी भी समस्या के समाधान की पद्धति को जिसमें तर्कसंगत सोपानों के परिणाम स्वरूप चिन्तन, कार्यकरण संबंध निर्धारण और निष्पादन हो उसे वैज्ञानिक पद्धति कहते हैं। समस्या समाधान की इस प्रक्रिया के परिणामस्वरूप संज्ञान की क्षमताएँ, भावात्मक गुण, अभिवृत्तियों और मनोगत्यात्मक कुशलताएँ विकसित होती हैं। इसीलिए समस्या समाधान पद्धति को वैज्ञानिक पद्धति कहा जाता है।

रिस्क (Risk) के अनुसार समस्या समाधान का आशय है, कठिनाइयों, उलझनों या समस्याओं का संतोषप्रद समाधान प्राप्त करने के लिए नियोजित रूप से समस्या पर आक्रमण करना। रॉस (Ross) के अनुसार समस्या–समाधान एक शैक्षिक युक्ति है जिसके द्वारा शिक्षक और शिक्षार्थी दोनों सचेत, सोद्देश्य और नियोजित रूप से किसी शैक्षिक दृष्टि से महत्त्वपूर्ण कठिनाई का समाधान या व्याख्या प्राप्त करते हैं।

किसी कार्य को करने में कठिनाई के अनुभव के रूप में समस्या सामने आती है। यह कठिनाई मानसिक या शारीरिक हो सकती है या किसी लक्ष्य की प्राप्ति के मार्ग में अवरोध स्वरूप या गति में बाधा के रूप में हो सकती है। अतः छात्रों को एहसास होता है कि इसका समाधान होना चाहिए। इसीलिए उसे चेलेंज के रूप में समझा जाता है और उसके मुकाबले के लिए तैयार हुआ जाता है।

'समस्या' की विशेषताएँ (Characteristics of a 'Problem')

शैक्षिक संदर्भ में समस्याओं की कुछ स्पष्ट विशेषताएँ होती हैं जिनकी आगे चर्चा की जा रही है:

जीवंत शैक्षिक संदर्भ से उत्पन्न

सामान्यतः समस्या का संबंध जीवन या शिक्षा के साथ होता है और वह छात्रों की सामान्य अनुभव सीमा में होता है।

प्रकृत्या केन्द्रीभूत

कोई अनुभूत समस्या शिक्षण समस्या से संबंधित है या अधिगम से, यह स्पष्ट होना चाहिए। साथ ही उसे सुनिश्चित, समझने लायक, रुचिकर, छात्रों की आयु-वर्ग से संबंधित, छात्रों की योग्यताओं की सीमा में और उनके ज्ञान की सीमा में भी होना चाहिए और सबसे ऊपर, उसे विचारोत्तेजक भी होना चाहिए।

व्यावहारिक उपयोगिता

समस्या का व्यावहारिक मूल्य होना चाहिए और उसके समाधान या हल को छात्रों द्वारा उपयोगी समझकर ही स्वीकार किया जाना चाहिए। इसीसे छात्र उसके समाधान को प्राप्त करने के लिए परिश्रम कर सकते हैं और समाधान के प्रयत्नों में निरंतरता बनाए रख सकते हैं।

पाठ्यचर्या से संबंधित

सोद्देश्य प्रयत्नों के लिए, समस्या को पाठ्यचर्या का अंग होना चाहिए, जिसके समाधान उद्देश्यों की प्राप्ति के लिए छात्रों के लिए महत्त्वपूर्ण होती है।

उपलब्ध संसाधनों और समय सीमा के अनुरूप

शिक्षण/अधिगम की पद्धति के रूप में समस्या-समाधान की प्रक्रिया को शैक्षिक संस्था की अर्थ व्यवस्था के लिए अनावश्यक भार नहीं बनना चाहिए; साथ ही उसे ऐसा होना चाहिए कि उपलब्ध समय में उसका समाधान हो जाए।

समस्या समाधान के उपागम (Approaches to Problem Solving)

मूलतः समस्या समाधान के दो ही मुख्य उपागम हैं जो भिन्न-भिन्न प्रकार और विरोधी विधियों का अनुसरण करते हैं:

- आगमन विधि (Inductive Method)
- निगमन विधि (Deductive Method)

आगमन विधि में चिन्तन प्रक्रिया विश्लेषण स्थिति से सामान्य स्थिति की ओर चलती है। किसी विशेष मूर्त उदाहरण और नियम के आधार पर सामान्यीकृत परिणाम प्राप्त किए जाते हैं। उदाहरण के लिए कह सकते हैं कि विटामिन सी पानी में जल्दी घुल जाता है और गरमी से जल्दी ही नष्ट हो जाता है; इसके आधार पर सामान्यीकरण किया जा सकता है कि विटामिन सी से युक्त सभी आहारों को कम से कम पानी में कम से कम ताप के साथ पकाया जाना चाहिए।

निगमन विधि में विमर्शात्मक चिन्तन सामान्य से विशेष की ओर चलता है। उदाहरण के लिए जब छात्र गरमियों में कूलर द्वारा कमरों को ठंडा होते देखते हैं तो निगमन विधि के अनुसार वे अनुमान कर सकते हैं कि कूलर में लगे पैडों के पानी का वाष्पीकरण बाहर की गरमी के कारण होता है जिसके कारण गरमी कम होती है और गीले पैडों के माध्यम से गुजरने वाली हवा ठंडी हो जाती जिससे कमरा ठंडा हो जाता है।

कक्षा की स्थितियों में कुछ कृत्रिम/कल्पित समस्यापरक स्थितियों को लिया जा सकता है जिससे समेकित अधिगम हो सकता है और इससे छात्रों के ज्ञान और कौशलों का विकास किया जा सकता है।

समस्या समाधान पद्धति को पुष्ट करने वाले दो और महत्त्वपूर्ण विचार हैं जिनका यहाँ उल्लेख किया जा सकता है:

***गवेषणा पद्धति* (Heuristic Method)**

गवेषणा शब्द गव-इषणा के योग से बनता है जिसका अर्थ है 'गायों को खोजना'।

अतः आजकल इसका अर्थ प्रचलित है 'खोज करना'। इसे समस्या समाधान पद्धति या अनुसंधान-उपागम के लिए महत्त्वपूर्ण माना जाता है। इसका लक्ष्य है, छात्रों को अच्छा निरीक्षक, अधिक कुशल, विचारशील, सही और सत्यान्वेषी बनाना है। इससे छात्रों में स्वाध्याय और जाँच और अनुसंधान की प्रवृत्ति बढ़ती है।

खोज पद्धति (Discovery Method)

समस्या समाधान में वैज्ञानिक जाँच-पड़ताल की भावना रहती है जिसका आशय है, ज्ञान और सत्य की खोज करना। समस्या समाधान में भी ज्ञानार्जन की अपेक्षा ज्ञान की खोज पर अधिक बल होता है। वैज्ञानिक पद्धति को शिक्षण-अधिगम का खोजपरक उपागम भी कहा जाता है। इस पद्धति का सूत्रपात स्वीट्जरलैंड के पीआज्ये (Piaget) और मैसाचुसेट कैम्ब्रिज के ब्रूनर (Brunner) द्वारा किया गया था।

खोज पद्धति द्वारा अधिगम का आशय है, उपलब्धि के भाव की अनुभूति और वैयक्तिक महत्ता का बोध। खोज के द्वारा हम निम्नलिखित के बीच संबंधों की पहचान और प्रतीति कर सकते हैं:

- एक विचार और एक प्रेक्षण
- दो विचार
- दो संबंध

ब्रूनर ने खोज द्वारा अधिगम के निम्नलिखित चार लाभों की ओर संकेत किया है-

- बौद्धिक शक्ति का विस्तार
- बाह्य पुरस्कार से आंतरिक पुरस्कार की ओर बदलाव
- खोज के तर्कों की समझ
- स्मृति का प्रक्रमण/संसाधन

समस्या समाधान पद्धति के सोपान (Steps of the Problem Solving Method)

समस्या समाधान पद्धति के उपयोग के लिए मुख्यतः निम्नलिखित सोपान हो सकते हैं:

समस्या का चयन/पहचान

समाधान के लिए समस्या की पहचान करने में शिक्षक को छात्रों की सहायता करनी चाहिए जिसके लिए वह उसके मार्ग में आने वाली विघ्न बाधाओं का विश्लेषण कर सकता है। समस्या के समाधान के लिए छात्रों को यथा-अवसर सावधान करते रहना चाहिए।

समस्या को परिभाषित करना (समस्या की व्याख्या और उसका परिसीमन)

चुनी गई समस्या को छात्रों द्वारा भली-भाँति समझा जाना चाहिए। समस्या की प्रकृति उसके समाधान का रास्ता बता सकती है। समाधान की कार्य-योजना की साध्यता छात्रों की क्षमता और आवश्यक संसाधनों की उपलब्धता पर निर्भर रहती है।

किसी समस्या को परिभाषित करने के लिए हलफिश (Hullfish) और स्मिथ (Smith) ने निम्नलिखित प्रश्नों को उठाने का सुझाव दिया है:

- वास्तव में समस्या क्या है? क्या उसे उपसमस्याओं के रूप में बाँटा जा सकता है।
- क्या प्रस्तुत समस्या पहले सामने आई किसी समस्या के समान है?
- मूलतः प्रस्तुत समस्या किस प्रकार अन्य समस्याओं के समान हैं?
- प्रस्तुत समस्या किस प्रकार अन्य समस्याओं से भिन्न है?
- भिन्नताओं का क्या तात्पर्य है–नए उपागम?
- क्या उपर्युक्त के परिप्रेक्ष्य में समस्या को पुनः परिभाषित करना आवश्यक है?

संबंधित सूचना/सामग्री का संकलन और मूल्यांकन

छात्रों के साथ समस्या को परिभाषित और परिसीमित करने के पश्चात्, उन्हें समाधान के लिए आवश्यक सूचनाओं की सूची बनाने के लिए प्रेरित करना चाहिए और फिर सूचना-संग्रह की प्रक्रिया को प्रारंभ करना चाहिए। इसे शुरू करने के लिए शिक्षक बता सकता है:

- सूचना-संग्रह के स्रोत यथा पुस्तकें, अभिलेख, प्रतिवेदन आदि
- विशेषज्ञ व्यक्ति और अन्य कार्यकर्त्ता जिनसे परामर्श किया जा सकता है।

इसके पश्चात् संग्रहीत सामग्री की जाँच करनी चाहिए कि–

- क्या सामग्री उपयुक्त और संगत है?
- क्या सामग्री पर्याप्त है?
- क्या प्रस्तुत समस्या की स्थितियों में उनका उपयोग किया जा सकता है?

वैकल्पिक समाधानों का निरूपण और उनमें किसी एक का चयन

इसके बाद समस्या के समाधान के लिए विभिन्न संभावित उपागमों को सूचीबद्ध करना चाहिए और फिर उनके पक्ष-विपक्ष के तर्कों पर विचार-विमर्श करना चाहिए। विचार मंथन की इस प्रक्रिया के आधार पर अत्यंत उपयुक्त समाधान की पहचान की जा सकती है और इस तरह अनंतिम समाधान पर पहुँचा जा सकता है।

अंतिम समाधान की प्राप्ति

अब दूसरा स्वाभाविक सोपान है, सभी संभावित समाधानों को एक साथ रखना। फिर उन पर विभिन्न दृष्टिकोणों से सघन विचार-विमर्श कर अंतिम समाधान प्राप्त किया जा सकता है। इसी समय शिक्षक के गहन ज्ञान और चतुरता की आवश्यकता छात्रों के मार्गदर्शन के लिए होती है जिससे वे उपयुक्त और सटीक निर्णयात्मक अनुमान कर सकें।

प्राप्त समाधान की वैधता का परीक्षण

निम्नलिखित की सहायता से अंतिम रूप से प्राप्त समाधान की वैधता निर्धारित की जा सकती है–

- स्थापना या प्रकल्पन (Hypothesis) का नवीन स्थितियों में अनुप्रयोग
- और आगे खोज, प्रयोग और अनुसंधान
- नवीन सूचना प्राप्ति के लिए अतिरिक्त अनुसंधान

समस्या समाधान की सम्पूर्ण प्रक्रिया में शिक्षक की रचनात्मक सहायता और मार्गदर्शन की आवश्यकता रहती है।

समस्या समाधान और परियोजना पद्धति (Problem Solving and Project Method)

समस्या-समाधान और परियोजना पद्धति में यद्यपि अनेक समानताएँ हैं, फिर भी दोनों में कुछ मूलभूत अंतर हैं।

समस्या-समाधान पद्धति में किसी विचार या क्रिया या दोनों के बारे में कोई 'हल' खोजना आवश्यक होता है जबकि परियोजना पद्धति का उद्देश्य किसी कार्य या कार्य इकाई को सफलतापूर्वक पूरा करना होता है।

यद्यपि समस्या समाधान को एक परियोजना कार्य के रूप में किया जा सकता है परन्तु परियोजना कार्य अनिवार्य रूप से सदा समस्या समाधान का अभ्यास नहीं होता।

समस्या समाधान पद्धति के गुण और उसकी सीमाएँ (Merits and Limitations of Problem Solving Method)

समस्या समाधान पद्धति के उपयोग से छात्रों के व्यक्तित्व के विकास में विशेष लाभ होता है, जबकि इसकी सीमाओं का संबंध मुख्य रूप से इस पद्धति के अनुसार कार्य करने की रणनीति और आवश्यक संसाधनों की सतत बनी रहने वाली कमी के साथ हैं।

समस्या समाधान पद्धति छात्रों को स्वयं करके सीखने की प्रवृत्ति को उत्प्रेरित करती है। इस प्रक्रिया में छात्र सोचना सीखते हैं, तर्कपूर्ण विचार करने लगते हैं और स्वयं कुछ करने की प्रवृत्ति को विकसित करते हैं। इससे उनमें कार्य करने की क्षमता विकसित होती है और आत्मविश्वास और आत्मनिर्भरता भी। क्योंकि समस्या समाधान पद्धति में उच्च श्रेणी की मानसिक क्षमताओं की आवश्यकता होती है, अतः इससे छात्र में आत्मानुशासन का भाव विकसित होता है।

इस पद्धति की प्रमुख सीमा यही है कि इसमें शिक्षक और छात्र दोनों को अधिक समय लगाना पड़ता है। इसी समय-साध्यता के कारण इसका उपयोग व्यापक स्तर पर और बारंबार नहीं किया जा सकता। इसी तरह संसाधनों की कमी भी एक विशेष बाधा है। समस्या समाधान पद्धति के उपयोग के लिए व्यापक तैयारी के साथ जिस एकाग्रता की आवश्यकता होती है, उसके कारण अन्य विषयों या क्रियाकलापों की अत्यंत उपेक्षा होने लगती है जो एक बड़ी शैक्षिक हानि है।

इसीलिए माना जाता है कि शिक्षण की विभिन्न पद्धतियों के उपयोग तथा चुनाव में शिक्षक को स्वयं अपने विवेक का प्रयोग करना चाहिए और व्यावहारिक संतुलन बनाए रखना चाहिए। शिक्षक को सदा समस्याएँ छात्रों से निकलवानी चाहिए, स्वयं समस्याओं का प्रस्ताव नहीं करना चाहिए।

14.7 हरबर्ट (Herbert) के शिक्षण सोपान (The Herbartian Steps)

जॉन फ्रेडरिक हरबर्ट (1776-1841) जर्मनी का शिक्षा दार्शनिक, प्रकृत्या और प्रवृत्या एक शिक्षा शास्त्री था। उसके पितामह, हरबर्ट के मूल नगर में एक जर्मन विद्यालय (जिमनेशियम) के अध्यक्ष (रेक्टर) थे, उसके पिता वकील और पार्षद (प्रीवी काउंसलर) थे। उनकी माता भी बड़ी विदुषी थी और उन्होंने ही हरबर्ट को ग्रीक और गणित विषयों में दीक्षित किया तथा शिक्षा में सदा उसका मार्गदर्शन किया।

स्नातक परीक्षा उत्तीर्ण करने से पहले ही उन्हें एक स्विज गवर्नर के तीन बेटों को पढ़ाने के लिए नियुक्ति मिल गई। दो वर्ष के इस कार्यकाल में (1797-1799) उन्हें गवर्नर को प्रत्येक दो मास के बाद बताना था कि उसने उसके तीनों बेटों को क्या पढ़ाया और किस पद्धति से पढ़ाया तथा बेटों की शैक्षिक प्रगति और आचरण किस प्रकार का रहा। हरबर्ट का यही व्यावहारिक शिक्षा का अनुभव था।

स्विट्जरलैंड में अपने आवास के समय हरबर्ट की मुलाकात पेस्टालोजी (Pestalozzi) से हुई थी और शिक्षा संबंधी विचार विमर्श में वे उनके शैक्षिक दर्शन से काफी प्रभावित भी हुए थे।

दो वर्ष बाद पुन: विश्वविद्यालय में अपनी शिक्षा को शुरू करते हुए हरबर्ट ने शिक्षा-विषयक अपने विचारों को पेस्टालोजी के विचारों के परिप्रेक्ष्य के अनुसार व्यवस्थित कर लिखना प्रारंभ कर दिया।

इसके बाद 1802 से 1807 तक गोटिंगजेन विश्वविद्यालय (University of Gottingen) में शिक्षा पर जो भाषण दिए, उन्हीं को उन्होंने सामान्य शिक्षाशास्त्र (General Pedagogy) के नाम से अपनी पुस्तक प्रकाशित की। 1807 में हरबर्ट को कोनिंगस्बर्ग विश्वविद्यालय (Konigsberg University) में दर्शन विभाग में अध्यक्ष के पद पर नियुक्त किया गया, जिस पद पर उनसे पहले एम्यूनल कांट (Immanuel Kant) ने कार्य किया था जिनकी मृत्यु 1809 में हुई थी और जिस पद पर ट्रॉगोट (Traugott) ने 1809 तक कार्य किया था।

कोनिंगस्बर्ग में रहकर ही हरबर्ट ने शिक्षा विषय पर अपने सभी विचारों को व्यवस्थित रूप से लिखने का प्रयास किया जिससे वे शैक्षिक दर्शन और मनोविज्ञान के सर्वप्रथम आचार्य बने, उन्होंने पहली बार शिक्षा की सारी प्रक्रिया को शिक्षक की दृष्टि से लिखा और शुद्ध चैतन्यपिण्ड (Apperceptive Mass) की संकल्पना को शिक्षा दर्शन के मेरूदण्ड के रूप में स्थापित किया। उनके अनुसार शिक्षक इसी चैतन्यपिण्ड के अनुरूप छात्रों में किसी विशेष विचार के बारे में आवश्यक रुचियों और अवधानों को स्थापित कर सकता है और स्थायी बना सकता है। वह अपने छांत्रों के चैतन्यपिण्ड या उनके विचारों के तंत्र को इस प्रकार बना सकता है या बदल सकता है कि पूर्ववर्ती शिक्षण से प्राप्त चैतन्यपिण्ड या विचारतंत्र के साथ समन्वित हो जाएँ।

अपने शिक्षा दर्शन के अनुसार हरबर्ट ने शिक्षण के जिन सोपानों की चर्चा की है, आज तक विश्व में सभी स्थानों पर उनका अनुसरण किया जा रहा है। शिक्षण के सोपान इस प्रकार हैं:

- स्पष्टता (Clearness) (ग्रहण/आत्मसात् करना) (Absorption)
- सहयोजन (Association) (विमर्श/विचार चिंतन) (Reflection)
- व्यवस्था (System) (समन्वयन) (Coherence)
- पद्धति (Method) (अनुप्रयोग/क्रियात्मक विमर्श/चिन्तन) (Application/Active reflection)

बाद में हरबर्ट के प्रसिद्ध शिष्य ज़िलर (Ziller) ने उनके प्रथम सोपान-स्पष्टता को, तैयारी और प्रस्तुति के रूप में बाँट दिया है, इसके बाद रीन (Rein) ने तैयारी के साथ-लक्ष्य नामक उपसोपान प्रस्तावित किया है। इस प्रक्रिया में हरबर्ट के मूल सोपानों के नाम बदल दिए गए हैं जिससे वे और अधिक स्पष्ट हो सकें। सम्प्रति शिक्षण के जो पाँच सोपानों के नाम प्रचलित हैं, वे इस प्रकार हैं:

- तैयारी (Preparation)
- प्रस्तुति (Presentation)
- तुलना और सहयोजन (Comparison and Association)
- सामान्यीकरण (Generalization)
- अनुप्रयोग (Application)

उपर्युक्त शिक्षण के सोपान हरबर्ट की इस मान्यता पर आधारित हैं कि मन के तीन कार्य हैं: जानना (ज्ञान), अनुभावन (भाव) और इच्छा करना (इच्छा)। इन प्रक्रियाओं के मूल में चैतन्य पिण्ड की अवधारणा है जिसके साथ जुड़ी हैं-एकाग्रता, सहसम्बन्ध, विविध प्रकार की रुचियाँ। इन सोपानों में हरबर्ट का दर्शन ही प्रतिबिम्बित होता है कि मन के शिक्षण का अर्थ है मन की रचना।

इन पाँच सोपानों या पंचपदी को आगे स्पष्ट किया जा सकता है:

तैयारी (Preparation)

किसी नए विचार को देने से पहले, छात्रों को नए विचार के लिए मानसिक रूप से तैयार कर लेना चाहिए। छात्र के पूर्वज्ञान को दिए जाने वाले ज्ञान के साथ जोड़ना चाहिए। इसकी बहुप्रचलित और उपयुक्त पद्धति है, छात्रों के पूर्वज्ञान के बारे में कुछ प्रश्न पूछना जिनसे कि आगे दिए जाने वाले ज्ञान से उसे तर्कसंगत और क्रमानुसार जोड़ा जा सके। यह सोपान संक्षिप्त होना चाहिए और लक्ष्य भी इसके महत्त्वपूर्ण अंग के रूप में रहना चाहिए।

प्रस्तुतीकरण (Presentation)

पूर्वज्ञान के साथ नई सूचनाओं को जोड़ना और संबंध स्थापित करना ही प्रस्तुतीकरण है। यदि आवश्यक हो तो इसे खण्डों में बाँटा जा सकता है। पूर्ववर्ती ज्ञान के साथ संबंध सूत्र स्थापित करते हुए भावी विषय-वस्तु के साथ भी संबंध स्थापित करना चाहिए। इस समय छात्रों के अधिगम और शिक्षक के शिक्षण की मात्रा और परिमाण के विषय में उचित निर्णय लेने की आवश्यकता होती है।

विषय-वस्तु शिक्षक और छात्र दोनों के ध्यान का केन्द्र बिन्दु होती है। शिक्षक की प्रस्तुति को चाहे भाषण के रूप में हो या कथन या विवरण या निदर्शन के रूप में, उसे तर्क संगत, क्रमानुसार, स्पष्ट और केन्द्रित होना चाहिए और चर्चा में छात्रों की सक्रिय भागेदारी भी।

अधिगम को आत्मसात् करने के लिए पुनरुक्ति आवश्यक होती है और विषय-वस्तु को अन्य विषयों के साथ ही न केवल जोड़ना चाहिए, अपितु उसे जीवन के साथ भी जोड़ना चाहिए। तभी छात्रों की विषय में रुचि पैदा हो सकती है और बनी रहती है। इस प्रक्रिया में विकासात्मक प्रश्नों की महत्त्वपूर्ण भूमिका होती है।

तुलना अथवा सहयोजन (Comparison or Association)

इस अवस्था में अधिगम को दृढ़ किया जाता है और इसका मार्ग है, नए ज्ञान को पूर्ववर्ती ज्ञान से जोड़ना जिसे तुलना, व्यातिरेक की सहायता से दोनों के बीच स्थापित किया जा सकता है। इस प्रक्रिया से छात्रों में और अधिक ज्ञान के लिए जिज्ञासा पैदा होती है और वे विषय-वस्तु के बारे में सृजनात्मक चिन्तन करने लगते हैं।

सामान्यीकरण (Generalisation)

यह अर्जित ज्ञान के दृढ़ीकरण की अवस्था है जिसमें तथ्यों और सिद्धान्तों के पुनर्कथन या पुनरीक्षण के द्वारा पूर्ववर्ती ज्ञान के साथ संबंध स्थापित किया जाता है और छात्रों द्वारा अनुमान करने और सामान्यीकरण की स्थिति प्राप्त की जाती है। इस प्रक्रिया में शिक्षक पार्श्वभूमि में रहकर सहायता कर सकता है। छात्रों द्वारा किए गए प्रयासों से ही अधिगम स्थायी होता है।

अनुप्रयोग की अवस्था (Application Stage)

अनुप्रयोग के द्वारा हम छात्रों को बता सकते हैं कि प्राप्त ज्ञान का जीवन के साथ सीधा संबंध है। इस अवस्था में छात्रों का मन विभिन्न विशिष्ट तथ्यों और घटनाओं और सामान्य और विशेष के बीच आन्दोलित रहता है। इस समय छात्र ज्ञान की विशेष अवस्था से सामान्य अवस्था पर आता है और सामान्यीकरण कर विशेषीकृत स्थितियों में अनुप्रयोग करने में सक्षम हो जाता है।

हरबर्ट के नाम से प्रसिद्ध शिक्षण के ये सोपान यह दिखाते हैं कि दर्शन का संबंध बृहत्तर स्तर की संकल्पनाओं के साथ ही नहीं है, अपितु उनका अनुप्रयोग सूक्ष्मतर स्तरों पर भी किया जा सकता है।

14.8 परियोजना पद्धति (Project Method)

परियोजना पद्धति जॉन डीवी (John Dewey) के व्यवहारवादी दर्शन पर आधारित है जिसने शिक्षा के क्षेत्र में एक नया आन्दोलन चलाया। इससे पूर्ववर्ती एकरस, उबाऊ और अनेक बार उद्देश्यहीन कक्षा अध्यापन को जीवंत और गतिशील अध्याय में रूपांतरित कर दिया। डीवी ने कहा था कि शिक्षा को केवल जीवन के लिए नहीं होना चाहिए, अपितु उसे जीवन के माध्यम से अर्थात् जीवंत होना चाहिए। वह छात्रों के विद्यालयीन जीवन और उनके सामाजिक जीवन के बीच की खाई के बारे में विशेष रूप से जागरूक था। उसका मानना था कि सुदृढ़ शिक्षा व्यवस्था को इस खाई को पाटना चाहिए। परियोजना पद्धति एक ऐसा प्रयास है जिसके द्वारा समाज को विद्यालयों के साथ जोड़ा जाता है।

विलियम किलपात्रिक (William Kilpatrik) ने परियोजना को इस प्रकार परिभाषित किया है–'परियोजना पूरी तरह सोद्देश्य क्रिया-कलाप की ऐसी इकाई है जो सामाजिक पर्यावरण में शुरू होती है। इसी तरह स्टीवेंशन (Stevenson) परियोजना के बारे में कहते हैं कि परियोजना समस्यामूलक क्रिया है जिसे स्वाभाविक परिवेश में सम्पन्न किया जाता है। बलार्ड (Ballard) ने कहा है कि परियोजना यथार्थ जीवन का एक अंश है जिसे विद्यालय में आयोजित किया जाता है। इस तरह परियोजना का संबंध यथार्थ जीवन के साथ होता है और उसकी समस्या और समाधान दोनों सामाजिक पर्यावरण में सम्पन्न होते हैं।

परियोजना प्रकार (Types of Projects)

किलपात्रिक के अनुसार परियोजनाएँ मूलतः चार प्रकार की हो सकती हैं–

उत्पादक प्रकार (Producers Type)

इस प्रकार की परियोजनाओं में भार किसी वस्तु या चीज के उत्पादन या विकास पर होता है।

उपभोक्ता प्रकार (Consumers Type)

इस प्रकार की परियोजनाओं का संबंध किसी वस्तु के मूल्यांकन, श्रवण और पठन जैसे अनुभवों के साथ होता है।

समस्या प्रकार (Problem Type)

इस प्रकार की परियोजनाएँ समस्या समाधान से जुड़ी होती हैं जिसमें बौद्धिक या मानसिक प्रक्रियाओं का अभ्यास होता है।

अभ्यास प्रकार (Drill Type)

इस प्रकार की परियोजना का संबंध शब्दावली या वर्तनी आदि को याद करने की पुनरुक्ति प्रधान प्रक्रियाओं के साथ होता है।

परियोजना पद्धति के सिद्धान्त

परियोजना पद्धति के मूल सिद्धान्त इस प्रकार हैं-

सोद्देश्यता (Purposefulness)

परियोजना छात्रों के लिए सार्थक और सोद्देश्य होनी चाहिए। इससे छात्र सीखने के लिए प्रोत्साहित और अभिप्रेरित होते हैं और कार्य को कर लेने पर उन्हें संतोष और सफलता के आनन्द की अनुभूति होती है।

क्रिया केन्द्रितता (Activity Centredness)

परियोजना किसी क्रिया के तानों-बानों से जुड़ी होती है और छात्रों को क्रिया के द्वारा अधिगम का अवसर प्रदान करती है जिससे वे क्रिया-कलापों में लगे रहते हैं। इसके लिए उन्हें सोचना पड़ता है, योजना तैयार करनी पड़ती है और स्वतंत्र रूप से सफलतापूर्वक कार्य सम्पन्न करने की रणनीति बनानी पड़ती है जिससे उन्हें उपलब्धि और सफलता के भाव की अनुभूति होती है।

जीवन केन्द्रितता (Life Centredness)

किसी वास्तविक जीवन की स्थिति के बारे में परियोजना तैयार की जाती हैं जिसे विद्यालय के पर्यावरण में विशेष रूप में उत्पन्न या निर्मित किया जाता है। इस प्रकार की स्थितियाँ छात्रों को अपनी विशेष योग्यताओं, क्षमताओं और कुशलताओं को प्रदर्शित करने के अवसर प्रदान करती हैं।

अनुभव आधारित (Based on Experience)

अनुभवों से ही स्थायी अधिगम या ज्ञान मिलता है। क्योंकि इस प्रकार का अधिगम स्व-अर्जित होता है। इससे छात्र सामूहिक रूप से कार्य करने के महत्त्व और सहयोगी अधिगम के मूल्य को समझते हैं जिसके परिणामस्वरूप उनमें सामाजिक और प्रजातांत्रिक मूल्यों का विकास होता है।

स्वतंत्रता (Freedom)

परियोजना पद्धति से अधिगम की प्रक्रिया द्वारा छात्रों को परियोजना कार्य को प्रारंभ

करने की स्वतंत्रता प्राप्त होती है और उन्हें पूरी प्रक्रिया के सोपानों के स्वयं क्रियान्वयन और नियोजन की दक्षता भी प्रदान करती है। इस प्रकार की स्वतंत्रता से छात्रों में अपने आपको पूरी तरह और स्वतंत्र रूप से अभिव्यक्त करने की क्षमता विकसित होती है। इसके द्वारा छात्रों में अपने कार्यों को करने के दायित्व के भाव को जगाया जा सकता है।

उपयोगिता (Utility)

इस प्रकार प्राप्त अनुभव और ज्ञान से, जिसे व्यक्तिगत रूप से शुरू और क्रियान्वित किया गया है, छात्रों को इस बात का संतोष प्राप्त होता है कि उन्होंने कुछ ऐसा किया है जो जीवन में उपयोगी है। शैक्षिक प्रयासों की सार्थकता भी इससे सिद्ध होती है।

परियोजना पद्धति के सोपान (Steps in the Projects Method)

अन्य अनेक उपागमों के समान ही परियोजना पद्धति में छात्र कुछ करके सीखते हैं। अत: शिक्षक का कार्य होता है कि वह ऐसी स्थितियों को बताए जिन्हें छात्र स्वयं अपनी रुचि, अभिवृत्ति, रुझान और क्षमताओं के अनुसार परियोजना के रूप में स्वीकार कर लें।

परियोजना की स्थितियाँ कक्षागत भी हो सकती हैं और कक्षा के बाहर की भी। परियोजना की स्थितियों को बताया जा सकता है:

- विभिन्न विषयों पर वार्तालाप के माध्यम से
- विभिन्न विषय-वस्तुओं पर परिचर्चा के माध्यम से
- चित्रों के माध्यम से
- शैक्षिक यात्राओं के माध्यम से

स्थितियों के बीजवपन के पश्चात् परियोजना को इस प्रकार आगे बढ़ाया जा सकता है।

परियोजना का प्रयोजन और प्रस्ताव (Proposing and Purposing a Project)

शिक्षक परियोजना प्रस्तावित कर सकता है और उसके प्रयोजनों को स्पष्ट कर सकता है। परियोजना के प्रयोजन छात्रों को अभिप्रेरित करने की युक्ति है जिससे छात्र उसकी उपयोगिता समझ सकते हैं और अपनी रुचियों और क्षमताओं के साथ उनकी संगति बैठा सकते हैं।

परियोजना नियोजन (Planning the Project)

आदर्श रूप में छात्रों को स्वयं योजना बनानी चाहिए परन्तु छोटे छात्रों को शिक्षक कुछ संकेत अवश्य दे सकते हैं और उनके कार्य का निरीक्षण भी करते रह सकते हैं। वस्तुत: छात्रों को एक ही लक्ष्य को प्राप्त करने के विभिन्न विकल्पों के बारे में सोचने के लिए प्रेरित किया जा सकता है जिससे वे अत्यंत उपयुक्त विकल्प को चुन सकें। इससे विचारों को आत्मसात करने में सहायता मिलती है जो भविष्य में विभिन्न स्थितियों में सही निर्णय स्वयं लेने में अत्यंत उपयोगी सिद्ध होती है।

इस प्रक्रिया में छात्र यह भी समझ जाते हैं कि कोई भी योजना हो, हमेशा उसका अंधानुसरण नहीं किया जाना चाहिए। इसीलिए योजना कार्य के बीच में भी, यदि आवश्यकता हो, तो सफलता के लिए उसमें आवश्यक हेर-फेर किया जा सकता है।

परियोजना का क्रियान्वयन (Executing the Project)

अपनी योजना के अनुसार परियोजना के क्रियान्वयन की स्वतंत्रता छात्र का विशेषाधिकार होता है। इससे उन्हें, अपना काम स्वयं करने का संतोष मिलता है। सामूहिक परियोजना में अपने समूह में दायित्वों के निर्वाह से सभी सदस्य अपनी ओर से अपने-अपने कार्यों में उत्तम प्रयास करते हैं। परियोजना कार्य के दौरान शिक्षक निरीक्षक बना रहता है और देखता रहता है कि छात्रों के लिए आवश्यक सभी सामग्री उपलब्ध हैं और वह आवश्यक सावधानियाँ भी बरतता रहे जिससे किसी छात्र को कोई चोट न लग जाए। उसे अति उत्साही और अनुत्साही छात्रों के बीच संतुलन भी बनाए रखना चाहिए। अनुत्साही छात्रों का मार्गदर्शन कर वह उनके आत्मविश्वास और उत्साह को बनाए रख सकता है जिससे सम्पूर्ण सामूहिक कार्य सफलतापूर्वक सम्पन्न हो सके।

परियोजना का मूल्यांकन (Evaluating the Project)

यद्यपि परियोजना मूल्यांकन को शिक्षक का कार्य माना जाता है परंतु छात्रों को भी अपने कार्यों और उनके परिणामों का मूल्यांकन करने के लिए प्रेरित किया जा सकता है। शैक्षिक दृष्टि से शिक्षक को परियोजना का मूल्यांकन करना चाहिए और परियोजना के परिणामों का पता लगाकर उनमें सम्भावित कमियों का निदान भी करना चाहिए। छात्रों में विकसित क्षमताएँ, सामूहिक कार्यों में सहयोग, परियोजना को पूरा करने में स्वेच्छा से योगदान तथा परियोजना द्वारा विकास और छात्रों की रुचियों और योग्यताओं में सुधार आदि के आधार पर परियोजना का मूल्यांकन किया जा सकता है।

इसी प्रकार छात्र भी परिणामों का स्व-मूल्यांकन कर सकते हैं और पता लगा सकते हैं कि उन्होंने क्या नई बातें सीखी हैं, उनकी क्षमताओं में क्या सुधार हुआ है, उन्हें कितना आत्मविश्वास प्राप्त हुआ है और भविष्य में अपनी क्षमताओं को और अधिक विकसित करने के लिए क्या प्रेरणाएँ मिली हैं। इस प्रक्रिया में शिक्षकों को छात्रों की सहायता करनी चाहिए।

परियोजना पद्धति की कमियाँ (Short coming of the Project Method)

यद्यपि परियोजना पद्धति को एक महान शैक्षिक नवाचार माना जाता है परन्तु उसमें अनेक कमियाँ भी हैं जिनमें से कुछ का यहाँ उल्लेख किया जा रहा है।

यह शिक्षण और अधिगम की समय-साध्य पद्धति है। साथ ही इसका उपयोग सभी विषयों के सभी पक्षों के शिक्षण-अधिगम के लिए नहीं किया जा सकता। इसी प्रकार सभी शिक्षक परियोजनाओं के लिए मौलिक विषयों के बारे में सोचने में भी हमेशा सक्षम नहीं हो सकते। इसी कारण अनेक बार एक ही विषय पर बार-बार परियोजनाएँ लेनी पड़ती हैं।

निष्कर्ष (Conclusion)

उक्त कमियों के बावजूद परियोजना पद्धति को स्वानुभव के साथ स्थायी अधिगम प्रदान करने में एक उपयोगी पद्धति माना जाता है, विशेष कर संकल्पनाओं/अवधारणाओं और जीवन के लिए संगत अभिवृत्तियों को विकसित करने में इसका महत्त्वपूर्ण योगदान माना जाता है।

14.9 प्रयोगशाला पद्धति (Laboratory Method)

छात्र कुछ करके ही सीखते हैं और प्रयोगशाला पद्धति इसी आधार पर छात्रों को सिखाती है। प्रायोगिक विषयों में प्रयोगशाला के अनुभव छात्रों के सम्पूर्ण शैक्षिक अनुभवों में महत्त्वपूर्ण भूमिका निभाते हैं। किसी भी प्रक्रिया के प्रत्यक्ष अनुभव को देने की यह सर्वोत्तम पद्धति है। शिक्षकों के मार्गदर्शन में छात्रों में हस्त कौशल और प्रबन्धन कौशलों को विकसित करने में प्रयोगशाला का अनुभव बहुत लाभकारी सिद्ध होता है। प्रयोगों में छात्रों की व्यक्तिगत भागेदारी से उनमें जाँच-पड़ताल की भावना, तर्क करने की क्षमता, आवश्यकतानुसार सूचना प्राप्ति के लिए खोज और निरीक्षण में वस्तुनिष्ठता और निरीक्षण के वस्तुनिष्ठ अभिलेखन और युक्तिसंगत अनुमान आदि की क्षमताएँ विकसित होती हैं।

प्रयोगशाला पद्धति में विज्ञान जैसे विषयों में भी सबसे बड़ी जो कमी है, और जिसका अनुभव सभी सामान्य रूप से करते हैं, वह है, पर्याप्त मात्रा में उपकरणों की उपलब्धता। परंतु राष्ट्रीय शैक्षिक अनुसंधान और प्रशिक्षण परिषद् की कृपा से 'विज्ञान उपकरण किट' आज उपलब्ध हैं।

प्रत्येक किट में बीस छात्रों के लिए उपकरण रहते हैं जिनसे वे स्वतंत्र रूप से प्रयोग कर सकते हैं। इस किट के विकास के पीछे यही विचार रहा है कि प्रयोगपरक विज्ञान के विषयों की शिक्षा के लिए सस्ते और अच्छे उपकरण उपलब्ध कराए जाएँ। इन किटों में शीशे या ग्लास के उपकरणों को बदलकर प्लास्टिक के उपकरणों को रखा गया है जिससे टूट-फूट की स्थिति में कम खर्चे में उन्हें बदला जा सके। इन किटों के मूल में यह भी विचार रहा है कि इनके उपयोग से छात्रों में मूलभूत संकल्पना या अवधारणाओं को स्पष्ट किया जाए क्योंकि परिणामों की सटीकता इस स्तर पर इतनी महत्त्वपूर्ण नहीं होती।

विज्ञान किटों से ग्रामीण विद्यालयों में जहाँ विज्ञान की प्रयोशालाओं की व्यवस्था नहीं होती, विज्ञान के प्रयोगों को करवाया जा सकता है। ये किट बक्से जैसे हैं, जिनमें उठाकर लाने ले जाने के लिए हैण्डिल लगे हैं और जिन्हें विद्यालय के किसी भी कमरे के कोने में सुरक्षित रखा जा सकता है। सभी उपकरणों को किट के ड्रॉअरों में और रासायनिक तत्त्वों को खाँचों में रखा गया है और प्रत्येक किट में सामने दो दरवाजे रहते हैं तथा किट को इस प्रकार बनाया गया है कि वही निदर्शन टेबिल का और श्यामपट्ट का काम कर सकती है। यद्यपि अब स्थितियों में सुधार हुआ है और हो रहा है, फिर भी विज्ञान किट इस दिशा में एक मौलिक प्रयास रहा है।

प्रयोग करने में अधिक समय लगता है। अतः इनके लिए लगातार दो कालांश दिए जा सकते हैं। प्रयोगशाला पद्धति के द्वारा तीन प्रकार के कार्य किए जा सकते हैं:

- प्रयोग
- प्रेक्षण
- निर्माण

प्रयोगों के द्वारा किसी सिद्धान्त की व्याख्या, स्पष्टीकरण या प्रमाणीकरण किया जा सकता है जिससे छात्रों में खोजबीन करने, प्रयोग करने और उनसे निष्कर्ष निकालने की क्षमता विकसित होती है। इस प्रकार परिणाम निकालने से छात्रों में स्थायी ज्ञान उत्पन्न होता है। इस पद्धति से छात्रों में घटनाओं और तथ्यों की जाँच-पड़ताल की प्रवृत्ति विकसित होती है।

प्रेक्षण विधि के द्वारा छात्र स्वयं देखकर परिणामों का अनुमान कर पाते हैं। जाँच-पड़ताल के साधन से छात्र स्वयं प्रेक्षण करते हैं। इस प्रकार के प्रेक्षणों को, विभिन्न आयु वर्गों के छात्रों की विशेषताओं के अनुरूप सोदाहरण स्पष्ट किया जा सकता है।

निर्माणविधि में किसी छोटी बड़ी वस्तु के निर्माण पर जोर रहता है, जैसे लकड़ी के कार्यों में छोटी पिन ट्रे बनाना या मोम के कार्यों में मोमबत्ती बनाना या गृहविज्ञानों में छोटे बच्चों की फ्रॉक आदि बनाना।

प्रयोगशाला पद्धति का प्रारम्भ और अंत दोनों क्रियात्मक होते हैं; प्रारंभ में शिक्षक की प्रस्तावना में सिद्धान्त और व्यवहार के बीच संबंध स्थापित किया जाता है, फिर छात्र स्वयं उत्साह के साथ प्रयोग आदि करके अपने प्रेक्षणों को लिख लेते हैं। प्रयोगशाला पद्धति में प्रयोग व्यक्ति और समूह दोनों स्तरों पर किया जा सकता है। सामान्यतः विद्यालयों में सामूहिक रूप से ही प्रयोग किए जाते हैं।

प्रथमोपचार किट (फर्स्ट एड किट) प्रयोगशाला का ही एक रूप है जिसका उपयोग सभी संकटकालीन स्थितियों में किया जाता है।

प्रयोग करते समय छात्रों को शिक्षकों द्वारा दिए गए मौखिक निर्देशों या पुस्तकों या निर्देश कार्डों में लिखे निर्देशों का पालन करना चाहिए।

प्रयोग के दौरान शिक्षक चारों ओर घूम-घूम कर देखता रहता है और जब जिसे जिसकी आवश्यकता हो परामर्श देता रहता है। यदि वह किसी सामान्य त्रुटि को देखे तो वह सभी को संबोधित कर समझा सकता है।

14.10 क्रमबद्ध अनुदेशन (Programmed Instruction)

क्रमबद्ध-अनुदेशन सामूहिक निर्देशन की प्रभावशीलता को बढ़ाने का वादा करता है। इस उपागम के द्वारा सभी छात्रों को वैयक्तिक अनुदेशन को प्रभावी रूप से दिया जा सकता है जो सामान्यतः किसी शिक्षक के लिए सम्भव नहीं होता।

क्रमबद्ध-अनुदेशन की विशेषता है कि यह मात्र शिक्षण की कोई युक्ति नहीं है, अपितु यह एक ऐसा वैज्ञानिक उपागम है जिसका उपयोग शिक्षण के किसी खंड या स्तर पर किया जा सकता है।

स्किनर (Skinner) और उसके सहकर्मियों ने हारवर्ड विश्वविद्यालय में कबूतरों के व्यवहार पर कुछ वैज्ञानिक प्रयोग किए थे जिसके परिणामस्वरूप इन भोले-भाले पक्षियों ने कुछ कार्य कर दिखाए और उन्होंने एक प्रकार की टेबिल टेनिस का खेल भी कर दिखाया। कबूतरों के शिक्षण के प्रयोग के मूल में निम्नलिखित मार्गदर्शक सिद्धान्त थे:

- सही क्रिया करने पर पुरस्कार दिए जाने से वे नई बातों को जल्दी सीख लेते हैं।
- जटिल कार्यों को करने के लिए छोटे-छोटे कदम उठाए जाने से और एक समय में एक ही कार्य करने से सीखना सरल हो जाता है जिसके लिए विभिन्न सोपानों को अनुक्रमित करना चाहिए।

एक बार स्किनर ने अपनी बेटी की पाँचवीं कक्षा में गणित की पढ़ाई देखी और पाया कि कक्षा में अकुशल अनुदेशन के कारण छात्रों का अवधान इधर-उधर होता रहता है। यह देखकर वह बेचैन हो गया और उसने कबूतर आदि छोटे जीवों पर किए अपने प्रयोगों के सिद्धांतों के अनुरूप पाँचवीं कक्षा के लिए गणित की पुस्तक लिख डाली।

क्रमबद्ध-अनुदेशन में विषयवस्तु को छोटे-छोटे सोपानों के अनुक्रम में बाँटा जाता है। अनुक्रम और सोपानों का निर्धारण अधिक चतुराई और कुशलता के साथ किया जाता है। प्रत्येक सोपान को छोटा होना चाहिए जिससे छात्र सरल से कठिन की ओर बिना किसी प्रकार की गलती किए सरलता से आगे बढ़ सके। गलतियाँ महत्त्वपूर्ण होती हैं क्योंकि अंततः उन्हें भूलना होता है। 'त्रुटि और प्रयत्न द्वारा अधिगम' को कम से कम करना होता है। आदर्श कार्यक्रम में किसी प्रकार की त्रुटि नहीं होनी चाहिए। निरंतर सफलता से पूर्व अधिगम दृढ़ होता है और आगे के अधिगम के लिए प्रेरणा मिलती है।

विषय और सम्प्राप्ति के वांछित उद्देश्यों के अनुसार क्रमबद्ध अनुदेशन कई रूपों का हो सकता है। शैक्षिक विषयों के शिक्षण के लिए यह सामान्यतः प्रयुक्त रूप हैं। इसमें विषय-वस्तु को छोटे-छोटे और सटीक शब्दों के एक निर्देश वाक्य या फ्रेम के रूप में प्रस्तुत किया जाता है और प्रत्येक फ्रेम एक उत्तर या अनुक्रिया की अपेक्षा करता है।

शिक्षण या अधिगम के क्रमबद्ध-अनुदेशन में पहले विषय-वस्तु को सरल और क्रमबद्ध सोपानों में बाँटा जाता है और उन्हें प्रश्नों के रूप में प्रस्तुत किया जाता है जिसका उत्तर छात्रों को अवश्य देना होता है। इस प्रकार लगातार प्रश्नों के उत्तरों में छात्रों को सक्रिय रखा जाता है। उसके प्रत्येक उत्तर के सही या गलत होने की तत्काल सूचना ही उसका पुरस्कार होता है। यदि विषय-वस्तु को तर्कसंगत रूप में अनुकूलित किया गया है तो वह कभी-कभी ही गलती करता है। प्रत्येक छात्र को अलग से काम करना होता है जिससे वह आने वाले प्रश्नों और उत्तर पर ध्यान केन्द्रित कर सकता है। इसके लिए एक मशीनी युक्ति, जिसे शिक्षण-मशीन भी कहते हैं, का प्रयोग किया जाता है। यह मशीन एक-एक कर समस्याओं या अभ्यासों को छात्रों के सामने प्रस्तुत करती है और उत्तर के तुरंत बाद बताती है कि उसका उत्तर सही है या गलत। कुछ मशीनें यह भी आग्रह करती हैं कि छात्र दूसरे सोपान पर जाने से पहले अपनी गलती को सुधारे। अधिकांश मशीन प्रश्नोत्तर की सुकराती पद्धति का उपयोग करती हैं। वे प्रश्न पूछती हैं फिर छात्र के उत्तर की प्रतीक्षा करती हैं और अंत में बताती हैं कि उसका उत्तर सही है या गलत। ये मशीन छात्रों को स्वयं सोचने और फिर कार्य करने के लिए प्रेरित करती हैं। इस प्रकार 'शिक्षण मशीन' का आन्दोलन अस्तित्व में आया। शिक्षण मशीन द्वारा शिक्षण को ही क्रमबद्ध अनुदेशन या स्वाध्याय कहा जाता है। इसकी सामग्री मशीन या पुस्तक द्वारा प्रस्तुत की जा सकती है।

सामान्यतः क्रमबद्ध सामग्री 'फ्रेम' के रूप में छोटी-छोटी इकाइयों के अनुक्रम में प्रस्तुत की जाती है। प्रत्येक 'फ्रेम' छात्र के पूर्व ज्ञान पर आधारित होता है और उसमें कुछ नया अंश जोड़ा जाता है। प्रत्येक फ्रेम में एक या दो रिक्त स्थान रहते हैं जिन्हें छात्रों को भरना होता है। फ्रेम का रिक्त स्थान छात्र से एक प्रत्युत्तर या अनुक्रिया माँगता है जिसका आधार या तो पूर्ववर्ती फ्रेम होता है या वर्तमान फ्रेम। छात्र प्रत्येक फ्रेम को पढ़ता है और फिर रिक्त स्थान की पूर्ति करता है। फ्रेम को पढ़ने के लिए छात्र को सतत क्रियाशील रहना पड़ता है और फ्रेम की विषय-वस्तु को समझना पड़ता है। इस प्रकार की सक्रिय एकाग्रतापूर्वक पठन से अधिगम दृढ़ होता है जो निष्क्रिय पठन की अपेक्षा अधिक प्रभावी सिद्ध होता है।

क्रमबद्ध अधिगम की प्रक्रिया को इस पर समझा जा सकता है:

- छोटे सोपान
- विचारपूर्ण पठन

- क्रियात्मक अनुक्रिया
- तत्काल सम्पुष्टि
- दृढ़ीकरण
- स्वगति अधिगम

क्रमबद्ध-अधिगम के कार्यक्रमण या प्रोग्रामिंग की कई शैलियाँ या प्रणालियाँ हैं। स्किनर से संबंधित रेखीय कार्यक्रम (Linear Programming) एक देशीय कार्यक्रम है जिसमें छात्र एक सीधी रेखा में वांछित सामग्री के साथ कार्य करता है। क्रोडर (Crowder) के कार्यों पर आधारित आन्तरिक कार्यक्रमण (Intrinsic Programming) में मुख्य सीधी रेखा के साथ कई शाखाएँ भी होती हैं। छात्र द्वारा गलती करने पर ये कार्यक्रम उसे सुधारात्मक शाखा की ओर अग्रसर करता है और सुधार करने के बाद ही उसे आगे बढ़ने दिया जाता है। कार्यक्रम में इस प्रकार के उपचारात्मक या व्याख्यात्मक चक्रों से उन छात्रों को सहायता मिलती है जिन्हें उपचार या व्याख्या की आवश्यकता है। अन्य छात्र अपनी गति के अनुरूप प्रगति कर सकते हैं।

क्रमबद्ध-अनुदेशन पर हुए अनुसंधानों से सिद्ध हुआ है कि शिक्षा के सभी स्तरों पर–पूर्व प्राथमिक से स्नातक स्तर तक या व्यावसायिक स्तर पर ये सघन अधिगम में सहायक सिद्ध होते हैं। ये प्रक्रिया मंदगति से सीखने वाले छात्रों और प्रौढ़ श्रेष्ठतर छात्रों दोनों के लिए उपयोगी हैं। यह विविध प्रकार की विषय-वस्तुओं को सिखा सकता है, जैसे गणित, सांख्यिकी और भाषा आदि, के साथ-साथ कौशलपरक या व्यवहारपरक विषयों जैसे रटना, संयुक्त युग्म अधिगम, सूत्रों का अनुप्रयोग, संकल्पना या अवधारणा निर्माण और विचारात्मक पठन में भी सहायक होता है।

क्रमबद्ध अनुदेशन के कार्यक्रमों को बनाना कोई सरल कार्य नहीं है। इसके लिए विषय-वस्तु की मूलभूत समझ के साथ नियोजन, निर्माण और प्रशिक्षण की आवश्यकता होती है। अभिक्रमित अनुदेशन सामग्री की प्रकृति ही ऐसी होती है कि उसे एक देश से दूसरे देश में यथावत् स्वीकार नहीं किया जा सकता है।

इस संदर्भ में यह उल्लेखनीय है कि अभिक्रमित अनुदेशन की सामग्री पाठ्य-पुस्तकों या शिक्षकों का स्थान नहीं ले सकती। क्योंकि ये किसी भी विषय की पाठ्य-पुस्तक के कुछ ही अंशों को ही प्रस्तुत कर सकती है। इस प्रकार शिक्षा में पाठ्य-पुस्तकों का स्थान सुरक्षित रह सकता है।

शिक्षण मशीन शिक्षकों का स्थान कभी नहीं ले सकती, चाहे वे कितनी ही आवश्यक क्यों न हों। क्योंकि तथ्यात्मक अधिगम ही इस प्रकार के कार्यक्रमों के विषय होते हैं और अंतर्ज्ञान, निर्णय और समस्या समाधानात्मक व्यवहार जैसी संज्ञानात्मक प्रक्रियाएँ इनकी विषय नहीं हो सकती।

14.11 दत्तकार्य और गृहकार्य (Assignments and Work at Home)

शैक्षणिक कार्यों के उन अंशों को दत्त कार्य कहते हैं जिनका लक्ष्य पूर्ववर्ती अधिगमों के दृढ़ीकरण और भावी अधिगम के लिए आधार प्रदान करना होता है। जब शिक्षक और शिक्षार्थी दोनों किसी नए कार्य की तैयारी करते हैं तो दत्तकार्य नए विचारों और क्रियान्वयन के नियोजन में सहायक सिद्ध होता है। यह ऐसा सहकारी अनुभव है जिसमें शिक्षक की भूमिका सहानुभूतिपूर्ण निर्देशक या मार्गदर्शक की होती है और छात्रों की भूमिका इच्छुक सहयोगी की होती है।

दत्त-कार्य-पद्धति भी करके सीखने के सिद्धान्तों पर आधारित है। यह छात्रों को स्वतंत्र रूप से, कक्षा, या प्रयोगशाला या शिक्षण क्रम में कार्य करने का अवसर प्रदान करती है। इससे छात्रों में अतिरिक्त कार्य करने की आदत विकसित होती है। वे काम करने के लिए आवश्यक संदर्भों से अध्ययन-सामग्री और सूचनाओं का संकलन करना सीखते हैं।

दत्त-कार्य-पद्धति एक कम खर्चीली पद्धति है और इसके अनुसार कक्षा के सभी छात्रों को उनकी रूचि और योग्यता के अनुसार विभिन्न कार्यों को दिया जा सकता है। प्रत्येक छात्र अपनी गति के अनुसार काम कर सकता है। कमजोर छात्र प्रतिभाशाली छात्रों के मार्ग में बाधक नहीं बनते। छात्र अपनी समस्याओं को शिक्षक के सामने रख सकते हैं और व्यक्तिगत मार्गदर्शन प्राप्त कर सकते हैं।

दत्त-कार्य-पद्धति की सफलता इस बात पर निर्भर रहती है कि कार्य की योजना किस प्रकार बनाई गई है और छात्रों के कार्यों के लिए पुस्तकालय और प्रयोगशाला कितनी सम्पन्न है। विद्यालयों में दत्त-कार्य-पद्धति के उपयोग में जो समस्या आती हैं, उनमें पाठ्यचर्या के वे कठिन अंश होते हैं जिन्हें विद्यालय के सीमित समय में पूरा नहीं किया जा सकता। इसके अतिरिक्त, सभी विषयों से संबंधित पुस्तकों और संदर्भ-ग्रंथों की कमी और छात्रों की अन्य छात्रों के कार्यों की नकल की प्रवृत्ति भी इस पद्धति की समस्याएँ हैं।

दत्त-कार्य को चुनौती भरा होना चाहिए जिसे छात्र उत्साहपूर्वक करें और जाँच पड़ताल और प्रयोग करने के लिए उन्हें सक्षम बनाएँ। कमजोर छात्रों द्वारा नकल की प्रवृत्ति समाप्त करने के लिए छात्रों से कुछ लघु मौखिक प्रश्न पूछे जा सकते हैं या कक्षा में उन्हें लिखने के लिए कहा जा सकता है जिससे पता चल सकता है कि छात्र किसी विशेष अवधारणा या सिद्धान्त को समझा है या नहीं।

दत्त-कार्य को शिक्षण की एक तकनीक के रूप में अभी शिक्षा में स्वीकार नहीं किया गया है। दत्त कार्य का महत्त्व इस बात पर आधारित है कि उसके शिक्षण के परिणामस्वरूप अधिगम की अपेक्षा स्वाध्याय की प्रवृत्ति को अधिक बल मिलता है। वस्तुतः अधिगम के विषय में छात्रों की अभिवृत्ति अधिक महत्त्वपूर्ण होती है, न कि शिक्षण क्रम, वह चाहे कितना ही सुनियोजित क्यों न हो। डगलस (Douglass) और ह्यूबर्ट (Hubert) के शब्दों में "दत्त कार्य शिक्षण के अत्यंत महत्त्वपूर्ण पक्ष होते हैं।" यदि अच्छे दत्तकार्यों का प्रावधन किया जाए तो छात्र स्वतंत्र रूप से अध्ययन करने में सफल हो सकते हैं और होते हैं" परन्तु यदि सामान्य और दुर्बल दत्त कार्य दिए जाते हैं तो उनसे लाभ नहीं होता।

दत्त कार्य छात्रों की रुचियों को जगाते हैं, उनके चिन्तन को उत्प्रेरित करते हैं, उनमें सहयोग की प्रवृत्ति विकसित करते हैं और स्वयं कार्य प्रारंभ करने को प्रोत्साहित करते हैं। ये भ्राँतियों को स्पष्ट करते हैं, अंतर्दृष्टियों को विकसित करते हैं और छात्रों के मनोबल को बढ़ाते हैं। इससे वे भविष्य में लिए जाने वाले कार्यों की नई और विस्तृत रूपरेखा तैयार करने में सफल होते हैं और नए तथ्यों और घटनाओं का पता लगाते हैं। दत्तकार्य कक्षा शिक्षण में उपकारक सिद्ध होते हैं। वे शिक्षकों को छात्रों के ज्ञान को अतिरिक्त अध्ययन से संतुष्ट करने का अवसर प्रदान करते हैं। दत्त कार्य दो प्रकार के होते हैं:

1. गृह-दत्त-कार्य
2. विद्यालय-दत्त-कार्य

गृह-दत्त-कार्यों के अंतर्गत प्रश्नों के उत्तर लिखने या शिक्षक द्वारा दिए गए किसी

कार्य को पूरा करने को माना जाता है। जबकि विद्यालय के दत्त कार्यों में प्रयोगशाला में किए जाने वाले प्रयोग या प्रश्नोत्तर को स्वीकार किया जा सकता है। योअकम (Yoakam) के अनुसार दत्त कार्यों को पुरातन और नवीन प्रकारों के रूप में बाँटा जा सकता है। जिन कार्यों को काफी समय से किया जा रहा है, जैसे कि पठन के लिए किसी पुस्तक के पृष्ठों या अनुच्छेदों, विषयों, अभ्यासों, प्रश्नों या प्रयोगों के प्रावधानों को पुरातन दत्त कार्य कह सकते हैं, जबकि नवीन दत्त कार्यों में परियोजना कार्यों और समस्या समाधाान के कार्यों को गिना जा सकता है। नवीन दत्त कार्य शिक्षक द्वारा निर्देशित कार्यों के स्थान पर स्वनिर्देशित कार्यों के महत्त्व को बताते हैं।

अच्छा दत्त कार्य वह होता है जो विद्यालय में पढ़ाए जाने वाले विषयों से संबंधित होते हैं तथा इन्हें संक्षिप्त, सोद्देश्य और लचीला होना चाहिए। इनका उद्देश्य निर्धारित लक्ष्यों की इस प्रकार होना चाहिए कि उनसे छात्रों में विमर्शपूर्ण चिन्तन उद्दीप्त हो, स्वयं नए तथ्यों की खोज करने की स्वतंत्रता हो और छात्रों की जिज्ञासा, आयु, बुद्धि और क्षमताओं के अनुरूप हो और विचारोत्तेजक और चुनौतीपूर्ण भी हो।

दत्त कार्य के सोपान (Steps in Assignments)

निर्धारित पाठ्यक्रम का विश्लेषण और उपलब्ध समय में किए जा सकने वाले समुचित दत्त कार्यों के आवंटन को दत्त कार्य का प्रथम सोपान माना जाता है। कक्षा के शिक्षणक्रमों और केलेंडर को ध्यान में रखते हुए, शिक्षक को निर्णय करना चाहिए कि किसी कक्षा में कितने दत्त कार्य शिक्षार्थी वर्ष के कार्य दिवसों में सम्पन्न कर सकते हैं। इसके बाद दूसरा सोपान होता है, छात्रों के साथ बातचीत कर उद्देश्यों के साथ दत्त कार्यों की सूची तैयार करना तथा निम्नलिखित सोपानों के साथ छात्रों का मार्गदर्शन करना।

1. पूर्व अनुभव का संदर्भ (Reference to previous experience): उदाहरण के लिए यदि पूर्ववर्ती पाठ 'घर की योजना' था तो उसके संदर्भ में छात्रों को कोई दत्त कार्य करने के लिए अभिप्रेरित और तत्पर किया जा सकता है। इस दत्त कार्य में छात्रों द्वारा देखे गए घरों की विभिन्न डिजाइनों का अध्ययन किया जा सकता है। इसके लिए संदर्भ ग्रंथों की सूची देते समय शिक्षकों को ध्यान रखना चाहिए कि सुझाई गई पुस्तकें छात्रों की समझ की सीमा के बाहर की न हों।

2. विचार-विमर्श (Discussion): शिक्षक किसी उपयुक्त विषय पर चर्चा का आयोजन कर सकता है। दत्त कार्य को करने के लिए छात्रों द्वारा कई प्रस्ताव सुझाए जा सकते हैं। शिक्षक को चर्चा का संचालन और मार्गदर्शन करना चाहिए तथा बताना चाहिए कि दत्त कार्य के किस अंश को पूरा करने में कितना समय लग सकता है।

3. व्याख्या और काठिन्य निवारण (Explanations and clearing difficulties): दत्त कार्य के बारे में किसी प्रकार की शंका और कठिनाई के निवारण के बारे में शिक्षक को स्पष्टीकरण देना चाहिए।

4. कार्यों का बँटवारा (Distribution of tasks): चित्र संग्रह, मॉडल-निर्माण, निबंध लेखन जैसे कार्य छात्रों को बाँटे जा सकते हैं। कक्षागत दत्त कार्यों में शिक्षक कक्षा में ही छात्रों का मार्गदर्शन कर सकता है।

5. क्रियाकलापों का प्रारम्भ (Starting the activity): नई परियोजना के रूप में छात्र कार्यों को ले सकते हैं।

6. मूल्यांकन (Evaluation): सकारात्मक परिणामों के लिए दत्त कार्य का शिक्षक और छात्रों द्वारा संयुक्त रूप से मूल्यांकन करना चाहिए जिससे आगे निदान और उपचार के लिए छात्रों को अभिप्रेरित किया जा सके।

गृहकार्य (Work at Home)

कक्षा में प्राप्त शिक्षण को और अधिक दृढ़ करने के लिए कक्षा के परिवेश से अलग छात्र घर में जो कार्य स्वतंत्र रूप से करते हैं, उसे ही गृहकार्य कहा जाता है। व्यावहारिक शिक्षण की युक्ति के रूप में, गृहकार्य को स्वाध्याय के लिए एक सोपान माना जाता है। इससे छात्र बिना किसी की सहायता या मार्गदर्शन के अपने उपलब्ध संसाधनों से अपना कार्य पूरा करने में समर्थ होते हैं।

गृह कार्य से अच्छी आदतों के निर्माण और स्वतंत्र प्रयत्न व स्वाध्याय में सहायता मिलती है। इससे छात्र अपने अध्ययन में आगे बढ़ते हैं और इससे शिक्षक छात्र की शिक्षा में उसके माता-पिता का सहयोग प्राप्त करने में सफल होते हैं।

गृहकार्य के प्रभावी होने के लिए उसका श्रेणीकरण करना चाहिए। छात्रों की क्षमताओं और उनके खेलने के समय को ध्यान में रखते हुए गृहकार्य की मात्रा का निर्धारण करना चाहिए। इसे दंड के रूप में कभी नहीं देखा जाना चाहिए तथा पाठ्यचर्चा के सभी विषयों को गृहकार्य में समुचित स्थान मिलना चाहिए।

14.12 शैक्षिक सहायक-सामग्री (Educational Aids)

शिक्षक का एकमात्र लक्ष्य है कि वह छात्रों के लिए विचारों का सम्प्रेषण इस प्रकार करे कि वे उन्हें आत्मसात कर लें। इसके लिए शिक्षक विचारों का एक मानसिक चित्र बनाता है और फिर उन्हें शब्दों में परिवर्तित करता है। सम्प्रेषण में अनेक बार कुछ कठिनाइयाँ आती हैं। कभी-कभी उसके मानसिक बिम्बों का भाषिक सम्प्रेषण अप्रभावी रहता है। शिक्षक मान सकता है कि वह सम्प्रेषण में सफल हुआ है, परन्तु ऐसा होता नहीं है। क्योंकि छात्र सम्प्रेषित विचारों को सही रूप में ग्रहण नहीं कर पाते।

इस प्रकार की समस्या का समाधान तभी हो पाता है जब शिक्षक मात्र भाषिक सम्प्रेषण पर निर्भर न रह कर, सम्प्रेषण के अन्य साधनों का भी उपयोग करता है। सम्प्रेषण के अन्य साधनों को ही दृश्य-श्रव्य सहायक सामग्री कहा जाता है।

मनुष्य और उसके पर्यावरण-भौतिक, मानसिक या बौद्धिक और नैतिक-को जोड़ने का काम मनुष्य की ज्ञानेन्द्रियाँ करती हैं। ज्ञानेन्द्रियों से प्राप्त प्रतीतियों और अनुभवों से ही आत्मसात करने की चेतना के तार झंकृत होते हैं।

व्यक्ति को अपने पर्यावरण के बारे में सूचनाएँ ज्ञानेन्द्रियों से ही प्राप्त होती है। स्पर्श, स्वाद, गंध, श्रवण और दर्शन की ज्ञानेन्द्रियों से सूचनाएँ आती हैं और मन को प्रभावित करती हैं।

श्रवण इन्द्रियों के माध्यम से मन को प्रभावित करने वाले संसाधनों को 'श्रव्य-साधन' कहते हैं और दृष्टि के माध्यम से प्रभावित करने वाले संसाधनों को 'दृश्य साधन' कहते हैं। जो साधन दृश्य और श्रव्य दोनों प्रकार से मन पर प्रभाव डालते हैं उन्हें 'दृश्य और श्रव्य साधन' कहते हैं। ये साधन संबंधित बिम्बों को प्रत्यक्ष रूप से या परोक्ष रूप से, चित्रों या आरेखों या प्रतीकों के माध्यम से सम्प्रेषित करते हैं। ये सभी सहायक साधन जिन्हें शिक्षण

की सहायक सामग्री भी कहते हैं, छात्रों को सीखने में ही सहायक ही नहीं होते, अपितु स्थायी अधिगम को आत्मसात करने में भी उपकारक होते हैं।

दृश्य-श्रव्य सहायक सामग्री अनेक उद्देश्यों की प्राप्ति में सहायक होती हैं:

- ये शिक्षण और अधिगम का पुनर्वलन और दृढ़ीकरण करते हैं।
- शिक्षण और अधिगम की प्रक्रिया को गतिशील बनाते हैं।
- सरलता और प्रभावी रूप से छात्रों को अधिगम को आत्मसात करने में सहायता करते हैं।
- छात्रों की रुचि को जागृत करते हैं और उसे बनाए रखते हैं।
- अमूर्त संकल्पनाओं/अवधारणाओं को मूर्त रूप में रूपान्तरित करने में सहायता करते हैं।
- अधिगम की प्राप्ति में विभिन्न ज्ञानेन्द्रियों के मिश्रित प्रभाव को बढ़ाते हैं।
- अधिगम में आनन्द की अनुभूति देते हैं।

शैक्षिक सहायक सामग्री विविध प्रकार की होती है:

श्रव्य साधन (Audio Aids like)

- रेडियो (Radio)
- दूरदर्शन (Television)
- टेपांकित सामग्री (Recordings)।

दृश्य साधन (Visual Aids)

- आरेखीय सहायक सामग्री (Graphic Aids)
- चित्रात्मक सामग्री (Pictorial material)
- आरेख (Diagrams)
- मानचित्र (Maps)
- तालिका (Charts)
- रेखाचित्र (Sketches)
- प्रदर्शन पट्ट (Display Boards)
- फ्लेनेलोग्राफ़ (Flannelograph)
- बुलेटिन बोर्ड (Bulletin Boards)
- त्रिआयामी मॉडल (Three-dimensional models)
- कामचलाऊ मॉडल (Working models)
- इंटरनेट (Internet)
- सी-डी-रोमस (CD ROMs)
- प्रेक्षण सामग्री-फिल्म, फिल्म-स्ट्रिप, विडीओफिल्म (Projective Aids--Films, Film-strips, Video films)
- वीडिओ (Video)

शिक्षण सहायक सामग्रियों का मुख्य प्रयोजन विभिन्न तथ्यों, अवधारणाओं, विचारों की समझ में सहायता प्रदान करना और सूचनाओं का परिपूरक होना है। इनसे दीर्घ व्याख्याओं से बचा जा सकता है।

साधनों की गुणवत्ता के समान ही, उनका उचित अवसरों पर प्रयोग करना महत्त्वपूर्ण होता है। उनको विषय-वस्तु के साथ संगत भी होना चाहिए और हमेशा उनके साथ समुचित व्याख्या करनी चाहिए जिससे उनका प्रभावी सम्प्रेषण हो सके।

14.13 एडगर डाले का अनुभवों का त्रिकोण (Edgar Dale's cone of Experience)

डॉ. एडगर डाले ने दृश्य-श्रव्य सहायक सामग्रियों का वर्गीकरण करके उन्हें एक त्रिकोण के रूप में प्रस्तुत किया है जिसे अनुभवों का त्रिकोण (आरेख 14.1) कहा जाता है:

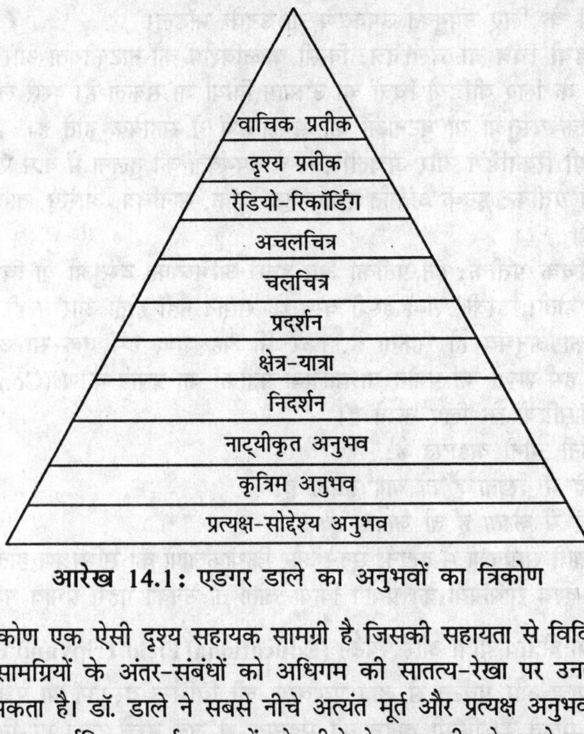

आरेख 14.1: एडगर डाले का अनुभवों का त्रिकोण

यह त्रिकोण एक ऐसी दृश्य सहायक सामग्री है जिसकी सहायता से विविध प्रकार की दृश्य-श्रव्य सामग्रियों के अंतर-संबंधों को अधिगम की सातत्य-रेखा पर उनके स्थानों को समझा जा सकता है। डॉ. डाले ने सबसे नीचे अत्यंत मूर्त और प्रत्यक्ष अनुभवों को रखा है और सबसे ऊपर सर्वाधिक अमूर्त अनुभवों को। नीचे से ऊपर की ओर जाने वाले अनुभव हैं:

1. प्रत्यक्ष सोद्देश्य अनुभव: बाजार जाते समय, खाना बनाते समय, किसी वस्तु की मरम्मत करते समय, विद्यालय में माताओं के लिए किसी पार्टी का आयोजन करते समय हमें जो यथार्थ वस्तुओं का अनुभव होता है, उन्हें ही प्रत्यक्ष सोद्देश्य अनुभव कहा गया है।

2. कृत्रिम अनुभव: कृत्रिम अनुभव, मूलभूत अनुभवों से आकार-प्रकार और जटिलताओं या दोनों की दृष्टि से भिन्न प्रकार के होते हैं। छात्रों को सरलता के साथ मॉडलों के मूल रूपों की समझ देने के लिए कृत्रिम मॉडलों का उपयोग किया जाता है, जैसे-कपड़े कैसे बनते हैं, समझाने के लिए करघा का मॉडल, बच्चों के खिलौनों के मॉडल, या मनुष्य के शरीर के मॉडल आदि।

3. नाट्यीकृत अनुभव: जिन वास्तविकताओं का हम सरलता से अनुभव नहीं कर सकते, क्योंकि वे सरलता से उपलब्ध नहीं होते, उनके जैसे अनुभवों के लिए नाट्यीकृत अनुभवों का आयोजन किया जाता है, जैसे प्रधानाचार्य की भूमिका का अनुकरण आदि।

4. निदर्शन: किसी प्रक्रिया, विचार या तथ्य की दृश्यात्मक व्याख्या को ही निदर्शन कहते हैं।

5. क्षेत्र यात्रा: पर्यटन या क्षेत्र-यात्रा का आयोजन जीवंत स्थितियों और लोग कैसे काम करते हैं, को दिखाने के लिए किया जाता है, जैसे छात्रों को किसी बनते मकान पर ले जाना जिससे वे समझ सकें कि मकान कैसे बनते हैं।

6. प्रदर्शन: प्रदर्शन दो प्रकार के होते हैं—बने बनाए और घर में बने। शिक्षकों की सहायता से छात्रों द्वारा बनाए गए प्रदर्शनों को वरीयता दी जानी चाहिए, जैसे—किसी बीमार की तीमारदारी के लिए उपयुक्त उपकरण या उनके मॉडल।

7. वीडियो चित्र या चलचित्र: किसी कालविशेष को नाटकीयता और यथार्थता के साथ समझाने के लिए वीडियो चित्रों का उपयोग किया जा सकता है। दूसरे लोगों, भूमियों, विचारों, भौतिक वस्तुओं या घटनाओं को समझने में ये सहायक होते हैं।

8. रेडियो रिकार्डिंग और अचलचित्र: ये उपर्युक्तों की तुलना में कम प्रत्यक्ष होते हैं।

9. दृश्य प्रतीक: इनके अंतर्गत श्यामपट्ट, चॉक, मानचित्र, आरेख, तालिका, मॉडल आदि आते हैं।

10. वाचिक प्रतीक: इन प्रतीकों और इनसे अभिव्यक्त वस्तुओं या विचारों में कोई समानता नहीं होती। 'इस्त्री' शब्द इस्त्री वस्तु के समान नहीं होता और न ही इस शब्द से इस्त्री करने का अनुभव हो सकता है, फिर भी यह शब्द हमें एक-सा अनुभव प्रदान करता है और हम शब्दों का प्रयोग या वाचिक प्रतीकों का प्रयोग कोण (Cone) की सभी दृश्य-श्रव्य सामग्रियों के लिए करते हैं।

एक पुरानी चीनी कहावत है:

यदि मैं देखता हूँ तो याद रखता हूँ।
यदि मैं करता हूँ तो जानता हूँ।

सभी प्रभावी सम्प्रेषणों में देखने, सुनने और क्रियाकलापों का सम्मिश्रण होता है। निदर्शन के साथ जब दृश्य सामग्रियों का प्रयोग किया जाता तो उनका गहरा प्रभाव पड़ता है।

14.14 शैक्षिक क्षेत्रीय यात्रा और पर्यटन (Educational Field Trips and Excursion)

क्षेत्रीय यात्रा और पर्यटन से छात्र पर्यावरण की विभिन्न वस्तुओं या पक्षों का प्रत्यक्ष अध्ययन कर सकते हैं। किसी वाहन की सहायता से जब बच्चे यात्रा पर निकलते हैं तो वे यथार्थ का प्रत्यक्ष अनुभव कर सकते हैं। यात्रा या पर्यटन से ही इस प्रकार के अनुभवों को प्राप्त किया जा सकता है, यद्यपि अधिगम के लिए कितने ही आवश्यक क्यों न हों, उन्हें कक्षा में नहीं लाया जा सकता। इनसे कक्षागत अधिगम को सार्थकता मिलती है जिसका माध्यम निरीक्षण और प्रत्यक्ष अनुभव होता है।

क्षेत्रीय यात्राओं और पर्यटनों से अनेक शैक्षिक दृष्टि से महत्त्वपूर्ण प्रयोजनों को सिद्ध किया जा सकता है। इनसे छात्र—

- अपनी दैनिक क्रियाओं से कुछ भिन्न अनुभव प्राप्त करते हैं।
- जिन तथ्यों और घटनाओं का वे कक्षा में अध्ययन करते हैं, उनका प्रत्यक्ष अनुभव करते हैं।
- आलोचनात्मक निरीक्षण और वस्तुओं की जाँच पड़ताल से, वे वैयक्तिक रूप से प्रामाणिक परिणामों तक पहुँचते हैं जिन्हें वे कभी भूल नहीं सकते।

- विभिन्न अवधारणाओं और प्रक्रियाओं के बारे में स्पष्टीकरण प्राप्त करते हैं।
- स्व-निर्देशित शैक्षिक क्रिया-कलापों को कर सकते हैं।
- वांछित दिशा में अपनी अभिवृत्तियों को परिवर्तित कर, उन्हें व्यापक बना सकते हैं।
- अपनी वर्तमान रुचियों से भिन्न कुछ नई रुचियों के क्षेत्रों को खोज पाते हैं।

शैक्षिक यात्राओं के तीन रूप हो सकते हैं:

- आस-पास के स्थानों, जैसे डाकघर, अग्निशमन केन्द्र, निर्माण स्थल की यात्रा।
- ऐसे स्थानों की यात्रा, जहाँ लोग रहते हैं या काम करते हैं। यद्यपि ये विद्यालय की सीमा से बाहर होते हैं फिर भी बहुत दूर नहीं होते। अत: उन स्थानों की यात्रा में आधा या एक दिन लग सकता है, जैसे, बेकरी, मुर्गीखाना, जलशोधक संयंत्र, आसपास की कोई फैक्टरी, सामान बनाने वाली इकाइयाँ, जैसे चीनी मिल, बिजली संयंत्र, अजायब घर आदि।
- अध्ययन यात्राएँ सामान्यत: दूरस्थ-स्थलों की होती हैं और अधिक समय की माँग करती हैं जिनमें दूर की यात्राएँ हो सकती हैं।

आयोजन के सोपान (Organisational Steps)

किसी शैक्षिक यात्रा के आयोजन के लिए कुछ सामान्य, परन्तु आवश्यक सोपानों की आवश्यकता होती है, जैसे:

- *यात्रा की पहचान या निर्धारण*: विभिन्न कक्षाओं के लिए उनके पाठ्यचर्या की आवश्यकताओं के अनुरूप यात्रा का निर्धारण किया जाता है। इसी से यात्रा का प्रयोजन स्पष्ट होता है और पहले से छात्रों को बता दिया जाता है।
- *नियोजन*: यात्रा की सफलता के लिए उसका नियोजन अत्यंत आवश्यक होता है जिसके अंतर्गत–
    - पाठ्यचर्या के संदर्भ में यात्रा के उद्देश्यों का स्पष्टीकरण।
    - दर्शनीय स्थानों का सूचीकरण और देखने योग्य बातें।
    - तिथि और समय के साथ यात्रा विवरण।
    - प्रस्तावित स्थानों को देखने के लिए संबंधित अधिकारियों से अनुमति के लिए सम्पर्क।
    - छात्रों के अभिभावकों और विद्यालय के आचार्य से अनुमति प्राप्त करना।
    - आवश्यक आर्थिक व्यवस्था।
    - यात्रा के लिए वाहनों और रहने की व्यवस्था।
    - यात्रा के दौरान विभिन्न कार्यों के दायित्वों के लिए छात्रों का निर्धारण।
    - यात्रा के स्थानों से संबंधित सूचनाओं का संकलन।
    - आवश्यक सामग्रियों या उपकरणों का संग्रह।
    - मैडीकल किट की तैयारी।
    - क्या करना और क्या नहीं करना है, की छात्रों को जानकारी।
    - हर शाम को अपनी तैयारी की प्रगति पर विचार।
    - यात्रा को रुचिकर बनाने के लिए दर्शनीय स्थानों की सूची।
    - आवश्यक वस्तुओं को लाने के लिए छात्रों को निर्देश/परामर्श ।
    - सभी छात्रों को अपने प्रेक्षणों को लिखने के लिए नोटबुक और संभव हो तो कैमरा आदि लाने के निर्देश।

यात्रा के अंत कुछ करणीय कार्य, जिनको सामान्यतः हम भूल जाते हैं:

- यात्रा में सहायता प्रदान करने वाले सभी व्यक्तियों को धन्यवाद का पत्र लिखना।
- यात्रा के बारे में अन्य कक्षाओं को बताना।
- बुलेटिन में प्रकाशनार्थ यात्रा के बारे में कविता, कहानी आदि का लेखन।
- यात्रा की उल्लेखनीय बातों को बताने के लिए शिक्षक-अभिभावकों की बैठक का आयोजन।

14.15 प्रदर्शनी (Exhibition)

प्रदर्शनियाँ भी शिक्षण में सहायक होती हैं। प्रदर्शनियों में द्वि/त्रिआयामी वस्तुओं का प्रदर्शन होता है जो दर्शकों को विभिन्न विचारों या सूचनाओं के बारे में सम्प्रेषण करती हैं। इसीलिए प्रदर्शनियों को शैक्षिक दृष्टि से महत्त्वपूर्ण माना जाता है।

क्योंकि प्रदर्शनी के लिए वस्तुओं को चुनना, लगाना और उनके बारे में लिखना आदि कार्य छात्र ही करते हैं, अतः वे इस प्रक्रिया में न केवल नए विचारों को सीखते हैं, अपितु अपने पूर्वज्ञान को दृढ़ भी करते हैं। रुचिकर वस्तुओं के प्रदर्शन से छात्रों में और खोज करने और नई सूचनाएँ संग्रहीत करने की प्रेरणा मिलती है।

प्रदर्शनी आयोजन के मूलभूत सिद्धान्त (Basic Principles of Organising Exhibitions)

प्रदर्शनी के लिए कोई सम्पूर्ण विषय लीजिए। प्रदर्शनी विषयवस्तु की होनी चाहिए जिसका शैक्षिक महत्त्व हो और जो एक स्पष्ट संदेश दे तथा यह संदेश इस प्रकार का हो, जिसे बिना पढ़े ही समझा जा सके। अतः संदेश, संक्षिप्त, सटीक और स्पष्ट हो जिसकी अपनी अपील हो। प्रदर्शनी का केन्द्रीय भाव प्रभावी रूप से व्यक्त हो और सभी प्रदर्शित वस्तुओं में एकसूत्रता भी हो।

- प्रदर्शनी किसी ऐसे स्थान पर आयोजित की जानी चाहिए जहाँ लोग आसानी से आ जा सकें।
- प्रदर्शित वस्तुओं को इस प्रकार सजाना चाहिए कि उनकी भीड़ न लगे। इसके लिए चमकीले रंगों और बड़ी रेखाओं का प्रयोग किया जा सकता है।
- यदि संभव हो तो उन्हें चलित रूप में सजाया जा सकता है।
- अनुपात, संतुलन, रंग, आकृति और लय जैसे कलात्मक सिद्धान्तों का अनुसरण करना चाहिए।
- कुछ प्रदर्शित वस्तुएँ केवल देखने के लिए होती हैं और कुछ समझाने के लिए। जिसे पढ़ा जाना हो, उसे इस प्रकार से लिखा जाना चाहिए कि उसे ठीक से पढ़ा जा सके।
- प्रदर्शित वस्तुओं पर उपयुक्त पर्ची लगानी चाहिए जिन्हें दूर से पढ़ा जा सके। पर्चियों को समान आकृतियों, शैलियों और साँचों में तैयार किया जाना चाहिए।
- अद्यतन नई वस्तुओं को प्रदर्शित करना चाहिए, न कि धूल-धूसरित पुरानी वस्तुओं को।
- प्रकाश की समुचित व्यवस्था करके प्रदर्शित वस्तुओं को प्रभावशाली बनाना चाहिए।

- सभी छात्रों की प्रदर्शित वस्तुओं को प्रभावशाली बनाना चाहिए।
- सभी छात्रों की वस्तुओं को प्रदर्शित करना चाहिए क्योंकि सभी के माता-पिता उन्हें देखना चाहेंगे। रंगों और प्रकाश की समुचित व्यवस्था करनी चाहिए जिससे दर्शकों का ध्यान आकृष्ट किया जा सके।
- शैक्षिक प्रदर्शनियों में भी विज्ञापन के सिद्धान्तों का अनुसरण करना चाहिए। क्योंकि सभी विज्ञापनों का उद्देश्य विचारों को प्रसारित करना ही होता है।
- प्रदर्शनी लगाने से पहले निर्धारित स्थान और अन्य उपकरणों का सर्वेक्षण करना चाहिए। इसके लिए वस्तुओं, स्थानों का मानचित्र तैयार करना चाहिए।
- प्रदर्शित वस्तुओं को समझाने के लिए छात्रों का प्रशिक्षण करना चाहिए। उन्हें शान्त, विनीत और बुद्धिमान होना चाहिए जिससे वे पूछे गए प्रश्नों का समुचित उत्तर दे सकें।
- प्रदर्शन की विविध तकनीकों का उपयोग करना चाहिए जिससे दर्शक प्रदर्शित वस्तुओं के पीछे के विचारों को सीमित समय में समझ सकें और उनके बारे में सोचने लगें।

प्रदर्शित वस्तुओं की विशेषताएँ (Characteristics of Exhibits)

- प्रदर्शित वस्तुओं की सराहना के लिए यथासम्भव दृश्य, श्रव्य और स्पर्शात्मक उपकरणों का प्रयोग हो।
- रंगों से प्रदर्शित वस्तुएँ आकर्षक हो जाती हैं। अतः उनका विवेकपूर्वक उपयोग करना चाहिए। क्योंकि रंग विभिन्न भावों को व्यक्त करते हैं, जैसे–
  - पीला रंग – सम्पन्नता
  - लाल रंग – खतरा
  - बादामी रंग – एकरसता
  - हरा रंग – उत्पादन
  - भूरा रंग – समर्पण
  - नारंगी रंग – प्रसन्नता
  - कालारंग – शोक
- प्रदर्शित वस्तुओं की गतिशीलता आकर्षण के कारण होती है परन्तु सभी वस्तुओं को गतिशील नहीं बनाया जा सकता।
- कुछ अवसर ऐसे भी दिए जाने चाहिए जब दर्शक प्रदर्शित वस्तुओं को घुमा सकें, चला सकें, खोज सकें। क्योंकि इससे दर्शकों की रुचि प्रदर्शनी में बनी रहती है।
- आप किसी व्यक्ति को देखने के लिए बाध्य नहीं कर सकते। अतः प्रदर्शित वस्तु को ही आकर्षक होना चाहिए।

जैसाकि पहले कहा गया कि प्रदर्शनी को आकर्षक बनाने के लिए प्रदर्शित वस्तुओं में सामंजस्य, संतुलन और कलात्मकता होनी चाहिए।

15

शिक्षण और अधिगम के कुछ अपारंपरिक उपागम (Some Unconventional Approaches to Teaching and Learning)

15.1. औपचारिक शिक्षा से मुक्ति (Emancipation from Formal Education)

सामान्यतः औपचारिक शिक्षा को पूर्व अध्याय में चर्चित शिक्षण पद्धतियों के साथ जोड़कर ही देखा जाता है। परंतु इनके अतिरिक्त कुछ अपारंपरिक पद्धतियाँ भी हैं जिनका उपयोग अपवाद के रूप में अधिक होता, नियम के रूप में नहीं। फिर भी इन अपारंपरिक उपागमों में अधिगम को सिद्ध करने की प्रबलशक्ति है। इन उपागमों से प्राप्त अधिगम को छात्रों द्वारा सरलता से आत्मसात् किया जा सकता है। इसका प्रमुख कारण यही है कि इनमें अध्येताओं की सक्रिय भागेदारी होती है और अधिगम की प्रक्रिया से अध्येता नए ज्ञान और नई क्षमताओं को सीख सकते हैं। इन पद्धतियों से अध्येता समृद्ध ज्ञान इसलिए पा सकते हैं कि इनमें वे सक्रिय रूप से सहगामी होते हैं जिससे न केवल सभी अध्येता अपने व्यक्तिगत प्रयासों से, अपितु अपने सहयोगियों के परिश्रम से भी लाभाविन्त होते हैं और इस प्रकार अधिगम के कार्यक्रम में सभी का समान योगदान रहता है।

क्योंकि ये सभी उपागम अध्येता आधारित हैं, अतः इनसे शिक्षकों को अधिक लाभ होता है। क्योंकि इनसे उनके समय की बचत होती है और अध्येताओं को सूचना प्रदान करने के प्रयत्नों से भी बच सकते हैं। इसीलिए शिक्षकों को इनके उपयोग के लिए अतिरिक्त रूप से अभिप्रेरित होना चाहिए। क्योंकि इनसे वे अपने कार्यभार को कम कर सकते हैं और साथ-साथ छात्रों में स्थायी ज्ञान प्रदान करने के मूल लक्ष्य को भी प्राप्त कर सकते हैं। शिक्षक और शिक्षार्थियों दोनों के लिए इन उपागमों में जो लचीलापन और स्वतंत्रता रहती है, उससे अधिगम की प्रक्रिया पर कोई दुष्प्रभाव नहीं पड़ता। क्योंकि इनमें जड़ीभूत नियमों या मानकीकृत कार्य-विधियों का अनुसरण नहीं करना पड़ता जिसके कारण अधिगम के कष्टों को सुखद अनुभवों में बदला जा सकता है।

इसीलिए आगे कुछ अपारंपरिक उपागमों का संक्षिप्त परिचय दिया जा रहा है। शिक्षक अपनी विशेष आवश्यकताओं के अनुरूप उनमें कुछ हेर-फेर कर कक्षाध्यापन के लिए स्वीकार कर सकते हैं।

15.2. चिन्तन-मंच-सत्र (Think-Tank Session)

आशय–चिन्तन-मंच-सत्र का आशय है किसी समान बिन्दु या समस्या पर सामूहिक

रूप से मुखर विचार-विमर्श करना। विचार-विमर्श के लिए चुना गया विषय, वास्तविक हो सकता है और कल्पित भी।

आवश्यकताएँ: सामान्यत: किसी चुने गए विषय पर प्रश्न-पदबंध या कथनों को कार्डों या इश्तिहारों पर छात्रों की सहायता से लिख लिया जाता है। इन्हें इस प्रकार बनाया जाता है कि इन्हें देखकर लोग सोचने के लिए बाध्य हो जाएँ।

व्यवस्था: छात्रों का समूह गोलाकार या अर्धगोलाकार रूप में किसी विषय पर गहन चिन्तन के लिए बैठ सकता है। प्रत्येक वर्ग विषय से संबंधित अपने विचारों के इश्तिहार पर लिखकर रख सकता है।

प्रयोजन: किसी विषय-वस्तु पर गंभीर चिन्तन के लिए समूह बैठता है जिससे वह उस विषय का विश्लेषण कर सके और उसके कारणों पर विचार कर सके, साथ ही उसके निहितार्थों के पर चर्चा कर सकें जिससे वैकल्पिक समाधानों को प्रस्तावित किया जा सके। प्रत्येक समाधान के गुण-अवगुणों के बारे में सोचा जा सके, उनके तात्कालिक और दूरगामी परिणामों पर विचार कर अत्यंत उपयुक्त समाधान पाने के लिए छात्रों को परस्पर संवाद में लगाया जा सके। परंतु ध्यान रहे, इस प्रकार के विचार-विमर्श में गरमागरम वाद-विवाद या झगड़े का कोई स्थान नहीं होना चाहिए।

प्रक्रिया: सबसे पहले छात्रों को 10-15 के वर्गों में बाँट दिया जाता है। उन्हें प्रयोजन को बताकर कार्यविधि का निर्धारण किया जा सकता है। फिर छात्रों को सोचने के लिए कहा जाए। प्रत्येक छात्र अपने इश्तिहार की विषय-वस्तु और उसके निहितार्थों को स्पष्ट कर सकता है। इश्तिहार को सभी वर्गों में घुमाया भी जा सकता है जिससे एक ही विषय पर विभिन्न दृष्टिकोणों को समझा जा सके। इस प्रक्रिया में नए विचार भी आ सकते हैं।

लाभ: इस प्रकार के चिन्तन मंच से एक ही विषयवस्तु के विविध पक्षों पर विविध दृष्टिकोणों से विचार किया जा सकता है। क्योंकि सभी छात्रों को कुछ न कुछ कहना होता है, अत: इसमें वाणी और विचारों की सृजनात्मकता का प्रदर्शन अधिक हो सकता है। इससे छात्र सीख सकते हैं कि किसी एक ही विषय के बारे में कितनी दृष्टियों से कैसे सोचा जा सकता है, साथ ही उन्हें यह भी स्पष्ट हो सकता है कि केवल उनकी दृष्टि ही सही नहीं हो सकती है। छात्र अपने विचारों को स्वतंत्र रूप से व्यक्त कर सकते हैं। इससे वे समझ सकते हैं कि विभिन्न वस्तुओं और घटनाओं के बारे में उनको अपनी राय रखने का अधिकार है।

15.3. संगोष्ठी (Seminars)

आशय: किसी शिक्षक या नेता के मार्गदर्शन में किसी विषय पर गहन विचार-विमर्श को संगोष्ठी कहते हैं।

आवश्यकता: सामान्यत: संगोष्ठी के विषय पर कोई पूर्व अध्ययन रहता है।

व्यवस्था: कक्षागत संगोष्ठी के लिए गोलाकार या अर्धगोलाकार सीटों की व्यवस्था हो सकती है, जबकि औपचारिक संगोष्ठियों में विशेषज्ञों के लिए बैठने के लिए कुर्सी-टेबल और मंच (डायस) और श्रोताओं के लिए कुर्सियों की व्यवस्था की जाती है।

आयोजन के सोपान: संगोष्ठी की तिथि और उसके विषय की सूचना पहले से दी जानी चाहिए जिससे छात्र अपने विचारों को पहले से तैयार कर ले और हो सकता है कुछ छात्र अपने विचारों को विस्तार से प्रस्तुत करना चाहें।

प्रक्रिया: शिक्षक या नेता को प्रारंभ में विषय का संक्षिप्त परिचय देना चाहिए और चर्चा की प्रक्रिया का पर्यवेक्षण और सभी वक्ताओं को उचित समय देना चाहिए। विषय का संयोजन शिक्षिक या नेता का दायित्व होता है। वह यथावसर स्वयं अपना विचार रख सकता है और कोई त्रुटि हो तो उसे सुधार सकता है तथा इस बात का ध्यान रखता है कि विषय के सभी पक्षों पर विचार-विमर्श हो।

इसके बाद विषय-वस्तु से संबंधित विचारों और दृष्टियों को प्रस्तुत कर उन पर गहन परिचर्चा की जाती है। इससे सभी को वैचारिक स्पष्टता प्राप्त करने का अवसर मिलता है।

लाभ: यद्यपि संगोष्ठी में सभी छात्र भाग ले सकते हैं परंतु स्थिति अनौपचारिक रहनी चाहिए और छात्रों को अपने विचारों को व्यक्त करने में जरा भी संकोच नहीं करना चाहिए। संगोष्ठी में विचार-विमर्श निश्चित ही शिक्षाप्रद होता है क्योंकि इसमें सभी अपने नए विचारों को व्यक्त कर सकते हैं।

क्योंकि संगोष्ठी के विषय का संबंध पाठ्यचर्या के साथ होता है, अत: उसमें प्राप्त अधिगम कक्षा-शिक्षण या वैयक्तिक अधिगम से भिन्न और निराला होता है।

15.4. पैनल चर्चा (Panel Discussion)

आशय: पैनल-चर्चा में आपस में चर्चा के लिए व्यक्तियों के एक वर्ग को चुना जाता है जो बाहरी विशेषज्ञ हो सकते हैं या विद्यालय के अध्यापक।

व्यवस्था: सामान्यत: एक मंच होता है जिस पर संयोजक और अन्य चर्चा करने वाले विशेषज्ञ बैठते हैं और सामने श्रोतावर्ग रहता है। सामान्यत: पैनल में पाँच से अधिक व्यक्ति नहीं होते।

आवश्यकता: अध्यक्ष या संयोजक चर्चा का निर्देशन करता है और वह सभी वक्ताओं के लिए समय-सीमा भी निर्धारित करता है और विभिन्न वक्ताओं की प्रस्तुतियों में संबंध-सूत्र स्थापित करता है। वही चर्चा का प्रारम्भ और समापन करता है।

प्रक्रिया: विषय का निर्धारण पहले से कर लिया जाता है तथा निर्धारित विषय पर अपने दृष्टिकोणों को प्रस्तुत करने के लिए विशेषज्ञों को आमंत्रित किया जाता है। अध्यक्ष सबसे पहले विषय की प्रस्तावना करता है और फिर विशेषज्ञों को बोलने के लिए आमंत्रित करता है। विशेषज्ञों द्वारा विचारों को व्यक्त करने के बाद उनसे निकले बिन्दुओं पर आपस में चर्चा होती है। विषय की प्रस्तावना के बाद, यदि विषय के बारे में मतभेद हों या विवाद हों तो चर्चा का प्रारंभ कर दिया जाता है और सभी विशेषज्ञ अपना-अपना दृष्टिकोण प्रस्तुत करते हैं। चर्चा के अंत में श्रोतावर्ग से भी प्रश्न पूछने के लिए कहा जाता है जिसका उत्तर पैनल के विशेषज्ञ देते हैं।

लाभ: विशेषज्ञों को किसी विषय पर सुनने का अवसर इससे मिलता है। विषय के बारे में विभिन्न अभिमत सामने आते हैं तथा क्योंकि विशेषज्ञों के विचार तर्कसंगत होते हैं, अत: उनसे श्रोता वर्ग को लाभ होता है।

चैनल-चर्चा उन्हीं विषयों पर आयोजित की जाती है जिनमें मतभेद हो। इससे श्रोताओं को जिसमें छात्र भी हो सकते हैं, स्वयं तथ्यों का विश्लेषण करने और अपना मंतव्य बनाने का अवसर मिलता है।

15.5. परिसंवाद (Symposiums)

आशय: किसी विशेषज्ञ वर्ग द्वारा पहले से तैयार प्रपत्र या निबंध पर, चयनित व्यक्तियों (छात्रों/विशेषज्ञों) द्वारा की जाने वाली परिचर्या को परिसंवाद कहते हैं।

व्यवस्था: इसके लिए अर्धचद्रांकार हॉल या कक्षा को चुना जा सकता है।

आवश्यकता: छात्रों या विशेषज्ञों को पहले से चुना जाता है और विषय बताकर उन्हें उस पर संक्षिप्त प्रपत्र य निबंध लिखने के लिए कहा जाता है। सामान्यत: क्योंकि परिसंवाद के लिए सीमित समय होता है, अत: संक्षिप्त प्रस्तुति करने के लिए कहा जाता है।

प्रक्रिया: जो छात्र/विशेषज्ञ निर्धारित विषय पर प्रपत्र/निबंध तैयार करते हैं, उन्हें एक-एक कर अपनी प्रस्तुति करनी होती है। प्रस्तुति के समय श्रोतावर्ग प्रश्न पूछने के लिए बिन्दुओं को लिखते रहते हैं। बाद में सारा समय प्रश्नोत्तर में लगाया जाता है।

लाभ: एक ही विषय होने के कारण, वक्ता अपनी प्रस्तुति के लिए विभिन्न स्रोतों से सामग्री संकलित करते हैं। इसके लिए छात्र (संस्थागत परिसंवाद में) पुस्तकालय में अनुसंधान करते हैं। क्योंकि समय सीमित होता है अत: उन्हें अपनी बात को संक्षिप्त रूप से लिखने का अभ्यास करना पड़ता है जिसमें सभी संबंधित तथ्यों को संक्षिप्त रूप में समाहित किया जा सके। प्रपत्र को भाषण के रूप में तैयार किया जाता है जिसमें नए तथ्य हों, ऐसे तर्कों से सम्पुष्ट हों जिन्हें सभी लोग मान लें। इस अभ्यास में छात्रों को मंच पर शर्माने की प्रवृत्ति से बचने का अभ्यास करना चाहिए। जो प्रपत्र लिखते हैं, या पढ़ते हैं, उन्हें मौखिक प्रश्नों के उत्तरों के लिए भी तैयार होना चाहिए। इससे मौखिक और लिखित अभिव्यक्ति के प्रदर्शन का अवसर मिलता है जिसमें तर्क प्रस्तुत करने की क्षमता महत्त्वपूर्ण होती है।

इसके लिए बारी-बारी से छात्रों को प्रपत्र तैयार करने के लिए कहा जा सकता है। जो बोलने या लिखने में कमजोर हों, उनकी सहायता शिक्षकों को करनी चाहिए जिसके बाद में वे स्वयं सभी कार्य कर सकें।

15.6. पुस्तकालय अनुसंधान (Library Research)

आशय: पुस्तकालय अनुसंधान का आशय है किसी निर्धारित विषय से संबंधित तथ्यों की खोज या स्थापना के लिए व्यवस्थित रूप से खोज करना और जाँच-पड़ताल करना है।

आवश्यकता: निर्धारित या चयनित विषय से संबंधित पुस्तकों की पुस्तकालय में खोज करना और

- परामर्श
- प्रस्तुतीकरण
- चर्चा
- सारांकन के लिए समय-सारिणी बनाना।

प्रक्रिया: किसी विषय को चुना जाता है और उसे कक्षा को दिया जाता है। फिर कक्षा को वर्गों में बाँटा जाता है। प्रत्येक वर्ग को कार्य का उपविषय दिया जाता है और सामग्री संकलन की समय-सारिणी, वर्ग में प्रस्तुतीकरण, कक्षा में चर्चा, सारांकन का कार्यक्रम बना लिया जाता है। फिर वर्ग अपने-अपने कार्य में लग जाते हैं और प्रत्येक छात्र अधीत पुस्तकों/अभिलेखों से महत्त्वपूर्ण बिन्दुओं के नोट्स लेता है।

इसके बाद सभी छात्र अपने-अपने वर्ग में मिलते हैं, जहाँ सारी संकलित सामग्री का विश्लेषण, संश्लेषण आदि के बाद वर्ग का प्रतिवेदन प्रस्तुति के लिए किया जाता है। वर्ग-प्रतिवेदन के बिन्दुओं को भी लिख लिया जाता है और वर्ग के सदस्य वर्ग के प्रतिवेदन का प्रारूप तैयार करते हैं जिसे वर्ग के सामने चर्चा के लिए प्रस्तुत किया जाता है और उसका अनुमोदन किया जाता है। फिर उसे वर्ग के नेता/लेखक द्वारा प्रस्तुत किया जाता है।

विभिन्न उपविषयों पर वर्गों द्वारा तैयार किए गए प्रतिवेदन प्रस्तुत किए जाते हैं और उन पर चर्चा होती है। चर्चा के दौरान जो सुझाव और नए विचार सामने आते हैं, उन्हें प्रतिवेदन में समाहित किया जाता है और अंत में पूरे विषय पर अंतिम प्रतिवेदन तैयार किया जाता है जिसमें सभी वर्गों के विचारों की समाहित कर प्रतिवेदन को अंतिम रूप में लिख लिया जाता है।

इस प्रकार वर्गों द्वारा तैयार किया गया प्रतिवेदन और अन्य सामग्रियों को प्रदर्शन के लिए रखा जाता है।

लाभः पुस्तकालय अनुसंधान, सहगामी अधिगम का एक मूल्यवान अनुभव है जिससे समय की बचत होती है और जो अत्यंत लाभप्रद भी होता है।

यह 'सीमांत पाठ्यचर्या' (Frontline Curriculum) की अवधारणा के लिए एक अच्छा प्रशिक्षण भी होता है, 'सीमांत पाठ्यचर्या' की अवधारणा में 90% अंश चार-पाँच वर्षों के लिए प्रासंगिक रहता है और केवल 10% अंश ही प्रत्येक एक या दो वर्षों में परिवर्तित किया जाता है। क्योंकि 10% विषय-वस्तु के लिए कोई पुस्तक उपलब्ध नहीं होती, अतः इस अनुसंधान की प्रक्रिया में छात्रों के साथ-साथ शिक्षक भी लाभाविन्त होते हैं और शिक्षार्थी पुस्तकों के अध्ययन से विषय की गहनता से परिचित हो जाते हैं। इससे वे विचारों के विश्लेषण और संश्लेषण के साथ उनका मूल्यांकन करना भी सीख जाते हैं। अनेक बार इससे छात्र और अधिक पढ़ने के लिए अभिप्रेरित होते हैं।

15.7. चित्र-भाषा-सत्र (Photo Language Session)

आशयः चित्र-भाषा सत्र में किसी चित्र या फोटोग्राफ को देखकर उस पर अपने विचारों, अनुभूतियों या भावनाओं को व्यक्त किया जाता है।

आवश्यकताः चुने गए विषयों से संबंधित चित्रों या फोटोग्राफों का संकलन प्रथम सोपान होता है। सभी ध्यानपूर्वक चित्रों को देखते हैं और मानसिक रूप से विश्लेषण करके यह पता लगाते हैं कि वे किस का चित्रण कर रहे हैं और उसके विषय के बारे में चिन्तन करते हैं। अतः पूरा वातावरण चिन्तन प्रधान हो जाता है। क्योंकि इसका लक्ष्य ही होता है चित्रों या फोटोग्राफों से उद्दीप्त भाव या विचार।

चित्रों या फोटोग्राफों को देखने का समय भी परिसीमित होता है, दो या तीन मिनट।

सभी छात्रों को सीमित समय में चित्रों को ध्यानपूर्वक देखना होता है। पूरी कक्षा के छात्रों को दस-दस के वर्गों में बाँट दिया जाता है और चित्रों को देखने के लिए उन्हें अर्धचन्द्राकार रूप में बैठाया जाता है।

प्रक्रियाः जैसाकि पहले कहा गया, किसी केन्द्रीय विषय से संबंधित चित्रों/फोटोग्राफों के समुच्चय को छात्रों के प्रत्येक वर्ग को दे दिया जाता है। वर्ग का नेता अपने वर्ग के सभी छात्रों को एक-एक करके दिए गए चित्रों को दिखाता है। प्रत्येक छात्र को थोड़ा समय

उन्हें देखने और अपने विचारों को संक्षिप्त रूप में लिखने के लिए दिया जाता है। फिर नेता सभी छात्रों को चित्रों के बारे में नि:संकोच भाव से अपनी प्रतिक्रिया देने के लिए कहता है। फिर सभी छात्र अपनी-अपनी प्रतिक्रियाओं को लिखते हैं। इस के बाद सभी प्रतिक्रियाओं को चित्रवार संकलित किया जाता है। चित्रों/फोटोग्राफ को फिर छात्रों के दूसरे वर्ग को दे दिया जाता है और वे अपनी-अपनी प्रतिक्रियाएँ लिखते हैं। इसके बाद सभी वर्ग एक साथ बैठते हैं और प्रत्येक चित्र के बारे में प्रत्येक वर्ग अपनी प्रतिक्रियाओं के प्रतिवेदन को एक-एक करके प्रस्तुत करता है। विभिन्न वर्गों की एक ही चित्र या फोटों के बारे में विभिन्न प्रतिक्रियाएँ एक सुखद शैक्षिक अनुभव होता है। यदि समय हो तो प्रत्येक चित्र के बारे में चर्चा भी की जा सकती है।

लाभ: इस प्रक्रिया से छात्रों में निरीक्षण की आदत को प्रोत्साहन मिलता है और उनमें चित्रों की भावनाओं को शब्दों के रूप में परिवर्तित करने की कुशलता विकसित होती है। इस अभ्यास से छात्रों में अपने विचारों को भावात्मक स्तर तक ले जाने की क्षमता बढ़ती है जिससे वे विशिष्ट स्थितियों और आवश्यकताओं के बारे में संवेदनशील होना सीख लेते हैं। इससे छात्र अपनी अनुभूतियों को संप्रेषित करना भी सीखते हैं।

15.8. सर्वेक्षण (Surveys)

आशय: सर्वेक्षण का आशय है, सूचनाओं के संग्रह और विश्लेषण से किसी विषय का गहन अध्ययन करना जिससे नए तथ्यों का पता लगाया जा सके, वर्तमान ज्ञान का पुनर्तलन किया जा सके और किसी कथित विचार या सिद्धान्त की जाँच पड़ताल कर उसको सम्पुष्ट किया जा सके।

आवश्यकता: विषय का चयन और उसके विभिन्न पक्षों को छात्रों के विभिन्न वर्गों के लिए निर्धारण।

बैठने की व्यवस्था: अनौपचारिक और लचीली।

प्रक्रिया: कक्षा को विभिन्न वर्गों में बाँटकर शिक्षक प्रत्येक वर्ग के साथ बैठकर सर्वेक्षण के उद्देश्यों, पड़ताल के क्षेत्र, कार्य के स्थान और संग्रहीत की जाने वाली सूचनाओं और साक्षात्कार करने योग्य व्यक्तियों आदि के बारे में चर्चा करता है। प्रत्येक वर्ग को कार्य को करने के लिए निश्चित समय आवंटित किया जा सकता है। छात्र सर्वेक्षण करते समय जो कुछ देखते हैं, सीखते हैं और निष्कर्ष निकालते हैं, उनके बारे में संक्षिप्त रूप से लिखते रहें। तदुपरांत प्रत्येक वर्ग पूरी कक्षा के सामने अपनी बातों को रख सकते हैं और अंत में प्रदर्शनी के लिए अपना लिखित प्रतिवेदन तैयार कर सकते हैं जिनमें आवश्यक तालिकाएँ, चार्ट आदि हो सकते हैं।

लाभ: छात्र किसी अन्य व्यक्ति द्वारा संकलित सामग्री के बजाए स्वयं सामग्री संकलित करते हैं जो अपने आप में संतोष की बात होती है। इससे वे सामग्री संकलन, सारणीकरण और उसकी व्याख्या करना सिखते हैं जिससे वे अपना निष्कर्ष निकालने में समर्थ होते हैं। इससे वे सार्थक अनुमान करना सीखते हैं, खोज करने के आनन्द का अनुभव करते हैं और समझते हैं कि सामूहिक रूप से अनेक कार्य किए जा सकते हैं जिन्हें अकेला व्यक्ति अपने आपसे नहीं कर सकता। इससे उनमें अपने निष्कर्षों के बारे में विश्वास उत्पन्न होता है और स्थापित सिद्धांतों की सत्यता और वैधता स्थापित कर सकते हैं क्योंकि उनका परीक्षण प्रायोगिक आधारों पर किया गया है।

15.9. सहगामी/समूह/दल/गत अधिगम (Participatory/Group/Team/Learning)

सहगामी अधिगम आवश्यकताओं से उत्पन्न एक नवाचार है। यद्यपि यह आवश्यकता से उत्पन्न नवाचार है, परन्तु अब उसके मूल्यवान परिणाम सामने आने लगे हैं। क्योंकि–

- वैयक्तिक प्रयासों की तुलना में, इससे शैक्षिक सूचनाओं के संग्रहण की प्रक्रिया तीव्रतर होती है।
- शिक्षकों द्वारा दी गई सूचनाओं की तुलना में स्वाध्याय द्वारा अधिगम को आत्मसात और सम्पुष्ट किया जाता है।
- शिक्षकों के कार्यभार में कमी, विशेषकर उनके बोलने के भार में।

ये उपलब्धियाँ न केवल उत्साहवर्धक है, अपितु आकर्षक भी है और अनुसरण के लिए प्रेरणाप्रद भी।

सहगामी अधिगम की उत्पत्ति (The Genesis of Participatory Learning)

सहगामी अधिगम में, केवल कोई छात्र विशेष अधिगम के लाभ के लिए क्रियाशील नहीं होता, अपितु पूरा वर्ग या दल अधिगम के प्रयास में सहकारी रूप से भाग लेता है जिसमें वे सभी मिलकर अपने अपने दायित्वों का निर्वाह करते हैं और उसमें श्रम के विभाजन की संकल्पना को चरितार्थ करते हैं।

सहगामी-अधिगम के उपागम की आवश्यकता (Prerequisites of the Approach of Participatory Learning)

सभी साधनों से सम्पन्न विद्यालय का पुस्तकालय/प्रयोगशाला

सहगामी अधिगम की प्रक्रिया (The Process of Participatory Learning)

सहगामी अधिगम की प्रक्रिया में निम्नलिखित लचीले और स्वीकार्य सोपान होते हैं:

- शिक्षक द्वारा कक्षा में किसी विषय/विषय-वस्तु की घोषणा।
- कक्षा को पुस्तकालय ले जाना जहाँ वे विषय से संबंधित पुस्तकों को सरसरी नजर से देखते हैं और उन पुस्तकों को चुनते हैं जिनमें उनके विषय की चर्चा है।
- कक्षा का वर्गों में बँटवारा।
- वर्गों के लिए पुस्तकों का वितरण।
- बारी-बारी से अपने वर्ग में संबंधित विषय की पुस्तक से छात्रों द्वारा मुखर वाचन। इस कार्य को किसी भी निर्धारित समय सीमा में किसी भी स्थान पर किया जा सकता है और वर्ग के सभी छात्र सुनकर मुख्य बिन्दुओं को लिख सकते हैं।
- दूसरे निर्धारित कालांश में सभी छात्रवर्ग कक्षा में आ सकते हैं और शिक्षक छात्रों के साथ विचार कर श्यामपट्ट पर संबंधित विषय के सभी उपविषयों को रूपरेखा के रूप में लिख सकते हैं और फिर उन पर चर्चा की जा सकती है।
- इस प्रकार छात्रों द्वारा अधीत सभी पुस्तकों से संग्रहीत विषय-वस्तु के सभी बिन्दुओं पर चर्चा के पश्चात् विभिन्न दृष्टिकोण या उपागम सामने आ सकते हैं।
- साथ-साथ शिक्षक श्याम-पट्ट पर सबका सारांश लिख सकता है।
- अंत में वर्गों के नेताओं और शिक्षक द्वारा निष्कर्ष बताया जा सकता है।

निष्कर्ष (Conclusion)

इस प्रकार छात्र अपने वैयक्तिक प्रयासों की तुलना में अधिक सीखते हैं और प्रत्येक छात्र विषय में दिए गए अपने योगदान पर गौरवान्वित अनुभव कर सकता है। इस प्रक्रिया से स्थायी अधिगम होता है। छात्र सामान्यतः इस प्रकार के अधिगम को कभी भूल नहीं पाते और शिक्षक के समय और श्रम की बचत होती है।

यह उपागम न केवल सरल और सहज है, अपितु प्रभावशाली और मितव्ययी भी है। कक्षा के स्तर के अनुरूप यह उत्साहवर्धक भी है। इस पद्धति का उपयोग कक्षा VII/VIII से आगे किया जा सकता है।

15.10. क्रियानिष्ठ अनुसंधान (Action Research)

क्रियानिष्ठ अनुसंधान वस्तुतः शिक्षण प्रक्रिया में समस्या समाधान की व्यूह रचना है। जब कभी और जहाँ कहीं कोई कठिन समस्या सामने आए तो क्रियानिष्ठ अनुसंधान को प्रारंभ किया जा सकता है। समस्या जब सामने आए तो पहले उसके मूल कारण तक पहुँचने के लिए उसका विश्लेषण किया जाना चाहिए फिर उसके समाधान के उपायों के बारे में सोचा जाता है। क्रिया तात्कालिक होती है अतः उसमें सम्भावित भ्रमों के लिए कोई गुंजाइश नहीं होती। क्रियानिष्ठ अनुसंधान कोई सैद्धान्तिक प्रकल्प नहीं, अपितु विशिष्ठ स्थिति के लिए एक व्यावहारिक उपागम हैं जिसे विशिष्ठ रूप से तैयार किया जाता है। अतः यह उपागम शिक्षक का सहायक होता है जिसे करने में वह पूरी तरह स्वंतत्र होता है और विशिष्ठ स्थिति के अनुरूप व्यूह रचना करने में लचीलापन रहता है जिससे शिक्षण को अधिगम के अनुरूप बनाया जा सके।

शिक्षक क्योंकि स्थिति का स्वामी होता है, अतः वह समस्या के समाधान के लिए अपने चिन्तन के अनुरूप अभ्यास आदि बना सकता है। इस प्रक्रिया में वह किसी जटिल स्थिति को छोटी-छोटी उपस्थितियों में तोड़ सकता है और छात्रों को धीरे-धीरे आगे बढ़ने के लिए प्रेरित कर सकता है। एक स्थिति में सफलता प्राप्त करने से उसे आगे की स्थितियों में सफलता प्राप्त करने का आत्मविश्वास बढ़ता है। इससे छात्रों में अधिगम और अधिक सघन होता है। लक्ष्यों को प्राप्त करने के इसी उपागम को 'क्रियानिष्ठ अनुसंधान प्रकल्पन' (Action Research Hypotheses) कहा जाता है।

व्यूह रचना और लक्षित प्रयोजन दोनों को, यदि शिक्षक अनुभव करे तो बीच में ही परिवर्तित या परिवर्धित कर सकता है। इस प्रकार क्रियानिष्ठ अनुसंधान में बहुत अधिक लचीलापन और स्वीकार्यता की संभावना बनी रहती है।

किसी विशेष स्थिति में क्रियानिष्ठ अनुसंधान के परिणामों के आधार पर किसी सिद्धान्त या नियम या सामान्यीकरण नहीं किया जा सकता, क्योंकि यह शिक्षण की स्थिति विशेष में सूझ-बूझ पर आधारित होता है। इसी के कारण इसे सामान्य मूलभूत अनुसंधानों से भिन्न माना जाता है। क्योंकि इस अपेक्षित सफलता के अनुभव में उपागम की प्रभावशीलता का निर्णायक शिक्षक और कुछ सीमा तक छात्र होते हैं।

क्रियानिष्ठ अनुसंधान एक अनौपचारिक विधि है जिसकी सफलता का मानदण्ड शिक्षकों और छात्रों की संतुष्टि से होता है, न कि परिमाणात्मक विवेचन से। क्रियानिष्ठ अनुसंधान के परिणामों को कभी भी औपचारिक रूप से प्रस्तुत नहीं किया जाता। क्योंकि

ये परिणाम शिक्षक और छात्रों की आश्वस्ति पर आधारित होते हैं जिससे अन्य शिक्षक भी समय-समय पर आने वाली समस्याओं के समाधान के लिए अपने-अपने उपागमों को विकसित कर सकें।

मूलभूत अनुसंधानों के विपरीत, जहाँ परिणामों का उपयोग सामान्यत: बाद में अन्य लोगों द्वारा किया जाता है, क्रियानिष्ठ अनुसंधान में समय का कोई अंतराल नहीं होता और शिक्षक स्वयं ही उपागम का निर्माता और अनुकर्ता होता है। इस तरह वह अपने सैद्धान्तिक ज्ञान को व्यवहार में रूपान्तरित करता है।

क्रियानिष्ठ अनुसंधान का क्षेत्र अत्यंत व्यापक है। क्योंकि इसका उपयोग किसी भी शिक्षण-अधिगम या परीक्षण की किसी भी स्थिति में किया जा सकता है। इसका उपयोग विभिन्न कार्यक्रमों के उपयोगी प्रबन्धन के उपकरण के रूप में किया जा सकता है जिससे वे अधिक प्रभावी बन सकें।

क्रियानिष्ठ अनुसंधान और सूक्ष्म-शिक्षण (Micro-Teaching) के बीच उल्लेखनीय समानता है। क्योंकि दोनों के प्रारंभिक बिन्दु कमियों/त्रुटियों के निदान से संबंधित होते हैं। प्रथम में अन्यों (छात्रों) के लिए विचारों का सम्प्रेषण लक्ष्य होता है जबकि दूसरे में लक्ष्य होता है अपने आप में सुधार करना। इस तरह दोनों का समान लक्ष्य सुधार करना ही होता है।

यद्यपि इसे एक सफल व्यूह रचना माना जाता है। परंतु इसमें समय अधिक लगता है। पर अधिक समय के लगने से अधिगम स्थायी बनता है जिससे परवर्ती अधिगम सरल हो जाते हैं और जिससे समय की बचत होती है और इस तरह लगे अतिरिक्त समय की भरपाई हो जाती है।

क्रियानिष्ठ अनुसंधान के पारिभाषिक शब्द को पहली बार स्टीफेन कोरे (Stephen Corey) ने प्रचालित किया था। परन्तु इसमें कुछ भी नया नहीं है। क्योंकि शिक्षक इसका उपयोग अपने अध्यापन में हमेशा से करते आए हैं। यह एक सामान्य बात है जिसका उपयोग असामान्य कभी नहीं रहा। इस अनौपचारिक उपागम को कोरे ने अवश्य औपचारिक रूप में प्रस्तुत किया है।

खण्ड III (Part III)

विशिष्ट विषयों का शिक्षण
(Teaching of Specific Subjects)

खण्ड–III

विभिन्न विषयों की शिक्षण पद्धतियाँ

(Methods of Teaching Different Subjects)

यद्यपि शिक्षण की पारंपरिक और अपारंपरिक तकनीकों के विषय में की गई पूर्ववर्ती चर्चा का संबंध सामान्य रूप से सभी विषयों के शिक्षण के साथ है परन्तु प्रत्येक विषय की अपनी विशेषताएँ होती हैं जिनके कारण उसे विशिष्ठ कहा जाता है। इसीलिए उक्त उपागमों का विभिन्न विषयों की विषय-वस्तु के साथ इस प्रकार अनुकूलन किया जाता है कि उनके अनुप्रयोग से विषय-विशेष का शिक्षण प्रभावी रूप से किया जा सके। कुछ विषयों के लिए कुछ उपागम प्रभावी होते हैं तो कुछ अन्य विषयों के लिए कुछ अन्य उपागम।

जीवन में विभिन्न विषयों के अनुप्रयोग और शिक्षा की पूरी योजना (पाठ्यचर्या) में उनके स्थान के कारण, उनके शिक्षण के उद्देश्यों में अंतर आ जाता है। इसके कारण विभिन्न विषयों के शिक्षण और अधिगम की पद्धतियों में अंतर दिखाई देता है। साथ ही उनके लिए भिन्न-भिन्न प्रकार की शिक्षण सामग्री और शैक्षणिक सहायक सामग्रियों की आवश्यकता होती है। इस प्रकार पाठ्यचर्या के क्रियान्वयन की पूरी प्रक्रिया इस प्रकार के बाह्य और आन्तरिक कारकों से प्रभावित होती है।

इसीलिए आगे के खंड में पाठ्यचर्या के प्रमुख विषयों के शिक्षण की प्रविधियों के विषय में चर्चा की जा रही है।

प्रत्येक विषय के बारे में उसकी वैचारिक रूपरेखा, शिक्षण के उद्देश्य और शिक्षण की पद्धतियों के बारे में विचार किया जा रहा है।

16

प्रथम-भाषा शिक्षण
(Teaching of the First Language)

16.1 प्रथम भाषा की संकल्पना (The Genesis of the First Language)

मातृभाषा के शिक्षण और परीक्षण की सामग्री का विकास वर्षों से होता आ रहा है। अत: इस विषय की संकल्पना पर विचार की आवश्यकता है। भारत में भाषाओं, उनके साहित्य और लिपियों की विविधता के कारण विशेष समस्या हमारे सामने आती है। राष्ट्रीय शैक्षिक अनुसंधान और प्रशिक्षण परिषद् (NCERT) द्वारा प्रकाशित "मातृभाषा की पाठ्यपुस्तकों के निर्माण और मूल्यांकन के सिद्धान्त" नामक पुस्तिका में इस पर विस्तार से विचार किया गया है। इसमें मातृभाषा को ही प्रथम भाषा माना गया है और स्पष्ट किया गया है कि मातृभाषा का प्रयोग दैनिक जीवन-व्यापार में किया जाता है। इसका प्रयोग घरों, बाजारों, कार्यालयों, शैक्षिक संस्थाओं और सामाजिक, सांस्कृतिक सम्मेलनों में किया जाता है। स्वाभाविक है कि मातृभाषा और विद्यालयों में पढ़े-पढ़ाए जाने वाले अन्य सभी विषयों में यह मूलभूत अंतर है कि मातृभाषा का संबंध मानव जीवन की सभी सम्भावित आवश्यकताओं और पक्षों के साथ होता है, जबकि अन्य सभी विषयों का संबंध अपने सीमित पारिभाषित क्षेत्रों के साथ ही होता है। इसके अतिरिक्त मातृभाषा की शिक्षण सामग्री के स्रोत बहुविध होते है, जबकि अन्य सभी विषयों की शिक्षण सामग्री के स्रोत सीमित होते हैं। मातृभाषा की सामग्री उन सभी क्षेत्रों से ली जाती है जहाँ-जहाँ उसका प्रयोग किया जाता है। साथ ही, मातृभाषा विद्यालय में सिखाए जाने वाले अन्य सभी विषयों के अधिगम में सहायता प्रदान करती है, जबकि अन्य सभी विषयों की चिंता का विषय उनका अपना क्षेत्र ही होता है। इस प्रकार अन्य सभी विषयों की तुलना में मातृभाषा की विषय-वस्तु का क्षेत्र अत्यंत व्यापक होता है। अन्य सभी विषय अपने से संबंधित कुछ विषयों के साथ ही जुड़े होते हैं, जबकि मातृभाषा का संबंध सभी के साथ होता है।

मातृभाषा की विषय-वस्तु के दो प्रमुख पक्ष-जिन्हें वह दैनिक जीवन, औपचारिक शिक्षा और जीवन के सांस्कृतिक और सामाजिक पक्ष से प्राप्त करती है, उन्हें उसकी भाषिक और वैचारिक विषय-वस्तु कहा जा सकता है। मातृभाषा की अपनी वैचारिक विषय-वस्तु भी होती है, जैसे सांस्कृतिक और मिथकीय-विषय, दृश्य सौन्दर्य आदि। परंतु वह विविध प्रकार की वैचारिक वस्तु सामाजिक और प्राकृतिक विज्ञानों से लेती है। वैचारिक विषय-वस्तु जिसे भाषिक विषय-वस्तु की सहायता से अभिव्यक्त किया जाता है,

अपना रूप-स्वरूप ग्रहण कर लेती है। विषय-वस्तु के ये रूप-स्वरूप सामान्यत: वास्तविक जीवन से लिए जाते हैं। परंतु साहित्य में इनका रूप अधिक मार्मिक या जटिल होता है।

16.2. प्रथम भाषा के शैक्षणिक उद्देश्य और उनके स्पष्टीकरण (Instructional Objectives of First Language and their Specifications)

भाषा शिक्षण और परीक्षण शैक्षणिक उद्देश्यों के मानदण्डों पर ही आधारित होते हैं। अत: उसके शिक्षण की पद्धति की चर्चा के संदर्भ में उन पर विचार किया जाना चाहिए। आगे शिक्षा के विभिन्न स्तरों के अनुरूप प्रथम भाषा के शिक्षण के उद्देश्यों की चर्चा की जा रही है:

1. (क) भाषा के तत्त्वों (ख) वैचारिक विषय-वस्तु (ग) विविध साहित्यिक विधाओं और रूपों (घ) रचना के विविध रूपों का ज्ञान प्राप्त करना। (मा.)
2. श्रुत सामग्री के बोधन की क्षमता विकसित करना (प्रा.उ.प्रा.मा.)
3. पठित सामग्री के बोधन की क्षमता विकसित करना (प्रा.उ.प्रा.मा.)
4. अपने आपको मौखिक रूप से व्यक्त करने की क्षमता को विकसित करना (प्रा.उ.प्रा.मा.)
5. अपने आपको लिखित रूप से व्यक्त करने की क्षमता विकसित करना (प्रा.उ.प्रा.मा.)
6. प्रथम भाषा से द्वितीय भाषा में और द्वितीय भाषा से प्रथम भाषा में अनुवाद करने की क्षमता विकसित करना। (मा.)
7. प्रथम भाषा के साहित्य की सराहना करने की क्षमता विकसित करना (प्रा.उ.प्रा.मा.)
8. लिखित अभिव्यक्ति में मौलिकता दिखाने की क्षमता विकसित करना (प्रा.उ.प्रा. मा.)
9. मातृभाषा और उसके साहित्य में रुचि कर विकास करना (प्रा.उ.प्रा.मा.)
10. स्वस्थ और वांछनीय अभिवृत्तियों का विकास करना (प्रा.उ.प्रा.मा.)

16.2.1 उद्देश्य और उनके स्पष्टीकरण (Objectives and Their Specifications)

उद्देश्य: (क) भाषा के तत्त्वों (ख) वैचारिक विषय-वस्तुओं (ग) विविध साहित्यिक विधाओं और रूपों (घ) रचना के विविध रूपों का ज्ञान प्राप्त करना।

उद्देश्यों का स्पष्टीकरण	*अपेक्षित व्यवहार परिवर्तन*
I. भाषा के तत्त्व-वर्ण-व्यवस्था और वर्णों का उच्चारण, आरेखन, वर्तनी, शब्दकोश, शब्द और उनकी आर्थी संरचना, वाक्य रचना, पदबंध और अर्थ, व्याकरण, पदभेद, शब्द निर्माण और अन्विति	1. पहचान सकेगा (प्रा.उ.प्रा.मा.) 2. प्रत्यस्मरण कर सकेगा (प्रा.उ.प्रा.मा.) 3. गलतियों को पहचान सकेगा (प्रा.उ. प्रा.मा.) 4. विभेद कर सकेगा (प्रा.उ.प्रा.मा.) 5. संबंध स्थापित कर सकेगा (प्रा.उ.प्रा. मा.) 6. वर्गीकरण कर सकेगा (उ.प्रा.मा.)

(क्रमश:)

उद्देश्यों का स्पष्टीकरण	अपेक्षित व्यवहार परिवर्तन
	7. तुलना कर सकेगा (प्रा.उ.प्रा.मा.) 8. विश्लेषण कर सकेगा (प्रा.उ.प्रा.मा.) 9. संश्लेषण कर सकेगा (प्रा.उ.प्रा.मा.) 10. उदाहरण दे सकेगा (प्रा.उ.प्रा.मा.)
II. वैचारिक विषय-वस्तु (प्रा.उ.प्रा.मा.) (क) सांस्कृतिक मूल्य (ख) जीवन के अनुभव (ग) पुरा कथा (घ) चरित्रों के तत्त्व (ङ) सामान्य ज्ञान (च) सत्य और कल्पित	पूर्वोक्त
III. अभिव्यक्ति के रूप – *लिखित अभिव्यक्ति* (क) सार लेख (मा.) (ख) कहानी (प्रा.उ.प्रा.मा.) (ग) जीवनी (प्रा.उ.प्रा.मा.) (घ) पत्र लेखन (प्रा.उ.प्रा.मा.) (ङ) संवाद (प्रा.उ.प्रा.मा.) – *मौखिक अभिव्यक्ति* (क) संवाद (प्रा.उ.प्रा.मा.) (ख) मुखर पठन (प्रा.उ.प्रा.मा.) (ग) साक्षात्कार (मा.) (घ) भाषण (उ.प्रा.मा.) (ङ) वाद-विवाद और चर्चा (उ.प्रा.मा.) (च) पहेलियाँ (प्रा.उ.प्रा.) (छ) बालगीत (प्रा.उ.प्रा.)	पूर्वोक्त
IV. साहित्यिक विधाएँ और रूप (क) मातृभाषा के साहित्य का इतिहास (मा.) (ख) साहित्य के विविध रूपों और विधाओं का समकालिक अध्ययन (मा.)	पूर्वोक्त

प्रा = प्राथमिक, –I-V कक्षाएँ,

उ. प्रा. = उच्चत्तर प्राथमिक, –VI-VIII कक्षाएँ,

मा. = माध्यमिक, –IX-X कक्षाएँ और वरिष्ठ माध्यमिक XI-XII कक्षाएँ

16.2.2 श्रुतसामग्री के बोधन की क्षमता विकसित करना (To acquire the ability of comprehending whatever he/she listens to.)

उद्देश्य श्रुतसामग्री के बोधन की क्षमता विकसित करना	*अपेक्षित व्यवहार परिवर्तन*
(क) मुखर पठन (प्रा.उ.प्रा.)	1. छात्र शांतिपूर्वक सुन सकेगा (प्रा.उ.प्रा. मा.)
(ख) संवाद (प्रा.उ.प्रा.)	2. दूसरों को सुनने के शिष्टाचार का अनुपालन कर सकेगा (प्रा.उ.प्रा.मा.)
(ग) वाद-विवाद (प्रा.उ.प्रा.)	3. ध्यानपूर्वक सुन सकेगा (प्रा.उ.प्रा.मा.)
(घ) वक्तृत्व (प्रा.उ.प्रा.मा.)	4. दूसरों के विचारों को सादर मुक्त मन से ग्रहण कर सकेगा (उ.प्रा.मा.)
(ड.) भाषण (प्रा.उ.प्रा.मा.)	5. संदर्भ में शब्दों, पदबंधों और मुहावरों का अर्थ समझ सकेगा (प्रा.उ.प्रा.मा.)
(च) निर्देश, अनुदेश (प्रा.उ.प्रा.मा.)	6. स्वर, बलाघात और अनुतान के अनुरूप आशय समझ सकेगा (मा.)
(छ) काव्यपाठ (प्रा.उ.प्रा.मा.)	7. श्रुतसामग्री की विषय-वस्तु को समझ सकेगा (प्रा.उ.प्रा.मा.)
(ज) दूरदर्शन कार्यक्रम (प्रा.उ.प्रा.मा.)	8. महत्त्वपूर्ण तथ्यों, विचारों और भावनाओं को पकड़ सकेगा (प्रा.उ.प्रा.मा.)
	9. तथ्यों और विचारों के बीच के संबंधों को समझ सकेगा (प्रा.उ.प्रा.मा.)
	10. श्रुतसामग्री का सार ग्रहण कर सकेगा (प्रा.उ.प्रा.मा.)
	11. केन्द्रीय भाव को ग्रहण कर सकेगा (प्रा.उ.प्रा.मा.)
	12. वक्ता के मनोभाव का अनुसरण कर सकेगा (प्रा.उ.प्रा.मा.)
	13. अभिव्यक्ति की शैली की सराहना कर सकेगा (प्रा.उ.प्रा.मा.)
	14. विचारों और भावनाओं की सराहना कर सकेगा (मा.)
	15. तथ्यों, विचारों और भावनाओं का मूल्यांकन कर सकेगा (मा.)

16.2.3 पठित सामग्री के बोधन की क्षमता विकसित करना (To acquire the ability of comprehending whatever he/she reads.)

उद्देश्यों का स्पष्टीकरण	*अपेक्षित व्यवहार परिवर्तन*
पठन-बोधन की सामग्री के रूप	**छात्र–**
(क) कहानियाँ (प्रा.उ.प्रा.मा.)	1. शान्तिपूर्वक पढ़ सकेगा (प्रा.उ.प्रा.मा.)
(ख) उपन्यास (मा.)	2. ध्यानपूर्वक पढ़ सकेगा (प्रा.उ.प्रा.मा.)
(ग) संवाद (प्रा.उ.प्रा.)	3. मुक्त मन से औरों के विचार ग्रहण कर सकेगा (उ.प्रा.मा.)
(घ) नाटक और एकांकी (उ.प्रा.मा.)	4. शुद्ध उच्चारण, सही स्वर, बलाघात और अनुतान के साथ पढ़ सकेगा (प्रा.उ.प्रा.)
(ङ) निबंध (प्रा.उ.प्रा.मा.)	5. विराम चिह्नों के अनुसार पढ़ सकेगा (प्रा.उ.प्रा.मा.)
(च) जीवनियाँ (उ.प्रा.मा.)	6. विषय के अनुरूप सही गति के साथ पढ़ सकेगा (उ.प्रा.मा.)
(छ) कविता (प्रा.उ.प्रा.मा.)	7. प्रसंगानुसार उचित गति और नाद के साथ पढ़ सकेगा (प्रा.उ.प्रा.मा.)
(ज) समाचारपत्र (प्रा.उ.प्रा.मा.)	8. सामग्री में अभिव्यक्त भावनाओं के अनुसार मुखर पठन कर सकेगा (उ.प्रा.मा.)
(झ) पत्रिकाएँ (प्रा.उ.प्रा.मा.)	9. प्रसंगानुसार कहावतों, मुहावरों और शब्द के अर्थों को समझ सकेगा (प्रा.उ.प्रा.मा.)
	10. प्रसंगानुसार शब्दों, मुहावरों, कहावतों और पदबंधों का मूलभाव समझ सकेगा (उ.प्रा.मा.)
	11. पठित सामग्री को उचित शीर्षक दे सकेगा (उ.प्रा.मा.)
	12. मुख्य तथ्यों और विचारों को समझ सकेगा (प्रा.उ.प्रा.मा.)
	13. तथ्यों, विचारों और भावनाओं के बीच संबंधों को समझ सकेगा (प्रा.उ.प्रा.मा.)
	14. मुख्य भाव को पकड़ सकेगा (प्रा.उ.प्रा.मा.)
	15. पठित सामग्री का सार ग्रहण कर सकेगा (प्रा.उ.प्रा.)
	16. लेखक की मनोदशा का अनुसरण कर सकेगा (उ.प्रा.मा.)
	17. अभिव्यक्ति की शैली की सराहना कर सकेगा (मा.)
	18. तथ्यों, विचारों और भावनाओं का मूल्यांकन कर सकेगा (उ.प्रा.मा.)
	19. तथ्यों, विचारों और भावनाओं के सापेक्षिक महत्त्व को समझ सकेगा (उ.प्रा.मा.)
	20. पूर्व पठित सामग्री के साथ पठित सामग्री की तुलना कर सकेगा (प्रा.उ.प्रा.मा.)

16.2.4 उद्देश्य: मौखिक रूप से अपने आपको व्यक्त करने की क्षमता को विकसित करना (Objective: To acquire the ability of expressing oneself orally.)

उद्देश्य का स्पष्टीकरण	*अपेक्षित व्यवहार परिवर्तन*
मौखिक अभिव्यक्ति के रूप	
(क) संवाद (प्रा.उ.प्रा.मा.)	1. श्रव्य आवाज में बोल सकेगा (प्रा.उ.प्रा.)
(ख) भाषण (प्रा.उ.प्रा.मा.)	2. प्रसंगानुसार उचित गति के साथ बोल सकेगा (प्रा. उ.प्रा.)
(ग) वाद-विवाद और चर्चा (प्रा.उ.प्रा.मा.)	3. सही उच्चारण और सही स्वर, बलाघात और अनुतान के साथ बोल सकेगा (प्रा.उ.प्रा.मा.)
(घ) कविता पाठ (प्रा.उ.प्रा.मा.)	4. उचित विरामों के साथ बोल सकेगा (उ.प्रा.मा.)
(ङ.) निर्देश और अनुदेश (प्रा.उ.प्रा.मा.)	5. सप्रवाह बोल सकेगा (उ.प्रा.मा.)
	6. प्रसंगानुसार शब्दों, कहावतों और मुहावरों का प्रयोग कर सकेगा (उ.प्रा.मा.)
	7. शब्दों, कहावतों और मुहावरों का सही प्रयोग कर सकेगा (प्रा.उ.प्रा.मा.)
	8. सरल और मुहावरेदार भाषा का प्रयोग कर सकेगा (प्रा.उ.प्रा.मा.)
	9. व्याकरण की दृष्टि से सही भाषा का प्रयोग कर सकेगा (प्रा.उ.प्रा.मा.)
	10. अर्थ और तात्पर्य की अभिव्यक्ति के अनुसार वाक्य के उपवाक्यों, पदबंधों और शब्दों को सही अनुक्रम में रख सकेगा (प्रा.उ.प्रा.मा.)
	11. विविध प्रकार के वाक्यों का सही निर्माण कर सकेगा (प्रा.उ.प्रा.मा.)
	12. संगत सामग्री प्रस्तुत कर सकेगा (उ.प्रा.मा.)
	13. उचित अनुक्रम बनाए रखेगा (उ.प्रा.मा.)
	14. सहसंबंध को बनाए रखेगा (उ.प्रा.मा.)
	15. विषय की इकाई को बनाए रखेगा (मा.)
	16. उचित हाव-भाव के साथ बोल सकेगा (उ.प्रा.मा.)
	17. आवश्यकतानुसार पुनरुक्ति कर सकेगा (मा.)
	18. मौखिक अभिव्यक्ति में संक्षिप्तता बनाए रखेगा (मा.)
	19. विभिन्न प्रसंगों में बोलने के शिष्टाचार का अनुपालन कर सकेगा (प्रा.उ.प्रा.मा.)
	20. विभिन्न प्रसंगों और विषय-वस्तु के अनुकूल विभिन्न शैलियों का प्रयोग कर सकेगा (उ.प्रा.मा.)

16.2.5 उद्देश्य: लिखित रूप से अपने-आपको व्यक्त करने की क्षमता विकसित करना (Objective: To acquire the ability of expressing oneself in writing)

उद्देश्यों का स्पष्टीकरण	*अपेक्षित व्यवहार परिवर्तन करना*
लिखित अभिव्यक्ति के रूप	**छात्र**
(क) पत्र, आवेदन पत्र (प्रा.उ. प्रा.मा.)	1. सुपाठ्य लिखावट कर सकेंगे (प्रा.उ.प्रा.)
(ख) निबंध (प्रा.उ.प्रा.मा.)	2. वाँछनीय गति के साथ प्रसंगानुसार लिख सकेंगे (उ.प्रा.मा.)
(ग) जीवनियाँ (प्रा.उ.प्रा.मा.)	3. शब्दों को सही वर्तनी में लिख सकेंगे (प्रा.उ.प्रा.मा.)
(घ) कहानियाँ (प्रा.उ.प्रा.मा.)	4. विराम चिह्नों का सही प्रयोग कर सकेंगे (प्रा.उ.प्रा.मा.)
(ङ) संवाद (प्रा.उ.प्रा.मा.)	5. अनुच्छेदों में लिख सकेंगे (प्रा.उ.प्रा.मा.)
(च) निर्देश और अनुदेश (प्रा.उ.प्रा.मा.)	6. व्याकरण की दृष्टि से सही भाषा का प्रयोग कर सकेंगे (प्रा.उ.प्रा.मा.)
	7. प्रसंगानुसार शब्दों, मुहावरों और कहावतों का प्रयोग कर सकेंगे (प्रा.उ.प्रा.मा.)
	8. शब्दों, मुहावरों और कहावतों का सही प्रयोग कर सकेंगे (प्रा.उ.प्रा.मा.)
	9. सरल और मुहावरेदार भाषा का प्रयोग कर सकेंगे (प्रा.उ.प्रा.मा.)
	10. अर्थ को व्यक्त करने की दृष्टि से वाक्य में उपवाक्यों, पदबंधों और शब्दों का प्रयोग सही अनुक्रम में कर सकेंगे (प्रा.उ.प्रा.मा.)
	11. विविध प्रकार के सही वाक्यों को बना सकेंगे (प्रा.उ.प्रा.मा.)
	12. अपनी अभिव्यक्ति में सुसंगत सामग्री को प्रस्तुत कर सकेंगे (प्रा.उ.प्रा.मा.)
	13. सही अनुक्रम को बनाए रखेंगे (प्रा.उ.प्रा.मा.)
	14. सुसंगत भाषा का प्रयोग कर सकेंगे (प्रा.उ.प्रा.मा.)
	15. विषय-वस्तु की इकाई को बनाए रख सकेंगे (प्रा.उ.प्रा.मा.)
	16. आवश्यकतानुसार पुनरुक्ति कर सकेंगे (मा.)
	17. लिखित अभिव्यक्ति में संक्षिप्तता बनाए रख सकेंगे (मा.)

(क्रमशः)

(क्रमशः)

उद्देश्यों का स्पष्टीकरण	अपेक्षित व्यवहार परिवर्तन
	18. लिखित अभिव्यक्ति के विभिन्न रूप-विधाओं की तकनीकों का सही अनुसरण कर सकेंगे (प्रा.उ.प्रा.मा.)
	19. लिखित अभिव्यक्ति के विभिन्न रूपों के माध्यम से अपने आपको व्यक्त कर सकेंगे (मा.)
	20. लिखित अभिव्यक्ति के विभिन्न रूप और विधाओं तथा विषय-वस्तु के अनुरूप शैलियों का प्रयोग कर सकेंगे (मा.)

16.2.6 उद्देश्य: लिखित अभिव्यक्ति में मौलिकता दिखा सकेंगे (Objective: To bring-in originality in the written expression)

उद्देश्यों का स्पष्टीकरण	अपेक्षित व्यवहार परिवर्तन
लिखित कार्य के विविध रूप	**छात्र**
(क) निबंध (प्रा.उ.प्रा.मा.) (ख) कहानियाँ (प्रा.उ.प्रा.मा.) (ग) संवाद (प्रा.उ.प्रा.मा.) (घ) पत्र (प्रा.उ.प्रा.मा.)	1. अपनी भावनाओं, विचारों और विषय को अभिव्यक्त करने के लिए रचना के उपयुक्त रूप को चुन सकेंगे (उ.प्रा.मा.) 2. अनुभूत विचारों और भावनाओं को अभिव्यक्त कर सकेंगे (प्रा.उ.प्रा.मा.) 3. अनुभूत भावनाओं और विचारों को प्रभावी ढंग से व्यक्त कर सकेंगे (उ.प्रा.मा.) 4. अनुभूत भावनाओं और प्राप्त विचारों को अपनी कल्पना की सहायता से भाषा को नया रूप दे सकेंगे (उ.प्रा.मा.) 5. अनुभूत भावनाओं और प्राप्त विचारों को अपने तरीके से व्यक्त कर सकेंगे (उ.प्रा.मा.) 6. सप्रसंग और विषय के अनुरूप भाषा शैली का प्रयोग कर सकेंगे (मा.)

16.2.7 उद्देश्य: प्रथम भाषा के साहित्य को सराहने की क्षमता विकसित करना (Objective: To develop the ability of appreciating the literature of the first language (MS))

उद्देश्यों का स्पष्टीकरण	अपेक्षित व्यवहार परिवर्तन
पाठ्यसामग्री के रूप	**छात्र**
(क) कहानियाँ	1. तथ्यों की वैधता या अवैधता का पता लगा सकेंगे (उ.प्रा.मा.)
(ख) एकांकी	2. विचारों और भावनाओं की उपयुक्तता का पता लगा सकेंगे (उ.प्रा.मा.)
(ग) निबंध	
(घ) कविता	3. साहित्यिक सौन्दर्य के अंशों का पता लगा सकेंगे (उ.प्रा.मा.)
(ङ) जीवनियाँ	4. साहित्यिक सौन्दर्य की सराहना कर सकेंगे (उ.प्रा.मा.)
	5. अभिव्यक्ति के रूप और शैली की सराहना कर सकेंगे (उ.प्रा.मा.)
	6. शब्द तथा अभिव्यक्ति के अन्य रूपों के सौंदर्य की सराहना कर सकेंगे (उ.प्रा.मा.)
	7. प्रयुक्त अलंकारों और छंदों को पहचान सकेंगे (उ.प्रा.मा.)
	8. प्रतीकात्मक अभिव्यक्ति के सौन्दर्य की पहचान कर उनकी सराहना कर सकेंगे (उ.प्रा.मा.)
	9. अर्थ की विविध छटाओं को पहचान सकेंगे (उ.प्रा.मा.)
	10. भाषा शैली का विश्लेषण कर सकेंगे (उ.प्रा.मा.)
	11. भाषा शैली का मूल्यांकन कर सकेंगे (उ.प्रा.मा.)
	12. भाषा शैली की दृष्टि से साहित्य के विभिन्न रूपों की तुलना कर सकेंगे (उ.प्रा.मा.)

16.2.8 उद्देश्य: प्रथम भाषा से द्वितीय भाषा में और द्वितीय भाषा से प्रथम भाषा में अनुवाद करने की क्षमता विकसित करना (Objective: To acquire the ability of translating from the second language to the first language and vice versa)

उद्देश्यों का स्पष्टीकरण	अपेक्षित व्यवहार-परिवर्तन
उद्देश्यों का स्पष्टीकरण पाठ्यसामग्री के रूप	**छात्र**
(क) मूलभाषा	1. मूलभाषा के शब्दों और पदबंधों के लिए लक्ष्य भाषा में उपयुक्त पर्यायों को बता सकेंगे (उ.प्रा. मा.)

(क्रमशः)

(क्रमशः)

उद्देश्यों का स्पष्टीकरण	अपेक्षित व्यवहार–परिवर्तन
(ख) लक्ष्य भाषा (ग) मूलभाषा में व्यक्त विषय–वस्तु	2. मूलभाषा की कहावतों और मुहावरों के लिए लक्ष्य भाषा में उपयुक्त समान मुहावरों/कहावतों को दे सकेंगे (उ.प्रा.मा.)
	3. मूलभाषा की वाक्य संरचानओं के लिए लक्ष्यभाषा की उपयुक्त वाक्य संरचनाओं को दे सकेंगे (उ.प्रा.मा.)
	4. मूलभाषा के व्याकरणिक शब्दों के लक्ष्य भाषा में अनावश्यक प्रयोगों से बच सकेंगे (उ.प्रा.मा.)
	5. मूलभाषा में न होने पर भी लक्ष्य भाषा में आवश्यक व्याकरणिक शब्दों का प्रयोग कर सकेंगे (उ.प्रा.मा.)
	6. मूलभाषा में व्यक्त विचारों के अनुक्रम को बनाए रखेंगे (उ.प्रा.मा.)
	7. मूलभाषा की संवेदनाओं और मनोभावों को बनाए रखते हुए उनका लक्ष्य भाषा में अंतरण कर सकेंगे (उ.प्रा.मा.)

16.2.9 उद्देश्य: प्रथम भाषा/मातृभाषा और उसके साहित्य में रुचि का विकास (Objective: To develop an interest in the first language/mother tongue and its literature)

उद्देश्यों का स्पष्टीकरण	अपेक्षित व्यवहार–परिवर्तन
सामग्री के रूप	**छात्र**
भाषा और साहित्य	1. पाठ्य–पुस्तकों के अतिरिक्त अन्य पुस्तकों को पढ़ सकेंगे (प्रा.उ.प्रा.मा.)
	2. अच्छी कविताओं को कंठस्थ कर सकेंगे (प्रा.उ.प्रा.मा.)
	3. विद्यालय की पत्रिका में प्रकाशनार्थ अपनी रचनाएँ भेज सकेंगे (उ.प्रा.मा.)
	4. विद्यालय के साहित्यिक कार्यक्रमों में भाग ले सकेंगे (प्रा.उ.प्रा.मा.)
	5. साहित्यकारों के चित्रों का संग्रह कर सकेंगे (उ.प्रा.मा.)

(क्रमशः)

(क्रमशः)

उद्‌देश्यों का स्पष्टीकरण	अपेक्षित व्यवहार-परिवर्तन
	6. साहित्यिक महत्त्व की वस्तुओं के चित्रों का संग्रह कर सकेंगे (मा.)
	7. विद्यालय से बाहर साहित्यिक कार्यक्रमों में भाग ले सकेंगे (मा.)
	8. साहित्यिक पत्रिकाओं और लेखों का संग्रह कर सकेंगे
	9. स्वयं साहित्य रचना में प्रवृत्त हो सकेंगे (मा.)
	10. साहित्यिक सभाओं के सदस्य बन सकेंगे (मा.)
	11. अपने मित्रों में साहित्यिक रूचि का विकास कर सकेंगे (मा.)

16.2.10 उद्देश्य: वांछनीय और स्वस्थ अभिवृत्तियों का विकास करना (Objective: To develop healthy and desirable attitudes (PMS))

उद्‌देश्य का स्पष्टीकरण	अपेक्षित व्यवहार-परिवर्तन छात्र
अभिवृत्ति के प्रकार	**छात्र**
(क) आस्था	1. साहित्य के लिए प्रेम-भाव का विकास कर सकेंगे।
(ख) आदर का भाव	
(ग) साहित्य, देश और मानव जाति के लिए प्रेम का भाव	2. अपनी और अन्यों की संस्कृति के लिए प्रेम और आदर का भाव विकसित कर सकेंगे।
(घ) संवदेनशीलता	3. विभिन्न समाजों के आदर्शों के लिए आदर का भाव विकसित कर सकेंगे ।
(ङ) अन्यों के लिए सद्‌भाव	
	4. अपने देश के और विश्व के सभी लोगों के लिए प्रेम-भाव विकसित कर सकेंगे।
	5. अपने और विश्व के पर्यावरण के प्रति संवेदनशीलता का विकास कर सकेंगे।
	6. वांछनीय अभिवृत्तियों के अनुरूप विचारों और भावनाओं का अनुभावन कर सकेंगे और बता सकेंगे।
	7. वाँछनीय अभिवृत्तियों के अनुरूप व्यवहार कर सकेंगे।

16.3 प्रथम भाषा शिक्षण के उपागम (Approaches to the Teaching of First Languages)

उपर्युक्त चर्चा और उससे संबंधित विषय-वस्तु की दृष्टि से प्रथम भाषा के शिक्षण की व्यूह रचना के लिए आगे विचार किया जा रहा है।

प्रथम भाषा शिक्षण के उपर्युक्त उद्देश्यों के परिप्रेक्ष्य में शिक्षण कार्यक्रम का आयोजन इस प्रकार किया जाना चाहिए कि छात्र अपनी प्रथम भाषा में इस प्रकार की दक्षता प्राप्त करें कि वे अपने दैनिक जीवन को ठीक से चला सकें, औपचारिक शिक्षा प्राप्त कर सकें और समाज के सांस्कृतिक और सामाजिक जीवन में सक्रिय रूप से भाग ले सकें। इसके लिए प्रथम भाषा की कुछ विषय-वस्तुओं के कुछ बिन्दुओं का ज्ञान पर्याप्त नहीं हो सकता, अपितु इसके लिए इन बिन्दुओं को संयोजित भी करना पड़ेगा। भाषिक विषय-वस्तु, वैचारिक विषय-वस्तु और साहित्यक अभिव्यक्ति की विविध विधाओं और रूपों को– जिनमें दैनिक व्यवहार के मौखिक और लिखित दोनों प्रकारों के साथ उन्हें समन्वित करना होगा जिससे छात्र अपने-आप को लिखित और मौखिक रूपों में व्यक्त कर सके और जो कुछ वे सुनते हैं, उसे समझ सकें। भाषा शिक्षण उक्त घटकों का समन्वयन ही है जिसके आधार पर भाषा और अन्य विषयों के शिक्षण के अंतर को समझा जा सकता है। अन्य सभी विषयों में विषय-वस्तु ही सर्वाधिक महत्त्वपूर्ण होती है। परंतु भाषा शिक्षण में, विषय-वस्तु के सभी तत्त्वों के साथ भाषा के चारों कौशलों में दक्षताओं–श्रवण और पठन-बोध और मौखिक और लिखित अभिव्यक्ति का विकास भी छात्रों में करना होता है। इनके अतिरिक्त कुछ विशेष रुचियों और अभिवृत्तियों का विकास भी प्रथम भाषा के शिक्षण के द्वारा करना होता है जो बालक के सामाजिक और सांस्कृतिक जीवन से संबंधित होते हैं। इन सबको मातृभाषा, जिसे प्रथम भाषा भी कह सकते हैं, के शिक्षण के शैक्षणिक उद्देश्य कह सकते हैं जिनमें ज्ञान, कौशल, रुचियाँ और अभिवृत्तियाँ समाहित रहती हैं।

जैसाकि पहले कहा गया है, बालक प्रथम भाषा या मातृभाषा का प्रयोग सभी औपचारिक और अनौपचारिक संदर्भों में करता है। वह उसके प्रयोग के साथ-साथ उसे सीखता भी है। परंतु यह कहना गलत होगा कि वह जितना अधिक प्रयोग करता है, उतना अधिक सीखता भी है। क्योंकि प्रयोग की अधिकता हमेशा अच्छे अधिगम को सुनिश्चित नहीं करती। यदि ऐसा होता तो दैनिक जीवन में उसका प्रयोग ही अधिगम के लिए पर्याप्त माना जा सकता था और उसको विद्यालयों में उसके शिक्षण की आवश्यकता ही नहीं होती। परंतु भाषा और साहित्य के औपचारिक शिक्षण के लिए मातृभाषा/प्रथम भाषा के शिक्षण की आवश्यकता प्रारंभ से ही मानी जाती रही है। भाषा के कार्यक्रम का प्रयोजन होता है, छात्रों को भाषिक कौशलों में औपचारिक प्रशिक्षण प्रदान किया जाए जिसे भाषा के अनौपचारिक दैनिक प्रयोग के आधार पर पूरा नहीं किया जा सकता। इस सबके संदर्भ में, भाषा शिक्षण के कार्यक्रमों में शिक्षण सामग्री का महत्त्वपूर्ण स्थान रहता है। शिक्षण सामग्री में पाठ्य-पुस्तकों, पूरक-पुस्तकों, अभ्यास पुस्तिकाओं और कक्षा-अध्यापक द्वारा निर्मित अन्य सभी सामग्रियों को सम्मिलित किया जा सकता है। यद्यपि पाठ्य-पुस्तक इनमें से एक होती है और उसी पर मातृभाषा शिक्षण का कार्यक्रम निर्भर रहता है।

प्रथम भाषा जो सामान्यत: मातृभाषा ही होती है और जो पाठ्यचर्चा के सभी समान तत्त्वों में प्रथम होती है। परंतु उसे किन्ही कारकों से उपेक्षित ही रहना पड़ता है और उसे किन्ही कारकों से शिक्षा की सभी वरीयताओं में सबसे पीछे रखा जाता है। इस दुर्दशा का कारण, वस्तुत: छात्रों की सचेत उपेक्षा भाव है जिसका कारण उपभोक्तावाद की व्यावहारिक अवधारणा है। दुर्भाग्य से छात्र सोचते हैं कि मातृभाषा का ज्ञान उनके भावी जीवन में या

रोजगार प्राप्ति में किसी प्रकार से उपयोगी सिद्ध नहीं होगा और अध्ययन के लिए अध्ययन की धारणा आज के भौतिक जीवन में मूल्यहीन हो गई है। किसी ने मजाक में ही सही, ठीक ही कहा कि आज के बालकों को मातृभाषा की आवश्यकता केवल आपस में गाली-गलौज के लिए ही होती है।

फिर भी, मातृभाषा का महत्त्व बरकरार है और अब भी ऐसे छात्र मिलते हैं जो पूरे मनोयोग से मातृभाषा का अध्ययन करते हैं। वस्तुतः ये ही लोग हैं जो न केवल मातृभाषाओं को बचाए हुए हैं, अपितु उनमें उल्लेखनीय साहित्यिक योगदान भी कर रहे हैं।

यहाँ इसका उल्लेख किया जा सकता है कि हमारी प्राचीन भाषाओं में ही हमारी संस्कृति का कोष-सुरक्षित है जो आधुनिकता के आक्रमण के बाद भी हमें उससे अलग नहीं होने देता।

मातृभाषा में वह सब कुछ है जो किसी भाषा में सम्भव है, अर्थात् गद्य, काव्य, नाटक, उपन्यास, लघु-कथाएँ, आदि जिनका अध्ययन विशेष दृष्टि और विस्तार के साथ किया जाता है। हमें इनका केवल ऊपर-ऊपर से ही अध्ययन नहीं करना चाहिए, अपितु गम्भीरता के साथ करना चाहिए। केवल कवियों और लेखकों के नामों की जानकारी पर्याप्त नहीं हो सकती, हमें उनके जीवन के उन मोड़ों को समझना चाहिए जिनसे उनके जीवन में परिवर्तन आए हैं तथा उनके बाद और पहले के साहित्य में उनके योगदान को समझना चाहिए। हमें इनके अतिरिक्त उनके विचारों की एकसूत्रता जो उनकी सभी सहित्यिक कृतियों में दिखाई देती हैं, उसका भी अनुसंधान करना चाहिए, उनकी शैली, उनका संबोध्य पाठक वर्ग, उनके समय का समाज आदि के साथ-साथ जिन पर उनका प्रभाव पड़ा हो या जिनका प्रभाव उनकी रचनाओं पर पड़ा हो, का भी अध्ययन करना चाहिए।

इतने मात्र को भी हम पर्याप्त नहीं कह सकते। क्योंकि हमें उनकी रचनाओं में क्या कहा गया है, इसी का अध्ययन न करके, उनके निहितार्थों को भी समझना चाहिए, अर्थात् उनके शब्दों को नहीं, उनकी व्यंजनाओं को समझना चाहिए, उनके साहित्य में चित्रित घटनाओं के निहितार्थों, उनकी क्रियाओं के मूल में वर्तमान प्रयोजनों, केवल उनके विचारों को ही नहीं, उनकी भावनाओं को भी समझने की कोशिश करनी चाहिए।

ये कार्य बहुत सरल नहीं है। इन्हें, शिक्षकों और शिक्षार्थियों के संयुक्त प्रयासों द्वारा करना चाहिए। इसके लिए प्रतिभागी अधिगम की प्रणाली का अनुसरण करना चाहिए जहाँ, शिक्षकों के मार्ग दर्शन में शिक्षार्थियों को गहन अध्ययन के लिए विभिन्न विषय, क्षेत्र, पुस्तकें, कविता आदि बाँटी जा सकती हैं तथा बाद में संयुक्त बैठकों में उनके अध्ययनों के निष्कर्षों पर चर्चा की जा सकती है। इस प्रकार की स्थिति में, जैसाकि 'सीमान्त पाठ्यचर्या' में होता है, शिक्षक भी शिक्षार्थियों के साथ अनेक नई बातें सीख सकते हैं। इस प्रकार के सामूहिक कार्यों में, न केवल समय की बचत होती है, अपितु सभी प्रतिभागियों के लिए ये अत्यंत लाभकारी होते हैं। क्यांकि वैयक्तिक स्तर पर किए जाने वाले अध्ययन से कोई इतना ज्ञान प्राप्त नहीं कर पाता, जितना कि उसे इस प्रकार के सामूहिक कार्यों से प्राप्त होता है। इस प्रकार के सामूहिक कार्यों से छात्रों में साहित्यिक रुचियों का विकास होता है जिससे वे साहित्य के और आगे गहन अध्ययन के लिए उद्यत हो सकते हैं और हो सकता है कि इनमें से कुछ साहित्य के विशेषज्ञ, या लेखक या कवि बनें और वर्तमान साहित्य को और अधिक समृद्ध बनाएँ।

सभी भाषाओं के अध्ययन में व्याकरण का भी महत्त्वपूर्ण स्थान रहता है। वस्तुत: इससे भाषा की नींव मजबूत होती है और छात्र भाषा के शब्दों, शैलियों आदि की बहतर सराहना कर सकते हैं। छात्रों को अनुप्रास आदि अलंकारों, छंदों की तुकों के मिलान तथा छंदों के पादों की बनावट आदि को समझने और सराहने के लिए प्रेरित करना चाहिए।

छात्रों को कवियों, लेखकों, नाटककारों या उपन्यासकारों आदि को सौंदर्य, कल्पना, दर्शन, प्रकृति आदि के साथ जोड़कर देखने के लिए प्रेरित करना चाहिए। उसे वैज्ञानिक आधारों पर कवियों आदि के वर्गीकरण के लिए तैयार करना चाहिए।

किसी लेखक की विभिन्न रचनाओं के तुलनात्मक अध्ययन या एक ही विषय पर विभिन्न लेखकों की रचनाओं के तुलनात्मक अध्ययन के लिए छात्रों को प्रेरित किया जा सकता है।

किसी लेखक की रचनाओं के गहन अध्ययन की दृष्टि से विभिन्न अलंकारों, जैसे श्लेष, रूपक, उपमा आदि का ज्ञान आवश्यक होता है। अत: छात्रों को इनका शास्त्रीय ज्ञान अवश्य होना चाहिए।

प्रथम भाषा के शिक्षण के लिए 'मानक शिक्षण पद्धति' के साथ 'विशिष्ट शिक्षण पद्धतियों' का ज्ञान भी आवश्यक होता है। मानक शिक्षण पद्धति की चर्चा शिक्षण की तकनीक के अध्याय में की जा चुकी है। विशिष्ट शिक्षण पद्धति का विकास आवश्यकतानुसार स्वयं शिक्षक कर सकते हैं। उदाहरण के लिए कबीर के बारे में पढ़ाते समय वह कबीर पर तैयार की गई वीडियो फिल्म दिखा सकता है जिसमें कबीर के जीवन-वृत्तांत को दिखया गया हो। इस तरह के कार्यक्रमों से छात्रों के मन में कवियों का चरित्र स्थायी प्रभाव छोड़ता है जिसे वे जीवन में कभी नहीं भूल पाते।

अध्यापक कभी-कभी ऐसी कविताएँ भी सुना सकता है जिनके एक से अधिक अर्थ होते हैं। बाद में सभी छात्र उनके विभिन्न अर्थों को लिख सकते हैं और उनके विभिन्न अर्थों पर विचार-विमर्श कर सकते हैं कि उनका जीवन में क्या महत्त्व है।

इसी प्रकार नाटक के शिक्षण में छात्रों को उसकी कथा-वस्तु बताई जानी चाहिए जिससे वे प्रश्नों के उत्तर देते समय अपने विचारों की पुष्टि में नाटक के संवादों या कुछ वाक्यों या पद-बंधों को उद्‌धृत कर सकें।

निबंध लेखन में विषय-वस्तु की गंभीरता के साथ सृजनात्मकता की भी आवश्यकता होती है। सामान्यत: निबंधों के विषय में हमें गहन चिन्तन करना चाहिए। माध्यमिक और उच्च माध्यमिक कक्षाओं के छात्रों से मात्र कथनात्मक या विवरणात्मक निबंधों की अपेक्षा नहीं की जाती। अत: शिक्षकों को अपने छात्रों को निबंध लेखन से पहले उसकी योजना बनाने और रूपरेखा तैयार करने का प्रशिक्षण देना चाहिए। निबंध लेखन के लिए की गई तैयारी के कारण निबंध की विषय-वस्तु और प्रस्तुति में अच्छा अनुक्रम, संतुलन और समन्वय आता है जिससे एक विचार बिन्दु से दूसरे विचार बिन्दु की यात्रा सहज हो जाती है। निबंध की पूर्व तैयारी हमेशा लाभकारी होती है।

कक्षा में लघु कथाओं को दादी-नानी की कहानियों की तरह नहीं ग्रहण करना चाहिए। क्योंकि कहानी मात्र कथा-वस्तु नहीं होती, उससे अनेक गहन विचार भी अभिव्यक्त होते हैं। इसीलिए मात्र तथ्यों की जानकारी पर्याप्त नहीं होती, उनसे मिलने वाले संदेश, विचार और नैतिक भाव अधिक महत्त्वपूर्ण होते हैं। सामान्यत: इन्हें हम कहानी की

ऊपरी सतह पर नहीं पा सकते इसके लिए गंभीर अध्ययन की आवश्यकता होती है। इसके लिए हमें छात्रों को प्रेरित करना चाहिए।

गद्य, पद्य (कविता) और नाटक की चर्चा पहले की गई है। यहाँ इतना ही कहा जा सकता है कि छात्रों को इनकी विषय-वस्तु से इस प्रकार जुड़ना चाहिए कि वे इनके किसी पात्र के साथ हुए अन्याय को वे अपने साथ हुए अन्याय के समान देख सकें, पात्रों के साथ हुए न्याय के साथ वे प्रसन्न हो सकें, पात्रों के सुख या दुख के साथ हँस या रो सकें, अर्थात् वे इन पात्रों के साथ तादात्म्य स्थापित कर सकें। अतः छात्रों को इन्हें पढ़ने के साथ उन पर विचार करने के लिए प्रशिक्षित किया जाना चाहिए जिससे वे स्वयं इन के व्यापक निहितार्थों को समझ सकें और सीखी-समझी बातों का अनुप्रयोग अपने जीवन में कर सकें। वस्तुतः यही दृष्टि है जो भाषा शिक्षण के कार्यक्रमों को महत्त्वपूर्ण और मूल्यवान बनाती हैं। इस क्षेत्र में चर्चा, काव्य पाठ और प्रतियोगिता आदि से छात्र जनसभाओं में बोलना सीखते हैं और उनका संकोच समाप्त होता है।

अंत में यही कहा जा सकता है कि प्रथम भाषा के शिक्षण को मात्र पाठ्य-पुस्तक तक सीमित नहीं करना चाहिए। परंतु उसके साथ-साथ अनेक क्रियाएँ और अभ्यास करवाए जाने चाहिए जिससे प्रथम भाषा का अधिगम सार्थक हो और उससे छात्रों की बौद्धिक और मानसिक क्षमताओं की वृद्धि हो।

द्वितीय-भाषा शिक्षण
(Teaching of the Second Language)

जीवंत स्थितियों में छात्र केवल प्रथम भाषा ही नहीं सीखते, अपितु वे अन्य भाषाएँ भी सीखते हैं, जिन्हें द्वितीय और तृतीय भाषा कहा जाता है। प्रथम भाषा और द्वितीय और तृतीय भाषाओं के शिक्षण और अधिगम में गुणात्मक अंतर ही होता है, उनमें कोई मूलभूत अंतर नहीं होता। प्रस्तुत संदर्भ में द्वितीय-भाषा शिक्षण की चर्चा की जा रही है, तृतीय-भाषा शिक्षण की चर्चा नहीं।

17.1 द्वितीय-भाषा का महत्त्व (Significance of the Second Language)

भारत में जहाँ मातृभाषा को प्रथम भाषा के रूप में पढ़ा-पढ़ाया जाता है, वहाँ सामान्यत: अंग्रेजी भाषा को द्वितीय भाषा के रूप में स्वीकार किया जाता है। मातृभाषा के अतिरिक्त अन्य भारतीय भाषाओं और फ्रेंच, जर्मन, जापानी जैसी विदेशी भाषाओं को तृतीय भाषा के रूप में पढ़ा-पढ़ाया जाता है।

द्वितीय भाषा के रूप में अंग्रेजी पढ़ाने के लिए पाठ्य-पुस्तकें तैयार करते समय एस. एन. साहा ने जो टिप्पणी द्वितीय भाषा अंग्रेजी के महत्त्व के विषय में लिखी थी उसे यथावत् नीचे उद्धृत किया जा रहा है:

"भारत की प्रशासनिक और शैक्षिक संरचना में अंग्रजी ने अपना महत्त्वपूर्ण स्थान बना लिया है। इसीलिए इसका राष्ट्रीय महत्त्व है। इसके महत्त्व के और भी दूसरे कारण हैं।

वर्तमान युग में आज कोई भी राष्ट्र, चाहे कितना ही महान क्यों न हो, केवल अपने स्वदेशी सामाजिक, सांस्कृतिक और तकनीकी खोजों और विकास पर निर्भर नहीं रह सकता। सभी राष्ट्रों की तरह, प्रत्येक व्यक्ति अपनी मानसिक और भौतिक उपलब्धियों को आपस में बाँट रहा है और उससे लाभाविन्त हो रहा है। इसीलिए किसी अन्य भाषा का सीखना एक महत्त्वपूर्ण उपक्रम है जिससे अधिक सघन अनुभवों और व्यापक विश्व दृष्टि को प्राप्त किया जा सकता है। यह और भी अधिक महत्त्वपूर्ण हो जाता है, जबकि उसका संबंध अंग्रेजी जैसी जीवंत भाषा के साथ हो, क्योंकि अंग्रेजी में मानविकी, वैज्ञानिक और प्रौद्योगिकी से संबंधित समृद्ध साहित्य उपलब्ध है।" इसी के साथ, जैसाकि राधाकृष्णन आयोग के प्रतिवेदन में भारपूर्वक कहा गया है, "अंग्रेजी एक ऐसा साधन है जिससे हम

अपने आपको विश्व से अलग होने से बचा सकते हैं और यह अबुद्धिमत्तापूर्ण कार्य होगा, यदि हम अपने आप को अज्ञान के काले पर्दे की पर्तों में छिपाने का प्रयास करते हैं। विश्व में एकता का भाव आज बन रहा है। अत: अभिव्यक्ति के उस माध्यम पर अधिकार, जो अधिक व्यापक है और जिसकी पहुँच हमारी किसी भी भाषा से अधिक है, हमारे लिए अत्यंत लाभकारी हो सकता है।"

अत: वर्तमान स्थिति में और दृश्यमान भविष्य में विदेशी भाषाओं की बढ़ती हुई माँग का अनुभव होगा और हमारी पाठ्यचर्चा के महत्त्वपूर्ण अंग के रूप में उनका महत्त्वपूर्ण स्थान रहेगा। उदाहरण के लिए, लोगों को अंग्रेजी के माध्यम से संप्रेषंण करने, अंग्रेजी में लिखी पुस्तकों को पढ़ने और समझने की भी जरूरत बनी रहेगी। उन्हें आधुनिक उद्योग और व्यापार, यातायात और सम्प्रेषण, प्रौद्योगिकी और अभियांत्रिकी के लिए अंग्रेजी भाषा के ज्ञान की आवश्यकता होगी। इसीलिए द्वितीय या तृतीय भाषा के रूप में अंग्रेजी को पाठ्यचर्या के एक महत्त्वपूर्ण विषय के रूप में उसी प्रकार स्वीकार करना चाहिए। जिस प्रकार पाठ्यचर्या के अन्य विषयों को स्वीकार किया जाता है। किसी भी अन्य विषय के समान उसे भी भलीभाँति पढ़ा-पढ़ाया जाना चाहिए। इसी तरह विदेशी भाषा के रूप में फ्रेंच भाषा को भी भारत में बड़ी संख्या में छात्रों द्वारा पढ़ाया जा रहा है जो अंग्रेजी के बाद दूसरे स्थान पर है। जर्मन और जापानी भाषाओं के अध्येताओं की संख्या भी क्रमश: बढ़ रही है। परंतु किसी द्वितीय भाषा का अध्ययन पाठ्यचर्या के अन्य सभी विषयों से मूलभूत रूप में भिन्न होता है। क्योंकि वह अध्येताओं के जीवंत भावनात्मक अनुभवों से जुड़ी होती है, न कि अन्य विषयों के समान मात्र बौद्धिक अनुभवों से। इसीलिए कहा जाता है कि द्वितीय भाषा को हृदय और प्रेम के साथ सीखा जाना चाहिए। यह तभी संभव होता है जबकि अध्येता को लगे कि वह उस भाषा को उसके गुणों के लिए सीख रहा है। इसीलिए द्वितीय भाषा जो विदेशी या कोई भारतीय भाषा हो सकती है, को अपनी देशी प्रथम भाषा से भिन्न रूप में समझने की आवश्यकता होती है।

विदेशी भाषा के अधिगम की प्रकृति और उसका कार्यक्षेत्र, चाहे उसे प्रथम या द्वितीय भाषा के रूप में सीखा जाए, का अर्थ होता है, सामाजिक व्यवहार के साँचों के तंत्र को समझना। इसीलिए उसका अनुभावन अमूर्त नहीं होता, अपितु विशेष स्थितियों में मनुष्यों के क्रियाकलापों के रूप में अनुभूत किया जाता है जो लिखित और उच्चरित दोनों रूपों में हो सकता है। मैकी (Mackey) ने इसीलिए भाषा को व्यवस्थाओं की व्यवस्था कहा है जिसमें ध्वनि व्यवस्था, शब्दावली व्यवस्था, व्याकरणिक व्यवस्था और अर्थ या संदर्भों की व्यवस्था के बीच एक जटिल संबंध होता है। अत: भाषा अधिगम एक जटिल प्रक्रिया होती है जिसमें विविध प्रकार के साँचों को विविध प्रकार से जोड़ा जाता है और अध्येता द्वारा उन्हें आत्मसात् करने के लिए उनका समन्वयन करना पड़ता और उसके नियमों पर अधिकार भी प्राप्त करना होता है। फिर भी सच है कि कोई भी सामान्य बालक अपनी स्थानीय भाषा को बिना किसी प्रकार के विशेष प्रयास के सहज ही सीख लेता है। अपनी मातृभाषा की इस सुविधाजनक स्थिति का मूल कारण, उसका भाषा के परिवेश में सतत रहना, जिससे उसका व्यवहार संचालित होता है, माना जाता है, साथ ही भाषा अधिगम की इस प्रक्रिया में उसे पूरा अभ्यास करने के अवसर मिलते हैं, उसकी अभिप्रेरणा सदा बनी रहती है और सफलता के पश्चात् तत्काल उसे पुरस्कार प्राप्त होता है। वस्तुत: बालक का

जगत मूलत: भाषा का जगत ही होता है जिसमें अनन्त वस्तुएँ होती हैं, जिनसे हजारों रूप बनते हैं, अकथित स्थितियाँ होती हैं, असीमित भावनाएँ और अनुभव होते हैं जो निरंतर अभिव्यक्ति की माँग करते रहते हैं। ये सभी उसे अपनी भाषा के सीखने के लिए उत्प्रेरित करते रहते हैं। इसीलिए बालक द्वारा अपने परिवेश की भाषा को सीखना एक अपरिहार्य या अनिवार्य प्रक्रिया है। परंतु बच्चे द्वितीय भाषा को किसी प्रकार भिन्न रीति से सीखते हैं। यद्यपि परिवेश की भाषा पर पूरा अधिकार प्राप्त करने को सामान्यत: एक सामान्य स्थिति के रूप में स्वीकार कर लिया जाता है, परंतु द्वितीय भाषा के अधिगम की परिस्थितियों और सफलता की मात्रा का सरलता से पूर्वानुमान नहीं किया जा सकता है। बालक को अपने परिवेश की भाषा या मातृभाषा सीखनी ही पड़ती है। क्योंकि इसके अतिरिक्त उसके पास अपने-आपको अभिव्यक्त करने का और कोई साधन नहीं होता जिससे वह अपनी आवश्यकताओं को बता सकें, वस्तुओं को नाम दे सकें और अपनी संवेदनाओं और भावनाओं को अभिव्यक्त कर सकें। किसी अन्य भाषा को द्वितीय भाषा के रूप में सीखने के लिए इस प्रकार की कोई बाध्यता नहीं होती।

प्रथम भाषा या मातृभाषा को सीखते समय बालक का मन एक कोरा कागज जैसा होता है, जिस पर भाषा की संरचनाएँ मुद्रित हो जाती हैं। परंतु द्वितीय भाषा के संबंध में ऐसी स्थिति नहीं होती, अपितु बालक उसे अपनी मातृभाषा के पूर्व अनुभवों के अनुरूप ही देखता है। इसीलिए द्वितीय भाषा सीखने की प्रेरणा इतनी बलवती नहीं होती। द्वितीय भाषा को सीखने के लिए उसे प्रतिदिन एक या दो घंटे ही मिलते हैं और वह भी कक्षा अध्ययन की स्थिति में ही, जबकि वह प्रथम भाषा को हर रोज पूरे समय तक सीखता रहता है। इसीलिए द्वितीय भाषा में प्रथम भाषा का हस्तक्षेप होता रहता है और कभी-कभी उसका नकारात्मक अन्तरण भी होता है। प्रथम भाषा का अधिगम और उस पर पूरा अधिकार भी एक विस्मयकारी कार्य है। किसी भी विकसित भाषा की शब्द राशि इतनी अधिक होती है कि उन सबको सीखने के लिए और व्यवहार करने के लिए पूरा जीवन भी पर्याप्त नहीं होता और भाषिक संरचनाओं के जोड़-तोड़ से नवीन प्रयोगों की अनंत संभावनाएँ प्रत्येक भाषा में सदा रहती हैं। कोई भी पद्धति किसी भी भाषा को पूरी तरह नहीं सिखा सकती और कोई भी व्यक्ति अपनी भाषा को पूरी तरह नहीं जान सकता है। यदि ये बातें प्रथम भाषा के संबंध में सच हैं तो कल्पना कीजिए कि द्वितीय भाषा के विषय में ये कितनी सच हो सकती हैं। अत: द्वितीय भाषा की ध्वनि व्यवस्था, वाक्य रचना, शब्द राशि और संदर्भों अर्थात् सम्पूर्ण भाषा के स्वरूप की दृष्टि से भाषा के अमूर्त नियमों की समझ की अनिवार्य आवश्यकता रहती है जिससे द्वितीय भाषा के अधिगम के उद्देश्यों को प्राप्त किया जा सकता है।

द्वितीय भाषा अधिगम का प्रयोजन (Purpose of Learning the Second Language)

द्वितीय भाषा अधिगम के प्रयोजन पर हमें सबसे पहले विचार कर लेना चाहिए। जैसाकि पहले चर्चा की जा चुकी है, प्रथम भाषा या अपने परिवेश की भाषा सीखने वाले बालकों की तुलना में द्वितीय भाषा सीखने वाले बालकों को अपेक्षाकृत अधिक समस्याओं का सामना करना पड़ता है। चाहे हम द्वितीय भाषा का कितना ही अच्छा और प्रभावी पाठ्यक्रम क्यों न बनाएँ, कोई भी अध्येता द्वितीय भाषा में उतनी क्षमताएँ नहीं प्राप्त कर सकता जितनी कि वह प्रथम भाषा में प्राप्त कर लेता है। क्योंकि बोलचाल की भाषा पर

ही लिखित मानक भाषा आधारित होती है। अतः द्वितीय भाषा को सिखाते समय हमें छात्रों को ऐसे अवसर अधिक से अधिक देने चाहिए जिससे वे द्वितीय भाषा को बोलचाल के रूप को ठीक से सीख लें, जिससे वे अपने अनुभवों और रुचियों के अनुरूप किसी भी विषय पर परस्पर वार्तालाप कर सकें और उसके लिए पाठ्यक्रम में निर्धारित आवश्यक शब्दावली और संरचनाओं का प्रयोग कर सकें। यद्यपि द्वितीय भाषा-अधिगम का यह महत्त्वपूर्ण उद्देश्य माना जाता है। परंतु इस बात का ध्यान रखना चाहिए कि क्योंकि द्वितीय भाषा को सुनने और बोलने के सीमित ही अवसर सामान्यतः छात्रों को मिलते हैं। अतः इस उद्देश्य पर अधिक बल देने से बचना चाहिए। यथार्थ दृष्टि से सरलतापूर्वक पठन में दक्षता विकसित की जानी चाहिए जिससे छात्र निर्धारित शब्दावली और संरचनाओं से लिखित द्वितीय भाषा में लिखित पुस्तकों को बोध सहित पढ़ सकें और क्रमशः पठन के उच्चतर स्तरों को प्राप्त कर सकें और वे अपने वैयक्तिक अध्ययन और रुचियों से संबंधित सामान्य पुस्तकों को पढ़ सकें और समझ सकें, साथ ही उनमें अपने किसी परिचित विषय पर स्पष्ट रूप से लेखन की क्षमता भी विकसित कर सकें। वस्तुतः ये ही द्वितीय भाषा अधिगम के अधिक व्यावहारिक उद्देश्य प्रतीत होते हैं।

भारत में विद्यालय के स्तर पर सामान्यतः अंग्रेजी भाषा को ही द्वितीय भाषा के रूप में पढ़ा-पढ़ाया जाता है। परन्तु Indian School Certificate Examination (CISCE) से संबद्ध विद्यालयों तथा कुछ राज्यों में अंग्रेजी को प्रथम भाषा के रूप में पढ़ाया जाता है और उसे ही शिक्षा के माध्यम के रूप में प्रथम कक्षा से प्रयुक्त किया जाता है। राज्यों के शिक्षा बोर्डों से संबद्ध विद्यालयों में, यद्यपि अंग्रेजी की शिक्षा अनिवार्य नहीं है फिर भी लगभग सभी छात्र इसे द्वितीय भाषा के रूप में चुन लेते हैं। इस प्रकार के भी अनेक उदाहरण मिलते हैं जहाँ प्रथम और द्वितीय भाषा के स्तर लगभग समान ही होते हैं।

17.2 द्वितीय भाषा शिक्षण के उद्देश्य (Objectives of Teaching the Second Language)

स्कूली शिक्षा के वे बोर्ड, जो अंग्रेजी को प्रथम भाषा के रूप में स्वीकार करते हैं या जो उसे ऐसा ही स्थान प्रदान करते हैं, वे प्रथम भाषा शिक्षण के उद्देश्यों को देख सकते हैं जिनकी चर्चा पहले की जा चुकी है और तदनुसार पाठ्यचर्या विकास और उसका क्रियान्वयन कर सकते हैं। शेष सभी शिक्षण और परीक्षण के लिए द्वितीय भाषा शिक्षण के निम्नलिखित उद्देश्यों को स्वीकार कर सकते हैं।

द्वितीय भाषा के शैक्षणिक उद्देश्य (Instructional Objectives of Second Language)

1. छात्र सामान्य वार्तालाप की गति में बोली गई भाषा को समझ सकेंगे।
2. छात्र शुद्ध और प्रभावी भाषा बोल सकेंगे।
3. छात्र भाषा में लिखित अनुच्छेदों और कविताओं का सही मुखर वाचन कर सकेंगे।
4. छात्र बोध के साथ लिखित भाषा का मौन पठन कर सकेंगे।
5. छात्र शुद्ध भाषा में लिख सकेंगे।
6. छात्र भाषा अध्ययन में अपनी रुचि विकसित कर सकेंगे।

(उक्त सभी उद्देश्य विभिन्न स्तरों पर निर्धारित शब्दावली और संरचनाओं की सीमा में ही चरितार्थ हो सकते हैं।)

उद्देश्य और उनके स्पष्टीकरण (Objectives and their Specifications)

17.2.1 उद्देश्य: ***छात्र सामान्य वार्तालाप की गति में बोली गई भाषा को समझ सकेंगे (Objective: The student understands the languages when spoken at normal conversational speed)***

उद्देश्य का स्पष्टीकरण

उक्त उद्देश्य की सम्प्राप्ति को निदर्शित करने के लिए, छात्र:

1. भाषा की ध्वनियों की विशेषताओं को पहचान सकेंगे।
2. उच्चरित भाषा में बलाघात और अनुतान को पहचान सकेंगे और उनके महत्त्व को समझ सकेंगे।
3. संबंधित संदर्भ में वाक्यों, पदबंधों और शब्दों के अर्थ को समझ सकेंगे।
4. भाषण के अंश के मूल विचार या विचारों को पकड़ सकेंगे।
5. टी.वी. पर या प्रत्यक्ष रूप में अभिव्यक्त विचारों या घटनाओं के अनुक्रम का अनुसरण कर सकेंगे।
6. मौखिक रूप से पठित अनुच्छेद या प्रत्यक्ष भाषण में आई घटनाओं, विचारों या किसी व्यक्ति के विचारों या वस्तुओं के बीच के संबंधों को पहचान सकेंगे।
7. किसी के भाषण के केन्द्रीय विचार या मूलभाव को समझ सकेंगे।

17.2.2 उद्देश्य: ***छात्र शुद्ध और प्रभावी भाषा बोल सकेंगे। (Objective: The student speaks the language correctly and effectively)***

उद्देश्य का स्पष्टीकरण

उक्त उद्देश्य की संप्राप्ति को निदर्शित करने के लिए छात्र–

1. उपयुक्त उच्चारण, बलाघात और अनुतान का प्रयोग कर सकेंगे।
2. उपयुक्त शब्दों, पदबंधों और वाक्यों का प्रयोग कर सकेंगे।
3. बोलते समय उपयुक्त विरामों का प्रयोग कर सकेंगे।
4. विविध प्रकार के वाक्यों का प्रयोग कर सकेंगे।
5. अपने विचारों को उचित अनुक्रम में व्यक्त कर सकेंगे।
6. परिस्थिति के अनुरूप, भाषण में उचित गति और प्रवाह बनाए रखेंगे।
7. पारंपरिक संबोधनों और अभिवादनों का प्रयोग कर सकेंगे।

17.2.3 उद्देश्य: ***छात्र भाषा में लिखित अनुच्छेद और कविताओं का सही मुखर वाचन कर सकेंगे। (Objective: The student reads aloud passages and poems in the language correctly)***

उद्देश्य का स्पष्टीकरण

उक्त उद्देश्य की संप्राप्ति को निदर्शित करने के लिए छात्र–

1. शब्दों का सही उच्चारण कर सकेंगे।
2. आवश्यकतानुसार विराम का प्रयोग कर सकेंगे।
3. उचित बलाघात और लय का प्रयोग कर सकेंगे।

4. उचित अनुतान का प्रयोग कर सकेंगे।
5. उचित गति और प्रवाह को बनाए रखेंगे।
6. पठित सामग्री में व्यक्त भाव के अनुरूप मुखर पठन कर सकेंगे।

17.2.4 *उद्देश्य: छात्र बोध के साथ लिखित भाषा का मौन पठन कर सकेंगे। (Objectives: The student reads the language silently with comprehension)*

उद्देश्य का स्पष्टीकरण

उक्त उद्देश्य की सम्प्राप्ति को निदर्शित करने के लिए, छात्र:-

1. मौन पठन में उचित गति को बनाए रखेंगे।
2. संदर्भ के अनुसार, शब्दों, पदबंधों और वाक्यों का अर्थ समझ सकेंगे।
3. प्रमुख शब्दों, पदबंधों और वाक्यों को पकड़ सकेंगे।
4. महत्त्वपूर्ण विचारों और तथ्यों को पकड़ सकेंगे।
5. विभिन्न वस्तुओं, विचारों, घटनाओं, तथ्यों और पात्रों के बीच के संबंधों को पहचान सकेंगे।
6. अनुच्छेद के संदेश, विचार और अर्थ का अनुमान कर सकेंगे।
7. पात्र या लेखक की मनोदशा का अनुमान कर सकेंगे।
8. चरित्रों की विशेषताओं, घटनाओं और विचारों की व्याख्या कर सकेंगे।
9. गद्यांश/पद्यांश के केन्द्रीय भाव को समझ सकेंगे।
10. वर्णित घटनाओं या क्रियाकलापों और अभिव्यक्त विचारों, भावों, दृष्टिकोणों/अभिमतों का मूल्यांकन कर सकेंगे।

17.2.5 उद्देश्य: छात्र शुद्ध भाषा में लिख सकेंगे। (Objective: The student writes in the language correctly)

उद्देश्य का स्पष्टीकरण

उक्त उद्देश्य की सम्प्राप्ति को निदर्शित करने के लिए, छात्र:

1. उपयुक्त, शब्दों, मुहावरों और संरचनाओं का प्रयोग कर सकेंगे।
2. विविध प्रकार के वाक्यों का प्रयोग कर सकेंगे।
3. शब्दों को सही वर्तनी में लिख सकेंगे।
4. (अंग्रेजी में) कैपीटल लैटर तथा विराम चिह्नों का सही प्रयोग कर सकेंगे।
5. 'और', 'परंतु', 'अत:', 'इसलिए', आदि जैसे संयोजकों का सही प्रयोग कर सकेंगे।
6. केवल संबंधित या संगत विचारों और तथ्यों को प्रस्तुत कर सकेंगे।
7. अपने विचारों को तर्कसंगत रूप में प्रस्तुत कर सकेंगे।
8. अनावश्यक पुनर्कथनों से बच सकेंगे।
9. विचारों, तथ्यों आदि को अलग-अलग अनुच्छेदों में लिख सकेंगे।
10. विषय-वस्तु को उचित भूमिका और उपसंहार के साथ विकसित कर सकेंगे।
11. अनुच्छेदों को उचित शीर्षक दे सकेंगे।

12. अपने लेखन में कल्पना शक्ति दिखा सकेंगे।
13. लिखित रचना के विभिन्न रूपों/प्रारूपों के लेखन की तकनीकों का अनुसरण कर सकेंगे।
14. उचित गति के साथ सुलेख और सुवाच्य लेखन कर सकेंगे।

17.2.6 उद्देश्य: *छात्र भाषिक तत्त्वों और भाषा के पाठों की विषय-वस्तु का ज्ञान प्राप्त कर सकेंगे। (Objective: The student acquires knowledge of the elements of language and the textual content of the language)*

उद्देश्य का स्पष्टीकरण

उक्त उद्देश्य की सम्प्राप्ति को निदर्शित करने के लिए, छात्र:

1. वाक्य की लय, अनुतान, बलाघात और ध्वनियों की पहचान, प्रत्यस्मरण और अभिज्ञान कर सकेंगे।
2. विराम चिह्नों, बड़े अक्षरों, (Capital letters) वर्तनी, वाक्य साँचे, विषय-वस्तु के शब्दों और व्याकरणिक शब्दों की पहचान, प्रत्यस्मरण और प्रयोग कर सकेंगे।
3. पाठ के विचारों, तथ्यों, और घटनाओं की पहचान और प्रत्यस्मरण कर सकेंगे।

17.2.7 उद्देश्य: *छात्र भाषा और उसके साहित्य में रुचि विकसित कर सकेंगे (Objective: The student develops an interest in language and literature of the language)*

उद्देश्य का स्पष्टीकरण

उक्त उद्देश्य की सम्प्राप्ति को निदर्शित करने के लिए, छात्र:

1. स्वत: भाषा की पत्र-पत्रिकाओं, समाचारपत्रों तथा पुस्तकों को पढ़ सकेंगे।
2. द्वितीय भाषा की फिल्मों तथा दूरदर्शन व रेडियो के कार्यक्रमों को देख-सुन सकेंगे।
3. भाषा के गीतों, नाटकों, परिचर्चाओं, वाद-विवादों और भाषणों आदि को सुन सकेंगे।
4. भाषा के नाटकों, चर्चाओं और वाद-विवादों में भाग ले सकेंगे।
5. भाषा के गद्यों के उद्धरणों और कविताओं की पंक्तियों का संग्रह कर सकेंगे और उन्हें याद कर सकेंगे।
6. अवसरानुसार कक्षा से बाहर द्वितीय भाषा में वार्तालाप कर सकेंगे।
7. स्वत: द्वितीय भाषा में पत्र, कहानियाँ, प्रतिवेदन आदि लिख सकेंगे।
8. भाषा के संदर्भ ग्रंथों, समानान्तर कोशों और कोशों का उपयोग कर सकेंगे।

17.3 द्वितीय भाषा शिक्षण (Teaching of Second Language)

यहाँ यह विशेष रूप से उल्लेखनीय है कि किसी भी द्वितीय भाषा के शिक्षण में उसके साहित्य, उसकी कविताओं के सौंदर्य बोध, विभिन्न लेखकों और कवियों और

उनकी शैलियों के अध्ययन पर न्यूनतम भार होता है। अत: उसमें निम्नलिखित तत्त्वों पर ही विशेष ध्यान दिया जाता है:

- भाषिक तत्त्व
- श्रवण और पठन बोधन
- मौखिक और लिखित अभिव्यक्ति
- सीमित सौन्दर्य बोध, क्योंकि सम्प्रेषण ही मुख्य लक्ष्य होता है।

पाठ्यचर्या की विषय-वस्तु निम्नलिखित प्रकार की हो सकती है:

- गद्य
- सरल कविता
- लघु कहानियाँ
- जीवनियों के अंश
- पत्र
- संवाद
- नाटक
- उपन्यास और

भाषिक तत्त्वों व व्याकरणिक प्रयोगों आदि से संबंधित अभ्यास कार्य।

ये सभी रूप सरल ही होने चाहिए। क्योंकि द्वितीय भाषा की क्षमताओं के विकास का प्रयोजन दैनिक क्रियाकलापों में भाषिक सम्प्रेषण ही प्रमुख होता है।

प्रत्यक्ष पद्धति और अनुवाद पद्धति (The Direct Method and the Translation Method)

मूलत: द्वितीय भाषा शिक्षण की ये दो पारंपरिक पद्धतियाँ हैं:

प्रत्यक्ष पद्धति के अनुसार पहले छात्रों को स्थितियों और वस्तुओं की सहायता से भाषा की शब्दावली और प्रयोगों से परिचित कराया जाता है। विशेषकर, निम्नतर कक्षाओं में जब छात्रों को नई भाषा से परिचित कराया जाता है तो यह पद्धति अधिक उपयुक्त होती है। जैसे-जैसे बालक बड़े होते हैं, वे भाषा का अधिग्रहण करने लगते हैं, जिससे सम्प्रेषण वैसे ही सहज हो जाता है जैसे बालकों को चलना-फिरना सहज होता है, यद्यपि प्रारंभिक स्थिति में उन्हें वह कठिन लगता है।

अनुवाद पद्धति में इसके विपरीत मातृभाषा का उपयोग शिक्षण के माध्यम के रूप में किया जाता है और शब्दों का अर्थ और भाषिक प्रयोगों का सम्प्रेषण मातृभाषा की सहायता से छात्रों को सिखाया जाता है। आधुनिक शिक्षण की तकनीकों के प्रयोग से पहले शिक्षण की यह सर्वसामान्य पद्धति थी।

प्रत्यक्ष-पद्धति निश्चित रूप से मंथर गति से चलती है और शिक्षक और शिक्षार्थी दोनों को अधिक समय लगता है। परंतु अंत में उससे छात्र स्थायी रूप से भाषा का व्यवहार सीख जाते हैं। अनुवाद पद्धति में अपेक्षाकृत कम समय लगता है। परंतु छात्रों द्वारा अधीत द्वितीय भाषा पर मातृभाषा का दुष्प्रभाव भी पड़ता है।

शिक्षक के उच्चारण, अनुतान और बलाघात का प्रभाव भी छात्रों के भाषिक कौशलों पर पड़ता ही है। इसीलिए यह आवश्यक है कि द्वितीय भाषा का शिक्षक, न केवल

व्याकरणिक दृष्टि से ही सही भाषा में छात्रों के साथ सम्प्रेषण करे, अपितु उसका उच्चारण, अनुतान, बलाघात आदि भी शुद्ध होना चाहिए। क्योंकि छात्र उसी के अनुसार भाषा सीखते हैं। इसीलिए छात्रों को सलाह दी जाती है कि वे संबंधित द्वितीय भाषा के छात्र उसी भाषा में प्रसारित टी.वी. के समाचारों को सुनें।

पाठ्यक्रम की निर्धारित विषय-वस्तु के विभिन्न पक्षों पर विशेष ध्यान देना चाहिए, जिसके विषय में यहाँ कुछ विचार किया जा सकता है।

गद्य के पाठों का संबंध सामान्यतः कुछ विशेष विषयों के साथ होता है जिन्हें छात्रों को समझना होता है। विशेषकर, पाठ के संदर्भ में प्रयुक्त शब्दों, पदबंधों और मुहावरों का अर्थ छात्रों को उनके वाच्यार्थ के साथ-साथ उनका लक्ष्यार्थ और व्यंग्यार्थ भी समझना चाहिए। उन्हें पाठ के अनुच्छेद और उनके अनुक्रम के महत्त्व को भी समझना चाहिए जिससे वे उस पर पूछे गए प्रश्नों का सही-सही उत्तर दे सकें।

प्रथम भाषा की तुलना में द्वितीय भाषा के शिक्षण में जो कविताएँ होती हैं, वे सामान्यतः सरल ही होती हैं जिनमें उच्चस्तरीय सौन्दर्य-बोध की अपेक्षा नहीं होती, फिर भी छात्रों को कविताओं की वैचारिक विषय-वस्तु, भावनाओं के चित्रण और कल्पना शक्ति के प्रयोग आदि को समझना आवश्यक होता है। सामान्यतः कहा जाता है कि कविताओं को पढ़ाया नहीं जाता, उन्हें पकड़ा जाता है, जिससे पाठक उनके विषय में सोचता रहे, अनुभावन करता रहे जिनसे मन पर पड़ने वाले प्रभाव को कई बार तर्क संगत रूप से स्पष्ट करना कठिन होता है। कविताओं के अध्ययन से उत्पन्न भावनाएँ, क्योंकि निराली, गहन, मुक्त और व्यापक होती हैं। अतः उनका विश्लेषण उस प्रकार नहीं करना चाहिए जिस प्रकार गद्य पाठों का किया जाता है। कविता एक समन्वित इकाई होती है जिसकी सम्पूर्णता ही पाठक के मन को पूरी तरह प्रभावित करती है। कविता के खंडों के विश्लेषण से कविता ही खंड-खंड हो जाती है जिससे उनके खंडों की काव्यात्मकता की आत्मा ही विखंडित हो जाती है। इसीलिए कविताओं का विश्लेषण नहीं करना चाहिए, क्योंकि जिसका सम्प्रेषण किया जाता है, वह केवल विचार या अर्थ नहीं होता, अपितु उनमें अनुस्यूत भावनाएँ होती हैं जो आचार-विचारों में छिपी रहती हैं।

अनेक बार द्वितीय भाषा के पाठ्यक्रम के अंग के रूप में नाटकों को निर्धारित किया जाता है। परंतु इसमें शास्त्रीय नाटकों को स्वीकार नहीं किया जाता, अपितु किसी नाटक के किसी अंक से कुछ अंशों को ले लिया जाता है या शैक्सपीयर की कहानियों के सार को या कभी-कभी किसी एकांकी को या उसके किसी अंश को ले लिया जाता है। चाहे जिस विधा में नाटक को पाठ्यक्रम में निर्धारित किया जाए, द्वितीय भाषा में उसके विस्तृत अध्ययन की अपेक्षा नहीं होती। अतः इस विषय में अपेक्षा होती है कि छात्र बता सकें कि

- नाटक के लेखक का नाम क्या है?
- नाटक की कथावस्तु और घटना क्रम क्या है?
- नाटक के पात्र क्या हैं और उनकी क्या विशेषताएँ हैं और उनके संबंध क्या और कैसे हैं?

सामान्यतः परीक्षाओं में वस्तु-परक और सरल, सीधे प्रश्न ही पूछे जाते हैं।

द्वितीय भाषा के पाठ्यक्रमों में सामान्यतः उपन्यासों को पूरक पठन के लिए ही रखा जाता है जिनमें उपन्यास की कथावस्तु के सांस्कृतिक, राजनैतिक, आर्थिक और सामाजिक

पृष्ठ भूमि के गहन अध्ययन की अपेक्षा नहीं की जाती और न ही उपन्यास के समकालीन साहित्य या समाज के विषय में पूछा जाता है।

जैसे नाटकों के अध्ययन में होता है, वैसे ही उपन्यासों के अध्ययन में उनके लेखक, कथावस्तु और चरित्रों के विषय में जानकारी ही अपेक्षित होती है।

लघु-कथाएँ या तो पाठ्य-पुस्तकों में रखी जाती हैं या उन्हें पूरक पठन के लिए निर्धारित किया जाता है जिनके विविध पक्षों की सामान्य जानकारी ही अपेक्षित होती है। कोई भी व्यक्ति, यदि उन्हें एक बार भी पढ़ लेता है तो वह अपनी सम्प्रेषण क्षमता के अनुरूप उन पर पूछे गए सामान्य प्रश्नों का उत्तर दे सकता है।

जीवनियों के रेखाचित्र भी अनेक बार पाठ्य-पुस्तकों में निर्धारित होते हैं। छात्रों से अपेक्षा की जाती है कि वे जीवनी के नायक के जन्म, स्थान, पारिवारिक पृष्ठभूमि, शिक्षा-दीक्षा, व्यावसायिक जीवन, उनका महत्त्वपूर्ण योगदान, उनकी सफलता और विफलता के साथ-साथ उनके वैयक्तिक, सामाजिक और मानवीय गुणों के विषय में बता सकें। जीवनियों के अंशों में अनेक बार छात्र रुचि लेते हैं और उन्हें उनके बारे में और अधिक जानकारी प्राप्त करने के लिए प्रेरित कर सकते हैं। इनसे छात्रों को चरित्र नायक के जीवन से उनके उन मूल्यों को सीखने का अवसर मिलता है जिनको उन्होंने अपने जीवन में चरितार्थ किया और जिनके लिए उन्होंने संघर्ष किया। जीवनी के नायक के चरित्र से अनेक बार छात्र प्रेरणा लेते हैं और उन्हें अपना आदर्श मानते हैं। पाठ्यक्रम में उनका निर्धारण इसीलिए न्यायसंगत प्रतीत होता है।

द्वितीय भाषा के निर्धारित पाठ्यक्रमों में सामान्यतः संवादों का प्रावधान होता है। इससे संवादों की विषय-वस्तु के अतिरिक्त छात्रों को बोलचाल की भाषा में सम्प्रेषण करना आ जाता है जिससे छात्र औपचारिक और अनौपचारिक वार्तालाप के अंतर को समझ सकते हैं। संवाद करने वाले पात्रों के सामाजिक स्तर के साथ-साथ, उन्हें वार्तालाप करने की शैलियों और शिष्टाचारों की भी जानकारी मिलती है। संवादों में प्रयुक्त संबोधनों के प्रकारों का भी ज्ञान मिलता है। संवादों के शिक्षण में जो बात महत्त्वपूर्ण होती है वह है संवादों में प्रयुक्त विविध प्रकार के अलंकार, उनसे व्यक्त व्यंग्य, दिए गए दिशा निर्देश, अनुरोध और प्रार्थना आदि की शैली के साथ उनके मूल में छिपे भावों की जानकारी। छात्रों को इन बातों पर ध्यान देना चाहिए, उन्हें इन्हें न केवल समझना है, अपितु बाद में अपने संवादों में उनका विविध स्थितियों के अनुरूप प्रयोग भी करना सीखना चाहिए।

कभी-कभी निर्धारित पाठ्यक्रमों 'चित्र-रचना' के पाठ भी रखे जाते हैं। किसी व्यक्ति, स्थान या वस्तु को चित्र के रूप में प्रस्तुत किया जाता है। छात्रों को चित्र की भूमिका के आधार पर इस प्रकार वर्णन अपने शब्दों में करना होता कि उससे चित्र का भाव स्पष्ट हो जाए। इससे छात्रों द्वारा चित्र का चित्रात्मक वर्णन करने की क्षमता का पता चलता है। क्योंकि ये मात्र किसी वस्तु के चित्र नहीं होते, अपितु इनके द्वारा विचारों की अभिव्यक्ति होती है और चित्र में छिपी कल्पना का खेल भी होता है जिसे छात्रों को समझना और सीखना होता है और जिसका पुरस्कार छात्रों को अच्छे अंकों के रूप में प्राप्त होता है।

लिखित सम्प्रेषण का सर्वाधिक प्रचलित रूप पत्र लेखन है जो दो प्रकार का है—औपचारिक और अनौपचारिक। औपचारिक पत्रों या सम्प्रेषणों में सभी प्रकार की औपचारिकताओं का पूरी तरह अनुपालन करना आवश्यक होता है। इस प्रकार के पत्रों का स्वरूप पूर्व निर्धारित और सुनिश्चित होता है। पत्र में संबोधन की विधि और उपसंहार, संबोधित व्यक्ति के स्तर

और पत्र लेखक के पद के साथ और संबंधित व्यक्ति के साथ उसके संबंध पर निर्भर होता है। पत्र की विषय-वस्तु का संबंध स्थिति-विशेष पर आधारित होता है। अतः छात्र को पत्र की भाषा और शब्दों पर विशेष ध्यान रखना पड़ता है। पत्र में उन सभी आवश्यक तथ्यों और आँकड़ों को देना चाहिए जिनकी अपेक्षा पत्र का संबोध्य कर सकता है या उन सभी प्रश्नों के उत्तर पत्र में होने चाहिए जिन्हें संबोध्य पूछ सकता है। इन सभी बातों के अतिरिक्त पत्र की भाषा शिष्ट और सौहार्दपूर्ण होनी चाहिए। पत्र में सभी आवश्यक सूचनाएँ दी जानी चाहिए जो लेखक के पास हों और जिन्हें वह संबोध्य के साथ बाँटना चाहता है तथा इन्हें इस प्रकार प्रस्तुत करना चाहिए कि जिससे उसे सकारात्मक उत्तर प्राप्त हो।

भाषिक तत्त्व किसी भी भाषा के पाठ्यक्रम के मूलाधार होते हैं। इन्हें सभी प्रकार के संप्रेषण की आत्मा कह सकते हैं। यद्यपि आजकल औपचारिक व्याकरण के शिक्षण के पक्षधर बहुत कम हैं या हैं ही नहीं, परंतु अब उसके स्थान पर अनुप्रयुक्त व्याकरण (Applied Grammar) के शिक्षण की बात की जाती है। अतः भाषा प्रयोग के साथ भाषिक तत्त्वों को सिखाना चाहिए, न कि उसके सिद्धान्तों और नियमों को। पूर्व प्रचलित व्याकरण के नियमों के गहन शिक्षण की अपेक्षा इस विधि को अधिक प्रगतिशील माना जाता है जिसमें भाषा व्यवहार के नियमों के लचीले अनुप्रयोगों पर बल दिया जाता है।

गद्य और पद्य के शिक्षण के सोपान (Steps in Teaching Prose and Poetry)

पारंपरिक दृष्टि से गद्य और पद्य के सफल शिक्षण के लिए निम्नलिखित सोपान माने जाते हैं:

- सही विराम, बलाघात, अनुतान और उच्चारण आदि के साथ शिक्षक द्वारा किया गया आदर्श पठन।
- छात्रों द्वारा मुखर पाठ, बीच-बीच में छात्रों के दोषों के सुधार के साथ।
- पठित अंशों पर शिक्षक द्वारा पूछे गए विकासात्मक प्रश्न जिनका उत्तर छात्र दें।
- विषय-वस्तु का छात्रों द्वारा निर्देशित सार कथन।
- सार-कथन के प्रश्न।
- केन्द्रीय विषय-वस्तु के विविध पक्षों से संबंधित अनुप्रयोगात्मक प्रश्न।

उक्त सभी सोपान सर्वविदित हैं जिनकी सहायता से शिक्षण और अधिगम के उद्देश्यों को प्राप्त किया जाता रहा है।

विषय-वस्तु के अन्य क्षेत्रों का शिक्षण (Teaching Other Areas of Content)

द्वितीय भाषा में निर्धारित पाठ्य-पुस्तकों के अतिरिक्त छात्रों से अपेक्षा की जाती है कि वे स्वयं नाटकों, उपन्यासों, लघु कहानियों, जीवनियों आदि का स्वयं अध्ययन करें। कक्षा में वे आवश्यकतानुसार अपने शिक्षकों से उनके संबंध में प्रश्न पूछकर स्पष्टीकरण माँग सकते हैं। इसके बाद शिक्षक पूरी कक्षा में प्रश्नों को बाँट कर यह पता लगा सकते हैं कि छात्र उनके भावों को समझते हैं या नहीं।

भाषिक तत्त्वों का शिक्षण (Teaching of Elements of Language)

भाषा के विविध तत्त्वों के बारे में व्यावहारिक अभ्यास कार्य दिया जाना चाहिए। उन्हें विशिष्ट तत्त्वों का गहन अभ्यास (ड्रिल) भी करवाना चाहिए और अंत में उनका परीक्षण।

छात्रों की त्रुटियों का सुधार और उन पर चर्चा से उनके दोषों का उपचार होता है और शिक्षक द्वारा दिए गए उदाहरणों से छात्रों के अधिगम का दृढ़ीकरण और पुनर्वलन होता है।

उपर्युक्त उपायों के अतिरिक्त पूर्व चर्चित शिक्षा की तकनीकों का उपयोग भी द्वितीय भाषा शिक्षण में किया जा सकता है जिससे अधिगम अधिक जीवंत हो सकता है और चिर-स्थायी भी।

18

गणित शिक्षण
(Teaching of Mathematics)

गणित विद्यालयीन पाठ्यचर्या का अपरिहार्य अंग है क्योंकि वही दिन-प्रतिदिन के जीवन और आदान-प्रदान का आधार होती है।

18.1 विद्यालयीन पाठ्यचर्या में गणित का स्थान (Place of Mathematics in School Curriculum)

गणित ने मनुष्य को विचारों के परिमाणीकरण (Quantity) में सहायता प्रदान की है, उसने उसे यथार्थ कथन में और दैनिक जीवन में देशीय या अवकाशीय संकल्पनाओं (Spatial Concepts) के उपयोग में सहायता प्रदान की है। सूचना प्रौद्योगिकी और संगणकीय दृष्टि तक विज्ञान और व्यावहारिक कलाओं में उसके स्थान के कारण तथा उसके सांस्कृतिक महत्त्व के कारण गणित हमारे जीवन के लिए अपरिहार्य हो गई है। उस समाज में जो अपने आपको द्रुतगति से एक औद्योगिक और प्रौद्योगिक समाज के रूप में रूपान्तरित कर रहा है, गणित का मूलभूत ज्ञान प्रत्येक नागरिक के लिए अनिवार्य है। इसीलिए विद्यालयी शिक्षा के स्तर पर गणित शिक्षा के निम्नलिखित प्रयोजन हो सकते हैं:

(क) गणितीय विधि से चिन्तन की क्षमता विकसित करना, अर्थात् रेखागणितीय रूपों (Geometric forms) और अंकों की सहायता से प्रयोग करना, प्रकल्पन या अनुमान करना (Making Hypothesis), उनकी परीक्षणों और निरीक्षणों के आधार पर जाँच पड़ताल करना, उनके आधार पर सामान्यीकरण करना और उनके लिए प्रमाण प्राप्त करना और सार कथन आदि करना।

(ख) आस-पास के विश्व के अनुभवों का परिमाणीकरण करना और वास्तविक जीवंत स्थितियों में गणित के अनुप्रयोग की प्रक्रियाओं को समझना।

(ग) एकीकरण की संकल्पनाओं की सहायता से गणित की मूलभूत संरचनाओं को सीखना और अनुप्रयोगों और वास्तविक स्थितियों की सहायता से संरचनाओं के अधिगम के लिए अभिप्रेरित करना।

(घ) स्वत: गणित का अध्ययन करना और गणित के अध्ययन के लिए रुचि और भाव विकसित करना।

विद्यालयों में गणित शिक्षण का एक मूलभूत लक्ष्य है, छात्रों में अपने आस-पास के अनुभवों को परिमाणीकरण की क्षमता विकसित करना। अत: गणित के अधिगम में इस

लक्ष्य को प्राप्त करने के लिए अंकों और रेखा गणितीय रूपों की सहायता से प्रयोग करना, प्रकल्पन या अनुमान करना और अपने निरीक्षणों के आधार पर उनकी पड़ताल करना अनिवार्य रूप से आवश्यक होते हैं। पुनः पुनः प्रयत्नों/प्रयोगों की सहायता से इन उपलब्धियों के लिए प्रमाण एकत्रित कर सामान्यीकरण करना और समस्याओं के समाधान की क्षमताओं को विकसित करना, इसमें समाहित रहता है। इस प्रकार गणित (परिचित और अपरिचित) वास्तविक जीवंत स्थितियों में उसके अनुप्रयोग के द्वारा निर्णय करने की प्रक्रिया में सहायक सिद्ध होता है। गणित विश्लेषणात्मक और युक्तिसंगत चिन्तन, यथार्थ कथन, तर्क, सकारात्मक अभिवृत्ति और सौंदर्य बोध के विकास में भी योगदान प्रदान करता है। अधिगम के एक-स्वायत्त क्षेत्र होने के साथ-साथ, गणित अन्य शास्त्रों के अध्ययन में भी बहुत सहायक होता है जिनमें विश्लेषण, युक्तिसंगति और विचारों का परिमाणीकरण होता है। गणित का अध्ययन अनुमान करने, उनका परीक्षण करने और परिणामों की वैधता स्थापित करने के लिए तर्क देने और उनसे संबंधित अन्य बातों के बारे में और अधिक नए प्रश्न पूछने के अनेक अवसर प्रदान करता है। गणित की मूलभूत संरचना की समझ के आधार पर हम उसकी शक्ति और क्षेत्र को और अच्छी तरह समझ सकते हैं। गणित के पाठ्यक्रम द्वारा अन्य देशों के विद्वानों के साथ भारतीय गणितज्ञों के योगदान की समझ और सराहना भी विकसित की जानी चाहिए। इससे छात्रों में आत्म-सम्मान और आत्मविश्वास का भाव विकसित किया जा सकता है।

गणित के पाठ्यक्रम को निर्धारित करते समय हमें इस बात का ध्यान रखना चाहिए कि अधिकांश छात्रों को गणित के कौशलों और क्षमताओं का उपयोग अपने जीवन और कार्य की स्थितियों में ही करना होगा। हाँ, कुछ छात्र उच्चस्तरीय शिक्षा के लिए भी गणित का अध्ययन कर सकते हैं। अतः पाठ्यक्रम में दोनों प्रकार के छात्रों के अधिगम की आवश्यकताओं के बीच संतुलन रखना आवश्यक होगा।

18.2 प्राथमिक स्तर पर गणित शिक्षण के उद्देश्य (Objectives of Teaching Mathematics at the Elementary Stage)

प्राथमिक स्तर जिन उद्देश्यों की प्राप्ति पर ध्यान दिया जाना चाहिए, वे हैं:

गणना करना और मापना (Counting and Measurement)

- छात्र किसी कुलक या गण (Set) और उसके सदस्यों को पहचान सकेंगे।
- विभिन्न प्रकार के रूपों और आकारों के समूहों (Masses) और क्षेत्रों की तुलना कर सकेंगे।
- उपयुक्त यंत्रों की सहायता से किसी की लंबाई, क्षेत्र, समय, तापमान, और आयतन का मापन कर सकेंगे या मापन दिखा सकेंगे।
- अंकों का क्रम बता सकेंगें।
- अंकों के संबंधों का निर्धारण कर सकेंगे।
- वस्तुओं और घटनाओं के मापन और अनुमान के अंतरों का भेद बता सकेंगे।
- उन स्थितियों को चुन सकेंगे जिनमें अनुमान और मापन का प्रयोग उनके आकार, दूरी, क्षेत्र, भार, लम्बाई आदि के निर्धारण के लिए किया जाना है।
- चल-तत्त्वों या अस्थिर तत्त्वों के बारे में अनुमान, मापन और तुलना कर सकेंगे।

- सामग्री के अभिलेखन के लिए तालिका बना सकेंगे।
- मापन में परिशुद्धता को वरीयता दे सकेंगे।
- घटनाओं के बीच के संबंधों को समझने के लिए मापन की आवश्यकता को समझ और सराह सकेंगे।

प्रतीक कौशल (Symbolic Skills)

- छात्र अपने विचारों को अभिव्यक्त करने के लिए मापन की पारंपरिक इकाइयों, चिह्नों आदि के महत्त्व की पहचान कर सकेंगे।
- एकल चिह्नों और प्रतीकों का शब्दों में अनुवाद कर सकेंगे और शब्दों का प्रतीक चिह्नों में।
- दिए गए आँकड़ों, मानचित्रों, रेखाचित्रों, प्रवाह-चित्रों आदि की व्याख्या कर सकेंगे।
- अपने विचारों को अभिव्यक्त करने के लिए उपयुक्त चिह्नों, प्रतीकों और इकाइयों को चुन सकेंगे।
- अपने विचारों को उपयुक्त आरेखों, रेखाचित्रों, मानचित्रों आदि की सहायता से व्यक्त कर सकेंगे।

मूलभूत संख्या-संक्रियाएँ (Fundamental Numerical Operations)

- छात्र सरलता और गति के साथ मौखिक रूप से परिकलन (Calculation) कर सकेंगे (मौखिक रूप में गिनती गिन सकेंगे)।
- उपयुक्त गति से लिखित रूप में परिकलन कर सकेंगे (लिखित रूप में गिनती कर सकेंगे)।
- सरलता और सही तरह से रेखागणितीय आकृतियाँ और आरेख बना सकेंगे।
- तालिकाओं, चार्टों और आरेखों को सही तरह से पढ़ और समझ सकेंगे।
- मूलभूत संख्या संक्रियाओं से संबंधित समस्याओं का समाधान कर सकेंगें।
- मौखिक कथनों को प्रतीकात्मक रूपों में और प्रतीकात्मक रूपों को मौखिक कथनों में रूपान्तरित कर सकेंगे।

18.3 माध्यमिक और वरिष्ठ माध्यमिक स्तरों (कक्षा IX – XII) पर गणित पारिभाषिक शब्दों के शैक्षणिक उद्देश्य (Instructional Objectives of Mathematics at the Secondary and Senior Secondary Stages (Class IX and XII))

विद्यालय स्तर पर, विशेषकर माध्यमिक स्तर पर गणित के शिक्षण के उद्देश्यों को निम्नलिखित रूप में स्पष्टत: समझा जा सकता है:

1. गणित के सूत्रों, प्रक्रियाओं, सिद्धान्तों, परिभाषाओं, प्रतीकों, संकल्पनाओं और पारिभाषिक शब्दों के ज्ञान को प्राप्त करना।
2. गणित के सूत्रों, प्रक्रियाओं, सिद्धान्तों, परिभाषाओं, प्रतीकों, संकल्पनाओं और पारिभाषिक शब्दों की समझ विकसित करना।
3. अपरिचित स्थितियों या नई समस्याओं को सुलझाने में गणित की समझ और ज्ञान का अनुप्रयोग करना।

4. (क) अभिकलन (Computation), (ख) रेखागणितीय आकृतियों और आरेखों, को बनाने (Drawing geometrical figures and graphs), (ग) तालिकाओं, चार्टों और आरेखों आदि को पढ़ने की क्षमता प्राप्त करना (Reading tables, charts, graphs etc.)।
5. दैनिक जीवन में गणित की भूमिका की सराहना करना।
6. गणित में रुचि का विकास करना।
7. गणित के अध्ययन की सहायता से वैज्ञानिक अभिवृत्ति विकसित करना।

उद्देश्य और उनके स्पष्टीकरण (Objectives and their Specifications)

18.3.1 ***उद्देश्य: गणित के सूत्रों, प्रक्रियाओं, सिद्धान्तों, परिभाषाओं, प्रतीकों, संकल्पनाओं, और पारिभाषिक शब्दों के ज्ञान को प्राप्त करना (Objective: To acquire the knowledge of terms, concepts, symbols, definitions, principles, processes and formulae of Mathematics)***

उद्देश्य का स्पष्टीकरण: उक्त उद्देश्य की संप्राप्ति को निदर्शित करने के लिए छात्र

1. प्रत्यस्मरण और पुनरुत्पादन कर सकेंगे।
2. अभिज्ञान (पहचान) कर सकेंगे।

18.3.2 गणित के सूत्रों, प्रक्रियाओं, सिद्धान्तों, परिभाषाओं, प्रतीकों, संकल्पनाओं और पारिभाषिक शब्दों की समझ विकसित करना। (To develop an understanding of terms, concepts, symbols, definitions, principles, processes and formulae of Mathematics)

उद्देश्यों का स्पष्टीकरण: उक्त उद्देश्य की संप्राप्ति के निदर्शित करने के लिए छात्र

1. उदाहरण दे सकेंगे।
2. गलतियों को पहचान सकेंगे और उन्हें सुधार सकेंगे।
3. तुलना कर सकेंगे।
4. लगभग समान रूप से संबंधित संकल्पनाओं में अंतर कर सकेंगे।
5. मानदण्डों के अनुसार वस्तुओं/मदों का वर्गीकरण कर सकेंगे।
6. दत्त सूचनाओं के आधार पर उनके बीच के संबंधों को पहचान सकेंगे।
7. मौखिक कथनों का प्रतीकों में और प्रतीकों का मौखिक कथनों में रूपान्तरण कर सकेंगे।
8. परिणामों का अनुमान कर सकेंगे।
9. व्याख्या कर सकेंगे।
10. परिणामों की जाँच पड़ताल कर सकेंगे।

18.3.3 **उद्देश्य:** अपरिचित स्थितियों या नई समस्याओं के सुलझाने में गणित की समझ और ज्ञान का अनुप्रयोग करना

उद्देश्य का स्पष्टीकरण: उक्त उद्देश्य की संप्राप्ति को निदर्शित करने के लिए छात्र–

1. विश्लेषण कर सकेंगे और अपेक्षित कार्य का पता लगा सकेंगे।
2. उपलब्ध सामग्री (आँकड़ों) की संगति, अतिरिक्तता और पर्याप्तता का पता लगा सकेंगे।

3. उपलब्ध सामग्री (आँकड़ों) के बीच संबंध स्थापित कर सकेंगे।
4. समस्या के समाधान के लिए उपयुक्त विधि को चुन सकेंगे।
5. वैकल्पिक पद्धति को सुझा सकेंगे।
6. सामान्यीकरण कर सकेंगे (अर्थात् आगमन विधि से तर्क लगा सकेंगे)।
7. अनुमान कर सकेंगे (अर्थात् निगमन विधि से तर्क लगा सकेंगे)।

18.3.4 उद्देश्य: *(क) अभिकलन (ख) रेखागणितीय आकृतियों और आरेखों को बनाने (ग) तालिकाओं, चार्टों, और आरेखों आदि को पढ़ने की क्षमता प्राप्त करना।* *(Objective: To acquire competencies related to (a) computation, (b) drawing geometrical figures and graphs, and (c) reading and interpreting, tables, charts, graphs etc.)*

उक्त उद्देश्य की सम्प्राप्ति को निदर्शित करने के लिए छात्र–

(1) सरलता और गति के साथ मौखिक रूप से परिकलन कर सकेंगे (मौखिक रूप से गिनती गिन सकेंगे)।
(2) उपयुक्त गति से लिखित रूप में परिकलन कर सकेंगे (अर्थात् लिखित रूप में गिनती कर सकेंगे)।
(3) रेखागणितीय यंत्रों के साथ सरलता और सही तरह काम कर सकेंगे।
(4) सही तरह से मापन कर सकेंगे।
(5) मुक्तहस्त से सरलता के साथ आकृतियाँ बना सकेंगे।
(6) दिए गए निर्देशों या मापों के अनुसार आकृतियाँ बना सकेंगे।
(7) सही आकृतियाँ बना सकेंगे।
(8) उपयुक्त गति के साथ और सही तरह से तालिकाओं को पढ़ सकेंगे।
(9) तालिकाओं या आरेखों आदि की व्याख्या कर सकेंगे।

18.3.5 उद्देश्य: *दैनिक जीवन में गणित की भूमिका को सराहना* *(Objective: To appreciate the role of Mathematics in day-to-day life)*

उद्देश्य का स्पष्टीकरण: उक्त उद्देश्य की सम्प्राप्ति को निदर्शित करने के लिए छात्र–

1. दैनिक जीवन की समस्याओं के समाधान और विज्ञान की अन्य शाखाओं में गणित की भूमिका की सराहना कर सकेंगे।
2. आकृतियों और अभिकल्पों की (Designs) समरूपता की सराहना कर सकेंगे।
3. गणित के अध्ययन के माध्यम से लाघवता, यथार्थता और निश्चितता जैसे गुणों की सराहना कर सकेंगे।

18.3.6 उद्देश्य: *गणित में रुचि का विकास करना* *(Objective: To develop an interest in Mathematics)*

उद्देश्य का स्पष्टीकरण: उक्त उद्देश्य की सम्प्राप्ति को निदर्शित करने के लिए छात्र–

1. गणित से संबंधित साहित्य पढ़ सकेंगे।
2. विद्यालय की पत्रिका के लिए गणित के विषयों पर सामान्य रुचि के लेख लिख सकेंगे।

3. गणित पहेलियों का समाधान कर सकेंगे।
4. गणित क्लब की गतिविधियों में भाग ले सकेंगे।
5. समस्याओं के समाधान के सरल मार्ग बता सकेंगे।
6. गणित की नई समस्याओं को खोज सकेंगे।
7. पाठ्यक्रम से असम्बद्ध गणित की नई समस्याएँ शिक्षकों के सामने ला सकेंगे।

18.3.7 उद्देश्य: *गणित के अध्ययन की सहायता से वैज्ञानिक अभिवृत्ति विकसित करना (Objective: To develop scientific attitude through the study of Mathematics)*

उद्देश्य का स्पष्टीकरण: उक्त उद्देश्य की सम्प्राप्ति को निदर्शित करने के लिए छात्र–

(1) किसी प्रस्थापना को तभी स्वीकार करेंगे जब उसे तर्कों की सहायता से स्थापित किया जाए।
(2) समस्या के सभी पक्षों का परीक्षण कर सकेंगे।
(3) यदि समझ में आए तो स्पष्ट रूप से त्रुटियों को बता सकेंगे।
(4) अपनी त्रुटि को नि:संकोच भाव से स्वीकार कर सकेंगे।
(5) दूसरों के अभिमतों का सम्मान करेंगे।
(6) अपने मन को खुला रखेंगे और किसी भी तर्क को अंतिम नहीं मानेंगे।
(7) तर्कसंगत रूप से चिन्तन करने की आदत विकसित करेंगे।

18.4 विभिन्न स्तरों पर गणित शिक्षण की पद्धतियाँ (Methods of Teaching Mathematics at Different Stages)

विद्यालयी शिक्षा के प्रथम दस वर्षों की शिक्षा के अंतर्गत सभी छात्रों को सामान्य शिक्षा प्रदान की जाती है। इसीलिए शिक्षा की राष्ट्रीय नीति 1986/92 के अनुसार X कक्षा तक के सभी छात्रों के लिए गणित की शिक्षा अनिवार्य है।

गणित की शिक्षा के पुनराकल्पन के समय यह आवश्यक है कि शिक्षण-अधिगम की प्रक्रिया में आधुनिक तकनीकी युक्तियों की भूमिका का ध्यान रखा जाए-विशेषकर कम्प्यूटर के आ जाने के पश्चात् शैक्षिक अभिकलन (Educational Computing) और अधिगम के संदर्भ में, कार्य-कारण के संबंधों के साथ अधिगम में विभिन्न परिर्वतनाशील तत्त्वों की अंतरक्रीड़ा का भी ध्यान रखा जाए।

पूर्व-प्राथमिक स्तर (Pre-Preprimary Stage)

पूर्व प्राथमिक स्तर पर छात्रों में अंकों/संख्या की संकल्पनों के विकास के लिए क्रीड़ा प्रणाली के क्रिया-कलापों का विशेष महत्त्व होता है। जब कोई शिक्षक बालकों का ध्यान विविध प्रकार की आकृतियों, खिलौनों या खेलने के अन्य उपकरणों, घर में व्यक्तियों कुर्सियों या कुर्सियों के पायों की ओर आकर्षित करता है अथवा जब वे रुपये-पैसों के उपयोग या वस्तुओं की गणना, विविध आकारों की वस्तुओं के मिलान या उनके संग्रह अथवा विविध वस्तुओं के आयतन, समूह, या लम्बाई के माप आदि में लगे होते हैं तो छात्र अनौपचारिक रूप से संख्याओं या अंकों अथवा उनके रूप आकार आदि की संकल्पनाएँ सीखते हैं।

प्राथमिक स्तर (Primary Stage)

प्राथमिक स्तर पर छात्रों में उन वस्तुओं और क्रियाओं की संख्या संबंधी या देश संबंधी पक्षों के बारे में गणितीय चिन्तन की नींव रखी जानी चाहिए जिनके साथ बालक इस स्तर पर सम्पर्क में आते हैं। छात्रों को इस स्तर पर गणित की शब्दावली, प्रतीकों और संख्या, रेखागणितीय आकृतियों, पैसे, समय, आयतन, समूह और लम्बाई आदि के मापन से संबंधित अभिकलन कौशलों पर पूरा अधिकार प्राप्त हो जाना चाहिए जिससे वे अपने परिवेश की दैनिक समस्याओं में उनका अनुप्रयोग कर सकें। इस स्तर पर उन्हें रेखांकन या डिजाइन के सामान्य कौशलों और मापन के कौशलों को विकसित करना चाहिए। मूर्त वस्तुओं के साथ कुछ करके सीखने की पद्धति ही इस स्तर पर प्रमुख होनी चाहिए।

प्राथमिक स्तर पर छात्रों को संख्याओं और उनसे जुड़ी मूलभूत संक्रियाओं और उनके मौलिक गुण-धर्मों के साथ परिचित करवाया जाना चाहिए। लम्बाई, चौड़ाई, समय, क्षेत्र तथा धारिता (Capacity) की संकल्पनाओं को, उनके मापन की इकाइयों के साथ छात्रों में विकसित की जा सकता है।

इसी स्तर के छात्रों को विविध प्रकार के रेखागणितीय रूपों और आकृतियों के साथ परिचित करवाया जा सकता है और उन्हें बीज-गणित के प्रतीकों की सामान्य जानकारी भी दी जा सकती है। इस स्तर के शैक्षणिक कार्यक्रम में अंकगणित की मूलभूत संक्रियाओं और अंकगणितीय प्रक्रियाओं के दैनिक जीवन की समस्याओं में अनुप्रयोग को महत्त्वपूर्ण स्थान प्रदान करना चाहिए।

प्राथमिक स्तर के प्रथम दो वर्षों (कक्षा I और II) में छात्रों में आकार, लम्बाई, समूह आदि से संबंधित मूलभूत प्राप्त प्राक् अंकीय संकल्पनाएँ (Basic Prenumber Concepts) विकसित की जानी चाहिए। इस अवस्था में उन्हें वर्गीकरण, समूहीकरण और क्रमिक चिन्तन के कौशलों को विकसित करना चाहिए। इस प्रकार उनमें अंकों या संख्याओं को सीखने और जोड़ने-घटाने की क्षमताओं को विकसित करने के लिए सुदृढ़ आधार मिल सकता है। गणित की विषय-वस्तु, इसीलिए, बालकों के निकटीय परिवेश के साथ जुड़ी हुई होनी चाहिए।

कक्षा III और IV में बालकों को अंकों या संख्याओं और भिन्नों की संकल्पनाओं से परिचित करवाया जा सकता है। चार मूलभूत संक्रियाएँ-जोड़ना, घटाना, गुणा करना और भाग करना, के मूलभूत कौशलों और उनसे संबंधित अभिकलन के कौशलों का विकास अंकों और भिन्नों की सहायता से करना चाहिए। आयतन, क्षेत्र, समय, धन, धारिता, समूह, लम्बाई आदि की संकल्पनाओं को उनके मापन की इकाइयों के साथ विकसित करना चाहिए। बालकों को इस स्तर पर रेखागणितीय रूपों और आकृतियों के साथ परिचित कराना चाहिए जिससे वे परिवेश में व्याप्त प्रतिरूपों (साँचों) और समरूपताओं (Pattern and Symmetry) को पहचान सकें और सराह सकें। इस स्तर पर छात्रों को सरल अंकगणितीय प्रक्रियाओं के सरल अनुप्रयोगों से भी परिचित कराना चाहिए।

उच्च प्राथमिक स्तर (Upper Primary Stage)

उच्च प्राथमिक स्तर (कक्षा VI - VIII) पर छात्रों को वाणिज्यिक गणित, (Commercial Mathematics), मापन के सिद्धान्तों, विवरणात्मक सांख्यिकी (Descriptive Statistics),

व्यावहारिक रेखागणित और मूलभूत बीजगणित के तथ्यों, संकल्पनाओं, सिद्धान्तों आदि का और उच्चस्तरीय ज्ञान और समझ को बढ़ाना चाहिए।

उन्हें समस्याओं के समाधान में तालिकाओं और रेडीरेकनरों, आदि के प्रयोग में दक्षता विकसित करनी चाहिए। इन छात्रों के लिए जो समस्याएँ दी जाएँ, वे वास्तविक, सूचनाप्रद और तथ्यों पर आधारित होनी चाहिए। अतः जनसंख्या-अध्ययन (Population Studies), कृषि, उद्योग, वाणिज्य, व्यापार आदि जैसे विभिन्न स्रोतों से संबंधित समस्याओं को चुना जाना चाहिए। गणित की प्रयोगशालाओं/कार्य-कक्षा/मुक्तक्षेत्र आदि में व्यावहारिक कार्य करवाया जाना चाहिए, जहाँ आयतन, क्षेत्र, लम्बाई आदि के मापन और अनुमान के लिए रेखागणितीय डिजाइनें हों जिनसे कागजों की परतों या टुकड़ों जैसी शैक्षिक सहायक सामग्रियों की सहायता से रेखागणितीय तथ्यों का निदर्शन किया जा सके। सांख्यिकी तालिकाओं और आरेखों की व्याख्या करने और उन्हें पढ़ने की क्षमताएँ छात्रों में विकसित की जानी चाहिए। उच्च प्राथमिक स्तर तक गणित का शिक्षण मुख्यतः प्रकार्यात्मक होना चाहिए। उच्च प्राथमिक स्तर के अंतिम वर्षों तक वाणिज्यीय गाणित के साथ अंकगणित का अध्ययन काफी सीमा तक पूरा हो जाना चाहिए। इस स्तर पर ही सरल गणितीय चिह्नों, अंतरराष्ट्रीय पारिभाषिक शब्दों और प्रतीकों को पाठ्यचर्या के उद्देश्यों के रूप में छात्रों को परिचित करा देना चाहिए।

इस स्तर पर अंक व्यवस्था का विस्तार वास्तविक संख्या/अंकों (Real Numbers) तथा उनकी संक्रियाओं तक बढ़ाया जाना चाहिए। छात्रों को बीज गणित की भाषा और रैखिक समीकरणों से परिचित करवाया जाना चाहिए और उसके चिन्तन में एक या दो चरों या परिवर्तनशील तत्त्वों (Variables) में असमानताओं की धारणा को डाला जा सकता है। सैटों या गणों/कुलकों की संकल्पना और उनके अंकन के साथ सांख्यिकी की प्राथमिक संकल्पनाएँ भी छात्रों में विकसित करनी चाहिए। दैनिक जीवन की समस्याओं के समाधान में गणतीय प्रक्रियाओं के अनुप्रयोग को और आगे बढ़ाना चाहिए तथा त्रिकोणों, चतुष्कोणों और मंडलों के गुणधर्मों तथा ठोस पदार्थों और सामान्य आकृतियों के क्षेत्रों की जानकारी छात्रों को व्यावहारिक रूप में दी जानी चाहिए।

उच्च प्राथमिक स्तर पर गणित के अनिवार्य तत्त्वों के अध्ययन को दैनिक जीवन के साथ जोड़कर ही करना चाहिए। छात्रों को मौखिक/मानसिक गणित करने के लिए प्रेरित करना चाहिए जिससे वे दैनिक जीवन की क्रियाओं में उनका उपयोग कर सकें और गति से और सही तरह से समस्याओं का समाधान कर सकें। इसके अतिरिक्त इस स्तर पर छात्रों को सांख्यिकीय आरेखों/तालिकाओं/रेखाचित्रों को पढ़ने और समझने की क्षमता विकसित करनी चाहिए और उनमें ड्राईंग, मॉडल तैयार करने और मापन की कुशलताएँ भी विकसित की जानी चाहिए।

माध्यमिक स्तर (Secondary Stage)

माध्यमिक स्तर (कक्षा IX - X) पर उच्च प्राथामिक स्तर तक पढ़ी गई प्रकार्यात्मक गणित को अब उपयुक्त रूप से एक शास्त्र के रूप में पढ़ा-पढ़ाया जाना चाहिए। किसी कथन (Preposition) के तार्किक प्रमाणों और थियोरम (प्रमेयों) आदि को इसी स्तर पर सिखाया जाना चाहिए। इस स्तर पर छात्रों को सांख्यिकी, प्रारम्भिक त्रिकोणमिति, रेखागणित,

और बीजगणित से संबंधित प्रक्रियाओं, प्रतीकों और संकल्पनाओं का ज्ञान और समझ अर्जित करनी चाहिए। यद्यपि बीजगणित का अध्ययन साधारण स्तर का ही रहे, परंतु मूलभूत बीजगणितीय कौशलों, बीचगणितीय अभिव्यक्तियों यथा जोड़ना, घटाना, गुणा करना, भाग देना, कारकीकरण आदि पर छात्रों का पूरा अधिकार हो जाना चाहिए। इस स्तर पर छात्र को बीजगणितीय पद्धति से समस्याओं के समाधान में समर्थ हो जाना चाहिए। प्रायोगिक रेखागणित के साथ-उच्च प्राथमिक स्तर तक सीखे गए रेखागणित को अब प्रमाणों और प्रमेयों के साथ एक स्वतंत्र शास्त्र के रूप में औपचारिक रूप से पढ़ा-पढ़ाया जाना चाहिए। रेखागणितीय समस्याओं के परिणामों को सिद्ध करने पर जोर दिया जाना चाहिए। लघुगणक (Algorithms) के अनुप्रयोग और बीजगणितीय समीकरणों के रूपों में अंकगणित और मापन का पुनर्वलन किया जाना चाहिए। त्रिकोणमिति का शिक्षण प्रारम्भिक स्तर का हो सकता है जिससे ऊँचाई और दूरी की समस्याओं का समाधान किया जा सके। माध्यमिक स्तर पर गणित के अध्ययन के अनिवार्य अंग के रूप में कम्प्यूटर के साथ कार्य करना, तालिकाओं और रेडी रेकनर के प्रयोग, परिगणन के साथ अभिकलन (Computation) जैसे विषयों पर व्यावहारिक परियोजनाओं को लिया जा सकता है। अभिकलन के सर्वाधिक महत्त्वपूर्ण अंग के रूप में 'लघुगणक' की संकल्पना को माना जाता है। छात्रों को प्रवाह चार्ट, अलग्रोरिद्म (Algorithm), लघुगणक (Logarithms) की संकल्पनाओं से परिचित कराना चाहिए। हालाँकि इस स्तर पर छात्रों से अपेक्षा की जाती है कि वे प्रवाह चार्टों को तैयार कर सकें और उनको पढ़कर समझ सकें।

पाठ्यचर्चा के केन्द्रिक घटकों की और अन्य मूल्यों की दृष्टि से, गणित का सर्वाधिक महत्त्वपूर्ण योगदान यही होता है कि छात्रों में उसके अध्ययन-अध्यापन से विश्लेषणात्मक चिन्तन के विकास के द्वारा वैज्ञानिक दृष्टिकोण विकसित किया जा सकता है।

कक्षा IX–X में छात्रों को दैनिक जीवन की समस्याओं के समाधान की क्षमता आ जानी चाहिए। बीजगणितीय प्रक्रियाओं के ज्ञान को व्यवस्थित कर उसका विस्तार किया जा सकता है। इसी प्रकार प्रमाणीकरण का भाव विकसित किया जाना चाहिए और त्रिकोण, चतुष्कोण और वृत्त के सरल प्रमेयों (Theorems) को सीखा-सिखाया जा सकता है। इस स्तर पर छात्रों को त्रिकोणमिति, अनुपात और विवरणात्क सांख्यिकी से परिचित कराना चाहिए।

गणित के पाठ्यक्रम में गणित के इतिहास और उसमें भारत के विशेष योगदान को रेखांकित करते हुए पढ़ाया जाना चाहिए जिससे गणितीय चिन्तन की प्रकृति स्पष्ट होती रहे।

गणित के सामान्य शिक्षण-क्रम को इस प्रकार का होना चाहिए कि वह भविष्य में उच्च गणित के अध्ययन की भूमिका बना सके और छात्र को दैनिक समस्याओं का समाधान करने में समर्थ बना सके। परंतु उसमें प्रतिभा सम्पन्न छात्रों के लिए भी कुछ उच्चस्तरीय इकाइयाँ होनी चाहिए।

वरिष्ठ माध्यमिक स्तर (Senior Secondary Stage)

इस स्तर पर गणित एक प्रमुख शास्त्र के रूप में उपस्थित होता है जिससे उसके शिक्षण और अधिगम में कल्पना के साथ अमूर्त संकल्पनाओं का महत्त्व बढ़ जाता है। इसीलिए अब तक जो विषय गणितशास्त्र के अंग-उपांग रहे हैं, वे अब स्वतंत्र विषय के रूप में सामने आने लगते हैं और उन्हें उसी रूप में पढ़ा-पढ़ाया जाना चाहिए।

19

पर्यावरण अध्ययन का शिक्षण
(Teaching of Environmental Studies)

19.1 पर्यावरण अध्ययन की संकल्पना (Concept of Environmental Studies)

अतीत में पर्यावरण अध्ययन केवल प्राथमिक कक्षाओं (I–V) के शिक्षण-क्रम का ही अंग होता था। परंतु अब उसके महत्त्व को देखते हुए उसका विस्तार उच्च/वरिष्ठ माध्यमिक स्तर तक की कक्षाओं तक कर दिया गया है जिसमें विज्ञान और सामाजिक विज्ञान के विषयों को समन्वित और एकीकृत रूप में पढ़ा-पढ़ाया जाता है और जिससे उसका और प्रत्यक्ष और अधिक श्रेष्ठतर प्रभाव पड़े।

तकनीकी दृष्टि से पर्यावरण अध्ययन को विज्ञानों और सामाजिक विज्ञानों के विषयों का सम्मिश्रण कहा जा सकता है जिसमें उन्हें एकीकृत और अविभाज्य रूप में प्रस्तुत किया जाता है। अत: उसे इनका मिश्रित रूप न कह कर, उनका सामासिक रूप कह सकते हैं। इसीलिए पर्यावण के उद्देश्यों, विषय-वस्तु और शिक्षण की पद्धतियों को विविध विज्ञानों और सामाजिक विज्ञानों की विभिन्न शिक्षण पद्धतियों, विषय-वस्तु और शैक्षणिक उद्देश्यों के रूप में प्रस्तुत नहीं किया जा सकता। इसीलिए प्रस्तुत अध्याय में इस समस्या के हल की चर्चा की जा रही है। उदाहरण के लिए यदि 'परिवहन' या 'यातायात के साधन' विषय को शिक्षण क्रम में स्वीकार किया जाए उसे 'परिवहन का इतिहास' परिवहन का भूगोल, परिवहन का भौतिक शास्त्र, परिवहन का रसायनशास्त्र, परिवहन का जीव-विज्ञान, परिवहन का गणितशास्त्र आदि के रूप में पढ़ा-पढ़ाया जा सकता है। इस प्रकार का शिक्षण निश्चित ही अतीत के इसके शिक्षण से नितांत भिन्न होगा। क्योंकि तब उसे सामान्यत: रेल परिवहन, पथ परिवहन, वायु परिवहन, जल-परिवहन अंतर्देशीय जल परिवहन आदि के रूप में पढ़ा-पढ़ाया जाता था।

19.2 पर्यावरण अध्ययन की विषय-वस्तु (Content of Environmental Studies)

यद्यपि पर्यावरण अध्ययन के विषय लगभग वे ही हैं जो इन विषयों से संबंधित शास्त्रों या विज्ञानों के होते हैं। परंतु उनकी चर्चा और प्रस्तुति निश्चित रूप से अत्यंत भिन्न होती हैं।

पर्यावरण अध्ययन के शिक्षण-क्रम के संभावित विषयों की रूपरेखा को इस प्रकार स्पष्टत: समझा जा सकता है:

(1) पृथ्वी से संबंधित विज्ञान
- हमारा ब्रह्माण्ड
- वायु, जल, वातावरण और ऋतुएँ, (प्रदूषण, अपकर्षण, ओजोन-परत आदि)
- चट्टान, मृदा, खनिज पदार्थ।

(2) भौतिक विज्ञान
- ऊर्जा (उसके पारंपरिक और गैर-पारंपरिक स्रोत)
- प्राकृतिक, प्रौद्योगिक और औद्योगिक कचरा
- पर्यावरणीय संकट और उनको रोकने के उपाय (ओजोन की परत, ग्रीन हाउस का प्रभाव, विश्वव्यापी तापमान या ग्लोबल वारमिंग)

(3) जीव विज्ञान
- जीवंत वस्तुएँ
- पादपजीवन/कृषि
- पशुजीवन

(4) विज्ञान, प्रौद्योगिकी और विकास
- मनुष्य और पर्यावरण
- विकास और पर्यावरणीय संकट

यद्यपि ये सभी विषय विज्ञानों से संबंधित हैं परंतु इनकी चर्चा विज्ञान के विषयों के रूप में न करके, पर्यावरण अध्ययन में इनका अध्ययन उनके सांस्कृतिक, सामाजिक, आर्थिक, पारिस्थितिकीय प्रभावों और दुष्प्रभावों के संदर्भ में की जाती है और पूरे पर्यावरण के अन्य विषयों और जीवन के साथ उनके संबंधों के साथ इन पर विचार किया जाता है।

सामाजिक विज्ञानों के विविध पक्ष (Social Sciences Facet)

पर्यावरण अध्ययन के संभावित शिक्षणक्रम में सामाजिक विज्ञानों के विविध पक्षों के अध्ययन को इस प्रकार समझा जा सकता है:
- भारतीय समाज और पर्यावरण
- जनसंख्या और पर्यावरण
- मानवीय क्रियाकलाप और पर्यावरण
- उदारीकरण और वैश्वीकरण

पर्यावरण अपने आप में न केवल ऐतिहासिक, भौगोलिक, आर्थिक और सामाजिक दृष्टि से अध्ययन का स्वतंत्र विषय हो सकता है, अपितु उसका अध्ययन भौतिक, रसायन, जीव विज्ञान और गणित की दृष्टियों से भी किया जा सकता है।

विज्ञान और समाज विज्ञान दोनों के विषय, न केवल परस्पर संबंधित होते हैं, अपितु उनके प्रयोग और उनके प्रभाव पर्यावरण अध्ययन की रुचि के क्षेत्र होते हैं। वस्तुत: इनका जीवन के विविध पक्षों के साथ संबंध ही है जो उन्हें सार्थक बनाते हैं। क्योंकि इन विषयों को मात्र अमूर्त संकल्पनाओं के रूप में स्वीकार न कर, उन्हें दैनिक जीवन में सुसंगत मूर्त इकाइयों के रूप में स्वीकारा जाता है जिससे छात्रों की रुचि पर्यावरण अध्ययन के विषयों में उत्पन्न हो।

माध्यमिक स्तर पर भी पर्यावरण अध्ययन को एक समन्वित रीति से पढ़ा-पढ़ाया जाना चाहिए जैसाकि निम्नलिखित विषय-तालिका से स्पष्ट होता है:

- मनुष्य और पर्यावरण
- पर्यावरण और विकास
- पर्यावरणीय प्रदूषण और वैश्विक मुद्दे
- ऊर्जा
- जैवी वैविध्य
- पर्यावरण प्रबंधन

यह उल्लेखनीय है कि पर्यावरण अध्ययन के विषय, केवल विज्ञानों और सामाजिक विज्ञानों तक ही सीमित नहीं रहते, उसमें जीवन और जीवन-यापन के विभिन्न पक्षों को भी समाहित किया जाता है।

19.3 पर्यावरण अध्ययन के शिक्षण के उद्देश्य (Objectives of Teaching Environmental Studies)

पर्यावरण अध्ययन के शिक्षण के उद्देश्य भी उसकी विषय-वस्तु के समान शास्त्रानुसार न होकर, समन्वित ही होते हैं। इसीलिए उद्देश्यों का विधान भिन्न रूप से किया जाता है और समन्वित परिप्रेक्ष्य में परिभाषित किया जाता है।

अन्य सभी विषयों के समान, पर्यावरण-अध्ययन के उद्देश्य भी क्रियाकलापों पर आधारित होते हैं तथा ये क्रियाकलाप सामान्यत: सरल ही होते हैं और अध्येताओं की आयु के अनुरूप अनुस्तरित लघु सोपानों के रूप में लिखे जाते हैं। इसीलिए छात्रों को, उद्देश्यों की प्राप्ति के लिए, इस प्रकार प्रेरित और सक्षम बनाया जाना चाहिए जिससे वे एक सफलता से दूसरी सफलता की ओर बढ़ते रहें। प्रारंभिक वर्षों में जब बालक विकसित हो रहे होते हैं तो उनकी एक असफलता भी उन्हें हतोत्साहित कर सकती है जिससे वे अध्ययन से विमुख हो जाते हैं और शीघ्र ही अध्ययन भी छोड़ सकते हैं जिसे पुन: प्रारम्भ करने में चौगुना समय लग सकता है।

इसी दृष्टि से निम्नलिखित उद्देश्यों का विवेचन किया जा रहा है और स्पष्टीकरण में इसे निदर्शित किया जाएगा कि छात्र क्या-क्या कर सकेगा।

19.4 पर्यावरण अध्ययन के उद्देश्य (Objectives of Environmental Studies)

19.4.1 प्रेक्षण (Observation)

अपने आस-पास की वस्तुओं को पहचानने और समझने की दृष्टि से परिवेश की खोज करने की क्षमता को विकसित करना जिससे ज्ञानेन्द्रियों द्वारा प्रेक्षित नए तथ्यों के बीच के संबंधों को समझा जा सके। इसके द्वारा छात्रों को प्रत्यक्ष अनुभव के आधार पर पर्यावरण की खोज और समझ का वैयक्तिक संतोष अवश्य प्राप्त होता है।

उद्देश्य का स्पष्टीकरण: उक्त उद्देश्य की सम्प्राप्ति को निदर्शित करने के लिए छात्र:

1. देखने, सुनने, स्वाद, गंध और स्पर्श की इन्द्रियों के द्वारा आस-पास की वस्तुओं और घटनाओं के गुणधर्मों की पहचान कर सकेंगे।

2. वस्तुओं के पूर्व अनुभवों के आधार पर उनके गुणधर्मों का प्रत्यस्मरण कर सकेंगे।
3. पर्यावरण में होने वाले परिवर्तनों, घटनाओं और वस्तुओं को पहचान सकेंगे।
4. वस्तुओं के गुणधर्मों के आधार पर वस्तुओं में अंतर कर सकेंगे और वस्तुओं तथा घटनाओं के लक्षणों में होने वाले परिवर्तनों और सूक्ष्म अंतरों को देखने की आदत विकसित कर सकेंगे।
5. भौतिक और सामाजिक पर्यावरणों के बारे में स्वयं नई सूचनाएँ प्राप्त करने का प्रयास कर सकेंगे।
6. पर्यावरण की नई वस्तुओं के विषय में जिज्ञासा विकसित कर सकेंगे।

19.4.2 वर्गीकरण (Classification)

दिए गए या चुने गए मानदण्डों के आधार पर घटनाओं की तुलना के लिए ऐसी क्षमता विकसित करना जिससे वस्तुओं का विभेदीकरण किया जा सके, उन्हें क्रमबद्ध कर, अनुक्रम में रखा जा सके और घटनाओं का प्रेक्षण किया जा सके। इस प्रक्रिया से छात्र व्यवस्थाओं की अनेकता के बारे में सचेत होते हैं और घटनाओं को समझने और उन्हें क्रमबद्ध करने के महत्त्व को समझ सकते हैं।

उद्देश्य का स्पष्टीकरण: उक्त उद्देश्य की सम्प्राप्ति को निदर्शित करने के लिए छात्र:

(1) दिए गए या चुने गए मानदण्डों के आधार घटनाओं और वस्तुओं के बीच में अंतरों का वर्णन कर सकेंगे।
(2) समानताओं और विषमताओं के आधार पर वस्तुओं और घटनाओं के बीच के अंतरों को बता सकेंगे।
(3) एक या एकाधिक मानदण्डों के आधार पर वस्तुओं को क्रमबद्ध कर सकेंगे।
(4) उन अभिलक्षणों को पहचान कर उन्हें नाम दे सकेंगे, जिनके आधार पर उनका वर्गीकरण किया जा सकता है।

19.4.3. परिगणन और मापन (Counting and Measurement)

मापन के प्रयोजनों को पहचानने की क्षमता विकसित करना, प्रयोजनों के अनुरूप मापन के प्रकार का चयन करना, मापन की विधि और उसका अभिलेखन करना, जिससे पर्यावरण के विभिन्न परिवर्तनशील तत्त्वों के बारे में अनुमान किया जा सके।

उद्देश्य का स्पष्टीकरण–उक्त उद्देश्य की सम्प्राप्ति को निदर्शित करने के लिए छात्र–

(1) कुलक लव्य या गण (Set) और उसके सदस्यों की पहचान कर सकेंगे।
(2) विविध आकार-प्रकार के मदों (वस्तुओं) की तुलना कर सकेंगे।
(3) उपयुक्त साधनों के उपयोग के द्वारा मापन करने की क्षमता को निदर्शित कर सकेंगे।
(4) अंकों को क्रमबद्ध कर सकेंगे।
(5) अंकों के संबंधों का निर्धारण कर सकेंगे।
(6) वस्तुओं और घटनाओं के मापन और अनुमान के अन्तरों में विभेदीकरण कर सकेंगे।

(7) मापन और अनुमान के प्रयोग की स्थितियों का चयन कर सकेंगे।
(8) परिवर्तनशील तत्त्वों के बारे में अनुमान कर सकेंगे, उनका मापन कर सकेंगे और उनकी तुलना कर सकेंगे।
(9) सामग्री के अभिलेखन के लिए तालिकाएँ बना सकेंगे।
(10) मापन में सही होने का प्रयास करेंगे।
(11) घटनाओं के बीच के संबंधों को समझने के लिए मापन की आवश्यकता समझ सकेंगे।

19.4.4 देश (स्थान) और काल के संबंधों का उपयोग (Use of Time-Space Relationship)

सामाजिक और भौतिक प्रक्रियाओं में होने वाले परिवर्तनों और समय की गति के बीच सामाजिक और भौतिक पर्यावरण के संबंधों को पहचानने की क्षमता का विकास करना।

उद्देश्य का स्पष्टीकरण: उक्त उद्देश्य की सम्प्राप्ति को निर्दशित करने के लिए छात्र:

(1) किसी वस्तु को किसी अन्य विशिष्ट वस्तु के संदर्भ में पहचान सकेंगे।
(2) देश (स्थान) में किसी वस्तु की गति और दिशा की पहचान कर सकेंगे।
(3) पर्यावरणीय घटनाओं में हो रहे परिवर्तनों और उनकी दिशाओं की व्याख्या कर सकेंगे।
(4) देश (स्थान) की स्थिति में होने वाले परिवर्तनों की तुलना कर सकेंगे और समय की दृष्टि से भौतिक और सामाजिक घटनाओं के बीच संबंधों की तुलना कर सकेंगे।
(5) देशकाल में घटित भौतिक और सामाजिक घटनाओं के परिवर्तनों की व्याख्या करने के लिए अनन्तिम सामान्यीकरण कर सकेंगे।
(6) प्राकृतिक और सामाजिक व्यवस्थाओं की गतिशील प्रकृति को समझ-सराह सकेंगे और भौतिक और सामाजिक प्रक्रियाओं में चल रहे सतत परिवर्तनों और विविधताओं के प्रति जागरूकता विकसित कर सकेंगे।

19.4.5 प्रयोग और अन्वेषण (Experimentation and Investigation)

इस प्रकार की क्षमता छात्रों में विकसित करना जिससे वे ऐसे प्रश्न उत्पन्न कर सकें, जिनके समाधान के लिए अन्वेषण करना पड़े, अन्वेषण की कार्य विधि का अनुसरण करना पड़े, सामग्री का संकलन, संगठन और व्याख्या करनी पड़े और सामान्यीकरण करना या निष्कर्ष निकालना पड़े। (छात्रों के विकास की स्थिति के अनुसार प्रयोग सरल से कठिन हो सकते हैं।)

उद्देश्य का स्पष्टीकरण: उक्त उद्देश्य की सम्प्राप्ति को निर्दशित करने के लिए छात्र:

(1) ऐसे प्रश्न उठा सकेंगे और समस्याओं को रख सकेंगे जिनके उत्तर या समाधान के लिए अन्वेषण, प्रयोग और जाँच-पड़ताल की आवश्यकता हो।

(2) संभावित या अनंतिम निष्कर्षों को संकेतिक कर सकेंगे।
(3) परिवर्तनशील तत्त्वों या चरों के बीच संभावित संबंधों को स्थापित कर सकेंगे।
(4) प्रयोग करने के लिए आवश्यक उपकरणों को तैयार और एकत्र कर सकेंगे।
(5) अन्वेषण के लिए उपयुक्त उपकरण तैयार कर सकेंगे।
(6) व्यवस्थित रूप से प्रयोग और अनुसंधान कर सकेंगे।
(7) प्रयोग और अन्वेषण करने के लिए आवश्यक धैर्य प्रदर्शित कर सकेंगे।
(8) उपकरणों का प्रयोग चतुराई के साथ कर सकेंगे।
(9) सुरक्षा के नियमों का अनुसरण कर सकेंगे।
(10) स्वेच्छापूर्वक उपकरणों, सामग्रियों और जीवंत वस्तुओं का सही रखरखाव और देखभाल कर सकेंगे।
(11) परिणामों को ईमानदारी के साथ प्रतिवेदित कर सकेंगे।

19.4.6 विश्लेषण और व्याख्या (Analysis and Interpretation)

विभिन्न परिवर्तनशील तत्त्वों या चरों के बीच के संबंधों को बता सकेंगे, कार्य-कारण-संबंधों को बता सकेंगे, कार्य-कारण संबंधों का अनुमान कर सकेंगे और अन्वेषण और प्रयोग के आधार पर निष्कर्ष निकाल सकेंगे।

उद्देश्य *का स्पष्टीकरण*: उक्त उद्देश्य की सम्प्राप्ति को निर्दशित करने के लिए छात्र-

1. कुशलतापूर्वक सामग्री का संगठन कर सकेंगे।
2. केन्द्रीय विषयों/मुद्दों और मान्यताओं को पहचान सकेंगे।
3. निरीक्षित घटनाओं के साँचों और प्रवृत्तियों की तुलना कर सकेंगे।
4. विभिन्न घटनाओं के बीच के संबंधों का अनुमान कर सकेंगे।
5. परिवर्तनशील तत्त्वों या चरों के बीच संबंध स्थापित कर सकेंगे।
6. उपयुक्त या पर्याप्त सामग्री के उपलब्ध होने तक निर्णय को स्थगित कर सकेंगे।
7. व्यवस्थित ढंग से जाँच पड़ताल की आदत बना सकेंगे।

19.4.7 सामान्यीकरण और पूर्वानुमान (Generalisation and Prediction)

छात्र सामान्यीकरण करने, निष्कर्ष निकालने, तथ्यों की पड़ताल करने की क्षमता विकसित कर सकेंगे और विश्लेषण तथा व्याख्या के आधार पर परिणामों का पूर्वानुमान कर सकेंगे, (किसी मान्यता या स्थापना के लिए जाँच पड़ताल के उपयोग की सराहना और प्रमाणों के बारे में विवेचनात्मक निर्णय की क्षमता इसी प्रक्रिया का परिणाम होती है।)

उद्देश्य *का स्पष्टीकरण*: उक्त उद्देश्य की सम्प्राप्ति को निर्दशित करने के लिए छात्र-

(1) विभिन्न परिवर्तनशील तत्त्वों या चरों के बीच के संबंधों को समझ सकेंगे।
(2) अतिरिक्त प्रमाणों के आधार परिणामों की जाँच-पड़ताल कर सकेंगे।
(3) पूर्वज्ञान और प्राप्त सामग्री के आधार पर प्रवृत्तियों, व्यंजनाओं और मान्यताओं का अनुमान कर सकेंगे।

(4) परिवर्तनशील तत्त्वों या चरों के बीच के संबंधों के आधार पर सिद्धान्तों का निर्माण कर सकेंगे।

(5) नए प्राप्त तथ्यों और प्रमाणों के आधार पर परिणामों और मान्यताओं के पुनरीक्षण की आवश्यकता को समझ-सराह सकेंगे।

(6) युक्तिपूर्वक विचारों और तर्कों का समर्थन कर सकेंगे।

19.4.8 सम्प्रेषण (Communication)

लेखन, भाषण और क्रियाओं के द्वारा संबद्ध श्रेणियों, परिणामों और तर्कों को अभिव्यक्त करने की क्षमता विकसित करना।

उद्देश्य का स्पष्टीकरण: उक्त उद्देश्य की सम्प्राप्ति को निदर्शित करने के लिए छात्र:

1. संबद्ध नए शब्दों, ध्वनियों, क्रियाओं, उपकरणों, यंत्रों का सही प्रयोग कर सकेंगे।
2. अभिव्यक्ति के उपयुक्त साधनों द्वारा परिणामों और प्रेक्षणों का अनुवाद कर सकेंगे।
3. शब्दों, ध्वनियों, ड्राईंग, लेखन और निदर्शनों की सहायता से वस्तुओं, घटनाओं, प्रवृत्तियों, प्रयोगों और कार्यविधियों का सही वर्णन कर सकेंगे।
4. परिवेश में सूचना से संबंधित स्रोतों का पता कर सकेंगे।
5. सामूहिक क्रिया-कलाप में स्वेच्छापूर्वक भाग ले सकेंगे।
6. इच्छापूर्वक विचारों का आदान-प्रदान कर सकेंगे और दूसरों के विचारों और तर्कों को स्वीकार कर सकेंगे।

19.5 पर्यावरण अध्ययन के शिक्षण की पद्धति (Methods of Teaching Environmental Studies)

पर्यावरण अध्ययन के शिक्षण की पद्धतियाँ उपर्युक्त उद्देश्यों से संबंधित होती हैं तथा उनमें पर्यावरण की घटनाओं का प्रेक्षण, खोज और विश्लेषण जैसे कि 'प्रकृति निरीक्षण' आदि रहते हैं जो प्राथमिक स्तर पर निम्नलिखित तथ्यों के निरीक्षण और अभिलेखन के रूप में हो सकते हैं:

- सूर्योदय और सूर्यास्त का समय
- दिन का उच्चतम और निम्नतम तापमान
- वायु प्रवाह की दिशा
- आकाश की स्थिति (साफ़/बादलों वाला)
- वर्षा राशि का अभिलेख
- ऋतु से संबंधित कोई विशेष घटना (जैसे धूलभरी आँधी)

छात्रों को शिक्षक की सहायता से ऋतु या मौसम के बारे में परिणाम निकालने के योग्य बनाया जा सकता है।

पर्यावरण अध्ययन की पद्धतियों को सूचीबद्ध नहीं किया जा सकता। वस्तुतः यह शिक्षक की स्वकीय दृष्टि और पहल पर निर्भर रहेगा कि वह किस परिस्थिति विशेष में किस उपागम के अनुसार कार्य करता है। क्योंकि ये शिक्षार्थियों के व्यावहारिक कार्यों से संबंधित होंगे जिन्हें शिक्षक द्वारा छात्रों से करवाया जा सकता है।

ये क्रियाकलाप निम्नलिखित से संबंधित हो सकते हैं:

- निरीक्षण
- खोज
- प्रयोग
- अनुभवों के परिणामों का विश्लेषण (परियोजना/सर्वेक्षण आदि)
- संबंधों की स्थापना (पर्यावरण अपक्षय)
- तथ्यों और घटनाओं की व्याख्या
- निष्कर्ष निकालना
- निष्कर्षों की प्रस्तुति
- एक प्रकार की प्रस्तुति का दूसरे प्रकार की प्रस्तुति में रूपान्तरण।

वस्तुतः ये मूलतः पाठ्यचर्या में निर्धारित विषयों के शिक्षण की पद्धतियाँ ही हो सकती हैं।

प्रारंभिक कक्षाओं में जो पढ़ाया जाता है, उसे ही उच्चतर कक्षाओं में अधिक विस्तार के साथ पढ़ाया जाता है।

19.6 पर्यावरण अध्ययन में मूल्यांकन (Evaluation in Environmental Studies)

प्राथमिक स्तर पर पर्यावरण अध्ययन में मूल्यांकन क्रियाओं पर आधारित हो सकता है जिसे क्रियाओं के परिणामों की मात्रा और प्रकारों की दृष्टि से किया जा सकता है।

न्यायसंगत, विश्वसनीय और सही मूल्यांकन के लिए निरीक्षण को साधन के रूप में प्रयुक्त किया जा सकता है जिसके लिए विविध प्रकार के उपकरणों का प्रयोग किया जा सकता है। नीचे कुछ प्रमुख उपकरण दिए जा रहे हैं:

- तालिकाएँ (Inventories)
- जाँच सूची (Checklists)
- प्रेक्षण अनुसूची (Observation Schedule)
- निर्धारण मापनी (Rating Scales)

ये मूल्यांकन एक सतत प्रक्रिया के रूप में होने चाहिए जिससे अभिलेखन, संकलन, विश्लेषण और प्रमाणों की व्याख्या के आधार पर सार्थक परिणामों की घोषणा की जा सके।

परिमाणात्मक प्रमाणों के साथ-साथ अनेक गुणात्मक तथ्य भी हो सकते हैं, जबकि पहले प्रकार का मूल्यांकन अंकों के रूप में किया जा सकता है और गुणात्मक तथ्यों का मूल्यांकन ग्रेडों के रूप में किया जा सकता है। I-V तक की कक्षाओं में जहाँ पर्यावरण अध्ययन का शिक्षण होता है, पंच-बिन्दु-मापनी (A B C D E) का प्रयोग प्रस्तावित किया जा सकता है।

पर्यावरण अध्ययन के मूल्यांकन में निदानात्मक परीक्षण और उपचारात्मक शिक्षण भी आवश्यक होता है और उपचार को तत्काल करने की आवश्यकता रहती है। यदि तत्काल सुधार नहीं किया जाएगा तो उसका दुष्प्रभाव हो सकता है। सफलता के लिए दक्षताओं के विकास से अधिगम की प्रक्रिया सकारात्मक रूप से पुनर्वलित होती है जिससे छात्रों में

आत्मविश्वास और आत्मसमर्थन का भाव जागता है और वे और अधिक सफलता प्राप्त करने के लिए प्रेरित होते हैं।

माध्यमिक और वरिष्ठ माध्यमिक स्तरों पर पर्यावरण अध्ययन का मूल्यांकन लिखित रूप में किया जा सकता है और उसमें कुछ अंक व्यावहारिक कार्यों के लिए सुरक्षित रखे जा सकते हैं।

20

सामाजिक अध्ययन का शिक्षण
(Teaching of Social Studies)

विज्ञान और सामाजिक विज्ञान के विषयों के अध्ययन में पर्याप्त अंतर दिखाई देता है। क्योंकि दसवीं कक्षा तक ये विषय समन्वित रूप से पढ़े-पढाए जाते हैं जबकि वरिष्ठ माध्यमिक स्तर पर इन्हें स्वतंत्र शास्त्रों के रूप में पढ़ा जाता है। इसीलिए सामाजिक अध्ययन और सामान्य विज्ञान को पहले समन्वित रूप में और बाद में विशिष्ठ शास्त्रों के रूप में प्रस्तुत किया जा रहा है।

20.1 विद्यालयी पाठ्यचर्या में सामाजिक अध्ययन का स्थान (Place of Social Sciences in the School Curriculum)

सामान्य शिक्षा के घटक के रूप में सामाजिक अध्ययन के अध्यापन का विशेष महत्त्व है। क्योंकि उसके द्वारा छात्रों को उत्तरदायित्वपूर्ण सुशिक्षित नागरिक के रूप में विकसित करने में सहायता मिलती है। अत: इसका उद्देश्य छात्रों को निकटस्थ और दूरस्थ दोनों प्रकार के भौतिक और सामाजिक पर्यावरण के बारे में ज्ञान प्रदान करना हो सकता है जिसके अंतर्गत देश और काल दोनों के परिप्रेक्ष्य में भारतीय सांस्कृतिक विरासत और विश्व की अनेक संस्कृतियों को अध्ययन का विषय बनाया जा सकता है। निकटस्थ भौतिक और सामाजिक पर्यावरण के अध्ययन से छात्रों को अपने भौतिक और सामाजिक पर्यावरण के साथ व्यक्तियों की क्रिया-प्रतिक्रियाओं को समझने में सहायता मिलती है तथा सामाजिक, आर्थिक, राजनैतिक आदि संस्थाओं के क्रियाकलाप से व्यक्ति एक-दूसरे से जुड़ते हैं और समाज में क्रियाशील होते हैं। सामाजिक अध्ययन का एक लक्ष्य यह भी होना चाहिए कि छात्र वर्तमान को अतीत के विकासों के परिप्रेक्ष्य में देखें जिससे वे भविष्य का परिप्रेक्ष्य स्वयं विकसित कर सकें।

विज्ञान शिक्षा में भौतिक और प्राकृतिक पर्यावरण के अध्ययन के समान सामाजिक पर्यावरण के भी तीन पक्ष हो सकते हैं, जैसे, सामाजिक पर्यावरण के बारे में अध्ययन, सामाजिक पर्यावरण के अध्ययन के माध्यम से अधिगम और सामाजिक पर्यावरण के लिए अध्ययन। इसका अर्थ है कि छात्र सामाजिक रूढ़ियों, सांस्कृतिक विरासत, सामाजिक इतिहास आदि के विषय में अध्ययन करेंगे जिसका आधार निरीक्षण, खोज और सामाजिक घटनाओं आदि का वैज्ञानिक अध्ययन हो सकता है जिससे वे अपनी संस्कृति के श्रेष्ठ रूपों का संरक्षण कर सकेंगे और समाज के वर्तमान सामाजिक आर्थिक व्यवस्था या ढाँचे में सुधार कर सकेंगे।

सम्भवतः सामाजिक विज्ञान ही पूरी पाठ्यचर्या का एक ऐसा अकेला क्षेत्र है जो राष्ट्रीय शिक्षा नीति 86/92 में प्रस्तावित सभी केन्द्रिक घटकों के संदर्भ में अत्यंत प्रभावी साधन हो सकता है। इसीलिए सामाजिक विज्ञान के पाठ्यक्रम को निर्धारित करते समय हमें विशेष ध्यान रखना होगा जिससे केन्द्रिक घटकों में से किसी भी घटक की उपेक्षा न हो।

सामाजिक विज्ञान के सभी घटक माध्यमिक स्तर तक की सामान्य शिक्षा की सम्पूर्ण मात्रा के अविभाज्य अंग होते हैं जो मानवीय पर्यावरण को अपनी सम्पूर्णता में समझने में छात्रों की सहायता करते हैं और उनमें व्यापक परिप्रेक्ष्य और व्यावहारिक, तर्कसंगत और मानवीय दृष्टि विकसित करते हैं। ये छात्रों को आवश्यक कौशलों और गुणधर्मों के साथ स्वतंत्र व्यक्ति के रूप में विकसित होने में सहायक सिद्ध होते हैं जिससे के राष्ट्र के निर्माण और विकास की प्रक्रिया में भाग ले सकें और अपना योगदान प्रदान कर सकें।

विद्यालयों में सामाजिक विज्ञानों की पाठ्यचर्या की विषय-वस्तु मूलतः भूगोल, इतिहास, नागरिक शास्त्र, समाजविज्ञान, नृतत्त्व विज्ञान और अर्थशास्त्र से ली जाती है। ये सभी मिलकर देश और काल के संदर्भ में मानव समाज के सभी पक्षों और उनके परस्पर संबंधों के विषय में जानकारी देते हैं। इससे छात्र वर्तमान समाज को और अच्छी तरह समझने में समर्थ होते हैं। आत्मविकास के लिए आवश्यक ज्ञान और सभी अभिवृत्तियों और कौशलों को प्रदान करना भी सामाजिक विज्ञानों की शिक्षा का एक प्रमुख लक्ष्य माना जाता है।

सामाजिक विज्ञानों की शिक्षा को और अधिक सार्थक, सुसंगत और प्रभावी बनाने के लिए समकालीन विश्व की समस्याओं और मुद्दों की जानकारी देने को सर्वाधिक महत्त्व दिया जाना चाहिए जिससे आज की चुनौतियों और आवश्यकताओं का उपयुक्त रूप से सामना किया जा सके। भावी समाजों पर एक ओर वैश्वीकरण और उदारीकरण और दूसरी ओर स्थानीय समस्याओं का गहरा प्रभाव अवश्य होगा। इनके कारण पहले ही अनेक आर्थिक और सामाजिक चुनौतियाँ और अवसर हमारे सामने आ चुके हैं जिनका प्रभावशाली रूप से सामना किया जाना है जिससे समन्वित और शक्तिशाली भारतीय और विश्व समाज का निर्माण हो सके। इसीलिए आज ऐसे बुद्धिमान शिक्षार्थियों के विकास की आवश्यकता है जो किसी भी चुनौती का सामना कर सकें और अपरिचित स्थितियों को अपने अनुकूल बना सकें। प्रजातांत्रिक व्यवस्था में जहाँ सत्ता का विकेन्द्रीकरण हो रहा है, 'पंचायतीराज' जैसे स्थानीय प्रशासन का महत्त्व बढ़ गया है जिसका उद्देश्य प्रशासन में जनता की भागेदारी में सहभागिता का स्तर बढ़ाना है। विकास के लिए संसाधनों के अधिकतम उपयोग के लिए स्थानीय प्रशासन को और अधिक दक्ष और उत्तरदायी बनना पड़ेगा। सामाजिक विज्ञान के सुचिन्तित पाठ्यक्रम की सहायता से शिक्षार्थियों को वैश्विक दृष्टि से सोचने और स्थानीय दृष्टि से कार्य करने के लिए तैयार किया जा सकता है।

निरंतर बढ़ते ज्ञान के इस युग में विषय-वस्तु के चयन और संगठन का अपना महत्त्व है। अतः सामाजिक विज्ञानों के पाठ्यक्रम को समग्र होते हुए भी इस बात का ध्यान रखना होगा कि वह सूचनाओं का अंबार न बन जाए। विचारों के अंतर-संबंधों का भी ध्यान रखना होगा। अतः आवश्यक है कि अधिगम और चिन्तन की प्रक्रिया पर भार दिया जाए, न कि केवल सूचनाओं के संग्रह पर।

यद्यपि सामाजिक अध्ययन की विषय-वस्तु मुख्यत: भूगोल, इतिहास, नागरिकशास्त्र, अर्थशास्त्र और समाजविज्ञान से ली जाती है परंतु उसे न केवल संतुलित होना चाहिए, अपितु, सरल से सघन, निकटस्थ से दूरस्थ और सामान्य से विशेष की दृष्टि से उचित रूप में अनुस्तरित होना चाहिए।

विश्व की अनेक सभ्यताओं और उनके अंतरसंबंधों के साथ, भारतीय सभ्यता और उसकी समृद्ध सांस्कृतिक विरासत अध्ययन का मुख्य भाग बन सकती है जिसे हम इतिहास से ले सकते हैं। सामाजिक विज्ञान के घटकों की अपनी विशेषताएँ हैं और उन्हें स्वतंत्र रूप से पढ़ा-पढ़ाया जाना चाहिए। आगे इसी दृष्टि से उनके उद्देश्यों की चर्चा की जा रही है।

20.2 सामाजिक अध्ययन की संकल्पना (Concept of Social Studies)

एक महत्त्वपूर्ण सामाजिक संस्था के रूप में विद्यालयों को अपने दायित्वों का निर्वाह करना है जिसका संदर्भ वे प्रयोजन हो सकते हैं जिन्हें समाज उनसे पूरा करवाना चाहता है। शक्तिशाली प्रजातंत्र की स्थापना हमारा एक महत्त्वपूर्ण राष्ट्रीय लक्ष्य है, जिसका आधार है ऐसे नागरिकों का विकास करना जो प्रबुद्ध और दायित्वपूर्ण हों और जिनकी स्थायी आस्था प्रजातांत्रिक सिद्धान्तों और प्रक्रियाओं में हो। अत: इस लक्ष्य की प्राप्ति में विद्यालयों को निश्चित ही महत्त्वपूर्ण भूमिका का निर्वाह करना होगा और 'सामाजिक अध्ययन' के नाम से विख्यात विषय को इसके अधिकांश भाग का दायित्व निबाहना है। शैक्षिक सिद्धान्तों की मान्यता है कि बालकों की शिक्षा का दायित्व विद्यालयों का है और इस दायित्व को न टुकड़ों में बाँटा जा सकता और न ही टुकड़ों को ज्ञान के किसी विशेष क्षेत्र के साथ संलग्न किया जा सकता है। यह सत्य है कि शिक्षा के सामान्य लक्ष्यों में से किसी एक या एक से अधिक लक्ष्यों की प्राप्ति का दायित्व किसी भी विशेष विषय का हो सकता है। इस प्रकार सामाजिक अध्ययन इसका विशिष्ट विषय बनता है जिसका दायित्व है, निष्ठावान, क्रियाशील, सूचना सम्पन्न और विवेकशील व्यक्तियों के समूह को विकसित करने में सहायता प्रदान करना जो विश्व, राष्ट्र, राज्य और स्थानीय मामलों में अपनी स्वतंत्र इच्छा के साथ-साथ प्रभावी ढंग से सहभागी हो सके।

सामाजिक अध्ययन एक ऐसा विषय है जो मनुष्य और अन्य मनुष्यों के साथ उसके संबंधों और उसके पर्यावरण का अध्ययन-अध्यापन करता है। अत: सामाजिक अध्ययन का एक प्राथमिक सरोकार होता है, मनुष्यों के जीवनयापन की विविध विधाओं की समझ को बढ़ाना, अपनी आवश्यकताओं और सामाजिक, आर्थिक, सांस्कृतिक और राजनैतिक आवश्यकताओं की पूर्ति के लिए की जाने वाली क्रियाओं और उनके लिए मनुष्यों द्वारा विकसित संस्थाओं को समझना।

इन सबके साथ-साथ, सामाजिक अध्ययन के सामने राष्ट्रीय और सामाजिक समस्याओं और मुद्दों के समाधान के उपागमों को विकसित करने का व्यापक शैक्षिक प्रयोजन भी होता है। इस प्रयोजन को तभी प्राप्त किया जा सकता है जबकि छात्रों में मुद्दों को समझने की क्षमता विकसित की जाए जिससे वे संगत विचारों को असंगत विचारों से अलग कर सकें, विचारों को तर्कसंगत क्रम में प्रस्तुत कर सकें और अपने आप को बोधगम्य और प्रभावी ढंग से व्यक्त कर सकें।

सामान्य शिक्षा जिन उद्देश्यों के लिए प्रयत्नशील होती है, सामाजिक अध्ययन उन्हीं को और विस्तृत रूप में स्वीकार करता है। अतः इसे सामान्य शिक्षा के अपरिहार्य अंग के रूप में स्वीकार किया जाता है।

जब तक विषय-वस्तु, उसका संगठन और शिक्षण पद्धति, लक्ष्यों की सम्प्राप्ति में बाधक न हो, तब तक सामाजिक अध्ययन के पाठ्यक्रम को अनेक प्रकार से आयोजित किया जा सकता है। इस तरह सामाजिक अध्ययन का समन्वित उपागम और उसके विविध घटकों का स्वतंत्र विषयों के रूप में अध्यापन, दोनों को स्वीकार किया जा सकता है। इसीलिए सामाजिक अध्ययन की एक उत्तम पाठ्यचर्या में सामाजिक विज्ञान के विविध विषयों के ज्ञान और कौशलों को समन्वित रूप में प्रस्तुत करने के अनेक प्रयास हो चुके हैं और हो रहे हैं।

सामजिक और तकनीकी विकास का प्रभाव सामाजिक अध्यापन की पाठ्यचर्या पर लगातार पड़ता रहता है, जैसे–

- जब से इसे विद्यालयी पाठ्यचर्या में स्वीकार किया गया है तब से सामाजिक अध्ययन की संकल्पना निरंतर बदलती रही है।
- अपने पर्यावरण में मनुष्य का अध्ययन प्रारम्भ से ही सामाजिक अध्ययन का केन्द्रीय विषय रहा है, मुख्यतः इसका उपागम समन्वयात्मक रहा है, न कि शास्त्रीय। इसीलिए यह अपनी विषय-वस्तु विविध सामाजिक विज्ञानों से ले रहा है।
- सामाजिक अध्ययन को एक गतिशील विषय के रूप में ही स्वीकार किया जाता है जो प्रजातंत्र के निर्माण, संरक्षण और दृढ़ीकरण में सहायक सिद्ध होता है।
- सामाजिक अध्ययन की संकल्पना मुख्य रूप से उसके क्षेत्र और उसके शिक्षण की तकनीकों का निर्धारण करती है।

सामाजिक विज्ञान वस्तुतः पाठ्यचर्या के सभी केन्द्रिक घटकों के एकीकरण के लिए अध्ययन का सर्वाधिक उपयुक्त क्षेत्र है। परंतु अर्थशास्त्र और राजनीति पर भार देने की आवश्यकता है और मानवीय पर्यावरण के सामाजिक पक्षों, विशेषकर समकालीन विश्व के सामाजिक पक्षों, राष्ट्रीय अस्मिता की सम्पुष्टि, लिंगों की समानता, सामाजिक अवरोधों को हटाना, मूलभूत अधिकार, मूलभूत कर्त्तव्य, बालकों के अधिकारों के साथ मानव अधिकार जैसे विषयों को सुगमता से इस विषय के साथ एकीकृत किया जा सकता है। इसका शिक्षण वस्तुनिष्ठ होना चाहिए और उसे सभी प्रकार के रूढ़ बिम्बों, पूर्वाग्रहों, दुराग्रहों और अंधविश्वासों से मुक्त रहना चाहिए।

सामाजिक विज्ञानों के शिक्षण और अधिगम का आधार क्षेत्रीय कार्य, परियोजना कार्य, सामूहिक क्रियाकलाप हो सकते हैं। स्थानीय समुदायों से जुड़ी हुई परियोजनाओं को प्रोत्साहित करना चाहिए तथा इसके द्वारा अर्थशास्त्रीय और राजनैतिक और कानूनी साक्षरता, शिकायत निवारण तंत्र और उपयोक्ता शिक्षा को बढ़ावा दिया जा सकता है।

यद्यपि पूर्व प्राथमिक और प्राथमिक शिक्षा में सामाजिक विज्ञान को स्थान नहीं दिया जाता और उसे पर्यावरण अध्ययन के अंतर्गत स्वीकार किया जाता है। परंतु बालकों का सामाजिक विकास उसका मुख्य उद्देश्य रहता है जिसे इस स्तर की शिक्षा द्वारा प्राप्त करना

चाहिए। उस उद्देश्य की प्राप्ति के लिए विविध प्रकार के क्रिया-कलाप और कार्यक्रम किए जा सकते हैं जिनके द्वारा बालकों को अन्य बालकों और अपने भौतिक और प्राकृतिक पर्यावरण के साथ क्रिया-प्रतिक्रिया करने के विविध अवसर प्रदान किए जाने चाहिए। इस स्तर पर शिक्षा का लक्ष्य यही होना चाहिए कि बालक में अन्य बातों के साथ वाँछनीय सामाजिक अभिवृत्तियों और शिष्टाचारों का विकास किया जाए जिससे वे समाज में स्वस्थ भागेदारी के लिए तैयार हो सकें और वह अन्य व्यक्तियों के अधिकारों और विशेषाधिकारों के विषय में संवेदनशील बन सकें।

विद्यालय के पाठ्यक्रमों के अंतर्गत सामाजिक अध्ययन के शिक्षण के अनेक उपागम हो सकते हैं और हैं भी। उनमें से सर्वाधिक प्रचलित उपागम की चर्चा आगे की जा रही है। I और II कक्षाओं में छात्रों को प्राकृतिक और सामाजिक तत्त्वों में किसी प्रकार का अंतर किए बगैर, पर्यावरण को एक इकाई के रूप में पढ़ा-पढ़ाया जाना चाहिए जिसे पर्यावरण अध्ययन कहा जा सकता है। III-V कक्षाओं में, पर्यावरण अध्ययन को केन्द्र में रखते हुए पर्यावरण के भौतिक और सामाजिक पक्षों को व्यापक और समग्र अध्ययन के क्षेत्र के रूप में सामाजिक अध्ययन का परिचय छात्रों को दिया जा सकता है। इस स्तर पर सामाजिक अध्ययन के क्षेत्र को बालक के घर, विद्यालय और पड़ौस से बढ़ाकर राज्य, देश और विश्व तक विस्तृत किया जा सकता है। इस स्तर की पाठ्यचर्या में अपनी सांस्कृतिक विरासत के महत्त्वपूर्ण पक्षों से संबंधित कथा कहानियों के साथ, उन महापुरूषों, घटनाओं और विकासों के बारे में बताया जा सकता है जिन्होंने हमारे देश और अन्य देशों के जीवन को प्रभावित किया है।

उच्च प्राथमिक स्तर पर सामाजिक अध्ययन के अंतर्गत इतिहास, भूगोल, नागरिक शास्त्र और समाज की समकालीन समस्याओं और मुद्दों का अध्ययन किया जा सकता है। इस स्तर पर छात्रों को भारत के अतीत में हुए सामाजिक, सांस्कृतिक और वैज्ञानिक-विकासों के विषय में पढ़ाया जा सकता है। उन्हें देश की जीवन शैलियों के वैविध्य को समझने और सराहने में सहायता प्रदान की जानी चाहिए और उन्हें भारत और विश्व के विभिन्न क्षेत्रों की परस्पर अन्तर-निर्भरता के बारे में बताया जाना चाहिए। छात्रों को इस स्तर पर राजनैतिक और नागरिक संस्थाओं की जानकारी दी जा सकती है और उन्हें समकालीन सामाजिक और आर्थिक स्थितियों और समस्याओं से भी परिचित कराया जा सकता है। सामाजिक कौशल, नागरिक क्षमताएँ और राष्ट्रीय परिप्रेक्ष्य उन्हें वांछनीय अभिवृत्तियों को विकसित करने के लिए अभिप्रेरित कर सकते हैं जिससे वे सामाजिक और आर्थिक पुनर्निमाण के कार्यों में भागेदारी कर सकें।

पर्यावरण के घटकों और उनकी अंतरक्रियाओं का अध्ययन प्रक्रियाओं और ढाँचों के रूप में किया जा सकता है। छात्रों को विविध प्रकार की घटनाओं, वस्तुस्थितियों और मनुष्यों द्वारा निर्मित अभिलक्षणों का अध्ययन करने के लिए प्रेरित करना चाहिए। उन्हें इस योग्य बनाना चाहिए कि वे देश के विभिन्न भागों में वर्षा के वितरण और भूमि के कृषि और नागरिक उपयोग आदि के साँचों को पहचान सकें।

शिक्षार्थियों को सहायता प्रदान की जानी चाहिए जिससे वे भारत की सांस्कृतिक विरासत के साथ अन्य प्राचीन सभ्यताओं और उनके अंतरसंबंधों को समझ और सराह सकें।

भारत और अन्य देशों की सामाजिक, राजनैतिक और वित्तीय संस्थाओं के साथ समकालीन भारतीय समाज, उनके प्रकार्य, प्रबंधन-तंत्र, नगरीकरण और आर्थिक सामाजिक और औद्योगिक विकास आदि कुछ विषय हैं जिन्हें पाठ्यक्रम में समाहित किया जा सकता है। शैक्षिक कौशलों के साथ सामाजिक कौशलों और नागरिक क्षमताएँ भी विकसित की जानी चाहिए जिससे स्वयं छात्र अपना विकास कर सकें और दैनिक जीवन की स्थिति में प्रभावी रूप से सहभागी बन सकें।

माध्यमिक स्तर पर सामाजिक विज्ञान अधिक वैविध्यपूर्ण उपागम स्वीकार कर सकता है जिसमें इतिहास, भूगोल, नागरिकशास्त्र और अर्थशास्त्र के तत्त्वों को समाहित किया जा सकता है जिससे वे समकालीन भारत को समझ सकें। उन्हें मानव सभ्यता के विकास की विविध अवस्थाओं से परिचित करवाया जा सकता है तथा उन ऐतिहासिक शक्तियों की जानकारी दी जानी चाहिए जिनसे समकालीन भारत का निर्माण हुआ है। भारत की विरासत के ऐतिहासिक और समकालीन परिप्रेक्ष्य के साथ भारत के स्वतंत्रता संग्राम पर ध्यान दिया जाना चाहिए। सामाजिक अध्ययन के अन्य रूपों के अध्ययन से भारतीय समाज, राजनैतिक संगठन और अर्थ तंत्र के साथ-साथ देश की सामाजिक, आर्थिक, और राजनैतिक चुनौतियों को छात्र समझ सकेंगे। इस स्तर पर सामाजिक विज्ञान के अध्ययन से छात्रों में समकालीन विश्व की समस्याओं की समझ विकसित की जानी चाहिए जिससे वे विश्वशान्ति, अंतरराष्ट्रीय सहयोग, उपनिवेशवाद का अंत और मानव अधिकार की सुरक्षा आदि में भारत की भूमिका को समझ सकेंगे।

20.3 सामाजिक अध्ययन के शिक्षण के उद्देश्य (Objectives of Teaching Social Studies)

सामाजिक अध्ययन के शिक्षण के उद्देश्यों का महत्त्व है–

- पाठ्यचर्या तथा पाठ्यचर्या सामग्री के विकास के लिए
- निर्धारित लक्ष्यों की प्राप्ति के लिए पाठ्यचर्या के क्रियान्वयन के लिए
- मूल्यांकन की तकनीकों की पहचान और मूल्यांकन के उपकरणों के निर्माण के लिए

उद्देश्यों का विवरण इस प्रकार प्रस्तुत किया जा सकता है–

निम्नलिखित के ज्ञान और समझ को अर्जित करने के लिए–

- भारत की सामासिक संस्कृति के निर्माण के लिए विविध सांस्कृतिक धाराओं और उनका परस्पर सम्मिलित प्रभाव।
- विश्व के सतत विकास के घटक के रूप में भारतीय संस्कृति।
- भारत की समन्वित संस्कृति में आधुनिक विकासों के समीकरण की प्रकृति।

निम्नलिखित की सराहना करने के लिए–

- परिवर्तन सामाजिक इतिहास की आत्मा है।
- व्यक्तियों के सहयोग के परिणामस्वरूप परिवर्तन सदा कल्याणकारी होता है।
- स्थायी मूल्यों के परिवर्तन बाहरी प्रभावों के कारण आरोपित न होकर, आन्तरिक कारणों से होता रहा है जिसमें कभी-कभी बाहरी कारण भी प्रभावी रहे हैं।

- परिवर्तन सदा से एक परस्पर आदान-प्रदान की प्रक्रिया रही है जिसके अंतर्गत भारत ने अन्य संस्कृतियों और व्यक्तियों को कुछ दिया है और कुछ ग्रहण किया है।

वैज्ञानिक और तकनीकी विकास के परिणामों से, बिना किसी प्रकार के भेदभाव के सबका लाभान्वित होना।

समस्या समाधान की वैज्ञानिक पद्धतियों का प्रभावी उपयोग करना।

तकनीकी विकास के कारण उपलब्ध मनोरंजन के साधनों के सफल उपयोग की आवश्यकता को सराहना।

अतीत की न्यायसंगत और निर्दोष सरहाना और उज्ज्वल भविष्य की आशा के साथ राष्ट्रप्रेम की भावना को प्रकट करना।

अन्य व्यक्तियों से कुछ सीखने के भाव के साथ उनके प्रति सहनशीलता और आदर का भाव रखना सीखना, समस्याओं के समाधन करने की अपनी क्षमता में विश्वास और आस्था विकसित करना और ऐसा करने के लिए उपयुक्त संसाधान विकसित करना अधिगम को सार्थक बनाने के लिए कंपास, ग्लोब, तालिका, मानचित्र जैसे सरल उपकरणों के प्रयोग की क्षमता विकसित करना।

विविध प्रकार की सूचनाओं का संग्रह, संकलन प्रस्तुतीकरण और व्याख्या की क्षमता प्राप्त करना। वैश्विक समाजों में समृद्धि और विकास पर भौतिक पर्यावरण के प्रभाव को सराहना और यह समझना कि विभिन्न समाजों में विकास का आधार उनके व्यक्तियों का, उनके परिवेश के साथ-अंतरक्रियाएँ होती हैं, न कि किसी प्रकार के व्यक्तियों या परिवेशों की श्रेष्ठता और हीनता होती है।

लक्ष्यों और संसाधनों की दृष्टि से समकालीन भारत की समस्याओं को समझना और सराहना।

राज्य, समाज और व्यक्तियों में प्रजातांत्रिक मूल्यों को बढ़ाने के लिए उपयुक्त स्थितियों के निर्माण की क्षमता प्राप्त करना।

सहयोग, परस्पर सम्मान और शांतिपूर्ण सह-अस्तित्व के आधार नई विश्व व्यवस्था के विकास के लिए कार्य करना।

दल के सदस्य के रूप कार्य करने की क्षमताओं का विकास करना।

आलोचनात्मक चिन्तन की क्षमता को विकसित करना और निर्णय लेने के लिए सूचनाओं की विश्वसनीयता और यथार्थता का मूल्यांकन करना।

20.4 सामाजिक अध्ययन के शिक्षण की पद्धतियाँ (Methods of Teaching Social Studies)

कुछ मूलभूत सिद्धान्त (Some Fundamental Postulates)

सूचनाओं के संग्रह, संरक्षण और वितरण की अपेक्षा मूल्यों और अभिवृत्तियों के विकास के साथ सामाजिक अध्ययन का अधिक गहरा संबंध है।

सामाजिक अध्ययन के शिक्षण में शिक्षा के सामान्य सिद्धान्त विशेष स्वरूप और दिशा प्राप्त करते हैं।

बालकों के आन्तरिक क्षितिज को विस्तृत करना, सामाजिक अध्ययनों के शिक्षण का केन्द्रीय लक्ष्य होना चाहिए।

अधिगम-अनुभव जब उद्देश्य आधारित होते हैं, तभी प्रभावी अधिगम सिद्ध होता है।

सामाजिक-अध्ययन का शिक्षण तभी स्पष्ट, उदाहरणवत् और रुचिकर होता है जब बालकों के पर्यावरण और उनके अनुभवों का उसमें समावेश किया जाता है।

शिक्षण-अधिगम की क्रियाएँ तभी प्रभावी युक्तियाँ बनती हैं, जब उनमें बालकों की वैयक्तिक अंतरों, रुचियों और क्षमताओं का ध्यान रखा जाता है।

सामाजिक अध्ययन की शिक्षण पद्धतियों, जिनका सफलतापूर्वक अनुप्रयोग किया जा सकता है, विशेषकर प्राथमिक स्तर पर और जिन्हें राष्ट्रीय शैक्षिक अनुसंधान और प्रशिक्षण परिषद्, नई दिल्ली (NCERT) द्वारा प्रकाशित पुस्तक 'सामाजिक अध्ययन का शिक्षण' में प्रस्तावित किया गया है, उनका संक्षिप्त विवरण इस प्रकार है।

प्रेक्षण पद्धति (The Observational Method)

- प्रत्यक्ष अनुभव अधिगम की प्रक्रिया में अधिक प्रभावी होते हैं और वे अधिक चिरस्थायी होते हैं।
- प्रथमतः प्राप्त सूचना आगे की जाँच पड़ताल के लिए प्रेरणा का कार्य करती है।
- निकट का परिवेश और समुदाय प्रेक्षण के अनेक अवसर प्रदान करते हैं।
- प्रेक्षण के लिए सुनियोजित, सुनिर्देशित सोपानों और कार्य विधि की आवश्यकता होती है।
- प्रबल भूमिका वाले शिक्षकों की अपेक्षा पार्श्वभूमि में रहने वाले शिक्षक अधिक प्रभावी होते हैं।

परिचर्चा पद्धति (The Discussion Method)

- परिचर्चा पद्धति छात्रों में आलोचनात्मक चिन्तन को बढ़ावा देती है।
- सामाजिक अध्ययन के शिक्षण की परिचर्चा पद्धति से स्थायी अधिगम होता है।
- परिचर्चा पद्धति की सफलता अधिकतम छात्रों द्वारा चर्चा में सहभागिता पर निर्भर होती है।
- परिचर्चा पद्धति से शिक्षक और शिक्षार्थियों के बीच स्वस्थ संबंध विकसित होते हैं।

परियोजना पद्धति (The Project Method)

- श्रेष्ठज्ञान तभी प्राप्त होता है जब वह छात्रों की प्रयोजनपरक क्रियाओं का परिपाक होता है।
- परियोजना पद्धति के द्वारा छात्रों के वैयक्तिक अंतरों का ध्यान रखा जा सकता है और छात्र तभी अच्छी तरह से सीख पाते हैं जब वे अपनी रुचियों के कार्य में लगे होते हैं।
- सामाजिक अध्ययन के शिक्षण में उत्पादक और सर्जनात्मक क्रियाओं की महत्त्वपूर्ण भूमिका होती है।
- दल में काम करने और वर्गकार्य में अपने दायित्वों को स्वीकार करने से व्यक्ति का सामाजीकरण होता है।

सामाजीकृत प्रतिक्रिया (Socialised Reaction)

सामाजीकृत प्रतिक्रिया की सामान्यतः ज्ञात और प्रचलित तकनीकें निम्नलिखित हैं।

- संगोष्ठी (Seminars)
- कार्यशाला (Workshops)
- परिसंवाद (Symposium)
- पेनल चर्चा (Panel discussion)
- बौद्धिक विमर्श (Brains trust)।

सामाजीकृत प्रतिक्रयाओं से पारंपरिक और औपचारिक कक्षाध्यापन की सीमाएँ समाप्त होती हैं।

विविध प्रकार की सामाजिक स्थितियों में अंतर, क्रियाओं के माध्यम से ही सामाजिक गुणधर्म विकसित होते हैं। स्वतंत्र वातावरण में सामाजीकृत प्रतिक्रियाओं से छात्रों और शिक्षकों के बीच बेहतर संबंध विकसित होते हैं। सामाजीकृत प्रतिक्रियाओं में वर्ग या समूह के सभी सदस्यों की सभी क्रियाओं में सक्रिय भागीदारी की अपेक्षा रहती है।

सामुदायिक संसाधनों का उपयोग (Utilising Community Resources)

- सामाजिक अध्ययन के शिक्षण के लिए अनेक उपयोगी शैक्षणिक संसाधन स्थानीय समुदायों से प्राप्त हो सकते हैं।
- विद्यालय और समुदाय के बीच के संबंध, काफी हद तक शैक्षिक कार्यक्रमों की गुणवत्ता का निर्धारण करते हैं।
- सामुदायिक संसाधनों के उपयोग से छात्रों को प्रत्यक्ष और स्थायी अधिगम अनुभवों का लाभ मिलता है।

समकालीन घटनाओं/स्थितियों का उपयोग (Utilising Current-Events)

- समकालीन घटनाएँ और स्थितियाँ सामाजिक पर्यावरण के परिवर्तनशील रूपों को प्रतिबिम्बित करती हैं।
- समकालीन घटनाओं और स्थितियों का सामाजिक मुद्दों और समस्याओं के साथ घनिष्ठ संबंध होता है।
- समकालीन घटनाओं और स्थितियों का वर्णन वस्तुनिष्ठ दृष्टि से उनकी यथार्थ भूमिका में करना चाहिए।
- समकालीन घटनाओं और स्थितियों से विद्यालय और विद्यालय के बाहर की दुनिया के साथ संबंधों में निकटता आती है।

21

इतिहास शिक्षण
(Teaching of History)

इतिहास का इतिहास (The Genesis of History)

इतिहास को ज्ञान की सर्वाधिक प्राचीन शाखा माना जा सकता है। 'इतिहास' शब्द वैदिक पदबंध 'इति ह आस' अर्थात् 'ऐसा था' का विकसित रूप है जबकि इसका अंग्रेजी पर्याय 'History' शब्द एक प्राचीन यूनानी शब्द का विकसित रूप है जिसका अर्थ है जाँच या जाँच-पड़ताल पर आधारित अधिगम। ऐसा माना जाता था कि हमें अपने पूर्वजों के अनुभवों से सीखना चाहिए या अपनी पूर्ववर्ती पीढ़ी की सफलताओं और असफलताओं के अध्ययन से हम बहुत कुछ सीख सकते हैं। परंतु समय के परिवर्तन के साथ उसके अर्थ में बदलाव आया और उससे प्राचीन राजाओं की उपलब्धियों और उनके युद्धों की कहानियों को इतिहास माना जाने लगा।

18वीं शताब्दी के दार्शनिकों (पाश्चात्य) ने इतिहास को मूलतः सामाजिक संदर्भों में मनुष्य के अध्ययन के रूप में स्वीकार किया और उन्होंने अपने अपने राजनैतिक सिद्धान्तों को अपने इतिहास-दर्शन पर आधारित किया। इसके बाद सम्पूर्ण समाज और उसके सभी पक्षों के अध्ययन के रूप में इतिहास को स्वीकार किया गया। इस प्रकार समाजों के विकास और संवृद्धि का अध्ययन इतिहासकारों का विषय बन गया। 19वीं शताब्दी में इस प्रकार की व्यापक और व्यवस्थित योजना बनाने के प्रयत्न हुए जिनके आधार पर सम्पूर्ण मानव जाति के ऐतिहासिक विकास की व्याख्या की जा सके और सभी ऐतिहासिक घटनाओं को कार्य कारण की तर्कसंगत दृष्टि से देखा जा सके।

इस प्रकार सम्पूर्ण समाज और उसके विकास के मूल में वर्तमान विविध शक्तियाँ और कारक इतिहास की विषय-वस्तु बने।

इतिहास के कुछ नवीन सिद्धान्त (Some Recent Theories of History)

19वीं शताब्दी के उत्तरार्ध और 20वीं शताब्दी के पूर्वार्ध में जब विज्ञान सर्वाधिक महत्त्वपूर्ण बन गया, इतिहास को समाज के वास्तविक सत्य के रूप में स्वीकार किया जाने लगा और उसे विज्ञानों का विज्ञान कहा जाने लगा। (न केवल इतिहासकारों ने, अपितु राजनैतिक वैज्ञानिकों और दार्शनिकों ने इतिहास का अध्ययन प्रारंभ किया) एक दृष्टि के अनुसार हम उन विद्वानों को इतिहासकार कहते हैं जो इतिहासकारों द्वारा संग्रहीत तथ्यों को, कार्यकारण के सिद्धान्त के अनुरूप व्याख्यायित करना चाहते हैं।

सम्प्रति 'इतिहास' शब्द का प्रयोग अध्ययन के उस क्षेत्र के लिए किया जाता है जो इतिहास को एक वास्तविकता मानते हैं अथवा उसे एक विज्ञान के रूप में स्वीकार करते हैं। अतः इतिहास को अतीत के अवशेषों और अभिलेखों के आधार पर उसके पुनर्निर्माण के रूप में परिभाषित किया जा सकता है।

इतिहासकार की प्रथम और अनिवार्य आवश्यकता है, उसके द्वारा संग्रहीत तथ्यों को अभिनिश्चित करना। तथ्यों का सत्यापन, हालांकि, एक बड़ी समस्या बना रहता है। अतीत के अवशेष, जो हमारे पास पुरातात्त्विक और अन्य मौलिक प्रमाणों के रूप में उपलब्ध होते हैं, सामान्यतः परिवर्तित और क्षत-विक्षत रूप में होते हैं। परंतु आधुनिक तकनीकों के आधार पर हम उनके दोषों और जालसाज़ियों को पकड़ सकते हैं। परंतु जब कोई इतिहासकार लिखित अभिलेखों, दस्तावेजों, प्रतिवेदनों और ऐतिहासिक विवरणों के आधार पर अतीत का पुनर्निमाण करता है, तो बड़ी समस्या सामने आती है। इतिहास और अन्य सामाजिक तथा भौतिक विज्ञानों की प्रकृति के बीच जो अन्तर दिखाई देता है, उसके मूल में इनके प्रयोजनों का अंतर होता है। क्योंकि इतिहास हमेशा परिणामों या कार्यों को उनके कारणों के साथ जोड़ने का प्रयास करता है।

अध्ययन के प्रारंभिक बिन्दु के रूप में इतिहास शब्द को हमें एक प्रस्तावित स्थापना (Hypothesis) या मान्यता के अर्थ में स्वीकार करना चाहिए, जैसाकि भौतिक विज्ञानों में किया जाता है और उसे अतीत को समझने में सहायक तत्त्व के रूप में ग्रहण करना चाहिए।

परवर्ती समय में नई सूचनाओं की प्राप्ति के बाद उसकी प्रस्तावित स्थापना का परीक्षण उनके प्रकाश में किया जा सकता है।

परंतु तथ्यों की किसी भी व्याख्या को कभी भी अंतिम रूप से सत्य नहीं माना जाता। यह बात तो प्राकृतिक विज्ञानों के विषय में भी सच है। निरंतर अनुसंधानों के आधार पर नए तथ्यों की जानकारी प्राप्त की जा सकती है और उनकी नई व्याख्याएँ की जा सकती हैं। अन्य प्रस्तावित मान्यताओं और अन्य लोगों के कार्यों की आलोचनात्मक पड़ताल के आधार पर अधिक सही व्याख्याएँ की जा सकती हैं।

प्रस्तावित स्थापनाओं और उनके आधार पर विकसित सामान्यीकरणों के निर्माण और परीक्षणों के आधार पर ऐतिहासिक घटनाओं के तथ्यों के अंतर-संबंधों को कार्यकारण संबंधों के सार्थक आकारों (साँचों) के रूप में देखा जा सकता है।

इतिहास में कारणवाद के संबंध में एक महत्त्वपूर्ण प्रश्न उठता है कि इतिहास में आकस्मिक घटनाओं और संयोगों की क्या भूमिका होती है।

यह दृष्टि कि इतिहास कमोबेशी संयोगों का घोषणा पत्र है, अर्थात् संयोगवश हुई घटनाओं का एक अनुक्रम है, बहुत ही हलकी है जिस पर यहाँ विचार करने की आवश्यकता नहीं है। फिर भी ऐतिहासिक घटनाओं में संयोगों की भूमिका और महत्त्व और इतिहास के कारणवाद के साथ उनके संबंधों पर विचार करने की आवश्यकता है।

आकस्मिक घटनाओं के बारे में जो ऊपर कहा गया, लगभग वह व्यक्तियों की भूमिका के बारे में भी सच है। यहाँ हम महापुरुषों की भूमिकाओं के बारे में बात कर रहे हैं, विशेषकर, इतिहास पर उनके द्वारा छोड़े प्रभावों की। पूर्व महापुरुष ऐतिहासिक दृष्टि से महत्त्वपूर्ण होते हैं क्योंकि वे अपने युग के सर्वश्रेष्ठ व्यक्ति होते हैं। अतः आवश्यक है कि उन्हें इतिहास से संबंधित व्यक्तियों के रूप में स्वीकार किया जाए, न कि कोई जो इतिहास के बाहर है।

इस प्रकार महापुरुषों और उनकी भूमिकाओं को सामाजिक और आर्थिक शक्तियों के संबंधों में देखा जाना चाहिए कि वे किस सीमा तक इन शक्तियों के परिणाम और कारक हैं और वे किस सीमा तक इन शक्तियों के कर्त्ता या निर्माता हैं।

वस्तुत: इसे उनके समाजों और सामाजिक प्रवृत्तियों, धाराओं और उनके विकास की क्षमताओं के रूप में समझा जाना चाहिए और अंत में ही महापुरुषों की विशिष्ट भूमिकाओं के बारे में विचार करना चाहिए जिसका निर्वाह, उन्होंने सामाजिक विकास करने में किया था और जिसका श्रेय उन्हें दिया जाता है।

व्याख्या विवेचन में अनिवार्यत: मूल्य-निर्णय का भाव रहता है। इस प्रकार मूल्य निर्णय की सही प्रकृति, वस्तुत: किसी व्यक्ति के निजी या नैतिक मान्यता पर निर्भर न होकर, कुछ वस्तुनिष्ठ मानदण्डों के आधार पर होनी चाहिए। तभी उसे वैज्ञानिक कहा जा सकता है। परंतु वैज्ञानिक होने के लिए हम इन मानदण्डों को इतिहास के बाहर से नहीं ले सकते। उनका मूल मानव इतिहास की सम्पूर्ण विषय वस्तु में अर्थात् विभिन्न युगों के सामाजिक विकास में खोजना चाहिए। इसका आश्य है कि इतिहासकार के मूलभूत मानदण्डों का आधार सामाजिक विकास ही हो सकता है।

इतिहास में विकास के विचार को इस रूप में स्वीकार नहीं करना चाहिए कि विकास एक निरंतर प्रक्रिया है जिसमें कभी उत्क्रमण, विचलन या विराम नहीं होता।

प्रगति का आशय है मानव का अपने पर्यावरण पर अधिकार और वैज्ञानिक ज्ञान और भौतिक संसाधनों का संचयन। इसका यह भी अर्थ होता है, मानव का अपने सामाजिक पर्यावरण पर वर्धमान नियंत्रण और मानवीय क्षमताओं का प्रगत्यात्मक विकास। इस प्रकार ऐतिहासिक विकास और प्रगति साथ-साथ चलती रहती है।

सामाजिक विज्ञानों के एक अत्यंत महत्त्वपूर्ण अंग के रूप में इतिहास को माना जाता है। राजाओं और उनकी उपलब्धियों की कहानियों से उठकर अब उसे समाजों और उनके विकासों के वैज्ञानिक अध्ययन के रूप में स्वीकार किया जाता है। इतिहास का लक्ष्य अब सामाजिक परिर्वतनों की प्रक्रियाओं का गहन अध्ययन है। अतीत में अपने सामाजिक, आर्थिक, राजनैतिक और सांस्कृतिक विकास के बारे में सीख कर हम अपने वर्तमान को अधिक सही तरह से समझ सकते हैं।

इतिहास की प्रकृति के विषय में उक्त चर्चा के पश्चात् अब हम अपने देश की प्राचीन इतिहास संबंधी रचनाओं और उनकी विशेषताओं के बारे में विचार कर सकते हैं। क्योंकि हमारे देश में पुराणों और उनकी वंशावलियों के रूप में अनेक राजाओं और राजवंशों के विषय में लिखा जा चुका है।

कारणवाद के आधार पर भी भारत में कुछ ऐतिहासिक लेखन हुआ है। कल्हण की 'राजतरंगिणी' इसी प्रकार की एक रचना है।

इस स्थिति की व्याख्या, संभवत: हम उन अवधारणाओं के आधार पर कर सकते हैं जो प्राचीन काल में धार्मिक और दार्शनिक चिन्तन से प्रभावित थी, तत्कालीन सामाजिक व्यवस्था को धर्म का समर्थन प्राप्त था। अत: उसे स्थायी माना जाता था। कर्म का सिद्धान्त प्राचीन भारत की महत्त्वपूर्ण मान्यता है जिसका अर्थ है, मनुष्य को अपने अच्छे और बुरे कर्मों का फल भोगना ही पड़ता है। संभवत: इसीलिए प्राचीन भारत में ऐतिहासिक लेखन कम ही मिलता है। हाँ 'राजतरंगिणी' अवश्य ही एक उल्लेखनीय अपवाद है। इसका

लेखक कल्हण, लगता है, ऐतिहासिक स्रोत और सामग्री की अवधारणा से परिचित था। उसने इसीलिए राजाओं के आज्ञापत्रों, आदेशों, दानपत्रों, शिलालेखों तथा अन्य लिखित अभिलेखों का उपयोग किया था।

भारतीय इतिहास के द्वितीय काल की ओर जब हम बढ़ते हैं अर्थात् मध्यकाल या तुर्क-मुगल काल की ऐतिहासिक सामग्री को देखते हैं तो स्थिति कुछ बेहतर प्रतीत होती है। अतः तुर्कों और मुगलों के ऐतिहासिक अभिलेखों का उल्लेख किया जा सकता है जो उन्होंने अरबों से सीखा था और अरबों ने यूनानी इतिहासकारों से।

तुर्की-मुगल काल के इतिहासकारों की प्रमुख प्रवृत्ति भी दरबारी इतिहास लेखन की ही थी। क्योंकि इस युग में प्रत्येक राजा अपने दरबार में इतिहास लेखकों को रखता था जो अपने राजा और उसके पूर्ववर्ती राजाओं की विजयगाथा लिखा करते थे। अतः ये ऐतिहासिक लेख मुख्यतः उन राजाओं की प्रशस्तिगान थे जिनके दरबार में वे रहते थे।

इन इतिहास लेखों के गहन अध्ययन से स्पष्ट होता है कि उनके आधार पर समाज का सही चित्रण नहीं समझा जा सकता। क्योंकि उनमें तथ्यों की सही प्रस्तुति नहीं मिलती। अतः मध्यकाल के इतिहास लेखन की सामग्री से दरबारों और उनसे संबंधित घटनाओं की जानकारी तो मिलती है। परंतु उनमें समाज, संस्कृति और आर्थिक स्थिति की सर्वत्र उपेक्षा दिखती है।

भारत में आधुनिक इतिहास लेखन की परंपरा का आरंभ अंग्रजों के राज और ऐसियाटिक सोसाइटियों की स्थापना के साथ होता है। इनका उद्देश्य मुख्य रूप से लोगों की आदतों और उनके रीति रिवाजों को समझना था जो उनके प्रशासन के लिए आवश्यक था। अतः प्राचीन पुस्तकों की खोजों और उनके अनुवादों की शुरूआत हुई और नृतत्त्व विज्ञान का विकास भी हुआ।

लेकिन 1857 के बाद जब भारतीय प्रशासन ब्रिटिश सरकार के हाथों में आ गया तब भारत के सांस्कृतिक जीवन और राजनैतिक जीवन के विविध पक्षों से संबंधित नीतियाँ तैयार की गईं।

अंग्रेजी इतिहासकारों के परवर्ती लेखों में भारत के इतिहास का विकृत रूप ही प्रस्तुत किया गया। सामाजिक जीवन के विषय में उनमें कुछ भी नहीं लिखा गया, पूर्ववर्ती राजाओं के अन्यायों और द्वन्द्वों को प्रमुखता दी गई। अतः उनके अनुसार अंग्रजों के राज से पहले देश में द्वन्द्व थे, युद्ध थे, निरंकुशता थी और रक्तपात था। इस प्रकार के चित्र का उद्देश्य अंग्रेजी राज के गुण गाना था और उसे पूर्ववर्ती कुशासन के विरोध में प्रस्तुत करना था। अतः परवर्ती काल में जिन इतिहासकारों ने इस प्रकार सामग्री के आधार पर जो निष्कर्ष निकाले उनसे भारत के इतिहास का विकृत रूप ही सामने आता है।

आधुनिक भारतीय इतिहास लेखन का यह काल भारतीय राष्ट्रीयता के उदय का प्रारंभिक समय था जिसके परिणामस्वरूप, मनोवैज्ञानिक आवश्यकता की पूर्ति के लिए प्राचीन भारत के इतिहास को गौरव मंडित किया गया अर्थात् राजनैतिक और आर्थिक कमियों की आपूर्ति की गई। इस युग के इतिहास ग्रंथों में हमें राजनैतिक इतिहास की ही प्रमुखता दिखती है और सामाजिक और आर्थिक पक्षों की उपेक्षा। इन ग्रंथों में हमें घटनाओं का विवरण ही मिलता है, उनके कारणों का विश्लेषण नहीं मिलता।

उन उद्देश्यों के बारे में जागरूकता आवश्यक है जिनकी सम्प्राप्ति के लिए इतिहास पढ़ा-पढ़ाया जाता है। इन उद्देश्यों को हमें पंथ-निरपेक्ष, समाजवादी, जनतंत्र के विकास की आवश्यकताओं के संदर्भ में देखना चाहिए। एक दूसरी महत्वपूर्ण आवश्यकता है, जिसका हमें ध्यान रखना होगा, वह है भावनात्मक राष्ट्रीय एकता का प्रश्न, जिसके अभाव में समाजवादी पंथ-निरपेक्ष समाज की कल्पना नहीं की जा सकती।

सर्वप्रथम विद्यालयों में इतिहास शिक्षण से हमें समझना चाहिए कि इतिहास सामाजिक परिवर्तनों और विकास की प्रक्रिया का अध्ययन है। मानवीय जगत स्थिर नहीं है, अपितु वह सतत और निरंतर गति, परिवर्तन और विकास का विषय है।

इसलिए इतिहास शिक्षण से छात्रों में अपने समाज के गुणधर्मों के ज्ञान में गम्भीरता आनी चाहिए। अतीत की असफलताओं को उसे चेतावनी के रूप में लेना चाहिए और सफलताओं को स्वाभाविक और उत्साह के रूप में। इतिहास से छात्रों को अपने देश की सामाजिक और राजनैतिक कमजोरियों के बारे में जागरूक होना चाहिए जिससे वे उन कमज़ोरियों को समाप्त करने के लिए आवश्यक उपाय कर सकें।

छात्रों में राष्ट्रीय विरासत की समझ पैदा करके भारतीय इतिहास के अध्ययन से मातृभूमि के लिए प्रेम का भाव जागना चाहिए जिससे वे धरोहर की स्थिति को समझ सकें और समझ सकें कि किस प्रकार हमने विभिन्न जातियों, धर्मों और संस्कृतियों को आत्मसात किया है। विकास की प्रक्रिया में सांस्कृतिक संश्लेषण, सांस्कृतिक एकता और मित्रताओं पर भी समुचित भार दिया जाना चाहिए। उसे समझना चाहिए कि पश्चिमी देशों के विपरीत भारत अपने अतीत का न तिरस्कार करता और न ही परित्याग, अपितु वह उसे आत्मसात करके चलता है।

इतिहास के शिक्षण से हमें छात्रों को समग्र मानवीय विरासत से भी परिचित कराने का प्रयास करना चाहिए।

21.2 इतिहास के शैक्षणिक उद्देश्य (Instructional Objectives of History)

उपर्युक्त चर्चा के संदर्भ इतिहास शिक्षण के उद्देश्यों को इस प्रकार प्रस्तुत किया जा सकता है:-

1. इतिहास के अध्ययन से संबंधित पारिभाषिक शब्दों, संकल्पनाओं, तथ्यों, घटनाओं, प्रतीकों, विचारों, समस्याओं, प्रवृत्तियों, व्यक्तियों, कालक्रमों, सामान्यीकरणों आदि का ज्ञान प्राप्त करना।
2. इतिहास के अध्ययन से संबंधित शब्दों, तथ्यों, सिद्धान्तों, घटनाओं, प्रवृत्तियों आदि की और उनके परस्पर संबंधों की समझ विकसित करना।
3. तार्किक और आलोचनात्मक चिन्तन की क्षमता विकसित करना।
4. ऐतिहासिक घटनाओं की समझ और अध्ययन के सहायक व्यावहारिक कौशलों का विकास करना।
5. इतिहास अध्ययन में रुचि विकसित करना।
6. स्वस्थ सामाजिक अभिवृत्तियों का विकास करना।

उद्देश्य और उनका स्पष्टीकरण (Objectives and their Specifications)

21.2.1 उद्देश्य–इतिहास के अध्ययन से संबंधित पारिभाषिक शब्दों, संकल्पनाओं,

तथ्यों, घटनाओं, प्रतीकों, विचारों, समस्याओं, प्रवृत्तियों, व्यक्तित्वों, कालक्रमों, सामान्यीकरणों आदि का ज्ञान प्राप्त करना।

उद्देश्य का स्पष्टीकरण

उक्त उद्देश्य की सम्प्राप्ति को निदर्शित करने के लिए छात्र–

1. तथ्यों, पारिभाषिक शब्दों, संकल्पनाओं, घटनाओं आदि का पुनस्स्मरण कर सकेंगे।
2. तथ्यों, पारिभाषिक शब्दों, संकल्पनाओं, घटनाओं आदि को पहचान सकेंगे।
3. मानचित्रों, तालिकाओं, आरेखों आदि के द्वारा सूचनाओं को दिखा सकेंगे।
4. विविध रूपों में प्रस्तुत सूचनाओं को पढ़ सकेंगे।

21.3.2 **उद्देश्य**–इतिहास के अध्ययन से संबन्धित शब्दों, तथ्यों, सिद्धान्तों, घटनाओं उद्देश्यों प्रवृत्तियों आदि की और उनके परस्पर संबंधों की समझ विकसित कर सकेंगे।

1. तथ्यों, शब्दों, संकल्पनाओं आदि का वर्गीकरण कर सकेंगे।
2. घटनाओं, प्रवृत्तियों, संकल्पनाओं की तुलना और व्यतिरेक्त कर सकेंगे।
3. उदाहरण देकर घटनाओं, प्रवृत्तियों आदि को सोदाहरण समझ सकेंगे।
4. सार्थक और असार्थक, महत्त्वपूर्ण या कम महत्त्वपूर्ण कारणों, घटनाओं आदि के बीच अंतर क्रर सकेंगे।
5. साधन और साध्य, कार्य और कारण आदि के बीच के संबंधों को पहचान सकेंगे।
6. तथ्यों, प्रवृत्तियों आदि को विशिष्ट ज्ञात क्रम में सँजो सकेंगे।
7. कथन की त्रुटियों को पकड़ सकेंगे और उन्हें सही कर सकेंगे।
8. इतिहास के स्रोतों से प्राप्त सूचनाओं का सारांकन कर सकेंगे।
9. इतिहास के विभिन्न स्रोतों से प्राप्त उद्धरणों, तालिकाओं, मानचित्रों की व्याख्या कर सकेंगे।

21.2.3 **उद्देश्य**–तार्किक और आलोचनात्मक चिन्तन की क्षमता विकसित कर सकेंगे।

उद्देश्य का स्पष्टीकरण

उक्त उद्देश्य की संप्राप्ति को निदर्शित करने के लिए छात्र–

1. समस्या की पहचान कर सकेंगे।
2. समस्या का विश्लेषण कर सकेंगे।
3. निहितार्थों के साथ समस्या की व्याख्या कर सकेंगे।
4. संभावित स्थापना या मान्यता (Hypothesis) को सामने रख सकेंगे।
5. प्रासंगिक तथ्यों, सिद्धातों आदि का चयन कर सकेंगे।
6. संबंध स्थापित कर सकेंगे।
7. अपनी स्थापना या मान्यता के पक्ष में तर्क प्रस्तुत कर सकेंगे।
8. अनुमान कर सकेंगे और सामान्य निष्कर्ष निकाल सकेंगे।
9. अनुमानों की जाँच कर सकेंगे।
10. पूर्वानुमान कर सकेंगे।

11. मूल्यांकन कर सकेंगे।

21.2.4 उद्देश्य–ऐतिहासिक घटनाओं की समझ और अध्ययन में सहायंक, व्यावहारिक कौशलों का विकास कर सकेंगे।

उद्देश्य का स्पष्टीकरण

उक्त उद्देश्य की सम्प्राप्ति को निदर्शित करने के लिए छात्र–

1. ऐतिहासिक मानचित्रों, तालिकाओं, रेखाचित्रों का निर्माण कर सकेंगे।
2. नमूनों (मॉडल), काल कीलक (टाइम फ्रीज़ेस) आदि बना सकेंगे।

21.2.5 उद्देश्य–इतिहास के अध्ययन में रुचि विकसित कर सकेंगे।

उद्देश्य का स्पष्टीकरण

उक्त उद्देश्य की सम्प्राप्ति को निदर्शित करने के लिए छात्र–

1. विभिन्न ऐतिहासिक कालों के सिक्कों और अन्य प्रकार की ऐतिहासिक सामग्रियों का संकलन कर सकेंगे।
2. सोदाहरण सामग्रियों, सहायक सामग्रियों आदि का निर्माण कर सकेंगे।
3. ऐतिहासिक नाटकों और ऐतिहासिक घटनाओं के मंचन में भाग ले सकेंगे।
4. पुरातात्त्विक स्थानों, पुरातत्त्व संग्रहालयों और पुराभिलेखागारों की यात्रा कर सकेंगे।
5. ऐतिहासिक अभिलेखों, मानचित्रों और तालिकाओं का पठन कर सकेंगे।
6. ऐतिहासिक समूह-संघों/क्लबों के क्रियाकलापों में सक्रिय रूप से भाग ले सकेंगे।
7. ऐतिहासिक और अन्य संबंधित विषयों पर लेख, प्रपत्र आदि लिख सकेंगे।

21.2.6 उद्देश्य–स्वस्थ सामाजिक प्रवृत्तियों का विकास करना।

उद्देश्य का स्पष्टीकरण

उक्त उद्देश्य की सम्प्राप्ति को निदर्शित करने के लिए छात्र–

1. राष्ट्र-प्रेम की भावना का विकास और प्रदर्शन कर सकेंगे।
2. अन्य व्यक्तियों, अभिमतों, विचारों, आस्थाओं और जीवन दर्शन के प्रति सम्मान व्यक्त कर सकेंगे।
3. अन्य धर्मों और आस्थाओं के विषय में अध्ययन कर सकेंगे।
4. अन्य आस्थाओं और समुदायों के व्यक्तियों के साथ संबंध स्थापित कर सकेंगे।
5. उदार आदर्शों की भावनाओं का विकास कर सकेंगे।
6. सामाजिक और नागरिक क्रियाकलापों में सहकार कर सकेंगे।
7. सांस्कृतिक अंतरों का सम्मान कर सकेंगे।
8. विभिन्न सभ्यताओं के योगदान की सराहना कर सकेंगे।
9. व्यक्तियों और राष्ट्रों की परस्पर निर्भरता की सराहना कर सकेंगे।
10. विभिन्न राष्ट्रों के बीच के झगड़ों को शान्तिपूर्ण तरीकों से निपटाने की आवश्यकता का पक्ष ले सकेंगे और उसकी सराहना कर सकेंगे।
11. विभिन्न जातियों, लिंगों, रंगों, पंथों, और मजहबों के व्यक्तियों की समानता में विश्वास रख सकेंगे।

12. संयुक्त राष्ट्र संघ की भूमिका और लक्ष्यों को सराह सकेंगे और उनमें योगदान देने के प्रयास कर सकेंगे।

21.3 इतिहास शिक्षण की पद्धति (Methods of Teaching History)

इतिहास का शिक्षण एक उलझा विषय है और पाठ्यचर्या के निर्माताओं को इस बात का ध्यान रखना होगा कि इतिहास में तथ्यों की विवेचना शिक्षार्थियों की आयु और मानसिक विकास का ध्यान रख कर करनी चाहिए। अत: शिक्षा के विभिन्न स्तरों के लिए विषय-वस्तु के चयन, न्यायसंगत रूप से बड़ी सावधानी के साथ करना चाहिए। नौजवानों के मन में ऐसी बातें नहीं डालनी चाहिए जो घृणा पैदा करती हों या जो कट्टरता को बढ़ाती हों। ऐसी कुछ बातें होती हैं जो तथ्यात्मक होते हुए भी बालकों के चिन्तन को प्रारंभिक अवस्था में ही प्रदूषित कर सकती हैं। इन बातों को वे बाद में सीख-समझ सकते हैं, विशेषकर जब वे उच्च अध्ययन या अनुसंधान का कार्य करें।

समय बदल चुका है और परंपराएँ भी। परंतु इतिहास के तथ्यों को छात्रों के सामने बिना किसी तरह के पूर्वाग्रह के, तार्किक रीति से ही प्रस्तुत करना है जिससे वे अतीत और वर्तमान को तर्क संगत रूप से समझ सकें। वस्तुत: यह पाठ्यचर्चा के निर्माताओं और विशेषकर पाठ्य-पुस्तक निर्माताओं का वास्तविक या गंभीर कर्त्तव्य है। इतिहास के तथ्य भी आलोचनात्मक विश्लेषण की माँग करते हैं जिससे छात्र विषय के महत्त्व और उसके वास्तविक अर्थों को समझ सकें।

छात्रों को यह समझने में सक्षम बनाया जाना चाहिए कि इतिहास लेखन में, इतिहासकार का कर्त्तव्य है कि वह सूचनाओं का सही संकलन करे और उनका विश्लेषण करे। वह इतिहास के काल-खंडों का प्रत्यक्षदर्शी साक्षी नहीं होता। परंतु उसके विचार या कोई विचारधारा उसके इतिहास लेखन में परिलक्षित हो सकती है। स्थिति तब भयावह हो सकती है जबकि इतिहास को अतीत में व्यवस्थित ढंग से नहीं लिखा गया हो, उसे परवर्ती काल में संदर्भ के रूप में प्रस्तुत करना कठिन हो सकता है। इतिहास के संबंधित काल के प्रमाण भी अनेक बार बहुत ही कम होते हैं और जो हैं भी, वे भी इतिहासकारों द्वारा व्याख्यायित हो चुके हैं। यद्यपि एक समान स्रोतों से प्राप्त प्रमाणों की व्याख्या एकाधिक प्रकारों से मिलती है। क्योंकि उनके लेखकों की विचारधाराएँ विभिन्न प्रकार की हैं। इस प्रकार विभिन्न व्याख्याओं के कारण ही विविध प्रकार के विवाद प्रारंभ होते हैं और वही स्थिति बन जाती है जिसमें अंधे लोग एक ही हाथी का वर्णन कई प्रकार से करते हैं, कोई हाथी की पूँछ पकड़ता है तो कोई हाथी को लम्बी रस्सी बताता है और कोई दूसरा उसके पैरों को पकड़कर उसे खंभा बताता है। इसी प्रकार अन्य अंधे भी हाथी का वर्णन करते हैं। इसीलिए इतिहास के विवादग्रस्त मुद्दों को पढ़ाते समय हमें अत्यंत सावधान रहना होगा और ईमानदारी के साथ मतमतान्तरों को स्वीकार करना होगा। विवादग्रस्त विषयों के बारे में किसी इतिहासकार के मत को बताने के साथ उसकी विचारधारा भी छात्रों को बता देनी चाहिए।

परंतु छात्रों को भावनात्मक आधारों पर निर्णय लेने के बदले, उन्हें तर्कों के आधार पर निर्णय लेना शिक्षकों द्वारा सिखाया जाना चाहिए।

इतिहास को वस्तुनिष्ठ दृष्टि से ही पढ़ाया जाना चाहिए और उसका शिक्षण सभी प्रकार के आग्रहों, विशेषकर साम्प्रदायिक या भावनात्मक दुराग्रहों से मुक्त होना चाहिए

अतीत के परिप्रेक्ष्य से हमें वर्तमान को समझने में सहायता मिलनी चाहिए। अतः छात्रों द्वारा स्वतंत्र रूप से चेतावनी भरे कार्यों को करने के लिए उन्हें परियोजना लेने के लिए प्रोत्साहित किया जाना चाहिए। सामूहिक कार्यों, जैसे युवक संसद, संगोष्ठी और परिचर्या आदि में छात्रों की भागीदारी को प्रोत्साहित करना चाहिए। इस प्रकार के अभ्यासों से छात्र मतभेदों को अच्छी तरह समझ सकते हैं। समकालीन घटनाओं और समस्याओं को समझने के लिए छात्रों को समाचारपत्रों और उनके अंशों के अध्ययन के लिए प्रोत्साहित करना चाहिए और उनको शिक्षण अधिगम के साधन के रूप में प्रयुक्त करना चाहिए।

माध्यमिक और वरिष्ठ माध्यमिक स्तरों पर ही विवादात्मक मुद्दों को पढ़ाया जाना चाहिए और उन विषयों पर चर्चाएँ कक्षा में आयोजित की जा सकती हैं। हमें इतिहासकारों की पार्श्वभूमि भी छात्रों को बता देनी चाहिए तथा विवादों के संदर्भ में उनके समयों की जानकारी दी जानी चाहिए। साथ ही उस समय को भी बताना चाहिए, जबकि किसी इतिहासकार ने उसके बारे में कोई बात कही है। ये सारी बातें शिक्षक द्वारा सावधानीपूर्वक बताई जानी चाहिए। केवल इतिहासकारों के उद्धरणों के द्वारा सार्थक शिक्षण नहीं किया जा सकता। ऐसी स्थितियों में छात्रों को मूल संदर्भ स्रोत देखने के लिए प्रेरित करना चाहिए। परंतु शिक्षक का कर्त्तव्य है कि वह छात्रों को अपने अध्ययन के काल खण्ड के बारे में उसके मत के उपलब्ध संस्रोतों और इतिहासकार के दृष्टिकोण के विषय में स्पष्ट जानकारी दें।

इतिहास शिक्षण का एक महत्त्वपूर्ण उद्देश्य है, राष्ट्रीय एकता की सम्पुष्टि करना और ऐसे संदर्भों से बचना जिनमें विभिन्न मतावलम्बी वर्गों के बीच धार्मिक आस्थाओं, जीवन पद्धतियों, रीति-रिवाजों और परंपराओं को लेकर विवाद उत्पन्न हो। इतिहास शिक्षण से किसी की भावनाओं पर आघात नहीं करना चाहिए। जिन बातों को हमें उभारना चाहिए, वे हैं समानताएँ, न कि विषमताएँ, जिससे विभिन्नताओं में एकता की भावना को विकसित किया जा सके और सांस्कृतिक सम्पन्नता, सामाजिक समरसता और आर्थिक प्रगति को सुनिश्चित किया जा सके।

इतिहास शिक्षण की उपर्युक्त पद्धतियों और तकनीकों का उपयोग एकल या सामूहिक रूप से इतिहास शिक्षण में किया जा सकता है।

22

भूगोल शिक्षण
(Teaching of Geography)

महाद्वीपों, देशों, भूमि, समुद्र, नदियों, मैदानों, मरूस्थलों और पर्वतों के मात्र विवरण की अपेक्षा, भूगोल को अपने आप में एक व्यापक संदर्भ में समझा जाना चाहिए।

22.1 भूगोल की संकल्पना और उसका क्षेत्र (The Concept and Scope of Geography)

विद्यालयी पाठ्यचर्या के एक विषय के रूप में भूगोल अनेक अर्थों में विशिष्ट है। इसीलिए उसकी संकल्पना को स्पष्टत: समझने और सराहने की आवश्यकता है।

भूगोल में किसका अध्ययन किया जाता है, यह एक ऐसा प्रश्न है जो प्राथमिक स्तर पर भी किसी प्रश्नाकुल छात्र को परेशान कर सकता है। बहुत से शिक्षक भी इस प्रश्न का संतोषजनक उत्तर देने के लिए तैयार नहीं होते। इसके कारण ही कुछ सीमा तक भूगोल शिक्षण में वर्तमान गड़बड़ियाँ दिखाई देती हैं। छात्रों की चिन्ता है कि इसके अंतर्गत कितने विषयों, जैसे ग्रहों की संख्या, ग्रहण, पर्वत, वन, मरूस्थल, नदियाँ, वेषभूषा, रीतिरिवाज आदि को भूगोल के पाठ्यक्रम में स्थान प्राप्त हैं। परंतु ये सभी विषय, किसी न किसी अन्य विषय के अंतर्गत अपेक्षाकृत अधिक गम्भीरता और समग्रता के साथ पढ़े-पढ़ाए जाते हैं। कभी-कभी ऐसा भी सोचा जाता है कि इस प्रकार की सामान्य सूचनाएँ सभी छात्रों को दी जानी चाहिए! परंतु भूगोल के अतिरिक्त ऐसा कोई दूसरा विषय नहीं है जिसे विद्यालयी शिक्षा के स्तर पर इन सबका आधार माना जा सके। भूगोल की क्या भूमिका हो? यद्यपि उच्चशिक्षा के स्तर पर भूगोल की शिक्षा का परिपक्व स्वरूप मिलता है। परंतु विद्यालयी स्तर पर, विशेषकर प्राथमिक स्तर पर भूगोल का शिक्षण अपने पुराने कुपरिभाषित रूप में ही चल रहा है।

प्रत्येक विषय की अपनी अर्थ-व्यवस्था (System of Meaning) होती है। इस प्रकार की व्यवस्था के मुख्य पक्ष होते हैं विशेष दृष्टिकोण या दर्शन, तर्क पद्धति, सुपरिभाषित लक्ष्य या प्रयोजन और अपनी अध्ययन पद्धति। "शास्त्रीय संकल्पना का आशय है कि प्रत्येक विषय के अंदर ही उसकी अपनी शक्ति भी होती है और अन्य सभी शास्त्रों से भिन्न उसका अपना विशिष्ट और विशेष योगदान होता है। फिर हम किस प्रकार भूगोल को एक विशेष शास्त्र कहते हैं?"

फ़ेनिक्स (Phenix) के अनुसार किसी शास्त्र का भेदक लक्षण, उसके शिक्षण की सुविधा होती है जिसमें तीन मूलभूत विशेषताएँ सहायक सिद्ध होती हैं-विश्लेषणात्मक सरलीकरण, संश्लेषणात्मक समन्वयन और गतिशीलता। संक्षेप में कह सकते हैं कि

विश्लेषणात्मक पद्धति से अत्यंत मूलभूत तत्त्वों का सारांकन कर संकल्पनाओं की बहुलता को सीमित किया जा सकता है। तत्त्वों के सारों का फिर संश्लेषण किया जा सकता है जिससे व्यापक पैटर्नों या प्रतिरूपों का ज्ञान हो जाता है। ये प्रतिरूप सदा स्थिर नहीं रह सकते। क्योंकि जब कभी नए तथ्य या स्तर सामने आते हैं तब वे बढ़ सकते हैं या परिवर्तित हो सकते हैं। इस प्रकार शास्त्र को एक जीवंत ज्ञान संकाय (Livingbody of Knowledge) कह सकते हैं।

एक शास्त्र के रूप में भूगोल में उक्त विशेषताएँ परिलक्षित होती हैं और अन्य शास्त्रों से उसका पार्थक्य उसके विशिष्ट उपागम जैसे प्रजननात्मक संरचनाओं (Generic Structure) या संश्लेषक संकल्पनाओं (Synthesising Concepts) और सरलीकरण द्वारा सिद्ध होता है। इन विशेषताओं में से जो अत्यंत मूलभूत हैं, उन्हें भूगोल की रूपरेखा के रूप में लिया जा सकता है, जो इस प्रकार हैं–

(क) मनुष्य और उसके भूमि के साथ संबंध
(ख) स्थान/देश के संबंध
(ग) कार्यकरण संबंध
(घ) संश्लेषण अथवा समग्र दृष्टि
(ड.) परिवर्तन या गतिशीलता

मनुष्य और उसके भूमि के साथ संबंध का अध्ययन (A Study of Man and Land Relationship)

मनुष्य निश्चित ही भूगोल के अध्ययन का केन्द्रीय बिन्दु है। परंतु केवल अपने पर्यावरण के संदर्भ में। क्योंकि मनुष्य के अध्ययन के अनेक पक्ष या रूप हैं जो अनेक अन्य शास्त्रों के अध्ययन के क्षेत्र हैं। पर्यावरण में हमें दोनों तत्त्व जड़ और चेतन प्राप्त होते हैं। अतः 'जड़ वस्तुओं के प्रति चेतन प्रतिक्रिया के रूप में भूगोल को काफी पहले से माना जाता रहा है। पर्यावरण प्राकृतिक होने के साथ-साथ मनुष्य कृत भी है। क्योंकि मनुष्य स्वयं परिवर्तन का एक सक्रिय कारक है। कांट (Kant) की रुचि भूगोल में थी और मनुष्य के घर के रूप में पृथ्वी में भी। रिटर (Ritter) ने भूगोल को मनुष्य के आवास के स्थान के रूप में धरती या पृथ्वी के अध्ययन के रूप में स्वीकार किया है। हार्टशोर्न (Hartshorne) के अनुसार भूगोल का प्रयोजन है वह अध्ययन जो मनुष्यों को संसार के रूप में पृथ्वी का वैज्ञानिक वर्णन प्रदान करें। इन परिभाषाओं के अध्ययन के आधार पर कहा जा सकता है कि मनुष्य और उसका भूमि के साथ संबंध द्विमुखी रूप में कार्य करता है और उसकी प्रकृति अंतर-क्रियात्मक है।

उक्त चर्चा के भूगोल शिक्षक के लिए अनेक निहितार्थ हैं। विद्यालयी स्तर पर विषयवस्तु के केन्द्रीभूत मुद्दों को ही लेना चाहिए, न कि उनके विशेष अध्ययन के पक्षों को। अतः कह सकते हैं कि भौतिक भूगोल (Physical Geography) को केवल प्रस्तावना के रूप में ही पढ़ा-पढ़ाया जाना चाहिए।

स्थान/देश के संबंधों का अध्ययन (A Study of Spatial Relationship)

डेविस (Davis) ने भूगोल को संबंधों का अध्ययन कहा है। ये संबंध देश परक और कारण परक हो सकते हैं। देश परक संबंधों के दो आयाम हैं–स्थानीय और वितरणात्मक।

परंतु इन दोनों के बीच कोई विशेष भेद नहीं है। क्योंकि स्थानीय संबंधों का आशय है स्थानों की पहचान और वितरणात्मक संबंधों से हम स्थानों के वितरण के प्रतिरूपों या पैटर्नों को समझते हैं। यदि स्थान या देश को व्यापक अर्थ में देखा जाए, दोनों के भेद-समाप्त हो जाते हैं।

यदि भूगोल केवल स्थान/देश के साथ के संबंधों तक ही सीमित हो तो उसे स्वतंत्र शास्त्र के रूप में स्वीकार नहीं किया जा सकता। उसे अन्य शास्त्रों के क्षेत्रीय पक्षों के रूपों में जैसे प्राणि-उद्यान-भूगोल, औषधीय भूगोल आदि में स्वीकार किया जा सकता है। सभी प्रकार की घटनाएँ किसी न किसी देश या स्थान में घटित होती हैं। (जहाँ विविध पक्षों को सामूहिक रूप में ग्रहण किया जाता है। परंतु कई बार स्थानों का अध्ययन विशेष दृष्टि से किया जाता है, जैसे मलेरिया, वर्षा, पशु आदि का वितरण) तब प्रश्न उठता है कि हम कब इसे भूगोल कहें।

जब कभी भी स्थान/देशपरक संबंधों या प्रतिरूपों/पैटर्नों का अध्ययन भूगोल के अंग के रूप में किया जाता है, तो उसका मुख्य आधार मनुष्य और भूमि की अंतरक्रियाएँ ही होती हैं।

कार्य-कारण संबंधों का अध्ययन (A Study of Cause and Effect Relationship)

सांस्कृतिक और अन्य प्रकार की सभी घटनाएँ मनुष्य और भूमि के संबंधों के परिणाम स्वरूप होती हैं, जैसे उद्योग, फसल आदि। निर्जीव या जड़ परिवेश के लिए यदि 'पर्यावरण' शब्द का प्रयोग किया जाए तो आधुनिक भूगोल के बढ़ते क्षेत्र की संकल्पना में इसे समाहित करना अच्छा होगा। क्योंकि कारण कभी ही एकमार्गी होता है, विशेषकर जब उसका संबंध जीवित वस्तुओं के साथ होता है, तब उसके अंतर-क्रियात्मक रूप महत्त्वपूर्ण हो जाते हैं। स्थानपरक अंतर-क्रिया वस्तुतः भौगोलिक अध्ययनों की आत्मा होती है। इसके कारण वस्तुओं का लाना, ले जाना, या मनुष्यों का स्थानान्तरण आदि जैसी स्थितियाँ सामने आती हैं। यद्यपि स्थानपरक संबंधों का भौगोलिक अध्ययनों में महत्त्वपूर्ण स्थान होता है। परंतु उसमें काल या कालपरक संबंधों की उपेक्षा नहीं की जा सकती, विशेष कर जब 'क्यों' वाले प्रश्न सामने होते हैं।

संश्लेषण या समग्र दृष्टि का अध्ययन (A Study of Synthesis or Whole View)

अध्ययन के अंतर्गत संबंधों की विशेषताओं के बावजूद भूगोल के अध्ययन को सबसे अलग करके नहीं किया जाना चाहिए। क्योंकि उसके परिवर्तनशील तत्त्व या चर आपस में मिले होते हैं। अतः घटनाओं को परस्पर-निर्भरता और अंतरक्रियात्मक रूपों में ही देखा जाना चाहिए।

क्षेत्र या क्षेत्रीकरण को भूगोल की आत्मा कहा जा सकता है। किसी क्षेत्र को जो किसी भी आकार का क्यों न हो, तभी समान या एक जैसा/सजातीय कहा जाता है जब वह एक या एकाधिक विशिष्ट मानदण्डों पर समान होता है। भूगोल के संदर्भ में ये मानदंड मनुष्य और भूमि के संबंधों की मूलभूत धारणा पर आधारित होते हैं। इस बात को सदा ध्यान में रखना चाहिए कि क्षेत्रों की व्यवस्था कभी पूर्ण नहीं हो सकती। क्योंकि मुख्यतः मनुष्य-भूमि-संबंध अंतरक्रियात्मक होने के कारण सदा बदलते रहते हैं।

'समग्रता' की दृष्टि में केवल वर्तमान का कोई विशेष महत्त्व नहीं होता। अतः ऐतिहासिक भूमिका अर्थात् कालगत संबंधों को, जब भी आवश्यक हो, भौगोलिक

अध्ययन के जायज अंग के रूप में देखना चाहिए। भविष्य के बारे में अनुमान भी इस दृष्टि से सार्थक हो सकते हैं।

परिवर्तन और गतिशीलता का अध्ययन (A Study of Change or Dynamism)

भूगोलशास्त्री सदा जिन आकाशीय या हवाई संबंध और स्थानपरक अंतरक्रियाओं के बारे में सोचते हैं, वे सभी परिवर्तन की स्थिति या गतिशीलताओं में होते हैं। परिवर्तन के अनेक रूप हैं, जैसे विचार, क्रान्ति, गतिरोध, उन्नति, परंपरा, नवाचार, शिथिल या मन्द होना या त्वरण आदि।

परिर्वतन सदा सर्पिल या कुंडलीदार होता है। यद्यपि भूगोल वर्तमान के अध्ययन पर ध्यान केन्द्रित करता है, फिर भी उसके अध्ययन का एक मूलभूत घटक परिवर्तन ही रहता है। क्योंकि वर्तमान सदा क्षणिक होता है।

सार रूप में कहा जा सकता है कि आधुनिक भूगोल मनुष्य और उसके पर्यावरण के बीच के संबंधों का अध्ययन करता है और उनके वितरण (कहाँ), कार्यकारण संबंध (क्यों) और परिणामों (क्या) पर विचार करता है।

22.2 भूगोल का इतिहास (History of Geography)

भूगोल की प्रकृति के विषय में चर्चा तब तक पूरी नहीं हो सकती, जब तक कि हम उससे संबंधित आधुनिक महत्त्वपूर्ण दृष्टियों की बात नहीं करते। इसीलिए आवश्यक है कि उसके अतीत के विषय में कुछ बातें कर ली जाएँ।

प्राचीनकाल के विद्वानों ने भूगोल का अध्ययन कुछ व्यावहारिक कारणों और बौद्धिक जिज्ञासा के कारण प्रारंभ किया था। इसके लिए उन्होंने सूचनाओं का संग्रह किया और उन्हें प्रबंधों (पुस्तकों) के रूप में प्रस्तुत किया। बौद्धिक स्तर पर भूगोल ने गणित और खगोल शास्त्रों के (जो प्राचीनकाल में अत्यंत सम्मानित शास्त्र थे) अध्ययनों में सहायता प्रदान की है।

इसके पश्चात् मध्ययुग आया जिसमें धार्मिक रूढ़िवाद, आक्रमण, प्रवास और हिंसक क्रियाओं का बोलबाला था, इसीलिए इस युग में भूगोल में कोई सैद्धान्तिक प्रगति तो नहीं हुई। परंतु सूचनाओं के संग्रह का काम चलता रहा। यूरोप में नए युग रिनेंसा (Renaissance) के आने के बाद भूगोल के अध्ययन में एक नया मोड़ आया और नए अनुभवों से प्राप्त ज्ञान के व्यवस्थित अध्ययन की माँग बढ़ने लगी। वाणिज्य-व्यापार के बढ़ने से भूगोल के अध्ययन को तात्कालिक आर्थिक क्रियाकलापों के लिए प्रोत्साहित किया गया तथा नए विश्व की चमत्कारी जानकारियों के लिए भी इसका अध्ययन किया गया।

यूरोप में समृद्धि के बढ़ने के कारण विज्ञान और मानविकी के क्षेत्रों में अध्ययन बढ़ने लगे और कांट (Kant), वेरेनिअस (Varenius), हमबोल्ट (Humboldt) और रिटर (Ritter) जैसे विद्वान भूगोल के अध्ययन में जुट गए।

उन्होंने भूगोल के अध्ययन को व्यवस्थित किया। इसके परिणामस्वरूप भूगोल को सैद्धान्तिक आधार और अपना दृष्टिकोण प्राप्त हुआ। 19वीं शताब्दी के मध्य तक न केवल भूगोल एक व्यवस्थित विषय बन गया, अपितु उसकी शाखाएँ, जैसे भूविज्ञान, मौसम विज्ञान, नृतत्त्व विज्ञान, सागरविज्ञान भी विकसित होने लगे।

इसके पश्चात् वैज्ञानिक और प्रौद्योगिक विकास का महान नया युग आया। भूगोल के बढ़ते विशेष अध्ययन के साथ-साथ मनुष्य अपने-आपको अपने भाग्य का निर्माता समझने लगा। परिणामस्वरूप मनुष्य निष्क्रिय अनुकूलन की अपेक्षा अब प्राकृतिक पर्यावरण में अपने अनुकूल परिवर्तन करने लगा। 'मनुष्य का आवास स्थल' अथवा 'मनुष्य की गाथा' जैसे पक्षों का महत्त्व बढ़ने लगा। वैज्ञानिक प्रवृत्तियों को मानवहित के साथ जोड़ा जाने लगा। परिणामस्वरूप भूगोल वैज्ञानिक भी हुआ और मानविक। इस कार्य में सामाजिक विज्ञानों की संकल्पनाओं ने सहायता प्रदान की। भूगोल के अध्ययन की पद्धति में और अधिक सुधार किया गया और विषय की परिधि विस्तृत होती गई। नीचे कुछ महत्त्वपूर्ण दृष्टियों का उल्लेख किया जा रहा है–

(क) मनुष्य, एक भौगोलिक कारक

(ख) व्यवस्थित अध्ययनों के संदर्भ में क्षेत्रीयता की संकल्पना

(ग) क्षेत्रीय एकता और अंतरराष्ट्रीयता

(घ) भूमि का समाज-सांस्कृतिक अध्ययन

(ड.) मानववादी दृष्टि

(च) परिमाणीकरण

(छ) पर्यावरणीय नियोजन

22.3 भूगोल के शैक्षणिक उद्देश्य (Instructional Objectives of Geography)

उपर्युक्त चर्चा के संदर्भ में भूगोल शिक्षण के उद्देश्यों को इस प्रकार परिगणित किया जा सकता है–

(1) भूगोल से संबंधित तथ्यों, घटनाओं, पारिभाषिक शब्दों, संकल्पनाओं, सिद्धान्तों, सामान्यीकरणों, प्रस्तावित स्थापनाओं (Hypothesis), समस्याओं, पद्धतियों, प्रवृत्तियों, प्रतीकों, उपकरणों, तकनीकों, प्रक्रियाओं आदि की जानकारी (सूचना) प्राप्त करना।

(2) भूगोल अध्ययन से संबंधित उक्त बिन्दुओं की समझ विकसित करना।

(3) उक्त बिन्दुओं पर प्राप्त ज्ञान का अपरिचित (नई) स्थितियों में अनुप्रयोग करना।

(4) भूगोल के अध्ययन से संबंधित व्यावहारिक कौशलों को प्राप्त करना।

(5) भूगोल से संबंधित रुचि का विकास करना।

(6) सांस्कृतिक और प्राकृतिक पर्यावरण तथा मनुष्यों के प्रति सकारात्मक अभिवृत्तियों का विकास करना।

उद्देश्य और उनके स्पष्टीकरण (Objectives and their Specifications)

22.3.1 उद्देश्य–भूगोल से संबंधित तथ्यों, घटनाओं, पारिभाषिक शब्दों, संकल्पनाओं सिद्धान्तों, सामान्यीकरणों, प्रस्तावित स्थापनाओं, समस्याओं, पद्धतियों, प्रवृतियों, प्रतीकों, उपकरणों, तकनीकों, प्रक्रियाओं आदि की जानकारी (सूचना) प्राप्त करना।

उद्देश्य का स्पष्टीकरण

उक्त उद्देश्य की सम्प्राप्ति को निदर्शित करने के लिए छात्र–

1. तथ्यों, पारिभाषिक शब्दों, संकल्पनाओं, सिद्धान्तों, प्रक्रियाओं आदि का पुनस्स्मरण कर सकेंगे।

2. तथ्यों, पारिभाषिक शब्दों आदि की पहचान कर सकेंगे।
3. मानचित्रों, तालिकाओं, आरेखों आदि पर रेखांकन के कौशलों को प्रदर्शित कर सकेंगे।
4. मानचित्रों, तालिकाओं, आरेखों, रेखाचित्रों आदि द्वारा अभिव्यक्त सूचनाओं को समझ सकेंगे जो व्याख्या की अपेक्षा नहीं करते।

22.3.2 उद्देश्य—भूगोल के अध्ययन से संबंधित उक्त बिन्दुओं की समझ विकसित करना।

उद्देश्य का स्पष्टीकरण

उक्त उद्देश्य की सम्प्राप्ति को निदर्शित करने के लिए छात्रः

1. सम्प्रेषण की एक विधा से दूसरी विधा में सूचना का रूपान्तरण कर सकेंगे।
2. निकट रूप से जुड़े पारिभाषिक शब्दों, तथ्यों आदि में भेदकर सकेंगे।
3. तुलना कर सकेंगे।
4. व्यतिरेक कर सकेंगे।
5. वर्गीकरण कर सकेंगे।
6. तथ्यों, अभिकथनों, वस्तुओं को विशेष अनुक्रमों-तार्किक और कालक्रमिक रूपों में व्यवस्थित कर सकेंगे।
7. व्याख्या कर सकेंगे (अर्थात् अर्थ बता सकेंगे, स्पष्ट कर सकेंगे।)
8. सारांश दे सकेंगे (पठित सामग्री का सार बता सकेंगे।)
9. उदाहरण दे सकेंगे।
10. त्रुटियों को पकड़ सकेंगे।
11. त्रुटियों को सुधार सकेंगे।
12. संबंधों को पहचान सकेंगे। (कार्यकरण, साध्य-साधन आदि।)
13. दी गई सामग्री या सम्प्रेषण के परे की बातों का अंदाज/अनुदान कर सकेंगे।
14. सामग्री में रह गई रिक्तियों को भर सकेंगे।
15. विभिन्न रूपों में प्रस्तुत सामग्री (सूचनाओं) की व्याख्या (अर्थ) कर सकेंगे।

22.3.3 उद्देश्य—भूगोल से प्राप्त ज्ञान का अपरिचित (नई) स्थितियों में अनुप्रयोग कर सकेंगे।

उद्देश्य का स्पष्टीकरण

उक्त उद्देश्य की सम्प्राप्ति को निदर्शित करने के लिए छात्र—

(1) समस्या की पहचान के लिए अथवा केन्द्रीय विचार/दृष्टि की जानकारी के लिए विशेष स्थिति का विश्लेषण कर सकेंगे।

(2) अंतर्निहित या अकथित मान्यताओं को पहचान सकेंगे।

(3) नई स्थितियों की व्याख्या के लिए या समस्या के समाधान के लिए संबंधित ज्ञान (तथ्यों/सिद्धान्तों) का चयन कर सकेंगे।

(4) सामग्री अथवा किसी अन्य प्रमाण के विषय में उनकी पड़ताल करने की योग्यता, अनिवार्यता, संगति, प्रामाणिकता, विश्वनीयता, पूर्णता, पर्याप्तता आदि का निर्णय कर सकेंगे।

(5) अपने उपागम की नवीनता या मौलिकता को प्रदर्शित करने के लिए सम्प्रेषण या सामग्री को पुनर्व्यवस्थित (पुनर्रचना, सुधार) कर सकेंगे।
(6) अब तक स्वयं को अज्ञात संबंधों को स्थापित कर सकेगा।
(7) प्रस्तावित स्थापना का निर्माण कर सकेगा।
(8) प्रस्तावित स्थापना के औचित्य या संगति की पड़ताल कर सकेंगे।
(9) सिद्धातों, नियमों आदि के विषय में सामान्यीकरण कर सकेंगे।
(10) प्रस्तुत स्थिति के परिणामों का पूर्वानुमान कर सकेंगे।
(11) अनुमान कर सकेंगे।
(12) पूर्व अर्जित ज्ञान के साथ नए तत्त्वों को जोड़ सकेंगे।
(13) सम्प्रेषण अथवा जटिल सामग्री के विश्लेषण में प्रयुक्त मानदण्डों को बता सकेंगे।
(14) प्रमाणों के अंतरण, उपयुक्त मानदंडों के प्रयोग और व्याख्या प्रस्तुत कर किसी मुद्दे का परीक्षण या मूल्यांकन कर सकेंगे।
(15) मानदण्डों और निर्णय के बीच संबंध स्थापित कर सकेंगे।

22.3.4 उद्देश्य—भूगोल के अध्ययन से संबंधित व्यावहारिक कौशलों को प्राप्त करना।

उद्देश्य का स्पष्टीकरण

उक्त उद्देश्य की सम्प्राप्ति को निदर्शित करने के लिए छात्र–

1. मानचित्र, चार्ट, आरेख और अन्य आरेखीय रूपों को बना सकेंगे।
2. मॉडल बना सकेंगे और उपकरणों में सुधार कर सकेंगे।
3. उपकरणों व संयंत्रों का कुशलतापूर्वक प्रयोग कर सकेंगे।
4. भौगोलिक रुचि के नमूनों और अन्य प्रदर्शों (Exhibits) को उपयुक्त रूप से सुरक्षित रख सकेंगे।
5. भौगोलिक महत्त्व की विविध प्रकार की सामग्रियों को दिखा सकेंगे और उनका उपयोग कर सकेंगे।
6. वस्तुनिष्ठ दृष्टि और सही तरह से प्रेक्षण कर सकेंगे।

22.3.5 उद्देश्य—भूगोल से संबंधित रुचि का विकास करना।

उद्देश्य स्पष्टीकरण

उक्त उद्देश्य की सम्प्राप्ति को निदर्शित करने के लिए छात्र–

1. स्वयं भूगोल से संबंधित साहित्य का अध्ययन कर सकेंगे।
2. पुस्तकों, समाचारपत्रों आदि से भौगोलिक सूचनाओं का संग्रह कर सकेंगे।
3. विभिन्न क्षेत्रों के व्यक्तियों की क्रियाओं और जीवन के बारे में जानने की इच्छा कर सकेंगे।
4. विद्यालय के भूगोल सर्किल/क्लब आदि के क्रिया-कलापों में सहभागी हो सकेंगे।
5. भौगोलिक रुचि की वस्तुओं, जैसे, नमूनों, चित्रों आदि का संग्रह कर सकेंगे।

6. प्राकृतिक घटनाओं और मनुष्यों के क्रियाकलापों की व्याख्या करने के लिए भौगोलिक कारण बता सकेंगे।
7. भौगोलिक घटनाओं को ध्यानपूर्वक देख सकेंगे।
8. भौगोलिक रुचि के स्थानों की यात्रा कर सकेंगे।
9. भूगोल के अध्ययन से संबंधित शौक, जैसे, रेखांकन, मॉडलिंग, फोटोग्राफी, कर सकेंगे।

22.3.6. उद्देश्य–प्राकृतिक और सांस्कृतिक पर्यावरण तथा मनुष्यों के प्रति सकारात्मक अभिवृत्ति का विकास कर सकेंगे।

उद्देश्य का स्पष्टीकरण

उक्त उद्देश्य की सम्प्राप्ति को निदर्शित करने के लिए छात्र:

1. आधुनिक सभ्यता के विकास में विविध क्षेत्रों और व्यक्तियों के योगदान की पहचान कर सकेंगे।
2. मनुष्य और पर्यावरण के बीच की अंतरक्रियाओं के महत्त्व की पहचान कर सकेंगे।
3. पूर्ण और श्रेष्ठतर जीवन के लिए विभिन्न स्तरों पर, विभिन्न राज्यों, देशों, प्रदेशों आदि की परस्पर-निर्भरता के महत्त्व की अनुभूति कर सकेंगे।
4. अपने देश में या बाहर अपने वर्ग के व्यक्तियों के अतिरिक्त अन्य व्यक्तियों के वर्गों के प्रति सहानुभूति और मैत्रीभाव का प्रदर्शन कर सकेंगे।
5. राष्ट्रीय समस्याओं को अंतरराष्ट्रीय संदर्भ में और स्थानीय समस्याओं को राष्ट्रीय संदर्भ में देख सकेंगे।
6. प्राकृतिक संसाधनों को सुरक्षित रखने के महत्त्व की अनुभूति कर सकेंगे।
7. श्रेष्ठकर आर्थिक सम्पन्नता और नियोजन के लिए जनसंख्या नियंत्रण के महत्त्व को समझ सकेंगे।
8. मनुष्य द्वारा प्राकृतिक संसाधनों के इष्टतम उपयोग की सीमा को समझ और सराह सकेंगे।

22.4 भूगोल शिक्षण की पद्धति (Methods of Teaching Geography)

(अपनी विषय-वस्तु के समान ही भूगोल अपनी आवश्यकताओं के अनुरूप विभिन्न शास्त्रों की शिक्षण की पद्धतियों और तकनीकों को अनुकूलित कर और अथवा यथावत् दोनों रूपों में स्वीकार कर प्रयोग करता है।) परंतु उसका वैशिष्ठ्य होता है, विभिन्न पद्धतियों के तत्त्वों का संयोजन-नियोजन। नीचे इन पद्धतियों और तकनीकों की सामान्य विशेषताओं की चर्चा की जा रही है।

क्षेत्रीयता (Regionalisation)

क्षेत्रीयता भौगोलिक अध्ययन की एक महत्त्वपूर्ण पद्धति है। यह मूलतः आगमनपरक उपागम है जिसके अंतर्गत स्थानीय वितरण से संबंधित सभी संभावित सूचनाओं का संग्रह और विश्लेषण किया जाता है। अपेक्षित आयामों में समान तत्त्वों की पहचान कर उनका वर्गीकरण करके क्षेत्रों को निर्धारित किया जाता है। यह एक विश्लेषण और संश्लेषण प्रक्रिया होती है जिसमें समानताओं या विषमताओं को कार्य विधि के रूप में प्रयुक्त किया

जाता है। क्षेत्र की पहचान को भूगोल शास्त्री की प्रमुख स्थापना और अध्ययन की पद्धति माना जाता है।

पारिस्थितिकी व्यवस्था या पारिस्थितिकी तंत्र (Ecological Systematisations)

इसे प्रतिचयन (नमूना) पद्धति का विवरणात्मक नाम भी कह सकते हैं। किसी भी क्षेत्र की विशेषताओं में मनुष्य और प्रकृति, दोनों स्वाभाविक रूप से जुड़े होते हैं। उनके बीच की अंतर-क्रियाएँ इतनी अधिक सम्पृक्त या जुड़ी होती हैं कि एक को दूसरे से विलग करने में संकट की स्थिति पैदा हो सकती है। इस पद्धति के अनुसार एक लघुखंड में मनुष्य और प्रकृति की अंतरक्रियाओं और उनके परिणामस्वरूप हुए तालमेल का अध्ययन किया जाता है। बाद में उसके परिणामों को वृहत्तर क्षेत्र पर लागू किया जा सकता है।

ऐतिहासिक पद्धति (Historical Method)

सामाजिक विज्ञानों में, विशेषकर विद्यालयी पाठ्यचर्या में इतिहास और भूगोल को जुड़वा बच्चा माना जाता है। भौगोलिक अध्ययनों में ऐतिहासिक पद्धति के अनुप्रयोग से अनेक लाभ होते हैं। उदाहरण के लिए समकालीन प्रमाणों के अनुसार कोई दो क्षेत्र परस्पर समान लग सकते हैं। परन्तु उनकी भूमिकाएँ भिन्न हो सकती हैं और इसलिए उनके भविष्य के बारे में अनुमान भिन्न प्रकार के हो सकते हैं। कालक्रम में किसी प्रक्रिया का अनुसरण करते हुए उनके कार्यकारणों को ठीक से प्रदर्शित किया जा सकता है। उद्योग, व्यवस्थापन (Settlements) और क्षेत्रों के तुलनात्मक अध्ययनों जैसे विषयों में ऐतिहासिक विश्लेषण लाभकारी हो सकते हैं।

तुलनात्मक अध्ययन (Comparative Study)

भौगोलिक अध्ययनों के अंतर्गत क्षेत्रों और प्रतिचयनों के अध्ययनों में तथ्यों की तुलना करना अत्यंत लाभकारी सिद्ध होता है। अतः इस पद्धति का प्रयोग भूगोल में होता है।

सांख्यिकी पद्धति (Statistical Study)

विश्लेषण, संश्लेषण और परिमाणात्मक सामग्री की व्याख्या का भूगोल के अध्ययन में महत्त्वपूर्ण स्थान है। अतः सामान्य सांख्यिकी-युक्ति के साथ छात्रों का साधारण परिचय, प्राथमिक स्तर भी अपेक्षित होता है। छात्रों को सांख्यिकी अंकगणित से आगे, केन्द्रीय प्रवृत्ति (Central Tendency) परिवर्तनशीलता और सहसंबंधों के वास्तविक अर्थों को समझने में सक्षम बनाया जाना चाहिए। परास (Range) और घटनाओं की संभावना की समझ से भौगोलिक द्वन्द्व की अतियों को शान्त किया जा सकता है।

मानचित्र अध्ययन पद्धति (Map Study Method)

शिक्षा का कोई भी स्तर हो, भौगोलिक अध्ययन में मानचित्रों का महत्त्वपूर्ण स्थान है। भौगोलिक अनुसंधान का यह मूलभूत साधन होता है। वस्तुतः यह (मानचित्र) एक युक्ति ही है। परंतु जिस प्रकार भौगोलिक घटनाओं के विश्लेषण और संश्लेषण में इसका उपयोग किया जाता है, इसे पद्धति का स्थान प्रदान किया जा सकता है। यह प्रस्तुतीकरण को यथार्थ बनाता है जो एक प्रकार से शब्दों या आँकड़ों की तुलना में अधिक सार्थक होता है।

मानचित्र भौगोलिक घटनाओं को (i) बिन्दुओं (ii) रेखाओं और (iii) क्षेत्रों के माध्यम से प्रस्तुत करते हैं जो प्रमाणों के विश्लेषण और संश्लेषण, दोनों में सहायक सिद्ध होते हैं; अंतरों या भेद, कोई अंश/मात्रा, अंतरों की पहचान, (i) मात्रा, (ii) अंकों/आँकड़ों और (iii) प्रकारों के रूपों में की जा सकती है जिनकी सहायता से प्रतिरूपों (पैटर्नों) को खोजा जा सकता है। वास्तविक संबंधों में संगति और विसंगति के अनुमानों के आधार पर कारणता के संकेत सूत्र प्राप्त किए जा सकते हैं। इस पद्धति/युक्ति/तकनीक का अनुप्रयोग अनेक तरह या रूपों में किया जा सकता है, चाहे शिक्षा का कोई भी स्तर हो।

क्षेत्र अध्ययन पद्धति (Field Study Method)

भूगोल अन्वेषण प्रधान विज्ञान है और अन्वेषण का व्यापक क्षेत्र है। 'जाओ और देखो' पद्धति पर इसीलिए अधिक बल दिया जाता है। व्यवस्थित अध्ययनों के लिए अन्वेषण का जितना महत्त्व होता है उतना ही महत्त्व अन्वेषण के परिणामों के उपयोग का भी होता है जिससे भौगोलिक अध्ययन के तानेबानों में उन्हें अधिक सार्थक और वास्तविक अर्थों में बुना जा सकता है। वास्तव में सफलतापूर्वक तरीके से इस पद्धति के प्रयोग के लिए यह अत्यंत महत्त्वपूर्ण है। इसलिए 'गृह-क्षेत्र' (Home Region) का अध्ययन अन्य भौगोलिक अध्ययनों और पद्धतियों का आधार बन जाता है। 'गृहक्षेत्र' वस्तुतः भौगोलिक अध्ययनों का एक यथार्थवादी क्षेत्र है। इसलिए इस विषय के शिक्षण में इसकी अधिक माँग रहती है।

स्रोत पद्धति (Source Method)

इसके महत्त्व को सभी मानते हैं। संक्षेप में इसका अर्थ है, मूल सामग्री को प्राप्त करना। सूचना के स्रोत के स्थान की जानकारी, अपेक्षित सूचनाओं की पहचान, सूचनाओं का संग्रह और उपयोग, इसके अंतर्गत आते हैं। सभी भौगोलिक सूचनाओं को मन में सूचीबद्ध नहीं किया जा सकता और न ही किसी एक स्रोत से प्राप्त किया जा सकता है। अतः इस पद्धति का लाभकारी उपयोग भूगोल के शिक्षण और शैक्षणिक सामग्री के निर्माण में किया जा सकता है।

अंत में कहा जा सकता है कि भूगोल विषय को किसी भी अन्य मान्य अनुशासन या शास्त्र के समान, एक विचार तंत्र या पूर्णतः विकसित मानव समाज के बौद्धिक आविष्कार के रूप में स्वीकार करना चाहिए। यह चिन्तन की एक विधा है जिसमें अपनी परस्पर संबंधित और समन्वित और प्रजननपरक प्रस्तावनाएँ रहती हैं।

23

नागरिकशास्त्र शिक्षण/नागरिकता शिक्षा
(Teaching of Civics/Citizenship Education)

मानव व्यवहार के निर्धारक लक्षण के रूप में नागर-भाव (Civic Sense) को सभ्य समाज का अनिवार्य घटक माना जाता है।

23.1 नागरिक शास्त्र की प्रकृति (The Nature of Civics)

जैसे मनुष्य के सम्पूर्ण जीवन में नागरिकशास्त्र व्याप्त रहता है वैसे ही सम्पूर्ण शिक्षा में नागरिकशास्त्र की शिक्षा व्याप्त रहती है। क्योंकि हम प्रत्यक्ष और परोक्ष रूप से और औपचारिक व अनौपचारिक रूप से अपने जीवन के प्रति क्षण नागरिकशास्त्र सीखते हैं और उसका अभ्यास करते हैं।

विभिन्न राजनैतिक समुदायों के सदस्यों द्वारा मान्य आचरण, रीति-रिवाज, आदतों और सामाजिक संस्थाओं के विज्ञान के रूप में नागरिकशास्त्र की शिक्षा घर से प्रारंभ हो कर आजीवन चलती रहती है।

परिवार वह आधारभूत इकाई है जो हमारी सभी भौतिक, नैतिक, आध्यात्मिक और मनोरंजन की आवश्यकताओं की पूर्ति करती है। यद्यपि परिवार आकार और संरचना में विभिन्न प्रकार के हो सकते हैं परंतु उनकी मूलभूत आवश्यकताएँ समान होती हैं और उनके समान अभिलक्षण होते हैं। परिवार के प्रत्येक सदस्य के जहाँ विशेषाधिकार होते हैं, वहीं उसके दायित्व भी होते हैं। प्रभावी पारिवारिक-संबंध, परिवार में परस्पर प्रेम, समझ, और सम्मान पर निर्भर रहते हैं और उनके मूल में परस्पर सहकार की भावना रहती है। जिस परिवार के साथ हमारा संबंध होता है वह हमारे लिए बहुत कुछ करता है और हम में से प्रत्येक के परिवार के अन्य सदस्यों के प्रति कुछ कर्त्तव्य होते हैं। प्रत्येक परिवार की अपनी सांस्कृतिक विरासत होती है और उसके रीतिरिवाज, परंपराएँ, आस्था और विश्वास होते हैं। इस प्रकार की जीवंत विभिन्नताएँ ही प्रजातंत्र की आधार बनती हैं और राष्ट्रीय और अंतरराष्ट्रीय सामाजिक अस्तित्व की केन्द्र बिन्दु भी।

हम जैसे-जैसे आयु में आगे बढ़ते हैं, जीवन और जीविका की विविध प्रकार की रीतियों, यातायात के साधन और स्थानीय प्रशासन (पंचायत, जिलापरिषद, नगरपालिकाएँ) और अन्य प्रशासनिक इकाई जैसे, पुलिस थाना, डाकघर, अस्पताल, शैक्षिक संस्थाएँ आदि हमारे सामने आती हैं। इसी प्रकार हमें विविध प्रकार की उपासना की स्थलियों और विविध प्रकार की रुचियों के स्थान दिखाई देते हैं।

इसके बाद हमारे सामने प्रशासन के अन्य रूप आते हैं जिनका संबंध हमारे जीवन की मूलभूत आवश्यकताओं के साथ होता है, जैसे पानी, बिजली, यातायात के विविध साधन तथा देश, राज्य और जिलों का प्रशासन। इसी के साथ हमारा ध्यान आधुनिक जनसंचार और सम्प्रेषण के साधनों की ओर आकृष्ट होता है तथा संयुक्त राष्ट्र संघ और उसके अनेक कार्यालय हमारे ध्यान में आते हैं।

उपर्युक्त सभी विषयों से नागरिकशास्त्र के अध्ययन का स्वरूप निर्धारित होता है जो इतिहासकारों, भौगोलिकों की अध्ययन-पद्धतियों का उपयोग देश के नागरिकों के अधिकारों और कर्त्तव्यों और सरकारी विभागों के क्रियाकलापों के समझने में सहायक होते हैं।

इस प्रकार से रेखांकित विषय-वस्तु उच्चस्तरीय और अधिक व्यापक व गहन अध्ययन की भूमिका और खोज की दिशाएँ निर्धारित कर सकती हैं। इस प्रकार की विषय वस्तु से मनुष्य और उसके पर्यावरण के साथ के संबंधों की समझ छात्र प्राप्त कर सकते हैं और सामाजिक संस्थाओं और व्यक्तियों के नागरिकशास्त्र पर ध्यान केंद्रित कर सकते हैं।

23.2 नागरिकशास्त्र के शिक्षाकओं के परिदृश्य

आगे नागरिकशास्त्र के शिक्षण-क्रम की विषय-वस्तु की सामान्य रूपरेखा प्रस्तुत की जा रही है। इसके आधार विद्यालयी शिक्षा के विभिन्न स्तरों और कक्षाओं के लिए पाठ्यचर्या का विकास किया जा सकता है।

स्थानीय स्वशासन (Local Self Government)

स्थानीय स्वशासन से संबंधित संस्थाएँ प्रजातंत्र के प्रशिक्षण का काम करती हैं। इन संस्थाओं की सफलता इस बात कर निर्भर होती है कि इन संस्थाओं के कार्यों में स्थानीय व्यक्ति अपने-अपने उत्तरदायित्वों का निर्वाह किस सीमा तक करते हैं। क्योंकि स्थानीय समस्याओं को सबसे अच्छी तरह स्थानीय व्यक्ति ही समझ सकते हैं और उनका श्रेष्ठतर समाधान कर सकते हैं।

सामुदायिक विकास (Community Development)

अपने संसाधनों को जोड़कर जब व्यक्ति सहकार के साथ कार्य करते हैं तो वे अपनी सामाजिक और आर्थिक समस्याओं का अधिक अच्छी तरह समाधान कर सकते हैं। क्योंकि व्यक्ति अपने स्तर पर ही कार्य करके ऐसा नहीं कर सकता। सहकारी आन्दोलन के मूल में सहकार या सहयोग की भावना ही रहती है जिससे व्यक्तियों में आत्मनिर्भरता आती है और उन्हें इस दिशा में और अधिक कार्य करने के लिए प्रेरित करती हैं

जन-सम्पत्ति का परिरक्षण और संरक्षण (Preservation and Protection of Public Property)

जन-सम्पत्तियों पर जो धन लगाया जाता है वह जनता से ही प्राप्त होता है। अत: हमें जन-सम्पत्तियों का उपयुक्त उपयोग करना चाहिए और उन्हें क्षतिग्रस्त होने से बचाना चाहिए। ऐतिहासिक स्मारक हमारी धरोहर और राष्ट्रीय सम्पत्ति के प्रमाण होते हैं।

संविधान और सरकार (Constitution and the Government)

प्रजातांत्रिक देश का संविधान जनता को प्राधिकार (Authority) देता है और मानता है कि निर्वाचित सरकार, मूलभूत अधिकारों और कर्त्तव्यों के साथ जनता के कल्याण के

लिए ही कार्य करती हैं तथा इन अधिकारों और कर्त्तव्यों के द्वारा जनकल्याण और जनसुख-सम्पत्ति का संवर्धन होता है।

केन्द्रीय और राजकीय सरकारों का संगठन (Organisation of the Central and State Governments)

भारत केन्द्रीय और राज्य सरकारों का संघ है। इन दोनों (केन्द्र और राज्य) के कार्यों का बँटवारा है जिसे केन्द्रीय सूची, राज्य सूची और समवर्ती सूची में स्पष्ट किया गया है। दोनों की वास्तविक शक्ति विधान मंडलों के पास होती है जो निर्वाचित सदस्यों से बनती हैं।

23.3 नागरिकशास्त्र के शैक्षणिक उद्‌देश्य (Instructional Objective of Civics)

1. नागरिकशास्त्र के तथ्यों, पारिभाषिक शब्दों, संकल्पनाओं, परंपराओं, प्रवृत्तियों, सिद्धान्तों, सामान्यीकरणों, मान्यताओं, प्रस्तावित स्थापनाओं, समस्याओं, प्रक्रियाओं आदि का ज्ञान (सूचना) प्राप्त करना।
2. नागरिकशास्त्र के तथ्यों, पारिभाषिक शब्दों, संकल्पनाओं, परंपराओं, प्रवृत्तियों, सिद्धान्तों, सामान्यीकरणों, मान्यताओं, प्रस्तावित स्थापनाओं, समस्याओं, प्रक्रियाओं आदि की समझ को विकसित करना।
3. नागरिकशास्त्र से प्राप्त ज्ञान और समझ का अपरिचित स्थितियों में अनुप्रयोग करना।
4. नागरिकशास्त्र के अध्ययन के लिए आवश्यक व्यावहारिक कौशलों को प्राप्त करना।
5. नागरिकशास्त्र के अध्ययन में अपने देश और संसार के अन्य देशों के लोगों के नागरिक और राजनैतिक जीवन से जुड़ी समस्याओं के प्रति रुचि जागृत करना।
6. व्यापक दृष्टिकोण विकसित करने के लिए आवश्यक वांछनीय सकारात्मक अभिवृत्तियों का विकास करना।

उद्‌देश्य और उनका स्पष्टीकरण (Objectives and their Specifications)

23.3.1 उद्‌देश्य–नागरिकशास्त्र के तथ्यों, पारिभाषिक शब्दों, संकल्पनाओं, परंपराओं, सिद्धान्तों, सामान्यीकरणों, मान्यताओं, प्रस्तावित स्थापनाओं, समस्याओं, प्रक्रियाओं आदि का ज्ञान (सूचना) प्राप्त करना।

उद्‌देश्य का स्पष्टीरकण

उक्त उद्‌देश्य की सम्प्राप्ति को प्रदर्शित करने के लिए छात्र–

1. तथ्यों, पारिभाषिक शब्दों, संकल्पनाओं, सिद्धान्तों, प्रवृत्तियों आदि का पुनस्स्मरण कर सकेंगे।
2. तथ्यों, पारिभाषिक शब्दों, संकल्पनाओं, सिद्धान्तों, प्रवृत्तियों आदि का पुनरभिज्ञान कर सकेंगे।
3. प्रस्तुतीकरण के विविध रूपों, यथा, मानचित्र, संचित्र (चार्ट) आरेख, आलेख आदि से सूचनाओं को समझ सकेंगे।

23.3.2 उद्देश्य–नागरिकशास्त्र के तथ्यों, परिभाषिक शब्दों, संकल्पनाओं, परंपराओं, प्रवृत्तियों, सिद्धान्तों, सामान्यीकरणों, मान्यताओं, प्रस्तावित स्थापनाओं, समस्याओं, प्रक्रियाओं आदि की समझ को विकसित करना।

उद्देश्य का स्पष्टीकरण

उक्त उद्देश्य की सम्प्राप्ति को प्रदर्शित करने के लिए छात्र–

1. विभेद कर सकेंगे।
2. वर्गीकरण कर सकेंगे।
3. तुलना और व्यतिरेक कर सकेंगे।
4. संबंधों को पहचान सकेंगे।
5. भार के बिन्दुओं और तर्क की प्रवृत्ति को पकड़ सकेंगे।
6. उदाहरण दे सकेंगे।
7. त्रुटियों और भ्रमाभासों को पकड़ सकेंगे और उन्हें सही कर सकेंगे।
8. व्याख्या (विश्लेषण, अर्थ बताना, स्पष्टीकरण करना, विशदीकरण करना) कर सकेंगे।
9. तर्क दे सकेंगे या बहस को आगे बढ़ा सकेंगे।
10. विविध रूपों में प्रस्तुत सामग्री की व्याख्या कर सकेंगे।

23.3.3 उद्देश्य–नागरिकशास्त्र से प्राप्त ज्ञान और समझ का अपरिचित स्थितियों में अनुप्रयोग कर सकेंगे।

उद्देश्य का स्पष्टीकरण

उक्त उद्देश्य की सम्प्राप्ति को प्रदर्शित करने के लिए छात्र–

1. अपरिचित स्थितियों या समस्याओं का विश्लेषण कर सकेंगे।
   - क्या दिया गया है और क्या आवश्यक है, का पता कर सकेंगे।
   - स्थिति विशेष के लिए संगत ज्ञान का पुनस्स्मरण कर सकेंगे।
   - समस्या के समाधान के लिए प्राप्त सामग्री अथवा अन्य प्रमाणों की पर्याप्तता तथा अपर्याप्तता, उपयुक्तता अथवा अनुपयुक्तता के विषय में निर्णय कर सकेंगे।
2. संबंधों को स्थापित कर सकेंगे।
3. किसी विशेष समस्या के समाधान के लिए वैकल्पिक पद्धति का संकेत कर सकेंगे।
4. अनुसरण के लिए अत्यंत उपयुक्त पद्धति को चुन सकेंगे।
5. अनुमान कर सकेंगे और सामान्यीकरण कर सकेंगे।
6. प्रस्तुत स्थिति के संभावित परिणामों के बारे में पूर्वानुमान कर सकेंगे।

23.3.4 उद्देश्य–नागरिकशास्त्र के अध्ययन के लिए आवश्यक व्यावहारिक कौशलों को प्राप्त कर सकेंगे।

उद्देश्य का स्पष्टीकरण

उक्त उद्देश्य की सम्प्राप्ति को प्रदर्शित करने के लिए छात्र–

1. उपलब्ध सामग्री के आधार पर मानचित्रों, तालिकाओं, आरेखों, रेखाचित्रों आदि को बना सकेंगे।
2. प्रस्तुतीकरण की एक विधा से दूसरी विधा में सामग्री का रूपान्तरण कर सकेंगे।
3. मॉडल बना सकेंगे।

23.3.5 उद्देश्य—नागरिकशास्त्र के अध्ययन में तथा अपने देश और संसार के अन्य देशों के लोगों के नागरिक और राजनैतिक जीवन से जुड़ी समस्याओं के प्रति रुचि जागृत कर सकेंगे।

उद्देश्य का स्पष्टीकरण

उक्त उद्देश्य की सम्प्राप्ति को प्रदर्शित करने के लिए छात्र—

1. नागरिकशास्त्र से संबंधित साहित्य का स्वाध्याय कर सकेंगे और उनमें सन्निहित मुद्दों और समस्याओं को जानने का प्रयास कर सकेंगे।
2. अपने अवकाश के समय को नागरिक समस्याओं और मुद्दों को जानने में व्यतीत करेंगे और उनके समाधान का प्रयास कर सकेंगे।
3. स्थानीय, राष्ट्रीय, और अंतरराष्ट्रीय स्तरों पर चलने वाली नागरिक और राजनैतिक प्रक्रियाओं और परिवर्तनों का ध्यानपूर्वक अवलोकन कर सकेंगे।
4. दिन प्रतिदिन की नागरिक समस्याओं और उनके प्रभावों की चर्चा कर सकेंगे और उनके बारे में सम्प्रेषण कर सकेंगे।
5. नागरिक और राजनैतिक क्रियाकलापों के स्थानों (जैसे पंचायतें, नगरपालिकाएँ, विधान सभाएँ, संसद आदि) की यात्रा, सन्दर्शन, आदि में सोत्साह भाग ले सकेंगे।
6. नागरिक और राजनैतिक समस्याओं पर आयोजित चर्चाओं, परिसंवादों, वाद-विवादों में उपस्थिति होकर आनन्दपूर्वक भाग ले सकेंगे।
7. नागरिकशास्त्र से संबंधित विषयों पर पत्रक (पेंफ्लेट), पुस्तिकाओं (ब्रोशर) को तैयार करने तथा उनमें लेख आदि लिखने में आनन्दानुभव कर सकेंगे।
8. राजनैतिक जीवन और घटनाओं से संबंधित प्रदर्शन-सामग्री तैयार करने में आनन्दानुभव कर सकेंगे।
9. अन्य राजनैतिक व्यवस्थाओं और अन्य स्थानों, क्षेत्रों और देशों से संबंधित सूचनाओं के संग्रह में आनन्दानुभव कर सकेंगे।

23.3.6 उद्देश्य—व्यापक दृष्टिकोण विकसित करने के लिए आवश्यक वाँछनीय सकारात्मक अभिवृत्तियों का विकास करना।

उद्देश्य का स्पष्टीकरण

उक्त उद्देश्य की सम्प्राप्ति को प्रदर्शित करने के लिए छात्र—

1. अन्य व्यक्तियों के दृष्टिकोणों, मतों और समस्याओं का सम्मान कर सकेंगे और उनके प्रति सहानुभूति और सहभागी-भाव प्रदर्शित कर सकेंगे।
   - सहनशीलता प्रदर्शित कर सकेंगे।
   - अपनी भावनाओं को नियंत्रित कर सकेंगे और संयम प्रदर्शित कर सकेंगे।

2. वर्तमान स्थितियों को उनके ऐतिहासिक परिप्रेक्ष्य में देख सकेंगे।
3. नियमानुसार कार्य करने की क्षमता विकसित कर सकेंगे।
4. नागरिक और सहकारी कार्यों में दायित्व स्वीकार कर सकेंगे।
5. मुद्दों पर वस्तुनिष्ठ दृष्टि से उनके गुणावगुण के अनुसार निर्णय ले सकेंगे।
6. सामाजिक, आर्थिक अनाचारों जैसे जमाखोरी, अनुचित लाभ, काला बाजारी, तस्करी, घूँसखोरी आदि के प्रति घृणा का भाव प्रदर्शित कर सकेंगे।
7. विभिन्न सामाजिक, धार्मिक, भाषाई और सांस्कृतिक वर्ग के लोगों की समस्याओं के प्रति सहानुभूतिपूर्वक समझ दिखा सकेंगे।
8. राष्ट्र के नेताओं द्वारा विभिन्न क्षेत्रों में दिए गए योगदान के महत्त्व को समझ सकेंगे।
9. अपने देश के और विश्व कें अन्य देशों के राष्ट्रीय ध्वज, राष्ट्र गीत, राष्ट्रीग प्रतीक और संविधान के प्रति सम्मान का भाव विकसित कर सकेंगे।
10. जनतांत्रिक मूल्यों में आस्था विकसित कर सकेंगे।

23.4 नागरिकशास्त्र के शिक्षण की पद्धतियाँ (Methods of Teaching Civics)

नागरिकशास्त्र के शिक्षण में नागरिक आवश्यकताओं की पूर्ति के लिए मनुष्यों द्वारा विकसित संगठनों पर ध्यान केन्द्रित होना चाहिए। छात्रों को उन संगठनों की प्रभावशीलता की सराहना करने में सक्षम होना चाहिए तथा उन्हें उनके संचालन में व्यक्तियों के दायित्वों के साथ सीधे संबंधों तथा प्रजातंत्रों में उनके मूल्य और महत्त्व के विषय में बताना चाहिए जिससे वे उन्हें सराह सकें। इस सराहना से छात्र इस तथ्य को समझ सकते हैं कि किसी राजनैतिक, आर्थिक या सामाजिक पक्ष में की गई प्रगति अन्य पक्षों को भी प्रभावित करती है। अंत में छात्रों को यह समझ लेना चाहिए कि देश का संविधान जीवन पद्धति के मूलभूत मूल्यों को प्रतिबिम्बित करता है तथा नागरिकों के अधिकारों और दायित्वों की रूपरेखा प्रस्तुत करता है।

नागरिकशास्त्र के शिक्षण को कुछ अभिवृत्तियों के विकास का कार्य भी करना चाहिए, जैसे अन्य लोगों के दृष्टिकोणों, विश्वासों और व्यवसायों के लिए सम्मान का भाव, बहुमत के निर्णयों को स्वीकार करने की इच्छा, समाज के कल्याण के लिए कार्यरत संस्थाओं और प्रशासनिक इकाइयों का मूल्य और उनके क्रियाकलापों में भाग लेने की इच्छा, राष्ट्रीय एकता के प्रतीकों जैसे राष्ट्रीय प्रतीक, राष्ट्रगान, राष्ट्रीय दिवस के प्रति सम्मान और सराहना का भाव।

प्रधानमंत्री और राज्यों के मुख्य मंत्री विधायिका के प्रति उत्तरदायी होते हैं।

न्यायपालिका (सर्वोच्च न्यायलय, उच्च न्यायलय और अन्य न्यायालय) संविधान की संरक्षक होती है और लोगों के मूलभूत अधिकारों की रक्षा करती है।

हमारे राष्ट्रीय प्रतीक

राष्ट्रीय प्रतीक, राष्ट्रीय एकता, स्वतंत्रता और राष्ट्रीय आदर्शों के महत्त्व को प्रतिपादित करते हैं। सभी नागरिकों को उनके इतिहास, महत्त्व और संबंधित गाथाओं का बोध होना चाहिए।

राष्ट्रों के सौहार्द में भारत

संयुक्त राष्ट्र संघ और उसके विविध अभिकरण, संयुक्त राष्ट्र संघ में भारत की भूमिका और संयुक्त राष्ट्र संघ के सदस्य के रूप में विश्व शान्ति स्थापना में भारत की भूमिका। विभिन्न देशों के अन्य सामाजिक, आर्थिक, राजनैतिक, सांस्कृतिक संगठनों की स्थापना और उनसे निष्पन्न नए समीकरण, उनकी स्थापना के प्रयोजन और उनके कार्यों में भारत की भूमिका।

23.5 नागरिकशास्त्र के शिक्षण की आत्मा के रूप में व्यावहारिक क्रियाकलाप (Practical Activities as the Soul of Civics Teaching)

नागरिकशास्त्र एक ऐसा विषय है जो हमारे अस्तित्व के प्रत्येक क्षण हमारे जीवन को प्रभावित करता है। इसीलिए उसके सामने अनेक समस्याएँ और मुद्दे रहते हैं और इस प्रकार वह हमारे जीवन का एक जीवंत विषय सिद्ध होता है।

निश्चित मूलभूत तथ्यों की जानकारी शिक्षकों द्वारा दी जाती हैं। परंतु उसके बाद 'बोलो और सुनो' पद्धति की सार्थकता समाप्त हो सकती है।

शिक्षण-क्रम के विषयों से संबंधित समस्याओं को, जो प्रारंभ में मामूली-सी लग सकती हैं, छात्रों के सामने रखा जा सकता है और उन्हें अपना दृष्टिकोण रखने के लिए प्रोत्साहित किया जा सकता है। उन समस्याओं के समाधान के लिए उनसे सुझाव माँगे जा सकते हैं और उन पर चर्चा की जा सकती है।

उच्च कक्षाओं में न्यायालय के मामलों तथा उन पर लिए गए निर्णयों को भी लिया जा सकता है जिन पर चर्चा लाभकारी हो सकती है। ये नियमों की व्याख्या के मूर्त उदाहरण हो सकते हैं।

नागरिक संस्थाओं (पंचायत, नगरपालिका, जिला परिषद्) की यात्राएँ आयोजित की जा सकती हैं जहाँ के अधिकारी उन्हें अपने भाषणों से शिक्षा प्रदान कर सकते हैं। इसी प्रकार यदि सम्भव हो तो राज्यों की विधान सभाओं और संसद की यात्रा की जा सकती हैं जिनसे छात्र स्वयं उनकी कार्यवाही का प्रत्यक्ष अनुभव प्राप्त कर सकते है।

इसी प्रकार शिक्षण और अधिगम की युक्तियों के रूप में वैयक्तिक और सामूहिक परियोजनाएँ ली जा सकती हैं जिनका संबंध निम्नलिखित विषयों से हो सकता है।

- यातायात और सम्प्रेषण के साधन
- पंचायतों का चुनाव और उनकी कार्यविधि
- पुलिस थाना
- नागरिक सुविधाएँ
- अपने क्षेत्र में स्थित संस्थाएँ
- राष्ट्रीय जीवन के प्रमुख विकास कार्य और उनके प्रभाव
- सूचना प्रौद्योगिकी
- वैश्वीकरण
- उदारीकरण
- उद्योगों का प्रौद्योगीकरण

- भारत की परमाणु नीति
- भारत और संयुक्त राष्ट्रसंघ आदि

नागरिकशास्त्र या नागरिकता शिक्षा के शिक्षक को अपनी बुद्धि और समझ के अनुसार अन्य पारंपरिक और गैर-पारंपरिक शिक्षण पद्धतियों का उपयोग अपने शिक्षण की स्थिति के अनुरूप करना चाहिए जिनकी चर्चा पुस्तक में पहले की जा चुकी है।

24

अर्थशास्त्र का शिक्षण
(Teaching of Economics)

24.1 अर्थशास्त्र का महत्त्व (The Importance of Economics)

आज के विश्व में कहीं भी अर्थशास्त्र के महत्त्व को कम करके नहीं आँका जा सकता। यद्यपि आज राजनैतिक उपनिवेशवाद अतीत की बात हो चुका है परंतु आर्थिक उपनिवेशवाद ने उसके स्थानापन्न के रूप में अपनी पहचान बना ली है तथा विभिन्न देश इस लक्ष्य को प्राप्त करने के लिए कठिन परिश्रम कर रहे हैं और एक-दूसरे के साथ प्रतियोगिता में संलग्न हैं।

यह सब कुछ 'औद्योगिक क्रांति' के साथ प्रारंभ हुआ, जिसका लिए प्रथम उपकरण 'चक्र या पहिए की खोज' द्वारा भारत ने प्रदान किया था। परन्तु बाद में पश्चिम के देशों ने उसका पूरा-पूरा लाभ लिया। उद्योगों में मशीनों के प्रयोग के साथ मानव सभ्यता के विकास के एक नए मंच के रूप में इसे मान्यता प्राप्त हुई। यद्यपि 'औद्योगिक क्रान्ति' का सूत्रपात सर्वप्रथम इंग्लैण्ड में हुआ था परंतु उसका प्रभाव व्यापक स्तर पर दिखाई दिया। इससे मानवजाति की परस्पर-निर्भरता और परस्पर-सम्बद्धता का भाव भी सिद्ध हुआ। उद्योगों के मशीनीकरण और बड़े स्तर पर उत्पादन से अनेक समस्याएँ भी उत्पन्न हुईं।

अधिक कच्चा माल अनधिक विकसित देशों से प्राप्त होता था तथा उन्हें तैयार माल अधिक कीमत पर मिलता था। क्योंकि उसमें तैयार करने की कीमत के साथ लाभांश भी जुड़ा रहता था। इस प्रकार औद्योगिक रूप से अग्रगामी देशों को ही अधिक आर्थिक लाभ होता था। इस प्रकार विकसित देशों ने विकासशील देशों के बाजारों पर जब अपना प्रभुत्व स्थापित किया तो विकसित और विकासशील देशों के बीच की खाई बढ़ती गई।

जनसंख्या वृद्धि की समस्याओं के प्रति ध्यान न देने के कारण, विकासशील देशों के विश्व के विकास के सभी प्रयास निष्प्रभावी होते गए। विकसित देशों ने अपना ध्यान स्वास्थ्य पर केन्द्रित किया। परिणामस्वरूप वे बालकों और माताओं की मृत्युदर को नियंत्रित करने में सफल हुए और लोगों की आयु बढ़ती गई जिसके कारण अनियंत्रित जनसंख्या वृद्धि की समस्याएँ बढ़ती गई और विकासशील विश्व की मुसीबतें बढ़ती गईं।

विकसित देशों ने इस स्थिति का लाभ लिया और विकासशील देशों को सहायता प्रदान करने का उपक्रम किया। परंतु इस प्रस्ताव के पीछे कुछ शर्तें भी थीं। वस्तुतः सहायता के रूप में जो प्रस्तावित किया गया था वह एक प्रकार का कर्ज ही था जिसे ब्याज

के साथ लौटाना होता था। कभी-कभी विकासशील देशों को केवल ब्याज चुकाने के लिए भी और अधिक सहायता (कर्ज) माँगनी पड़ती थी। मूल को चुकाने की बात तो दूर ही रहती थी। सहायता प्रदान करते समय, सहायता राशि का एक बड़ा अंश, उन विशेषज्ञों के नाम रहता था जिन्हें सहायता प्रदान करने वाले देश प्रतिनियुक्त करते थे और विशेषज्ञों को दी जाने वाली राशि को सहायता की रकम में गिना जाता था। इस प्रकार सहायता राशि का बड़ा भाग दाता देश को पुनः प्राप्त हो जाता था और शेष राशि ही विकासशील देश विकास कार्यों पर खर्च कर सकते थे।

कर्ज के भार को राजनैतिक दबाव के रूप में भी प्रयुक्त किया जा सकता था। इस चाल को शीघ्र ही विकासशील देश समझ गए और वे अपने व्यक्तियों के प्रशिक्षण की माँग करने लगे। परंतु विकसित देशों द्वारा प्रयुक्त उपागम सामान्यतः विकासशील देशों की परिस्थितियों और उनके संसाधनों के अनुकूल नहीं होते थे। परिणामस्वरूप विकासशील देशों में स्थानीय संसाधनों के उपयोग और विकास के लिए स्वदेशी उपागमों की प्रक्रिया बढ़ने लगी।

इन सबके बावजूद विकासशील देशों के महासागर में विकसित देश कुछ द्वीपों के रूप में ही दिखाई देते हैं और अधिकांश बातों के लिए विकासशील देश विकसित देशों पर निर्भर रहते हैं।

इस प्रकार विकासमान विश्व में अर्थशास्त्र की महत्त्वपूर्ण भूमिका है। असमानताएँ अनेक हैं और विकासशील देशों में औद्योगिकीकरण की गति के होने के बाद भी इन असमानताओं को समाप्त करने में अभी और समय लगेगा।

उदारीकरण और वैश्वीकरण की संकल्पनाएँ अब तीव्र गति से बढ़ रही हैं जिनमें अर्थशास्त्र की भूमिका अत्यंत महत्त्वपूर्ण हो गई है। फिर भी इसे स्पष्टतः और निर्भ्रान्त रूप से समझ लेना चाहिए कि वैश्वीकरण को केवल आर्थिक दृष्टि से ही नहीं देखना चाहिए। क्योंकि उसमें परस्पर आदान-प्रदान का भाव सन्निहित है और उसे एक तरफा नहीं माना जा सकता।

अतः अर्थशास्त्र के अध्ययन में हमें छात्रों को समकालीन आर्थिक समस्याओं तथा उनके समाधान के लिए किए जाने वाले राष्ट्रीय और अंतरराष्ट्रीय प्रयत्नों से परिचित कराना चाहिए। उनमें उन्हें राष्ट्रों और देशों के भौतिक और मानव संसाधनों की परस्पर-निर्भरता की संकल्पना की समझ को बढ़ाना चाहिए जिससे देश के आर्थिक पुनर्निर्माण में उसका अधिकतम उपयोग किया जा सके।

24.2 अर्थशास्त्र के शैक्षणिक उद्देश्य (Instructional Objectives of Economics)

उपर्युक्त चर्चा के संदर्भ में अर्थशास्त्र के शिक्षण के उद्देश्यों को निम्नलिखित रूप में सूचीबद्ध किया जा सकता है।

1. अर्थशास्त्र के तथ्यों, पारिभाषित शब्दों, संकल्पनाओं, रूढ़ियों, प्रवृत्तियों, सिद्धान्तों, सामान्यीकरणों, मान्यताओं, प्रस्तावित स्थापनाओं, समस्याओं, प्रक्रियाओं आदि के विषय में ज्ञान/सूचना प्राप्त करना।
2. अर्थशास्त्र के तथ्यों, पारिभाषिक शब्दों, संकल्पनाओं, प्रवृत्तियों, सिद्धान्तों, सामान्यीकरणों, मान्यताओं, प्रस्तावित स्थापनाओं, समस्याओं, प्रक्रियाओं आदि की समझ विकसित करना।

3. अर्थशास्त्र के अर्जित ज्ञान और समझ को अपरिचित स्थितियों में उपयोग करना।
4. अर्थशास्त्र के अध्ययन के लिए आवश्यक व्यावहारिक कौशलों को प्राप्त करना।
5. अपने देश और संसार के अन्य देशों के लोगों और अपने लोगों के आर्थिक जीवन से संबंधित समस्याओं के विषय में रुचि विकसित करना।
6. व्यापक दृष्टिकोण के विकास के लिए आवश्यक वांछनीय सकरात्मक अभिवृत्तियों का विकास करना।

उद्‌देश्य और उनके स्पष्टीकरण (Objectives and their Specification)

24.2.1 उद्‌देश्य–अर्थशास्त्र के तथ्यों, पारिभाषिक शब्दों, संकल्पनाओं, रूढ़ियों, प्रवृत्तियों, सिद्धान्तों, सामान्यीकरणों, मान्यताओं, प्रस्तावित स्थापनाओं, समस्याओं, प्रक्रियाओं आदि के विषय में ज्ञान/सूचना प्राप्त करना।

उद्‌देश्य का स्पष्टीकरण

उक्त उद्देश्य की सम्प्राप्ति को निदर्शित करने के लिए छात्र–

1. तथ्यों, पारिभाषिक शब्दों, संकल्पनाओं, सिद्धान्तों, प्रवृत्तियों आदि का पुनस्स्मरण कर सकेंगे।
2. तथ्यों, पारिभाषिक शब्दों, संकल्पनाओं, सिद्धान्तों, प्रवृत्तियों आदि की पहचान कर सकेंगे।
3. सामग्री, यथा, मानचित्रों, तालिकाओं, संचित्रों/चार्टों, आरेखों, रेखाचित्रों जैसे प्रस्तुतीकरण के विविध रूपों से सूचनाओं को पढ़कर समझ सकेंगे।

24.2.2 उद्‌देश्य–अर्थशास्त्र के तथ्यों, पारिभाषिक शब्दों, संकल्पनाओं, रूढ़ियों, प्रवृत्तियों, सिद्धान्तों, सामान्यीकरणों, मान्यताओं, प्रस्तावित स्थापनाओं, समस्याओं, प्रक्रियाओं आदि की समझ विकसित करना।

उद्‌देश्य का स्पष्टीकरण

उक्त उद्‌देश्य की सम्प्राप्ति को निदर्शित करने के लिए छात्र–

1. विभेद कर सकेंगे।
2. वर्गीकरण कर सकेंगे।
3. तुलना और व्यतिरेक कर सकेंगे।
4. संबंधों को पहचान सकेंगे।
5. भार के बिन्दुओं और तर्क की प्रवृत्ति को पकड़ सकेंगे।
6. उदाहरण दे सकेंगे।
7. त्रुटियों और भ्रमाभासों को पकड़ सकेंगे और उन्हें सही कर सकेंगे।
8. व्याख्या (विश्लेषण या अर्थ बताना या स्पष्ट करना या विशदीकरण करना) कर सकेंगे।
9. तर्क दे सकेंगे अथवा बहस को आगे बढ़ा सकेंगे।
10. विविध रूपों में प्रस्तुत सामग्री की व्याख्या कर सकेंगे।

24.2.3 उद्‌देश्य–अर्थशास्त्र के अर्जित ज्ञान और समझ का अपरिचित स्थितियों में उपयोग कर सकेंगे।

1. अपरिचित स्थिति अथवा समस्या का विशलेषण कर सकेंगे।
   1.1 क्या दिया गया है और क्या आवश्यक है, का पता लगा सकेंगे।
   1.2 स्थिति विशेष के लिए संगत ज्ञान का पुनस्स्मरण कर सकेंगे।
   1.3 समस्या के समाधान के लिए प्राप्त सामग्री अथवा अन्य प्रमाणों की पर्याप्तता या अपर्याप्तता, उपयुक्तता या अनुपयुक्तता के विषय में निर्णय कर सकेंगे।
2. संबंधों को स्थापित कर सकेंगे।
3. किसी समस्या विशेष के समाधान के लिए वैकल्पिक पद्धति का संकेत कर सकेंगे।
4. अनुमान कर सकेंगे और सामान्यीकरण कर सकेंगे।
5. प्रस्तुत स्थिति के संभावित परिणामों के बारे में पूर्वानुमान कर सकेंगे।

24.2.4 उद्देश्य–अर्थशास्त्र के अध्ययन के लिए आवश्यक व्यावहारिक कौशलों को प्राप्त कर सकेंगे।

उद्देश्य का स्पष्टीकरण

उक्त उद्देश्य की सम्प्राप्ति को निर्दशित करने के लिए छात्र–

1. उपलब्ध सामग्री के आधार पर मानचित्रों, तालिकाओं, आरेखों, संचित्रों/चार्टों, रेखाचित्रों आदि को बना सकेंगे।
2. प्रस्तुतीकरण की एक विधा से दूसरी विधा में सामग्री का रूपान्तरण कर सकेंगे और उसकी व्याख्या कर सकेंगे।
3. मॉडल बना सकेंगे।

24.2.5 उद्देश्य–अपने देश और संसार के अन्य देशों के लागों के आर्थिक जीवन से संबंधित समस्याओं और अपने विषय (अर्थशास्त्र) में रुचि विकसित करना।

उद्देश्य का स्पष्टीकरण

उक्त उद्देश्य की सम्प्राप्ति को निर्दशित करने के लिए छात्र–

1. अर्थशास्त्र से संबंधित साहित्य का स्वाध्याय कर सकेंगे और उनमें सन्निहित आर्थिक मुद्दों और समस्याओं को समझने का प्रयास कर सकेंगे।
2. अपने अवकाश के समय को आर्थिक समस्याओं और मुद्दों को जानने में व्यतीत कर सकेंगे।
3. स्थानीय, राष्ट्रीय और अंतरराष्ट्रीय स्तरों पर चलने वाली आर्थिक प्रक्रियाओं और परिवर्तनों का ध्यानपूर्वक अवलोकन कर सकेंगे।
4. दिन-प्रतिदिन की आर्थिक समस्याओं और उनके प्रभावों की चर्चा कर सकेंगे और उनके बारे में सम्प्रेषण कर सकेंगे।
5. आर्थिक क्रियाकलापों के स्थानों (फार्म, फैक्टरी, मेला आदि) की यात्रा, संदर्शन आदि में सोत्साह भाग ले सकेंगे।
6. अन्य आर्थिक व्यवस्थाओं के बारे में सूचना संग्रह कर सकेंगे और अन्य स्थानों, क्षेत्रों और देशों की आर्थिक स्थितियों के बारे में तथ्यों का संग्रह कर सकेंगे।

24.2.6 उद्देश्य–व्यापक दृष्टिकोण के विकास के लिए आवश्यक वाँछनीय सकारात्मक अभिवृत्तियों का विकास करना।

उद्देश्य का स्पष्टीकरण

उक्त उद्देश्य की सम्प्राप्ति को निदर्शित करने के लिए छात्र–

1. अन्य व्यक्तियों के दृष्टिकोणों, मतों और समस्याओं का सम्मान कर सकेंगे और उनके प्रति सहानुभूति और सहगामी भाव प्रदर्शित कर सकेंगे।
   1.1 सहनशीलता प्रदर्शित कर सकेंगे।
   1.2 अपनी भावनाओं को नियंत्रित कर सकेंगे और संयम प्रदर्शित कर सकेंगे।
   1.3 असहमति के मुद्दों की चर्चा अन्य व्यक्तियों के साथ निष्पक्ष रूप से कर सकेंगे।
2. विविध प्रकार के आर्थिक स्तर के लोगों के साथ नि:संकोचपूर्वक घुलमिल सकेंगे।
3. मुद्दों के बारे में वस्तुनिष्ठ रूप से उनके गुणावगुण के अनुसार निर्णय ले सकेंगे।
4. सहकारी कार्यों में स्वयं दायित्व स्वीकार कर सकेंगे।
5. निम्नलिखित के प्रति घृणा का भाव प्रदर्शित कर सकेंगे–
   5.1 सामाजिक और आर्थिक अनाचारों जैसे जमाखोरी, मुनाफाखोरी, काला बाजारी, कर चोरी, तस्करी आदि के प्रति।
   5.2 अलाभकारी खर्च, दिखावा, फिजूल खर्ची के प्रति।
6. मनुष्य के सामर्थ्य के महत्त्व और राष्ट्र के आर्थिक विकास में उसके योगदान को समझ सकेंगे।

24.3 अर्थशास्त्र के शिक्षण की पद्धति (Methods of Teaching Economics)

परिवर्तनशील विश्व के संदर्भ में आज यह आवश्यक है कि हम अर्थशास्त्र के शिक्षण-क्रमों का पुनर्निर्माण करें जिससे हमारे छात्र 2020 तक विकसित राष्ट्र बनने की वर्तमान चुनौतियों का सामना कर सकें।

इसके लिए आवश्यक है कि हम भारत की आर्थिक संस्थाओं का अध्ययन करें, साथ ही संकुचित होते सार्वजनिक क्षेत्र और वर्धमान निजी क्षेत्र, प्राथमिक, माध्यमिक और तृतीयक स्तर के रोजगार-धंधों तथा उनकी बदलती वरीयताओं का भी अध्ययन करें। इतना ही नहीं, हमें अपनी वर्तमान आर्थिक अवस्था की प्रकृति को भी समझना होगा। इसी तरह सामाजिक और आर्थिक आधारभूत संरचना के घटकों की ओर भी ध्यान देना होगा। कृषि, उद्योग, सूचना प्रौद्योगिकी के क्षेत्रों में आर्थिक पुनर्रचना के बढ़ते कदमों के साथ हमें विदेशी व्यापार की वर्तमान स्थिति और भावी संभावनाओं और विदेशी मुद्राकोशों के संचित कोष, भारत में विदेशी निवेश और विदेश में भारतीय निवेश के विषय में भी विचार करना होगा।

उक्त सभी बिन्दुओं पर विचार करना होगा जिससे कमियों का युग समाप्त हो और समृद्धि के युग का शुभारंभ हो।

इन सभी विषयों के सफल शिक्षण के लिए हमें नई व्यूह रचना के विषय में सोचना होगा और उसे क्रियान्वित भी करना होगा जिससे पाठ्य पुस्तकों और शिक्षण संस्थाओं के आगे जाकर छात्र अर्थशास्त्र के मूलभूत तत्त्वों को सीख सकें। इस दृष्टि से हमें सूचना के मुख्य स्रोत के रूप में समाचारपत्रों, दूरदर्शन पर प्रसारित व्यापारिक प्रतिवेदनों तथा विभिन्न वस्तुओं के बाजार के सूचकांकों के अध्ययन और व्याख्या की आवश्यकता होगी। इस प्रक्रिया में स्वयं शिक्षक शिक्षार्थियों के साथ सहशिक्षार्थी बन सकते हैं जिससे वे नया ज्ञान प्राप्त कर सकें और वे अद्यतन और प्रासांगिक बन सकें।

परंतु इस सबके होने के बाद भी शिक्षक की आवश्यकता बनी रहेगी। लेकिन उसकी भूमिका अब सूचना प्रसारक की न रह कर, मार्गदर्शक की हो जाएगी। इस प्रकार शिक्षक छात्रों को शिक्षा के लक्ष्य या कर्म बनाने के बदले उन्हें शिक्षा का विषय या कर्त्ता बना सकेंगे और उनकी पारंपरिक भूमिकाओं का रूपान्तरण कर सकेंगे।

शिक्षक की भूमिका इस नए परिप्रेक्ष्य में भी महत्त्वपूर्ण या प्रासंगिक रहेगी। क्योंकि वही छात्रों की शंकाओं का समाधान और उनकी भ्रान्तियों का निराकरण कर सकेगा।

वैयक्तिक अधिगम के स्थान पर छात्रों को सहयोग और सहकार के साथ सीखने का अभ्यास करना होगा और उन्हें अर्थशास्त्र के संसार की खोज में दायित्वों का निर्वाह मिलकर करना भी सीखना होगा। इसी पद्धति से अधिगम को और अधिक समृद्ध बनाया जा सकेगा। क्योंकि इस पद्धति के अनुसार सीखने की प्रक्रिया में सभी सहभागी बन सकते हैं। हिलमिल कर खोज कर सकते हैं और सभी मिलकर उपलब्धियों का उपभोग कर सकते हैं।

इसीलिए इस पद्धति में परियोजना कार्यों और सर्वेक्षणों की मुख्य भूमिका हो सकती है। इससे छात्रों को अधिगम उपक्रमों में प्रयोजनपरकता की अनुभूति हो सकेगी जिससे वे अधिगम को शीघ्र ही स्थायी रूप से आत्मसात कर सकेंगे।

कक्षाध्यापन में भाषणों के स्थान पर चर्चा-परिचर्चाएँ हो सकती हैं जिनमें छात्रों द्वारा स्वयं किए गए कार्यों तथा अधीत विषयों पर विचार विमर्श किया जा सकेगा। परंतु इस सब में शिक्षक द्वारा दी गई व्याख्याओं और विवेचनाओं का सदैव स्थान बना रहेगा।

25

वाणिज्य-शिक्षण
(Teaching of Commerce)

25.1 भूमिका (Introduction)

वाणिज्य न विज्ञान है और न ही कला, अपितु यह एक ऐसा उद्यमपरक शिल्प है जो अर्थशास्त्र और समाजविज्ञान की भूलभूलैयों से गुजरता रहता है और विविध प्रकार के रंग और रंगत दिखाता रहता है।

वाणिज्य अध्ययन के अनेक नए विषयों की जननी है, जैसे व्यवसाय प्रबंधन (Business Management), वाणिज्यिक अर्थशास्त्र आदि। वाणिज्य और व्यवसाय व वित्तीय प्रबंधन, लेखा, बही खाता पद्धति, के विषय बहुत कुछ समान होते हैं और सभी अर्थशास्त्र जैसे आधारभूत विषय की विषय-वस्तुओं से मिलते जुलते होते हैं। इन विषयों की पारंपरिक सीमाएँ लगभग टूट गई हैं। वस्तुतः इन विषयों के परस्पर आदान-प्रदान से ये सभी विषय और अधिक समृद्ध हुए हैं। इसी के साथ सांख्यिकी इन सभी के बीच एक जोड़ने वाली कड़ी के रूप में उपस्थित हो गई है जिसके आधार पर अनुमानों का वैधीकरण किया जाता है और पूर्वानुमान किया जाता है। वस्तुतः सांख्यिकी के आधार पर प्राप्त यथार्थता (परिशुद्धता) व्यवसाय और वाणिज्य से संबंधित सभी क्रियाओं की केन्द्रिक आधार बन गई है जिसके आधार पर उद्यमिता जोखिमों के विषय में सोच सकते हैं। पूर्ववर्ती समय में टंकण कला वाणिज्य विषयक सभी शिक्षण क्रमों में जो महत्त्व रखती थी अब उसके स्थान पर सभी क्षेत्रों में कम्प्यूटर ने अपना स्थान बना लिया है।

शिक्षा जैसे अनेक क्षेत्र जो पहले परोपकार प्रेरित होते थे अब सब व्यवसायपरक होते जा रहे हैं और व्यापारिक अनुष्ठान बन गए हैं। शिक्षण जो पहले एक व्यवसाय था, अब वृत्ति (Profession) बन गया है और शिक्षकों को अब फैक्टरी में कार्य करने वाले लोगों की तरह समझा जाता है जो मात्र धन कमाने के लिए काम करते हैं, न कि ईश्वरी कार्य को करने के अपने कर्त्तव्य के रूप में, जिसके मूल में स्वार्थरहित होकर मानव हित के लिए समाजसेवा की भावना रहती थी और उसे एक सर्व-कल्याणकारी क्रिया माना जाता था।

इस प्रकार की स्थिति में वैश्वीकरण का भी अपना योगदान है जिसके मूल में भौतिकवाद, उपभोक्तावाद, व्यवहारवाद से प्रेरित मानवीय अभिवृत्तियाँ हैं तथा इनके कारण आदर्शवाद लगभग समाप्त हो गया है और अब भविष्य में उसके पुनःस्थापन की संभावनाएँ नहीं के बराबर रह गई हैं। जीवन के प्रत्येक पक्ष का क्रमशः ऐसा रूपान्तरण हुआ है कि सब कुछ वाणिज्य प्रधान हो गया है।

25.2 वाणिज्य शिक्षण के उद्देश्य (Objectives of Teaching Commerce)

वाणिज्य धारा के सभी विषय मूलतः व्यवहारपरक होते हैं जहाँ मात्र सूचनाओं का संग्रह या ज्ञानार्जन अपर्याप्त समझा जाता है। क्योंकि जो आवश्यक या अपेक्षित हैं, वह है जीवंत स्थितियों में तथ्यों के पारिभाषिक शब्दों, संकल्पनाओं, सिद्धान्तों और प्रक्रियाओं का उपयोग। इसी तरह आरूप या फोर्मेटों और प्रपत्रों (प्रोफॉर्माओं) का परिचय प्राप्त करना पर्याप्त नहीं है। जो आज महत्त्वपूर्ण है वह है इन्हें कैसे सही तरीके से भरा जाए अथवा उनकी त्रुटियों की पहचान और उनका सुधार कैसे किया जाए या उनमें प्रपत्रों में भरी गई सूचनाओं की गलतियों को कैसे पहचाना जाए और उन्हें सुधारा जाए। उपलब्ध प्रपत्रों में भरी गई सूचनाओं की कमियों की पहचान करना भी ऐसी कुशलताएँ हैं जिन्हें आज वांछित माना जाता है।

इनके अतिरिक्त अपने काम में रुचि का विकास और काम को पूरा करने के लिए आवश्यक/वाँछनीय अभिवृत्तियाँ भी आज आवश्यक मानी जाती हैं। इसी प्रकार कुछ अन्य क्षमताएँ हैं जो आज महत्त्वपूर्ण मानी जाती हैं; वे हैं-कार्य कारण संबंधों की पहचान, समस्याओं का विश्लेषण, पूर्वानुमान करने की योग्यता, नमूना-सर्वेक्षण करने की क्षमता, कमियों को पता लगाने के लिए लेखा-परीक्षा तथा लेखा या खाता रखने की कार्यविधियाँ। उदाहरण के रूप में शैक्षणिक उद्देश्यों के अंतर्गत बैंकिंग के तत्त्वों और बही-खाता पद्धति को दिया गया है।

प्रत्येक शैक्षणिक उद्देश्य के दो क्षेत्रों में स्पष्टीकरण के अंतर्गत उन क्रियाओं को दिया गया है जिन्हें शिक्षार्थी कर सकेंगे और उनके द्वारा बता सकेंगे कि उन्होंने उद्देश्य को प्राप्त कर लिया है। इन्हीं स्पष्टीकरणों के आधार पर मूल्यांकन किया जा सकेगा।

इस पद्धति का एक लाभ यह भी है कि इसके आधार पर छात्रों की समस्याओं का निदान भी किया जा सकेगा। उपउद्देश्य (उद्देश्यों का स्पष्टीकरण) के आधार पर छात्रों की उपलब्धियों का मूल्यांकन किया जा सकता है जिससे पता चल सके कि शिक्षण कार्यक्रम के परिणाम स्वरूप छात्र की प्रगति किस प्रकार की है और किस सीमा तक की है तथा यह भी ज्ञात किया जा सकता है उनकी सम्प्राप्ति के स्तर को सुधारने के लिए विषय-वस्तु के किन पक्षों पर अधिक ध्यान दिया जाना चाहिए।

बैंकिंग के तत्त्वों के शैक्षणिक उद्देश्य (Instructional Objectives of Banking Elements)

1. धन और बैंकिंग से संबंधित तथ्यों, पारिभाषिक शब्दों, संकल्पनाओं, सिद्धांतों प्रवृत्तियों आदि के ज्ञान को प्राप्त करना।
2. धन और बैंकिंग से संबंधित तथ्यों, पारिभाषिक शब्दों संकल्पनाओं, सिद्धान्तों आदि की समझ विकसित करना।
3. धन और बैंकिंग से संबंधित तथ्यों, संकल्पनाओं, सिद्धांतों आदि के ज्ञान के अपरिचित स्थितियों में अनुप्रयोग करने की क्षमता विकसित करना।
4. सामान्य बैंकिंग के प्रकार्यों से संबंधित व्यावहारिक कौशलों को विकसित करना।
5. बैंकिंग की कार्यविधियों और मुद्रा प्रकार्यों में वाँछनीय रूचि विकसित करना।

6. उत्तम बैंकर से अपेक्षित स्वस्थ अभिवृत्तियों को विकसित करना।

25.2.1 उद्देश्य और उनका स्पष्टीकरण (Objectives and their Specification)

1. उद्देश्य: धन और बैंकिंग से संबंधित तथ्यों, पारिभाषिक शब्दों, संकल्पनाओं, सिद्धान्तों, प्रवृत्तियों आदि के ज्ञान को प्राप्त करना।

उद्देश्य का स्पष्टीकरण: उक्त उद्देश्य की सम्प्राप्ति को निदर्शित करने के लिए छात्र

1.1 धन और बैंकिंग से संबंधित, तथ्यों, संकल्पनाओं आदि का पुनःस्मरण कर सकेंगे।

1.2 बैंकिंग के तत्त्वों से संबंधित तथ्यों, संकल्पनाओं, प्रपत्रों (प्रोफॉर्माओं) की पहचान कर सकेंगे।

1.3 बैंकिंग के विविध दस्तावेजों और प्रोफॉर्माओं को भर सकेंगे और उनका उपयोग कर सकेंगे।

25.2.2. उद्देश्य: धन और बैंकिंग से संबंधित तथ्यों, पारिभाषिक शब्दों, संकल्पनाओं आदि की समझ विकसित करना।

उद्देश्य का स्पष्टीकरण: उक्त उद्देश्य की सम्प्राप्ति को निदर्शित करने के लिए छात्र

2.1 संगत और असंगत, अनिवार्य और आनुषंगिक सामग्री (Data) के बीच अन्तर कर सकेंगे।

2.2 धन और बैंकिंग के विभिन्न तथ्यों, संकल्पनाओं आदि के बीच विभेद कर सकेंगे।

2.3 वर्गीकरण कर सकेंगे।

2.4 तुलना और व्यक्तिरेक कर सकेंगे।

2.5 उदाहरण देख सकेंगे

2.6 त्रुटियों को पकड़ सकेंगे और उनको सुधार सकेंगे।

2.7 कार्य-कारण के बीच के संबंधों को पहचान सकेंगे।

2.8 विविध रूपों में प्रस्तुत सामग्री की व्याख्या कर सकेंगे।

25.2.3. उद्देश्य: धन और बैंकिंग से संबंधित तथ्यों, संकल्पनाओं आदि के ज्ञान के अपरिचित स्थितियों में अनुप्रयोग करने की क्षमता विकसित करना।

उद्देश्य का स्पष्टीकण: उक्त उद्देश्य की सम्प्राप्ति को निदर्शित करने के लिए छात्र

3.1 संबंधित मुद्दों की पहचान करने के लिए समस्या का विश्लेषण कर सकेंगे।

3.2 नई स्थिति के लिए संगत तथ्यों को चुन सकेंगे।

3.3 विभिन्न तथ्यों, संकल्पनाओं आदि के बीच संगत संबंध स्थापित कर सकेंगे।

3.4 सामग्री, तर्कों आदि की पर्याप्तता के विषय मे निर्णय कर सकेंगे।

3.5 अनुमान कर सकेंगे और सामान्यीकरण कर सकेंगे।

3.6 घटनाओं, प्रवृत्तियों आदि का पूर्वानुमान कर सकेंगे।

25.2.4. उद्देश्य: सामान्य बैंकिंग के प्रकार्यों से संबंधित व्यावहारिक कौशलों को विकसित कर सकेंगे।

उद्देश्य का स्पष्टीकरण: उक्त उद्देश्य की सम्प्राप्ति को निदर्शित करने के लिए छात्र

4.1 चैकों, वी.ईस् हुंडी आदि को स्पष्ट और सही रूप से तैयार कर सकेंगे।

4.2 विविध प्रोफॉर्माओं को स्पष्ट और सही रूप से तैयार कर सकेंगे।

4.3 सभी संगत सूचनाओं का संग्रहण और परिरक्षण कर सकेंगे तथा उपयुक्त रूप से प्रस्तुत कर सकेंगे।

4.4 सरल बैकिंग सर्वेक्षण कर सकेंगे।

25.2.5. उद्देश्य: बैकिंग की कार्यविधियों और मुद्रा प्रकार्यों में वाँछनीय रुचि विकसित करना।

उद्देश्य का स्पष्टीकरण: उक्त उद्देश्य की सम्प्राप्ति को निदर्शित करने के लिए छात्र:

5.1 बैकिंग के क्षेत्र में सूचना देने वाली पत्रिकाओं, संबंधित पुस्तकों, समाचार पत्रों आदि को पढ़ सकेंगे।

5.2 अपनी वैकिंग और मुद्रा से संबंधित रुचि के क्षेत्र से जुड़ी सामग्री, जैसे नमूने, चित्र, चार्ट, सामग्री को संकलित कर सकेंगे।

5.3 बैकिंग और मुद्रा से जुड़ी समस्याओं की चर्चा अपने सहयोगियों, शिक्षकों और अभिभावकों के साथ कर सकेंगे।

5.4 विद्यालय के अंदर और बाहर बैकिंग के आदान-प्रदान में भाग ले सकेंगे।

5.5 बैकिंग से संबंधित महत्त्वपूर्ण स्थलों की यात्रा कर सकेंगे।

5.6 बैकिंग के तत्त्वों की विषय-वस्तु के प्रदेर्शों को प्रदर्शनी के लिए तैयार कर सकेंगे।

5.7 बैंक के खातों का रख-रखाव और संचालन कर सकेंगे।

25.2.6. उद्देश्य: उत्तम बैंकर से अपेक्षित स्वस्थ अभिवृत्तियों को विकसित कर सकेंगे।

उद्देश्य का स्पष्टीकरण: उक्त उद्देश्य की सम्प्राप्ति को निदर्शित करने के लिए छात्र

6.1 उत्तरदायित्त्व ले सकेंगे।

6.2 नए विचारों का स्वागत कर सकेंगे।

6.3 शिष्टाचार और विनीत भाव से व्यवहार कर सकेंगे।

6.4 कानूनों का सम्मान का सकेंगे।

6.5 मितव्ययता की आदत डाल सकेंगे।

25.3 बही खाता-पद्धति के शैक्षणिक उद्देश्य (Instructional Objectives of Book Keeping)

1. बही खाता पद्धति से संबंधित कथनों, प्रारूपों, कार्यविधियों, सिद्धान्तों, पारिभाषिक शब्दों, संकल्पनाओं और तथ्यों का ज्ञान प्राप्त करना।
2. बही खाता पद्धति से संबंधित कथनों, प्रपत्रों, कार्यविधियों, सिद्धान्तों, पारिभाषिक शब्दों, संकल्पनाओं और तथ्यों की समझ विकसित करना।
3. बही खाता पद्धति के सिद्धान्तों और संकल्पनाओं के संबंध में प्राप्त ज्ञान और समझ को नई स्थितियों में अनुप्रयोग करना।
4. बही खातों की लेखा-परीक्षा और रख-रखाव के कौशलों को प्राप्त करना और बही खातों की आधार सामग्री को उचित रूप में प्रस्तुत करना।
5. बही खातों में वाँछनीय रुचि विकसित करना और लेखा-शास्त्र, बही खातों के विषय में और अधिक ज्ञान प्राप्त करने की रुचि विकसित करना।
6. बही खातों के व्यवहारों और संबंधित पक्षों के प्रति सकारात्मक अभिवृत्ति विकसित करना।

उद्देश्य और उनके स्पष्टीकरण ***(Objectives and their Specification)***

25.3.1. *उद्देश्य:* वही खाता पद्धति से संबंधित कथनों, प्रारूपों, कार्यविधियों, सिद्धान्तों पारिभाषिक शब्दों, संकल्पनाओं और तथ्यों का ज्ञान प्राप्त करना।

उद्देश्य का स्पष्टीकरण: उक्त उद्देश्य की सम्प्राप्ति को निदर्शित करने के लिए छात्र

1.1 विभिन्न प्रपत्रों के घटक मदों का पुनः स्मरण कर सकेंगे।

1.2 विविध प्रकार के प्रोफोर्माओं के मदों को पहचान सकेंगे।

1.3 पूर्वोक्त रीति से बही खातों की संकल्पनाओं और सिद्धान्तों का पुन:सत्यापन कर सकेंगे।

25.3.2. *उद्देश्य:* बही खाता पद्धति से संबंधित कथनों, प्रपत्रों, कार्यविधियों, सिद्धान्तों पारिभाषिक शब्दों, संकल्पनाओं और तथ्यों की समझ-विकसित करना।

उद्देश्य का स्पष्टीकरण: उक्त उद्देश्य की सम्प्राप्ति को निदर्शित करने के लिए छात्र।

2.1 विभिन्न तथ्यों, पारिभाषिक शब्दों के बीच विभेद कर सकेंगे।

2.2 विविध प्रकार के प्रपत्रों (फॉर्म) और प्रोफार्माओं में अंतर कर सकेंगे।

2.3 विविध प्रकार के प्रपत्रों और प्रोफॉमाओं से संबंधित तथ्यों का वर्गीकरण कर सकेंगे।

2.4 तुलना और व्यतिरेक कर सकेंगे।

2.5 उपयुक्त उदाहरण दे सकेंगे।

2.6 संबंधों की पहचान कर सकेंगे।

2.7 विभिन्न सोपानों को उचित अनुक्रम में समायोजित सकेंगे।

2.8 बही खाता पद्धति से संबंधित समस्याओं के उत्पन्न होने के कारण बता सकेंगे।

2.9 आधार-सामग्री की व्याख्या कर सकेंगे।

2.10 त्रुटियों को पकड़ सकेंगे और उन्हें सुधार सकेंगे।

25.3.4. *उद्देश्य:* बही खातों की लेखा-परीक्षा और रख-रखाव के कौशलों को प्राप्त करना और बही खातों की आधार सामग्री को उचित रूप में प्रस्तुत करना।

उद्देश्य का स्पष्टीकरण: उक्त उद्देश्य की सम्प्राप्ति को निदर्शित करने के लिए छात्र

4.1 शीघ्र और सही तरीके से गणना कर सकेंगे और हिसाब लगा सकेंगे।

4.2 कम्प्यूटर का संचालन कर सकेंगे और उसका उपयोग कर सकेंगे।

4.3 प्रोफॉर्माओं, कथनों और लेखा को सही और सानुपातिक रूप में साफ तरह से भर सकेंगे।

4.4 उपयुक्त तरीके से आँकड़ों और प्रविष्टियों को लिख सकेंगे।

4.5 सुवाच्य और सुलेख लिख सकेंगे।

4.6 खाता बहियों का उचित रख-रखाव और संरक्षण कर सकेंगे।

4.7 बही खाता पद्धति और लेखाशास्त्र के लिए कम्प्यूटर के उपयोग को सीख सकेंगे।

25.3.5. *उद्देश्य:* बही खातों में वाँछनीय रुचि विकसित करना और लेखा शास्त्र और बही खातों के विषय में और अधिक ज्ञान प्राप्त करने की रुचि विकसित करना।

उद्देश्य का स्पष्टीकरण: उक्त उद्देश्य की सम्प्राप्ति को निदर्शित करने लिए छात्र स्वेच्छापूर्वक

5.1 लेखाकरण की व्यवस्था में नए विकासों के बारे में सूचना संग्रह कर सकेंगे।

5.2 बही खाता पद्धति और लेखाकरण से संबंधित नवीनतम साहित्य का अध्ययन कर सकेंगे

5.3 विभिन्न व्यापारिक संस्थाओं और निगमों द्वारा प्रकाशित अंतिम खातों और कथनों का अध्ययन कर सकेंगे।

25.3.6. उद्देश्य: बही खातों के व्यवहारों के प्रति सकारात्मक अभिवृत्ति विकसित कर सकेंगे।

उद्देश्य का स्पष्टीकरण: उक्त उद्देश्य की सम्प्राप्ति को निदर्शित करने के लिए छात्र स्वेच्छापूर्वक

6.1 आधुनिक और वैज्ञानिक विचारों को स्वीकार कर सकेंगे और उन्हें व्यवहार में उतार सकेंगे।

6.2 दत्तकार्यों में उत्तरदायित्त्व स्वीकार कर सकेंगे और अधिक कार्य करने की स्वेच्छा व्यक्त कर सकेंगे।

6.3 सत्यनिष्ठ और उद्देश्य के प्रति ईमानदारी प्राप्त कर सकेंगे।

6.4 लेखाशास्त्र से संबंधित नियमों और विधियों का अनुसरण कर सकेंगे और उनका सम्मान कर सकेंगे।

6.5 कठिन कार्य करने और निरंतर प्रयत्न करने की आदत विकसित कर सकेंगे।

25.4 वाणिज्य शिक्षण की पद्धति (Method of Teaching Commerce)

वाणिज्य की शाखाएँ जिन्हें अध्ययन के विषय कहा जाता है, सामान्य रूप से शिक्षण और अधिगम के एक समान उपागमों का अनुसरण करती हैं जिनमें कुछ प्रमुख बिन्दुओं की चर्चा यहाँ की जा रही है।

25.4.1 सैद्धान्तिक अभिविन्यास (Theoretical Orientation)

संबंधित विषयों की प्रवृत्तियों, कार्यविधियों, सिद्धान्तों, संकल्पनाओं, पारिभाषिक शब्दों और तथ्यों का सैद्धान्तिक अभिविन्यास आवश्यक होता है जिसका आशय है, इनसे संबंधित मूलभूत सिद्धान्तों के ज्ञान को प्राप्त करना, अर्थात् वाणिज्य के विभिन्न क्रियाकलापों में प्रयोग को प्राप्त करना अर्थात् वाणिज्य के निमित्त क्रिया कलापों में प्रयोग के लिए आवश्यक या अपेक्षित मूलभूत सूचनाओं को प्राप्त करना। सभी छात्रों को इन्हें प्राप्त करना होता है और विशेष स्थितियों में संगत सूचनाओं को याद कर उपयोग करना होता है।

25.4.2 निर्दशन (Demonstration)

विभिन्न प्रचालनों या क्रियाकलापों से संबंधित तथ्यों का शिक्षक द्वारा क्रमशः निदर्शन किया जाना चाहिए जिनके लिए एक विशेष अनुक्रम की आवश्यकता होती है। अनुक्रमों के अनुसार किए गए इन निदर्शनों को इस प्रकार अनुस्तरित करना चाहिए जिससे शिक्षार्थी सरल से कठिन और सहज से संकुल की ओर प्रवृत्त हो सकें। प्रत्येक निदर्शन के बाद छात्रों से व्यावहारिक कार्य करवाना चाहिए।

25.4.3 निर्देशित प्रचालन (Guided Operations)

यह स्वाभाविक रूप से दूसरा सोपान है जिसके अंतर्गत छात्र को कोई विशेष कार्य शिक्षक के प्रत्यक्ष पर्यवेक्षण में करना होता है। शिक्षकों को छात्रों के कार्य की स्थितियों में निरीक्षण करते रहना चाहिए और उनकी गलतियों को तत्काल सुधार देना चाहिए। यदि कोई गलती अनेक छात्रों द्वारा की जा रही हो तो शिक्षक को उनके विषय में कक्षा में चर्चा करनी चाहिए और उनका उपचार करना चाहिए।

25.4.4 स्वतंत्र कार्य (Independent Work)

इसके पश्चात् छात्रों को स्वतंत्र रूप से कार्य करने या अभ्यास के अवसर दिए जाने चाहिए। इस प्रकार के अभ्यासों को भी छोटे से बड़े और सरल से संकुल के रूप में अनुस्तरित करना चाहिए। विभिन्न क्षमताओं का पहले एक एक करके लेना चाहिए, उन्हें छात्रों में विकसित करके उनका मूल्यांकन करना चाहिए और इसके बाद ही उन्हें सम्मिलित रूप में लिया जा सकता है। इस प्रकार के स्वतंत्र कार्य से छात्रों में किसी कार्य को करने में जिसमें कई प्रकार की क्षमताओं की आवश्यकता होती है, आत्मविश्वास जागता है।

25.4.5 समग्र अभ्यास और मूल्यांकन (Comprehensive Exercises and Evaluation)

विविध प्रकार की संकुलताओं के स्तर के समग्र अभ्यास छात्रों को दिए जा सकते हैं। स्वाभाविक है कि इस प्रकार के अभ्यासों के लिए आवश्यक या अपेक्षित विषय-वस्तु के ज्ञान और समझ के विषय में छात्रों को स्वयं सोचना पड़ेगा और अपरिचित स्थितियों में उनका अनुप्रयोग करना होगा जिनका उन्हें भविष्य में सामना करना पड़ सकता है। प्रारंभ में ये अभ्यास प्रकल्पित हो सकते हैं। बाद में उन्हें वास्तविक स्थितियों की समस्याएँ दी जा सकती हैं। इस प्रकार के समग्र अभ्यास के लिए विभिन्न प्रकार की विषय-वस्तुओं की और उनके करने के लिए विविध प्रकार की क्षमताओं की आवश्यकता होगी। इसलिए छात्रों को अपने ज्ञान के भंडार से आवश्यक विषय-वस्तु और अपनी क्षमताओं में से कुछ को आवश्यकतानुसार चुनना होगा। वस्तुतः इस प्रकार का मिलान छात्रों के लिए सरल नहीं होगा। इसके लिए उन्हें अपने विवेक, बुद्धि और अन्य बौद्धिक क्षमताओं का उपयोग करना होगा।

विषय वस्तु और क्षमताओं का मूल्यांकन इसके बाद दूसरा महत्त्वपूर्ण सोपान है जिसके आधार पर छात्रों के अधिग्रहीत ज्ञान और क्षमताओं के स्तर का पता चलता है। इस प्रकार के आकलन का उपयोग कई प्रयोजनों के लिए किया जा सकता है। इसके आधार पर प्रमाणीकरण के लिए परीक्षार्थियों का वर्गीकरण विभिन्न कोटियों में उनके द्वारा अर्जित क्षमताओं के स्तर के आधार पर किया जा सकता है। इस प्रकार का मूल्यांकन विकास स्तर के तीनों क्षेत्रों-संज्ञानात्मक, भावात्मक और मनोगत्यात्मक में करना होगा जिसके लिए विविध प्रकार की पारंपरिक और गैर-पारंपरिक तकनीकों और मूल्यांकन के उपकरणों का प्रयोग करना होगा। इस प्रकार के मूल्यांकन के द्वारा छात्रों की शैक्षिक (Scholastic) और सह-शैक्षिक (Co-scholastic) योग्यताओं का आकलन हो सकता है, साथ ही उनके उन वैयक्तिक और सामाजिक गुणों का भी मूल्यांकन हो

सकता है जिन्हें सामान्यत: कोमल कौशल (Softskills) कहा जाता है, जैसे रुचि, अभिवृत्ति, बाह्य क्रिया-कलापों में दक्षता। इस प्रकार मूल्यांकन द्वार छात्रों के सम्पूर्ण व्यक्तित्त्व का यथासम्भव आकलन हो सकता है। अत: इस प्रकार का समग्र मूल्यांकन छात्रों के भावी जीवन में उनकी सफलता का पूर्वानुमान करने में सहायक सिद्ध हो सकता है।

25.5 निष्कर्ष (Conclusion)

इस प्रकार के मूल्यांकन के आधार पर छात्रों का श्रेणीकरण (Grading) वर्गीकरण (Classification) और प्रमाणीकरण (Certification) के साथ-साथ उनकी वर्तमान योग्यताओं और भावी संभावनाओं का पता किया जा सकता है, जिसके आधार पर छात्र पूर्ण आत्मविश्वास और सफलता के साथ जीवंत स्थितियों में आगे कार्य कर सकते हैं।

26

एकीकृत विज्ञान का शिक्षण
(Teaching of Integrated Science)

विद्यालयी शिक्षा में 'विज्ञान' नामक विषय को दो रूपों में पढ़ा-पढ़ाया जाता है। माध्यमिक स्तर तक एकीकृत रूप में और वरिष्ठ माध्यमिक स्तर से स्वतंत्र शास्त्रों के रूप में। इसीलिए दोनों रूपों की चर्चा की जा रही है।

26.1 एकीकृतविज्ञान की प्रकृति और उसका क्षेत्र (The Nature and Scope of Integrated Science)

यह एक मान्य सत्य है कि आधुनिक पाठ्यचर्या में सभी के लिए विज्ञान की शिक्षा को अनिवार्य माना जाता है। अत: इसे इस प्रकार पढ़ाया जाना चाहिए कि उसमें विज्ञान की प्रकृति और उसका क्षेत्र प्रतिबिम्बित हो।

आज जीवन के प्रत्येक रूप में 'विज्ञान' और 'वैज्ञानिक' शब्द अत्यंत प्रचलित हैं तथा विज्ञान को आधुनिक युग की प्रधान विषयवस्तु और प्रगति का प्रामाणिक सूचक माना जाता है। विज्ञान अध्ययन का एक ऐसा क्षेत्र है जिसमें समन्वित संकल्पनाएँ, सिद्धांत और अभिमत अथवा व्यवस्थित ज्ञान प्रतिबिम्बित होता है। विज्ञान को एक ऐसी क्रिया भी माना जाता है जिसके आधार पर ज्ञानार्जन होता है और ज्ञान का परिष्कार किया जाता है। विज्ञान की प्रथम परिभाषा के अनुसार विज्ञान एक स्थिर या स्थायी सत्य है और वह विज्ञान की विषय-वस्तु की ओर संकेत करती है, जबकि दूसरी दृष्टि विज्ञान के गतिशील रूप को इंगित करती है तथा विज्ञान की प्रक्रिया पक्ष की ओर संकेत करती है और वैज्ञानिकों की अध्ययन पद्धति और उनकी अपने कार्य के प्रति अभिवृत्ति को बताती है जिन्हें सामान्यत: वैज्ञानिक पद्धति और वैज्ञानिक अभिवृत्ति कहते हैं और जिनका लक्ष्य ज्ञान की जाँच पड़ताल होता है।

विज्ञान मूल्यपरक निर्णयों की चर्चा नहीं करता। इसका संबंध प्रमाणों की प्रस्तुति के साथ होता है। अत: क्या करना या नहीं करना चाहिए, विज्ञान की परिधि से बाहर रहता है। इसी तरह विज्ञान किन्ही विश्वासों को सिद्ध या असिद्ध नहीं करता। क्योंकि विश्वासों का आधार वे विचार या मूल्य होते हैं जिन्हें विज्ञान नहीं छूता। सत्य, मूल्य और प्रयोजन ऐसे शब्द हैं जिन्हें विज्ञान अपने अध्ययन क्षेत्र में स्वीकार नहीं करता। विज्ञान प्रकृति के रहस्यों को स्पष्ट करने का प्रयत्न करता है जिसका आधार विश्वसनीय उपकरण और वैज्ञानिक पद्धति होती है।

विज्ञान और वैज्ञानिक पद्धति (Science and the Scientific Method)

'वैज्ञानिक पद्धति' शब्द का प्रयोग दैनिक भाषा में इतना बढ़ गया है कि कई बार उसके अर्थ का अनर्थ हो जाता है। व्यापक संदर्भ में विज्ञान का अर्थ वैज्ञानिक पद्धति के क्षेत्र से निष्पन्न होता है।

वैज्ञानिक पद्धति में समस्याओं के समाधान के लिए निम्नलिखित सोपानों की आवश्यकता होती है–

(क) समस्या की पहचान और उसकी परिभाषा।

(ख) समस्या से संबंधित संगत सामग्री और सूचना का संग्रह।

(ग) अनन्तिम प्रकल्प/अनुमान (Tentative Hypotheses) की प्रस्तावना।

(घ) प्रकल्प के परीक्षण के लिए प्रेक्षण अथवा प्रयोग करना।

(ड) अनुमान करना या निष्कर्ष निकालना।

(च) अनुसंधान के निष्कर्षों के आधार पर प्रकल्प को स्वीकार करना या अस्वीकार करना।

(छ) नई स्थितियों में सामान्यीकरणों के प्रयोग द्वारा तथ्यों की पड़ताल करना।

विज्ञान के उपकरण (Tools of Science)

वैज्ञानिक पद्धति में विज्ञान के उपकरणों जैसे सूक्ष्मदर्शी यंत्र (Microscope), दूरबीन या दूरदर्शी गंत्र (Tclescope), चायुदाबमापी यंत्र (Barometer) आदि का प्रयोग किया जाता है जिनकी सहायता से विज्ञान के ज्ञान को प्राप्त किया जाता है। वस्तुत: विज्ञान के विकासमान ज्ञान का अर्जन प्रयोगशालाओं में प्रयुक्त उपकरणों के विकास और परिष्कार के कारण ही है। विज्ञान के कुछ उपकरणों के आविष्कारों के कारण ही विज्ञान में इतनी प्रगति हुई हैं, नहीं तो विज्ञान की प्रगति स्वप्न ही रहती।

26.2 विज्ञान की प्रकृति और विशेषताएँ (Nature and Characteristics of Science)

(क) विज्ञान आनुभविक है (Science is Empirical)

विज्ञान में प्रत्येक विचार को स्वीकर करने से पहले उसकी जाँच-पड़ताल की जाती है और उसका सत्यापन किया जाता है। कोनाँ (Conant) के अनुसार अनुभववाद 'एक पूर्ण निर्धारित (Cut and dry)' उपागम है। इसे सामान्य सूझ-बूझ का उपागम (Common Sense Approach) भी कहा जा सकता है। क्योंकि वैज्ञानिक अध्ययन में प्रत्यक्ष प्रेक्षण और प्रयोग के द्वारा ही अंतिम निष्कर्षों का सत्यापन किया जाता है। वस्तुनिष्ठ ज्ञान को वैज्ञानिक सत्य की कसौटी माना जाता है। अत: प्रत्येक विचार को स्वीकार करने से पहले उसका प्रयोगात्मक परीक्षण करना चाहिए।

(ख) प्रकल्पन वैज्ञानिक अनुसंधान का बौद्धिक उपकरण है (Hypothesis is the Intellectual Tool of Scientific Investigation)

वस्तुत: प्रकल्पन (Hypothesis) के आधार पर ही अनुसंधान का कार्य किया जाता है और देखा जाता है कि प्रकल्पन के अंतर्गत पहले से प्रस्तुत किए गए उत्तर सही हैं या

गलत हैं। अच्छे प्रकल्पन का निर्माण उसके करने वाले के संबंधित विषय-क्षेत्र के ज्ञान, अतीत के अनुभवों और इसी विषय-क्षेत्र में लगे अन्य विद्वानों के अनुभवों पर निर्भर रहता है। इससे ऐसे संभावित विचारों को सीमित किया जा सकता है जिन पर नए प्रकल्पन बनाए जा सकते हैं।

प्रकल्पन वस्तुतः ऐसे ही अनुमानित विचारों, अन्तर्दृष्टियों और कभी-कभी सुसंयोगों के परिणामस्वरूप होते हैं तथा उन प्रकल्पनों के समाधानों को यथासंभव 'हाँ' या 'नहीं' के रूप में खोजा जाता है, न कि 'हो सकता है' के रूप में। इसीलिए अनुसंधान के परिणामों के आधार पर या तो प्रकल्पन को स्वीकार किया जाता है या तिरस्कार। हालाँकि प्रारम्भिक स्थिति में समाधान 'हो सकता है' के रूप में ही होते है, परन्तु जब वे 'हाँ या नहीं' के रूप में आते हैं तो उन समाधानों को विज्ञान की खोज के रूप में स्वीकार किया जाता है।

(ग) सभी वैज्ञानिक अनुसंधानों का आधार नियंत्रित प्रायोगिक परीक्षण होता है (Controlled Experimentation is Basic to all Scientific Investigations)

वैज्ञानिक अनुसंधानों के लिए नियंत्रण आवश्यक है। किसी वस्तुस्थिति या घटना में प्रदर्शित परिवर्तन किसी विशेष परिवर्तनशील तत्त्व या चर (Variable) के कारण हैं, इसका निर्धारण तभी किया जा सकता है जबकि परिवर्तन को प्रभावित करने वाले सभी सम्भावित कारकों पर नियंत्रण किया जाता है। इस प्रयोजन के लिए, वैज्ञानिक संकल्पनाओं के विकास में अनुसंधानपरक उपागम के प्रयोग और समीक्षा या पुनरावलोकन के अभ्यासों की योजना के समाहार से लाभान्वित हुआ जा सकता है।

(घ) विज्ञान प्रकृत्या संचयात्मक है (Science is Cumulative in Nature)

प्रत्येक वस्तु की खोज के साथ विज्ञान का संबंध नहीं होता। पूर्ववर्ती वैज्ञानिक जिस कार्य को जहाँ छोड़ते हैं, परवर्ती वैज्ञानिक उसे वहीं से प्रारम्भ कर सकते हैं। जब किसी नई स्थिति पर कार्य करना हो तो शोधकर्ता छात्र संबंधित सूचनाओं के संग्रह के लिए पुस्तकों और अन्य संसाधनों पर निर्भर रह सकते हैं। बिजली के उत्पादन में चुंबक के उपयोग के संबंध में माइकेल फेरेडी (Michacl Foradey) की खोज एक अच्छा उदाहरण है, जिससे स्पष्ट किया जा सकता है कि उसकी खोज किस प्रकार वोल्टा (Volta), ऑर्सटेड (Oersted), ऐरागो (Arago) और एम्पीयर (Ampere) के कार्यों पर आधारित हैं।

(ङ) विज्ञान की उपलब्धियों और विचारों को यथासम्भव निर्भ्रान्त रूप में व्यक्त किया जाता है। (Ideas and Achievements of Science are Expressed as Precisely as Possible)

निभ्रांत शब्दों में अभिव्यक्ति से सम्प्रेषण को अधिक अच्छी तरह समझा जा सकता है और उससे बोधन में सुविधा होती है। अपने विचारों की चर्चा करते समय छात्रों को इस बात का अनुभव होना चाहिए कि निर्भ्रान्त कथनों द्वारा तथा सामग्री को यथासम्भव परिमाणात्मक रूप में प्रस्तुत करने से कितना लाभ होता है।

(च) विज्ञान जाँच-पड़ताल के कथन पर बल देता है, न कि परिणामों के गुणानुवाद या वाक्पटुता पर: *(Science Stresses the Narrative of Inquiry rather than the Rhetoric of Conclusions)*

विज्ञान की यह सर्वाधिक महत्त्वपूर्ण विशेषता है जिस पर बल देना चाहिए। इसका लक्ष्य यह समझना है कि वैज्ञानिक ज्ञान केवल निरीक्षित तथ्यों के बारे में कथन मात्र नहीं है और न ही विज्ञान का संबंध अपरिवर्तनीय सत्य के साथ है। ज्ञान के बढ़ने के साथ-साथ विज्ञान परिवर्तित होता रहता है और इस प्रकार वह कभी अंतिम होने का दावा नहीं करता। विज्ञान में परिणामों को बताने के बदले खोज की प्रक्रिया को बताने पर अधिक ध्यान दिया जाता है। अतः यह आवश्यक है कि अनुसंधानपरक उपागम का उपयोग छात्रों को वैज्ञानिकों द्वारा नए ज्ञान की खोज में प्रयुक्त विभिन्न वैज्ञानिक प्रक्रियाओं के साथ परिचित कराना चाहिए।

(छ) विज्ञान का सरोकार अंतिम सत्य के साथ न होकर, परिवर्तनशील सत्य के साथ होता है *(Science deals with Truths which are not Absolute, but are Subject to Change)*

विज्ञान के तथ्य निर्विवाद होते हैं परंतु उनके विषय में अभिमत या सिद्धान्त सदैव परिवर्तनशील रहते हैं। अतः विज्ञान की निरंतर परिवर्तनशील प्रकृति के विषय में विज्ञान की पाठ्यपुस्तकों तथा अन्य शैक्षणिक कार्यक्रमों की सहायता से छात्रों को भली भाँति समझाना चाहिए जिससे वे समझ सकें कि क्या निश्चित है, क्या अनिश्चित है अथवा क्या मात्र कल्पित है।

वैज्ञानिक सूचनाओं का निरंतर पुनर्गठन और पुनरायोजन होता रहता है। अतः विज्ञान शिक्षा की विषय-वस्तु और प्रक्रिया द्वारा हमें केवल विज्ञान की सफलताओं की गाथा ही नहीं गानी चाहिए, हमें उसकी महान भूलों और कभी-कभी विज्ञान द्वारा की गई संकट-परक स्थितियों के विषय में भी बताना चाहिए। अस्थायी अथवा सापेक्षित सत्य के रूप में विज्ञान की अनंतिम प्रकृति, न कि अंतिम सत्य की समझ छात्रों को दी जानी चाहिए। अतः इस संदर्भ में यह समझ सराहनीय होगी कि वैज्ञानिक निष्कर्षों को हमेशा चुनौती दी जा सकती है और उनमें परिवर्तन किए जा सकते हैं।

26.3 सहसंबंधात्मक और सुनिश्चित विज्ञान (Correlational and Exact Sciences)

जैसाकि पहले संकेतिक किया जा चुका है, 'विज्ञान' का आशय है, भौतिक-विज्ञान, रसायन विज्ञान, जीवविज्ञान, भूविज्ञान, खगोलविज्ञान आदि। इनमें से जीव-विज्ञान, भौतिक विज्ञान की तुलना में कम सुनिश्चित है। परंतु जीव-विज्ञान और जीव-प्रौद्योगिकी के क्षेत्रों में हुए विकासों से जीव विज्ञान भी सुनिश्चित विज्ञान की ओर अग्रसर हो रहा है, जैसाकि वह पहले नहीं था। इन विज्ञानों का एक लक्षण यह भी है कि इनके आगमनात्मक (Inductive) सामान्यीकरण मुख्य रूप से विवरणात्मक या सारांकन रूप में होते हैं, न कि पूर्वानुमान के रूप में। (क्योंकि शोधकर्ता इनकी व्याख्याओं से संतुष्ट नहीं होते) भौतिक विज्ञान और रसायन विज्ञान अपेक्षाकृत अधिक सुनिश्चित विज्ञान माने जाते हैं, क्योंकि

उन्होंने ऐसे व्याख्या तंत्र को विकसित कर लिया है जिसके आधार पर पूर्वानुमान किए जा सकते हैं। अतः जीवविज्ञान और उससे संबंधित विज्ञानों में आगमनात्मक सामान्यीकरणों (Inductive Generalisation) पर तथा भौतिक विज्ञानों में व्याख्या के निगमनात्मक तंत्र (Deductive System) पर बल दिया जाना चाहिए तथा ये विज्ञान की विषयवस्तु और विज्ञान के शिक्षण में प्रतिबिम्बित होने चाहिए।

विज्ञान की संरचना (Structure of Science)

विज्ञान की संरचना दो मान्यताओं पर आधारित है–एक, कि ब्रह्माण्ड की सभी घटनाओं की व्याख्या तार्किक आधारों पर की जा सकती है और दो, प्रत्येक विचार का व्यावहारिक या आनुभाविक आधारों पर परीक्षण किया जा सकता है जिसके आधार पर पता लगाया जा सकता है कि ये उन प्रमाणों के अनुरूप हैं या नहीं, जिन्हें हम परीक्षणों के आधार पर प्राप्त करते हैं। उक्त इन दो मान्यताओं के आधार पर और प्रेक्षण, मापन, वर्गीकरण, प्रयोग, प्रकल्पन-निर्णय आदि जैसी विविध प्रक्रियाओं के आधार पर सामान्यीकरण किए जा सकते हैं। वस्तुतः ये ही सामान्यीकरण, विषय-वस्तु, अवधारणात्मक योजना अथवा प्रमुख विचार हैं जिनके आधार पर विज्ञान की संरचना का निर्माण होता है।

सामान्यीकरण वस्तुतः वे व्यापक कथन होते हैं जिन्हें विज्ञान के प्रमुख विचार कहा जाता है। क्योंकि इन्हीं के आधार पर विविध घटनाओं या उनके विशेष लक्षणों की व्याख्या की जा सकती है तथा वे आगे अनुसंधान के उपकरणों के रूप में कार्य कर सकते हैं। इस प्रकार के सामान्यीकरण तथ्यों, संकल्पनाओं और सिद्धान्तों की एक व्यवस्था का प्रतिनिधित्व करते हैं जिन्हें अधिगम के अनुक्रम को सरल से जटिल के रूप में नियोजित किया जा सकता है। इस प्रकार के सामान्यीकरण ही विज्ञान की संरचना के स्तम्भ होते हैं और उन्हें पाठ्यचर्या निर्माण के केन्द्रिक बिन्दु के रूप में माना जाता है।

विज्ञान की प्रक्रिया (Processes of Science)

विज्ञान शिक्षण में आजकल प्रक्रियापरक उपागम (Process Approach) अधिक प्रचलित होता जा रहा है। परंतु इसका अर्थ यह नहीं है कि विषय-वस्तु पर तदनुसार कम बल दिया जाए। गेग्ने (Gagne) (1966) के अनुसार प्रक्रिया शब्द वैज्ञानिक के क्रियाकलाप का प्रतिनिधित्व करता है या उस प्रक्रिया का प्रतिनिधित्व करता है जिसका अनुसरण वैज्ञानिकों ने किया था। उदाहरणार्थ प्रक्रिया को सूचना के संसाधन के रूप में समझा जा सकता है और उसे बौद्धिक कौशलों की संक्रिया के रूप में स्वीकार किया जा सकता है। विज्ञान की प्रक्रियाएँ, इसीलिए, वैज्ञानिकों के बौद्धिक उपकरण माने जाते हैं जिनसे वे प्राकृतिक घटनाओं और वैज्ञानिक विषयों पर अनुसंधान करते हैं।

बौद्धिक कौशलों का विकास, मूर्त और विशिष्ट से और अधिक अमूर्त और सामान्य के बीच विविध रूपों का हो सकता है। (देखिए–पीआजे के कार्य (Piagets work))। इस उपागम के अनुसार प्रक्रिया की प्रत्येक कोटि में प्रगामी बौद्धिक विकास की प्रक्रिया चलती रहती है और जैसे-जैसे विकास की प्रक्रिया बढ़ती है, प्रक्रिया की जटिलता बढ़ती जाती है। उदाहरण के लिए अनुमान में प्रेक्षण, वर्गीकरण और मापन के पूर्ववर्ती कौशलों का समावेश रहता है। विभिन्न प्रक्रियाओं के अंतरसंबंधों से ही परीक्षण जैसी कुछ समन्वित प्रक्रियाएँ सिद्ध होती हैं।

विज्ञान की मूलभूत और समन्वित प्रक्रियाएँ जिन्हें विज्ञान शिक्षण में स्थान प्रदान किया जाना चाहिए, वे हैं प्रेक्षण करना, वर्गीकरण करना, संख्या (अंक) का प्रयोग करना, मापन करना, देश-काल-संबंध का उपयोग करना, पूर्वानुमान करना, अनुमान करना, संक्रियात्मक परिभाषा करना, प्रकल्प निर्माण करना, सामग्री की व्याख्या करना, परिवर्तनशील तत्त्वों (चरों) का नियंत्रण करना और प्रयोग करना। ये सभी प्रक्रियाएँ बौद्धिक विकास के अनुक्रम का प्रतिनिधित्व करती हैं उनको परिभाषित करना चाहिए। विभिन्न आचरणों या व्यवहारों का प्रतिनिधित्व उत्क्रम (Hierarchies) में होता है और उन्हें अधिगम उत्क्रमों के साथ जोड़ा जाना चाहिए, जैसाकि गाग्ने (Gagne) (1966) ने बताया है।

समन्वित विज्ञान के शिक्षण-क्रम की आवश्यकता
(A Case for an Integrated Science Course)

सामान्य विज्ञान, प्रारंभिक विज्ञान, अथवा प्राकृतिक विज्ञान जैसे शिक्षण-क्रम विभिन्न राज्यों द्वारा निर्धारित विभिन्न पाठ्यचर्याओं में अनिवार्य केन्द्रिक विषय के रूप में पढ़ाए जाते हैं जिन्हें विज्ञान के समन्वित शिक्षण क्रम के उदाहरण माना जा सकता है। यद्यपि विज्ञानों का समन्वयन अनेक प्रकार से किया जा सकता है, फिर भी प्रारम्भिक स्थिति में सभी शिक्षण-क्रमों का उद्देश्य, छात्रों के प्राकृतिक पर्यावरण के साथ के अनुभवों को एकीकृत रूप में प्रस्तुत करना होता है। समन्वित विज्ञान के शिक्षण-क्रम में प्रेक्षण और तार्किक चिन्तन तथा वैज्ञानिक पद्धति पर बल दिया जाता है। परंतु समन्वयन की सीमा छात्रों की आयु, संस्था के प्रकार और स्थानीय परिस्थितियों पर निर्भर रहेगी।

विज्ञान शिक्षण के एकीकृत उपागम को अनेक रूपों में निष्पन्न किया जा सकता है। शिक्षणक्रम के निर्माण को हम बौद्धिक योजना के आधार पर कर सकते हैं जिसमें विज्ञान के महान विचारों या व्यापक विषय-वस्तुओं को केन्द्र में रख सकते हैं। इसमें हम पर्यावरण उपागम को स्वीकार कर सकते हैं जिसमें सामाजिक प्रासंगिकता या उपयोगिता जैसे पोषण तत्त्व और स्वास्थ्य तथा संसाधनों की संरक्षा आदि के मुद्दों को प्रारम्भिक बिन्दु के रूप में स्वीकार किया जा सकता है। इसी प्रकार जाँच उपागम (Enquiry Approach) को भी स्वीकार कर सकते हैं जिसमें समस्या समाधान की क्रियाएँ योजक तत्त्व बन सकती हैं। समन्वित विज्ञान के शिक्षण-क्रम के निर्माण के लिए प्रक्रिया उपागम (Process Approach) का भी उपयोग किया जा सकता है जिसमें विज्ञान की प्रक्रिया और वैज्ञानिक घटनाओं को एक समन्वित इकाई के रूप में, न कि किसी शास्त्र या विज्ञान की विषय-वस्तु के रूप में, छात्रों के प्रशिक्षण पर बल हो सकता है।

एक और दृष्टिकोण से भी समन्वयन किया जा सकता है–जिसे बहुमार्गी उपागम (Treak-Approach) कह सकते हैं जिसके अंतर्गत भौतिक विज्ञान, रसायन विज्ञान, जीव-विज्ञान, खगोल विज्ञान, भू-विज्ञान आदि जैसे विभिन्न विषय क्षेत्रों को एक साथ समन्वित रूप में पढ़ाया जा सकता है। अथवा शास्त्रीय या वैज्ञानिक उपागम के माध्यम से भी पढ़ाया जा सकता है जिसमें एक श्रेणी या स्तर से दूसरे स्तर या श्रेणी तक विषय-वस्तु की जटिलता को बढ़ाया जा सकता है। विकल्प रूप में विभिन्न विषयों को विभिन्न स्तरों या श्रेणियों पर पढ़ाया जा सकता है और उनकी जटिलताओं की चर्चा उच्च स्तर पर अधिक गहनता के साथ की जा सकती हैं। इनके अतिरिक्त एक और उपागम के

विषय में सोचा जा सकता है जिसके अंतर्गत पदार्थ और ऊर्जा का सरंक्षण, मौसम, खाद्य पदार्थ आदि जैसे विषयों को रेखांकित कर, उनसे संबंधित सभी विज्ञानों से संबंधित विषय-वस्तु लेकर विषयों का शिक्षण किया जा सकता है।

26.4 विद्यालयी पाठ्यचर्या में विज्ञान और प्रौद्योगिकी की संकल्पना और स्थान* (Concept and Place of Science and Technology in School Curriculum)

विज्ञान और प्रौद्यौगिकी (Science and Technology)

सभी व्यक्तियों में वर्तमान जिज्ञासा और आश्चर्य की क्षमता की एक सर्जनात्मक अनुक्रिया विज्ञान है। विद्यालयों में विज्ञान की शिक्षा से छात्रों में जिज्ञासा, सृजनात्मकता और वस्तुनिष्ठता के साथ सौन्दर्य बोधात्मक संवेदनशीलता का विस्तार होता है। इसका लक्ष्य जानने, करने और होने की सुपरिभाषित क्षमताओं का विकास करना है। इससे खोज करने की और दिन प्रतिदिन की स्थितियों और पर्यावरण की समस्याओं का समाधान करने की योग्यता की सम्पुष्टि भी होती है। साथ ही वह छात्रों को समाज के वर्तमान आग्रहों, व्यवहारों और मान्यताओं पर प्रश्नचिह्न लगाने के लिए प्रेरित करती है। विज्ञान का संबंध पर्यावरण, विश्व और ब्रह्माण्ड के मौलिक ज्ञान के साथ है। प्रौद्योगिकी का संबंध विविध प्रकार से विज्ञान को मनुष्य की सेवा में लगाने के साथ है जिससे मनुष्य के जीवन की गुणवत्ता बढ़े। अत: सामान्य शिक्षा में माध्यमिक स्तर तक विज्ञान की शिक्षा को विज्ञान और प्रौद्योगिकी की ऐसी शिक्षा में बदला जाना चाहिए, जिसमें विज्ञान के विकास या विज्ञान के इतिहास के बदले उसके अनुप्रयोग पर बल दिया जाए। क्योंकि विज्ञान और प्रौद्योगिकी में जीवंत संबंध होता है। मूलत: विज्ञान ने भौतिक जगत को समझने का प्रयास किया है तथा प्रौद्योगिकी ने उस पर नियंत्रण और उसको परिवर्तित करने के लिए प्रयत्न किए हैं। विज्ञान सार्वभौम है और उसके सिद्धान्तों और नियमों की जाँच कहीं भी की जा सकती है। इस संदर्भ में प्रौद्योगिकी विभिन्न कारकों, जैसे आर्थिक, भौगोलिक, सामाजिक और राजनैतिक स्थितियों के अनुरूप विभिन्न रूप ग्रहण कर लेती हैं। इक्कीसवीं शताब्दी के नागरिकों को विज्ञान के मूलभूत तत्त्वों और प्रौद्योगिकी की संरक्षता प्राप्त करनी चाहिए। अत: छात्रों को विज्ञान के मूलभूत सिद्धांतों को किस प्रकार मानव जीवन के विभिन्न क्षेत्रों की समस्याओं, जैसे कृषि, मौसम, ऊर्जा, स्वास्थ्य और पोषण तथा उद्योग सुरक्षा-सूचना संसाधन की समस्याओं के समाधान में अनुप्रयोग किया जाता है, बनाया जाना चाहिए। इससे छात्र समस्या समाधान तथा निर्णय करने के कौशलों के साथ विज्ञान और प्रौद्योगिकी के अंतरसंबंधों को समझ सकेंगे।

विज्ञान को पाठ्यचर्या के एक क्षेत्र के रूप में स्वीकार किया जाना चाहिए जो छात्रों को उसके आस-पास की विभिन्न घटनाओं और वस्तुओं को वैज्ञानिक विधि से समझने, व्याख्या करने और कार्य करने के लिए तैयार कर सके। विज्ञान की शिक्षा का लक्ष्य होना चाहिए कि छात्रों में संज्ञानात्मक, भावात्मक और मनोगत्यात्मक क्षेत्रों की सुपरिभाषित क्षमताएँ, जैसे जाँच पड़ताल करना, सृजनात्मकता, वस्तुनिष्ठता, प्रश्न करने का साहस और

---

* विद्यालयी शिक्षा के लिए पाठ्यचर्या की राष्ट्रीय रुपरेखा 2000 NCERT, नई दिल्ली।

सौन्दर्य बोध की क्षमता विकसित हो सकें। विज्ञान शिक्षा के कार्यक्रमों को इस प्रकार तैयार किया जाना चाहिए कि छात्र समस्या-समाधान और निर्णय करने की क्षमताएँ विकसित करने में सक्षम हो सकें और स्वास्थ्य, कृषि, उद्योग और दैनिक जीवन के अन्य के पक्षों के साथ विज्ञान के संबंधों का पता लगा सकें।

विज्ञान की शिक्षा से अंधजिज्ञासाओं और क्षेत्र, भाषा, धर्म, जाति, लिंग आदि पर आधारित सभी प्रकार के दुराग्रहों को समाप्त करने में सहायता मिलनी चाहिए। इस प्रकार तार्किक उपागम पर बल देने के कारण विज्ञान, जनतंत्रात्मक, पंथ-निरपेक्ष और समाजवादी राज्य के विकास में सहायक हो सकता है।

अब क्रमशः सभी शास्त्र या अध्ययन के क्षेत्र वैज्ञानिक होते जा रहे हैं। प्रेक्षण की पद्धति, भाषिक, आरेखीय, अथवा प्रतीकात्मक मॉडल बनाना, प्रयोगों का आयोजन, तर्क और कल्पना का अनुप्रयोग, सिद्धान्तों के निर्माण के लिए शोध-सामग्री के आधार पर निर्णय करना तथा सिद्धान्तों के परीक्षण के समय वस्तुनिष्ठ दृष्टि को बनाए रखना आदि ऐसी विशेषताएँ जो सभी शास्त्रों में व्याप्त हैं, विशेषकर विज्ञान में। आज के तथ्य, हो सकता है, कल बदल जाएँ और सिद्धान्त भी परिवर्तित हो सकते हैं, परंतु अब विज्ञान की पद्धति से दूर हटने की स्थिति नहीं हो सकती।

26.5 विभिन्न स्तरों पर एकीकृत विज्ञान शिक्षण की पद्धति (Methods of Teaching Integrated Science at Different Stages)

विज्ञान प्रक्रियापरक है अर्थात् प्रक्रियाओं पर कार्य करता है, प्रक्रियाओं के माध्यम से कार्य करता है। इसीलिए विज्ञान के शिक्षण और अधिगम में प्रक्रियाओं पर बल दिया जाना चाहिए, यथा, प्रयोग करना, प्रेक्षण करना, सामग्री संकलन करना, वर्गीकरण करना, विश्लेषण करना, प्रकल्प (Hypothesis) निर्माण करना, अनुमान करना और सत्य के साक्षात्कार के लिए निष्कर्षों पर पहुँचना। इस प्रकार प्रक्रियापरक कौशल प्राप्त करके हम छात्रों में वे मूल्य और अभिवृत्तियाँ विकसित कर सकते हैं जिन्हें सामान्यतः वैज्ञानिक स्वभाव की आत्मा कहा जाता है। विज्ञान का अध्ययन, अपरिचित या कृत्रिम स्थितियों की अपेक्षा, परिचित पर्यावरण में अधिक अच्छी तरह से किया जा सकता है। सामान्यतः शिक्षा में माध्यमिक स्तर तक विज्ञान और प्रौद्योगिकी के शिक्षण का एक महत्त्वपूर्ण प्रयोजन है, छात्रों को वैज्ञानिक और प्रौद्योगिक साक्षरता (प्रारंभिक ज्ञान) के विविध आयामों से परिचित कराना जिसके अंतर्गत विज्ञान की प्रकृति की समझ, उपयुक्त वैज्ञानिक संकल्पनाओं के अनुप्रयोग की क्षमता और उनका प्रौद्योगिकी में अनुप्रयोग, विज्ञान और प्रौद्योगिकी के मूल में वर्तमान मूल्यों को समझने की क्षमता, विज्ञान, प्रौद्योगिकी और समाज-संयुक्त अभियानों/प्रयत्नों को समझने और सराहने की इच्छा, संतोषकारी और समृद्ध विश्वदृष्टि को विकसित करने की क्षमता और आजीवन विज्ञान और प्रौद्योगिकी की शिक्षा को चलाते रहने की भावना। इनके साथ ही छात्रों में ऐसे हस्तकौशलों का विकास भी करना आवश्यक होगा जिनकी आवश्यकता दिन-प्रतिदिन के कार्यों में होती है। इनके अतिरिक्त प्रयोगशाला के अंदर और बाहर इन कौशलों को विकसित करने के अवसरों के उपयोग के साथ-साथ छात्रों को सूचना-प्रौद्योगिकी, यथा कम्प्यूटर तथा मल्टीमीडिया पैकेजों का उपयोग करना भी आना चाहिए।

विज्ञान और प्रौद्योगिकी शिक्षा से सभी छात्रों को कुछ मूल्यों का बोध भी प्राप्त होना चाहिए। भारतीय संदर्भ में जनजातियों और ग्रामीणपरक प्रौद्योगिकी को शैक्षिक कार्यक्रमों में समाहित करना आवश्यक है। विज्ञान को अपने पारंपरिक विषयों की सीमाओं को तोड़ना होगा तथा अपने आपको इन मुद्दों से जोड़ना होगा, जैसे, लिंग-भेद, संस्कृति, भाषा, गरीबी, भावी रोजगार धंधे तथा पर्यावरण और छोटे परिवार के मूल्य की स्वीकृति। यह भी आवश्यक है कि हमें अपने छात्रों को भारतीय वैज्ञानिक और प्रौद्योगिक ज्ञान से भी परिचित कराना चाहिए तथा उन्हें प्राचीन और आधुनिक भारतीय वैज्ञानिकों द्वारा विज्ञान के विकास में योगदान के बारे में भी बताना चाहिए। विज्ञान और प्रौद्योगिकी के द्वारा विभिन्न क्षेत्रों में भारतीयों की उपलब्धियों की जानकारी से छात्रों में आत्मविश्वास और आत्माश्वस्ति का भाव विकसित और पोषित किया जा सकता है। ये सभी मुद्दे विज्ञान की पाठ्यचर्या के अभिन्न अंग होने चाहिए।

दस वर्षों तक विज्ञान के अध्ययन के पश्चात् यह अपेक्षा की जा सकती है कि छात्रों में प्रेक्षण और विश्लेषण के कौशलों का विकास हो गया है जिससे वे आत्मनियंत्रण के साथ-साथ वर्तमान और भविष्य में अपनी आवश्यकताओं के अनुरूप उपकरणों तथा अन्य साधनों के उपयोग की क्षमता विकसित कर सकेंगे, उन कारकों की पहचान कर सकेंगे जिनकी आवश्यकता उन्हें अपने तंत्रों में हो सकती है और वे कार्यकारण संबंधों को समझ सकेंगे, सामग्री संकलन कर सकेंगे, उनका वर्गीकरण कर सकेंगे और तर्कसंगत अनुमान कर सकेंगे और वे विज्ञान की मूलभूत संकल्पनाओं, सिद्धान्तों और विधियों को समझ कर उनका अनुप्रयोग समस्या समाधान में कर सकेंगे।

इस प्रकार विज्ञान के अंतर्गत भौतिक और प्राकृतिक पर्यावरण के अध्ययन के तीन पक्ष हमारे सामने आते हैं। सबसे पहले छात्र वनस्पति जगत, प्राकृतिक संसाधन, ऊर्जा के स्रोत आदि के बारे में सीख सकते हैं फिर उन्हें अपने भौतिक, प्राकृतिक पर्यावरण के बारे में व्यवस्थित प्रेक्षण और वैज्ञानिक पद्धति से पर्यावरण की जाँच पड़ताल की सहायता से सिखाया जाना चाहिए और अंत में प्राकृतिक और भौतिक पर्यावरण की दृष्टि से उन्हें अधिगम करना चाहिए अर्थात् उनमें प्राकृतिक और भौतिक संसाधनों के संरक्षण और परिरक्षण के लिए आवश्यक क्षमताएँ, संवेदनशीलता और वास्तविक लगाव विकसित करना चाहिए। आगे शिक्षा के विभिन्न स्तरों पर विज्ञान और प्रौद्योगिकी की शिक्षा के बारे में संक्षेप में विचार किया जा सकता है।

पूर्वप्राथमिक स्तर (Pre-Primary Stage)

यद्यपि पूर्व प्राथमिक स्तर पर विद्यालयी पाठ्यचर्या के किसी भी क्षेत्र का औपचारिक रूप से शिक्षण नहीं किया जाता, फिर भी ऐसी अनेक क्रियाएँ हैं, जैसे बागवानी, सींचना, विभिन्न प्रकार की सामग्रियों के साथ खेलना, पालतू पशु-पक्षियों का रख-रखाव, प्रकृति में भ्रमण, विज्ञान कोष्ठ का रख-रखाव आदि, जिन्हें इस स्तर पर करवाया जाता है जिनकी सहायता से छात्र, पशु-पक्षियों व पेड़-पौधों के जीवन, ठोस पदार्थ, प्रवाही पदार्थ, गैस, तापमान, प्रकाश और ध्वनि, ऊर्जा, रासायनिक परिवर्तन आदि के बारे में खोज, प्रयोग, सम्प्रेषण और अनुप्रयोगों के माध्यम से सीख कर विज्ञान की संकल्पनाओं को आत्मसात कर सकते हैं।

निम्न प्राथमिक स्तर (Lower Primary Stage)

प्राथमिक स्तर पर पर्यावरण अध्ययन के रूप में छात्रों को विज्ञान के विषय में अनिवार्य रूप से सिखाया जाता है। निकटस्थ पर्यावरण से संबंधित मूर्त स्थितियों के माध्यम से प्रथम दो वर्षों में इसे छात्रों को पढ़ाया जाता है तथा छात्रों के ऐन्द्रिंक बोध का परिष्कार कर उन्हें अपने पर्यावरण और परिवेश की खोज करने, प्रेक्षण करने तथा जाँच पड़ताल करने के लिए प्रोत्साहित किया जाता है। इससे उनका अनुभव जगत स्वत: समृद्ध होता है, जिसमें शिक्षक भी सहायक होते हैं। इस प्रकार प्राप्त अनुभवों और क्रिया-कलापों को प्राथमिक शिक्षण के शेष तीन वर्षों में सरंचनाबद्ध किया जा सकता है, और पर्यावरण अध्ययन का प्रारंभ किया जाता है। इस स्तर पर मूलत: दृष्टि वस्तुओं, स्थितियों, प्राकृतिक घटनाओं और अध्येता के पर्यावरण पर ही रहती है तथा छात्र प्रेक्षण करना, खोज करना और पर्यावरण में बारबार होने वाली घटनाओं के बारे में सीखते रहते हैं। इससे छात्रों में जिज्ञासा भाव उद्दीप्त होता है जिससे उनके मन में तरह-तरह के प्रश्न उठ सकते हैं। शिक्षकों को इस स्थिति का लाभ लेना चाहिए और उनकी अधिगम प्रक्रिया में इनके योग से उनमें सूचनाओं के संग्रह की प्रवृत्ति को प्रोत्साहित करना चाहिए और जब भी सम्भव हो छात्रों को वस्तुओं के वर्गीकरण की ओर प्रवृत करना चाहिए। इस स्तर पर स्वतंत्र रूप से या समूह में प्रश्नों के उत्तर खोजने की प्रवृत्ति को बढ़ाया जा सकता है तथा प्राक्कलन और मापन के कौशलों को विकसित करने के प्रयत्न किए जा सकते हैं।

प्राथमिक स्तर पर विज्ञान का शिक्षण पर्यावरण अध्ययन के अविभाज्य अंग के रूप में ही होता है। कक्षा I और II में बालक अपने निकटस्थ पर्यावरण की मूर्तस्थितियों के माध्यम से सीखते हैं। कक्षा I और II में पर्यावरण अध्ययन के अंतर्गत विज्ञान की शिक्षा का मुख्य लक्ष्य, छात्रों को सूचनाएँ देना न होकर, उनके ऐन्द्रिक बोध का परिष्कार करना होता है। इसके लिए उन्हें पर्यावरण के प्रेक्षण और खोज के लिए प्रेरित करना चाहिए जिससे वे अपने निकटस्थ पर्यावरण के विविध रूपों के अनुभवों को और समृद्ध बना सकें। इस स्तर पर अपने पर्यावरण के प्रति अनुक्रियाएँ अत्यंत अनौपचारिक और असंरचित रूप में होनी चाहिए। परंतु कक्षा III से V तक क्रमश: इन्हें, व्यवस्थित रूप से एक संरचना में परिवर्तित करना चाहिए जिससे बालक पर्यावरण की विविध प्रकार की वस्तुओं, स्थितियों और घटनाओं का प्रत्यक्ष अनुभव कर सकें। इस प्रकार प्राथमिक स्तर के अंतिम वर्षों में बालकों को वैज्ञानिक तथ्यों, संकल्पनाओं, सिद्धान्तों और प्रक्रियाओं को समझने में सहायता करनी चाहिए जो निरंतर उनके निकटस्थ पर्यावरण में उपस्थित रहती हैं। इस प्रक्रिया में बालकों को सिखाना चाहिए कि वे व्यवस्थित रूप से अपने पर्यावरण की वस्तुओं और घटनाओं का प्रेक्षण और अनुसंधान करें, उनसे संबंधित सही प्रश्नों को उठा सकें, पर्यावरण की वस्तुओं व घटनाओं का व्यवस्थित रूप से वर्णन और वर्गीकरण कर सकें, मूर्त अनुभवों पर आधारित सूचनाओं का संग्रह कर सकें, उनका विश्लेषण कर उनसे निष्कर्ष निकाल सकें, जिनमें वे प्रश्न भी हों, जिनका सम्बन्ध कार्यकरण संबंधों के साथ होता है और जिन्हें सरल प्रयोगात्मक क्रियाओं और निदर्शनों के आधार पर समझा जाता है। उनमें स्थानीय संसाधनों की पहचान करने की क्षमता भी होनी चाहिए तथा सही रूप से उपयोग करना भी आना चाहिए। अपने प्रेक्षणों को यथार्थ बनाने के लिए उनमें लम्बाई, क्षेत्र, राशि (वौल्यूम), समय, तापमान आदि मापन की कुशलताओं को विकसित करना

चाहिए। इस स्तर पर विज्ञान की शिक्षा द्वारा अभिवृत्तियों और वस्तुनिष्ठता, उदारता, सहिष्णुता, यथार्थता और पर्यावरण के रख-रखाव और सुधार जैसे मूल्यों को विकसित करना चाहिए।

उच्च प्राथमिक स्तर (कक्षा VI-VIII) पर छात्र विज्ञान और प्रौद्योगिकी के मानवीय क्रिया कलापों के साथ संबंधों को पहचानने लगते हैं। इस प्रक्रिया को अब और अधिक बलवती और मूर्तमान करने के प्रयास किए जा सकते हैं। इस स्तर पर छात्र सरल वैज्ञानिक क्रियाओं के मूल में वर्तमान प्रक्रियाओं को समझने की श्रेष्ठतर स्थिति में होते हैं और वे समस्याओं के समाधान में उनके उपयोग को समझ सकते हैं और यथोचित निर्णय ले सकते हैं। वे अब कार्य-कारण संबंधों और संरचना, प्रकार्य, संबंधों को समझ और सराह सकते हैं। पर्यावरण अधिगम के मुख्य स्रोत के रूप में रहना चाहिए और छात्रों को अपने चारों ओर हो रहे परिवर्तनों को समझना चाहिए। वे अब जीवंत विश्व, प्रकृति में संतुलन और वायु, जल और ऊर्जा की भूमिकाओं को अच्छी तरह समझ सकते हैं। प्राकृतिक संसाधनों के संरक्षण पर विशेष बल दिया जाना चाहिए। अतः इस स्तर पर भौतिक पदार्थों और ऊर्जा से संबंधित मूलभूत वैज्ञानिक सिद्धान्तों की प्रारम्भिक जानकारी छात्रों को दी जा सकती है। उन्हें जीवंत प्रक्रियाओं, स्वास्थ्य, पोषक तत्त्वों और बीमारियों, मृदा (मिट्टी), कृषि संबंधी कार्यों को और आगे बढ़ाने के लिए सतत अनुकलन की प्रक्रियाओं के साथ परिचित करवाना चाहिए।

छात्रों को विविध प्रकार की वैज्ञानिक सूचनाओं द्वारा भाराक्रान्त करने के बदले, उन्हें ऐसी मूलभूत संकल्पनाओं को सीखने में सहायता प्रदान करनी चाहिए जो विज्ञान के विभिन्न शास्त्रों या रूपों में समान रूप से मिलती हैं। इस स्तर पर उन्हें प्रायोगिक उपकरणों में सुधार करने और विज्ञान की संकल्पनाओं को समझने के लिए स्थानीय संसाधनों की सहायता से प्रयोग करने और प्राकृतिक घटनाओं की व्याख्या करने के लिए प्रेरित करना चाहिए। उन्हें स्थानीय और वैश्विक समस्याओं के बारे में सतत रूप से सचेत करते रहना चाहिए, विशेषकर पेयजल, पर्यावरण, स्वास्थ्य, पौष्टिक भोजन, परिवार कल्याण तथा अन्य समस्याओं के बारे में जिनका उनके साथ प्रत्यक्ष या परोक्ष संबंध हो।

उच्च प्राथमिक स्तर पर यह अपेक्षा की जाती है कि छात्रों ने जिन क्षमताओं का विकास प्राथमिक स्तर पर किया है, उनको अब दृढ़ और समन्वित किया जाए। इसके अतिरिक्त इस स्तर की शिक्षा का उद्देश्य होना चाहिए, वैज्ञानिक ज्ञान की प्रकृति की समझ बढ़ाना तथा भौतिक-विज्ञान, रसायनविज्ञान और जीवविज्ञान के कतिपय सिद्धान्तों और उनके संबंधों तथा प्राकृतिक तथा दैनिक जीवन में उनके प्रभावों की समझ को बढ़ावा देना। विज्ञान की प्रक्रियाओं का समस्या-समाधान में अनुप्रयोग, निर्णय करना और ब्रह्माण्ड की उनकी समझ और विकसित करने में छात्रों की सहायता की जानी चाहिए। विज्ञान के सरल उपकरणों के प्रयोग के कौशलों को विकसित करने में तथा सरल प्रयोग के आयोजन में छात्रों की सहायता करनी चाहिए जिससे वे प्राकृतिक घटनाओं की व्याख्या कर सकें। इस स्तर पर विज्ञान की शिक्षा द्वारा छात्रों में विज्ञान और प्रौद्योगिकी के संयुक्त प्रयासों की समझ और सराहना विकसित करनी चाहिए तथा समाज के अन्य पक्षों के साथ उनके संबंधों की समझ भी बढ़ानी चाहिए।

माध्यमिक और वरिष्ठ माध्यमिक स्तर
(Secondary and Senior Secondary Stage)

विद्यालयी शिक्षा के ये स्तर शिक्षा क्रम के अंतिम स्तर होते हैं जिसके बाद अधिकांश छात्र कार्य के जगत में प्रवेश करने लगते हैं। अतः इस स्तर पर विकसित वैज्ञानिक अभिवृत्तियाँ और कौशल उनके और विकास के लिए मूलभूत होते हैं। अतः आवश्यक है कि छात्रों को विज्ञान की प्रकृति और संरचना के विषय में ज्ञान दिया जाए और बताया जाए कि किस तरह ये प्रौद्योगिक विकास में सहायक सिद्ध होते हैं। इस स्तर पर विज्ञान का अधिगम पर्यावरण के प्राकृतिक और सामाजिक तत्त्वों पर आधारित होना चाहिए तथा हमारा ध्यान संकल्पनाओं की समझ, पदार्थों और उनके गुणधर्मों, ऊर्जा, विविध भौतिक प्रक्रियाओं के संबंधों तथा विज्ञान के सिद्धान्तों का प्रौद्योगिकी में अनुप्रयोग पर केन्द्रित रहना चाहिए। जीव विज्ञान का संबंध जीवंत वस्तुओं (पशु-पक्षी वनस्पति आदि), उनकी संरचनाओं और जीवन प्रक्रियाओं के साथ होता है। विज्ञान और प्रौद्योगिकी का एकीकृत उपागम तथा स्वास्थ्य, पौष्टिक तत्त्वों, उद्योग, कृषि, पशुपालन और अन्य संबंधित क्षेत्रों में उसके अनुप्रयोग द्वारा विज्ञान और सामाजिक आकांक्षाओं के साथ संबंध स्थापित किया जा सकता है। इस स्तर पर विज्ञान शिक्षण और अधिगम द्वारा विज्ञान, प्रौद्योगिकी, समाज और पर्यावरण एक-दूसरे से मिल सकते हैं।

शैक्षिक कार्यक्रमों में निर्धारित प्रायोगिक कार्यों का चयन इस प्रकार करना चाहिए कि छात्र भावी जीवन में उनकी प्रासंगिकता समझ सकें और उसके लिए आवश्यक कौशलों और मूल्यों को सीख सकें। छात्रों को स्वयं व्यक्तिगत स्तर पर और सामूहिक रूप से कार्य करने के लिए प्रोत्साहित करना चाहिए। उनमें आलोचनात्मक, मौलिक और नए तरह से सोचने की क्षमताओं को विकसित करना चाहिए। तत्काल कुछ कर लेने की क्षमता भी बढ़नी चाहिए। साथ ही उन्हें जाँच पड़ताल के अंग के रूप में आयोजन करना भी आना चाहिए। प्रयोग करने के समय लचीलापन भी आवश्यक होता है। शिक्षकों द्वारा छात्रों को उपयुक्त प्रयोग और अन्य क्रियाएँ करना सिखाया जाना चाहिए जो विद्यालय में भी हो सकती है और विद्यालय के बाहर भी, जिसमें कृषि, फार्म, फैक्टरी, उद्योग और समुदाय को समाहित किया जा सकता है।

विज्ञान की विषय वस्तु को दो मार्गदर्शी सिद्धान्तों के अनुसार आयोजित करना चाहिए, I समकालीन विज्ञान और II शिक्षार्थियों की अधिगम क्षमताएँ। इससे छात्रों में समझ पैदा होनी चाहिए कि वैज्ञानिक प्रयास सतत मानवीय प्रक्रिया हैं तथा उनकी पद्धति तथा विशेषताएँ अंतरराष्ट्रीय हैं। विषयों को मूर्त से अमूर्त की ओर के आधार पर विशेष अनुक्रम और उत्क्रम (Hierarchically) में प्रस्तुत किया जाना चाहिए।

विज्ञान को अपनी प्रकृति के अनुरूप, लिंगों की समानता, पर्यावरण सुरक्षा, लघु परिवार के विचार की मान्यता और वैज्ञानिक दृष्टि, जैसे मूल्यों को छात्रों में विकसित करना चाहिए और उन्हें पाठ्यचर्या के महत्त्वपूर्ण केन्द्रिक तत्त्वों के रूप में स्वीकार करना चाहिए।

27

भौतिक विज्ञान का शिक्षण

(Teaching of Physics)

27.1 भौतिक विज्ञान की संकल्पना (The Concept of Physics)

PSSC भौतिक विज्ञान की भूमिका में, बिजली की चमक और बादलों की गड़गड़ाहट और ग्रहण (जिसे पश्चिम देशों में पहले सूर्य की बीमारी माना जाता था) जैसी प्राकृतिक घटनाओं को उदाहरण के रूप में प्रस्तुत कर कहा गया है कि "भौतिक विज्ञान हमें इस प्रकार के प्रश्नों का सही उत्तर देने में सहायता करता है। इससे हमें पूर्वानुमान करने की क्षमता प्राप्त होती है तथा हम अज्ञात तथ्यों के विषय में जानने के साहसिक कार्य की योजना भी बना सकते हैं और उन्हें जान-समझ भी सकते हैं। भौतिक विज्ञान में हम जो कुछ सीखते हैं उससे नई वस्तुएँ बनाई जा सकती हैं। भौतिक विज्ञान से प्राप्त नए उत्तर हमेशा नए प्रश्न उत्पन्न करते हैं। यदि भौतिक विज्ञान का अनुप्रयोग न हुआ होता तो इस प्रकार के प्रश्न भौतिक विज्ञान में कभी उठते ही नहीं।"

परवर्ती काल में यांत्रिकी (Mechanics) नाम से जो भौतिक विज्ञान की गणितात्मक शाखा विकसित की गई, उसके द्वारा अनेक अनुत्तरित प्रश्नों के उत्तर प्राप्त किए गए, जैसे कि खगोलीय पिण्डों की जटिल गतियाँ। निर्माणाधीन भवन के समान भौतिक विज्ञान निरंतर गति से बढ़ रहा है जिससे हमारे ज्ञान का क्षितिज और अधिक विस्तृत हो रहा है।

भौतिक विज्ञान गतिणशास्त्र को अपने स्पष्ट और लचीले उपकरणों के रूप में अपनी आँखों, कानों और हाथों के रूप में प्रयुक्त करता है। सम्प्रति ये दोनों शास्त्र और अधिक जटिल होते जा रहे हैं।

सभी छोटे यंत्रों या उपकरणों (Gadgets) के पीछे भौतिक विज्ञान है जिससे विविध प्रकार के नए काम-धंधे उत्पन्न होते हैं। साथ ही वह प्रत्येक नागरिक के सामने आने वाली समस्याओं के पीछे भी है जो मानव इतिहास में सर्वाधिक महत्त्वपूर्ण हैं। इस विकासमान विषय के अध्ययन द्वारा हम अपनी जिज्ञासा को शांत कर सकते हैं जिसके कारण मनुष्य को अन्य प्राणियों से भिन्न माना जाता है। इससे हमारे अंदर जिज्ञासा का भाव पैदा होता है जो हमें आजीवन संतोष प्रदान करता रहता है। सबसे अधिक महत्त्वपूर्ण उपकरण तो हमारे शरीर में ही ज्ञानेन्द्रियों के रूप में उपलब्ध है जिनकी सहायता से हम दर्शन, श्रवण, स्पर्श, गंध और स्वाद के रूप में सूचनाएँ संकलित करते रहते हैं। हमें अपने आपको इनके सही उपयोग के लिए प्रशिक्षित अवश्य करना पड़ता है।

भौतिक विज्ञान के मूलभूत विचारों का संबंध देशकाल तथा उनके संयोजनों के साथ होता है जिन्हें सामान्यत: पदार्थ और गति कहा जाता है।

27.2 भौतिक विज्ञान के शैक्षणिक उद्देश्य (Instructional Objectives of Physics)

1. भौतिक विज्ञान के क्षेत्र से संबंधित पारिभाषिक शब्दों, तथ्यों, संकल्पनाओं, परिभाषाओं, मूलभूत विधियों, सिद्धान्तों और प्रक्रियाओं का ज्ञान प्राप्त करना।
2. भौतिक विज्ञान के क्षेत्र से संबंधित पारिभाषिक शब्दों, तथ्यों, संकल्पनाओं परिभाषाओं, मूलभूत विधियों, सिद्धान्तों और प्रक्रियाओं की समझ विकसित करना।
3. भौतिक विज्ञान के ज्ञान और समझ का अपरिचित स्थितियों में अनुप्रयोग करना।
4. (क) उपकरणों के उपयोग के व्यावहारिक पक्षों और प्रेक्षणों के अभिलेखन; (ख) आरेख, रेखाचित्र आदि से संबंधित कौशलों का विकास करना।
5. वैज्ञानिक और प्रौद्योगिक विकास और मानव सुख समृद्धि में भौतिक विज्ञान के योगदान की सराहना करना।
6. भौतिक विज्ञानों के संसार में रुचि विकसित करना।
7. भौतिक विज्ञान के अध्ययन के माध्यम से वैज्ञानिक अभिवृत्ति का विकास करना।

उद्देश्य और उनका स्पष्टीकरण (Objectives and their Specifications)

27.2.1 उद्देश्य–भौतिक विज्ञान के क्षेत्र से संबंधित पारिभाषिक शब्दों, तथ्यों, संकल्पनाओं, परिभाषाओं, मूलभूत विधियों, सिद्धान्तों और प्रक्रियाओं का ज्ञान प्राप्त करना।

उद्देश्य का स्पष्टीकरण

उक्त उद्देश्य की सम्प्राप्ति को निदर्शित करने के लिए छात्र–

1. भौतिक विज्ञान के पारिभाषिक शब्दों, तथ्यों, संकल्पनाओं आदि का पुनस्स्मरण कर सकेंगे।
2. भौतिक विज्ञान के पारिभाषिक शब्दों, तथ्यों, संकल्पनाओं आदि की पहचान कर सकेंगे।

27.2.2 उद्देश्य–भौतिक विज्ञान के क्षेत्र से संबंधित पारिभाषिक शब्दों, तथ्यों, संकल्पनाओं, परिभाषाओं, मूलभूत विधियों, सिद्धान्तों और प्रक्रियाओं की समझ विकसित करना।

उद्देश्य का स्पष्टीकरण

उक्त उद्देश्य की संप्राप्ति को निदर्शित करने के लिए छात्र–

1. सिद्धान्तों के लिए उदाहरण दे सकेंगे।
2. दिए गए कथन, तर्क आदि में त्रुटियों को पकड़ सकेंगे और उन्हें सुधार सकेंगे।
3. कार्य-कारण के बीच के संबंधों को देख सकेंगे।
4. मानदण्डों के अनुसार सामग्री और घटनाओं का वर्गीकरण कर सकेंगे।
5. वाचिक कथनों का प्रतीकों में तथा प्रतीकों का वाचिक कथनों में रूपान्तरण कर सकेंगे।

6. तथ्यों, सिद्धान्तों आदि का सत्यापन कर सकेंगे।
7. संबंधित संकल्पनाओं का विभेदीकरण कर सकेंगे।
8. परिचित घटनाओं की व्याख्या कर सकेंगे।
9. भौतिक सिद्धान्तों से संबंधित अंकों (संख्या) की समस्याओं का समाधान कर सकेंगे।

27.2.3 उद्देश्य–भौतिक विज्ञान के ज्ञान और समझ का अपरिचित स्थितियों में अनुप्रयोग कर सकेंगे।

उद्देश्य का स्पष्टीकरण

उक्त उद्देश्य की संप्राप्ति को निदर्शित करने के लिए छात्र–

1. समस्या या स्थिति का विश्लेषण कर सकेंगे।
2. प्रकल्पन (Hypotheses) का निर्माण कर सकेंगे।
3. प्रकल्पन के परीक्षण के लिए प्रयोगों का निर्धारण कर सकेंगे।
4. कार्य और कारण तथा ज्ञात और अज्ञात के बीच संबंध स्थापित कर सकेंगे।
5. पूर्वानुमान कर सकेंगे।
6. पूर्वानुमान का सत्यापन कर सकेंगे।

27.2.4 उद्देश्य–(क) उपकरणों के उपयोग के व्यावहारिक पक्षों और प्रेक्षणों के अभिलेख (ख) आरेख, रेखाचित्र आदि से संबंधित कौशलों का विकास करना।

उद्देश्य का स्पष्टीकरण

उक्त उद्देश्य की सम्प्राप्ति को निदर्शित करने के लिए छात्र–

(क) हस्त कौशल (Manipulative Skills)

1. उपयोग से पहले उपकरणों और संसाधनों की कार्यशीलता की जाँच कर सकेंगे।
2. प्रयोगशाला की स्थितियों में, यदि सम्भव हो तो, उपकरणों के दोषों का सुधार कर सकेंगे।
3. प्रारंभ में ही उपकरणों की व्यवस्था की रूपरेखा बना सकेंगे।
4. उपकरणों को व्यवस्थित रूप में नियोजित कर सकेंगे।
5. उपकरणों की सीमाओं को समझते हुए और उपयुक्त सावधानी के साथ उपकरणों का उपयोग कर सकेंगे।
6. उपयुक्त समय पर व्यवस्थित रूप और सही रीति से उपकरणों से प्राप्त जानकारी का अभिलेखन कर सकेंगे।
7. मान्य सोपानों को सही अनुक्रम में अनुसरण करते हुए यथार्थ और स्पष्ट रीति से उचित गति के साथ प्रयोगों को कर सकेंगे।
8. विभिन्न प्रयोजनों के अनुरूप उपकरणों का सुधार कर सकेंगे।
9. सरल भौतिक परियोजनाओं को पूरा कर सकेंगे।

(ख) रेखांकन कौशल (Drawing Skills)

10. मापनी के अनुसार रेखाचित्र और आरेख बना सकेंगे।
11. उपकरणों की वास्तविक व्यवस्था के अनुसार आरेख बना सकेंगे।

12. रेखाचित्र (Graph) के लिए सही मापनी चुन सकेंगे।
13. मुक्त हस्त से रेखाचित्र, आरेख आदि बना सकेंगे।
14. सामग्री का तालिकाओं, चार्टों, आरेखों आदि के माध्यम से अभिलेखन और प्रस्तुतीकरण कर सकेंगे।
15. आरेखों के विभिन्न अंकों का सही तरीके से नामांकन कर सकेंगे।

27.2.5 उद्देश्य–वैज्ञानिक और प्रौद्योगिक विकास और मानव-सुख-समृद्धि में, भौतिक विज्ञान के योगदान की सराहना करना।

उद्देश्य का स्पष्टीकरण

उक्त उद्देश्य की सम्प्राप्ति को निर्दशित करने के लिए छात्र–

1. व्यक्ति और समाज पर भौतिक विज्ञान के प्रभावों का अनुसरण और समायोजन कर सकेंगे।
2. खगोल विज्ञान, इलैक्ट्रॉनिक्स, अन्तर-ग्रही यात्राओं के क्षेत्रों में हुई वैज्ञानिक प्रगति की समझ से आनन्दानुभूति कर सकेंगे।
3. और अधिक खोजों और आविष्कारों की संभावनाओं को समझ सकेंगे।
4. महान वैज्ञानिकों के योगदानों की सराहना कर सकेंगे तथा उनका सम्मान कर सकेंगे।
5. वैज्ञानिक शोध की भावना प्रदर्शित कर सकेंगे।

27.2.6 उद्देश्य–भौतिक विज्ञानों के संसार में रुचि विकसित करना।

उद्देश्य का स्पष्टीकरण

उक्त उद्देश्य की सम्प्राप्ति को निर्दशित करने के लिए छात्र:–

1. वैज्ञानिक चर्चाओं में प्रश्न पूछ सकेंगे।
2. प्रमुख वैज्ञानिकों की जीवनियों और वैज्ञानिक साहित्य का अध्ययन कर सकेंगे।
3. अवकाश के समय का उपयोग वैज्ञानिक शौकों में कर सकेंगे।
4. स्वेच्छा से वैज्ञानिक वाद-विवादों और भाषणों में भाग ले सकेंगे।
5. स्वयं वैज्ञानिक रुचि के स्थानों का संदर्शन कर सकेंगे।
6. विज्ञान क्लब की क्रियाओं का आयोजन कर सकेंगे और उनमें सक्रिय रूप से भाग ले सकेंगे।
7. वैज्ञानिक रुचि के विषयों पर लेख आदि लिख सकेंगे।
8. प्राकृतिक और मनुष्यकृत परिवेश का सूक्ष्म प्रेक्षण और अध्ययन कर सकेंगे।

27.2.7 उद्देश्य–भौतिक विज्ञान के अध्ययन के माध्यम से वैज्ञानिक अभिवृत्ति का विकास करना।

उद्देश्य का स्पष्टीकरण

उक्त उद्देश्य की सम्प्राप्ति को निर्दशित करने के लिए छात्र–

1. भौतिक विज्ञान के शिक्षक का सम्मान कर सकेंगे।
2. ईमानदारी के साथ अपने प्रेक्षणों का अभिलेखन और व्याख्या कर सकेंगे।

3. मात्र अभिमत के अनुसार नहीं, अपितु सत्यापित तथ्यों के आधार पर ही निर्णय कर सकेंगे।
4. नई खोजों और विचारों पर स्वेच्छापूर्वक विचार कर सकेंगे।
5. नए तथ्यों के प्रकाश में अपने निर्णयों पर पुनर्विचार करने को तैयार रहेंगे।
6. स्वतंत्र चिन्तन की क्षमता विकसित कर सकेंगे।
7. असफलता की चिन्ता किए बगैर अपने कार्यों को संगत और यथार्थ रूप से करते रहेंगे।
8. सामूहिक कार्य, स्वयं सहायता तथा अपने भरोसे की भावना प्रदर्शित कर सकेंगे।
9. वैज्ञानिक ज्ञान के दुरुपयोग के संकटों को समझ सकेंगे।

27.3 भौतिक विज्ञान के शिक्षण की पद्धतियाँ (Methods of Teaching Physics)

भौतिक विज्ञान की प्रकृति ही ऐसी है कि उसके शिक्षण के लिए कई उपागम हों। भौतिक विज्ञान के अध्ययन से वैज्ञानिक अभिवृत्ति, पर्यावरण में रुचि और आलोचनात्मक दृष्टि का विकास अनिवार्यतः होता ही है।

भौतिक विज्ञान में सिद्धान्तों के साथ व्यावहारिक कार्य भी होते हैं और कक्षा, प्रयोगशाला और पर्यावरण में भी क्रिया कलाप की आवश्यकता होती है।

भौतिक विज्ञान के अध्ययन से हम पूर्ववर्ती वैज्ञानिकों, आविष्कारकों, शोधकों और प्रौद्योगिकी के विशेषज्ञों के योगदान के लिए उनके प्रति आभारी होते हैं जिनके कारण हमारा जीवन सुख सुविधामय हो सका है। इस अनुभूति के कारण हमारे मन में खोज करने और प्रयोग करने की इच्छा जागती है और इनके चरण चिह्नों के अनुसरण की भावना जागती है।

भौतिक विज्ञान के शिक्षण के लिए विशेष व्यवस्था की आवश्यकता होती है जो शिक्षक और विद्यालय द्वारा छात्रों को प्रदान की जाती है। प्रयोगशाला के उपकरणों के उपयोग के बारे में भी छात्रों का मार्गदर्शन किया जाना चाहिए जिससे वे उनका प्रभावी उपयोग कर सकें।

27.3.1 उदाहरण देना और माँगना (Giving and Evoking Examples)

भौतिक विज्ञान का सैद्धान्तिक पक्ष सामान्यतः छात्रों को कठिन लगता है क्योंकि उसकी मूलभूत बातों की चर्चा सैद्धान्तिक रूप से ही की जाती हैं जिसमें अमूर्त विचारों का बाहुल्य होता है। इसीलिए शिक्षक को जो सबसे अधिक महत्त्वपूर्ण काम करना होता है, वह है, सिद्धान्तों के व्यावहारिक अनुप्रयोग के लिए जितने सम्भव हों, अधिक से अधिक उदाहरण दें। इससे छात्रों को भी उसी प्रकार के उदाहरण देने के लिए उत्प्रेरित किया जा सकता है। उन्हें, विशिष्ट तथ्यों या घटनाओं या सिद्धान्तों को सोदाहरण स्पष्ट करने के लिए कल्पित स्थितियों के अतिरिक्त उदाहरण देने के लिए प्रेरित किया जा सकता है।

इसके लिए छात्रों को पर्याप्त अवसर मिलने चाहिए जिससे वे प्रयोग के लिए आवश्यक सामग्री के संकलन, उपकरणों की व्यवस्था तथा प्रयोगों में हुई त्रुटियों को पकड़ने तथा उन्हें सुधारने जैसी क्रियाओं द्वारा अधिगम को सम्पुष्ट कर सकें। प्रेक्षण के मदों की जाँच सूची तैयार करना भी इसकी तैयारी का अंग होता है।

27.3.2 स्वयं निष्कर्ष निकालने में सहायता (Aiding Self-Drawn Conclusions)

अध्ययन या प्रयोग करने के बाद छात्रों को कार्य-कारण संबंध या अन्य संबंधों को स्थापित करने या पहचान करने में प्रोत्साहित करना चाहिए तथा उन्हें स्वयं अपने निष्कर्ष निकालना भी सिखाना चाहिए जिससे वे सीखी गई बातों का सत्यापन कर सकें। परंतु ये कार्य अप्रत्यक्ष रूप से सहायता तथा मार्ग दर्शन करके किए जाने चाहिए। इस प्रकार से स्वयं किए गए अनुमानों से छात्रों को व्यक्तिगत स्तर भी बहुत लाभ हो सकता है तथा इससे उनमें स्वयं भरोसे का भाव तथा आत्मविश्वास जाग सकता है और वे आगे दूसरी चुनौतियों का सामना कर सकते हैं।

27.3.3 तथ्यों और सिद्धान्तों का सत्यापन (Verification of Facts and Principles)

जब छात्र उक्त संबंधों से जुड़े निष्कर्षों के विषय में स्पष्ट समझ प्राप्त कर लें तो उन्हें भेदक मानदण्डों को विकसित करने के लिए उत्प्रेरित करना चाहिए जिनके आधार पर वे तथ्यों, पारिभाषिक शब्दों, संकल्पनाओं और घटनाओं का वर्गीकरण कर सकें। इसके पश्चात् उन्हें प्रतीकों के वाचिक कथनों में रूपान्तरण तथा वाचिक कथनों के प्रतीकों में रूपान्तरण का अभ्यास करवाना चाहिए। अत: ये अभ्यास तथ्यों और सिद्धान्तों के सत्यापन के सोपान बन सकते हैं।

27.3.4 स्वत: प्राप्त निष्कर्षों का सत्यापन (Drawing and Verifying Self-drawn Conclusions)

जैसे-जैसे छात्र आगे अध्ययन करते हैं और परिणामस्वरूप कुछ क्षमताएँ अर्जित करते हैं, उन्हें इस प्रकार के अभ्यास देने चाहिए जिनसे वे परिचित और अपरिचित समस्याओं और घटनाओं का विश्लेषण कर सकें और स्वयं प्रकल्पनों का निर्धारण और सत्यापन कर सकें। इसी के आधार पर छात्रों को पूर्वानुमान करने के लिए प्रेरित करना चाहिए जिससे अंत में वे अपने पहले किए गए पूर्वानुमानों का भी सत्यापन स्वयं कर सकें।

27.3.5 प्रायोगिक क्षमताओं का अर्जन (Acquiring Experimental Skills)

भौतिक विज्ञान के अधिगम में प्रयोग करना अत्यंत महत्त्वपूर्ण होता है। अत: यह आवश्यक है कि भौतिक विज्ञान के अध्येता छात्रों में ऐसे हस्तकौशल विकसित करने चाहिए जिससे वे सिद्धान्तों के ज्ञान के आधार पर आवश्यक उपकरणों का सदुपयोग कर सकें। पहले छात्रों को निदर्शन दिए जाने चाहिए तथा उनकी व्याख्या भी करके बताना चाहिए। इसके बाद छात्रों को तैयार करना चाहिए जिससे वे प्रयोगों के लिए आवश्यक उपकरणों के विन्यास के रेखाचित्र तैयार कर सकें, उपकरणों की कार्य क्षमता की जाँच कर सकें, दोषों की पहचान और आवश्यकतानुसार उनका सुधार कर सकें, उपयुक्त गति के साथ प्रायोगिक कार्य कर सकें तथा प्रयोग के लिए आवश्यक सावधानियों के साथ सोपानों का अनुसरण कर सकें। इतना ही नहीं, वे प्रयोग के परिणामों का अभिलेखन और विश्लेषण कर अनुमान कर सकें। अंत में छात्र स्वयं प्रयोगों के विषय में विचार कर उनका आयोजन और क्रियान्वयन कर सकें। ज्ञान, कौशल और अभिप्रेरणा के निदर्शन द्वारा ही और आगे ज्ञान प्राप्त किया जा सकता है।

27.3.6 रेखांकन कौशलों का अधिगम (Learning Drawing Skills)

अधिगम की पद्धतिपरक प्रक्रिया के कारण छात्र अवश्य ही रेखाचित्रों और आरेखों को बनाना सीखते हैं। वे आवश्यकतानुसार मापनी के अनुरूप ग्राफ बनाना भी सीखते हैं। उन्हें तालिकाओं के निर्माण के कौशलों को भी सीखना चाहिए जिससे वे आवश्यकतानुसार सामग्री और अंकनों का अभिलेखन कर सकें। रेखाचित्रों और आरेखों में उपकरणों तथा अन्य वस्तुओं का नामांकन भी करना आवश्यक होता।

इस प्रकार छात्रों में जाँच पड़ताल की भावना विकसित हो सकती है, उनमें विविध प्रकार की घटनाओं के सावधानीपूर्वक और आलोचनात्मक परीक्षण की आदत विकसित हो सकती है और वे भौतिक विज्ञान के लाभों को समझ और सराह सकते हैं। वे इस विश्वास को भी प्राप्त कर सकते हैं कि भविष्य में और अधिक आविष्कार और अनुसंधान किए जा सकते हैं।

विषय-वस्तु केन्द्रित पद्धतियों की उपर्युक्त चर्चा के संदर्भ में यह उल्लेखनीय है कि शिक्षक इस पुस्तक में पूर्वचर्चित पारंपरिक और गैर पारंपरिक पद्धतियों में से किसी भी पद्धति का उपयोग भौतिक विज्ञान के शिक्षण में कर सकता है।

28

रसायन विज्ञान का शिक्षण
(Teaching of Chemistry)

28.1 रसायन विज्ञान की संकल्पना (The Concept of Chemistry)

अनेक प्रकार की मानवीय क्रियाओं से संबंधित रसायन विज्ञान एक प्रयोगात्मक विज्ञान है। रसायन विज्ञान का संबंध विविध पदार्थों से जुड़े ऊर्जा प्रभावों, अनुक्रियाओं, गुण धर्मों और संरचनाओं के साथ होता है। जैव-रसायन विज्ञान और आणविक रसायन विज्ञान भी इसी के अंग हैं और जीव विज्ञान (Genetics) और जैवी-प्रौद्योगिकी (Bio-technology) इसी के आधुनिक विकास हैं।

रसायन विज्ञान के जीवन में अनुप्रयोगों के अनेक और व्यापक रूप हैं। विद्यालयी स्तर की शिक्षा में इसके विविध रूपों की झलक मात्र दी जा सकती है, उन पर पूर्ण अधिकार नहीं करवाया जा सकता।

रसायन विज्ञान के अधिगम उपागम में प्रेक्षण की महत्त्वपूर्ण भूमिका होती है जिसका अर्थ है, ऐन्द्रिक बोध के रूप में अनुक्रियाएँ, जिन्हें, उच्चस्तरीय अध्ययन के लिए अनेक आधुनिक सूक्ष्म यंत्रों द्वारा और अधिक तीव्रतर और सम्पुष्ट किया जाता है।

प्रेक्षण द्वारा एकाग्रता बढ़ती है और दोनों गुणात्मक और परिमाणात्मक प्रेक्षणों का प्रयोग रसायन विज्ञान और उसके प्रयोगों में किया जाता है। परिमाणात्मक प्रेक्षण का अनेक बार गणितीय विश्लेषण भी किया जाता है जिससे प्रेक्षित वस्तुओं की समानताओं और अन्तरों को खोजा जा सकता है तथा विभिन्न तथ्यों और घटनाओं के वर्गीकरण के लिए भी गणितीय विश्लेषण आवश्यक होता है।

रसायन विज्ञान के ज्ञानार्जन के अंग के रूप में दोनों गुणात्मक और परिमाणात्मक संबंधों का निर्धारण होता है। वस्तुत: ये संबंध प्रत्यक्ष अथवा परोक्ष रूप से प्राप्त प्रेक्षणों के परिणामस्वरूप होते हैं। इस प्रकार प्रेक्षणों से प्राप्त प्रमाणों और अनुमानों के आधार पर संबंधों की व्याख्या, उनके महत्त्व और निहितार्थों के रूप में की जाती है जिससे इन प्रेक्षणों से और अधिक सार्थक तथ्यों को जाना जा सके।

जलती हुई मोमबत्ती के सीधे-सादे प्रेक्षण द्वारा छात्र उसकी लौ में तीन क्षेत्रों को देख सकते हैं। एक तो अन्दर का मूल क्षेत्र जो अनजले हायड्रो कार्बन के कारण काला-काला दिखता है, दो, मध्यवर्ती क्षेत्र जो पीला पीला लगता है और जो अधजले हायड्रो कार्बन के

कारण बने कार्बन के ठोस कणों से बनता है और तीन, बाहरी क्षेत्र जो हलका पीला-नीला दिखता है जो हायड्रो कार्बन के पूरी तरह जलने से ऑक्सीजन (प्राण-वायु) के आधिक्य के कारण होता है।

28.2 रसायन विज्ञान के शैक्षणिक उद्देश्य (Instructional Objectives of Chemistry)

उपर्युक्त चर्चा के संदर्भ में रसायन विज्ञान के शैक्षणिक उद्देश्यों को इस प्रकार प्रस्तुत किया जा सकता है।

1. रसायन विज्ञान के विषय से संबंधित पारिभाषिक शब्दों, संकल्पनाओं, प्रक्रियाओं, तकनीकों और सिद्धान्तों का ज्ञानार्जन करना।
2. रसायन विज्ञान के पारिभाषिक शब्दों, संकल्पनाओं, प्रक्रियाओं, तकनीकों और सिद्धान्तों को समझने की क्षमता विकसित करना।
3. रसायन विज्ञान की संकल्पनाओं और सिद्धान्तों के ज्ञान का नवीन या अपरिचित स्थितियों में अनुप्रयोग करने की क्षमता विकसित करना।
4. रसायन विज्ञान के लिए आवश्यक हस्त कौशलों, यथा विविध प्रकार के रसायनों और उपकरणों के समुचित उपयोग करने के कौशलों को विकसित करना।
5. रसायन विज्ञान के क्षेत्र की उपलब्धियों को समझने-सराहने की क्षमता विकसित करना तथा प्रकृति और समाज में रसायन विज्ञान की भूमिका को सराहने की क्षमता विकसित करना।
6. रसायन विज्ञान से संबंधित अध्ययन क्षेत्रों में रुचि विकसित करना।
7. रसायन विज्ञान से संबंधित घटनाओं के प्रति वैज्ञानिक अभिवृत्ति विकसित करना।

उद्देश्य और उनका स्पष्टीकरण (Objectives and their Specifications)

28.2.1 उद्देश्य–रसायन विज्ञान विषय से संबंधित पारिभाषिक शब्दों, संकल्पनाओं, प्रक्रियाओं, तकनीकों और सिद्धान्तों का ज्ञानार्जन करना।

उद्देश्य का स्पष्टीकरण

उक्त उद्देश्य की सम्प्राप्ति को निदर्शित करने के लिए छात्र–

1. रसायन विज्ञान के पारिभाषिक शब्दों, संकल्पनाओं, तथ्यों, सिद्धान्तों और प्रक्रियाओं का पुनस्स्मरण कर सकेंगे।
2. रसायन विज्ञान के पारिभाषिक शब्दों, संकल्पनाओं आदि की पहचान कर सकेंगे।

28.2.2 उद्देश्य–रसायन विज्ञान के पारिभाषिक शब्दों, संकल्पनाओं, तथ्यों, प्रक्रियाओं, तकनीकों और सिद्धान्तों को समझने की क्षमता विकसित करना।

उद्देश्य का स्पष्टीकरण

उक्त उद्देश्य की सम्प्राप्ति को निदर्शित करने के लिए छात्र–

1. उदाहरण देकर, पारिभाषिक शब्दों, संकल्पनाओं और सिद्धान्तों को स्पष्ट कर सकेंगे।

2. व्याख्या के रूप में एक ही तथ्य को विविध प्रकार से अभिव्यक्त कर सकेंगे।
3. ज्ञात स्थितियों की त्रुटियों को पहचान कर उन्हें सुधार सकेंगे।
4. संबंधित पारिभाषिक शब्दों, संकल्पनाओं, घटनाओं आदि के बीच की समानताओं और असमानताओं की तुलना और व्यतिरेक कर सकेंगे।
5. पदार्थों और तथ्यों का वर्गीकरण कर सकेंगे।
6. सम्बद्ध पदार्थों, संकल्पना आदि के बीच विभेद कर सकेंगे।
7. संबंधों की पहचान कर सकेंगे, सूत्रों (फार्मूलों) के स्थान पर सरल रासायनिक परिकलन कर सकेंगे।
8. ज्ञात सूचनाओं के आधार पर अनुमान कर सकेंगे या कुछ जोड़ सकेंगे।
9. प्रतीकात्मक कथनों का शाब्दिक कथनों में और शाब्दिक कथनों का प्रतीकात्मक कथनों में रूपान्तरण कर सकेंगे।

28.2.3 उद्देश्य–रसायन विज्ञान की संकल्पनाओं और सिद्धान्तों के ज्ञान का नवीन या अपरिचित स्थितियों में अनुप्रयोग करने की क्षमता विकसित करना।

उद्देश्य का स्पष्टीकरण

उक्त उद्देश्य की सम्प्राप्ति को निदर्शित करने के लिए छात्र–

1. स्थितियों और समस्याओं का विश्लेषण कर सकेंगे।
2. उपलब्ध सामग्री के प्रेक्षण के आधार पर प्रकल्पन निर्माण कर सकेंगे।
3. प्रकल्पन के परीक्षण के लिए उपयुक्त पद्धतियों और सामग्रियों का चयन कर सकेंगे।
4. नवीन स्थितियों से जुड़ी संख्या संबंधी समस्याओं के समाधान के लिए संबंध स्थापित कर सकेंगे।
5. घटनाओं, अनुक्रियाओं आदि के लिए तर्क दे सकेंगे।
6. अनुमान, निष्कर्ष और सामान्यीकरण कर सकेंगे।
7. ज्ञात तथ्यों के आधार पर परिणामों का पूर्वानुमान कर सकेंगे।

28.2.4 उद्देश्य–रसायन विज्ञान के लिए आवश्यक हस्त कौशलों, यथा, विविध प्रकार के रसायनों और उपकरणों के समुचित उपयोग करने के कौशलों को विकसित करना।

उद्देश्य का स्पष्टीकरण

उक्त उद्देश्य की सम्प्राप्ति को निदर्शित करने के लिए छात्र–

1. विविध प्रकार के प्रयोगों के लिए उपकरण तैयार कर सकेंगे।
2. उपकरणों की सफाई कर सकेंगे।
3. विविध वस्तुओं को उचित क्रम और स्थान पर रख सकेंगे।
4. आयतन, भार और तापमान आदि का सही तरह से मापन कर सकेंगे।
5. प्रयोग करते समय सही अनुक्रम का अनुसरण कर सकेंगे।
6. आवश्यक सावधानियाँ ले सकेंगे।
7. स्पष्ट और सानुपातिक आरेख बना सकेंगे।
8. प्रेक्षण की क्षमता विकसित कर सकेंगे और संबंधित सामग्री का सही और व्यवस्थित रूप से तत्काल अभिलेखन कर सकेंगे।

9. उपलब्ध सामग्री के आधार पर ग्राफ, तालिका तथा ऐसी ही अन्य चीजों को बना सकेंगे।

28.2.5 उद्देश्य–रसायन विज्ञान के क्षेत्र की उपलब्धियों को समझने और सराहने की क्षमता विकसित करना तथा प्रकृति और समाज में रसायन विज्ञान को सराहने की क्षमता विकसित करना।

उद्देश्य का स्पष्टीकरण

उक्त उद्देश्य की सम्प्राप्ति को निर्दशित करने के लिए छात्र–

1. रसायन विज्ञान की खोजों और प्रकृति में हो रहे रासायनिक प्रक्रियाओं को देख कर रोमांचित और उत्तेजित हो सकेंगे।
2. रसायन विज्ञान में हो रहे विकासों के समाचारों, रसायन से संबंधित क्रियाओं तथा रसायन विज्ञान के प्रसिद्ध विशेषज्ञों के चित्रों के संकलन और प्रदर्शन में संतोष का अनुभव कर सकेंगे।
3. रंगों में परिवर्तन, पारदर्शी रत्नों के विकास जैसे दर्शनीय और रंगीन प्रयोग को करने में आनन्दानुभव कर सकेंगे।
4. अपने और अन्य लोगों के प्रयोगों की सफलताओं को घोषित करने में रोमांच और उत्तेजना का अनुभव कर सकेंगे।
5. महान रसायन वैज्ञानिकों के बलिदानों और उपलब्धियों के विषय में रुचिपूर्वक पठन कर सकेंगे।

28.2.6 उद्देश्य–रसायन विज्ञान से संबंधित अध्ययन क्षेत्रों में रुचि विकसित करना।

उद्देश्य का स्पष्टीकरण

उक्त उद्देश्य की सम्प्राप्ति को निर्दशित करने के लिए छात्र–

1. खनिज पदार्थों जैसी सामग्रियों का संग्रह कर सकेंगे।
2. स्वयं शोध पत्रिकाओं तथा पुस्तकों से संबंधित साहित्य का संतोषपूर्वक अध्ययन कर सकेंगे।
3. अवकाश के समय में प्रयोग कर सकेंगे।
4. अवकाश के समय के सदुपयोग के लिए रसायन विज्ञान से संबंधित शौक कर सकेंगे।
5. रसायन विज्ञान से संबंधित स्थानों यथा, कारखाने, विज्ञान-कल्ब, संग्रहालय, प्रदर्शनी आदि का संदर्शन कर सकेंगे।
6. रसायन विज्ञान से संबंधित वाद-विवाद, भाषण, प्रपत्र-पठन आदि में स्वेच्छा से भाग ले सकेंगे।

28.2.7 उद्देश्य–रसायन विज्ञान से संबंधित घटनाओं के प्रति वैज्ञानिक अभिवृत्ति विकसित करना।

उद्देश्य का स्पष्टीकरण

1. किसी वैध कारण के अभाव में किसी बात को न स्वीकार कर सकेंगे, न अस्वीकार।
2. प्रत्येक घटना के 'कैसे' और 'क्यों' को जानने की तीव्र इच्छा दिखा सकेंगे।

3. अपने अनुसंधान में संकटों का सामना करने के लिए तैयार रहेंगे।
4. निस्संकोच भाव से अपनी त्रुटियों को स्वीकार कर सकेंगे।
5. जब तक बार-बार सिद्ध न हो जाए, अपना निर्णय स्थगित कर सकेंगे।
6. समस्या समाधान के उपागम में निष्पक्ष रह सकेंगे।
7. प्रस्तुत कार्य से असम्बद्ध होने पर भी किसी तथ्य विशेष की उपेक्षा नहीं करेंगे।
8. निष्ठापूर्वक परिणामों का प्रतिवेदन कर सकेंगे।

28.3 रसायन विज्ञान के शिक्षण के केन्द्रिक बिन्दु (The Focus in the Teaching of Chemistry)

रसायन विज्ञान के छात्रों को मार्गदर्शन के रूप में उन सिद्धान्तों को सिखाया जाना चाहिए जिनमें मूलभूत संकल्पनाओं को और अधिक विकसित करने की और उनके उपयोग की क्षमता हो। इसीलिए विवरणात्मक रसायन विज्ञान की संकल्पनाओं का पुनः पुनः उपयोग किया जाना चाहिए जिससे छात्र उनको आत्मसात कर सकें और बाद में अपेक्षाकृत जटिल विचारों में उनका सहज रूप से प्रयोग कर सकें। छात्रों से प्रश्न पूछ कर उनके चिन्तन को उत्प्रेरित करना चाहिए, न कि उन्हें केवल लिखित कार्य के रूप में करवा कर छोड़ देना चाहिए।

छात्रों को पहले रसायनविज्ञान की सैद्धान्तिक भूमिका प्रदान करके उन्हें प्रयोगशाला में ले जाना चाहिए जिससे वे यथासम्भव विचारों का सत्यापन कर सकें। आशय यह है कि प्रयोगशाला में व्यावहारिक कार्य और सिद्धांतों की चर्चा का कार्य साथ-साथ चलते रहने चाहिए, न कि एक के बाद दूसरा कार्य। छात्रों को प्रयोगशाला में भेजने से पहले उन्हें सामान्य रसायनों और उपकरणों के दुष्प्रयोगों के दुष्प्रभावों से परिचित करवा देना चाहिए जिससे वे उनसे होने वाले खतरों के लिए पूर्वोपाय कर सकें। आगे कुछ पूर्वोपाय दिए जा रहें हैं।

1. प्रयोग करने से पूर्व उससे संबंधित सभी सैद्धान्तिक और व्यावहारिक तैयारी कर लेनी चाहिए और सभी पूर्वोपायों का अनुसरण करना चाहिए।
2. जब तक कहा न जाए किसी रसायन को हाथ से नहीं छूना चाहिए।
3. यदि कोई रसायन फैल जाए तो तुरंत उसे साफ कर देना चाहिए।
4. कभी भी किसी रसायन का स्वाद नहीं चखना चाहिए।
5. बोतलों पर लगी चिप्पियों को सावधानीपूर्वक पढ़कर उनकी पूरी जाँच कर लेनी चाहिए।
6. जब भी कहा जाए तो प्रयोग करते समय गौगल (काला चश्मा), एप्रन (चोगा), दस्ताने पहन लेने चाहिए।
7. अप्रयुक्त रसायनों को पुनः बोतल में नहीं डालना चाहिए।
8. छोटी से छोटी दुर्घटना की सूचना देनी चाहिए।
9. प्रयोगशाला छोड़ने से पहले सदा हाथों को धो लेना चाहिए।

उदाहरण के रूप में आगे रसायन विज्ञान के कुछ विशिष्ट विषयों पर कार्य करने के लिए कुछ पूर्वोपाय सूचीबद्ध किए जा रहे हैं–

किसी महत्त्वपूर्ण विषय की जानकारी देने के लिए पहले उनकी संरचना संबंधी सूचनाएँ दी जानी चाहिए तथा आणविक मॉडल (Molecular Models) का प्रयोग करना चाहिए।

- तरल पदार्थ-वाष्प-संतुलन या साम्यावस्था (Liquid Vapour Equilibrium)
- घोल के गुणधर्म
- जल की वैद्युतिक प्रकृति
- ठोस पदार्थों के प्रकार

अणुओं की संरचना और आवधिक तालिका (Structure of the atoms and Periodic table) की चर्चा करने से पहले निम्नलिखित की जानकारी दी जानी चाहिए-

- क्षार (Alkalies)
- हलौजेनस (आवधिक तालिका के सातवें वर्ग का कोई तत्त्व)
- अपने आप में एक परिवार के रूप में उद्जनगैस (Hydrogen)
- तृतीय पंक्ति के तत्त्व (Third raw elements)

उर्जा-प्रभावों और रासायनिक प्रतिक्रियाओं की चर्चा करते समय, इन विचारों का परिचय दीजिए।

- ऊर्जा-परिवर्तन रासायनिक प्रतिक्रियाओं के अविभाज्य अंग होते हैं।
- योजक संबंधों की खोज और उनकी पुष्टि

रासायनिक प्रतिक्रियाओं के बारे में पढ़ाते समय इन पर ध्यान केन्द्रित करें-

- प्रतिक्रियाओं के होने की विभिन्न गतियाँ
- परिवर्तनशील प्रतिक्रियाओं की गति में भेदक तत्त्वों (Catalysts) की भूमिका

रासायनिक प्रतिक्रियाओं के संतुलन या उनकी साम्यावस्था की चर्चा करते समय इन बातों पर ध्यान दें।

- रासायनिक प्रतिक्रियाओं की गत्यात्मक प्रकृति
- रासायनिक संतुलन या साम्यावस्था के निर्धारक कारक

घुलनशीलता (Solubility) संतुलन की चर्चा करते हुए इनकी चर्चा अवश्य करें।

- इओनों (Ion) के विशिष्ट गुणधर्म
- संतुलन या साम्यावस्था के नियम का व्यावहारिक समस्याओं के समाधान में अनुप्रयोग

अम्ल/तेजाब और आधारभूत तत्त्वों (Bases) की चर्चा करते समय इन पर ध्यान दें।

- अम्लों और आधारभूत तत्त्वों या बेसों पर अनुप्रयुक्त रूप में संतुलन
- अम्लों की शक्ति की चर्चा में गुणात्मक माप के रूप में संतुलन की निरंतरता (Equilibrium Constant)

औक्सीडेशन-रिडक्शन की प्रतिक्रियाओं की चर्चा करते समय इनकी चर्चा करें-

- औक्सीडेशन (Oxidation)-रिडक्शन (Reduction), ऐनिऑन (Anion) कैटिअन (Cation), ऑनॉड (Anode), कैथोड (cathode) की परिभाषाएँ
- पारंपरिक मॉडल और प्रायोगिक तथ्यों के बीच के अंतर

इलैक्ट्रोन (Electrons) और पीरीओडिक टेबिल के (Periodic table) की चर्चा करते समय इन पर विचार किया जा सकता है-

- हायड्रोजन ऐटम स्पेक्ट्रम (Hydrogen atom spectrum) के रूप में पीरीओडिक टेबिल की व्याख्या
- ऐटम का इलैक्ट्रोन कॉनफ़िगरेशन (Electron configuration of atom)

- पीरेऔडिक टेबिल में रासायनिक प्रवृत्तियाँ
- गैस के रूप में मॉलेक्यूलों की चर्चा करते समय इन पर अवश्य विचार करना चाहिए।
- रासायनिक अनुबंधन (Chemical bonding)
- परमाणुओं (Atom) की तुलना में अणुओं (Molecules) की स्थिर अवस्था
- प्रथम तीन पंक्तियों (First three rows) में बंधों की संभावित संख्या
- किसी परमाणु द्वारा प्रदर्शित बंधों के कोण
- दो परमाणुओं के बीच संभावित ध्रुवीय विशेषता
- सममिति (Symmetry) और शून्य इलैक्ट्रिक-बाइपोल (Zero electric bipoh)
- विविध प्रकार के बंधों का निर्माण (Formation of multiple bonds)

ठोसों (Solids) और प्रवाही (Liquids) के बंधों को पढ़ाते समय इन पर अवश्य विचार करें–

- आधार के रूप आणविक ठोस (Molecular solids) के (Networksolids) नेटवर्क सालिड।
- वेलेंस ओरबिटल ऑक्यूपेंसी (Volence orbital occupancy)
- इओनाइजेशन इनर्जी (Ionisation energy)
- इलैक्ट्रोन शेयरिंग बाईन्यूक्ली (Electron sharing by nuclei)

कार्बन कंपाउडों के (Carban Compounds) के रसायन की चर्चा में निम्नलिखित पर विचार करना लाभकारी होता है–

- इनऑर्गेनिक कंपाउडों (Inorganic Compounds) क्योंकि रसायन विज्ञान में नोन इओनाइज़्ड कंपाउडों की तुलना में आइनोइक सबस्टेंसों (Ionic Substance) पर अधिक चर्चा की जाती है।
- कार्बनकम्पाउंडस् (Carbon Compounds) की संख्या बहुत विशाल होती है और उनकी गतिविधि इनऔर्गेनिक कंपाउड्स से बहुत भिन्न होती हैं।

हैलोजेन (Halogen) की चर्चा के प्रसंग में इन पर प्रकाश डालें–

- इन तत्त्वों द्वारा प्रदर्शित समानताएँ और विषमताएँ।
- रसायन विज्ञान के सैद्धान्तिक-पक्ष से हट कर उसके विवरणात्मक पक्ष पर ज़ोर दें।

क्षार युक्त भूमि (Alkaline Earth) के विषय में पढ़ाते समय–

- जैव रसायन (Bio Chemistry) की चर्चा के समय मूल तत्त्वों के विभिन्न वर्गों को संयोजित करें। क्योंकि सामान्यत: इनकी उपेक्षा हो जाती है। क्योंकि इन्हें गणितीय मॉडल (Mathematical models) के परे माना जाता है।
- कैसे आणविक रचनाएँ (Molecular Composition) और उनकी प्रतिक्रिया ऊर्जा (Reaction Energy) प्रभावित होती हैं और कैसे आणविक संरचना जैव-रासायनिक पदार्थों में अनुप्रयुक्त होती है।
- पृथ्वी ग्रह और अन्य तारों के रसायन की चर्चा के संदर्भ में बताएँ–
- ग्रहों और पृथ्वी के रासायनिक तत्त्वों में परिवर्तन-प्रक्रिया अत्यंत मथर गति से चलती है जो अरबों-खरबों वर्षों में पूरी होती है

उपर्युक्त विवरण इस दृष्टि से दिया गया है कि सामान्यत: निर्धारित पाठ्यक्रमों में इन्हें नहीं दिया जाता और शिक्षक भी पाठ्यक्रम का ही अंधानुकरण करते हैं जिसके कारण वे इस सुयोग को पाने से चूक जाते हैं, जबकि वे इन बिन्दुओं से घटकों को परिचित करा सकते थे जो बाद में समझने में कठिन प्रतीत हो सकते हैं।

27.4 रसायन विज्ञान के शिक्षण की पद्धति (Methods of Teaching Chemistry)

विज्ञान के अन्य विषयों के शिक्षण की पद्धतियों के अनुसार ही रसायन विज्ञान का शिक्षण भी किया जाता है यथा-

- परिचर्चा
- निदर्शन
- प्रयोग/खोज
- परिणामों का विश्लेषण
- प्रकल्पनों का सत्यापन
- गणितीय परिकलन और निष्कर्ष निष्पादन

पारंपरिक और गैर-पारंपरिक शिक्षण पद्धतियों के अध्याय से आवश्यक विषय-वस्तु का चयन कर उसका आवश्यकतानुसार उपयोग किया जा सकता है।

29

जीवविज्ञान का शिक्षण
(Teaching of Biology)

29.1 जीवविज्ञान की प्रकृति (The Nature of Biology)

यद्यपि हमारे देश में पशुओं के चित्र और मूर्तियाँ बहुत पहले से मिलती रही है। परंतु जीवविज्ञान की मूल उत्पत्ति यूनान से मानी जाती है। खाद्य पदार्थों की खोज में आदिम मनुष्य ने अनेक खाद्य वनस्पतियों की खोज की और पशुओं का शिकार करना सीखा।

आधुनिक काल में ऐसे अनेक विषय हैं जिनकी उत्पत्ति या जिनका संबंध जीवविज्ञान के साथ रहा है, यथा शरीर-रचनाविज्ञान (Anatomy), शरीर विज्ञान (Physiology), पारिस्थिकी (Ecology) कीट विज्ञान (Entomology), विषाणुविज्ञान (Virology), जीनविज्ञान, कोशिका जीवविज्ञान, रोगविज्ञान, अंतरिक्ष जीवविज्ञान, विकरण जीवविज्ञान, आदि। इन विषयों की सूची से जीवविज्ञान के क्षेत्र की व्यापकता स्वत: ही स्पष्ट हो जाती है।

आयुर्विज्ञान, कृषिविज्ञान, उद्यानविज्ञान, कीटविज्ञान में जीवविज्ञान का अनुप्रयोग उनकी आवश्यकताओं के अनुरूप होता रहा है। वस्तुत: इन क्षेत्रों में जीवविज्ञान का अनुप्रयोग उसके प्राचीन और आधुनिक दोनों रूपों से संबंधित है।

जीववैज्ञानिक प्रौद्योगिकी जैसे कि सूक्ष्मदर्शी यंत्रों के आविष्कारों की सहायता से जीवविज्ञान पर्याप्त विकसित हो चुका है। साथ ही इसका भौतिक विज्ञान और रसायन विज्ञान के साथ स्थापित संबंधों से कई बार, ऐसा लगता है, कि जीव विज्ञान इन विज्ञानों के साथ घुल मिल गया है।

जीवविज्ञान सजीव वस्तुओं का विज्ञान है जिसकी सहायता से हम सभी जीवंत वस्तुओं का अध्ययन कर सकते हैं। आधुनिक काल में ही यह विज्ञान, भौतिक विज्ञान और रसायन विज्ञान की छाया से मुक्त होकर एक स्वतंत्र शास्त्र या विज्ञान के रूप में बीसवीं शताब्दी के उत्तरार्ध में पूर्णत: विकसित हो सका है।

1972 में राष्ट्रीय शैक्षिक अनुसंधान और प्रशिक्षण परिषद्, नई दिल्ली (NCERT New Dehli) द्वारा प्रकाशित पुस्तक, "Preparation and evaluation of text books in Biology" में जीवविज्ञान के शिक्षण और अधिगम के विशेष महत्त्व की जो चर्चा की गई है, उसका सार यहाँ दिया जा रहा है।

जीवविज्ञान मनुष्य के सामाजिक व्यवहार या आचरण की दो रूपों में व्याख्या करता है; एक, मनुष्य अपने आपको एक जीवंत वस्तु के रूप में समझने में सक्षम है, और दो,

अन्य पेड़-पौधों और पशुओं के समान ही वह अपने आपको एक सामाजिक संगठन के अंग के रूप में समझ और सराह सकता है। वह सामाजिक परिवेश का ही अंग है जो निरंतर समुदाय की आवश्यकताओं के अनुरूप अपने-आपको ढालता रहता है।

जीव विज्ञान का भोजन, वस्त्र और आवास की मानवीय आवश्यकताओं के साथ सीधा संबंध है तथा वह उसकी स्वास्थ्य, जीवन संरक्षण, जनसंख्या नियंत्रण आदि की समस्याओं के समाधान में सहायक सिद्ध हो रहा है।

जीवन की समझ और नियंत्रण के साधन के रूप में भी जीवविज्ञान को देखा जाता है और प्राणीविज्ञान, मानव शरीरविज्ञान के समान जीवविज्ञान को भी इसी की अभिव्यक्ति माना जाता है। यह न केवल जीवन के विविध रूपों की व्याख्या में सहायक होता है, अपितु उनके परस्पर संबंधों को भी स्पष्ट करता है। इसकी सहायता से हम यह भी समझ सकते हैं कि हम किस प्रकार मनुष्य के लाभ के लिए प्रकृति का सदुपयोग कर सकते हैं, जैसे कि अधिक पैदावार देने वाली फसलें, उन्नत प्रकार के फल और वनस्पतियाँ, अच्छी प्रजाति के पशु, बीमारियों का उपचार और रोकथाम आदि। जीवविज्ञान छोटे जीवाणुओं से जटिल प्रकार के पेड़-पौधों और मनुष्य के विकास को भी स्पष्ट करता है। उक्त सभी उदाहरणों की सहायता से हम जीवन के जीव-वैज्ञानिक नियंत्रण को उसके विविध रूपों में भली-भाँति समझ सकते हैं।

जीव-विज्ञान सभी मतवादों से मुक्त है (Biology is also free of dogmas)

जीवविज्ञान के सभी मुद्दों का कभी भी पूर्णतः समाधान नहीं हो सकता। इसके निष्कर्ष कभी भी अपरिवर्तनीय या पूर्ण सत्य नहीं होते। वे अस्थायी सत्य होते हैं जो कभी भी बदल सकते हैं। जीवविज्ञान मुक्त मानसिकता और स्थगित निर्णय के सत्य को मानकर चलता है। रिचर्ड एस. यंग (Rechard S. Young), ने अपनी Exta Terrestrial Biology (Holt Renchart and Winston Inc. 1966) में स्पष्ट शब्दों में कहा है कि जीवविज्ञान ही एक ऐसा प्राकृतिक विज्ञान है जिसके नियम और सिद्धान्त कभी भी सार्वभौम नहीं होते।

जीवविज्ञान हमें अपने आपको अपने जीववैज्ञानिक परिवेश में समझने में सहायक सिद्ध होता है। मनुष्य को हम अन्य जीवित प्राणियों के अध्ययन द्वारा अधिक अच्छी तरह समझ सकते हैं। इससे हम एकाकीपन के भाव से मुक्त हो सकते हैं। हमारे सामने यह विरोधाभास रहता है कि मनुष्य प्रकृति से अलग है और प्रकृति का अंग भी है। प्रकृति के अंग के रूप में भी मनुष्य अपने आपको प्रकृति के अन्य सभी तत्त्वों से अपनी विशिष्टता के कारण भिन्न होता है। वह ज्ञान के तानेबाने या जाले का अंग भी है और उसे उस ताने-बाने या जाले के अंग के रूप में ही समझा जा सकता है।

जीवविज्ञान एक सहसंबंधात्मक विज्ञान है (*Biology is also a correlational science*)

विभिन्न विज्ञानों में प्रेक्षण और अटकल लगानी पड़ती है जिसके बाद सामग्री-संकलन, तुलना और सहसंबंधों की बात की जाती है। जीव वैज्ञानिक विज्ञानों में सहसंबंधात्मक विज्ञानों की कार्य-विधि का अनुसरण किया जाता है। परंतु सुनिश्चित या सैद्धान्तिक विज्ञान पर भी बल दिया जाता है। इसीलिए जीवविज्ञान को सुनिश्चित विज्ञान की अपेक्षा, उसे विवरणात्मक अथवा सहसंबंधात्मक विज्ञान कहना अधिक उचित होगा। क्योंकि उसके सामान्य कथन व्याख्या के किसी सैद्धान्तिक व्यवस्था पर आधारित नहीं होते, अपितु वे आगमनात्मक सामान्यीकरण (Inductive Generalization) होते हैं।

जीव विज्ञान का विकास जीवन-व्यवस्थाओं की गत्यात्मकताओं के अनुसंधान के रूप में हुआ है जिसके अंतर्गत जीव-संरचना के विभिन्न स्तरों, जैसे जीवाणु, जीवांग, कोशिका, विशेषांग, व्यक्ति, जनसमूह और जीविम (Biome) आदि का अध्ययन किया जाता है। जीवविज्ञान जीवाणु स्तर को आधार मानकर और अधिक जटिल स्तरों तक एक सौपानिक रचना के रूप में उलटे पिरामिड की आकृति ग्रहण कर लेता है। कुछ समय से जीवविज्ञान विवरणात्मक स्तर से उठकर प्रयोगात्मक स्तर की ओर अग्रसर हो रहा है और यह जीवविज्ञान की शैक्षणिक सामग्रियों में भी प्रतिबिम्बित होने लगा है।

जीवविज्ञान एक आनुभविक विज्ञान भी है (Biology is also an empirical Science)

वह जीव वैज्ञानिक घटनाओं की व्याख्या प्रेक्षण और प्रयोगों के आधार पर करता है। इसका लक्ष्य सत्य की खोज करना तो है ही, साथ उन लोगों को जो सत्य की खोज करना चाहते हैं, इसके अध्ययन के लिए प्रेरित करना भी है। जीव-विज्ञान सजीव वस्तुओं के विषय में प्रमाण संग्रह का कार्य अनुसंधान की वैज्ञानिक पद्धतियों द्वारा करता है। वस्तुतः ये दोनों अनुसंधान की प्रक्रिया और उसके उत्पाद का प्रतिनिधित्व करते हैं। जीव-विज्ञान के ज्ञान को प्राप्त करने के दो मौलिक स्रोत हैं–अनुसंधान का भाव और अनुसंधान की पद्धति।

उत्पाद और प्रक्रिया दोनों जीव-विज्ञान के अविभाज्य अंग हैं (Product and process are both integral to Biology)

उत्पाद पक्ष का आशय है जीव वैज्ञानिक तथ्य, पारिभाषिक शब्द, सिद्धान्त और प्रक्रिया का मतलब है, वे तरीके जिनका उपयोग जीववैज्ञानिक करता है-जैसे समस्या को परिभाषित करना, सूचना के स्रोतों का पता लगाना तथा उनका विश्लेषण करना, प्रकल्पन का निर्माण तथा प्रकल्पन के सत्यापन के लिए प्रयोग और प्रेक्षण। जीवविज्ञान का संबंध इस बात से भी होता है कि उसके छात्र, शिक्षक और शोधार्थी, विविध स्थितियों के प्रति किस प्रकार की प्रतिक्रिया करते हैं। वस्तुतः इसका अर्थ है, वैज्ञानिक अभिवृत्ति, यथा वस्तुनिष्ठता, मुक्त मानसिकता, जिज्ञासा और बौद्धिक ईमानदारी।

जीव-विज्ञान की पद्धतियों अन्य विज्ञानों की पद्धतियों के साथ पूर्णतः संगत नहीं हो सकती। क्योंकि वैज्ञानिक पद्धतियाँ हमें मूल्यपरक निर्णय लेने में सहायक नहीं होती। जीव-विज्ञान कोई नैतिक विषय नहीं है। क्योंकि वह यह नहीं बता सकता कि क्या अच्छा है और क्या बुरा है।

वैज्ञानिक पद्धति न तो प्रयोजनों को व्यक्त करती है और न ही मानवीय मूल्यों पर विचार करती है। फिर भी जीवविज्ञान का भविष्य वैज्ञानिक पद्धतियों पर ही निर्भर है, न कि मूल्यों पर। अतः यह मुख्यतः वैज्ञानिक उपकरणों पर ही भरोसा करके अपने-आपको और समृद्ध करता है।

जीवविज्ञान के नए वैज्ञानिक आयाम (New disciplinary manifestations of Biology)

जो पहले अज्ञात थे, अब सबके लिए सुपरिचित हैं, जैसे किण्वक विज्ञान (Enzymology) जीवरसायन विज्ञान, प्रतिरक्षा विज्ञान (Immunology) आदि। जब जीवाणुओं पर अनुसंधान किए गए तो कुछ नए विषय अस्तित्व में आए, जैसे, कोशिका जीवविज्ञान, पादप शरीर

विज्ञान (Plant Physiology), पशु शरीर विज्ञान। इसी प्रकार जब कोशिकाओं पर कार्य हुआ तो सूक्ष्म कोशिका विज्ञान (Protozology), सूक्ष्म जीवविज्ञान (Microbiology), बैक्टीरिया-विज्ञान आदि अस्तित्व में आ गए। अंगों पर किए गए अनुसंधानों से Analogy और Histology जैसे विज्ञानों का विकास हुआ। नस्ल या जातियों के स्तर पर कार्य करने के परिणामस्वरूप विकासवाद Evolution और जीवाश्य विज्ञान (Paleontology) जैसे विज्ञानों का विकास हुआ। इसी तरह जब सामाजिक स्तर पर कार्य किए गए तो पारिस्थिकी (Ecology), जनसंख्या, जैनेटिक्स, महामारी विज्ञान जैसे विज्ञानों का महत्त्व बढ़ा।

29.2 जीव विज्ञान के शैक्षणिक उद्देश्य (Instructional Objectives of Biology)

उपर्युक्त चर्चा के संदर्भ में जीवविज्ञान के शैक्षणिक उद्देश्यों को निम्नलिखित रूप में सूचीबद्ध किया जा सकता है।

1. जीवविज्ञान के पारिभाषिक शब्दों, तथ्यों, संकल्पनाओं, सिद्धान्तों, सूत्रों आदि का ज्ञान अर्जित करना।
2. जीवविज्ञान के पारिभाषिक शब्दों, तथ्यों, संकल्पनाओं, सिद्धान्तों, प्रक्रियाओं आदि की समझ विकसित करना।
3. अपरिचित स्थितियों में जीवविज्ञान के ज्ञान के अनुप्रयोग की क्षमता विकसित करना।
4. जीवविज्ञान के व्यावहारिक कार्यों के लिए आवश्यक प्रायोगिक कौशलों का विकास करना।
5. प्रकृति में जीव वैज्ञानिक घटनाओं को और मानव कल्याण में जीवविज्ञान के योगदान को समझने और सराहने की योग्यता विकसित करना।
6. पादपों, पशुओं तथा उनके पर्यावरणों में रुचि विकसित करना।
7. जीव-वैज्ञानिक घटनाओं के प्रति वैज्ञानिक अभिवृत्तियों का विकसित करना।

उद्देश्य और उनके स्पष्टीकरण (Objectives and their Specifications)

29.2.1 उद्देश्य–जीवविज्ञान के पारिभाषिक शब्दों, तथ्यों, संकल्पनाओं, सिद्धान्तों, सूत्रों आदि का ज्ञान अर्जित करना।

उद्देश्य का स्पष्टीकरण

उक्त उद्देश्य की सम्प्राप्ति के निदर्शित करने के लिए छात्र–

1. जीवविज्ञान के पारिभाषिक शब्दों, तथ्यों, सिद्धान्तों और प्रक्रियाओं का पुनस्स्मरण कर सकेंगे।
2. जीवविज्ञान के पारिभाषिक शब्दों, तथ्यों, संकल्पनाओं, नमूनों, सिद्धान्तों और उपकरणों को पहचान सकेंगे।

29.2.2 उद्देश्य–जीवविज्ञान के पारिभाषिक शब्दों, तथ्यों, संकल्पनाओं, सिद्धान्तों, प्रक्रियाओं आदि की समझ विकसित करना।

उद्देश्य का स्पष्टीकरण

उक्त उद्देश्य की सम्प्राप्ति को निदर्शित करने के लिए छात्र–

1. तालिकाओं, पादप-आरेखों (Floral diagrams), पादप-सूत्रों (Floral Formulae) आदि को प्रस्तुतीकरण की एक विधा से दूसरी विधा में रूपान्तरण कर सकेंगे।
2. चार्टों, आरेखों, सामग्री आदि की व्याख्या कर सकेंगे।
3. प्रस्तुत जीववैज्ञानिक घटनाओं को चित्रों द्वारा स्पष्ट कर सकेंगे।
4. त्रुटिपूर्ण कथनों और आरेखों को पकड़कर उनको सुधार सकेंगे।
5. विविध तथ्यों, संकल्पनाओं, प्रक्रियाओं आदि की तुलना कर सकेंगे।
6. जीववैज्ञानिक तथ्यों, संकल्पनाओं, प्रक्रियाओं आदि की तुलना कर सकेंगे।
7. निकटतः संबंधित संकल्पनाओं, सिद्धान्तों, प्रक्रियाओं आदि में विभेद कर सकेंगे।
8. जीववैज्ञानिक संकल्पनाओं, सिद्धान्तों, प्रक्रियाओं आदि की व्याख्या कर सकेंगे।

29.2.3 उद्देश्य–अपरिचित स्थितियों में जीवविज्ञान के ज्ञान के अनुप्रयोग की क्षमता विकसित करना।

उद्देश्य का स्पष्टीकरण

उक्त उद्देश्य की सम्प्राप्ति को निदर्शित करने के लिए छात्र–

1. प्रस्तुत सामग्री या समस्याओं का विश्लेषण कर सकेंगे।
2. अपने प्रयोजन के लिए सामग्री की जाँच कर सकेंगे।
3. प्रेक्षणों या प्रस्तुत सामग्री के आधार पर प्रकल्पन बना सकेंगे।
4. प्रस्तुत प्रयोजन की दृष्टि से उपयुक्त पद्धतियों और सामग्रियों का चयन कर सकेंगे।
5. कार्यकारण के बीच संबंध स्थापित कर सकेंगे।
6. जीववैज्ञानिक तथ्यों, संकल्पनाओं, प्रक्रियाओं आदि की तुलना कर सकेंगे।
7. प्रेक्षित तथ्यों के आधार पर अनुमान कर सकेंगे और निष्कर्ष निकाल सकेंगे।
8. प्रस्तुत सामग्री के आधार पर जीव वैज्ञानिक पूर्वानुमान कर सकेंगे।

29.2.4 उद्देश्य–जीवविज्ञान के व्यावहारिक कार्यों के लिए आवश्यक प्रायोगिक कौशलों का विकास कर सकेंगे।

उद्देश्य का स्पष्टीकरण

उक्त उद्देश्य की सम्प्राप्ति को निदर्शित करने के लिए छात्र–

1. हस्त कौशल (Manipulative Skills)

1.1 उपकरणों को व्यवस्थित रूप में सँजो सकेंगे।
1.2 उपकरणों और यंत्रों का सही तरह से उपयोग कर सकेंगे।
1.3 उपकरणों और यंत्रों को सही क्रम में रख सकेंगे।
1.4 आवश्यकतानुसार उपकरणों और मॉडलों में सुधार कर सकेंगे।
1.5 उपयुक्त गति के साथ उपकरणों और यंत्रों का संचालन कर सकेंगे।

2. विच्छेदन कौशल (Dissection Skills)

2.1 प्रस्तुत प्रयोजन के लिए उपयुक्त नमूनों का चयन कर सकेंगे।

2.2 उपयुक्त विधियों से पशुओं को मार सकेंगे।
2.3 सही परिप्रेक्ष्य में नमूनों को रख सकेंगे।
2.4 विच्छेदन के लिए नमूनों को ठीक से स्थापित कर सकेंगे।
2.5 नमूनों के विच्छेदन के लिए यंत्रों का सही तरीके से प्रयोग कर सकेंगे।
2.6 बिना किसी प्रकार की क्षति के वाँछित अंगों को दिखा सकेंगे।
2.7 नमूने के आवश्यक अंगों को पताका-चिह्नों से दिखा सकेंगे।
2.8 नमूने के वांछित अंगों को विलग कर सूक्ष्म परीक्षण के लिए बिना किसी प्रकार की क्षति के निकाल सकेंगे।

3. प्रेक्षणपरक कौशल (Observational Skills)

3.1 नमूने में सम्बद्ध विशेषताओं को सावधानीपूर्वक देख सकेंगे।
3.2 यंत्रों को सही तरह पढ़-समझ सकेंगे।
3.3 निकटत: सम्बद्ध संरचनाओं, अंगों, घटनाओं और नमूनों में विभेद कर सकेंगे।
3.4 वांछित अंगों को सही तरह से पहचान सकेंगे।
3.5 प्रायोगिक विन्यास और कार्यविधि की त्रुटियों को पहचान सकेंगे।

4. रेखांकन कौशल (Drawing Skills)

4.1 ईमानदारी के साथ वांछित संरचना और अंगों को रेखांकन द्वारा प्रस्तुत कर सकेंगे।
4.2 अनुपात के भाव के साथ आरेख बना सकेंगे।
4.3 आरेखों को साफ-सुथरे, सही और व्यवस्थित रूप से चिह्नित कर सकेंगे।
4.4 रेखाचित्रों और आरेखों को उचित गति के साथ बना सकेंगे।

5. संग्रहण, रक्षण और परिरक्षण कौशल (Collecting, Mounting and Preserving Skills)

5.1 विशेष नमूनों के सही आवास का पता लगा सकेंगे।
5.2 नमूनों के संग्रह के लिए उपयुक्त यंत्रों को चुन सकेंगे।
5.3 उपयुक्त समय पर उपयुक्त नमूनों को इकट्ठा कर सकेंगे।
5.4 नमूनों की गणना के लिए संबद्ध सामग्री का उपयोग कर सकेंगे।
5.5 परिरक्षण की उपयुक्त पद्धति को चुन सकेंगे।
5.6 विभिन्न प्रकार के नमूनों के लिए उपयुक्त परिरक्षकों का प्रयोग कर सकेंगे।
5.7 सामग्री को व्यवस्थित रूप से सँजो सकेंगे।

6. जीववैज्ञानिक सूचनाओं के स्रोतों को जानने का कौशल (Skills in Locating Biological Information)

6.1 जीववैज्ञानिक सूचनाओं के विभिन्न स्रोतों का उपयोग कर सकेंगे।
6.2 पुस्तकालय में सूचक कार्डों का सही उपयोग वांछित सूचनाओं की प्राप्ति के लिए कर सकेंगे।
6.3 वाँछित सूचनाओं का पता लगाने और उन्हें संग्रहीत करने के लिए विषय-सूची और सूचकों को पढ़ सकेंगे।

6.4 अपने प्रयोजन की दृष्टि से संबद्ध सामग्री को छाँट सकेंगे।

6.5 आगे के अध्ययन के लिए सम्बद्ध पुस्तक-सूचियों को सही रूप में संदर्भित कर सकेंगे।

29.2.5 उद्देश्य–प्रकृति में जीव वैज्ञानिक घटनाओं को और मानव कल्याण में जीवविज्ञान के योगदान को समझने और सराहने की योग्यता विकसित करना।

उद्देश्य का स्पष्टीकरण

उक्त उद्देश्य की सम्प्राप्ति को निदर्शित करने के लिए छात्र–

1. दैनिक जीवन में जीवविज्ञान के प्रभाव को समझ सकेंगे।
2. जीववैज्ञानिक समस्याओं के समाधान के लिए वैज्ञानिक पद्धतियों का प्रयोग कर सकेंगे।
3. सहकार और समस्याओं के हल के लिए निःस्वार्थ प्रयत्नों के द्वारा, जीव-वैज्ञानिक समस्याओं पर अनुसंधान करने की आवश्यकता को समझ सकेंगे।
4. विज्ञान के रहस्यों के उद्‌घाटन में जीवविज्ञान के साधनों की भूमिका के महत्त्व को समझ सकेंगे।
5. जीव-वैज्ञानिकों की जीवनियों और कार्यों की सराहना कर सकेंगे।
6. सजीव वस्तुओं की परस्पर और सजीव वस्तुओं और पर्यावरण की परस्पर-निर्भरता की व्याख्या कर सकेंगे।
7. जीवविज्ञान के क्षेत्र की नई उपलब्धियों पर उत्तेजना, प्रसन्नता और रोमांच के भावों को व्यक्त कर सकेंगे और उन्हें अन्य लोगों के साथ बाँट सकेंगे।

29.2.6 उद्देश्य–पादपों और पशुओं तथा उनके पर्यावरणों में रुचि विकसित करना।

उद्देश्य की स्पष्टीकरण

उक्त उद्देश्य की सम्प्राप्ति को निदर्शित करने के लिए छात्र–

1. स्वतः पादपों और पशुओं का संग्रह, रक्षण और परिरक्षण कर सकेंगे।
2. पादपों और पशुओं के व्यवहार के प्रेक्षण में आनन्द का अनुभव कर सकेंगे।
3. स्वेच्छा से जीवविज्ञान के क्रियाकलाप में भाग ले सकेंगे।
4. विद्यालय की पत्रिका में तथा पत्रिकाओं में जीवविज्ञान से संबंधित सामग्री स्वेच्छा से प्रकाशित करवा सकेंगे।
5. जीवविज्ञान की पत्रिकाओं और पुस्तकों का अतिरिक्त पठन कर सकेंगे और जीव-वैज्ञानिकों की जीवनियों को पढ़ सकेंगे।
6. पादपों और पशुओं के विषय में अतिरिक्त जानकारी के लिए जीव-वैज्ञानिक उद्यानों, प्राणीशालाओं, समुदायों तथा वनों की यात्रा कर सकेंगे।

29.2.7 उद्देश्य–जीव-वैज्ञानिक घटनाओं के प्रति वैज्ञानिक अभिवृत्तियों को विकसित करना।

उद्देश्य का स्पष्टीकरण

उक्त उद्देश्य की सम्प्राप्ति से निदर्शित करने के लिए छात्र–

1. जीव-वैज्ञानिक घटनाओं के प्रति जिज्ञासा का भाव दिखा सकेंगे।

2. जीव-वैज्ञानिक सामग्री की नई व्याख्या के लिए तत्परता प्रदर्शित कर सकेंगे।
3. जीव-वैज्ञानिक सामग्री के अभिलेखन और अभिव्यक्ति में बौद्धिक ईमानदारी दिखा सकेंगे।
4. जीव-वैज्ञानिक सामग्री में कार्य-कारण संबंध में अपनी आस्था प्रदर्शित कर सकेंगे।
5. वैध कारणों या सत्यापन के बिना किसी दृष्टिकोण या निष्कर्ष को न स्वीकार करेंगे, न अस्वीकार।
6. उपयुक्त और पर्याप्त प्रमाणों के अभाव में अपने निर्णय को स्थगित कर सकेंगे।
7. विविध प्रकार के जीव-वैज्ञानिक कार्यों को करने के लिए निरंतर प्रयास करते रहेंगे।

29.3 जीवविज्ञान के शिक्षण की पद्धति (Methods of Teaching Biology)

किसी विषय की विषय-वस्तु उसके शिक्षण की आधारभूत सामग्री होती है। जे.जे. स्वैल (J.J. Schwals) ने अपनी पुस्तक "Biology Teachers Handbook (John Wiley & Sons, Inc New York 1963 P. 30-42), में कुछ विषय सुझाए हैं, जिन पर उच्च प्राथमिक और माध्यमिक स्तरों पर जीवविज्ञान सिखाते समय विशेष भार देना चाहिए। इन विषयों के शीर्षक नीचे दिए जा रहे हैं–

1. समय के साथ सजीव वस्तुएँ परिवर्तित होती हैं
2. वस्तुओं के साँचे और प्रकार परिवर्तनशील है।
3. जीवन की वंशानुक्रमिक (जैनेटिक) निरंतरता
4. सजीव वस्तुओं और पर्यावरण की परिपूरकता
5. आचरण के जीव वैज्ञानिंक आधार
6. खोज के रूप में विज्ञान
7. संरचना और प्रकार्यों की परिपूरकता
8. शरीर के आंतरिक अपरिवर्तनीय पर्यावरण के विनियम
9. जीव-वैज्ञानिक संकल्पनाओं का इतिहास

यद्यपि विषय की संरचना, उसकी वैचारिक रूपरेखा और व्यक्ति के होने और उसके आचरण के सभी रूप महत्त्वपूर्ण होते हैं, परंतु शिक्षा के व्यवसाय में शिक्षार्थी का महत्त्व सर्वाधिक महत्त्वपूर्ण होता है।

जब कोई बालक विद्यालय आता है तो वह अपने परिवार और परिवेश की विशिष्ट भूमिका के साथ आता है तथा उसके पास कुछ विशेष क्षमताएँ, कौशल, रुचियाँ और रुझान होते हैं जिनके कारण वह विशिष्ट व्यक्ति बनता है। अतः जब पूरी कक्षा को एक ही प्रकार के अधिगम अनुभव प्रदान किए जाते हैं तब भी प्रत्येक शिक्षार्थी एक विशिष्ट अध्येता सिद्ध होता है।

इस संदर्भ में शिक्षण के उद्देश्यों का अपने-आप में कोई विशेष स्थान नहीं होता। प्रत्येक अध्येता के लिए उनका विशेष अर्थ होता है कि अधिगम के परिणामस्वरूप वह क्या है से, क्या बनता है। वस्तुतः अधिगम की प्रक्रिया से अध्येता में एक विकासात्मक प्रवृत्ति प्रारंभ होती है जिससे उसकी क्षमताएँ और योग्यताएँ बढ़ती हैं।

जीवविज्ञान के साथ सम्पूर्ण विज्ञान द्वारा न केवल कुछ क्षमताएँ और योग्यताएँ अर्जित की जाती हैं, अपितु उनके साथ वे पद्धतियों और अभिवृत्तियों को भी सीखते हैं जिनका प्रयोग ज्ञानार्जन के लिए वैज्ञानिक करते हैं। इन्हें अधिगम के उपाय और प्रक्रिया कहा जाता है। वैज्ञानिक तथ्य, आँकड़े, सिद्धान्त आदि को उत्पाद कहा जाता है, जबकि प्रक्रिया का संबंध वैज्ञानिक पद्धतियों के साथ होता है। विभिन्न विज्ञानों के अनुप्रयोगों से जीवन की गुणवत्ता बढ़ायी जा सकती है। किसी फूल या पशु को बढ़ता देखते समय जीव-वैज्ञानिक विविध स्थितियों में विविध प्रकार के कार्य करते हैं। इस प्रकार के कार्यों के लिए आवश्यक कुछ कौशलों और प्रक्रियाओं को इस प्रकार सूचीबद्ध किया जा सकता है।

प्रेक्षण	Observation
प्रयोग	Experimentation
विश्लेषण और व्याख्या	Analysis and Interpretation
वर्गीकरण	Classification
मापन	Measurement
सम्प्रेषण	Communication
पूर्वानुमान	Prediction

इस संदर्भ में शिक्षक की भूमिका अधिगम की संक्रियाओं के व्यस्थापक या प्रबंधक की होती है उनकी प्रस्तुत खोजपरक क्रियाएँ पर्याप्त रुचिकर होनी चाहिए, साथ ही चुनौतियों से भरी भी होनी चाहिए।

अधिगम की प्रारंभिक स्थितियों में शिक्षक ही सारी शैक्षणिक क्रियाओं का केन्द्रबिन्दु होता है, जैसे तथ्यात्मक सूचना देना, उनकी व्याख्या करना, निदर्शन आयोजित करना इत्यादि। शिक्षार्थियों की क्रियाएँ सामूहिक कार्यों के रूप में होती हैं जिनके सामने शिक्षकों द्वारा दिए गए विशिष्ट कार्य पूछताछ/जाँच जैसे कार्य होते हैं और शिक्षक अपनी भूमिका द्वारा उनका मार्गदर्शन और सहायता प्रदान करते हैं जो जब आवश्यक होती हैं या छात्रों द्वारा माँगी जाती है। शिक्षक विभिन्न समूहों के कार्यों का समन्वयन करता है। इसी के पश्चात् शिक्षार्थियों को दिए गए विभिन्न कार्यों को स्वतंत्र रूप से करने के लिए प्रोत्साहित किया जा सकता है।

इस अनुक्रम में प्रारम्भ में शिक्षक निदर्शन और व्याख्या के कार्यों में व्यस्त रहता है, फिर वह अपने-आपको अपेक्षाकृत अधिक मुक्त अनुभव कर सकता है। क्योंकि अब उसे व्यक्तियों या समूहों को देखना और उनका मार्गदर्शन भर करना होता है। व्यक्तिगत स्तर पर किए जाने वाले कामों को देखकर शिक्षक छात्रों के ज्ञानार्जन के विविध आयामों और उनकी गम्भीरता को समझ सकते हैं कि उन्होंने किन कौशलों को सीखा है और क्या ज्ञान प्राप्त किया है। इस अवस्था में मूल्यांकन द्वारा शैक्षणिक विषय-वस्तु और पद्धति की प्रभावशीलता का आकलन निरंतर प्रतिपुष्टि किया जा सकता है।

विलार्ड जे. जैकोबसन (Willard J. Jacobson) ने अपनी पुस्तक The New Elementray School Science में अधिगम के चार लक्ष्यों को बताया है जो इस प्रकार हैं–

- विश्वदर्शन का विकास
- वैचारिक संरचना की समझ
- प्रमुख प्रक्रियाओं को करने के कौशल
- विज्ञान के लाभों की सराहना

जैकोबसन ने छात्रों की प्रगति के अभिलेखन के लिए निम्नलिखित युक्तियाँ बताई हैं–

- वृत्तांत-अभिलेखन (Anecdotal Records)
- प्रेक्षणपरक जाँच सूची (Observation Checklist)
- छात्रों का लेखन (Writings of Students)
- प्रयोगों और निदर्शनों के प्रति प्रतिक्रियाएँ (Reactions to Demonstrations and Experiments)
- छात्रों द्वारा पूछे गए प्रश्नों के प्रकार और संख्या (Number and kind of questions asked by Students)
- परीक्षण — Tests.

छात्रों के अधिगम में सुधार लाने तथा उसकी गति बढ़ाने की दृष्टि से उक्त सभी का उपयोग किया जा सकता है।

29.4 जीवविज्ञान के शिक्षण के केन्द्रिक बिन्दु (The Focal Points in Teaching of Biology)

छात्रों में विषय की व्यावहारिक/प्रकार्यात्मक समझ विकसित करने के साथ-साथ शिक्षकों को ये कार्य भी करने चाहिए–

(i) छात्रों में वैज्ञानिक अभिवृत्तियों का विकास करना
(ii) छात्रों को न केवल जीवविज्ञान के उत्पादों के विषय में जानना चाहिए, अपितु उनकी प्रक्रियाओं के बारे में भी जानना चाहिए।
(iii) जीवविज्ञान के उपकरणों और तकनीकों के साथ उनकी पद्धतियों के बारे में भी बताया जाना चाहिए जिन्हें जीववैज्ञानिक अपने अनुसंधान कार्यों में उपयोग में लाते हैं।
(iv) जीवविज्ञान के सामाजिक पक्षों के विषय में समझाया जाना चाहिए कि किस प्रकार वह सामान्यीकरण के कारक के रूप में अभिवृत्तिपरक मूल्यों को विकसित करता है और कैसे जीवविज्ञान के प्रभाव ने हमारे दैनिक जीवन को परिवर्तित कर दिया है।
(v) विषय का सम्पूर्ण चित्र देने के लिए जीवविज्ञान की वैचारिक रूपरेखा का बोध भी देना चाहिए।
(vi) मनुष्य के कल्याण और भलाई से संबंधित जीववैज्ञानिक समस्याओं की समझ के लिए आधार प्रदान करने हेतु तथ्यों का वस्तुनिष्ठ प्रस्तुतीकरण आवश्यक होता है।

29.5 जीवविज्ञान के शिक्षण के उद्देश्यों का अनुभावन (Realising the Objectives of Teaching Biology)

यह न केवल वाँछनीय है, अपितु आवश्यक भी है कि विभिन्न विषयों की चर्चा करते

समय जीवविज्ञान के सभी उद्देश्यों का ध्यान रखना चाहिए। निम्नलिखित बिन्दुओं का ध्यान शिक्षकों को अपने अध्यापन कार्य में अवश्य रखना चाहिए।

जीव-वैज्ञानिक संकल्पनाओं की प्रकार्यात्मक समझ विकसित करना (Develop a functional understanding of biological concepts)

वाँछित संकल्पना के निर्माण के लिए, पारिभाषिक शब्दों के सुनिश्चित और संक्रियात्मक अर्थ सिखाने के लिए और सूचना के सभी विश्वसनीय स्रोतों की जानकारी के लिए सुनिश्चित प्रयत्न करने चाहिए जिससे छात्रों में प्रकार्यात्मक समझ विकसित हो सके।

जीवविज्ञान की समस्याओं के समाधान के कौशलों को विकसित करना (Develop problem solving skills in Biology)

इस प्रसंग में ऐसी वास्तविक समस्याओं को सामने रखना चाहिए जिनके समाधान पाठ्यपुस्तकों में तत्काल उपलब्ध न हों। छात्रों से अपेक्षा की जा सकती है कि वे अनुमान और सामान्यीकरण करें। छात्रों को ऐसी स्थिति में रखा जा सकता है कि वे अपरिचित विशिष्ट स्थिति में सामान्यीकरण का अनुप्रयोग करें। इस प्रकार की स्थिति से कुछ ऐसी समस्याएँ सामने आ सकती हैं जिनमें से किसी एक समस्या को छात्र महत्त्वपूर्ण मानकर, उससे संबंधित प्रमुख विचार को विलग कर, उनके लिए वैध प्रमाणों की पहचान कर सकें, अनंतिम प्रकल्पन प्रस्तुत कर सकें, उसका परीक्षण कर सकें और निष्कर्ष निकाल सकें। यह अनुक्रम सदैव सबके लिए आवश्यक नहीं भी हो सकता है। क्योंकि उनकी क्षमताओं को स्वतंत्र रूप से विकसित नहीं किया जा सकता।

जीववैज्ञानिक घटनाओं को सराहने की क्षमता विकसित करना। (Develop appreciation for Biological phenomenon)

जीवविज्ञान के शिक्षण में सामान्यत: इस पक्ष की उपेक्षा होती रही है। इस प्रसंग में इस प्रकार की बातों पर भार दिया जाना चाहिए कि जीवविज्ञान मनुष्य की खाने, कपड़े, और मकान की सुविधा प्रदान करने में सहायक सिद्ध हो सकता है। जीवन के परिरक्षण में जीवविज्ञान महत्त्वपूर्ण भूमिका निभाता है। जीव-वैज्ञानिक घटनाओं में मनुष्य का स्थान, जीवन के मानकों के उन्नयन में जीवविज्ञान का अनुप्रयोग, जीव-वैज्ञानिकों के साहसिक कार्यों, जैसे विषयों पर मुख्य रूप से प्रकाश डाला जा सकता है।

जीवविज्ञान में रुचि का विकास करना (Develop interest in Biology)

छात्रों में विषय के प्रति रूचि का विकास करना साध्य भी है और साधन भी। साध्य के रूप में वह गम्भीर और स्थायी रुचि के विकास के लिए अभिप्रेरणा का काम करता है, वहीं साधन रूप में वह समझ बढ़ाने का आधार होता है। अत: दैनिक जीवन में जीव-वैज्ञानिक सिद्धान्तों के अनुप्रयोग और जीवन से संबंधित समस्याओं को समझने और उनका सामाधान करने पर भार दिया जाना चाहिए।

जीव-वैज्ञानिक घटनाओं के प्रति वैज्ञानिक अभिवृत्ति विकसित करना (Develop scientific attitudes towards biological phenomenon)

जीवविज्ञान के अध्ययन से छात्रों में मुक्त मानसिकता, बौद्धिक निष्ठा या ईमानदारी, स्थगित निर्णय, अतिवादों से मुक्ति और कार्यकारण संबंधों की समझ और सराहना के भाव

विकसित किए जाने चाहिए। इस संदर्भ में यह भी उल्लेखनीय है कि छात्रों को निराधार मान्यताओं और अंधविश्वासों के निराकरण के लिए शोध परिणामों को उद्धृत करने के लिए प्रेरित करने के साथ-साथ, उन्हें सामग्री की अपर्याप्तता तथा निर्णयों की सीमाओं के बारे में भी जागरूक करना चाहिए।

अधिगम के मनोविज्ञान पर आधारित शिक्षण (Psychology of learning to be the basis for teaching)

जीवविज्ञान से संबंधित विविध तथ्यों और घटनाओं की संकल्पनाओं और सिद्धान्तों के रूप में प्रस्तुत करने के प्रयास किए जाने चाहिए। मनोवैज्ञानिक दृष्टि से उपयुक्त और स्वस्थ स्थितियाँ पैदा की जानी चाहिए जिनसे अधिगम में सुविधा हो। आगे इस संदर्भ में कुछ सुझाव दिए जा रहें हैं।

छात्रों को वह विषय-विस्तु दी जाए जिसके लिए वे तत्पर हों (Provide subject matter for which the learner is ready)

इससे उनमें किसी प्रकार का असंतोष या कुण्ठा पैदा न होनी चाहिए। निश्चित ही यह छात्रों की परिपक्वता के स्तर पर निर्भर होगा तथा संतोषकारी होने के लिए उसका छात्रों के पूर्वज्ञान पर आधारित भी होना आवश्यक है।

ऐन्द्रिक सम्पर्क, निर्मित सामग्री तथा मौखिक - लिखित शब्द, ये तीन ही अधिगम के साधन हैं (Sensory contact, contrived materials and oral or printed words are the three main tools leading to learning)

हमें सदा सरल से जटिल की ओर अग्रसर होना चाहिए। इसके लिए संकल्पनाओं का उचित श्रेष्ठीकरण और स्थापन आवश्यक होता है। विभिन्न कक्षाओं के लिए आवश्यक परिष्कार को भी सदा ध्यान में रखना चाहिए।

अधिगम के प्रोन्नयन के लिए छात्रों को अभिप्रेरित करें (Motivate students to promote learning)

अभिप्रेरणा अधिगम की आत्मा होती है। छात्रों में अभिप्रेरणा तभी सिद्ध होती है जब प्रस्तुतीकरण उनकी दृष्टि में सार्थक होता है। इसीलिए छात्रों को पहले ऐसी सामग्री दी जानी चाहिए जिससे वे परिचित हों। इसीके बाद अपरिचित सामग्री दी जानी चाहिए। क्योंकि प्रत्येक स्तर पर शैक्षिक शास्त्रों और अनुभवों की भूमिका पर ही शैक्षणिक संरचना का भवन खड़ा किया जा सकता है।

इसी प्रकार प्रस्तुति में प्रकार्यात्मक पक्ष को संरचनात्मक पक्ष से पहले रखना चाहिए। क्योंकि जब प्रकार्यों को समझ लिया जाता है तभी छात्रों के लिए, विभिन्न प्रकार्यों के संबंध में विस्मृत संरचनाओं का पुनर्निमाण करना सरल होता है। संग्रहीत सिद्धान्तों से पहले विशिष्ट सूचनाएँ दी जा सकती हैं। इससे सरलता से भूली जाने वाली विशिष्टताओं को जोड़ने में सहायता मिलती है जिन्हें बाद में प्रमुख संकल्पनाओं और सामान्यीकरणों के अंतर्गत समाहित कर लिया जाता है।

हमें याद रखना चाहिए कि सीखी गई बातें तभी स्थायी होती हैं जब बार-बार के अनुभवों द्वारा उनका पुनर्वलन किया जाता है।

प्रारंभ में सभी अध्येताओं की रुचि, तथ्यों के प्रेक्षण और उनकी समझ में होती है, न कि सामान्यीकरणों को स्वीकार करने में। 'देखो और कारण समझो' का सूत्र इसीलिए लाभकारी माना जाता है।

अधिक स्थायी अधिगम को ही सरलता के साथ अधिकाधिक वैविध्यपूर्ण और जटिल स्थितियों में रूपान्तरित किया जा सकता है। अधिगम का रूपान्तरण तभी अधिक तीव्र गति से होता है और वह प्रभावी भी होता है। हमें इन बातों का ध्यान रखना चाहिए।

29.6 विषय-वस्तु का प्रभावी सम्प्रेषण (Ensuring Effective Communication of Subject-Matter)

यदि शिक्षार्थी की समझ में आए तो वाचिक सम्प्रेषण ही सर्वाधिक प्रभावी होता है। वाचिक सम्प्रेषण की उपयुक्तता की मात्रा का निर्धारण इस बात से होता है कि अध्येता ने कितनी सरलता और सुविधा के साथ शैक्षणिक सामग्री का बोधन किया है।

सम्प्रेषण की उपयुक्त रीति/विधा का प्रयोग (Use of appropriate mode of communication)

सम्प्रेषण की विविध विधाओं/रीतियों का प्रयोग विभिन्न प्रकार की विषय-वस्तुओं के लिए किया जाता है जो संदर्भ विशेष में उसकी उपयुक्तता पर निर्भर होता है। विवरण, कथन और व्याख्या ये तीन विधाएँ हैं; परंतु विभिन्न स्थितियों में उनका चयन इस बात पर निर्भर होता है कि वे कितनी सही और उपयुक्त हैं। यह एक ऐसा निर्णय है जिसे शिक्षार्थी या व्यक्ति से परिचित कक्षा-अध्यापक ही ले सकता है।

जीवविज्ञान की तकनीकी शब्दावली का प्रयोग (Use of technical terminology of biological science)

जीव-वैज्ञानिक घटनाओं की व्याख्या के लिए पारिभाषिक या तकनीकी शब्दावली का प्रयोग अनिवार्य होता है। जब भी नई शब्दावली का प्रयोग किया जाए तो पहले उसकी व्याख्या, यथासम्भव उदाहरणों के साथ की जानी चाहिए। इस बात की सावधानी भी बरतनी चाहिए कि पारिभाषिक शब्दावली का प्रयोग विवेकपूर्वक हो, नहीं तो अध्येताओं को भ्रान्ति हो सकती है।

प्रस्तुतीकरण में एकरूपता (Be consistent in making presentations)

यदि प्रस्तुतीकरण में एकरूपता हो तो पूर्व परिचय के कारण अध्येता उसे सरलता से स्वीकार कर लेते हैं और इससे विषय-वस्तु के दृढ़ीकरण में सहायता मिलती है।

विषय-वस्तु और प्रस्तुतीकरण सुसंगत हो (Assure coherence)

उचित अनुक्रम अधिगम की कुँजी होता है और सदा इसका निर्वाह करना चाहिए।

तुरंत प्रतिक्रया माँगना (Prompt response to classification sought)

शिक्षकों को चाहिए कि वे सदा छात्रों को तुरंत प्रश्न पूछने के लिए प्रेरित करें, जब भी कोई प्रश्न उनके मन आए। इससे बाद में होने वाली भ्राँतियों से छात्रों को बचाया जा सकता है।

29.7 उपयुक्त चित्रों/उदाहरणों का उपयुक्त प्रयोग (Use Appropriate Illustrations Appropriately)

चित्रों/उदारहणों के उपयुक्त प्रयोग के कुछ मूलभूत सिद्धान्तों और अनिवार्य शर्तों की चर्चा नीचे की जा रही है, जिनका अनुसरण शिक्षक कर सकते हैं–

- पहले से निश्चय करें कि चित्रों/उदाहरणों का प्रयोग कब और कहाँ किया जाए।
- आरेखों, रेखाचित्र, चित्र, फोटों आदि के उदाहरणों के रूपों की उपयुक्तता के विषय में पूर्व निश्चय किया जाए।
- विशिष्ट उद्देश्यों की पहचान की जाए जिनके लिए चित्रों/उदाहरणों का प्रयोग किया जा रहा है यथा–संकल्पनाओं की व्याख्या के लिए, जीव–वैज्ञानिक तथ्यों के विवरण के लिए, किसी विशिष्ट वैज्ञानिक घटना की व्याख्या के लिए अथवा सामान्यीकरण के लिए।

इनके आधार पर शिक्षक उपयुक्त चित्रों/उदाहरणों का स्पष्टता के साथ प्रयोग कर सकते हैं। वस्तुत: चित्र, सोदाहरण व्याख्या आदि जीवविज्ञान और भूगोल जैसे विषयों की आत्मा होती है। अत: इनका पर्याप्त उपयोग किया जाना चाहिए जिससे शिक्षण, अधिगम में रूपान्तरित हो सके।

30

गृहविज्ञान का शिक्षण
(Teaching of Home Science)

गृहविज्ञान की मूल संकल्पना में अभूतपूर्व परिवर्तन हो चुके हैं और प्रत्येक परिवर्तन के साथ गृहविज्ञान का प्रत्येक पक्ष व्यावसायिक होता गया है और उसका वाणिज्यीकरण हो रहा है।

30.1 गृहविज्ञान का क्षेत्र (The Scope of Home Science)

राजम्ममल पी. देवदास ने गृह विज्ञान के क्षेत्र की सविस्तार चर्चा कर उसके विभिन्न घटकों के योगदान पर विचार किया है जिसका सार यहाँ दिया जा रहा है।

आध्यात्मिक मूल्यों के क्षेत्र में (In the area of spiritual values)

गृह विज्ञान के अध्येता–

1. संविधान में निर्धारित मौलिक कर्त्तव्यों का पालन कर सकेंगे।
2. राष्ट्र की प्रगति में स्वेच्छापूर्वक और सहर्ष अपना योगदान दे सकेंगे।
3. सभी लोगों के साथ सौहार्दपूर्वक और सहर्ष जीवन व्यतीत कर सकेंगे।
4. सामूदायिक भावनओं का विकास करते हुए समाज सेवा के लिए तत्पर रहेंगे।
5. अनुशासित और व्यवस्थित रूप के जीवन यापन कर सकेंगे।

बालविकास और बाल कल्याण के क्षेत्र में (In the area of child care and development)

गृहविज्ञान अपने छात्रों को बालकों को स्वस्थ, सुखी और सुरक्षित रखने के महत्त्व के विषय में सचेत करता है।

1. माताओं की अनुपस्थिति में घरों में छोटे बालकों का ध्यान रख सकेंगे।
2. बालकों को आत्मनिर्भर बनाने में सहायता कर सकेंगे।
3. माता-पिताओं के व्यस्त होने पर बालकों को रचनात्मक कार्यों में लगाए रख सकेंगे।
4. कामकाजी महिलाओं के लिए स्थापित शिशुसदनों में सहायता प्रदान कर सकेंगे।
5. बाल बाड़ियों में सहायता प्रदान कर सकेंगे।

खाद्य और पोषण के क्षेत्र में (In the area of food and nutrition)

गृहविज्ञान की शिक्षा छात्रों को और अधिक खाद्य वस्तुओं के उत्पादन और उसके प्रभावी उपयोग में सहायता प्रदान कर सकता है:

1. पोषण के सिद्धातों और खाने की स्वस्थ आदतों की समझ द्वारा के पूर्ण स्वास्थ्य और वृद्धि को प्राप्त किया जा सकेगा।
2. छात्र सबके लिए सस्ते, पौष्टिक और सुरक्षित खाद्य पदार्थों के चयन और प्रयोग कर सकेंगे जैसे कि पत्तों वाली हरी वनस्पतियाँ, पोषक मकई रागी और ऐसे ही अन्य खाद्य-पदार्थ। इनके उपयोग से अच्छा स्वास्थ्य तो मिलेगा ही, उसके टोनिक आदि स्वास्थ्यवर्धक औषधियों पर होने वाले खर्चों से भी बचा जा सकता है।
3. सस्ते पूरक खाद्य पदार्थों का उपयोग।
4. पकाने के उपुयक्त तरीकों का उपयोग जिनसे खाद्य पदार्थों की पोषण क्षमता परिरक्षित रहती है।
5. अधिक भोजन करने के दोषों के प्रति संवेदनशील बनाने से स्वास्थ्य को सुधारा जा सकता है।
6. खाद्य-पदार्थों की पैदावार को बढ़ाने की दृष्टि से पाकशाला उद्यान (किचिन गार्डन) बनाकर हर सम्भव उपलब्ध भूमि का उपयोग कर सकेंगे।
7. अपने समुदाय में अच्छे पोषण तत्त्वों का प्रचार कर सकेंगे।
8. भोजन के पारंपरिक अभ्यासों का मूल्यांकन कर सकेंगे।

गृह-प्रबंधन के क्षेत्र में (In the area of home management)

गृहविज्ञान छात्रों को यह समझने में सहायता करता है कि कैसे गृहप्रबंधन और उपलब्ध संसाधनों और क्षमताओं का पूर्ण उपयोग, राष्ट्र के लिए मूल्यवान हो सकता है, जैसे-

1. प्रत्येक पैसे का बुद्धिमानीपूर्वक खर्च।
2. बचत, भावी खर्चों के लिए निवेश होती है, अतः बचत करना स्वैच्छिक और स्वप्रेरित होना चाहिए, गृहविज्ञान यही सिखाता है।
3. सफलतापूर्वक समययापन करना चाहिए जिससे कम से कम समय में अधिक से अधिक कार्य किये जा सकें।
4. रचनात्मक दृष्टि से समय यापन करना।
5. दक्षतापूर्वक समय यापन करना जिससे घर के बड़े घर के दैनिक कार्यों से मुक्त होकर अधिक आवश्यक और लाभकारी कार्यों को कर सकें।
6. लाभकारी रीति से ऊर्जा का व्यय किया जाए।
7. अपनी वैयक्तिक और विद्यालय की सम्पत्ति का ध्यान रखना जिससे उनकी मरम्मत और उनके लिए नई वस्तुओं की खरीद पर होने वाले व्यय को कम किया जा सके।
8. समाजसेवा के कार्यों में अपनी शक्ति और समझ को लगाना।
9. बिजली, ईंधन, जल तथा ऐसी ही अन्य उपयोगी वस्तुओं के उपयोग में मितव्ययता करना।

आवास के क्षेत्र में (In the area of housing)

गृहविज्ञान अपने अध्येताओं को पर्याप्त आवास और अच्छे स्वास्थ्य और आराम के बीच के संबंधों को समझाता है:

1. अच्छे आवास की आवश्यकताओं को समझना।
2. घर और आसपास के परिवेश में सफाई रखना।

3. घर और परिवेश में अनावश्यक वस्तुओं के ढेरों से बचना।
4. स्थान के उपयोग में अपव्ययता से बचना।

वस्त्र और पोशाकों के क्षेत्र में *(In the area of textiles and clothing)*

वस्त्रों और पोशाकों के चयन, रख-रखाव और मरम्मत की दृष्टि से महत्त्वपूर्ण सिद्धान्तों और व्यवहारों की समझ में गृहविज्ञान छात्रों को सहायता प्रदान करता है।

1. फैशन और लोगों के खयालों की चिन्ता किए बगैर न्यूनतम आराम देह और जरूरी पोशाकों को पहनना।
2. पोशाकों को उचित प्रकार से साफ करना/धोना।
3. पोशाकों को आकर्षक बनाना।
4. पोशाकों को ठीक से रखना जिससे वे बहुत दिनों तक काम आएँ।
5. पोशाकों की उपयोगिता बढ़ाने के लिए उनकी तुरंत मरम्मत करना/करवाना।

गृहविज्ञान का एकीकरण प्रभाव (Integrating influence of Home Science)

गृहविज्ञान के विविध पक्षों पर विचार करते समय इस बात पर बल देना चाहिए कि किस प्रकार इसके विभिन्न पक्षों को परस्पर जोड़ा जाए कि छात्रों को अपने परिवार और घर की समस्याओं के समाधान में सहायता मिल सके। उदाहरण के लिए परिवार के लिए भोजन की व्यवस्था करना, न केवल भोजन और पोषण की समस्या है, अपितु यह बाल विकास की भी समस्या है। इसी प्रकार अन्य पारिवारिक समस्याएँ हैं जो गृहविज्ञान के विभिन्न पक्षों से जुड़ी होती हैं।

पारिवारिक जीवन के न केवल शरीर वैज्ञानिक और मनोवैज्ञानिक आयाम हैं, अपितु आध्यात्मिक आयाम भी होते हैं। एकात्मता, सुख, स्वास्थ्य, अर्थव्यवस्था, सुन्दरता और सुविधाएँ हैं जिनसे परिवार की भलाई होती है। इसीलिए गृहविज्ञान के अध्ययन में छात्र विशेष रूचि दिखाते हैं, क्योंकि वे भावी माता-पिता, नागरिक और नेता होते हैं। इसीलिए विद्यालयों में गृहविज्ञान को दोनों लड़के और लड़कियों के लिए अनिवार्य विषय बनाने की आवश्यकता है।

गृहविज्ञान के शिक्षकों के सामने अनेक चुनौतियाँ होती हैं। क्योंकि उन्हें ऐसे कार्यक्रम विकसित करने होते हैं जो छात्रों की आवश्यकताओं की पूर्ति कर सकें। वस्तुतः यह शिक्षकों के लिए एक अत्यंत संतोषकारी व्यवसाय होता है। क्योंकि वे छात्रों की इस प्रकार सहायता करते हैं कि वे अपने घरपरिवार के जीवन की माँगों की पूर्ति कर सकें।

30.2 गृहविज्ञान के शैक्षणिक उद्देश्य (Instructional Objectives of Home Science)

उपर्युक्त चर्चा के संदर्भ में गृहविज्ञान के शैक्षणिक उद्देश्यों को इस प्रकार समझा जा सकता है:

1. कम से कम लागत/खर्च में घरों की बेहतर व्यवस्था और प्रबंधन, अच्छे स्वास्थ्य की व्यवस्था और सुविधाओं को प्रदान करने के लिए आवश्यक सिद्धान्तों, संकल्पनाओं, तथ्यों और उनकी पारिभाषिक शब्दावली का ज्ञानार्जन करना।
2. निम्नलिखित को विकसित करना:

   2.1 बेहतर घरों की व्यवस्था के सिद्धान्तों और और कार्य विधियों की समझ।

2.2 अच्छे स्वास्थ्य के सिद्धान्तों और कारकों की समझ।

2.3 सुख और सुविधा प्रदान करने के सिद्धान्तों की समझ।

2.4 सुख और आवश्यकताओं की पूर्ति के लिए बुद्धिमानीपूर्वक धन का प्रयोग।

3. अपने बजट के अंदर निम्नलिखित कार्यों को करने में सिद्धान्तों के ज्ञान और समझ का अनुप्रयोग करना।

3.1 उपयुक्त आवास का चयन।

3.2 सुविधापूर्वक घर की व्यवस्था।

3.3 परिवार के सदस्यों के लिए संतुलित आहार की व्यवस्था।

3.4 उपयुक्त पोषाकों की व्यवस्था।

4. निम्नलिखित से संबंधित क्षमताओं को प्राप्त करना:

4.1 सुख-प्रदान करने के लिए सुविधाजनक और आकर्षक कक्षों की व्यवस्था करना।

4.2 परिवार के लिए भोजन पदार्थों की सूची और भोजन तैयार करना।

4.3 परिवार के सदस्यों के लिए पोशाकों को तैयार करना और उनकी मरम्मत करना।

4.4 परिवार के सदस्यों के स्वास्थ्य की व्यवस्था करना।

4.5 अपने बजट और आवश्यकताओं के अनुरूप घर-खर्च और खरीद करना।

4.6 आवश्यक हिसाब किताब रखना।

5. अपने अवकाश के समय को आनन्दपूर्वक और सफलतापूर्वक व्यतीत करने के लिए कुछ शौकों में रूचि विकसित करना।

6. स्वास्थ्य, स्वच्छता और भोजन की आदतों के प्रति वैज्ञानिक अभिवृत्तियों को विकसित करना जिससे अंधविश्वासों और अवांछनीय रीतियों से मुक्त हुआ जा सके।

7. उपस्करों व फर्नीचरों और पोशाकों की डिजाईनों, भोजन परोसने की विधियों रंग योजनाओं तथा बाहरी और अन्दरूनी साज-सज्जा के सौन्दर्य को सराहने की योग्यता विकसित करना।

उद्‌देश्य और उनका स्पष्टीकरण (Objectives and their Specifications)

30.2.1. उद्‌देश्य: कम से कम लागत/खर्च में बेहतर घरों की व्यवस्था और प्रबंधन, अच्छे स्वास्थ्य की व्यवस्था और सुविधओं को प्रदान करने के लिए आवश्यक सिद्धान्तों, संकल्पनाओं, तथ्यों और उनकी पारिभाषिक शब्दावली का ज्ञानार्जन करना।

उद्‌देश्य *का स्पष्टीकरण*: उक्त उद्देश्य की सम्प्राप्ति को निदर्शित करने के लिए छात्र:

1. आवश्यक सूचनाओं का पुन:स्मरण कर सकेंगे।
2. विविध प्रकार के व्यक्तियों की आवश्यकताओं को समझ सकेंगे।

30.2.2. उद्‌देश्य: निम्नलिखित को विकसित करना।

2.1 बेहतर घरों की व्यवस्था के सिद्धान्तों और कार्यविधियों की समझ।

2.2 अच्छे स्वास्थ्य के सिद्धान्तों और कारकों की समझ।

2.3 सुख-सुविधा प्रदान करने के सिद्धान्तों की समझ।

2.4 सुख और आवश्यकताओं की पूर्ति करने के लिए बुद्धिमानीपूर्वक धन का प्रयोग।

उद्देश्य *का स्पष्टीकरण*: उक्त उद्देश्य की सम्प्राप्ति को निदर्शित करने के लिए छात्र:

1. विभिन्न प्रकार के घरों की आवश्यकताओं की पहचान कर सकेंगे तथा अपने बजट में उनको पूरा करने के सर्वोत्तम साधनों को बता सकेंगे।
2. सूचनाओं की तुलना और व्यतिरेक कर सकेंगे।
3. वर्गीकरण कर सकेंगे।
4. विभिन्न प्रकार के घरों के बीच विभेद कर सकेंगे।
5. संबंधों को समझ सकेंगे।

30.2.3 उद्देश्य: अपने बजट के अंदर निम्नलिखित कार्यों को करने में सिद्धांतों के ज्ञान और समझ का अनुप्रयोग करना:

3.1 उपयुक्त आवास का चयन।

3.2 सुविधापूर्वक घर की व्यवस्था।

3.3 परिवार के सदस्यों के लिए संतुलित आहार की व्यवस्था।

3.4 उपयुक्त पोशाकों की व्यवस्था।

उद्देश्य का स्पष्टीकरण: उक्त उद्देश्य की सम्प्राप्ति को निदर्शित करने के लिए छात्र:

1. योजना बना सकेंगे और सुझाव दे सकेंगे।
2. घर के लिए उपयुक्त वस्तुओं का चयन कर सकेंगे।
3. गृहप्रबंधन में पहले की गई त्रुटियों को पहचान कर उन्हें सुधार सकेंगे।
4. निवेश और लाभों का विश्लेषण कर सकेंगे।
5. गृह-प्रबंधन में अनुसरणीय सिद्धान्तों के बारे में सामान्यीकरण कर सकेंगे।
6. किए जा रहे प्रयत्नों के परिणामों का पूर्वानुमान कर सकेंगे।

30.2.4 उद्देश्य: निम्नलिखित से संबंधित क्षमताओं को प्राप्त करना–

4.1 सुख प्रदान करने के लिए सुविधाजनक और आकर्षक कक्षों की व्यवस्था करना।

4.2 परिवार के लिए भोज्य पदार्थों की सूची और भोजन तैयार करना।

4.3 परिवार के सदस्यों के लिए पोशाकों को तैयार करना और उनकी मरम्मत करना।

4.4 परिवार के सदस्यों के स्वास्थ्य की व्यवस्था करना।

4.5 अपने बजट और आवश्यकताओं के अनुरूप घर-खर्च और खरीद करना।

4.6 आवश्यक हिसाब-किताब रखना।

उद्देश्य का स्पष्टीकरण: उक्त उद्देश्य की सम्प्राप्ति को निदर्शित करने के लिए छात्र:

1. कक्षों की साफ सफाई कर उन्हें व्यवस्थित कर सकेंगे।
2. कार्य करने के स्थानों और कक्षों को व्यवस्थित कर सकेंगे।
3. रसोई बनाकर उसको परोस सकेंगे।
4. उपयुक्त उपस्करों और उपकरणों का प्रयोग कर सकेंगे।
5. आवश्यकतानुसार उपयुक्त पोशाकों की रूपरेखा बना कर उन्हें तैयार कर सकेंगे।

6. पोशाकों की मरम्मत कर सकेंगे और उनकों सही तरह से रख सकेंगे।
7. बजट तैयार कर उसके अनुसार आवश्यक खरीद कर सकेंगे।
8. आवश्यक हिसाब-किताब रख सकेंगे।
9. आवश्यकतानुसार प्राथमिक उपचार (फर्स्टएड) कर सकेंगे तथा बीमारों की सेवा कर सकेंगे।
10. बच्चों की देखभाल कर सकेंगे।
11. आगन्तुकों और अतिथियों का स्वागत कर सकेंगे (मनोरंजन कर सकेंगे)।

30.2.5 उद्देश्य: अपने अवकाश के समय को आनन्दपूर्वक और सफलतापूर्वक व्यतीत करने के लिए कुछ शोकों में रूचि विकसित करना।

उद्देश्य का स्पष्टीकरण: उक्त उद्देश्य की सम्प्राप्ति को निदर्शित करने के लिए छात्र, संग्रह, पठन और लेखन, चित्रांकन, साजसज्जा, सिलाई, कढ़ाई, नए प्रकार के भोजन तैयार करना, मिट्टी के मॉडल बनाना, खिलौने बनाना, समाज-सेवा जैसे शैक्षिक कार्यों में व्यस्त रह सकेंगे।

30.2.6 उद्देश्य: स्वास्थ्य, स्वच्छता और भोजन की आदतों के प्रति वैज्ञानिक अभिवृत्तियों को विकसित करना जिससे अंधविश्वासों और अवांछनीय रीतियों से मुक्त हुआ जा सके।

उद्देश्य का स्पष्टीकरण: उक्त उद्देश्य की सम्प्राप्ति को निदर्शित करने के लिए छात्र-

1. मुक्त मानसिकता प्रदर्शित कर सकेंगे और तथ्यों को तर्क के आधार पर स्वीकार कर सकेंगे।
2. अंधविश्वासों को स्वीकार न कर सकेंगे।
3. स्वस्थ आदतों को डाल सकेंगे (स्वास्थ्य संवर्धनार्थ)।

30.2.7 उद्देश्य: उपस्करों, फर्नीचरों और पोशाकों की डिजाईनों, भोजन परोसने की विधियों, रंगयोजनाओं तथा बाहरी और अन्दरूनी साजसज्जा के सौन्दर्य को सराहने की योग्यता विकसित करना।

उद्देश्य का स्पष्टीकरण: उक्त उद्देश्य की सम्प्राप्ति को निदर्शित करने के लिए छात्र:

1. अपने घर को सरल कलात्मक वस्तुओं से सजा सकेंगे।
2. स्थान और व्यक्तियों के लिए उचित पोशाकों और वस्त्रों की डिजाईनों का चयन कर सकेंगे।
3. स्पष्ट और सरल वस्तुओं को आकर्षक बना सकेंगे।
4. आकर्षक ढंग से भोजन परोस सकेंगे।
5. अपने रूप को निखारने के लिए पोशाकों की सही शैली का चयन कर सकेंगे।

30.3 गृहविज्ञान के शिक्षण की पद्धति (Methods of Teaching Home Science)

यद्यपि गृहविज्ञान की अपनी सैद्धान्तिक पीठिका है, परन्तु इसकी संक्रियाएँ, जैसाकि पहले चर्चा की गई, प्रकार्यात्मक हैं, इसीलिए गृह-विज्ञान के शिक्षण में निम्नलिखित सोपानों का अनुसरण किया जाता है।

स्वाभाविक रूप से सर्वप्रथम सैद्धान्तिक चर्चा की जाती है। क्योंकि सैद्धान्तिक संकल्पनाएँ और अवधारणाएँ ही हैं जो भावी सोपानों का आधार बनती हैं। क्योंकि इनकी सहायता से छात्र व्यावहारिक संक्रियाओं को वैज्ञानिक पद्धति कर सकते हैं तथा छात्र यह

समझ सकते हैं कि कोई कार्य क्यों किया जा रहा है। इससे छात्र न केवल ज्ञान प्राप्त कर सकते हैं, अपितु उनमें आत्मविश्वास भी उत्पन्न होता है जिससे वे सही कार्यों को सही तरीके से कर पाते हैं। इसका आशय यह नहीं है कि वे किसी मौलिक विचार के लिए खोज और प्रयोग नहीं कर पाएँगे। सैद्धान्तिक पृष्ठ भूमि से छात्रों को मार्गदर्शन मिलता है। उदाहरण के लिए कोई छात्र किसी भी प्रकार की पोषाक की सामग्री का प्रयोग कर सकता है या किसी पोशाक की डिजाईन बना सकता है, परन्तु वह कुछ भी बनाए उसे छाती और कमर की लम्बाई-चौड़ाई का ध्यान तो रखना ही पड़ेगा।

निदर्शन शिक्षण का द्वितीय सोपान होता है तथा सभी शिक्षक शिक्षण के नियमों का पालन करते हुए निदर्शन के सोपानों के अनुक्रम का अनुसरण करते हैं। इस प्रक्रिया में प्रत्येक सोपान से संबंधित सिद्धांतों की पुनः व्याख्या की जाती है। इस प्रकार के सैद्धान्तिक संदर्भों से व्यावहारिक कार्यों की समझ बढ़ती है और अधिगम अधिक स्थायी हो जाता है। इसके बाद किसी वस्तु के निर्माण के लिए उसके संघटक तत्व कच्चे माल से परिचित कराया जाता है, साथ ही उनके विकल्प भी सुझाए जाते हैं जिससे छात्र बाद में स्वयं प्रयोग कर सकें। छात्रों को इसीके साथ मितव्ययता भी सिखाई जाती है जिससे अपव्यय से बच सकें। उपाय और पूर्वोपाय निदर्शन के महत्त्वपूर्ण अंग होते हैं। उन्हें सदैव अपने प्रयत्नों के परिणामों पर ध्यान केन्द्रित करना सिखाया जाता है, साथ ही अपने उत्पाद के गुणधर्मों पर ध्यान देना तथा त्रुटियों से बचना भी सिखाया जाता है अर्थात् उन्हें क्या करना और क्या नहीं करना चाहिए, इस पर भी ध्यान आकृष्ट किया जाता है। उन्हें यह भी समझाना चाहिए कि ऐन्द्रिक बोध ही किसी उत्पाद की गुणवत्ता और उसकी उपयोगिता का आधार होता है।

इसके अतिरिक्त यह भी उल्लेखनीय है कि ऐसी स्थितियाँ होती हैं जहाँ कोई मानक नियम और सिद्धान्त काम नहीं आते, जहाँ स्थितियाँ नितांत विशिष्ट होती हैं, जहाँ केवल मौलिकता ही कुंजी शब्द होता है, जहाँ नई तरह की सोच ही सभी प्रयत्नों की आधार होती है, जहाँ सौन्दर्य बोध ही सर्वसंक्रामक विचार होता है, जहाँ अतीत के अनुभव भी बहुत अधिक लाभकारी नहीं होते, ऐसी स्थितियाँ आन्तरिक सज्जा से संबंधित होती हैं। जब निदर्शन्र प्रत्येक ऐसी स्थिति के अनुसार बदलता रहता है और इस प्रकार नए रूप ले सकता है। अतः प्रत्येक सज्जा के चित्र (फोटो) लिए जा सकते हैं तथा उनकी चर्चा कक्षा में की जा सकती हैं और उनके गुण दोषों के विषय में छात्रों के विचार लिए जा सकते हैं। वास्तविक व्यवहार में भी प्रत्येक आन्तरिक सज्जा का नियोजन प्रयत्न और सुधार के सिद्धान्तों के अनुसार कार्य करता है, वह कई वैकल्पिक नमूने प्रस्तुत करता है, जिनमें जो सर्वोत्तम होता है, उसे वे और उनके ग्राहक चुनते हैं।

निदर्शन से छात्रों में विश्वास का भाव जागता है तथा जो पुस्तकों में लिखा है और जो शिक्षण कर रहा है, उसमें कोई अन्तर या भेद दिखाई न दे तो छात्र समझ सकते हैं, जो कुछ कहा जा रहा है वह मात्र कल्पना नहीं है, अपितु कुछ ऐसा है जिसे सम्भव बनाया जा सकता है तथा उसमें कुछ घट-बढ़ करके छात्र भी स्वयं कर सकते हैं।

पर्यवेक्षित कार्य: जब छात्र सैद्धान्तिक भूमिका प्राप्त कर लेते हैं तथा संक्रियाओं को होते हुए देख चुके होते हैं तो स्वयं उन्हें, जो देखा है उसके अनुरूप स्वयं करने के लिए कहा जा सकता है। इसके लिए आवश्यक सुविधाएँ, उपस्कर, उपकरण और सामग्री उपलब्ध करवाई जानी चाहिए। एतदर्थ छात्रों से यह अपेक्षा नहीं की जानी चाहिए कि वे जाँच

सूची के अनुसार आवश्यक सामग्रियों की सूची बनाएँ और उनकीं जाँच करें क्योंकि प्रयोगशालाओं में सभी सामग्रियाँ उपलब्ध रहती हैं तथा उनकी जाँच हो चुकी होती है कि वे कार्य करने की स्थिति में या नहीं। छात्रों को केवल इतना ही जानने की जरूरत होती है कि वे जानें कि क्या क्या वस्तुएँ हैं और उनसे क्या किया जाता है या क्या किया जा सकता है। ये सब वे शिक्षक द्वारा दिए गए निदर्शन के समय देख चुके होते हैं।

कभी-कभी छात्रों के साथ-साथ शिक्षक भी वही कार्य क्रमशः करता रह सकता है। प्रत्येक सोपान के पश्चात् शिक्षक, छात्रों के पर्यवेक्षण के लिए कक्षा में घूम-फिर कर यह देख सकते हैं कि छात्र उपयुक्त रीति से कार्य कर रहें हैं या नहीं। पर्यवेक्षण के समय शिक्षक निम्नलिखित बिन्दुओं पर ध्यान दे सकता है:

- मूलभूत सैद्धान्तिक नियमों का अनुसरण किया जा रहा है या नहीं।
- सही उपकरणों और यंत्रों का प्रयोग किया जा रहा है या नहीं।
- संक्रियाओं के अपेक्षित अनुक्रम का अनुसरण किया जा रहा है या नहीं।
- उपकरणों और यंत्रों को अच्छी तरह रखा गया है या नहीं, जिससे उनका प्रयोग आवश्यकतानुसार किया सके।
- आवश्यक सामग्री का उपयोग सही मात्रा और विधि से किया जा रहा है या नहीं।
- सभी सम्भव उपायों से सामग्री का अपव्यय रोका जा रहा है या नहीं।
- दुर्घटनाओं को रोकने के लिए आवश्यक पूर्व उपाय किए गए हैं या नहीं।
- उत्पादन या परिणाम की गुणवत्ता आदि का ध्यान रखा जा रहा है या नहीं

यदि किसी छात्र को किसी प्रकार की सहायता की आवश्यकता हो तो उसे वह तत्काल प्राप्त होनी चाहिए। पर्यवेक्षण के कार्य का समापन सदैव सामान्य त्रुटियों की चर्चा के साथ होना चाहिए। इससे निदान और उपचार दोनों कार्य होते हैं।

स्वतंत्र कार्य: सैद्धान्तिक चर्चा, पर्यवेक्षण आदि के पश्चात् शिक्षक छात्रों को कुछ कार्य स्वतंत्र रूप से करने के लिए दे सकते हैं। पहले छात्रों के कार्य के कुछ अंशों को दिया जाना चाहिए। बाद में सम्पूर्ण कार्य दिया जा सकता है। अंत में छात्र नियोजन, कार्यान्वयन और आवश्यकतानुसार उत्पादों और कार्य करने की क्षमताएँ विकसित कर सकते हैं। छात्रों के कार्यों के परिणामों के अंतिम मूल्यांकन करने से पहले सह-पाठियों द्वारा उनका मूल्यांकन करवाया जा सकता है।

गृह-विज्ञान के शिक्षण के उद्देश्य विभिन्न प्रकार के कार्यों और संक्रियाओं के मूल्यांकन के प्रारूपों को तैयार करने में बहुत सहायक सिद्ध होते हैं। शिक्षकों द्वारा किए जाने वाले औपचारिक मूल्यांकन छात्रों के स्वमूल्यांकन के साधन भी बनते हैं।

अभ्यास: अधिगम के दृढ़ीकरण के लिए छात्रों को अधीत कार्यों का पुनः पुनः अभ्यास अत्यंत लाभकारी होता है। क्योंकि इससे अधिगम स्थायी बनता है। इससे छात्र 'करणीय' और 'अकरणीय' से अच्छी तरह परिचित हो जाते हैं। क्योंकि अनुभव सबसे बड़ा शिक्षक होता है। अभ्यास से छात्र स्वयं प्रयत्न और त्रुटि के सिद्धान्त के अनुसार बहुत कुछ सीखते हैं और यह करो और सीखों के अनुसार मूल्यवान सहायक सिद्ध होता है। क्योंकि इसमें छात्र अपनी गलतियों से स्वयं बहुत कुछ सीख सकते हैं। अभ्यास से छात्रों को नवाचार करने और नए-नए प्रयोग करने के अवसर भी मिलते हैं जिससे छात्रों को उपलब्धि और संतोष का भाव प्राप्त होता है।

छात्रों द्वारा किए गए नवाचारों को पूरी कक्षा के साथ अवश्य बाँटना चाहिए। अपने सहपाठियों के अनुभवों से सीखने के साथ-साथ, इनसे छात्रों को नए विचारों और प्रक्रियाओं के प्रयोग की प्रेरणा भी मिल सकती है।

***स्वायत्त कार्य*:** उक्त सभी सोपानों के पश्चात् छात्रों को स्वायत्त होने के अवसर दिए जाने चाहिए, जबकि वह किसी सम्पूर्ण कार्य के सभी पक्षों और प्रक्रियाओं का पूर्ण उत्तरदायित्त्व स्वीकार करता है, वह स्वयं किसी कार्य को चुनता है, उसे पूरा करने के सभी सोपानों के विषय में निर्णय करता है, उपयोग के लिए सामग्रियों को चुनता है और काम करने की प्रक्रिया के बारे में निर्णय लेता है और स्वयं सभी प्रकार के निर्णय लेकर कार्य को पूरा करते सयम अपनी कल्पना शक्ति का पूरा उपयोग करता है जिससे वह ऐसी वस्तु का निर्णय करता है जिसे वह पूरी तरह अपना कह सकता है।

स्वायत्त कार्य से छात्रों को अपनी सृजनात्मक शक्ति, मौलिकता और सौन्दर्य बोध की क्षमता प्रदर्शित करने का पूरा अवसर मिलता है। इससे शिक्षार्थी आर्थिक मितव्ययता के साथ-साथ कार्य को करने में समय और सामग्री की बचत करना भी सीखता है, वह जो कुछ उपलब्ध है, उससे ही बिना किसी प्रकार के अपव्यय के साथ श्रेष्ठ कार्य करना सीख जाता है।

स्वायत्त कार्य करने की क्षमताओं को प्राप्त करने के साथ-साथ छात्र शैक्षिक सीमाओं से परे देखने लगता है और व्यावसायिक क्षमताओं की ओर अग्रसर होने लगता है। क्योंकि आजकल गृहविज्ञान अनेक प्रकार के रोजगारों जैसे होटल-प्रबंधन की विविध शाखाओं के लिए नए रास्ते खोज रहा है।

***व्यापार और उद्योग में प्रशिक्षण (Internship)*:** अब गृहविज्ञान के सभी अध्येताओं (चाहे वे स्त्री हों या पुरुष) के लिए यह एक सुनिश्चित आवश्यकता है कि वे किसी व्यापारिक या औद्योगिक प्रतिष्ठानों में प्रशिक्षुता या इंटर्नशिप करें। उन्हें प्रारम्भ में ही इसका निर्णय कर लेना चाहिए कि किस व्यवसाय में कार्य करना चाहते हैं। अध्येता यदि चाहे तो, शिक्षण क्रम के बीच में अपने निर्णय को अपनी रूचि और रूझान के अनुरूप बदल सकते हैं।

व्यावसायिक जीवन के प्रारम्भ में इस प्रकार के इंटर्नशिप/प्रशिक्षुता का विशेष महत्त्व होता है। कभी-कभी व्यावसायिक औद्योगिक प्रतिष्ठानों द्वारा छात्रों को उनके अध्ययन काल के अंतिम वर्ष में किसी कार्य विशेष के लिए चुन लिया जाता है और नौकरी का प्रस्ताव दे दिया जाता है। इस प्रकार के नौकरी प्रस्ताव प्रशिक्षणार्थियों को आकर्षित करने की दृष्टि से दिए जाते हैं। क्योंकि सभी में धनोपार्जन करने की महत्त्वाकांक्षा होती है। सामान्यत: नौकरी बदलने का क्रम तब तक चलता रहता है, जब तक कि वह अपनी रूचि का व्यवसाय या नौकरी नहीं पा लेता।

वस्तुत: इस प्रशिक्षुता की अवधि में ही शिक्षार्थी व्यापारिक/व्यावसायिक जीवन में पदार्पण करता है जहाँ उसे प्रोन्नति के लिए अपनी क्षमताओं का सर्वोतम रूप प्रदर्शित करना होता है।

इसी कालावधि में उसे अपने सैद्धान्तिक ज्ञान का पुनरीक्षण करना होता है और उसका वास्तविक जीवन्त स्थितियों में अनुप्रयोग करना होता है। अब यह केवल *सीखने के लिए सीखना* नहीं कर, *कमाने के लिए कार्य करने* की स्थिति होता है। अत: अब यह स्थिति अधिक, चुनौती भरी होती है।

काम काज की दुनियाँ में प्रवेश: जैसाकि पहले संकेतिक किया जा चुका है, काम काज की दुनियाँ में प्रवेश करना ही शिक्षा का अंतिम लक्ष्य होता है जिसकी सभी शिक्षार्थी कामना करते हैं और जहाँ वे जीवन की चुनौतियों का सामना करने के लिए तत्पर होते हैं। अब सब कुछ वास्तविक होता है, कुछ भी काल्पनिक नहीं होता। अब सब कुछ व्यावहारिक होता है, कुछ भी सैद्धान्तिक नहीं। अब सब कुछ केवल काम ही काम होता है और आराम थोड़ा बहुत। अब उसे कोई परीक्षा उत्तीर्ण नहीं करनी होती, न ही कोई प्रमाण पत्र प्राप्त करना होता है। अब उसे अपने सामर्थ्य को सिद्ध करना होता है, अपनी क्षमताओं का प्रदर्शन करना होता है और अपनी योग्यताओं को दिखाना होता है, अपने मूल्य को सिद्ध करना होता है।

अब शिक्षार्थी को अन्य लोगों के साथ एक दल के रूप में कार्य करना पड़ता है, साथ ही उसे अपने व्यक्ति या निजता को भी बचाए रखना होता है। अब शक्ति सामर्थ्य के लिए सहयोग (सहकार) और उत्कर्ष के लिए प्रतियोगिता होती है और शिक्षार्थी को दोनों का प्रदर्शन करना होता है। कार्य में दक्षता का ही महत्त्व होता है और अपने अस्तित्त्व को बचाए रखने के लिए और कोई विकल्प नहीं होता।

उन्हें यह भी समझ होना चाहिए कि उसे सदा देखा जा रहा है, न केवल उसकी कार्य कुशलता के लिए, अपितु उसके वैयक्तिक गुणों के लिए तथा विभिन्न व्यक्तियों और स्थितियों के साथ तालमेल के सामाजिक गुणों के लिए, उसके परिश्रम, ईमादारी, धैर्य, सहनशीलता जैसे गुणों के लिए। उसे सदा अपनी गलतियों को स्वीकार कर लेना चाहिए और अपने बचाव में कोई तर्क नहीं देने चाहिए। उसे अपनी गलतियों को सुधारने का प्रयत्न करना चाहिए तथा पुनः ऐसी गलतियाँ नहीं करनी चाहिए। व्यापारिक प्रतिष्ठानों में गलतियाँ प्रारम्भ में क्षम्य समझी जाती है परन्तु उनकी पुनरावृत्ति को पाप माना जाता है, जो कभी कभी अक्षम्य हो जाती है और कभी कभी दण्डनीय भी।

सभी पर्यवेक्षक निश्चित रूप से चापलूसी और वास्तविक सराहना तथा दिखावे और ईमानदार काम के बीच के अंतर को समझते हैं। कार्यकर्त्ता को सदा अपने लाभालाभ को न केवल जानना चाहिए, अपितु समझना चाहिए, यह वाँछनीय है कि कार्यकर्त्ता अपने सहकार्यकर्त्ताओं के वैयक्तिक मामलों से अपने आपकों दूर रखे, जब तक कि कोई संकट की स्थिति उत्पन्न न हो जाए और ऐसी स्थिति में उसे मानवीय आधार पर सहायता प्रदान कर सकता है।

ध्यान रहे कि व्यावसायिक/व्यापारिक प्रतिष्ठानों की गोपनीय बातों में कार्यकर्त्ता को किसी प्रकार की ताक-झाँक नहीं करनी चाहिए, जब तक कि अधिकारी वर्ग उसमें अपना पूरा विश्वास प्रदर्शित न करें और गोपनीय बातों की स्वयं चर्चा न करें। गोपनीय बातों में कमी खुलकर बातें नहीं करनी चाहिए, उन्हें छिपाकर रखना चाहिए।

निराधार कथन सब से अधिक गति से फैलते हैं तथा जहाँ उन्हें नहीं पहुँचना चाहिए, वहीं पहुँच जाते हैं। इसलिए अपने प्रतिष्ठान के किसी व्यक्ति के बारे में किसी प्रकार का आपत्तिजनक कथन नहीं कहना चाहिए, बल्कि व्यक्तियों की ऐसी अच्छी बातों की पहचान करने का प्रयास करना चाहिए जिनसे उनकी प्रशंसा की जा सके।

निष्कर्ष: अधिगम के उक्त सोपान, मात्र सोपान नहीं हैं, अपितु अधिगम के जीवन चक्र के संकेत हैं जिनका हमें सदा ध्यान रखना चाहिए।

31

कला-शिक्षण
(Teaching of Art)

31.1 जीवन और शिक्षा में कला (Art in Life and in Education)

कला के लिए भावना सम्भवत: उतनी ही प्राचीन है जितनी प्राचीन भाषा या वाणी का विकास है जो मूलत: आत्माभिव्यक्ति का एक प्रमुख साधन है। कला भी एक ऐसा ही माध्यम है, जिसके द्वारा मनुष्य अपने आप को अपने अन्दर उदीयमान भावों और विचारों, जीवन के सुख-दुख और विचारणों को अभिव्यक्त करता है।

अत: यह माना जा सकता है कि प्रारम्भ से ही कला और सौन्दर्य मनुष्य की विरासत के अंग रहे हैं।

जीवन में कला का स्थान (Place of Art in Life)

संसार की सभी महान सभ्यताओं में ही नहीं, अधिक वस्तुत: सभी सभ्यताओं में चाहे वे छोटी हों या बड़ी कला जन-जीवन से जुड़ी हुई दिखाई देती हैं; चाहे उनकी जनता सम्भ्रान्त हो या असम्भ्रान्त, शिक्षित हो या अशिक्षित प्रगतिशील हो या पिछड़ी।

यह भी उल्लेखनीय है कि आज की समसामयिक सभ्यता में इतने अधिक दबाव और खिंचाव दिखाई दे रहे हैं कि आधुनिक जीवन में कला की भूमिका इतनी अधिक महत्त्वपूर्ण हो गई है जितनी कि वह अतीत में कभी भी नहीं थी।

आज का आदमी उक्त तनावों और खिंचावों के कारण सृजनशील नहीं रह पा रहा है जो सृजन की प्रक्रिया में आनन्द का अनुभव कर सकें। वह स्वयं जिन मशीनों के साथ काम कर रहा है उन्हीं का एक असहाय पुछल्ला-ला बनकर रह गया है जिसके कारण उसकी रूचियों और भावनाओं का बड़ा भाग उपेक्षित बना रहता है और उससे सचेत या अचेत रूप से वह अपने आपको कुण्ठाग्रस्त महसूस करता है और अप्रसन्नता का अनुभव करता है।

परन्तु यह आश्चर्य और संतोष की बात है कि कला अभी भी अपने मूल रूप में आर्थिक दृष्टि से पिछड़े गाँवों और छोटे शहरों में जीवित है और अनेक धार्मिक पर्वों और ऋतुपरिवर्तन के त्यौहारों पर कलात्मक अभिव्यक्तियों को अवसर मिलते हैं।

आनन्द या खुशियाँ जो लोग आजकल आधुनिक प्रसार माध्यमों, जैसे रेडियों, टेलीविजन, व्यक्तियों और उनके फिल्म आदि से पाते हैं, इनसे इस रिक्ति को भरा नहीं जा सकता। क्योंकि ये प्रसार-माध्यम, सृजनशील, मन या भावनाओं के बदले ऐसे कार्यक्रमों

कीशृंखला प्रस्तुत करते हैं जो उत्तेजनापरक होती हैं जिनसे सामान्यजन की कल्पना शक्ति और संवेदनशीलता निरंतर कुण्ठित होती जा रही है।

शिक्षा में कला का स्थान (Place of Art in Education)

उपर्युक्त विश्लेषण की सहायता से हम कला के वास्तविक परिप्रेक्ष्य को समझ सकते हैं और छोटे बच्चों और किशोरों की शिक्षा पर ध्यान केन्द्रित कर सकते हैं। जो शिक्षा कला की उपेक्षा करती है या कुछ बालकों और युवकों तक उसकी शिक्षा को सीमित रखती है, या उसे अत्यंत जड़ या इतनी परिष्कृत कर देती हैं कि बालक या युवक उसका आनन्द नहीं ले पाएँ, उसका उनके जीवन पर प्रभाव सकारात्मक नहीं पड़ता। इसके अतिरिक्त यह भी उल्लेखनीय है कि कला की मूलप्रवृत्ति का उपार्जन बालक प्रारम्भ से करते हैं। अतः शिक्षा का ऐसा कोई भी स्तर नहीं होता जबकि इसकी उपेक्षा की जाए। इसलिए कला को पूर्व प्राथमिक, प्राथमिक और माध्यमिक शिक्षा के पाठ्यक्रमों में सम्मानजनक स्थान मिलना ही चाहिए। जबकि कला की विषय वस्तु और तकनीकों के माध्यम से छात्रों में गम्भीरता और व्यापकता के भाव आ सकते हैं और आकृति और उसके परिष्कार पर क्रमशः उच्चतर कक्षाओं में ध्यान दिया जा सकता है, परन्तु स्वतः स्फूर्ति का भाव, आत्माभिव्यक्ति और आनन्दानुभूति को कभी भी उपेक्षित नहीं करना चाहिए और न ही उसे पीछे धकेलना चाहिए। महान कलाकारों के समान, कला के बाल/किशोर कलाकार भी अपने आन्तरिक भावों को व्यक्त करने के लिए बेचैन होते हैं तथा उसको यथासंभव प्रभावी और सुन्दर बनाने का प्रयास करते हैं। सामान्यतः हमारे कला शिक्षक (यदि उन्हें वास्तविक कलाशिक्षक कहा जाए तो) इस विषय में जरा भी चिन्ता नहीं करते। इसलिए शिक्षक प्रशिक्षण कार्यक्रमों में इस बात पर जोर देना चाहिए कि कला शिक्षा का उक्त अनिवार्य तत्त्व उनके व्यक्तित्व का अविभाज्य अंग बन जाए। यह आवश्यक नहीं कि प्रत्येक छात्र चित्रकार या मूर्तिकार बने या मिट्टी के खिलौने बनाने वाला बने, या नर्तक या संगीतकार बने या व्यर्थ की वस्तुओं से कोई सुन्दर वस्तु बनाए, परन्तु वह इनमें से किसी एक माध्यम को अपनी आत्माभिव्यक्ति के प्रिय माध्यम के रूप में चुन सके। सौन्दर्य की रसानुमति को सीखना एक महत्त्वपूर्ण गुण है। परन्तु इसके लिए आवश्यक नहीं कि वह कला समीक्षकों को संतुष्ठ करने वाले किसी कारण को बता सके। अतः इस लक्ष्य को प्राप्त करने के लिए छात्रों को सृजनात्मक कार्यों का कुछ अनुभव प्रदान किया जाना चाहिए। यद्यपि वे कोई महत्त्वपूर्ण कलाकृति का सृजन न भी करें, परन्तु उसके प्रयास ही छात्रों के लिए बहुत उपकारक सिद्ध हो सकते हैं।

छात्रों में सौन्दर्य बोध की क्षमता निर्मित और विकसित करने की दृष्टि से कुछ कठोर कदम उठाए जाने की आवश्यकता है जिससे छात्रों को ऐसे शुष्क वातावरण से बचाया जा सके जिसमें न कला है, न सौन्दर्य की संवेदना है, न कोई शैली है।

यद्यपि हमारे आस-पास सौन्दर्य के भंडार पड़ें हैं जो प्रकृति और कलाओं के रूप में हमारे आस-पास बिखरे है। परन्तु हम वह क्षमता खो चुके हैं जिसके कारण हम उन वस्तुओं की आनन्दानुभूति और उनसे प्रेरणा प्राप्त करने में असमर्थ रहते हैं।

केवल, शिक्षा की दृष्टि से ही यह आवश्यक नहीं है, अपितु पूरे समाज के भावनात्मक और सौन्दर्य बोधपरक स्वास्थ्य के लिए भी आवश्यक है कि वर्तमान स्थितियों को बदला जाए

और हम जहाँ भी रहें, कार्य करें या खेलें, या हम जो भी करें या बनाएँ सभी में कलात्मकता का दर्शन होना चाहिए। यदि हमारे पास इसके लिए उचित दृष्टि है और यदि हम करना चाहते हैं तो हम ऐसे अनेक कार्य कर सकते हैं जिन्हें हमें करना ही चाहिए। यह तभी हो सकता है जबकि नई पीढ़ी को प्रारम्भ से ही सहज प्रकृति और कला के वातावरण में जीने, श्वास लेने और बढ़ने के अवसर सुलभ हों और वह उन्हें अनजाने रूप में ही आत्मसात् कर लें। कक्षा-शिक्षा की यही दृष्टि है जिसकी ओर उन लोगों को रूचिपूर्वक ध्यान देना चाहिए जिनके पास शिक्षा और जीवन के लिए श्रेष्ठतर दर्शन हैं।

31.2 रेखांकन और चित्रांकन के शैक्षणिक उद्देश्य (Instructional Objectives of Drawing and Painting)

कला संकल्पना के संबंध में उपर्युक्त चर्चा के संदर्भ में कला के रूपों-रेखांकन (Drawing) और चित्रांकन (Painting) के शैक्षणिक उद्देश्यों को निम्नलिखित रूप में सूचीबद्ध किया जा सकता है:

1. कला के पारिभाषिक शब्दों, तथ्यों, संकल्पनाओं, मतवादों, सिद्धान्तों, रेखांकन, और चित्रांकन के नियमों (यथा कल्पना सृजनशीलता, अभिव्यक्ति, प्रेक्षण, सौन्दर्य बोध, संयोजन, जीवन और सांस्कृतिक विरासत में रुचि) का ज्ञानार्जन करना।
2. कला के पारिभाषिक शब्दों, तथ्यों, संकल्पनाओं, मतवादों, सिद्धान्तों और नियमों और रेखांकन और चित्रांकन के विविध माध्यमों और सामग्रियों की समझ विकसित करना।
3. कला विषयक ज्ञान और सृजनात्मक कल्पना का विविध प्रकार की अपरिचित स्थितियों में अनुप्रयोग करना।
4. प्रेक्षण
    - उपकरणों का उपयोग।
    - चित्रांकन के कौशलों को अर्जित करना।
5. कला जगत् के प्रति रूचि विकसित करना।
6. रेखांकन और चित्रांकन के माध्यम से कलात्मक अभिवृत्तियों, मूल्यों और गुणों को विकसित करना।
7. मानव जीवन और उसकी आन्दानुभूति में रेखांकन और चित्रांकन के योगदान की सराहना करना।

उद्देश्य और उनका स्पष्टीकरण (Objectives and their Specifications)

31.2.1 उद्देश्य: कला के पारिभाषिक शब्दों, तथ्यों, संकल्पनाओं, मतवादों, सिद्धान्तों, रेखांकन और चित्रांकन के नियमों (यथा कल्पना, सृजनशीलता, अभिव्यक्ति, प्रेक्षण, सौन्दर्य बोध, संयोजन, जीवन और सांस्कृतिक विरासत में रूचि) का ज्ञानार्जन करना।

उद्देश्य का स्पष्टीकरण: उक्त उद्देश्य की सम्प्राप्ति के निदर्शित करने के लिए छात्र:

1. रूप और स्थान के बीच के संबंधों को समझ सकेंगे।
2. रेखांकन और चित्रांकन में प्रयुक्त सामग्रियों, उपकरणों, युक्तियों आदि को पहचान सकेंगे।

31.2.2 उद्देश्य: कला के परिभाषिक शब्दों, तथ्यों, संकल्पनाओं, मतवादों, सिद्धान्तों और नियमों और रेखांकन और चित्रांकन के माध्यमों और सामग्रियों की समझ विकसित करना।

उद्देश्य का स्पष्टीकरण: उक्त उद्देश्य की सम्प्राप्ति को निदर्शित करने के लिए छात्र–

1. रूप और स्थान के बीच के संबंधों को समझ सकेंगे।
2. संबंधित पक्षों के बीच संयोजन और विभेदन कर सकेंगे।
3. रेखाओं की शक्ति, लय और संतुलन को समझ सकेंगे।
4. दो आयाम और तीन आयाम वाली वस्तुओं के रेखांकन में विभेद कर सकेंगे।
5. परिप्रेक्ष्य और उससे संबंधित पारिभाषिक शब्दों को समझ सकेंगे।
6. विविध माध्यमों की सहायता से विविध प्रकार से रूपों (आकृतियों) को बनाने के तरीकों को समझ सकेंगे।

31.2.3 उद्देश्य: कला विषयक ज्ञान और सृजनात्मक कल्पना का विविध प्रकार की अपरिचित स्थितियों में अनुप्रयोग करना।

उद्देश्य का स्पष्टीकरण: उक्त उद्देश्य की सम्प्राप्ति को निदर्शित करने के लिए छात्र:

1. रूप (आकृति) देश और काल के संदर्भ में किसी विशेष स्थिति का विश्लेषण कर सकेंगे।
2. किसी विशेष स्थिति का सामना करने के लिए विविध संसाधनों से अपने आप को तैयार कर सकेंगे।
3. स्थितियों के अनुरूप सिद्धान्तों का अनुप्रयोग कर सकेंगे।
4. अपनी संकल्पनाओं और विचारों को रेखाओं या रंगों की सहायता से मूर्त रूप दे सकेंगे।
5. अपनी प्रतीति (प्रत्यक्षीकरण) के संबंध में आकृतियों के बारे में निर्णय के विविध साधनों का अनुप्रयोग कर सकेंगे।
6. सृजनशक्ति का संवर्धन कर सकेंगे।
7. समक्षेत्रीय और ठोस आकृतियों के रेखांकन द्वारा दो आयामी या तीन आयामी रेखांकनों और चित्रांकनों में विभेद कर सकेंगे।
8. वस्तुओं और आकृतियों के बीच संबंध स्थापित कर सकेंगे।
9. सोद्देश्य सृजन के लिए उपकरणों और कार्यविधियों को चुन सकेंगे।
10. स्वाभाविक प्रतीतियों का दृश्य रूपों में रूपान्तरण कर सकेंगे।
11. अपने सृजन में सौन्दर्य बोध के ज्ञान का अनुप्रयोग कर सकेंगे।
12. स्थितियों के अनुरूप रंग योजनाओं का अनुप्रयोग कर सकेंगे।

31.2.4 उद्देश्य: (1) प्रेक्षण, (2) उपकरणों के उपयोग और (3) चित्रांकन के कौशलों को अर्जित करना।

उद्देश्य का स्पष्टीकरण: ■ प्रेक्षण की क्षमताओं की प्राप्ति को निदर्शित करने के लिए छात्र:

(1) सोद्देश्य प्रेक्षण कर सकेंगे, संगत लक्षणों आकृतियों और रंगों का प्रेक्षण कर सकेंगे, विशेष परिप्रेक्ष्य में महत्त्वपूर्ण आकृतियों के प्रभाव का प्रेक्षण कर सकेंगे।

- ■ सामान्यीकरणोन्मुख प्रेक्षणों का सार कथन कर सकेंगे।

- रंग, रेखा आदि के अंकन द्वारा अपने प्रेक्षणों को अभिव्यक्त कर सकेंगे।
- प्रेक्षण के प्रयासों की सराहना कर सकेंगे।

(2) उपकरणों के उपयोग की क्षमताओं की सम्प्राप्ति को निदर्शित करने के लिए छात्र–

- उपकरणों और उपस्करों की जाँच कर देख सकेंगे कि वे काम करने लायक हैं या नहीं।
- कक्षागत स्थितियों में सम्भावित त्रुटियों को सुधार सकेंगे।
- किसी विशेष माध्यम के लिए उपयुक्त उपकरण का चयन कर उसका उपयोग कर सकेंगे।
- हल्के, गहरे, आदि रंगों की श्रेणियों और अंतरों की तुलना कर सकेंगे।
- पारदर्शी और मिश्रित रंगों का उपयोग कर सकेंगे और संबंधित उपकरणों का उचित रीति से प्रयोग कर सकेंगे।
- अपनी कृतियों द्वारा अपनी कुशलतापूर्ण कलाकारी का प्रदर्शन कर सकेंगे।
- विविध श्रेणियों की पैंसिलों के प्रयोग में कुशलता प्रदर्शित कर सकेंगे।
- आवश्यकतानुसार विविध प्रकार की बनावट वाले कागजों या पटलों को चुन सकेंगे।

(3) चित्रांकन की क्षमताओं की सम्प्राप्ति को निदर्शित करने के लिए छात्र:

- वास्तविक व्यवस्था के अनुसार कल्पित आकृतियों की रूपरेखा बना सकेंगे।
- उचित गति और सही तरीके से रूपरेखा बना सकेंगे।
- रूपरेखाओं के रेखांकन में उपयुक्त उपकरणों और तकनीकों का प्रयोग कर सकेंगे।
- देश के संबंध में रूपाकृतियों में संतुलन बनाए रखेंगे।
- चित्रांकन में रंगों का कुशलतापूर्वक प्रयोग कर सकेंगे।
- विरोध, सममिति और लय के नियमों का अनुप्रयोग कर सकेंगे।
- विशेष प्रयोजनों के लिए कुशलतापूर्वक रेखांकन कर सकेंगे।
- विविध प्रकार की डिजाईनों और उनके साँचों के प्रति कलात्मक भाव विकसित कर सकेंगे।
- कुशल रेखांकनों के प्रति सौन्दर्यबोधपरक संवेदनशीलता प्रदर्शित कर सकेंगे।

31.2.5 उद्देश्य: कलाजगत के प्रति रूचि विकसित करना।

उद्देश्य का स्पष्टीकरण: उक्त उद्देश्य की संप्राप्ति को निदर्शित करने के लिए छात्र स्वेच्छापूर्वक

1. कला सम्बन्धी साहित्य का अध्ययन कर सकेंगे।
2. विविध प्रकार की शैलियों वाले चित्रों, चित्रांकनों, रूपरेखाओं, कला-वस्तुओं को सराहना और ध्यानपूर्वक देख सकेंगे।
3. कलात्मक सृजन के नमूनों का संग्रह कर सकेंगे।
4. कलात्मक शौक कर सकेंगे।
5. कला प्रदर्शनियों जैसी क्रियाओं में भाग ले सकेंगे।
6. कलात्मक रूचि के स्थानों का संदर्शन कर सकेंगे।

7. विद्यालय के संग्रहालय के रख-रखाव में सहायता कर सकेंगे।
8. कला परियोजनाओं पर कार्य कर सकेंगे।
9. कला संघों की क्रियाओं को आयोजित कर उनमें सक्रिय रूप से भाग ले सकेंगे।
10. विविध युगों के प्रसिद्ध कलाकारों की कृतियों के प्रतिरूपों का संग्रह कर सकेंगे।
11. चित्र पुस्तिकाएँ (अलबम) बना सकेंगे।
12. कलात्मक संवेदनशीलता के विकास के लिए विविध प्रकार के संसाधनों का उपयोग कर सकेंगे।

31.2.6 उद्देश्य: रेखांकन और चित्रांकन के माध्यम से कलात्मक अभिवृत्तियों, मूल्यों और गुणों को विकसित करना।

उद्देश्य का स्पष्टीकरण: उक्त उद्देश्य की सम्प्राप्ति को निदर्शित करने के लिए छात्र:

1. अपनी कलात्मक क्रियाओं की प्रस्तुति में सुनिश्चित और सुस्पष्ट हो सकेंगे।
2. दृश्य तथ्यों के आधार पर निर्णय कर सकेगा।
3. नए विचारों और नवीन सम्भावनाओं पर विचार करने के लिए तैयार रह सकेंगे।
4. मानव कल्याण के लिए कला को साधन बनाने के प्रयासों का समर्थन कर सकेंगे।
5. अपने निर्णय पर पुनर्विचार करने के लिए तैयार हो सकते हैं।
6. अपनी कलात्मक कृतियों से सौन्दर्यबोधपरक संतुष्टि प्राप्त कर सकेंगे।
7. अपनी सृजन शाक्ति को विकसित कर सकेंगे।
8. हिलमिलकर कार्य करने तथा आत्मविश्वास और आत्मसहायता की भावना प्रदर्शित कर सकेंगे।
9. कलासामग्रियों का सदुपयोग कर सकेंगे।
10. उपलब्ध कूड़े करकट का उत्तम उपयोग कर सकेंगे।
11. मान सकेंगे कि प्रयोग करने से नई वस्तुओं का सृजन किया जा सकता है।

31.2.7 उद्देश्य: मानव जीवन और उसकी आनन्दानुभूति में रेखांकन और चित्रांकन के योगदान की सराहना करना।

उद्देश्य का स्पष्टीकरण: उक्त उद्देश्य की सम्प्राप्ति को निदर्शित करने के लिए छात्र:

1. मानव प्रगति और सुख में कला के महत्त्व को समझ सकेंगे।
2. अधिगम के विभिन्न क्षेत्रों में कला की प्रगति की समझ से आनन्दित हो सकेंगे।
3. अपनी नई महत्त्वपूर्ण कलात्मक उपलब्धियों पर प्रसन्नता, उत्तेजना और रोमांच की अभिव्यक्ति कर सकेंगे।
4. अपनी प्रसन्नता और रोमांच को अन्य लोगों के साथ बाँट सकेंगे।
5. महान कलाकारों और उनकी कलाकृतियों के प्रति सम्मान का भाव प्रदर्शित कर सकेंगे और उनकी सराहना कर सकेंगे।
6. अपने पर्यावरण में सौन्दर्य के विविध रूपों को देखने और समझने में आनन्दानुभूति कर सकेंगे।
7. विविध प्रकार की कला-शैलियों की सराहना कर सकेंगे।

8. कला और चित्रांकन की नई प्रवृत्तियों में आनन्दानुभूति कर सकेंगे।
9. कला की विरासत की सराहना कर सकेंगे।

31.3 कला-शिक्षा की पद्धतियाँ (Methods of Art Education)

अनुसंधान, खोज, अभिव्यक्ति और सृजन की मूलभूत प्रवृत्तियाँ ही हैं जिनके कारण मनुष्य का विकास हुआ है तथा इन क्षमताओं के पूर्ण उपयोग से ही मनुष्य जैसा कि आज है, बना है। कला शिक्षा का सही प्रयास होना चाहिए जिससे बालक अपने परिवेश की सजीव और निर्जीव वस्तुओं के प्रति संवेदनशील हों, तथा कौतूहल, साहस, खोज और कल्पना, आविष्कार और अभिव्यक्ति की सृजनात्मक शक्तियाँ क्रियाशील हों जिनके कारण छात्र अधिक गम्भीरता के साथ जी सकें। इस प्रकार उसके अनुभव अधिक सोद्देश्य और संतोषकारी हो सकते हैं।

सृजनशक्ति को बढ़ाने के लिए हमें छात्रों में जिज्ञासा, चिन्तन, स्वप्न और कल्पना करने को प्रोत्साहित करना चाहिए। हमें स्वीकृति और अस्वीकृति की वयस्क-व्यवस्था का पुनर्परीक्षण करना चाहिए और छात्रों की सपने देखने और उलटे सीधे चित्र बनाने की प्रवृत्ति को प्रोत्साहित करना चाहिए। यह शिक्षकों का दायित्त्व है कि वे छात्रों को प्रोत्साहित करें, उन्हें आजादी दें, सभी द्वारों को खोल दें, जब कभी बालक का मन कुछ खोजना चाहे, जब भी वह किसी के साथ सम्पर्क करना चाहे, जानना चाहे और सृजनशीलता की मुक्त अभिव्यक्ति करना चाहे, हमें उसकी सहायता करनी चाहिए। इस संदर्भ में जो बात महत्त्वपूर्ण है, वह है, बालकों में नए विचारों का बीज-वपन करना, जिससे वे जैसे चाहें, उन्हें सोचने और कार्य करने के लिए उत्प्रेरित किया सके।

कोई भी पूर्व विचारित दृष्टि कि आप बालक को किस दिशा में ले जाना चाहते हैं, चाहे वह पारंपरिक हो या आधुनिक, वस्तुतः बन्धन ही सिद्ध होती है जिसके कारण विचारों का बीज-वपन असम्भव हो जाता है।

किसी भी प्रकार के मतवाद या पूर्वविचारित दृष्टि से कई प्रकार की बाधाएँ उत्पन्न होती हैं जिनमें से सबसे अधिक बुरी होती है, संरचना की अपेक्षा शैली का अधिक महत्त्वपूर्ण हो जाना। सौन्दर्य के बारे में हमारी जड़ संकल्पना के कारण मुख्य बाधा आती है और हमारी इस धारणा से कि कला शिक्षा का काम है, छात्रों को उसी प्रकार के सौन्दर्य के चित्रण के लिए कहना है। परम्पराओं से इस प्रकार का हमारा जुड़ाव जिसे हमने पूरी तरह समझा नहीं है, वस्तुतः एक भार बन जाता है जो अन्यथा हमारी मूल्यवान विरासत होती है। विद्यालयों में हमारी वर्तमान कला शिक्षा वस्तुतः इस अवधारणा पर आधारित है कि सौन्दर्य की भावना एक ही बार में सबको स्थायी रूप से सिखाई जा सकती है। इसके कारण कला शिक्षा पूरी तरह जड़ हो जाती है। वर्तमान युग में सौन्दर्य सृजन के क्षेत्र में नई चुनौतियाँ आ गई हैं जिसमें वैयक्तिक खोज और प्रयत्न अधिक महत्त्वपूर्ण हो गए हैं। छात्रों के लिए किसी कला सम्प्रदाय से जुड़कर रहने की आवश्यकता नहीं है। जो आवश्यक है, वह है कि रंगों को रंगों के रूप में देखने की, ध्वनियों को ध्वनियों के रूप में सुनने की और अपने आसपास के जीवन के प्रति पूरी तरह और स्वतः स्फूर्त रूप में प्रतिक्रिया करने की क्षमता। अतः हमारी कक्षाओं में कला के शिक्षण को सभी वैसाखियों, जड़ निर्देशन तथा बालकों के मन मस्तिष्क को विशेष रूप में ढालने की प्रवृत्ति से मुक्त होने की आवश्यकता है। छात्रों में अपने पर्यावरण के प्रति

सघन और सक्रिय अवधान विकसित करने की वास्तविकता में आवश्यकता है। क्योंकि इसी क्षेत्र में सृजन की सम्भावना होती है, इसी क्षेत्र में बालकों की कल्पना का बीज-वपन हो सकता है और वह फलफूल सकती है।

इस बात को पुनः बलपूर्वक कहा जा सकता है कि विद्यालयों में कला शिक्षण का उद्देश्य यह नहीं है कि छात्रों को महान चित्रकार या मूर्तिकार या अभिनेता बनाने का प्रयत्न किया जाए परन्तु जो महत्त्वपूर्ण है, वह हैं कि छात्रों की कलाअनुभवों में भाग लेने की क्षमताओं को बढ़ाया जाए। यह सर्वाधिक महत्त्वपूर्ण है तथा प्रत्येक विद्यालय जाने वाले छात्र को कलात्मक अनुभवों की फलवती क्रियाओं का लाभ दिया जाए।

कला शिक्षा के अंतर्गत बालकों में इसके अवसर प्रदान किए जाने चाहिए और उन्हें इसमें भाग लेने के लिए उत्प्रेरित करना चाहिए। आगे इस प्रकार के सूत्रों को सूचीबद्ध किया जा रहा है जिन्हें शिक्षा के विभिन्न स्तरों पर कार्य योजनाओं के रूप में क्रियान्वित किया जा सकता है।

इस बात को समझना-सराहना चाहिए कि कला के अनुभव सार्वभौम अनुभव होते हैं। अतः सामान्य शिक्षा के कार्यक्रम के अंतर्गत सभी स्तरों पर कला की शिक्षा अनिवार्य रूप से दी जानी चाहिए। विशेष कार्य जो शिक्षा के विभिन्न स्तरों के शिक्षकों को करने चाहिए उन्हें आगे दिया जा रहा है।

प्राथमिक स्तर-आयुवर्ग 6-11 वर्ष (Primary Stage*: Age-group 6 to 11 years.*)

1. छात्रों को अपनी भावनाओं, विचारों, अनुभूतियों को मुक्त रूप से व्यक्त करने के अवसर प्रदान किए जाने चाहिए।
2. प्रेक्षण, खोज और आविष्कार करने में बालकों की सहायता की जानी चाहिए अर्थात् उनमें देखने, कल्पना करने और सौन्दर्य बोध की शक्ति विकसित करने की कोशिश की जानी चाहिए।
3. सृजनशीलता को विकसित करने तथा नए-नए प्रयोग करने की क्षमता विकसित करने के अवसर प्रदान किए जाने चाहिए।
4. माध्यम और सामग्रियों के साथ काम करने, खोज करने और प्रयोग करने के अवसर प्रदान किए जा सकते हैं।
5. दृश्यात्मक प्रयोगों और दूसरों के सृजनात्मक कार्यों को सराहने की क्षमता विकसित करने के प्रयास किए जा सकते हैं।

उच्च प्राथमिक स्तर-आयुवर्ग 12-14 वर्ष (Upper Primary/Middle: Age-group 12 to 14 years.)

1. बालकों में रेखांकन/डिजाईन की चेतना विकसित करना, जिससे वे अपने समुदाय, विद्यालय, परिवेश, घर और स्वकीय रूप-सज्जा को अधिक अच्छा दिखाने में समर्थ हो सकें।
2. उनके और उनके समाज के सर्वांगीण विकास में उनकी सहायता करना जिससे उनका शैक्षिक क्षितिज और विस्तृत हो सके और उनका जीवन समृद्ध हो सके।
3. कला से संबंधित उनकी क्षमताओं को खोजना और उन्हें सम्पुष्ट करना जिससे वे जो भी सृजनात्मक कार्य करें, उसमें वे महत्त्वपूर्ण सिद्ध हों।

4. छात्रों के बौद्धिक, आध्यत्मिक और सौन्दर्य बोधात्मक विकास में उदारतापूर्वक योगदान प्रदान करना अर्थात् उनमें सृजनात्मक, आध्यात्मिक, सराहनापरक और सौन्दर्य बोध के गुणों, क्षमताओं और सम्भावनाओं को विकसित करना और उनका संवर्धन करना।
5. बालकों में कला के सघन और स्थायी रस बोध की क्षमता विकसित करना जो उनके वयस्क जीवन में भी प्रभावी रहे।

माध्यमिक और वरिष्ठ माध्यमिक स्तर-आयुवर्ग 15-18 वर्ष (सामान्य और वैकल्पिक शिक्षणक्रमों में भी) (Secondary and Senior Secondary Stages: Age-group 15 to 18 years. (in general and also in the elective courses.))

1. सृजनात्मक अभिव्यक्ति के अवसर प्रदान करना।
2. संवेदनशीलता और कला की सराहना की क्षमता विकसित करना।
3. कला की मूलभूत समझ और तकनीकों को विकसित करना जिनसे कलात्मक अभिव्यक्ति को और अधिक श्रेष्ठत्तर बनाया जा सके।
4. संतोषकारी व्यावसायिक रूचि का विकास करना।
5. प्रतिभा सम्पन्न बालकों की पहचान करना तथा यथासम्भव उन्हें कला को व्यवसाय के रूप में स्वीकार करने के लिए परामर्श देना।
6. पूर्व-किशोर अवस्था के कला प्रशिक्षण से किशोर अवस्था की आवश्यकताओं और रूचियों के अनुरूप कला-शिक्षा के स्तर तक जाने के लिए छात्रों को तैयार करना।
7. समसामयिक कला और दैनिक जीवन के बीच वास्तविक संबंध विकसित करना।
8. सुसमन्वित व्यक्तित्व के विकास में सहायता प्रदान करना।

उपर्युक्त चर्चा के संदर्भ में हमें विद्यालयी छात्रों के लिए उपयुक्त कला की क्रियाओं को चुनना चाहिए। परन्तु इससे पहले हमें निम्नलिखित प्रश्नों पर विचार कर लेना चाहिए:

1. क्या कला विषयक परियोजना के क्रियाकलाप बालकों के अनुभव के स्तर के अनुरूप हैं।
2. क्या प्रस्तावित क्रिया-कलापों की व्याख्या में वैविध्य की सम्भावना है जिससे प्रत्येक छात्र की आवश्यकता की पूर्ति हो सके।
3. क्या अभिव्यक्ति के उपकरण और सामग्रियाँ, बालकों के हस्तकौशल और मानसिक क्षमताओं के अनुरूप हैं।
4. क्या प्रस्तावित क्रियाकलाप के उद्देश्य बालकों के स्वस्थ विकास की दृष्टि से उचित हैं।
5. क्या प्रस्तावित क्रियाएँ बालकों के आत्मविकास में सहायक हो सकती हैं।
6. कौन से उद्दीपक बालकों में आत्म-अभिव्यक्ति के लिए सर्वाधिक उपयुक्त हो सकते हैं।

32

संगीत-शिक्षण
(Teaching of Music)

32.1 भूमिका (Introduction)

संगीत एक सार्वभौम कला-विद्या है। क्योंकि संसार के प्रत्येक देश और जाति में संगीत की प्राचीन परंपराएँ मिलती हैं। कुछ देशों में संगीत का शास्त्रीय रूप भी विकसित हुआ। परंतु लोक संगीत सभी स्थानों पर विविध रूपों में मिलता है। लोक संगीत तो बिना किसी प्रकार के शास्त्रीय प्रशिक्षण के जन समुदाय अपने बड़े-बूढ़ों से सीखता है और तदनुसार गाता बजाता है। परंतु जिन देशों में शास्त्रीय संगीत की परंपराएँ विकसित हुई हैं, वहाँ उसके शिक्षण-प्रशिक्षण की भी विधाएँ विकसित हुई हैं और तदनुसार आज भी प्राचीन परिपाटी के अनुसार गाना-बज़ाना सीखने सिखाने की परंपराएँ हैं।

भारत में संगीत और वाह्य संगीत की अत्यंत प्राचीन परंपराएँ हैं जिनका मूल साम वेद के शिक्षण-प्रशिक्षण में माना जाता है। सम्प्रति अपने देश में लोक संगीत में गायन और वादन की विभिन्न परंपराएँ हैं। परंतु शास्त्रीय संगीत की दो प्रमुख धाराएँ हैं, जिन्हें हिन्दुस्तानी संगीत या उत्तर भारतीय संगीत और कर्नाटक संगीत या दक्षिण भारतीय संगीत के नामों से पहचाना जाता है तथा इनके गायन-वादन के शिक्षण-प्रशिक्षण की पारम्परिक व्यवस्थाएँ है, जिन्हें गुरू-शिष्य परंपरा कहा जाता है और वे आज भी जीवित हैं। वस्तुतः नृत्य और नाटक के समान संगीत भी एक प्रायोगिक कला है।

32.2 संगीत के शिक्षण के उद्देश्य (Objectives of Teaching Music)

1. अपने सांस्कृतिक और ऐतिहासिक संदर्भों में संगीत के प्रति बोधात्मक, संवेदनशील और आलोचनात्मक अनुक्रिया करने की क्षमता विकसित करना।
2. सक्रिय सह-भागिता के द्वारा संगीत के रस बोध और सराहना की क्षमता विकसित और उद्दीप्त करना।
3. भावनात्मक, सौन्दर्य-बोधात्मक, कल्पनापरक और सृजनात्मक विकास के परिवेश में अनुशासित कौशलों और चुनौती भरे भागों के बीच संतुलन बनाए रखना।
4. संगीत के प्रायोगिक कौशलों को विकसित करना तथा इनके प्रयोग के लिए समुदाय और विद्यालय में प्राप्त होने वाले अवसरों पर इनके प्रयोग या निष्पादन की विभिन्न क्रियाओं में भाग लेने के लिए प्रोत्साहित करना।

5. संगीत से सम्बन्धित कार्यक्रमों को आयोजित करने और उनमें भाग-लेने से छात्रों में सहकारी अभिवृत्ति विकसित करना।
6. समझ के साथ उपयुक्त ज्ञान प्रदान करना तथा आगे के अध्ययन या विश्राम या दोनों के लिए उचित आधार प्रदान करने के लिए उपयुक्त कौशलों का विकास करना।

32.3 संगीत-शिक्षा की विषय वस्तु–हिन्दुस्तॉनी संगीत (Context of Teaching Music—Hindustani Music)

1. *संगीत की ध्वनि*: नाद, श्रुति, स्वर, सपृक (मन्द्र, मध्य, तार) ठाट, राग जाति।
   – ध्वनियों का उत्पादन, प्रसारण और ग्रहण
   – मात्रा, सुर और तान
   – तन्तुओं की लम्बाई और बारंबारता के बीच संबंध और तन्तुओं का तनाव।
2. *स्वर*: तीव्र, कोमल, शुद्ध, प्राकृत, विकृत, वादी, सम्वादी, अनुवादी, विवादी, वर्ण-वक्र, ग्रह, अंश, नम, स्वर
3. *राग प्रकार*: ओडव, शोडव, सम्पूर्ण, आश्रय, जनक, दम, पूर्व, उत्तर, सन्धि-प्रकाश, शुद्ध छायालय संकीरण।
4. *वर्ण*: स्थायी, आरोही, अवरोही, और संचारी
5. अलंकार: पलट, आरोह, अवरोह
6. *ताल*: गत, सम, ताली, खाली, भाग, विभाग, ठेक, आवर्तन दुगुन, चौगुन
7. *राग-रचना के रूप*: ख्याल (विलम्बित, द्रुत ख्याल) लक्षण-गीत-सरगम, और उनका, स्थायी, अन्तरा, संचारी और आभोग के रूप में विभाजन, ध्रुपद, धमार, और उनका, स्थायी, अंतरा, आलाप, तान, भींड़, आन्दोलन, गमक और कान के रूप में विभाजन

(क) भारतीय शास्त्रीय संगीत की दो धाराएँ
(ख) सात स्वरों में बाईस श्रुतियों का विभाजन
(ग) सप्तक से ठाट की रचना
(घ) ठाटों के रूप में रागों का वर्गीकरण
(ङ) वादी स्वर और राग के काल के बीच में संबंध
(च) रागों की समय सारणी
(छ) लय, द्रुत, विलम्बित, मध्य लय

32.4 निम्नलिखित रागों की सम्पूर्ण सैद्धान्तिक समझ (Complete theoretical knowledge of the following Ragas)

1. (i) राग आसावरी, (ii) राग-खमाज, (iii) राग काफी, (iv) राग-भैरवी, (v) रागयमन (vi) राग-भूपाली, (vii) राग विलावल, (viii). राग भैरव, विशेषकर विवादी स्वरों के आरोह, अवरोह, पकड़ वादी, संवादी, समय आदि तथा उनकी चलन, अंश और न्यास स्वरों पर विशेष भार।
2. निम्नलिखित रागों का सामान्य ज्ञान
   (i) राग बागेश्वरी, (ii) राग मासकोस, (iii) राम वृदांवनी सारंग, (iv) रागदेश।

3. निम्नलिखित तालों का ठेका, ताली, खाली, दुगुन और चौगुन लयों में स्वरांकन (i) तीनताल, (ii) ददवा, (iii) रूपक, (iv) एकताल, (iv) चारताल, (v) तीव्र ताल (vi) छपताल (vii) कहरवा।
4. ताल और आलाप के साथ ख्याल का संयुक्त स्वरांकन (स्वरांकन किसी भी भारती पद्धति के अनुसार किया जा सकता है।)।
5. लिखित स्वरांकनों के संयोजनों के आधार पर रागों की पहचान।
6. रागों की तुलना और व्यतिरेक।
7. भारतीय संगीत का संक्षिप्त इतिहास।
8. निम्नलिखित संगीतकारों का योगदान।
   I. तानसेन, II. अमीर खुसरों, III. विष्णु नारायण भातखंडे, IV. विष्णुदिगंबर पुलुसकर, V. केसर बाई केलकर, VI. खलीफ़ा नाथूखान, VII. बीरू मिश्रा, VIII. अदारंग, IX. फैयाज़खान, X. बड़े गुलाम अली खॉन, XI. डागर बंधु, XII. इनायत खान, XII. अल्लाउद्दीन खान
9. संगीत तथा उससे संबंधित विषय या किसी सामान्य विषय पर निबंध लेखन

32.5 प्रायोगिक (Practical)

1. निम्नलिखित रागों का आलाप, बोल आलाप, सरगम और तानों के साथ ख्याल गायकी का प्रदर्शन:
   1. राग-आसावरी, 2. राग खमाज, 3. राग काफी, 4. रागभैरवी, 5. राग विलावल, 6. रागयमन, 7. रागभूपाली
2. निम्नलिखित अतिरिक्त रागों का स्वर-विस्तार
   (i) रागबागेश्वरी, (ii) रागमालकौंस, (iii) रागदेश
3. एक ध्रुपद, पूर्वोक्त रागों में से किसी एक का
4. एकल रूप या समवेत रूप में प्रत्येक सुनिश्चित मात्रा के विविध प्रकार के संयोजनों के साथ सभी बारह स्वरों का गायन और उनकी पहचान करना।
5. खटका, मुटकी, स्पर्श जैसे खाली स्वरों का प्रयोग।
6. प्रमुख आलापों के गायन को सुनकर रागों की पहचान करना।
7. दसों अंलकारों का गायन
8. दुगुन और चौगुन लयों में तालों का गायन, ताली खाली, भारी के विविध रूपों का, हाथों की थाप द्वारा प्रदर्शन।
9. स्व-निर्मित आलापों के गायन का अभ्यास, कम से कम दो रागों के अनुक्रम में एक राग से दूसरे राग में शीघ्र परिवर्तन।
10. स्वरों द्वारा अंकों या अक्षरों द्वारा दुगुन, चौगुन प्रस्तुति का अभ्यास।

32.6 वाद्यसंगीत (Instrumental Music)

(क) 1. *संगीतात्मक ध्वनियाँ*: नाद, श्रुति, स्वर, सप्तक (मन्द्र, मध्यतार), ठाट, राग, जाति
2. स्वर: तीव्र, कोमल, शुद्ध, प्राकृत, विकृत, वादी, सम्वादी, विवादी, वक्र, वर्ज्य, ग्रह, अंश, नय

3. *रागों के प्रकार*: ओदाव, षडाव, सम्पूर्ण, आश्रय, जनक, जन्य
4. *वर्ण*: स्थायी, आरोही, अवरोही और संचारी
5. *अलंकार*: पलट, आरोह, अवरोह
6. *ताल*: मात्रा, सम, ताली, खाली, भाग, विभाग, ठेका, आवर्तन, दुगुन चौगुन
7. *संगीत:*
   (i) मुख्य दो प्रकार (तंत्र)
   (ii) सप्त स्वरों में बाइस श्रुतियों का विभाजन
   (iii) विशिष्ट श्रुतियों में स्वर-विन्यास
   (iv) सप्तक से 'ठाट' का निर्माण
   (v) ठाठों के रूप में रागों का वर्गीकरण
   (vi) रागों के काल और शून्य (Void) के बीच संबंध

ख-1. निम्नलिखित रागों का पूर्ण सैद्धान्तिक ज्ञान, विशेषकर उनके आरोह अवरोह, पकड़, वादी, संवादी, विवादी, काल आदि के साथ, उनके चलन, अंश और नय स्वरों पर विशेष बल के साथ वर्णन
(i) राग-यमन, (ii) राग-भूपाली, (iii) राग-भैरव, (vi) रागविलावल

2. निम्नलिखित अतिरिक्त रागों का सामान्य ज्ञान
(i)वृन्दावनी सारँग (ii) राम देश

ग. दुगुन और चौगुन लयों में ठेका, ताली, खाली, विभाग के साथ निम्नलिखित तालों का स्वरांक।
1. तीन-ताल, 2. दादरा, 3. रूपक, 4. एकताल

घ. गत, और आलाप, तोड़ा, और झाला के साथ संयोजनों के स्वरों का स्वरांकन

ङ. संगीत में निम्नलिखित संगीतकारों का योगदान
1. तानसेन, 2. अमीर खुसरो, 3. विष्णु नारायण भातखण्डे, 4. विष्णु-दिगम्बर पुलस्कर, 5. केसर बाई केलकर 6. खलीफा नाथू-खाँन, 7. बीरू मिश्रा।

च. संगीत और संबंधित सामान्य विषयों पर निबंध लेखन

छ. बजाते समय वाद्य यंत्रों को रखने/पकड़ने के तरीके।

ज. निम्नलिखित बोलो की व्याख्या/परिभाषा:
I. आकर्ष, II. अपकर्ष बोल, गत रजाखानी-मसीत खंज

झ. संगीत के वाद्य यंत्रों के विभिन्न भागों का वर्णन

ञ. भारतीय संगीत के वाद्य यंत्रों का वर्गीकरण
(i) तांत, (ii) वितांत, (iii) सुशीर, (iv) अवनाद।

32.7 कर्नाटक संगीत (Carnatic Music)

1. कर्नाटक संगीत में रागों का वर्गीकरण। 72 मेलकर्त्ताओं की योजना। कतपयादि सूत्र के 12 चक्रों के नाम और उनका अनुप्रयोग।
2. निम्नलिखित 24 रागों के लक्षण
   1. टोडी, 2. सवेरी, 3. चक्रवाकम्, 4. भैरवी, 5. आनन्द भैरवी, 6. करहरप्रिया, 7. श्रीरंजनी, 8. रीतिगौला, 9. मुखरी, 10. हारिकम्भोजी, 11. नटकुरंजी,

12. मेदारगौला, 13. सहाना, 14. कम्भोजी, 15. यदुकुलकम्भोजी, 16. शंकाराभरण, 17. हंसध्वनि, 18. बेगड़, 19. अतन, 20. नट, 21. पूर्व कल्याणी, 22. षन्मुखप्रिया, 23. कल्याणी, 24. सारंग,

3. मनोधर्म संगीत और उसके प्रकार: रागों के अल्पना और कल्पना स्वरों के विकास की पद्धति
4. दसविध गमक (दस गमक)
5. 35 तालों की योजना, चपुताल, और उसके प्रकार, 1. देशादि और मध्यादि ताल, क्रिया, अंग, लय, गति, मात्रा, (दो/पाँच प्राणों का विस्तृत ज्ञान) षडंग
6. संगीत के रूप और उसके संबंध, संगीत के निम्नलिखित रूपों का विषेष ज्ञान–

   1. गीत, 2. तानवर्ण, 3. पदवर्ण, 4. कृति, 5. रागमालिका, 6. पदम् 7. जावाली, 8. तिल्लाना
7. *कर्नाटक संगीत का इतिहास*: विशेषकार निम्नलिखित पदकारों और सिद्धान्तकारों के जीवनवृत्त और कर्नाटक संगीत में उनका योगदान (निम्नलिखित 20 में से 10 का ज्ञान अनिवार्य)

   1. जयदेव, 2. पुरंदरदास, 3. रामामत्य, 4. सोमनाथ, 5. नारायणतीर्थ, 6. भद्राचल रामदास, 7. वेंकट मखी, 8. क्षेत्रज्ञ, 9. पैदल गुरुथी शास्त्री, 10. त्यागराज, 11. मुत्थुस्वामी दीक्षितार, 12. श्यामशास्त्री, 13. अरूणाचल-कविरायन, 14. गोपाल कृष्ण घरत, 15. स्वाति तिरुनाल, 16. सुब्बाराय शास्त्री, 17. वीणा कुप्पैयार, 18. मैसूर सदाशिवराव, 19. पटनम् सुब्रम्ण्य अय्यर, 20. पल्लवी शेषैयार
8. तन्तुवाद्य, वायुवाद्य और तालवाद्य के रूप में वाद्य यंत्रों का वर्गीकरण I. वीणा, वायलिन/तम्बूरा, गोत्तुवाद्यम् और वंशी की संरचना का सामान्य ज्ञान, II. स्वरसाधना और दक्षिण भारतीय संगीत-सम्मेलन में वाद्य यंत्रों की योजना।
9. संगीत-स्वर और नाद-सुर सघनता और नाद विराम ग्रह भेदम्

32.8 कर्नाटक संगीत-प्रायोगिक (Practical)

I. क्षेत्रज्ञ के दो पद, एक राग मालिका, दो तिल्लाना दो जावाली और निम्नलिखित राग:

   1. टोडी, कदन्न वारिकी
   2. सवेरी, शंकरी शंकुरू
   3. चक्रवाकम् ऐतुल व्रोतुवो
   4. भैरवी, नी पदमूले
   5. आनन्द भैरवी, निमदी चल्लग
   6. करहर प्रिया, पक्कल नील वादी
   7. श्रीरंजनी मारुविका
   8. हरिकम्भोजी-ऐन्दराशनीदेय
   9. नटकुरंजी-मनसु विषय नट

10. शना-राम इकनानु
11. कम्भोजी-कोनियदिन नपै
12. शंकराभरण-सरोजदलनेत्री
13. हंसध्वनि-वातापिगणपतिम्
14. बेगड-नादोपासन
15. अतन-इलालोप्रणतार्थी हर
16. पूर्वीकल्याणी-नित्रू वीणा गति
17. षन्मुखप्रिय-भरिवेरेदिक्के वरैयाराम
18. कल्पना-नित्र् वीणा गति
19. सारंग-नीवद नेगन

2. निम्नलिखित रागों का आलाप:
1. टोडी, 2. सवेरी, 3. भैरवी, 4. आनन्द भैरवी, 5. मोहन, 6. केदारगौल, 7.कम्भोजी, 8. यदुकुलकम्भोजी, 9. शंकराभरण, 10. वेदग, 11. कल्याणी।

32.9 पाठ्यचर्या का क्रियान्नयन (Transaction of Curriculum)

यहाँ यह उल्लेखनीय है कि उत्तर भारतीय और कर्नाटक संगीत की उपर्युक्त रूपरेखा को न सार्वभौम कहा जा सकता है और न ही सम्पूर्ण। क्योंकि देश में संगीत की उक्त दोनों धाराओं की अत्यंत प्राचीन परंपराएँ हैं जो गुरू-शिष्य परंपरा के अनुसार चलती आ रही है। परन्तु औपचारिक शिक्षा व्यवस्था में भी संगीत को एक विषय के रूप में स्वीकार किया जाता है। अत: संगीत की पाठ्यचर्या के क्रियान्वयन के प्रमुख सोपानों की चर्चा आगे की जा रही है।

1. *संगीत की सैद्धान्तिक चर्चा*: छात्रों की आयु, रुचि तथा शैक्षिक सम्प्राप्ति को ध्यान में रखते हुए उन्हें सर्वप्रथम थोड़ी बहुत संगीत की सैद्धान्तिक-जानकारी और उसकी परंपरा की जानकारी दी जानी चाहिए। शिक्षक को संगीत के सिद्धान्त और व्यवहार में तालमेल-रखते हुए वाचिक संगीत और वाद्य संगीत के बीच के संबंधों को भी स्पष्ट करना चाहिए। तभी छात्र इस दिशा में प्रगति कर सकेंगे। व्यावहारिक उदाहरणों के द्वारा छात्रों के अवधान को आकर्षित किया जा सकता है और उन्हें अधिगम के लिए अभिप्रेरित भी किया जा सकता है जिससे छात्रों में श्रेष्ठ संगीत प्रदर्शन की कामना और क्षमता विकसित की जा सके।

2. *प्रायोगिक प्रदर्शन ही व्याख्या होती है*: प्रत्येक सैद्धान्तिक चर्चा या व्याख्या के पश्चात् उसका प्रदर्शन करना चाहिए तथा यह प्रदर्शन वाचिक और वाद्य संगीत दोनों में करना चाहिए। शिक्षक को इस बात को याद रखना चाहिए कि वह छात्रों को सिखाने के लिए गायन कर रहा है, न कि किसी संगीत समारोह में। अत: उसे गायन और व्याख्या को शिक्षण की व्यूह रचना के रूप में प्रयुक्त करना चाहिए और देखना चाहिए कि छात्र गायन और उसकी व्याख्या को हृदयंगम कर रहे हैं या नहीं। वह बीच-बीच में छात्रों को भी गायन और वादन का प्रदर्शन करने के लिए कह सकता है।

3. *छात्रों द्वारा प्रारंभिक अभ्यास*: स्वाभाविक रूप से इसके बाद छात्रों को शिक्षक के गायन/वादन के अनुकरण के लिए कहा जा सकता है। छात्रों द्वारा किया गया इस प्रकार का अभ्यास अधिगम के महत्त्वपूर्ण सोपान-सिद्ध होते हैं। शिक्षक को प्रत्येक छात्र की

प्रस्तुति को सावधानीपूर्वक सुनना चाहिए तथा उसके द्वारा की गई गलतियों को तत्काल सुधारना चाहिए।

इस अवस्था में उक्त सारी प्रक्रिया निदानात्मक और सुधारात्मक होती है। अतः शिक्षक को प्रत्येक बिन्दु का बार-बार प्रदर्शन करना चाहिए और छात्रों से तब तक अभ्यास करवाना चाहिए जब तक कि वे वाँछित स्तर का प्रदर्शन न करने लगें।

4. *छात्रों द्वारा प्रायोगिक प्रदर्शन*: जब किसी शैक्षिक बिन्दु का शिक्षण/प्रशिक्षण पूरा हो जाए तब प्रत्येक छात्र को उसके प्रदर्शन का अवसर दिया जाना चाहिए। तब छात्र-प्रदर्शन के पश्चात् उसमें पाई जाने वाली कमियों को शिक्षक बता सकता है तथा पुनः प्रदर्शन करने के लिए कह सकता है। छात्र स्वयं अलग भी अभ्यास कर सकते हैं तथा अंत में छात्रों को अपने अधिगम का सत्यापन अपने प्रदर्शन द्वारा ही करना पड़ता है जो शिक्षक या अन्य संगीत वेत्ताओं के सामने हो सकता है।

5. *रियाज या अभ्यास की अनिवार्यता*: संगीत एक ऐसा विषय है जिसमें रियाज़ या अभ्यास का अत्यंत महत्त्व होता है। पुनःपुनः अभ्यास द्वारा ही संगीत में महारत हासिल की जा सकती है। अभ्यास से छात्र अपना मूल्यांकन करते हैं और तब तक अभ्यास कर सकते हैं, जब तक कि वे अधीत बिन्दु पर पूरा अधिकार प्राप्त नहीं कर लेते। संगीत गायन में सिद्धी प्राप्त करने से छात्र में आत्मसंतोष और आत्मविश्वास दोनों विकसित होते हैं।

6. *सार्वजनिक प्रदर्शन*: सार्वजनिक प्रदर्शन या संगीत समारोह में गायन संगीत-शिक्षा का अंतिम लक्ष्य होता है। अतः छात्र को सार्वजनिक प्रदर्शन के पूर्व अभ्यास करना चाहिए। उसे कभी-कभी दर्पण के सामने बैठकर भी अभ्यास करना चाहिए जिससे वह अपनी रूपाकृति को देख सके और यदि उसमें कुछ कमी हो तो सुधार ले। उसे पद-रचना को भी अच्छी तरह याद कर लेना चाहिए जिससे गाते समय वह कोई पंक्ति भूले नहीं। उसे अपनी श्वास-प्रश्वास का भी अभ्यास करते रहना चाहिए। तभी वह सार्वजनिक प्रदर्शन करने में सफल हो सकता है। इसके लिए आत्म-विश्वास की भी आवश्यकता होती है तथा प्रत्येक सफल प्रदर्शन भावी सफल प्रदर्शन के लिए आधार बनता है।

वाद्यसंगीत (Instrumental Music)

यद्यपि वाचिक और वाद्य संगीत का सैद्धान्तिक ज्ञान लगभग समान होता है, परन्तु वाद्य संगीतकार वाचिक संगीत को आधार प्रदान करता है, उसका सहायक सिद्ध होता है।

अतः यह आवश्यक है कि छात्र विविध प्रकार के वाद्य यंत्रों और उनके अंग-उपांगों से परिचित हों।

संगीत के वाद्य यंत्रों का प्रयोग मूलतः तीन रूपों में होता है (क) वाचिक संगीत की संगत और सहायक के रूप में (ख) वाद्य-मंडल के अंग के रूप में (ग) एकल प्रस्तुति के रूप में। इन तीनों रूपों में वाद्य-यंत्रों के प्रयोग के लिए विशेष प्रकार के अधिगम और शिक्षण की व्यूह रचना की आवश्यकता होती है। वाचिक-संगीत की संगत या वाद्य मंडल में भाग लेने से पहले शिक्षार्थी को अपने वाद्य यंत्र को बजाने की मूलभूत कुशलताओं को सीख लेना चाहिए और उनका पूरा अभ्यास करना चाहिए। आगे वाद्य संगीत को सीखने के लिए आवश्यक कुछ सोपानों की चर्चा की जा रही हैं:

1. ***अपनी रूचि के वाद्ययंत्र का मूलभूत ज्ञानार्जन***: वाद्ययंत्रों की जानकारी के साथ, वाँछित संगीत के लिए वाद्ययंत्रों को बजाने का कौशल सीखना। छात्रों को इस विषय

में समझाया जाना चाहिए कि वाद्ययंत्र को बजाते समय सामान्य रूप से कैसी कैसी समस्याएँ उत्पन्न होती हैं और उनके समाधान के तरीके के क्या होते हैं। वाद्य यंत्र को बजाने से पहले उन्हें अपने यंत्र की पूरी जाँच कर लेनी चाहिए और यदि किसी प्रकार की कमी हो तो उसे ठीक कर लेना चाहिए।

2. ***वाद्ययंत्र को बजाने के लिए उचित बैठक:*** वाद्ययंत्र बजाने के लिए उसके अनुरूप वादक को बैठना चाहिए जिससे बजाते समय उसे किसी प्रकार की कठिनाई न हो। प्रत्येक वाद्ययंत्र को सुचारू रूप से बजाने के लिए विशेष प्रकार की बैठक की आवश्यकता होती है तथा संगीत कार्यक्रमों में वादक को लम्बे समय तक बैठना होता है। अतः उसे अपनी बैठक का अच्छा अभ्यास भी करना चाहिए।

3. ***वाद्ययंत्रों का समुचित रख-रखाव:*** वाद्ययंत्रों को सही तरह से रखना चाहिए जिससे वे क्षतिग्रस्त न हों तथा जब उन्हें एक स्थान से दूसरे स्थान पर ले जाना हो तो उन्हें इस प्रकार रखना तथा लाना-ले जाना चाहिए जिससे उनमें किसी प्रकार की क्षति न हो और वे टूटफूट से बच सकें। सभी शिक्षकों को अपने छात्रों को इस दिशा में सभी आवश्यक सावधानी बरतने के निर्देश देने चाहिए।

4. ***वास्तविक वादन द्वारा संगीतात्मक ध्वनियों का उत्पादन:*** प्रत्येक वाद्ययंत्र के वादन के अभ्यास के लिए आवश्यक सोपानों के बाद ही वाद्ययंत्र का वादन सम्भव होता है। प्रारम्भिक अभ्यास में पहले शिक्षक प्रदर्शन करता है और छात्र उसका अनुसरण करते हैं। शिक्षण और अधिगम के इसी अनुक्रम में प्रत्येक सोपान अपने आप में पूरा लग सकता है। *क्रमश:* सभी सोपान सीख कर ही छात्र किसी राग या ताल का पूरा अनुक्रम सीख सकता है और अंततः उसका प्रदर्शन भी कर सकता है। शिक्षण और अधिगम की इस प्रक्रिया में सामान्यतः 'सरल से कठिन की ओर' के सिद्धान्त का अनुसरण किया जाता है।

5. ***छात्रों द्वारा शिक्षक का अनुसरण और शिक्षक द्वारा सुधार:*** संगीत शिक्षा में शिक्षक द्वारा प्रदर्शन और छात्रों द्वारा अनुकरण की नीति सतत चलती रहती है। जब शिक्षक को लगता है कि छात्र किसी एक या एकाधिक सोपानों में दक्ष हो गए हैं तो वह उन्हें स्वतंत्र रूप से अपने अर्जित कौशलों को प्रदर्शित करने के लिए कह सकता है।

6. ***छात्रों द्वारा सूक्ष्म कौशलों की प्रस्तुति:*** प्रत्येक छात्र को अपने वाद्ययंत्र के वादन में अर्जित प्रत्येक कौशल को प्रदर्शित करने का अवसर दिया जाना चाहिए। जब वह प्रदर्शन कर रहा हो तो बीच में रोकर उसकी गलतियाँ नहीं बतानी चाहिए। प्रस्तुति के अन्त में उसकी गलतियों को बताना चाहिए। छात्र के साथ चर्चा करके उसे पुनः अभ्यास करने के लिए प्रेरित करना चाहिए। बाद में उसे पुनः प्रदर्शन के लिए कहा जा सकता है।

7. ***सम्पूर्ण दक्षता-प्रदर्शन:*** जब छात्र विभिन्न कौशलों को सीख लें और शिक्षक को लगे कि उन्होंने सभी कौशलों पर अधिकार प्राप्त कर लिया है तब शिक्षक उन्हें किसी सम्पूर्ण राग या ताल का पूर्ण प्रदर्शन करने के लिए कह सकता है। छात्र द्वारा सभी सूक्ष्म कौशलों के एक साथ प्रदर्शन में लम्बा समय लग सकता है। शिक्षक को देखना चाहिए कि उसकी प्रस्तुति के विविध अंगों में एकसूत्रता और सामंजस्य है या नहीं।

8. ***सम्पूर्ण प्रस्तुति का प्रेक्षण:*** प्रत्येक छात्र अपनी रूचि के वाद्ययंत्र के वादन को पूरी तरह सीखने के बाद उसका सम्पूर्ण प्रदर्शन कर सकता है तथा शिक्षक उसका आकलन कर

उसे उसके सभी सकारात्मक और नकारात्मक पक्षों को बताकर और अधिक-अभ्यास करने के लिए प्रेरित कर सकता है।

9. ***छात्रों द्वारा स्वतंत्र सम्पूर्ण प्रस्तुति:*** वाद्ययंत्र के वादन को सीखने के उक्त सभी सोपानों के पश्चात् छात्र अपने कौशलों के अर्जन का सार्वजनिक रूप से या विशिष्ट व्यक्तियों के सामने प्रदर्शन कर सकते हैं जिसका प्रेक्षण विशेषज्ञ शिक्षक कर सकते हैं तथा प्रस्तुति के अंत में अपनी राय बता सकते हैं। अंत में उनका शिक्षक भी छात्रों की प्रस्तुति के बारे में चर्चा कर उन्हें और अधिक सुधार के लिए सूत्र संकेत दे सकते हैं।

निष्कर्ष: प्रायोगिक कलाओं का शिक्षण-अधिगम कभी भी केवल पुस्तकों के आधार पर नहीं किया जा सकता है। इसके लिए शिक्षक और छात्रों के बीच व्यक्तिगत स्तर पर क्रिया प्रतिक्रिया की आवश्यकता होती है। इसके लिए अभ्यास की अनिवार्यता भी बनी रहती है।

33

कम्प्यूटर विज्ञान का शिक्षण
(Teaching of Computer Science)

यद्यपि विद्यालयी पाठ्यचर्या में कम्प्यूटर एक नया विषय है। परन्तु आज यह सर्वाधिक छात्रों द्वारा चुना जाने वाला विषय बन गया है।

इसके शिक्षण क्रम में सामान्यतः सूचना प्रौद्योगिकी में कम्प्यूटर की भूमिका, शैक्षिक अभिलेखों के निर्माण तथा अन्य शैक्षिक प्रक्रियाओं में यंत्र-सामग्री या हार्डवेयर का प्रयोग तथा स्वाध्याय के संवर्धन में इंटरनेट का प्रयोग, विद्यालयी विषयों के लिए प्रक्रिया सामग्रियों या सोफ्टवेयर और शिक्षा में कम्प्यूटर का प्रयोग आदि विषयों का सम्मिलित किया जाता है।

33.1 कम्प्यूटर विज्ञान के शैक्षणिक उद्देश्य (Instructional Objectives of Computer Science)

1. कम्प्यूटर विज्ञान के क्षेत्र से संबंधित तथ्यों, पारिभाषिक शब्द, प्रतीकों, संकल्पनाओं सिद्धान्तों प्रवृत्तियों, परिभाषाओं, प्रक्रियाओं, प्रकार्यों और भाषाओं के ज्ञान का अर्जन करना।
2. कम्प्यूटर विज्ञान के क्षेत्र से संबंधित तथ्यों, पारिभाषिक शब्दों, प्रतीकों, संकल्पनाओं, सिद्धान्तों, प्रवृत्तियों, परिभाषाओं, प्रक्रियाओं, प्रकार्यों और भाषाओं की समझ विकसित करना।
3. अपरिचित या नई स्थितियों में कम्प्यूटर विज्ञान के ज्ञान और समझ का अनुप्रयोग करना।
4. कम्प्यूटर अनुप्रयोग की व्याप्ति (परास-रेंज) में रुचि विकसित करना।
5. कम्प्यूटर विज्ञान के अध्ययन से वैज्ञानिक अभिवृत्ति विकसित करना।
6. यंत्रसामग्री (हार्डवेयर) व प्रक्रिया सामग्रियों (सॉक्टवेयर) तथा अन्य संबंधित सामग्रियों को विकसित करने के लिए उपयुक्त कौशलों को अर्जित करना।

उद्देश्य और उनका स्पष्टीकरण (Objectives and their Specifications)

33.1.1 *उद्देश्य:* कम्प्यूटर विज्ञान के क्षेत्र से संबंधित, तथ्यों, पारिभाषिक शब्दों, प्रतीकों, संकल्पनाओं, सिद्धान्तों प्रवृत्तियों, परिभाषाओं, प्रक्रियाओं, प्रकार्यों और भाषाओं के ज्ञान का अर्जन करना।

उद्देश्य का स्पष्टीकरण: उक्त उद्देश्य की सम्प्राप्ति को निदर्शित करने के लिए छात्र:

1. कम्प्यूटर विज्ञान के तथ्यों, पारिभाषिक शब्दों, प्रतीकों, परिभाषाओं आदि का सफलतापूर्वक पुनःस्मरण कर सकेंगे।
2. अन्दर से कम्प्यूटर तंत्र का प्रेक्षण कर सकेंगे और स्वयं हार्डवेयर के स्थापत्य की व्यवस्था को समझ सकेंगे।
3. हार्डवेयर और सॉफ्टवेयर के घटकों को पहचान सकेंगे।
4. विश्वासपूर्वक (प्रक्रियाओं, भाषाओं की वाक्य रचनाओं और संकल्पनाओं) का पुनरुत्पादन कर सकेंगे।

33.1.2 उद्देश्य: कम्प्यूटर विज्ञान के क्षेत्र से संबंधित, तथ्यों, पारिभाषिक-शब्दों, प्रतीकों, संकल्पनाओं, सिद्धान्तों, प्रवृत्तियों, परिभाषाओं, प्रक्रियाओं, प्रकारों और भाषाओं की समझ विकसित करना।

उद्देश्य का स्पष्टीकरण: उक्त उद्देश्य की सम्प्राप्ति को निदर्शित करने के लिए छात्र:

1. निकटतः संबंधित संकल्पनाओं के बीच विभेद कर सकेंगे।
2. मानदण्डों के अनुसार मदों का वर्गीकरण कर सकेंगे।
3. दत्त सामग्रियों के बीच के संबंधों को पहचान सकेंगे।
4. वाचिक कथनों का प्रतीकों में रूपान्तरण कर सकेंगे। [यथा प्रवाह संचित्र (चार्ट)-भ्रामक संकेत (सूडोकोड) वाक्य विन्यास की दृष्टि से सही प्रोग्राम]।
5. उदाहरण दे सकेंगे।
6. त्रुटियों की पहचान कर उन्हें सुधार सकेंगे।
7. उपलब्ध हार्डवेयर और सॉफ्टवेयर के संसाधनों का कुशलतापूर्वक उपयोग कर सकेंगे।
8. अपने कार्यों में युक्ति संगति का प्रदर्शन कर सकेंगे।
9. कम्प्यूटर से संबंधित प्रवीणता प्रदर्शित कर सकेंगे।

33.1.3 उद्देश्य: अपरिचित या नई स्थितियों में कम्प्यूटर विज्ञान के ज्ञान और समझ का अनुप्रयोग कर सकेंगे।

उद्देश्य का स्पष्टीरकण: उक्त उद्देश्य की संप्राप्ति को निदर्शित करने के लिए छात्र:

1. प्रस्तुत स्थिति या समस्या का अध्ययन और विश्लेषण कर सकेंगे।
2. प्रस्तुत स्थिति की दृष्टि से सामग्री की पर्याप्तता, अतिरिक्तता, संगति/असंगति का पता लगा सकेंगे।
3. उपलब्ध सामग्री के बीच संबंध स्थापित कर सकेंगे।
4. समस्या को निपटाने के लिए सुकर संसाधनपरक मार्ग संकेतिक कर सकेंगे।
6. तथ्यों और सिद्धान्तों का सत्यापन कर सकेंगे अर्थात् वर्तमान संदर्भ में तथ्यों की विधि-मान्यता या अविधि मान्यता का पता लगा सकेंगे।
7. अपने सामने आए प्रोग्राम में या स्वलिखित प्रोग्राम में मौलिकता या नवीनता ला सकेंगे।
8. कम्प्यूटर भाषा के माध्यम से प्राप्त विचार में अपना मौलिक योगदान कर सकेंगे।
9. कम्प्यूटर भाषा की प्रमुख विशेषताओं और सीमाओं के साथ वाक्य विन्यास को अच्छी तरह समझ सकेंगे।

10. चुनी गई भाषा में समाधान को चुनने से पहले सम्भावित संदर्भ और समस्याओं को समझ सकेंगे और उनका पूर्वानुमान कर सकेंगे।
11. समस्या समाधान के वैकल्पिक उपागमों और उपमार्गों की पहचान कर सकेंगे।

33.1.4 उद्देश्य: कम्प्यूटर अनुप्रयोग की व्याप्ति (परास या रेंज) में रुचि विकसित करना।

उद्देश्य का स्पष्टीकरण: उक्त उद्देश्य की सम्प्राप्ति को निदर्शित करने के लिए छात्र:

1. सूचना प्रौद्योगिकी में हो रही नवीन गतिविधियों से अपने आप को निरंतर परिचित रखने के लिए उनसे संबंधित साहित्य, विशेष कर पत्रिकाओं का अध्ययन कर सकेंगे।
2. पत्र-पत्रिकाओं के लिए कम्प्यूटर/कम्प्यूटिंग पर लेख लिखने के प्रयत्न कर सकेंगे।
3. अपने अवकाश के समय का उपयोग के लिए (कम्प्यूटर से संबंधित) शौक कर सकेंगे।
4. उन प्रदर्शनियों को देखने तथा संगोष्ठियों में भाग ले सकेंगे जिनका कम्प्यूटर प्रमुख विषय हो तथा अपने साथियों को भी ऐसा ही करने के लिए प्रेरित कर सकेंगे।
5. कम्प्यूटर-क्लबों का आयोजन कर सकेंगे और उनके क्रिया-कलापों में सक्रिय रूप से भाग ले सकेंगे।
6. कम्प्यूटर विषय का अतिरिक्त अध्ययन कर सकेंगे।
7. पाठ्यक्रम से असंबंधित समस्याओं को सामने ला सकेंगे।
8. स्वेच्छापूर्वक कम्प्यूटर विज्ञान से संबंधित वार्ताओं में भाग ले सकेंगे और उन पर चर्चा कर सकेंगे।
9. इंटरनेट और www. के विषय में अपनी जानकारी बढ़ा सकेंगे।

33.1.5 उद्देश्य: कम्प्यूटर विज्ञान के अध्ययन से वैज्ञानिक अभिवृत्ति विकसित करना।

उद्देश्य का स्पष्टीकरण: उक्त उद्देश्य की सम्प्राप्ति के निदर्शित करने के लिए छात्र:

1. समाज और व्यक्तियों पर कम्प्यूटर के प्रभावों के साथ तालमेल बैठा सकेंगे और उनका अनुसरण कर सकेंगे।
2. कम्प्यूटर के क्षेत्र में प्रौद्योगिकी के विश्वव्यापी विकास की समझ से प्रसन्नता का अनुभव कर सकेंगे।
3. अध्ययन के अन्य क्षेत्रों (यथा-विज्ञान, वाणिज्यकीय अनुप्रयोग, व्यापारिक समस्याओं) की समस्याओं के समाधान में कम्प्यूटर की भूमिका की सराहना कर सकेंगे।
4. कम्प्यूटर से संबंधित गुणों (यथा, गति, लाघवता, दैनिक कार्यों की त्रुटिहीन बारंबारता, सुनिश्चितता, स्मृति आदि) की सराहना कर सकेंगे।
5. कम्प्यूटर वैज्ञानिकों के योगदान की सराहना कर सकेंगे और उनके प्रति सम्मान प्रदर्शित कर सकेंगे।

6. जिज्ञासा-भाव प्रदर्शित कर सकेंगे अर्थात् बिना किसी पूर्वाग्रह के जाँच पड़ताल का भाव प्रदर्शित कर सकेंगे।
7. समस्या के सभी पक्षों का परीक्षण कर सकेंगे और तार्किक दृष्टि से सिद्ध होने पर ही प्रस्तावना स्वीकार कर सकेंगे।
8. समझ आने पर त्रुटियों को बता सकेंगे।
9. नए विचारों और खोजों पर विचार करने के लिए इच्छुक रहेंगे।
10. सत्यापित तथ्यों के आधार पर ही समस्या के समाधान के लिए संस्तुतियाँ निर्धारित कर सकेंगे।
11. नवीन तथ्यों के परिप्रेक्ष्य में अपनी संस्तुतियों पर पुनर्विचार के लिए तैयार रहेंगे।
12. निस्संकोच भाव से अपनी त्रुटियों को स्वीकार कर सकेंगे।
13. अन्य व्यक्तियों के अभिमतों का सम्मान कर सकेंगे।
14. हार्डवेयर और सॉफ्टवेयर के संसाधनों में विषाणुओं (Virus) के दुरूपयोग के खतरों को समझ सकेंगे।

33.1.6 *उद्देश्य*: हार्डवेयर (यंत्र सामग्री) का सॉफ्टवेयर (प्रक्रिया सामग्री) तथा अन्य संबंधित सामग्रियों को विकसित करने के लिए उपयुक्त कौशलों को अर्जित करना।

उद्देश्य का स्पष्टीकरण: उक्त उद्देश्य की सम्प्राप्ति को निदर्शित करने के लिए छात्रः

1. उपयुक्त पूर्वोपायों के साथ हार्डवेयर और सॉफ्टवेयर के संसाधनों का उनकी सीमा में प्रयोग कर सकेंगे।
2. सरल, तर्कसंगत और सौपनिक आधार पर किसी भी समस्या का हल कर सकेंगे।
3. सरलता और गति के साथ सही मौखिक परिकलन कर सकेंगे।
4. सरलता और गति के साथ सही लिखित परिकलन कर सकेंगे।
5. एकाधिक संक्रियाओं वाले कम्प्यूटेशन के लिए सरल प्रोग्राम लिख सकेंगे।
6. कम्प्यूटर की विविध भाषाओं की कमियों, विशेषताओं और गुणों को जान सकेंगे।
7. किसी समस्या के हल के लिए कौन सी भाषा उपयुक्त है, यह निर्धारित कर बता सकेंगे और अपनी बात को उपयुक्त तर्कों के आधार पर सम्पुष्ट कर सकेंगे।
8. कम्प्यूटर तंत्र को सरलता से प्रारम्भ कर सकेंगे, उसका प्रयोग कर सकेंगे और उसे बंद कर सकेंगे।
9. अपने कार्य करने के परिवेश (DOS, UNIX, WINDOWS आदि) में बिना किसी बाधा के सरलता के साथ काम कर सकेंगे।
10. कम्प्यूटरों के नए रूपों से संबंधित कौशलों और ज्ञान को अद्यतन बनाने के निरंतर प्रयास कर सकेंगे और काम करने की नई सम्भावनाओं की तलाश कर सकेंगे।

विद्यालयी पाठ्यक्रम में कम्प्यूटर विज्ञान, क्योंकि एक नया विषय है, इसलिए उसकी विषय-वस्तु की रूपरेखा दी जा रही है। क्योंकि उसीके आधार पर उसके शिक्षण की पद्धति पर विचार किया जा सकता है जो सदा विषय-वस्तु और उद्देश्यों पर आधारित होती है। इसकी सहायता से इसके पाठ्यक्रम की योजना पर भी विचार किया जा सकता है।

33.2 माध्यमिक स्तर पर कम्प्यूटर शिक्षा और सूचना प्रौद्योगिकी के शिक्षण क्रम की सोदाहरण रूपरेखा (An Illustrative Outline of a Course on Computer Education & Information Technology for the Secondary Stage)

इकाई I.: कम्प्यूटर परिचय की भूमिका *(An Introduction to Computers)*

(क) कम्प्यूटर और कम्प्यूटर तंत्र की संकल्पना, उसकी विशेषताएँ और क्षमताएँ।

(ख) कम्प्यूटर विकास का इतिहास तथा नए प्रकार के कम्प्यूटरों के विशेष अभिलक्षण।

(ग) आकार, प्रयोजन और संसाधित सामग्री के प्रकार के आधार पर कम्प्यूटरों का वर्गीकरण।

(घ) कम्प्यूटर तंत्र के प्रमुख तत्त्वों की संकल्पनाएँ, हार्डवेयर-निवेश (इनपुट Input) -प्रक्रिया-निर्गत (आउटपुट-Output), सॉफ्टवेयर तंत्र और सॉफ्टवेयर अनुप्रयोग।

(ड.) सूचना प्रौद्योगिकी की संकल्पना और सूचना प्रौद्योगिकी में कम्प्यूटर की भूमिका।

इकाई-II: कम्प्यूटर-हार्डवेयर के प्रकार्य और अनुप्रयोग निवेश-प्रक्रिया और निर्गत युक्तियाँ (Computer Hardware Functions & Applications (Input, Process & Output Devices))

(क) *निवेश (Input) की युक्तियाँ*: I. टर्मिनल और संलग्न सामग्री-प्रवेश तंत्र II. प्रत्यक्ष सामग्री प्रवेश-युक्तियाँ III. ध्वनि-निवेश-युक्तियाँ IV. संकेतन-युक्तियाँ (*Pointing Devices*)

(ख) *भण्डारण-युक्तियाँ*: I. प्राथमिक भण्डारण युक्तियाँ, II. द्वितीयक भण्डारण युक्तियाँ।

(ग) *केन्द्रीय संसाधन* इकाई: I. नियंत्रण इकाई II. गणितीय तार्किक इकाई III. स्मृति-इकाई।

(घ) *निर्गत-युक्ति और (Output Devices)*: I. हार्डकॉपी युक्तियाँ (Hard Copy Devices), II. सॉफ्टकॉपी युक्तियाँ (Soft Copy Devices)

इकाई III: *कम्प्यूटर सॉफ्टवेयर (Computer Software)*

(क) कम्प्यूटर सॉफ्टवेयर और उसके प्रकार।

(ख) संचालन-तंत्र (Operating Systems) के प्रकार

(ग) MS-DOS आदेश (Command) तथा DOS के साथ कार्य करना

(घ) संकलक (Compilers) व्याख्या कर्त्ता (Interpreters) अनुवादक (Translators) (संक्षेप में)

(ड.) प्रोग्राम की भाषाएँ, वाक्य रचना, अर्थविज्ञान और उच्चस्तरीय भाषाओं की संकल्पना BASIC, FORTRAN, PASCAL, COBOL, LISPC और LOGO (संक्षेप में)

इकाई IV: *शिक्षा के सॉफ्टवेयर का अनुप्रयोग (Application Software for Education)*

(क) *माइक्रोसौफ्ट विंडोस*: 95/98/2000 (अथवा जो भी उपलब्ध हो) के अभिलक्षण

(ख) एम.एस.-ऑफिस-97 (अथवा एम.एस. ऑफिस का जो भी प्रकार उपलब्ध हो) के अभिलक्षण।

(ग) विद्यालयी विषयों के शिक्षण के लिए पहले से तैयार पैकेज।

इकाई V: ***शिक्षा में कम्प्यूटर और मल्टीमीडिया का प्रयोग (Use of Computers and Multimedia in Education)***

(क) शिक्षण-अधिगम प्रक्रिया में कम्प्यूटर और मल्टीमीडिया का प्रयोग।

(ख) कार्यालयी व्यवस्थाओं में कम्प्यूटर का प्रयोग।

(ग) परीक्षा कार्यों में कम्प्यूटर का प्रयोग।

(घ) इंटरनेट-उत्पत्ति, इंटरनेट के लिए आवश्यक सॉफ्टवेयर और हार्डवेयर, सर्फिंग, शैक्षिक वेबसाइट, इंटरनेट का प्रयोग।

(ङ.) शिक्षार्थियों, शिक्षकों और शिक्षण की प्रक्रिया पर शिक्षा में कम्प्यूटर के प्रयोग के प्रभाव।

प्रायोगिक कार्यों से संबंधित शिक्षण-क्रम के अंतर्गत निम्नलिखित विषयों में से किसी एक या एकाधिक विषय को करवाया जा सकता है:

1. पहले तैयार पैकेज की सहायता से शैक्षिक दस्तावेज तैयार करना।
2. MS-Power Point की सहायता से शैक्षिक स्लाइडों का निर्माण और प्रस्तुतीकरण।
3. शिक्षा में किसी कम्प्यूटर ग्रफिकों का निर्माण और प्रयोग।
4. MS-Excel की सहायता से किए गए सांख्यिकीय विश्लेषण के आधार पर प्रतिवेदन तैयार करना।

शैक्षिक सहायक सामग्री:

- एक कम्प्यूटर इकाई (हार्डवेयर के रूप में)
- शिक्षण क्रम से संबंधित सॉफ्टवेयर
- कम्प्यूटर से संबंधित लेखन-सामग्री

33.3 कम्प्यूटर विज्ञान के शिक्षण की पद्धतियाँ

कम्प्यूटर विज्ञान की शैक्षणिक पद्धति किसी भी प्रायोगिक विषय की शैक्षणिक पद्धति के समान हो सकती है जिसमें निम्नलिखित प्रमुख सोपान हो सकते हैं:

1. परिभाषाओं, प्रक्रियाओं, प्रकार्यों तथा कम्प्यूटर की भाषाओं के रूप में सैद्धन्तिक भूमिका।
2. हार्डवेयर, उसकी तकनीकी संरचना, उसका प्रयोग और उसको चलाने के कौशलों का परिचय।
3. कम्प्यूटर के अनुप्रयोग
4. सोफ्टवेयर और अन्य संबंधित सामग्रियों का विकास
5. अनुकरणीय स्थितियाँ/सामग्री की सहायता से निदर्शन।
6. प्रायोगिक कार्य:

   6.1 शिक्षक की सहायता से किए जाने वाले प्रयोग

   6.2 परिचित अभ्यासों की बारंबार ड्रिल

   6.3 अपरिचित स्थितियों और सामग्री के साथ अनुभव

6.4 स्वयं प्रारंभ किए गए प्रोग्राम और उनका अनुप्रयोग

6.5 विविध तकनीकों का अनुकूलित रूपान्तरण

इनके अतिरिक्त स्थिति विशेष की आवश्यकता के अनुरूप पूर्व चर्चित पारम्परिक और गैर-पारम्परिक पद्धतियों में से कुछ तत्त्व लिए जा सकते हैं और उनका प्रयोग कक्षा में किया जा सकता है।

34

शारीरिक शिक्षा और स्वास्थ्य
(Physical Education and Health)

यद्यपि शारीरिक शिक्षा के महत्त्व को सभी स्वीकार करते हैं। परन्तु विद्यालयी शिक्षा की पाठ्यचर्चा में इसकी नितांत उपेक्षा हो रही है जिसका कारण विद्यालयों में क्रीडा क्षेत्रों और प्रशिक्षित शिक्षकों का अभाव माना जाता है।

कार्यक्रम का प्रयोजन (Purpose of the Programme)

स्वस्थ शरीर में स्वस्थ मन रहता है, जैसी पुरानी कहावत का महत्त्व आज भी है। इसीलिए समस्त शैक्षिक कार्यक्रमों के अनिवार्य अंग के रूप में शारीरिक और स्वास्थ्य शिक्षा का विशेष महत्त्व और प्रासंगिकता सभी स्वीकार करते हैं।

शारीरिक शिक्षा से संबंधित सभी क्रियाकलाप विविध प्रकार की क्षमताओं के विकास में सकारात्मक रूप से सहायक होते हैं तथा नाड़ी, मांस-पेशियों से संबंधित कौशलों, सकारात्मक मूल्यों और अभिवृत्तियों के विकास में भी उपकारक सिद्ध होते हैं। वस्तुत: ये सभी जीवन में सफलता की कुँजी होते हैं। लयात्मक और व्यंजक अंग संचालन, नृत्य, सामूहिक कवायत या ड्रिल-जैसी क्रियाएँ तथा ध्वज-वंदना, राष्ट्र-गान आदि से शारीरिक स्वास्थ्य के साथ साथ राष्ट्रीय एकता की भावना भी विकसित होती है।

शारीरिक शिक्षा के उद्देश्य (Objectives of Physical Education)

शारीरिक और स्वास्थ्य शिक्षा के कार्यक्रम के निम्नलिखित उद्देश्य हो सकते हैं:

- अच्छे स्वास्थ्य, शारीरिक सामर्थ्य, सौन्दर्य और संतुलन की संकल्पना विकसित करना।
- सोने, भोजन, व्यायाम, स्वच्छता संबंधी स्वस्थ आदतों को विकसित करना।
- स्नायु-मांसपेशियों का समन्वय (शारीरिक कौशलों) को विकसित करना।
- सामूहिक कार्य की भावना, निष्पक्षता, क्रीड़ाभावना, सहयोग के मूल्यों तथा अभिवृत्तियों को विकसित करना।
- अनुशासन, साहसिकता, सम्मान, आत्मविश्वास और दायित्त्व की भावना जैसे चारित्रिक गुणों को विकसित करना।
- अवकाश काल को आनन्दमय बनाने की क्षमता विकसित करना।
- खेल-कूद की क्षमता को प्रोत्साहित करना और खेल-कूद में अंतरराष्ट्रीय स्तर प्राप्त करना।

शिक्षा के विभिन्न स्तरों के लिए क्रियाकलाप (Activities at Different Stages of Education)

आगे चर्चा से पूर्व यह आवश्यक है कि विद्यालयी शिक्षा के विभिन्न स्तरों पर सम्भावित क्रियाओं का विहंगावलोकन कर लिया जाए।

पूर्व प्राथमिक और प्राथमिक स्तर पर की जाने वाली क्रियाएँ (Activities at the Pre-Primary and Primary Stages)

इस स्तर पर अनेक प्रकार की क्रियाएँ की जा सकती है। परन्तु शिक्षकों को छात्रों की आयु और उनके स्वास्थ्य के स्तर के अनुरूप कुछ क्रियाओं का चयन करना होगा। क्रियाओं को चुनने का एक आधार स्थानीय परिस्थितियाँ भी हो सकती हैं। इनमें से कुछ की चर्चा आगे की जा रही है।

मुक्त गतिशीलता (Free Movements)

चलना, दौड़ना, कूदना, फेंकना, जैसी क्रियाएँ गतिशीलता-शिक्षण की अंग होती हैं। रस्सी, पुराने टायर, पुराने बक्से, पुरानी कुर्सियाँ, बाधकवस्तुएँ, (निर्मित या वर्तमान) जैसे उपकरणों की सहायता से इन क्रियाओं को करवाया जा सकता है। इन क्रियाओं के द्वारा छात्रों में समन्वयन और संतुलन सिखाया जा सकता है।

ताल गतिशीलता (Rhythmic Movements)

नृत्य और सहक्रियागान इस कोटि में आते हैं। इस प्रकार की क्रियाओं के उदाहरण हैं, समूह नृत्य, सहक्रियागान, ध्वज कवायत (ड्रिल) आदि।

इस स्तर पर नृत्य के साथ विविध प्रकार के उद्दीपकों का प्रयोग किया जा सकता हैं जैसे-मौखिक आवाजें, तालियाँ, ढोल-जैसे श्रव्य उद्दीपक और निदर्शन, समूहगान तथा भाषा की पुस्तकों से चुने गए गीत और कविताओं को दृश्य उद्दीपकों के रूप में प्रयुक्त किया जा सकता है।

इन क्रियाओं से छात्रों के शरीर को लचीला बनाया जा सकता है तथा उनमें शारीरिक संतुलन, संतुलित चाल तथा ताल की संवेदना विकसित कर जा सकती है। इन क्रियाओं से छात्रों को आनन्द और संतोष का अनुभव होता है।

अनुकरण, कथानाट्य मंचन, नकल अभिनय (Imitation, Story Plays and Mimics)

गतिशीलता शिक्षा छात्रों को अपने परिवेश के लोगों की नकल या अनुकरण करने के अनेक अवसर प्रदान करती है। इस प्रकार की क्रियाओं को भाषा शिक्षा और पर्यावरण शिक्षण के साथ संयोजित किया जा सकता है। छात्र आस-पास के लोगों और पशुओं का अनुकरण सरलता से कर सकते हैं।

इस प्रकार की क्रियाओं से छात्रों में सृजनात्मक आत्माभिव्यक्ति की क्षमता विकसित की जा सकती है। इससे उनमें रूप और आकृतियों की संकल्पनाओं को विकसित करने में सहायता मिलती है तथा वे शब्दों के अतिरिक्त अभिव्यक्ति के अन्य रूपों को सीखते हैं और उन्हें इनसे आमोद-प्रमोद मिलता है।

सीमित क्षेत्र के खेल (Small Area Games)

सामान्य खेल जिन्हें छोटे क्षेत्र में सरलता से खेला जा सकता है, जैसे, दौड़ना, पकड़म-पकड़ाई, चोर पकड़ो आदि। इन खेलों को छात्र समूह या जोड़ों में खेल सकते हैं। कुए में शेर, नेता के पीछे चलो, चोर और पुलिस आदि इसी तरह के खेल हैं। इन खेलों से छात्रों की मांसपेशियों को अभ्यास मिलता है, उनकी शारीरिक क्षमता विकसित होती है और मांसपेशियों और नाड़ियों में समन्वय स्थापित होता है। सहयोग या सहकार भी भावना विकसित होती है तथा सभी को प्रसन्नता और आनन्द का अनुभव होता है।

अन्य व्यायाम (Gymnastics)

छात्रों की आयु को ध्यान में रखते हुए ऐसे व्यायामों को चुनना चाहिए जिनके लिए किसी विशेष उपकरण की आवश्यकता नहीं होती।

इस क्षेत्र में खरगोश की उछलकूद, खड़े रहने, बैठने, उठाने, झुकने की विविध मुद्राओं के साथ आगे पीछे की ओर खींचना, बंदर चाल, गाड़ी के पहिए, पहिया-तीर, गाडी-गाड़ी, संतुलित चाल आदि को लिया जा सकता है अथवा इसी प्रकार के स्थानीय खेलों को भी लिया जा सकता है जिन्हें इसी आयु के बालक खेलते हों।

इस प्रकार के खेलों से छात्र अपने शरीर पर नियंत्रण रखना सीखते हैं और वे स्नायु और मांसपेशियों में समन्वय करना भी सीख लेते हैं। इनसे उनकी शारीरिक क्षमताएँ बढ़ती हैं और शरीर लचीला और संतुलित हो जाता है।

सरल कुश्ती (Simple Combative)

धकेलना, खींचना, गिराना जैसी कुश्ती की क्रियाओं से छात्रों की आक्रामक प्रवृत्तियों और भावनाओं का परिष्कार होता है।

घुटनों के बल लड़ना, पंजो पर चलना, बेंच या स्टूल ढकेलना, हाथों से कुश्ती करना, लंगड़ी बत्तख की लड़ाई, गुथमगुत्था और कुश्ती लड़ना जैसी क्रियाओं को करवाया जा सकता है तथा स्थानीय कुश्तियों के प्रकारों को करवाया जा सकता है।

इस प्रकार की क्रियाओं से छात्र न केवल अपनी शक्ति को समझ पाते हैं, अपितु दूसरों की ताकत का भी अनुमान कर पाते हैं जिससे उनमें साहस और आत्मविश्वास बढ़ता है।

कसरत (Callisthenics)

कसरत करने के लिए किसी उपकरण की आवश्यकता नहीं होती। इसमें सामान्यतः हाथ, पैर, सिर और शरीर को गतिशील बनाया जाता है जिसे सुनिश्चित तरीकों से अपेक्षाकृत अधिक लम्बे समय तक किया जाता है। सामान्यतः 6 से 8 अभ्यासों को 2 से 4 रूपों में किया जाता है। इन अभ्यासों को नियोजित रूप से करना चाहिए जिससे पूरे शरीर की मांस पेशियों को मजबूत बनाया जा सके।

कसरत में शारीरिक गतिविधियों को समन्वित रूप से करने से शरीर का गठन और विकास अच्छा होता है।

खेलकूद (Athletics)

शारीरिक शिक्षा में खेल कूद का महत्त्वपूर्ण स्थान है। इनके द्वारा छात्रों में स्वस्थ प्रतियोगिता की भावना विकसित की जा सकती है। क्योंकि इनमें भाग लेने वाले छात्रों की

उपलब्धियों का मापन और परीक्षण वस्तुनिष्ठ दृष्टि से किया जाता है। इसीलिए कोई व्यक्ति अपने आप से भी प्रतियोगिता कर सकता है।

इनके अंतर्गत निम्नलिखित को लिया जा सकता है। थोड़ी दूरी की तेज दौड़ (25 मी.) (Short Sprint), कूद (Hopping) (25-50 मी.), लंबी दौड (Endurance) (200 मी., फुटबॉल या क्रिकेट की गेंद को डालना, दूरी और ऊँचाई के लिए कूदना।

खेलकूल की क्रियाओं द्वारा मांसपेशियों के मूलभूत कौशलों को विकसित करने में सहायता मिलती है। इनसे शारीरिक क्षमताएँ बढ़ती हैं और विविध प्रकार की प्रतियोगिताओं के द्वार खुलते हैं।

खेल (Games)

यद्यपि अनेक विद्यालयों में अनुशिक्षक (Coaches) या अनुदेशक (Instructor) और खेल के मैदान के कार्यकर्त्ताओं की सुविधाऐं उपलब्ध नहीं है। फिर भी सीमित रूप से ही सही, प्रारंभिक अवस्था में छात्रों को खेल के अनुभव प्रदान करने से उनमें खेलों के प्रति रूचि विकसित होती है।

इसीलिए बालकों के इस प्रकार के खेलों को खेलने के अवसर प्रदान किए जाने चाहिए जिससे वे आगे बड़े-बड़े खेलों में भाग लेने में समर्थ हो सकें और विविध प्रकार के खेलों के लिए आवश्यक कौशलों को विकसित कर सकें और उनका अभ्यास कर सकें और अंत में खेलों को उनके परिवर्तित रूपों में खेल सकें।

खेलों से बालकों में वे कुशलताएँ विकसित होती हैं जिनसे वे कठिन या श्रम साध्य कार्यो को करने में समर्थ होते हैं, उनको करने के नए-नए कौशलों को विकसित करते हैं, खेलों में रूचि उत्पन्न होती है तथा उन्हें मनोरंजन और आनन्द का अनुभव होता है।

योगाभ्यास

स्वास्थ्य शिक्षा के क्षेत्र में योग को भारत का मौलिक योगदान कहा जा सकता है। योग के आसनों को शांत वातावरण में किया जाना चाहिए। इनसे अभ्यास कर्ता के शरीर और मन पर अच्छा प्रभाव पड़ता है जिससे वे योग के अन्य सोपानों की ओर सहज रूप में बढ़ सकते हैं।

योग से मन को एकाग्र करने में सहायता मिलती है और भावी जीवन में इसका सकारात्मक प्रभाव पड़ता है। इससे शारीरिक क्षमता बढ़ती है। इसीलिए आजकल इसका प्रयोग अनेक प्रकार की बीमारियों के उपचार के लिए भी किया जा रहा है।

इस स्तर पर छात्रों को जिन आसनों का अभ्यास करवाया जा सकता है, वे हैं-स्वास्तिकासन, अर्धपद्मासन (वीरासन) भुजंगासन, अर्धशलभासन, उत्कटासन, वृक्षासन, नौकासन, पाद-हस्तासन और शवासन।

कवायत और प्रयाण (Drill and Marching)

इस स्तर पर कवायत और प्रयाण को अनिवार्य रूप से छात्रों से करवाना चाहिए। इससे कक्षा या वर्ग में समान रूप से क्रिया करने की प्रवृत्ति विकसित होती है उनमें अनुशासन की भावना जागती है तथा किसी विशेष मुद्रा में कुछ समय तक स्थिर रहने की आदत बनती है जिससे वे अपने शरीर पर नियंत्रण रखने में समर्थ होते हैं।

तैराकी (*Swimming*)

यद्यपि तरणताल की सुविधा कुछ ही विद्यालयों में उपलब्ध है। फिर भी प्राकृतिक सुविधाएँ, जैसे नदी, समुद्र, सरोवर यदि आस-पास उपलब्ध हों तो तैराकी को एक केन्द्रिक विषय के रूप में विद्यालयों में स्वीकार करना चाहिए। बालकों के मन से पानी के भय निकालने के प्रयत्न करने चाहिए और तैरने के लिए प्रोत्साहित करना चाहिए। पानी में उतरने के लिए आवश्यक विश्वास को निम्नलिखित सोपानों की सहायता सें बढ़ाया जा सकता है।

- कमर तक गहरे पानी में चलने का अभ्यास
- किसी एक स्थान पर आगे पीछे कूदने का अभ्यास और पानी में आँखों को खुली रखने का अभ्यास
- साथी की कमर को सहारा देकर उसको पानी पर तैरने का अभ्यास कराना तथा शरीर को सीधा रखकर तैरने का अभ्यास

तैरने में सभी प्रकार के अंग संचालनों के लिए आवश्यक हैं-शरीर की स्थिति (सीधे रहने की स्थिति) पैरों की क्रियाएँ, हाथों की क्रियाएें, साँस लेने की प्रक्रिया, विभिन्न अंगों में समन्वय।

तैरने से छात्रों में जल के डर से मुक्ति मिलती है, उनमें आत्मविश्वास बढ़ता है और उनका मनोरंजन होता है तथा उन्हें आनन्द की अनुभूति होती है।

उच्च प्राथमिक स्तर के क्रिया-कलाप (Activities at the Upper Primary Stage)

इस स्तर पर 11+ से 14+ आयु वर्ग के छात्र होते हैं और इस अवधि में छात्रों में शारीरिक विकास द्रुतगति से होता है। इस अवधि में छात्रों में अपने वर्ग के साथ जुड़ने की प्रवृत्ति देखी जाती है और उनमें अपने वर्ग, कक्षा, गृह या विद्यालय के साथ विशेष लगाव दिखाई देता है। इस स्तर पर लड़कियाँ सामाजिक और ताल गति से संबंधित क्रियाओं में रुचि प्रदर्शित करने लगती हैं। अत: सामूहिक खेल, प्रतियोगात्मक खेलकूद, विकासात्मक अभ्यास से और ताल-गतिपरक अभ्यास लड़के लड़कियाँ दोनों को अच्छे लगते हैं। इस स्तर पर शारीरिक शिक्षा के प्रमुख क्षेत्र हैं–

कसरत (*Callisthenics*)

इनमें दो प्रकार के अभ्यास हो सकते हैं और प्रत्येक में छह से आठ तक अभ्यास हो सकते हैं जिन्हें चार-चार के क्रम में संयोजित किया जा सकता है-ताल गाति के साथ कूदना, भुजाओं और कंधों को चलाना, पैरों का संतुलन रखना, कमर झुकाना और घुमाना, द्रुत गति से क्रिया करना और समन्वय रखना आदि को छात्रों से करवाया जा सकता है।

खेलकूद (*Athletics*)

- सामान्य शारीरिक उपयुक्तता के अभ्यास चक्राकार/मुक्ताकार, क्रमिक/क्रमयुक्त
- थोड़ी दूरी की द्रुत दौड़ के सिद्धान्त और कार्यनिष्पादन की तकनीकें (प्रारम्भ करने के ब्लॉक का निर्धारण, ब्लॉक से आगे बढ़ना, कदमों की लम्बाई, शरीर की स्थिति और समापन)

कूदने के सिद्धान्त (*Principles of Jumps*)

- ब्रॉड जम्प: तैयारी, द्रुतगति के अभ्यास, कूदने से पहले की दौड़, कूदना और उतरना।
- हाईजम्प: तैयारी, द्रुतगति के अभ्यास, कूदने से पहले की दौड़, कूदना, बाधकों से ऊपर जाना और उतरना।

फेंकने के सिद्धान्त (*Principles of Throws*)

- *शॉट-अप*(*Shot up*): तैयारी के अभ्यास, पकड़ (Hold)
- प्लेसमेंट (*Placement*): इनीशियल स्टांस, (Initial Stance) ग्लाइड डिलीवरी स्टांस (*Glidling Delivery Stance*) डिलीवरी ऐकशन, (*Delivery Action*) और उलट (*Reverse*)
- *भाला जैवेलिन* (*Javelin*): तैयारी के अभ्यास, पकड़ (Hold) और प्लेंसमेंट (Placement), कैरी (Carry), पैगिंग (Pegging), विदड्रॉअल ऑफ जैवेलिन (*Withdrawl of the Javelin*) डिलीवरी स्टांस, (Relivery Stance) डीलीवरी ऍक्सन एंड रिवर्स (*Delivery action and reverse*)

गौणखेल (*Minor Games*)

- लगेज वैन (Luggage Van)
- पॉइजनसर्कल (Poision Circle)
- पिंचहो (Pinchoha)
- टच एंड गो (Touch and Go)
- डॉज एंड मार्च (Dadge and Mark)
- जम्प एंड शॉट (Jump and Shot)
- फॉर्म थ्रोज (Farm Thros)
- बॉम्बार्डमेंट (Bambordment)

रिले (*Relays*)

- ओवर एंड अंडररिले (Over and Under Relay)
- ह्यूमन ऑबस्टेकल (Human Obstacle)
- क्रेब रिले (Crab Relay)
- सियामीज ट्विन (Sianease Twins)
- हार्स एंड राइडर (Horse and Rider)
- ऑल अप रिले (All up Relay)
- जम्प द स्टिक (Jump the Stick)
- चैरियट रिले (Chariot Relay)
- लेटरल बॉल पास रिले (Lateral Ball Pass Relay)

प्रमुख खेल (*Major Games*)

खेलों को सीखने और उनके कौशलों के अभ्यास के अवसर छात्रों को दिए जाने चाहिए तथा खिलाड़ियों की संख्या तथा मैदान के विस्तार को दृष्टि में रखते हुए खेलों में

थोड़ा बहुत हेर फेर किया जा सकता है। सभी छात्रों को, न कि कुछ चुने हुए छात्रों को, खेल का अवसर दिया जाना चाहिए।

हॉकी (*Hockey*)

- खेल की संक्षिप्त प्रस्तावना
- हिटिंग (Hitting)
- ड्रिबलिंग (Dribbling)
- स्ट्राइकिंग (Striking)
- पुशिंग (Pushing)
- पासिंग बिटवीन प्लेयर्स (Passing Between the Players)

क्रिकेट (*Cricket*)

- खेलने के नियमों का परिचय
- टेनिस बॉल क्रिकेट (Tennis Ball Cricket) प्रारंभ में
- जनरल कंडीशनिंग (General Conditioning)
- बैटिंग की मूलभूत बातें (Fundamentals of Batting)
- फीलडिंग की मूलभूत बातें (Fundamentals of Feilding)
- पासिंग बिटवीन प्लेयर्स (Passing Between the Players)
- पिच अभ्यास (Pitch Practice)

खो-खो (*Kho-Kho*)

- खेलने के नियमों का परिचय
- खेल की सामान्य समझ
- जनरल कंडीशनिंग (General Conditioning)
- तेज दौड़ने की मूलभूत बातें (Fundamentals of Running Fast)
- पीछा करने की मूलभूत बातें (Fundamentals of Chasing)

बास्केट बॉल (*Basket Ball*)

- प्रस्तावना, खेल के नियम (Introduction, Playing rules)
- ड्रिविल रिले (Dribble relay), बॉल पास-रिले, चेस्ट-पास, टू हैड-ओवर हैड पास, बॉस पास, हुकपास (Ball pass-Relay, Chest Pass, Two hand-over, Head Pass, Bounce Pass, Hookpass) ड्रिविलिंग-सिंगलहैंड, अलटरनेट हैंड ड्रिबिल और शॉट (Dribbling-Single Hand, Alternate Hand Dribble and Shot)

बॉलीबॉल (*Volley Ball*)

- प्रस्तावना-खेल के नियम (Introduction and Rules of the Game)
- सर्विसिंग (Servicing)
- सेटिंग-सेट पास (Setting Set Pass)
- स्मेंशिंग-(Smashing)

हैंडबॉल (Handball)

- प्रस्तावना-खेल के नियम (Introduction and Rules of the Game)
- फैंकना-थ्रोईंग (throwing)
- लपकना (Catching)
- पासिंग (Passing)
- गोल कीपिंग (Goal Keeping)

कबड्डी (Kabaddi)

- बिप-टैग कबड्डी (Whip tag kabaddi).
- नौकिंग डाऊन क्लब (Knocking down the club).
- कैंट-साइड किक, सेफ रेडिंग, जम्पिंग एंड कैचिंग लेग और हैंड (Cantside Kick, Safe Raiding, Jumping and Catching Leg or Hands).

लयात्मक क्रियाएँ (Rhythmic Activities)

- लयगत ताल के साथ गति का समन्वयन (Movement Coordination with Rhytham)
- नृत्य (Dancing)
- कूदना (Jumping)
- उछलना (Skipping)
- झूलना (Swinging)
- दौड़ना और कूदना (Running and Leaping)
- वर्गचलन, चक्रचलन (Square Walking, Circle Walking)

लेजियम (Lezium)

- घाटी लेजियम-एट-स्ट्रॉकस (Ghati, Lezium-Eightstrokes)
- कदम ताल आगे पाँव
- कदम पवित्र, पवित्र बैठक,
- फिरके (अर्धचक्र) पाव चक्र
- पूर्णचक्र

शारीरिक शिक्षा के नृत्य (Physical Education Dances)

- एक स्थान पर ताल के साथ पद संचालन (On Spot Stepping Movemnt with Rhythm)
- एक स्थान पर हस्त संचालन के साथ पद संचालन (On Spot Stepping Combined with Hand Movements)
- एक स्थान पर पद और हस्त संचालन और बाजुओं की ओर झुकना और भारांतरण करना (On the Spot-epping Hand Movement and Bending Side Ward, Shifting Weights)
- पद-संचालन और दक्षिण और वाम की ओर चलना (Stepping and Moving to Right and Left).

- हस्त संचालन के साथ आगे, पीछे और बाजू की ओर पद संचालन (Stepping Forward, Backward, Sideward, with Hand Movement).
- सुधरता और संतुलन के साथ शरीर को घुमाने और मोड़ने की गति (Movement of Turning and Bending Body with Grace and Poise).
- पद संचालन और विपरीत दिशाओं में चलन (Stepping and Moving to in Diagonal Directions).
- कंधों, गरदन, आँखों हाथों और उँगलियों के साथ-संचलन (Moving with Shoulder, Neck, Eyes, Hands and Finger Gestures).
- विविध दिशाओं की ओर मुड़ते हुए कूदना और उछलना (Skipping and Jumping with Turning in Different Directions)
- पक्षियों और पशुओं की विशेषताओं को व्यक्त करने वाली मुद्राओं और चालों का प्रदर्शन (Movements and Gestures to Express the Characterstics of Birds and Animals)
- ऐतिहासिक और पौराणिक पात्रों की अनुकृति के हेतु झुकने और मुड़ने की गतियों में संतुलन रखना (Balancing in Bending and Testing Movements to Imitate Historical and Mythological Characters).
- सामूहिक नृत्य या नृत्य-नाट्य के लिए विविध प्रकार की गतियों का संयोजन (Combinations of Various Movements to Form a Group Dance or Dance Drama).
- स्थानीय नृत्य या लोकनृत्य या आदिवासियों के नृत्यों को करना (A Local Dance or Folk Dance or Tribal Dance).

व्यायाम (Gymnastics)

लड़के लडकियों के शारीरिक विकास के अंतरों को ध्यान में रखते हुए विविध प्रकार के व्यायामों के अभ्यासों की व्यवस्था की जानी चाहिए है। पहले सीखे गए कौशलों का पुनरभ्यास लाभकारी सिद्ध हो सकता है। फिर भी निम्नलिखित कुछ नए अभ्यासों को जोड़ा जा सकता है।

जैसे:
- मेटवर्क या ग्राउंडवर्क (Matwork or Groundwork)
- पैरेलेल बारस् (Parallel Bars)
- वॉल्टिंग बॉक्स (Vaulting Box)
- ब्रॉड होर्स (Broad Horse)
- लोंग होर्स (Long Horse)
- मल खम्भ
  - पवित्र सलामी
  - सीधी उड़ी
  - खंड उड़ी
  - कमानी उड़ी
  - दो हाथी उड़ी
  - बगली उड़ी
  - डंड और बैठक

योगाभ्यास (Yogic Exercises/Practices)

पूर्ववर्ती कक्षाओं में सीखे गए आसनों के आधार पर निम्नलिखित आसनों को और जोड़ा जा सकता है:

- हलासन
- अर्धमत्स्येन्दासन
- पश्चिमोत्थानासन
- गोमुखासन (बद्धहस्त)
- भद्रासन
- तोलासन
- उड्डीयानबंध
- शवासन

कुश्ती (*Combative*)

- मल्ल्युद्ध (लड़कों के लिए) (Wreslting)
- खड़ा होना (Stance-Diagonal and Square)
- पीछे जाने के लिए पकड़ (Simple Holds for Go Behind)
- इसकी प्रतिरोध (Counter for the Above)
- सुधरता, सामर्थ्य और शक्ति विकसित करने के अभ्यास (Exercises for Developing Strength, Stamina and Agility)
- डैगर फाइट (जम्बिया) आत्म प्रतिरक्षा की भारतीय कला, मौलिक स्थितियाँ (Basic Positions) चाल और बचाव (Strokes amd Defense)
- जूदो (Judo)
  स्वाभाविक स्थितियाँ स्वरक्षा स्थितियाँ (Natural Postures, Self Deference Postures) स्थिति या संतुलन को तोड़ना या विकसित करना (कुजुशी)
- आगे बढ़ने और पीछे लौटने की चालें या तकनीकें (शिन्ताई) (Techniques of Advance and Retreat Movements)
- तोड़ने गिराने की तकनीकें (उकेरनी) (Techniques of Break Fall)
- पकड़ने की प्रविधियाँ (कुम्भी-काता) (Method of Taking Hold)

तैराकी (Swimming)

संकटकालों में इसके उपयोग के अलावा, तैराकी एक आनन्दप्रद और स्वास्थ्यवर्धक क्रिया है जो इसे एक बार सीख लेता है, वह कभी भी अवसर मिलने पर इसका उपयोग किए बिना रह नहीं सकता।

पहले सीखे हुए कौशलों को सुदृढ करने के अभ्यासों के साथ साथ निम्नलिखित अभ्यासों को और जोड़ा जा सकता है:

- केवल हाथों या पैरों का प्रयोग करते हुए आगे बढ़ना (Propelling Forward Using the Lag Action Only, Using the Arms Only)
- प्रारंभ करने और मुड़ने की तकनीकों को सीखना। (Learning of Starting and Turning Techniques)
- लम्बी दूरी तक तैरना (Covering Long Distance—400 to 500 Meters)

माध्यमिक और वरिष्ठ माध्यमिक स्तरों के लिए क्रियाएँ (Activities for Secondary and Senior Secondary Stages)

माध्यमिक स्तर से पहले शारीरिक शिक्षा पाठ्यचर्या का अनिवार्य अंग होती हैं। परन्तु इस स्तर पर छात्रों को प्रतियोगिताओं में भाग लेने में अधिक रुचि होती है। अत: उन्हें विविध प्रकार की प्रतियोगिताओं में भाग लेने के सभी अवसर प्रदान किए जाने चाहिए। आगे कुछ ऐसे मूलभूत सिद्धान्तों को बताया जा रहा है जो विविध प्रकार के कौशलों को सीखने और उनका अभ्यास करने में सहायक और लाभकारी सिद्ध हो सकते हैं:

- बिना समुचित तैयारी/तत्परता के किसी भी क्रिया को नहीं करना चाहिए।
- खेल की स्थिति में ही खेल के सभी नियमों को सिखाना चाहिए।
- प्रमुख खेलों में आधा समय उनके अभ्यास में लगाना चाहिए।
- छात्रों को प्रतियोगिताओं में भाग लेना चाहिए जिससे वे अपनी दक्षता और क्षमता का स्वयं मूल्यांकन कर सकें।

'ग़मुख क्रियाएँ जिन पर इस स्तर पर ध्यान केन्द्रित किया जा सकता है तथा जिनके लिए उपयुक्त सुविधाएँ और अवसर छात्रों को दिए जा सकते हैं, वे इस प्रकार हैं:

खेल-कूद (*Athletics*)

- 200 मी. और 400 मी. की द्रुत दौड़ (Sprint)
- दूरी की दौड़ (Distance Running) (800 मी. से 1500 मी. की दौड़ लड़कों के लिए और 800 मी. की दौड़ लड़कियों के लिए)
- कूद (Jump)
- तिहरी कूद (Triple Jump)
- अपरोच, टेक ऑफ और लेडिंग और होप, स्टेप और जम्प (Approah run, Take off and Landing for Hope Step and Jump)
- हवा के बीच की क्रिया (Mid air action)
- लेंडिग (Landing)

फैंकना (*Throws*)

हैमर और डिस्कस फेंकना (Hammer and Discus Throws), होल्ड, स्पिनिंग, इनीशियल स्टेंड और प्रिलीमिनरी स्विंग टर्न, डिलीवरी स्टास, डिलीवरी और रिवर्स (Hold, Spinning, Initial Stand and Preliminary Swing Turn, Delivery, Stance, Delivery and Reverse)

बाधाएँ (*Hurdles*)

- प्रारंभिक अभ्यास (Warming up Exercises)
- लकड़ियों के ऊपर दौड़ना (Running Over Sticks)
- लीड लेग एक्शन (बाधा और बिना बाधा) (Lead leg Action with and Without Hurdles)
- रिअर लेग एक्शन (Rear Leg Action)
- फुल एक्शन (Full Action)

- सुदृढ़ीकरण के अभ्यास (Consolidation Exercises)
- फेंकने, कूदने, लम्बी दौड़ और द्रुत दौड़ के विशेषज्ञता परक अभ्यास (Spacilization Exercises in Sprint, Endurance rums, Jumps and Throws)

प्रमुख खेल (*Major Games*): उच्चस्तरीय कौशल और दक्षता के साथ (*Some Higher Skills and Proficencies*)

- *बैडमिंटन (शटल कॉक) Badminton (Shuttl-cock)*
  सर्विंग, रिसीविंग, रिटर्निंग-स्मैश, पुशिंग/चैपिंग फ्लोट (*Serving, Reciving, Returning, Smah, pushing chapping, float*)
- *बास्केट बॉल (Basket ball)*
  पासिंग, शूटिंग, ड्रिलिंग, पिवोटिंग, फेकिंग तकनीकें, पासिंग तकनीकें, आक्रमक और रक्षात्मक तकनीकें (Passing Techniques, prilling, Pivoting, Faking Techniques, Passing Techniques, Offensive and Defensive Techniques) पोंजीशलन प्ले (Positional Play), सहनशीलता के लिए प्रशिक्षण (Training for Endurance)
- *क्रिकेट (Cricket)*
  बल्लेबाजी (Batting), गेंदबाजी (Bowling), विकेटसंरक्षण (Wicket Keeping), फील्डिंग (Fielding), आक्रमण और रक्षात्मक तकनीकें (Offensive and Defensive Techniques), अभ्यास मैच (Practice Matches), सहनशीलता के लिए प्रशिक्षण (Endurance Training)
- *फुटबॉल (Football)*
  किकिंग और ट्रेपिंग (Kicking and Trapping), हैडिंग (Heading), वॉलटेक्लिंग (Ball tackling), गोलकीपिंग (Goal keeping), आक्रामक और संरक्षात्मक तकनीकें (Oftensive and Defensive Techniques), प्रशिक्षण-(Training)-प्रेशर ट्रेनिंग और इंटरवल ट्रेनिंग (Pressure Training and Interval Training)
- *हैण्डबॉल (Handball)*
  पासिंग (Passing), शूटिंग (Shooting), गोलकीपिंग (Goal Keeping), ब्लोकिंग (Blocking), कैरिंग (Carring), कैच और रन (Catch and run), पोजीशनल प्ले, (Positional Play), आक्रामक और रक्षात्मक तकनीकें (Offensive and Defensive Techniques)
- *हॉकी (Hockey)*
  पासिंग फॉर स्पीड (Passing for Speed), दिशा और समय (Direction and Timing), हिटिंग (Hitting), पुशिंग (Pushing), ड्रिबलिंग (Dribbling), गोलशूटिंग (Goal Shooting), गोलकीपिंग (Goal Keeping), आक्रामक और रक्षात्मक तकनीकें (Offensive and Defensive Techniques), सहनशीलता प्रशिक्षण (Endurance Training)
- *कबड्डी (Kabaddi)*
  केंट (Cant), फास्ट रेडिंग (Fast raiding), बैककिक (Back kick), फीनटिंग

(Feinking), जम्पिंग (Jumping), हाथों और कंधों का संचालन (Movements of arms and shoulders), कैचिंग (Catching), ट्रैपिंग (Trapping), श्वसन-अभ्यास (Breathing Practice)

- *बॉलीबॉल (Volley Balls)*

  पासिंग-अपर और अंडर हैंड, दोनों हाथ, एक हाथ, जम्प और पास (Passing-Upper and Under Hand, Both Hards, One Hand, Jump and Pass), स्मैशिंग (Smashing), राउंड आर्म, और ट्विस्ट स्मैशिंग (Round Arm and Twist Smashing), संरक्षा-(Defence) सिंगल और डबल ब्लॉक (Single and Double Block), आक्रामक और संरक्षात्मक तकनीकें (Offensive and Defensive Techniques)

व्यायाम (लड़कों के लिए) ***(Gymnastics (for Boy))***

- *मैदानी अभ्यास (Floor Exercises)*: विविध प्रकार के अभ्यासों के संयोजनों से शिक्षक द्वारा एक शृंखला तैयार की जा सकती है।
- *समानान्तर बार (Parallel Bars)*: सिंगल मार्च, डबल मार्च, मुड़े हाथों के साथ डबल मार्च (Single March, Double March, Double March with Bend Arms), बैंट आर्म, स्विंगिग, फोरवर्ड क्लीअरिंग, सिंगल बार रीअर (Bent Arms Swiging, Forward clearing, Single bar to rear), स्विंनिग फोरवर्ड, और बैकवर्ड, प्रत्येक फोरवर्ड स्विंग के समय हाथों को मोड़ना (Swinging forward and back word, Bending arm every Foreword swing)
- *लॉइनस् क्रौल (Lion's Crawl)*: दोनों बारों पर आराम के लिए स्क्रूइंग (Scruwing to rest on both the bars)
- *होरीजोंटल बारस् (Horizontal Bars)*
- स्विंग फोरवर्ड और बैकवर्ड (Swing Forward and Backward)
- पुल अप (Pull-ups)
- अपवर्ड स्विंग और डिसमाऊंट (Upward Swing and Dismount)
- स्विंगिग टू माउंट और डिस माउंट (Swinging to Mount and Dismount)
- स्विंगिग, चेनजिंग हैंड्स टू फेस अपोजिट डायरेक्शन (Swining, Changing Hands to Face Opposite Direction)

वोल्टिंग बारस (Vaulting Bars)

ब्रॉडहॉर्स: शोल्डर स्प्रिंग (Broad Horse-Shoulders Spring)

लौंग हॉर्स: होरीजोंटल स्ट्राइड एंड बिटवीन, बॉल्ट, कैटसस्प्रिंग एंड जम्प ऑफ (Long Horse-Horizontal stride and Between Vault, eat sprints and Jump off).

वोल्फ वाल्ट (Wolf Vault)—एक पैर बीच में और दूसरा सीधा (One leg between and the other straight)

ऑवलीक वैक वाल्ट (Oblique Back Vault)

सिंगल टेक-ऑफ (Sinlge Take Off)

साइडवाल्ट (Side Vault)

मलखम्भ (*Malkham*)

- सीधी, टेढ़ी
- बगली दरसंग
- बगली, टेढ़ी दरसंग
- खंड दरसंग
- सामान्य संतुलन (Simple Balance)
- सामान्य पिरामिड (Simple Pyramids)
- डंड और बैठक

लड़कियों के लिए व्यायाम (Gymnastics for girls)

- मेटवर्क (Matwork)
- बीमवर्क (Beam Work)
- वोल्टिंग बार (Voulting Bar)
- लोंग हार्स (Long Horse)
- मैदानी अभ्यास (Floor Exercises) शिक्षक द्वारा नृत्य की गति के अभ्यास तैयार किए जा सकते हैं जिन्हें मेट पर किया जा सके।
- सूर्य नमस्कार।

योगाभ्यास (Yoga Exercises)

- उग्रासन
- धनुरासन
- सिंहासन
- उत्थान मंडूकासन
- कुक्कुटासन
- शवासन
- शीर्षासन
- शलभासन
- वकासन
- मयूरासन
- उत्तान कूर्मासन
- अनुलोम विलोम

कुश्ती (*Combative*)

- मल्लयुद्ध (Wrestling)
- सिम्पिल होल्ड (Simple Hold)
- पिनिंग होल्ड (Pining Hold)

कटार-युद्ध डैगर फाइट (जम्बिया) *(Dagger fight (Jambia))*

- लकड़ी या प्लास्टिक की कटारों के साथ (Daggerfight, (Jambia) with Collysible Plastic or Wooden Daggers)

- साइडस्ट्रोक (Side Strokes)
- चेस्टस्ट्रोक (Chest Strokes)
- शरीर के किसी भी भाग पर स्ट्रोक और बचाव (Strokes on Any Part of the Body and Defence)
- कटार छूटने पर युद्ध (Fight after dagger release)
- प्रदर्शन युद्ध (Demonstration fight)

जूडो/जूदो *(Judo)*

- हाथों की तकनीक (तेवाजा) के चुने हुए कुछ स्टेडिंग थ्रो (ताची बाज़ा) (Selected Standing throws (Tachiwaze) of hand technique, Tewasa)
- फ्लोटिंग ड्रोप (उकीओं तोशी) (Floating drop) शोल्डर थ्रो (सेओइनासे) (Shoulder Throw (Seoinase) बॉडीड्रोप (लार्ड ओ जोशी) (Body drop)
- शोल्डर ड्रोप - (सेआईओलोशी) (Shoulders Drop शोल्डर बील (कातागुसम्रा) Shoulder Drop (Katagurama), बेल्टड्रोप (ओबीओतोशी) (Belt drop)
- आउटरबिंडिंग थ्रो (सोताम्राकी कोमी) (Outer winding Throw)

लंगोट या कमर की तकनीक (कोशी वाजा) के चुने गए थ्रो

- (कोशी बाज़ा) (Selected throws Tachiwaga of lionor waist techniques)
- फ्लोटिंग लंगोट या कमर (उकी गोशी)-(Floating Lion or waist)
- स्वीपिंग लंगोटे (हरईगोशी) (Sweeping Lion)
- लिफ्ट पुल लंगोट (चुरीकोभीगोशी) (Lift pullution hi)
- स्प्रिंगकमर या लंगोट (हानेगोशी) (Sweeping Waist lion)
- मेजर लोइन (लंगोट) (ओगोशी) (Major Lion)
- रीअर लोइन-(उशीरो गोशी) (Rear Ison)
- लोंइन व्हीलर (कोशी गुरूमा) (Lionwheel-(Koshi guruma)
- लिफ्टिंग हिपथ्रो (चुरीगोशी) (Lifting hip throw)
- ट्रांजीशन लॉइन (उत्सुरीगोशी) (Transition Lion)

तैराकी *(Swimming)*

- पीठ और छाती के सामान्य स्ट्रोक (Elementary Back and Breast Strokes)
- पीठ के सामान्य स्ट्रोक के साथ पैरों के झटके से दूरी तय करना (Covering Distane Using leg Kick only in elementory Back Strokes)
- जलदाव (Treading water)
- होरीजोंटल और वर्टीकल तैरना (Horizontal and Vertical floating)
- पानी के नीचे तैरना(Under Water Swimming)
- सरफेस डाइविंग (Surface diving)
- चारों स्ट्रोकों के कौशल (Skills in All the Four Strokes)
- संकट स्ट्रोकों के कौशल (Release from Victim)

- रबड़ ट्यूब, रस्सी तौलिया आदि के प्रयोग के साथ बचाव के सरल तरीके (Simple ways of Saving using towel, rope rubber tubes etc.)

शारीरिक का शिक्षा के कार्यक्रमों के लिए न्यूनतम उपकरण

- *फुटबॉल (Floot Ball)*
  फुटबॉल और गोल के खंभे (Foot Ball & Goal Posts)
- *हॉकी (Hockey)*
  हॉकीस्टिक, हॉकीबाल, और गोल के खंभे और शिनगार्ड (Hockey Sticks, Hocking Balls, Goal Posts and Shin Guards)
- *वास्केटबॉल: (Basket Ball)*
  बास्केट बॉल, बोर्डस और रिंगों के साथ अपराइटस् (Basket Balls, Upright's with boards and rings)
- *वॉलीबॉल (Volley Balls)*
  वॉलीबॉल, स्तंभ और जाल (Valley balls, Posts and Nets)
- *क्रिकेट (Cricket)*
  बल्ला, क्रिकेट गेंद, स्टंप, हेलमेट, उदर-कवच, दस्ताने (Bats, Cricket Ball, Stump, Helmets, Abdominal Guards and Hard gloves)
- *थ्रो बॉल (Throw Ball)*
  थ्रो बॉल, स्तंभ, जाल (Throw Ball, Posts and Nets)
- खो-खो (Kho-Kho)
  स्तंभ (Posts)
- *बेडमिंटन (Badminton)*
  स्तंभ, जाल, रैकेट, शटलकॉक (या गेंद)
  [Posts, Nets, Racket, Shuttle Cocks (or balls)]
- *सॉफ्टबॉल (Soft Ball)*
  बल्ले, गेंद, दस्ताने (Bats, balls, hand gloves)

खेल-कूद ***(Athletics)***

- शोटस, जवेलिंग, डिस्कस, हैमर, जम्पिंग बोर्ड, जम्पिंग के लिए अपराइट (Shots, Javelines, Discus, Hammer, Jumping Board, and Uprights for Jumping)

व्यायाम ***(Gymnastics)***

- समानांतर बार, होरीजोंटल बार, रोमन रिंग, वॉल्टिंग होर्स, क्लाइमिंग रोप, बीम, लैडर और मेट
  (Parallel Bars, Horizotal Bar, Roman Rings, Vaulting Horse, Climbing Ropes, Beam Ladders and Mets)

कुश्ती/मुक्केबाजी/जूदो-जूडो *(Wrestling/Boxing/Judo)*

- मेट्रेसेस और बॉक्सिंग दस्ताने (Mattresses and Boxing gloves)
- अन्य सहायक सामग्री (Other Accessories)
  मापनी टेप, रस्सी, स्टोप वाच, और सीटी (Measuring Tapes, ropes, stop watches and whistles) उपर्युक्त सूची में अत्यंत आवश्यक वस्तुओं को ही दिया गया है। परन्तु आगे, और अधिक उपयोगी उपकरणों की आवश्यकता हो सकती है। अत: शारीरिक शिक्षा को अधिक प्रभावी बनाने के लिए उनका समावेश करते रहना चाहिए।

मनोगत्यात्मक क्षमताओं को अर्जित करने के स्तर (Stages of Acquiring Psycho-motor Competencies)

शारीरिक शिक्षा का शिक्षण मनोगत्यात्मक कौशलों के अधिगम के मूलभूत सिद्धान्तों के अनुसार चलता है। अधिगम प्रक्रिया के स्वाभाविक सोपान इसीलिए विकास के मनोगत्यात्मक क्षेत्र के उद्देश्यों के वर्गीकरण या अधिक्रम का अनुसरण करते हैं।

इसलिए आर.एच.दबे द्वारा प्रस्तावित मनोगत्यात्मक क्षेत्र के उद्देश्यों के वर्गीकरण या अधिक्रम (Taxonomy) (जिसकी चर्चा उद्देश्यों के अध्याय में पहले की जा चुकी हैं) को यहाँ उद्धृत किया जा सकता है।

मनोगत्यात्मक क्षेत्र-दबे का मॉडल (Psychomotor Domain-Dave's Model)

मनोगत्यात्मक क्षेत्र का संबंध, मूलत: स्नायु और मांसपेशियों के समन्वय तथा तालमेल के आधार पर सम्प्राप्ति के स्तर के साथ होता है। समन्वयन के स्तर जैसे-जैसे उच्चतर होते जाते हैं, क्रियाएँ वैसे-वैसे और अधिक-परिष्कृत होती जाती हैं, उनकी गति बढ़ती जाती है और अंत में स्वचालित हो जाती हैं। इस प्रकार मनोगत्यात्मक क्षेत्र को निम्नलिखित पाँच प्रमुख कोशियों में बाँटा गया है:

1.0 अनुकरण (Iimitation)
1.1 प्रेरक संवेग (Impulsion)
1.2 स्पष्ट पुनरुक्ति या पुनर्क्रिया (Over repetition)
2.0 प्रकलन (Manipulation)
2.1 निर्देश अनुसरण (Following Direction)
2.2 चयन (Selection)
2.3 निर्धारण (Fixation)
3.0 यथार्थ निश्चितता (Precision)
3.1 पुनर्निमाण (Reproduction)
3.2 नियंत्रण (Control)
4.0 संयोजन (Articulation)
4.1 अनुक्रमण (Sequence)
4.2 समरूपता (Harmony)
5.0 स्वाभावीकरण (Naturlization)
5.1 स्वचलन (Automatism)
5.2 आभ्यान्तरीकरण (Interiorisation)

अनुकरण (Imitation)

मनोगत्यात्मक आचारण का यह सबसे निचला स्तर पर माना जाता है। इसका प्रारंभ एक संवेग या आन्तरिक उद्दीपन के रूप में होता है जिसका प्रधिनिधित्व मांसपेशियों के तंत्र के आन्तरिक अभ्यासों के रूप में होता है। इसे मानसिक क्रिया या भाव भी कहा जा सकता है। धीरे-धीरे वह एक स्पष्ट क्रिया के रूप में विकसित होता है और उसमें पुनः पुनः होने या करने की क्षमता आ जाती है, यद्यपि इनमें समन्वयन का स्तर अत्यंत सामान्य या प्रारंभिक होता है।

प्रकलन (Manipulation)

यह मनोगत्यात्मक आचरण का दूसरा उच्चतर स्तर है जिसमें, निर्देशों का अनुपालन उपलब्ध क्रिया विकल्पों में से कुछ एक को चुनना और तदनुसार कार्य करना माना जाता है। इससे किसी कार्य को करने के निर्णय के प्रारंभ का आभास होता है और प्रकलन क्रियाओं की प्रारंभिक द्विविधा की स्थिति से मुक्ति मिल जाती है।

यथार्थ निश्चितता (Precision)

यह तृतीय कोटि है जिसे प्राप्त करने पर व्यक्ति किसी कार्य का पुनर्निमाण कर सकता है तथा कार्य को द्रुतगति से और अच्छी तरह से कर लेता है। इस स्तर पर व्यक्ति अपनी क्रियाओं पर पूरा नियंत्रण कर लेता है तथा आवश्यकता के अनुरूप अपने कार्य की दिशा बदल सकता है, उसे बढ़ा सकता है, घटा सकता है या परिवर्तित कर सकता है।

संयोजन (Articulation)

यह चतुर्थ कोटि है तथा इसे तभी पूर्ण कहा जाता है जब शिक्षार्थी एक साथ कई कार्य करने में समर्थ होता है तथा उन कार्यों के अनुक्रमों और गतियों को भी दृष्टि में रख पाता है। इसके अंतर्गत क्रिया में समन्वय होता है अर्थात् समय के सही अनुपात में या सही अवसर पर सही अनुक्रम होता है।

स्वाभावीकरण (Naturalization)

यह अंतिम अवस्था होती है जिसमें कार्य करने की सहज आदत बन जाती है जो स्वतः संचालित होती है अथवा नेमी या दस्तूरी कार्य जैसी हो जाती है। इस स्तर पर कार्यकर्त्ता को कार्य करने में किसी प्रकार की मानसिक शक्ति नहीं लगानी पड़ती, उसकी क्रिया मशीनवत होती है जिसमें किसी प्रकार का सचेत चिन्तन या नियोजन नहीं होता अर्थात् वह आदत जैसी क्रिया हो जाती है।

मनोगत्यात्मक क्षेत्र के उद्देश्यों का वर्गीकरण सम्पूर्णतः सभी विषयों के शिक्षकों के लिए इतना महत्त्वपूर्ण नहीं हो सकता जितना कि यह दस्तकारी, ड्राइविंग, बोलना, लिखने जैसे पाठ्यचर्चा के क्षेत्रों के लिए होता है। क्योंकि इन क्षेत्रों में इनके अनुप्रयोग के पर्याप्त अवसर होते हैं। इसी तरह संज्ञानात्मक और भावात्मक क्षेत्रों के उद्देश्यों के विपरीत, मनोगत्यात्मक क्षेत्र के उद्देश्यों का एक क्षेत्र से दूसरे क्षेत्र में अंतरण इतना व्यापक नहीं होता।

शारीरिक शिक्षा के शिक्षण की प्रविधियाँ (The Methods of Teaching Physical Education)

शारीरिक शिक्षा की विभिन्न क्रियाओं से संबंधित क्षमताओं के शिक्षण और अधिगम के सोपान लगभग एक ही प्रकार की प्रक्रिया का अनुसरण करते हैं। अधिगम के प्रमुख सोपानों की चर्चा आगे की जा रही है।

1. किसी विशेष खेल या खेलकूद से संबंधित सभी मूलभूत नियमों की समझ सबसे पहले शिक्षक या शारीरिक शिक्षा के अनुदेशक द्वारा प्रारम्भ में ही शिक्षार्थियों को दी जानी चाहिए। इन नियमों की जानकारी देने के लिए स्पष्ट उदाहरण दिए जाने चाहिए और ये उदाहरण मात्र लिखित या उच्चरित रूप में देने से कार्य नहीं चलेगा। अतः इन्हें अधिक व्यावहारिक बनाना चाहिए।
2. निदर्शन (Demonstration) निश्चित ही दूसरा सोपान होता है। ये निदर्शन सम्पूर्ण या आंशिक हो सकते हैं। क्योंकि किसी इकाई के खंडों को सरलता से समझा जा सकता है। अतः आवश्यक है कि सभी सोपानों को पूरा-पूरा और समन्वित निदर्शन दिया जाना चाहिए, जैसाकि उस खेल के सम्पूर्ण अनुक्रम के लिए आवश्यक हो। इसके बाद खंडों या टुकड़ों को अलग-अलग समझाना चाहिए।
3. प्रारम्भिक अवस्था में अधिगम का प्रथम सोपान निर्देशित अभ्यास होता है और खंड-खंड करके ही इस प्रकार का अभ्यास करवाना चाहिए। खंडों पर अधिकार हो जाने से सम्पूर्ण अभ्यास पर अधिकार हो जाता है। इस अवस्था में शिक्षक को प्रत्येक छात्र पर व्यक्तिगत रूप से ध्यान देना चाहिए। शिक्षक को उन स्थानों पर स्वयं उपस्थित रहना चाहिए, जहाँ छात्र अभ्यास करें, क्योंकि वे कभी भी चोट खा सकते हैं। कदम कदम पर छात्रों का मार्गदर्शन आवश्यक होता है और आवश्यकतानुसार उनकी सहायता करनी चाहिए।

   छात्र जैसे-जैसे सफलता प्राप्त करते हैं, उनमें आत्मविश्वास बढ़ता है जिससे वे बाद में और भी अच्छा कर पाते हैं। अंततः छात्र अपने कार्य करने में पूर्ण आश्वस्त हो जाते हैं और वे स्वतंत्ररूप से कार्य करने लगते हैं। वे अपनी कार्य क्षमता की गुणवता बढ़ा सकते हैं।
4. स्वतंत्र अभ्यास धीर-धीरे स्वतः संचालित क्रिया बन जाता है, और शिक्षार्थी, सतत स्वयं उत्कृष्टता की ओर अग्रसर होने लगते हैं। खिलाड़ियों के साथ प्रतियोगिता अन्य छात्रों के लिए अभिप्रेरणा का काम करती है जिनके साथ बाद में उन्हें प्रतियोगिता करनी होती है।
5. वास्तविक स्थितियों में काम करते हुए छात्र व्यक्तिगत रूप से या टीम के सदस्य के रूप में किसी मैच या टूर्नामेंट आदि में भाग लेते हैं तो छात्र को अपनी क्षमताओं को बढ़ाने और उन्हें निखारने के अवसर मिलते हैं जिससे वे अपरिचित स्थितियों में भी कार्य कर पाते हैं। इनसे शिक्षार्थियों को अपनी प्रतिभा, सृजनशीलता तथा नवाचार को कर दिखाने के अवसर मिलते जाते हैं। जब कई छात्र दौड़ प्रतियोगिता जैसी स्थिति में भाग लेते हैं तो उन्हें अपनी वैयक्तिक कार्य क्षमता को प्रदर्शित करने के अवसर मिलते हैं। उन्हें वस्तुनिष्ठ रूप से मापा जा सकता है, अन्य स्थितियों में गुणों का आकलन गुणात्मक ही होता है।

6. छात्रों की कार्यक्षमताओं में सुधार के लिए मार्ग-दर्शन की आवश्यकता होती है जिसे आलोचनात्मक अनुवीक्षण (Monitoring) और कमियों के उपचारों के द्वारा सम्पन्न किया जा सकता है। परन्तु शिक्षक और शिक्षार्थियों के बीच निकट सम्पर्क अत्यंत आवश्यक होता है। क्योंकि इसके द्वारा छात्र उत्कृष्टता के मानदण्डों को प्राप्त कर पाते हैं और उनमें श्रेष्ठतम और शक्तिमत्ता का भाव जागता है।
7. उत्कृष्टता की प्राप्ति के लिए बारंबार अभ्यास आवश्यक होता है। नियमित अभ्यास केवल अपनी क्षमता के स्तर को बनाए रखने के लिए ही नहीं होना चाहिए, अपितु अपने वर्तमान स्तर को बनाए रखने के लिए भी आवश्यक होता है। अत: शिक्षक और शिक्षार्थियों को दोनों बिन्दुओं पर अपना ध्यान केन्द्रित रखना चाहिए।

35

शिक्षण के लिए प्रश्नों का प्रयोग
(Using Questions for Teaching)

35.1 भूमिका (Introduction)

प्रत्येक शैक्षणिक कार्यक्रम के दो मूलभूत घटक होते हैं-शिक्षण और परीक्षण। ये दोनों शैक्षणिक उद्देश्यों से जुड़े होते हैं और दोनों को दिशा प्रदान करते हैं। शिक्षण आचरण का वह मानदण्ड होता है जिसके आधार पर परीक्षण का सत्यापन किया जाता है, जबकि परीक्षण सम्पूर्ण शिक्षण-अधिगम का सत्यापन करता है तथा वह उद्देश्यों की सिद्धि में उनकी प्रभावशीलता की मात्रा के विषय में संगत प्रमाण प्रस्तुत करता है। इस प्रकार शिक्षण और परीक्षण अध्येताओं को अधिगम के लिए न केवल प्रेरणा प्रदान करते हैं, बल्कि इन्हें शिक्षण के प्रभावी साधन के रूप में प्रयुक्त किया जा सकता है जिसका आधार नियमित प्रतिपुष्टि की व्यवस्था होती है।

मुख्यत: प्रश्नों का प्रयोग छात्रों की सम्प्राप्ति के परीक्षण के लिए किया जाता है। सामान्यत: देखा जाता है कि परीक्षा से पहले छात्र पूर्ववर्ती वर्षों के प्रश्न पत्रों को हल करते हैं। क्योंकि पारंपरिक सार्वजनिक परीक्षाओं में ऐसे प्रश्नों को दिया जाता रहा है जिनसे छात्रों की रटंत विद्या का ही परीक्षण किया जा सकता है। छात्र अपेक्षित प्रश्नों के उत्तरों को याद कर परीक्षा उत्तीर्ण कर सकते हैं। इस अध्याय में प्रयास किया जा रहा है कि कक्षाध्यापन में प्रश्नों की भूमिका उजागर हो। इसीलिए पाठ्यचर्या के कुछ चुने हुए विषयों से उदाहरण लेकर यह स्पष्ट करने का प्रयत्न किया जा रहा है कि इस प्रक्रिया में उद्देश्यों से उनके स्पष्टीकरणों, उपविषयों, समस्याओं, प्रकल्पित पूर्वज्ञान, शिक्षकों के क्रिया-कलाप, शिक्षार्थियों के क्रिया-कलाप और अतिरिक्त कार्यों की क्या भूमिका/महत्त्व होती/होता है। फिर शिंक्षकों को यह भी सुनिश्चित कर लेना चाहिए कि वह अपने शिक्षण में थोड़ा बहुत बदलाव लाकर शिक्षार्थियों को इस प्रकार के प्रश्नों के लिए उचित रूप से तैयार कर लें। इस प्रकार विभिन्न विषयों के लिए परीक्षण के एकांशों की प्रस्तुति के आधार पर वह समझ सकेगा कि शिक्षण-अधिगम-प्रक्रिया में उसे कहाँ और कितना बदलाव लाना चाहिए जिससे छात्र रटंत विद्या से हट कर विषयवस्तु को वास्तविक रूप में आत्मसात् कर सकें और वे विषय वस्तु के बोधन और अभिव्यक्ति के माध्यम से उसको प्रदर्शित कर सकें।

साथ-साथ होने वाले शिक्षण और परीक्षण के समय शिक्षकों को विशेष शैक्षणिक, उद्देश्यों को हमेशा सामने रखना चाहिए। सामान्यत: परीक्षण के एकांशों (Items) का प्रयोग

छात्रों की सम्प्राप्ति के स्तर का पता लगाने के किया जाता है। इस प्रकार के किसी एकांश का कक्षा में प्रयोग करते समय, शिक्षक के मन में यह स्पष्ट होना चाहिए कि वे किस उद्देश्य पर आधारित हैं और उसके लिए किस प्रकार का अधिगम, परिणाम अपेक्षित है, इसके लिए उसे छात्रों को पहले दिए गए ज्ञान का भी ध्यान रखना होगा, साथ ही इसमें रही कुछ कमियों को भी पूरा करना होगा। इन कमियों के परिप्रेक्ष्य में वह अपने शिक्षण को और अधिक प्रभावी बना सकेगा जिससे छात्र और अधिक सीख सकें।

कक्षाध्यापन की स्थितियों में शिक्षक, प्रश्नों का प्रयोग एक साधन के रूप में कर सकते हैं। परन्तु यह याद रखना चाहिए कि परीक्षण कभी भी शिक्षण का स्थानापन्न नहीं हो सकता।

35.2 कुछ उदाहरण (Some Examples)

इस प्रकार की नई विधा के लिए कुछ विषयों के लिए कुछ उदाहरण, 1977 में, राष्ट्रीय शैक्षिक-अनुसंधान और प्रशिक्षण परिषद (NCERT) की परीक्षा सुधार इकाई द्वारा विकसित किए गए थे, जिनमें से कुछ का सार यहाँ दिया जा रहा है।

35.2.1 *विषय इंगलिश (Subject English)*

The Happy Prince (लेखक Oscar wilde)

प्रश्न-यदि भगवान ने अपने देवदूत से दो के बदले केवल ही बहुमूल्य वस्तु नगर से लाने के लिए कहा होता तो, वह क्या लाता? सकारण उत्तर दीजिए। आपका, उत्तर लगभग 100 शब्दों तक सीमित रहना चाहिए।

(If God had asked his angel to bring only one most-precious thing from the city instead of two, what would he have brought? Give reasons. Your answer should be limited to about 100 words)

उद्देश्य (*Objective*):

- छात्र 'The Happy Prince' कहानी को बोध के साथ पढ़ेंगे।
- छात्र पाठ के आधार पर प्रश्नों के सही और प्रभावी उत्तर लिख सकेंगे। विशिष्ट अधिगम परिणाम (निर्गत)

बोध: –छात्र कहानी की मुख्य घटनाओं, तथ्यों और विचारों की स्थिति बता सकेंगे।

- वे कहानी के व्यंग्यार्थ को समझ सकेंगे।
- वस्तुओं और घटनाओं के बीच के संबंधों की पहचान कर सकेंगे।
- घटनाओं, क्रियाओं, विचारों और भावनाओं, उनके परिणामों के परिप्रेक्ष्य में उनका आलोचनात्मक परीक्षण कर सकेंगे।

अभिव्यक्ति: ■ छात्र उपयुक्त शब्दावली और संरचनाओं का प्रयोग कर सकेंगे।

- सम्बन्धित विचारों और तथ्यों को चुनकर उन्हें तर्क संगत क्रम में प्रस्तुत कर सकेंगे।
- अनावश्यक पुनरुक्तियों से बच सकेंगे।
- लेखन में अपनी कल्पना का प्रदर्शन कर सकेंगे।

पूर्वज्ञान: उक्त प्रश्नों के उत्तर देने में समर्थ होने के लिए यह माना जा सकता है कि विद्यार्थी

- The Happy Prince कहानी से भली-भाँति परिचित हैं।
- कहानी में होने वाली विविध घटनाओं से परिचित हैं।
- प्रेम, बलिदान और सेवा को मूल्यों की सराहना करने में सक्षम हैं।
- अपने विचारों और मतों का तर्क संगत क्रम में संयोजन करने में समर्थ हैं।

शिक्षण अधिगम क्रियाएँ: ■ कक्षा में छात्रों से कहा जाए कि वे The Happy Prince की कहानी का मौन पाठ करें।

- फिर उनसे उक्त प्रश्न पूछे जाएंगे।
- कहानी की महत्त्वपूर्ण घटनाओं को पहचानने में उनकी सहायता की जाएगी।
- कक्षा में, देवदूत द्वारा दो सम्भावित वस्तुओं को लाने के पीछे के सम्भावित कारणों के बारे में चर्चा की जाएगी।
- देवदूत के दो सम्भावित वैकल्पिक निर्णयों के महत्त्व पर छात्र विचार-विमर्श करेंगे।
- छात्र दोनों सम्भावनाओं का आलोचनात्मक परीक्षण और मूल्यांकन कर सकेंगे और अपने निष्कर्षों तक पहुँच सकेंगे।
- शिक्षक उनके अपने विचार बिन्दुओं की पुष्टि करने में कहानी से उदाहरणों की सहायता से उनका मार्गदर्शन करेंगे।
- शिक्षक छात्रों को अपने विचारों को प्रभावी रूप में अभिव्यक्त करने में सहायता प्रदान करेंगे।
- शिक्षक उन्हें तथ्यों का तार्किक क्रम और सुसंगत प्रस्तुतीकरण में संयोजित करने में सहायता करेंगे जिससे उत्तर को प्रभावशाली बनाया जा सके।
- फिर छात्र उक्त प्रश्न के उत्तर को लिखेंगे।

अनुवर्ती क्रियाएँ: शिक्षक निम्नलिखित क्रियाओं में से एक या अधिक क्रियाओं को करवा सकते हैं:

- छात्रों के उत्तरों को जाँचते समय शिक्षक को उनकी त्रुटियों को रेखांकित करना चाहिए और फिर उन पर कक्षा में चर्चा करनी चाहिए।
- शिक्षक छात्रों को एक ऐसी काल्पनिक घटना लिखने के लिए कह सकता है, जिसमें छोटी उम्र की लड़कियाँ पुनः Happy Prince की मानवता की सेवा में सहायता करती है।

35.2.2 *भौतिक विज्ञान (Physics)*

विषय

सापेक्ष-घनत्त्व: प्लवमान पिण्ड का नियम (Law of Floating Bodies)

प्रश्न –10 ग्राम वजन की डाट (Cork) पानी में तब डूब जाती है जबकि उसके ऊपर 40 ग्राम वजन का भार रखा जाता है तो डाट का सापेक्ष घनत्त्व क्या होगा।

उद्देश्य: छात्रों द्वारा Law of Floating Bodies का अनुप्रयोग इस नई स्थिति में करना विशिष्ट अधिगम परिणाम (निर्गत)।

- छात्र प्रस्तुत समस्या के मूल में वर्तमान सिद्धान्त को प्लवमान पिंड के नियम पहचान कर, स्थिति का विश्लेषण करता है।

- प्लवमान पिण्ड नियमों (Law of Floating Bodies) से संबंधित कुछ परिकल्पना (Hypothesis) करता है।
- हटी हुई जल राशि और भार के साथ डाट के बीच संबंध स्थापित करता है।
- डाट पर रखे भार के घटने या बढ़ने के प्रभाव का पूर्वानुमान करता है।

पूर्वज्ञान: ■ घनत्त्व और सापेक्ष घनत्त्व की परिभाषा

- आर्कमिडीज़ का सिद्धान्त
- जल का घनत्त्व है 1 ग्राम/cc
- द्रव्यमान = आयतन × घनत्त्व

शिक्षण अधिगम क्रियाएँ: ■ शिक्षक उक्त समस्या को, आर्कमिडीज़ के सिद्धान्त और प्लवमान पिण्ड का नियम (Law of Floating Bodies) को पढ़ाने के बाद प्रस्तुत करता है।

- छात्र समस्या को समझने की कोशिश करते हैं, उसका विश्लेषण करते हैं, क्या प्रस्तुत है और क्या अपेक्षित है, को समझने की कोशिश करते हैं।
- शिक्षक समस्या के और अधिक विश्लेषण में छात्रों की सहायता करता है और निम्नलिखित परिकल्पनाओं को प्रस्तावित करता है।
  (i) तैरती हुई वस्तु का भार प्रवाही वस्तु द्रव के ऊर्ध्वगामी झटके के बराबर है।
  (ii) विस्थापित या हटे हुए जल का परिमाण/आयतन जलस्थ वस्तु के परिमाण/आयतन के बराबर है।
  (iii) ऊर्ध्वगामी झटका विस्थापित जल के भार के बराबर है।
- उपर्युक्त प्रकल्पनों के आधार पर छात्र ज्ञात कर सकते हैं कि विस्थापित जल राशि की मात्रा, डाट और उस पर रखे भार की मात्रा के बराबर है, अर्थात् (10+40) ग्रा. = 50 ग्रा.। अत: विस्थापित जल का परिमाण/आयतन है = 50 cc जोकि डाट का परिमाण/आयतन भी है। अंतत: छात्रों को ज्ञान होता है कि डाट का सापेक्ष घनत्त्व है = 10/50 ग्रा./cc = 0.2 ग्राम/cc.
- शिक्षक छात्रों से पूछता है कि यदि डाट पर और अधिक भार रखा जाए तो क्या होगा?
- छात्रों को मालूम है कि यदि विस्थापित जल की राशि की अपेक्षा वस्तु की राशि से अधिक है तो वह तैर नहीं सकेगी, बल्कि पूरी तरह डूब जाएगी।
- शिक्षक पुन: छात्रों से प्रश्न करता है कि यदि डाट पर 40 ग्राम से कम भार रखा जाए तो क्या होगा?
- छात्र उत्तर दे सकते हैं ऐसी स्थिति में वस्तु (डाट) का भार विस्थापित जल से कम होने के कारण, वह जल पर तैरेगी और उसका कुछ भाग जल के ऊपर ही रहेगा।
- शिक्षक छात्रों को बता सकता है कि आर्कमिडीज़ का सिद्धान्त, यदि प्रवाही द्रव की स्थिति असंतुलित हो तो लागू नहीं हो सकता।

अनुवर्ती क्रियाएँ: ■ परिणामों की जाँच करने के लिए छात्र प्रयोग की व्यवस्था कर सकते हैं तथा अन्य छात्रों द्वारा की गई व्यवस्था पर टिप्पणी कर सकते हैं।

- अज्ञात कारकों यथा, परिमाण/आयतन, राशि आदि को लेकर इसी प्रकार के प्रश्न किए जा सकते हैं।

- मित्रों द्वारा तैयार प्रश्नों पर टिप्पणी कर सकते हैं यथा यदि डाट पर रखे भार का सापेक्ष-घनत्त्व का पता लगाना, समस्या हो तो उसका समाधान नहीं हो सकता।
- जल के अतिरिक्त किसी अन्य प्रवाही द्रव को लेकर इसी प्रकार के प्रश्न तैयार करें और समझें कि समस्या के समाधान के लिए एक अतिरिक्त सामग्री की आवश्यकता होगी अर्थात् प्रवाही द्रव के घनत्त्व की आवश्यकता होगी, तभी समस्या का समाधान किया जा सकेगा।
- इसी प्रकार की और अधिक जटिल समस्याओं को समाधन के लिए लिया जा सकता है, जैसे कि जब डाट को दो प्रकार के प्रवाही द्रवों में डुबाया जाए जिन के घनत्त्व ज्ञात हैं।

35.2.3 जीव विज्ञान (Biology)

विषय-वस्तु की इकाई (Content Unit)

संगठन के स्तर: (कोशिका, ऊतक-अंग और तंत्र की संकल्पनाएँ) यहाँ दिए गए उदाहरण का संबंध कोशिका, ऊतक, अंग और तंत्र की संकल्पना के साथ है। आगे पूछे जाने वाला प्रश्न, केवल एक प्रकार से संबंधित है जिसका प्रयोग निम्नलिखित विवरण के अनुसार शिक्षण में किया जा सकता है। क्योंकि यहाँ हमारा लक्ष्य मात्र इतना ही है कि प्रश्नों को शिक्षण की युक्ति के रूप में प्रयुक्त करने की सम्भावनाओं को खोजा जाए और उन पर भार दिया जाए। प्रत्येक विकल्प के बीच के संबंधों की चर्चा के माध्यम से ही छात्र सही उत्तर तक पहुँच सकते हैं और उनसे संबंधित संकल्पनाओं को समझ सकते हैं।

प्रश्न: कोशिका ऊतक के बीच के संबंध निम्नलिखितों के बीच के संबंधों के समान होते हैं:

(क) टायपिन और स्टार्च या मांड़/स्वेत सार
(ख) यकृत और पित्ताशय
(ग) कार्बोहायड्रेट और चर्बी
(घ) बाह्य त्वचा और अंतस्चर्म
(ड) अंग और तंत्र, (Organ and System)

उद्देश्य: मानवीय शरीर विज्ञान से संबंधित कोशिका, ऊतक, अंग और तंत्र की संकल्पनाएँ छात्र समझते हैं।

विशिष्ट अधिगम परिणाम (निर्गत): ■ छात्र जीवन के संगठन के विभिन्न स्तरों का पुनःस्मरण कर सकते हैं और पाचन तंत्र के अंगों और विभिन्न ऊतकों और कोशिकाओं की संरचनाओं को पहचान सकते हैं।

- कोशिका, ऊतक, अंग और तंत्र के बीच के संबंधों की पहचान कर सकते हैं
- जीवन की विभिन्न इकाइयों की तुलना कर सकते हैं।
- ऊतकों, अंगों और तंत्रों के उदाहरण दे सकते हैं।
- दिए गए आरेखों या स्लाइडों जिनमें कुछ अंगों के आड़े तिरछे भागों को देखकर सही तरीके से समझ सकते हैं।
- दी गई या प्रेक्षित स्थितियों में जिनमें विविध प्रकार के संबंध होंगे, के संबंध में अनुमान कर सकते हैं।

पूर्व ज्ञान: छात्र निम्नलिखित से पूर्व परिचित हैं:

- सभी सजीव जीवों की मूलभूत इकाई के रूप में कोशिका
- ऊतकों के बारे में सामान्य समझ
- पाचन तंत्र की सामान्य समझ
- खाद्य पदार्थों के सन्निकट घटक
- बहुकोशीय जीवों यथा Coelenterates की संरचना।

शिक्षण-अधिगम क्रियाएँ: ■ शिक्षक कक्षा में उक्त समस्या को रखता है।

- वह कोशिका (Cell) और ऊतक (Tissues) के बीच के संबंधों को और आगे स्पष्ट करता है। वह छात्रों को यह याद करने में सहायता प्रदान करता है कि कोशिका जीवन की मूलभूत इकाई है और ऊतक इसी प्रकार की कोशिकाओं के योग से बनते हैं। इसलिए कोशिका ऊतक की घटक होती है जो जीवन की बड़ी इकाई है।
- छात्र समस्या को समझते हैं और कोशिका और ऊतक की संरचना और प्रकार्य पुनःस्मरण करते हैं। वे दोनों संकल्पनाओं के बीच के संबंधों को पहचानने की कोशिश करते हैं और वे कथित समस्या के विभिन्न उत्तर दे सकते हैं।
- शिक्षक, छात्रों की प्रतिक्रियाओं का विश्लेषण करता है, उत्तरों की विभिन्न कोटियों को समझाता है और प्रत्येक कोटि की चर्चा छात्रों के साथ करता है जिसके आधार पर छात्रों को प्रत्येक दृष्टि से संबंधों को स्थापित करने में सहायता प्रदान करता है कि 'क' विकल्पन के अनुसार किण्वक (Enzyme) और पचाई गई वस्तु के बीच संबंध है, 'ख' के अनुसार संबंध-उत्पादन और भण्डारण इकाई के बीच हैं, 'ग' के अनुसार संबंध साधारण खाद्य पदार्थ (खाना) के दो घटक, इकाइयों या घटकों के बीच है, जबकि 'घ' के अनुसार संबंध स्थान परक (Spatial) अर्थात् बाहरी और भीतरी अंग की स्थिति पर निर्भर है।
- छात्र कोशिका (Cell) और ऊतक (Tissue) के बीच संबंधों की तुलना करते हैं जिन्हें 'क', 'ख', 'ग', और 'घ' ने अलग-अलग तरह से देखा है और समझते हैं कि इनमें से कोई भी संबंध, कोशिका और ऊतक (Tissue) के बीच के संबंध के समान नहीं है।
- छात्रों से विशेष रूप से कहा जाता है कि वे 'ङ' विकल्प पर विचार करें, जिसमें सम्भवतः सही उत्तर मिले। वे अंग और तंत्र के बीच के प्रकार्यात्मक संबंध का परीक्षण करते हैं।
- छात्र विविध अंगों का पता लगाते हैं जिनसे तंत्र बनता हो, जैसे कि कोशिकाएँ, ऊतक को बनाती हैं। इस प्रकार वे स्थापित करते हैं कि कोशिका और ऊतक के बीच का संबंध, वैसा ही है जैसा कि अंग और तंत्र के बीच होता है। इस तरह वे सही विकल्प पर पहुँचते हैं।
- शिक्षक इसके बाद छात्रों को ऊतक और अंग के बीच के संबंध को समझने के लिए कहता है, जैसे कि उन्होंने अंग और तंत्र के बीच के संबंध को स्थापित किया था।

- छात्र सभी कोशिका, ऊतक, अंग और तंत्र के सम्पूर्ण संबंधों को समझते हैं।
- शिक्षक तब कक्षा को पशुओं और पौधों के विभिन्न चार्ट दिखाता है जिनमें अंगों को विभिन्न ऊतक के साथ और कोशिकाओं को विभिन्न ऊतकों के साथ दिखाया गया है जिससे सभी छात्र संगठन के विभिन्न स्तरों को देख सकें और पहचान सकें।

प्रायोगिक कक्षा की क्रियाएँ: शिक्षक छात्रों को मेंढ़क के अंतरंग धमनी या उदरांग (Viscera) को खोलने में मार्गदर्शन करता है और उनकी सहायता करता है कि:

- वे मेंढक के शरीर के अंदर पाए जाने वाले विभिन्न अंगों का प्रेक्षण करें।
- वे कुछ अंगों की पहचान करें जिनसे एकतंत्र बनता है, उदाहरणार्थ, पाचन तंत्र और देखें कि कौन-कौन से अंग मिलकर एक-तंत्र को बनाते हैं, प्रस्तुत उदाहरण में पाचन तंत्र।
- विभिन्न ऊतकों से बने एक अंग के ऊपर के T.S. की सूक्ष्मदर्शी स्लाइड का निरीक्षण करें।
- उदर की आंतरिक संरचना को समझें, और ऊतकों (Tissues) और अंगों के बीच के संबंधों का अनुमान करें।
- उदर की तैयार T.S. स्लाइड में छात्र, सूक्ष्मदर्शी यंत्र के द्वारा एक परत का परीक्षण करें और परत में इसी प्रकार की कोशिकाओं का पता लगाएँ और अनुमान करें कि एक प्रकार की कोशिकाओं के समूह से ऊतक बनते हैं और ऊतकों से अंग।

अनुवर्ती क्रियाएँ: छात्रों से किसी सरल या अमीबा जैसे प्राणी या क्लेमीडोमनस (Chlamydomonas) जैसे पोधे की अलग की गई कोशिका की जाँच करने के लिए कहा जा सकता है।

- छात्र हायड्रा (Hydra) में, ऊतक बनाने वाली कोशिकाओं के समूह की जाँच पड़ताल कर सकते हैं।
- शिक्षक छात्रों के किसी पशु (जीव) के किसी विशेष तंत्र का चित्रण करने वाला चार्ट बनाने के लिए कह सकता है जिसमें अंग, ऊतक और कोशिकाओं को अलग से दिखाया गया हो तथा उनसे संबंधों को संकेतित किया गया हो।
- छात्रों के इसी प्रकार के अन्य संबंधों को खोजने के लिए कहा जा सकता है जो वे विभिन्न स्त्रोतों के प्राप्त कर सकते हैं या देख सकते हैं तथा वे उन पर अपनी रिपोर्ट तैयार कर सकते हैं।

35.2.4 *गणित (Mathematices)*

बहुभुज (Polygon)

किसी Quadrilateral की पार्श्ववर्ती पक्षों के बीच के बिन्दुओं को जोड़ने से जो Quadrilateral रूप बनता है उसे कहते हैं:

(क) वर्ग

(ख) चक्र

(ग) आयत

(घ) समानांतर चतुर्भुज

उद्देश्य: छात्र किसी त्रिकोण के किन्ही दो पक्षों के मध्य बिन्दुओं को तीसरे पक्ष के साथ जोड़ेने वाली सीधी रेखा के संबंध का पता लगाने की समस्या के समाधान के ज्ञान का अनुप्रयोग करता है।

विशिष्ट अधिगम परिणाम: ■ छात्र किसी त्रिकोण के किन्हीं दो पक्षों के मध्य बिन्दुओं को उसके तीसरे पक्ष से जोड़ने वाली रेखा के साथ के संबंध को पहचानते हैं।

- ■ विविध प्रकार के बहुभुजों के बीच तुलना करते हैं।
- ■ अनुमान कर सकते हैं कि अपेक्षित आकृति समानांतर चतुर्भुज की है।

पूर्वज्ञान: ■ त्रिकोण, चतुर्भुज (Quadrilational) वर्ग, आयत चक्र, समानांतर बहुमुखी, जैसे पारिभाषिक शब्दों और उनकी संकल्पनाएँ।

- ■ संबंध (क) किसी त्रिकोण के किन्ही दो पक्षों को जोड़ने वाली रेखा तीसरे पक्ष के समानान्तर होती है और उसके आधे के बराबर होती है।
- ■ (ख) समानान्तर चतुर्भुज एक ऐसा चतुर्भुज (Quadrilational) होता है जिसके विपरीत पक्ष समानान्तर होते हैं।

शिक्षण अधिगम क्रियाएँ: ■ किसी भी त्रिकोण के दो पक्षों के मध्य बिन्दुओं को उसके तीसरी पक्ष के साथ वाली सीधी रेखा के संबंध के बारे में प्रमेय (Theorem) को पढ़ाने के वाद शिक्षक समस्या को प्रस्तुत करता है।

- ■ छात्र समस्या को समझने का प्रयास करते हैं, वे उसका विश्लेषण करते हैं और क्या प्रस्तुत है और क्या अपेक्षित है, को समझते हैं।
- ■ छात्र पहले दिए गए उपर्युक्त संबंधों और प्रक्रियाओं को पुन:स्मरण करतो हैं।
- ■ प्रश्नों की सहायता से शिक्षक यह निर्धारित करता है कि छात्र समानान्तर चतुर्भुज की संकल्पना को स्पष्टत: समझते हैं या नहीं। यदि उसे लगे कि छात्र समानान्तर चतुर्भुज को अच्छी तरह नहीं समझते तो वह उसको स्पष्ट करता है। वह उन्हें यह समझने में सहायता प्रदान करता है कि चक्र (Rhombus) एक विशेष प्रकार का समानान्तर चतुर्भुज है जिसके चारों पक्ष बराबर होते हैं। एक वर्ग भी एक विशेष प्रकार का चक्र है जिसका एक कोण समकोण (Right angle) होता है और एक आयत भी एक विशेष प्रकार का समानान्तर चतुर्भुज है जिसका एक-एक कोण समकोण (Right angle) होता है।
- ■ छात्रों को समस्या के अनुरूप आकृति बनाने के लिए कहा जाता है और उन्हें चतुर्भुज (Quadrilateral) के निकटस्थ पक्षों के मध्य बिन्दुओं को जोड़ने के पश्चात् उसके विपरीत पक्षों की लम्बाई नापने के लिए कहा जाता है।
- ■ छात्र पाते हैं कि विपरीत पक्ष बराबर और समानान्तर हैं और निष्कर्ष निकालते हैं कि प्रस्तुत आकृति समानान्तर चतुर्भुज की है तथा 'घ' विकल्प सही उत्तर हो सकता है। छात्रों द्वारा क, ख, और ग विकल्पों को सही मानने की सम्भावना को नकारा नहीं जा सकता।
- ■ इस प्रकार बने चतुर्भुज (Quadrilateral) के सभी पक्षों के वास्तविक मापन द्वारा छात्र को पता चलता है कि सभी पक्ष बराबर नहीं हैं और इस प्रकार वह हमेशा चक्र या वर्ग नहीं हो सकता। क्योंकि सभी चारों पक्ष हमेशा बराबर नहीं हो सकते।

- उसी चतुर्भुज (Quadrilateral) के एक कोण को मापने से छात्र पाते हैं कि वह हमेशा समकोण (Right angle) नहीं होता। अत: वे निष्कर्ष निकालते हैं कि उक्त आकृति के हमेशा आयत होने की सम्भावना नहीं है।
- छात्र इस परिणाम पर पहुँचते हैं कि केवल 'घ' विकल्प ही सही उत्तर है।
- छात्रों द्वारा प्रायोगिक स्तर पर जाँच कर लेने के बाद कि 'घ' विकल्प ही सही उत्तर है, शिक्षक, छात्रों से अपने निष्कर्ष के बारे में विश्लेषणात्मक प्रमाण माँग सकता है। वह प्रश्नों की सहायता से सुनिश्चित करता है कि समस्या में क्या दिया गया है और क्या सिद्ध करना है। वह उनसे उसे सिद्ध करने के लिए प्रयुक्त पद्धति के बारे में पूछता है।
- कथित समस्या के बारे में छात्र विविध उत्तर देते हैं।
- शिक्षक छात्रों को निष्कर्ष निकालने में सहायता करते हुए बताता है कि इसके लिए प्रस्तुत चतुर्भुज (Quadrilateral) के तिरछे या तिर्यक बिन्दुओं को जोड़ने से ही परिणाम प्राप्त हो सकता है।
- छात्र पाते हैं कि आन्तरकि चतुर्भुज (Quadrilateral) के विपरीत पक्षों का प्रत्येक जोड़ा प्रस्तुत चतुर्भुज (Quadrilateral) प्रत्येक तिरछे तिर्यक बिन्दु के समानान्तर हैं और आधी लम्बाई के बराबर है। इस तरह वे निष्कर्ष पर पहुँचते हैं कि प्रस्तुत चतुर्भुज (Quadrilateral) के विपरीत पक्ष बराबर और समानान्तर हैं।
- वे यह भी समझते हैं कि किसी चतुर्भुज (Quadrilateral) के दो तिरछे तिर्यक बिन्दु हमेशा बराबर नहीं भी हो सकते। इसलिए चतुर्भुज (Quadrilateral) के मध्यबिन्दुओं को जोड़ने पर प्राप्त चतुर्भज (Quadrilateral) के सभी पक्ष हमेशा बराबर नहीं भी हो सकते। इससे उत्तर के 'क' और 'ग' विकल्प समाप्त हो जाते हैं।
- छात्र यह भी समझते हैं कि किसी चतुर्भुज (Quadrilateral) के तिरछे तिर्यक बिन्दु हमेशा समकोण (right anlges) पर ही नहीं काटते। अतः चतुर्भुज (Quadrilateral) के सभी पक्ष हमेशा समकोण (right angle) पर नहीं हो सकते। अत: 'क' और 'ख' विकल्प उत्तर नहीं हो सकते।
- इस प्रकार अंततः वे इस निष्कर्ष पर पहुँचते हैं कि प्रस्तुत आकृति एक समानान्तर चतुर्भुज है। अत: 'घ' ही सही उत्तर है।

अनुवर्ती कार्य: ■ छात्रों से कहा जा सकता है कि उपर्युक्त संकल्पना के आधार पर वे किसी समान समस्या को विश्लेषणात्मक रीति से सिद्ध करें।

- चतुर्भुज (Quadrilateral) के बदले, वर्ग, आयत, चक्र, समलंब (Trapezium) को लेकर इसी प्रकार की आकृतियों को बनाने के लिए छात्रों से कहा जा सकता है।
- छात्रों से इस प्रकार के चतुर्भज (Quadrilateral) की प्रकृति के बारे में पूछा जा सकता है जिनके पार्श्ववर्ती पक्षों के मध्य बिन्दुओं को जोड़ने से वर्ग या आयत या चक्र की आकृति निष्पन्न हो।
- उनसे यह बताने की भी अपेक्षा की जा सकती है कि क्या कोई प्राप्त आकृति समस्या के अंतर्गत संकेतित चार विकल्पों में से कोई भी न हो।

35.2.5 .भूगोल (*Geography*)

विषयवस्तु–इकाई

भारत का भूगोल: जलवायु (मॉनसून या मौसमी हवा)

प्रश्न: कारण, हवा की दिशा, अवधि और प्रभावित क्षेत्र की दृष्टि से भारत में ग्रीष्मकालीन और शीतकालीन मौसमी हवाओं या मानसूनों की तुलना और व्यतिरेक कीजिए।

उद्देश्य: छात्र मानसून या मौसमी हवाओं की भूमिका की समझ प्रदर्शित करते हैं।

विशिष्ट अधिगम परिणाम: ■ छात्र ग्रीष्मकालीन मॉनसून और शीतकालीन मॉनसून, दक्षिण-पश्चिम और उत्तर-पूर्वी मॉनसून, बढ़ते और घटते मॉनसून, मॉनसून विस्फोट आदि, जैसे शब्दों में विभेद कर सकते हैं।

- विभिन्न रूपों में प्रस्तुत जलवायु से संबंधित सामग्री की व्याख्या कर सकते हैं।
- ग्रीष्म ऋतु में उष्ण-क्षेत्र के उत्तर की ओर खिसकने के प्रमाण और शीतऋतु में उसके लौटने के प्रभावों का विश्लेषण कर सकते हैं।
- धरातल के मौसम पर और उच्च वातावरण की स्थितियों पर तापीय भूमध्य (रेखा) के स्थान परिवर्तन के प्रभावों की तुलना कर सकते हैं।
- ग्रीष्म और शीतकाल में वातावरण में दबाव और तापमान की स्थितियों के बीच संबंध स्थापित कर सकते हैं।
- वर्षा के वितरण और उसके क्षेत्रीय वितरण को प्रभावित करने वाले कारकों के बीच संबंध स्थापित कर सकते हैं।
- वायु-राशियों के स्रोतों और वायु की दिशाओं के बारे में अनुमान कर सकते हैं।
- भारत के विभिन्न भागों में जलवायु संबंधित स्थितियों और ऋतुओं की समानताओं और असमानताओं की व्याख्या करने के लिए संबंधित तथ्यों का चयन कर सकते हैं।
- वर्षा, ग्रीष्म और शीतकालीन ऋतुओं की अवधि में देश के विभिन्न भागों की मौसम की स्थितियों का पूर्वानुमान कर सकते हैं।

पूर्वज्ञान: यह माना जा सकता है कि छात्र पहले से ही निम्नलिखित को जानते हैं:

- भारत की अक्षांशीय और देशांतरीय स्थितियाँ
- भारत के प्रमुख उच्चावच क्षेत्र या Relief Regions
- ऋतुएँ
- ग्रीष्म और शीतकालीन तापमान का वितरण और उसका इन क्षेत्रों के दाव तंत्र (Pressure System) के साथ संबंध
- दाव-तंत्र (Pressure System) और वायुतंत्र (Wind System) के बीच के संबंध
- फेरल (Ferrels) का नियम
- कटिबंधीय चक्रवात और संयमित चक्रवात ऋतुओं और वर्ष के अनुसार वर्षा का वितरण।

शिक्षण-अधिगम क्रियाएँ: ■ शिक्षक भारत के रिलीफ मानचित्र, वर्षा-मानचित्र तापमान

मानचित्र की सहायता से भारत में विभिन्न मासों में तापमान और दबाव की स्थितियों को और कम दवाब वाले पौकेटों के केन्द्रों के विस्थापन को समझाता है।

- छात्र तथ्यों का प्रेक्षण करते हैं और मानसून के होने के संबंध में हवा की दिशा में होने वाले परिवर्तनों को स्पष्ट करते हैं।
- शिक्षक देश में सभी ऋतुओं में वर्षा के वितरण में होने वाले अनपेक्षित बदलावों की समस्याओं के बारे में कुछ सवाल छात्रों के सामने रखता है और कम दबाव की सघनता और मॉनसून के फूट पड़ने और देश में मानसूनी हवाओं के आगे बढ़ने के बीच के संबंधों को स्पष्ट करता है।
- छात्र विभिन्न महीनों में सर्वाधिक वर्षा वाले क्षेत्रों की मानचित्रों में पहचान करते हैं तथा पश्चिमी समुद्र तट पर जून से सितम्बर के बीच और पूर्वी समुद्र तट पर अक्तूबर से मार्च के बीच होने वाली बरसात के वास्तविक अन्तर को स्पष्ट करते हैं।
- शिक्षक-मॉनसून के पीछे लौटने या प्रत्यावर्त्तन की विशेषताओं को और तापमान के वितरण और दबाव की स्थितियों के साथ उसके संबंधों को बनाता है। इस प्रकार मॉनसूनी हवाओं का ग्रीष्म और शीतकालीन, गीली (आर्द्र) और सूखी (शुष्क) या उत्तर-पूर्वी और दक्षिण-पश्चिमी के रूप में वर्गीकरण को समझाता है।)
- छात्र-विश्व के जलवायु-क्षेत्रों के मानचित्रों की सहायता से अन्य क्षेत्रों की पहचान करते हैं, जहाँ इसी तरह मॉनसून का अनुभव होता है तथा इसी प्रकार की स्थितियाँ उत्पन्न होती हैं। वे भारतीय मॉनसून और मलय, जापान, और उत्तरी ऑस्ट्रेलिया के मॉनसूनों में अन्तर कर सकते हैं।
- वे भारत के कुछ स्थानों के तापमान और वर्षा से संबंधित सामग्री के आधार पर उनकी पहचान करते हैं जिनके क्षेत्र उनका प्रतिनिधित्व करते हैं।
- शिक्षक भारत के विभिन्न भागों की ऋतुओं पर मॉनसून के प्रभाव की चर्चा करता है तथा मॉनसून द्वारा उत्पन्न समस्याओं, जैसे बाढ़ और भूस्खलन तथा उनसे होने वाले विनाश को रोकने पर भी विचार विमर्श करता है। इसी प्रकार की चर्चा, (i) सिंचाई की सुविधाएँ, (ii) वानिकी, (iii) फसल-उत्पाद, (iv) जनसंख्या वितरण आदि पर आयोजित की जा सकती है।

अनुवर्ती क्रियाएँ

प्रायोगिक कार्य: – भारत में ऋतुओं के अनुसार वर्षा के वितरण, तापमान, दबाव, वायु की दिशाएँ विशेष कर जून से सितम्बर और मार्च से अक्टूबर की अवधि को दिखाने वाले भारत के मानचित्रों को बनाना।

- हिन्द महासागर के मानचित्रों का निर्माण जिनमें विभिन्न कालांशों में, विशेष कर जनवरी, मार्च, मई, जून, सितम्बर और नवम्बर के महीनों में दवाब के वितरण और वायु की दिशाओं को प्रदर्शित किया गया हो।

चर्चाएँ और सामूहिक कार्य: ■ फसलों के उत्पादन पर विभिन्न ऋतुओं में होने वाली वर्षा में अंतरों का प्रभाव

- वर्षा के न होने के कारण भारत के विभिन्न भागों में पड़ने वाले अकाल की समस्याएँ और उनके प्रतिकार के लिए किए गए प्रयास।
- वर्षा और वनों के बीच के संबंध।

उपर्युक्त उदाहरण अनेक सम्भावित उपागमों में से एक है जिसके अनुसार प्रश्नों की चर्चा की जा सकती है और उन्हें शिक्षण के आधार के रूप में प्रयुक्त किया जा सकता है। अन्य क्रियाएँ जिन में अच्छे प्रश्नों का प्रयोग, शैक्षणिक सामग्री के रूप में करने की सम्भावनाएँ हैं, वे हैं–(i) स्वाध्याय या दत्तकार्य, (ii) सामूहिक अध्ययन परियोजनाएँ, (iii) विषय से संबंधित समाचारों पर कक्षा में चर्चा–परिचर्चा–आदि।

36

वरिष्ठ माध्यमिक स्तर पर शिक्षण की पद्धतियाँ (Methods of Teaching at the Senior Secondary Stage)

सामान्यत: वरिष्ठ माध्यमिक स्तर पर शिक्षण की पद्धतियाँ लगभग उन्हीं शैक्षणिक नीतियों का अनुसरण करती है जिनका अनुसरण माध्यमिक स्तर की कथाओं में किया जाता है। अत: पूर्व चर्चित पारंपरिक और गैर-पारंपरिक पद्धतियाँ का प्रयोग इस स्तर पर भी किया जा सकता है। हाँ, विषय-वस्तु की तकनीकी प्रकृति के कारण थोड़ा बहुत अंतर अवश्य रहता है।

वरिष्ठ माध्यमिक स्तर पर XI और XII कक्षाएँ होती हैं। परन्तु महत्त्वपूर्ण बात है कि इस समय छात्रों की आयु 16+ से 18+ होती है। इस आयु वर्ग के छात्रों के व्यक्तित्त्व की कुछ खास विशेषताएँ होती हैं, जैसे भावनात्मक स्वातंत्र्य की कामना, आर्थिक स्वावलम्बन की आकांक्षा, दायित्वपूर्ण सामाजिक और नागरिक भूमिकाओं को स्वीकार करने की अभिप्रेरणा, तथ्यों, घटनाओं से अपने और दूसरों के आचरण का मूल्यपरक और नैतिक विवेचन के साथ-साथ वयस्कों के संसार में सम्भावित स्थान। इस अवस्था में वे वर्तमान की अपेक्षा भविष्य के विषय में अधिक सोचने लगते हैं।

वैसे तो शैक्षिक कार्यक्रम सदैव-भविष्यपरक होते हैं। परन्तु जीवन की इस अवस्था में भविष्य का अर्थ होता है, कामकाज की दुनियाँ में प्रवेश। अत: इस अवस्था के शैक्षिक कार्यक्रम अनौपचारिक रूप से व्यावसायिक तैयारी के लिए तैयार किए जाते हैं जिनसे उनके लिए शास्त्रीय आधार प्रदान किया जा सके।

इसी प्रसंग के कारण वरिष्ठ माध्यमिक स्तर की पाठ्य-चर्चा के अंतर्गत अध्ययन के विषय क्रमश: शास्त्रीय होने लगते हैं। वस्तुत: माध्यमिक स्तर तक के पाठ्यक्रम की विषय-वस्तु के समन्वित उपागम से हटकर वह अधिकाधिक शास्त्रीय या शास्त्रपरक हो जाता है। अध्ययन के विषयों का पाठ्यचर्चा के अन्य विषयों के साथ तथा जीवन के साथ संबंध और अधिक दृढ़ हो जाते हैं और पहले की अपेक्षा अब विषयों का अनुप्रयोग अधिक प्रबल हो जाता है।

दो-स्वतंत्र-धाराएँ (The Two Distinct Streams)

वरिष्ठ अमाध्यमिक स्तर पर दो धाराओं की परिकल्पना की गई हैं।

- शास्त्रीय धारा (The Academic Stream)
- व्यावसायिक धारा (The Vocational Stream)

दोनों ही धाराओं में दो-दो प्रकार के शिक्षण-क्रम हैं, आधारभूत शिक्षण क्रम (foundation Courses) और वैकल्पिक शिक्षण क्रम (Elective Courses), जिनके लिए कुल समय का क्रमशः 40% और 60% समय आबंटित किया जाता है और कुछ सीमा तक बेरोजगारी की समस्या से निपटने के लिए कम से कम 25% छात्रों को व्यावसायिक पाठ्यक्रमों में प्रवेश देने की बात पर बल दिया जाता है। यद्यपि उक्त प्रतिशतों में कुछ हेर-फेर किया जा सकता है, परन्तु मूल दृष्टि बनी रहनी चाहिए।

यह भी प्रस्तावित है कि व्यावसायिक पाठ्यक्रमों को अधिकाधिक छात्र मुक्त विद्यालयी व्यवस्था के अंतर्गत स्वीकार करें जिससे नौकरियों में लगे लोगों या आंशिक रूप से नौकरियों में लगे लोग या अर्धकुशल कर्मियों की आवश्यकताओं की पूर्ति हो सके और ग्रामीण क्षेत्रों तक पहुँचा जा सके।

36.1 राष्ट्रीय पाठ्यचर्चा की रूपरेखा 2000 (National Curriculum Framework 2000)

शास्त्रीय धारा (Academic Stream)

राष्ट्रीय पाठ्यचर्या 2000 के अनुसार शास्त्रीय धारा के शिक्षण क्रमों की संरचना को इस प्रकार सोचा गया है।

आधारभूत-शिक्षण-क्रम: ■ भाषा और साहित्य

- ■ कार्यशिक्षा
- ■ स्वास्थ्य, शारीरिक शिक्षा और खेल-कूद

वैकल्पिक शिक्षण-क्रम: उपलब्ध शिक्षण-क्रमों में से तीन को चुना जा सकता है। पारंपरिक विषयों के अतिरिक्त कुछ नए विषयों को भी जोड़ा गया है जिनकी आज माँग बढ़ती जा रही है, जैसे:

- ■ कम्प्यूटर-विज्ञान
- ■ जैव-प्रौद्योगिकी
- ■ जीव-विज्ञान (जेनोमिक्स Genomies)

विभिन्न विषयों के विशेषज्ञों की सहायता से विशेषज्ञता के अन्य नए पाठ्यक्रम विकसित किए जा सकते हैं।

व्यावसायिक धारा (Vocational Stream)

व्यावसायिक-शिक्षण-क्रम-विविध प्रकार के हो सकते हैं और उन्हें कौशलपरक बनाना होगा जिससे वे विशेष व्यावसायिक-शिक्षण क्रमों के प्रवेश के लिए सोपान बन सकें या उनके बाद छात्र कामकाज की दुनियाँ में प्रवेश कर सकें।

व्यावसायिक धारा के शिक्षणक्रम के अंतर्गत निम्नलिखित विषय हो सकते हैं:

- ■ भाषा
- ■ सामान्य आधार शिक्षण क्रम
- ■ स्वास्थ्य और शारीरिक शिक्षा
- ■ व्यावसायिक विकल्प

भाषा के शिक्षण क्रम में भाषिक तत्त्वों, प्रकार्यात्मक व्याकरण, प्रयोग, व्यावहारिक शब्दावली को सम्मिलित किया जा सकता है। परंतु भार द्विमुखी सम्प्रेषण पर रहेगा।

व्यावसायिक धारा के सामान्य आधार शिक्षण क्रम में सामान्य अध्ययन के साथ उद्यमी/उद्यमकर्त्ता के विकास, पर्यावरण से संबंधित मुद्‌दों, ग्रामीण विकास और सूचना व सम्प्रेषण प्रौद्योगिकी को स्वीकृत किया जा सकता है।

स्वास्थ्य और शारीरिक शिक्षा के कार्यक्रमों में ऐसे विषयों को लिया जा सकता है, जिनसे छात्र विविध प्रकार के व्यवसायों की परिश्रमपरक क्रियाओं को करने के लिए सक्षम हो सकें। इस प्रकार के शैक्षिक कार्यक्रमों में ऐसे विषयों को लिया जा सकता है जिनसे छात्र शारीरिक श्रम को सह सकें, काम को सही तरीके से करने के लिए उचित मुद्रा में रह सके तथा तनाव रहित विश्राम आदि कर सकें।

व्यावसायिक विकल्प (Vocational Electives)

इस प्रकार के शिक्षणक्रमों का विकास विविध क्षेत्रों के विशेषज्ञों के सहयोग से किया जा सकता है:–

- स्थानीय आवश्यकताएँ,
- सवेतन रोजगार और स्वरोजगार के अवसर,
- भौगोलिक स्थितियाँ और
- छात्रों की रूचियों को ध्यान में रखते हुए अनेक प्रकार के शिक्षणक्रम विकसित किए जा सकते हैं। इन शिक्षणक्रमों को व्यावहारिक और प्रकार्यात्मक बनाने के लिए केवल कुछ विषयों को चुनना ही पर्याप्त नहीं होगा, अपितु इनका विकास उन विषयों के विशेषज्ञों के सहयोग से किया जा सकता है।

36.2 राष्ट्रीय पाठ्यचर्चा की रूपरेखा 2005 (National Curriculum Framework 2005)

उच्चत्तर माध्यमिक विद्यालय (Higher Secondary School)

उच्चतर माध्यमिक स्तर पर शास्त्रीय और व्यावसायिक धाराओं के शिक्षणक्रमों की स्थिति का पुनरीक्षण करने की आवश्यकता है। क्योंकि प्रवेश परीक्षाओं और बोर्डों के प्रभाव के कारण तथा शास्त्रीय धारा को दिए जाने वाले विशेष महत्त्व के कारण व्यावसायिक धारा असफल रही हैं। दो वर्षों की इस अवधि में छात्रों को अपने भविष्य के बारे में अपनी रुचि, रुझान और आवश्यकताओं के अनुरूप निर्णय करना होता है।

अपनी रुचि और भावी जीविका दोनों की दृष्टि से ज्ञान के विभिन्न क्षेत्रों को समझने और उनमें आगे काम करने के लिए वैकल्पिक शिक्षणक्रमों को चुनने की सम्भावनाएँ इस अवस्था के लिए अत्यंत महत्त्वपूर्ण होती हैं। समृद्ध अन्तर-शास्त्रीय परिप्रेक्ष्य इस स्तर पर सम्भव होता है जिससे विभिन्न शास्त्रों/विज्ञानों को भली-भाँति समझा जा सके और विभिन्न समस्याओं और मुद्‌दों पर काम किया जा सके। अतः आवश्यक है कि अध्ययन के लिए चुने गए विषयों के बाहर और उनके बीच में इस प्रकार की अन्तरशास्त्रीय उपागम को स्वीकार किया जाए।

अधिकांश पाठ्य-समितियाँ, अनिवार्य भाषा के शिक्षण-क्रमों के अतिरिक्त, विविध प्रकार के अध्ययन क्षेत्रों को प्रस्तावित करती हैं। परन्तु छात्रों के लिए विषयों या अध्ययनों के विकल्पों की परिसीमित करने की दृष्टि से औपचारिक या अनौपचारिक रोक या प्रतिबंध

चिन्ता के विषय हैं। अनेक समितियाँ विज्ञान, कला और वाणिज्य-धाराओं के रूप में विकल्पों को प्रतिबंधित करती हैं। यद्यपि केन्द्रीय माध्यमिक शिक्षा बोर्ड (CBSE) विद्यार्थियों द्वारा चुने गए विषयों के संयोजनों को प्रतिबंधित नहीं करता, परन्तु कुछ अध्ययन के विषयों के संयोजनों की बढ़ती हुई जनप्रियता के कारण और विभिन्न विषयों की परस्पर मान्य वरीयता के कारण छात्रों द्वारा विविध विषयों के संयोजनों के विकल्प समाप्त ही हो गए हैं। इसी प्रकार विश्वविद्यालयों को भी अपने यहाँ प्रवेश के मानदण्डों पर पुनर्विचार करना चाहिए। क्योंकि सम्प्रति +2 स्तर पर छात्रों द्वारा लिए गए विषयों के संयोजनों के प्रकार के आधार पर वे प्रवेश देते हैं। परिणामस्वरूप अध्ययन के विषयों के कई सार्थक और महत्त्वपूर्ण संयोजन असम्भव हो जाते हैं, यथा, भौतिक विज्ञान, गणित और दर्शन या साहित्य, जीव-विज्ञान और इतिहास जैसे संयोजन समाप्त हो जाते हैं।

सम्प्रति चिकित्सा-विज्ञान और अभियान्त्रिकी के शिक्षण-क्रमों में प्रवेश की दृष्टि से, विद्यालयों द्वारा शिक्षण-क्रमों के संयोजनों को कृत्रिम रूप से प्रतिबंधित करने की प्रवृत्ति दिखाई दे रही है जिसका आधार विषयों की जनप्रियता और समय सारिणी को बताया जाता है। देश के अनेक भागों में जो विद्यार्थी कला तथा मानविकी के विषयों का अध्ययन करना चाहते हैं, उनके सामने विकल्प अत्यंत सीमित हो जाते हैं। अनेक विद्यालय छात्रों को अपारंपरिक संयोजनों को विकल्प के रूप में लेने से निरुत्साहित करते हैं जिसका कारण वे समयसारिणी की समस्या बताते हैं। परन्तु हमारी मान्यता है कि सभी प्रकार के संयोजनों का विकल्प छात्रों को दिया जाना चाहिए। यदि किसी विद्यालय में किसी विषय विशेष के अध्ययन के लिए छात्रों की पर्याप्त संख्या नहीं है तो वह विद्यालय आस-पास के किसी दूसरे विद्यालय के साथ ऐसी व्यवस्था कर सकते हैं जिसके अनुसार वे संयुक्त रूप से किसी स्रोत शिक्षक की नियुक्ति कर लें। इस प्रकार के स्रोत-शिक्षक की नियुक्ति खण्ड स्तर पर भी की जा सकती है जो विद्यालय में ऐसे अनुपलब्ध विशेष विषय का शिक्षण कर सके। इस दिशा में विद्यालय समितियाँ सक्रिय भूमिका निभा सकती हैं जिससे विभिन्न विषयों और अध्ययन धाराओं को प्रोत्साहित किया जा सकें।

+2 स्तर पर प्रस्तावित शिक्षणक्रमों को विभिन्न विषयों में हो रहे नए विकासों के प्रति जागरूक रहना चाहिए। क्योंकि ज्ञान के नए क्षेत्र निर्धारित हो रहे हैं, शास्त्रीय-विज्ञान की सीमारेखाएँ बदल रही हैं और बहु-शास्त्रीय/वैज्ञानिक अध्ययन विकसित हो रहे हैं। हमें छात्रों को विविध विषयों और क्षेत्रों के अध्ययन के उन क्षेत्रों पर ध्यान केद्रित करने के लिए प्रोत्साहित करना चाहिए जिनका महत्त्व बढ़ रहा है। शिक्षण क्रमों को इस प्रकार बनाया जा सकता है जिसके अंतर्गत वैकल्पिक मॉड्यूलों की सम्भावना रहे, न कि सारी सूचनाएँ या सब कुछ एक ही विषय में भरने की कोशिश की जाए। उदाहरण के लिए इतिहास में वैकल्पिक मॉड्यूल हो सकता है- पुरातत्व विज्ञान अथवा विश्व का इतिहास। इसी प्रकार भौतिक विज्ञान में खगोल-विज्ञान, अंतरिक्ष-विज्ञान और रॉकेट विज्ञान वैकल्पिक मॉड्यूल हो सकते हैं।

विशाल पाठ्यक्रम को पूरा करने के भय के कारण अनेक बार अधिगम के महत्त्वपूर्ण पक्षों की उपेक्षा हो जाती है, जैसे कि प्रायोगिक कार्य, क्षेत्र-यात्रा तथा अधिगम की विधियाँ जैसे, संदर्भ-कार्य, परियोजना कार्य और प्रस्तुतीकरण जिसके कारण सम्पूर्ण अधिगम पर दुष्प्रभाव पड़ता हैं। सर्वसाधन सम्पन्न प्रयोगशालाएँ और पुस्तकालय, कम्प्यूटर की सुविधा

आज के युग में अनिवार्य हैं। अतः देखना चाहिए कि हमारे विद्यालयों और कनिष्ठ महा विद्यालयों में वे सभी संसाधन उपलब्ध हों।

मूलतः व्यावसायिक धारा को उन छात्रों की आवश्यकताओं की पूर्ति के लिए सोचा गया था जो काम काज की दुनियाँ में उन छात्रों से पहले प्रवेश करना चाहते हैं जो पारंपरिक शास्त्रीय धारा के द्वारा या उच्चस्तरीय अध्ययन व अनुसंधान कार्य करने के पश्चात् किसी व्यवसाय को स्वीकार करना चाहते हैं। यहाँ यह संस्तुति की जा रही है कि उत्पादक कार्यों को शैक्षिक माध्यम के रूप में स्वीकार किया जाए जिससे +2 के साथ सभी स्तरों के छात्रों में मूल्यों का विकास हो और विविध प्रकार के कार्यों को करने से कौशल विकसित हों।

इस स्तर पर छात्रों के विकास को देखते हुए प्रशिक्षित पेशवर व्यक्तियों द्वारा परामर्श और मार्गदर्शन की व्यवस्था सभी विद्यालयों में की जानी चाहिए जिसका लाभ छात्र ले सकें। अपने आप और अपनी जीविका को सुधारने के लिए जागरूकता, जीविका संधान और नियोजन की भी आवश्यकता होती है। वस्तुतः यह छात्रों की किशोर अवस्था होती है जिसमें व्यक्ति के जीवन में वैयक्तिक, सामाजिक और भावनात्मक समस्याएँ उत्पन्न होती हैं जिसके कारण परिवार, सहपाठी वर्ग और विद्यालयी स्थितियों के साथ तालमेल की अपेक्षा होती है। विद्यालय में छात्रों की इस प्रकार की समस्याओं के साथ कार्य करने की समुचित व्यवस्था से उनमें सामाजिक और अध्ययन संबंधी दवाबों से बचाने में सहायता प्रदान की जा सकती है।

36.3 वरिष्ठ माध्यमिक स्तर पर शैक्षणिक व्यूह रचना

वरिष्ठ माध्यमिक स्तर पर शिक्षण-अधिगम की रणनीतियों में पूर्ववर्ती कक्षाओं की तुलना में अनेक प्रकार के अंतर दिखाई देते हैं। कुछ महत्त्वपूर्ण बिन्दु इस प्रकार हैं:

- शिक्षकों द्वारा दिए जाने वाले ज्ञान के बदले-स्वाध्याय, प्रयोग/खोज की विधियों द्वारा ज्ञानार्जन।
- पाठ्य-पुस्तकों के बदले, संदर्भ ग्रंथों, पुस्तकालय, अनुसंधान, सर्वेक्षण आदि द्वारा ज्ञानार्जन?
- सिद्धान्तों के बदले अभ्यास।
- तथ्यों और सिद्धान्तों के बदले अनुप्रयोगों पर बल।
- कक्षा/प्रयोगशालापरक अधिगम के स्थान पर पर्यावरण आधारित अधिगम।
- अन्य व्यक्तियों द्वारा प्राप्त निष्कर्षों की स्वीकृति के स्थान पर स्वयं सिद्ध और स्व-सत्यापित अनुभवों की स्वीकृति।
- ज्ञानाधारित अधिगम के स्थान पर, कौशल और व्यवसाय आधारित अधिगम।
- शिक्षण क्रम की परिसमाप्ति के उद्देश्य के स्थान पर शिक्षण क्रम की समाप्ति को शिक्षुता (Apprenticehip) के द्वारा पुनर्बलन का प्रारंभ।
- वैयक्तिक अधिगम के स्थान पर सहगामी समूहगत अधिगम।

वस्तुतः उक्त सभी संकेतों के दूरगामी प्रभाव हो सकते हैं जिनसे शिक्षा को नया अर्थ प्रदान किया जा सकता है तथा उसमें दार्शनिक और अभिवृत्यात्मक परिवर्तन लाए जा सकते हैं।

जहाँ तक शिक्षण पद्धतियों और तकीनीकों का संबंध है, पूर्व चर्चित पारंपरिक औ गैर-पारंपरिक पद्धतियों में से विवेकपूर्वक चयन किया जा सकता है जिसमें न केवल शिक्षक, अपितु शिक्षार्थी भी सक्रिय भूमिका निभा सकें।

संदर्भ सूची

Sources Tapped for Ideas and Extracts

B. Ghosh and Others-Handbook for Primary School Teachers of Social Studies, National Council of Educational Research and Training, New Delhi, 1966 (Methods of Teaching, Social Studies).

B.F. Skinner-The Science of Learning and the Art of Teaching, D. Van Nostraned Company, New York, 1962 (Methods of Teaching and Programmed Learning).

Ball, S. (1985). 'Participant observation with pupils'. In R. Burgess (ed.) *Strategies of Educational Research: Qualitative Methods,* Lewes: Falmer Press.

Barnes, D. (1976). *From Communication to Curriculum,* Harmondsworth: Penguin.

Berliner, D.C. (1987). 'Ways of thinking about students and classrooms by more and less experienced teachers'. In J. Calderhead (ed.) *Exploring Teachers' Thinking,* London: Cassell.

Biggs, J. (1987). 'Student approaches to learning and studying', *British Journal of Educational Psychology,* 63, 1-19.

Bloom, B.S. (1977). *Human Characteristics and School Learning,* New York: McGraw-Hill.

Brophy, J. and Good, T. (1986). 'Teacher behaviour and pupil achievement'. In M. Wittrock (ed.) *Handbook of Research on Teaching,* 3rd edn., London: Macmillan.

Brown, S. and McIntyre, D. (1993). *Making Sense of Teaching,* Buckingham: Open University Press.

Carter, K. (1990). 'Tachers' knowledge and learning to teach'. In W.R. Houston (ed.) *Handbook of Research on Teacher Education,* New York: Macmillan.

Charles E. Skinner-Educational Psychology, Prentice Hall of India Pvt. Ltd., New Delhi, 1970 (Passage to Learning).

Charles E. Skinner-Essentials of Educational Psychology, Asia Publishing House, Bombay, 1960 (Passage to Learning).

Clandinin, J. (1986). *Classroom Practice: Teachers' Images in Action,* London: Falmer Press.

Collicott, S. (1990). 'Who is the national history curriculum for?'. *Teaching History,* October, 8-12.

Cooper, P. (1993c). 'Learning from the pupil perspective', *British Journal of Special Education,* 20, 4.

Cooper, P. and McIntyre, D. (1993). 'Commonality in teachers' and pupils' perceptions of effective classroom learning', *British Journal of Educational Psychology,* 63, 381-99.

Cooper, P. and McIntyre, D. (1995). 'The importance of power sharing in classrooms'. In M. Hughes (ed.) *Teaching and Learning in Changing Times,* Oxford: Blackwell.

E.A. Pires and Others-Handbook of Educational Excursions, Alumni Association, Central Institute of Education, Delhi, 1958 (Techniques of Teaching).

E.L. Thorndike-The Psychology of Learning, Bureau of Publications, Teachers, College Columbia University, New York, 1913 (Passage to Learning).

Edgar Dale-Audio Visual Methods in Teaching, Dryden Press, Holt Rinehart and Winston Inc., New York, 1969. (Conventional methods of Teaching).

Elbaz, F. (1981). 'Teachers' practical knowledge, report of a case study', *Curriculum Inquiry,* 11(1), 73-7.

H.S. Singha and Others-Preparation, Production and Evaluation of Textbooks in Mathematics, National Council of Educational Research and Training, New Delhi, 1973 (Methods of Teaching Mathematics).

H.S. Srivastava and Others-An Approach to Evaluation in Environmental Studies, National Council of Educational Research and Training, New Delhi, 1980 (Methods of Teaching Environmental Studies).

H.S. Srivastava-Challenges in Educational Evaluation, Vikas Publishing House, New Delhi, 1999.

H.S. Srivastava-Instructional Objectives of School Subjects, National Council of Educational Research and Training, New Delhi, 1989 (Methods of Teaching different subjects).

H.S. Srivastava-Manual for Schools, S. Chand & Company, New Delhi, 2002.

J.P. Guilford-General Psychology, D. Van Nostrand Company Inc., Princeton, New Jersey, 1960 (Passage to Learning).

James R. Killian Jr. and Others-Physics, Physical Science Study Committee, USA, Reprinted by National Council of Educational Research and Training, New Delhi (Third Indian Edition), 1967 (Concept and Content of Physics).

K.G. Rastogi and Others-Preparation and Evaluation of Textbooks in Mother Tongue, National Council of Educational Research and Training, New Delhi, 1970 (Methods of Teaching Mother Tongue).

K.G. Saiyidain and Others-The Committee on Improvement of Art Education in our schools, National Council of Education Research and Training, New Delhi, 1967 (Methods of Teaching Art).

K.P. Surendranath and Others-Nation and the School, National Council of Educational Research and Training, New Delhi, 1980 (Curriculum construction).

Kamala Menon-A Handbook of Evaluation in Geography, National Council of Educational Research and Training, New Delhi, 1990 (Methods of Teaching Geography).

Logan, T. (1984). 'Learning through interviewing'. In J. Schostak and T. Logan (eds.) *Pupil Experience*, London: Croom Helm.

M. Pia and M. Waples-Values (Personal, Neighbourly and Community)-All India Association of Catholic Schools, New Delhi, 1978 (Unconventional Approachs to Teaching and Learning).

M.C. Wittrock (ed.) *Handbook of Research on Teaching*, 3rd edn., London: Macmillan.

McArthur, T. (1993). 'Language used as a loaded gun', *Guardian Education*, 20 April, 3.

N.L. Bossing-Progressive Methods of Teaching in Secondary Schools, Houghton Miffin Co., New York, 1964 (Conventional and Unconventional methods of Teaching).

National Curriculum Frameworks-National Council of Educational Research and Training, New Delhi (1965, 1988, 2000 and 2005).

Nisbett, R. and Wilson, T. (1977). 'Telling more than we can know: verbal reports as data', *Psychological Review*, 84(3), 231-59.

Prabhakar Singh and Others-Preparation and Evaluation of Textbooks in Geography, National Council of Educational Research and Training, New Delhi, 1972 (Methods of Teaching Geography).

Pritam Singh and Others-Preparation and Evaluation of Textbooks in Biology, National Council of Educational Research and Training, New Delhi, 1972 (Methods of Teaching Biology).

Pritam Singh and Others-Preparation and Evaluation of Textbooks in General Science, National Council of Educational Research and Training, New Delhi, 1973 (Methods of Teaching Science Subjects).

R.N. Rai and Others-Teachers Handbook of Activities in General Science (Vols. I, II & III) National Council of Educational Research and Training, New Delhi, 1969 (Methods of Teaching Environmental Studies).

Rajammal P. Devadas-Methods of Teaching Home Science, National Council of Educational Research and Training, New Delhi, 1970 (The Passage to Learning and Teaching-Learning Techniques).

Rajammal P. Devadas-Teaching Home Science in Secondary Schools, All India Council for Secondary Education, New Delhi, 1958 (Methods of Teaching Home Science).

Robert J. Havighurst-Human Development and Education, Longmans, Greens, New York, 1953 (Dynamics of Student Groups).

Robert L. Ebel (Ed.)-Encyclopaedia of Educational Research, The MacMillan, London, (1969) (Curriculum the Rationale of Teaching).

Robert W. Richey-Planning for Teaching. McGraw Hill Book Co. Inc., New York, 1958 (Objective-based Teaching).

Rogers, C. (1980). *A Way of Being*, Boston: Houghton Mifflin.

S.H. Khan and Others-Preparation and Evaluation of Textbooks in History, National Council of Educational Research and Training, New Delhi, 1972 (Methods of Teaching History).

S.N. Saha and Others-Preparation and Evaluation of Textbooks in English, National Council of Educational Research and Training, New Delhi, 1970 (Methods of Teaching English/Second Language).

Schon, D.A. (1983). *The Reflective Practitioner*, London: Temple Smith.

Shavelson, R., Webb, N. and Burstein, L. (1986). 'Measurement of teaching'. In M. Wittrock (ed.) *Handbook of Research on Teaching*, London: Macmillan.

Simpson, M. (1989). *A Study of Differentiation and Learning in Schools*, Aberdeen: Northern College.

Slavin, R.E. (1983). *Co-operative Learning*, New York: Longman.

T.S. Mehta and Others-Teaching of History in Secondary Schools, National Council of Educational Research and Training, New Delhi, 1970 (Methods of Teaching Social Studies).

T.S. Mehta and Others-Teaching Social Studies, National Council of Educational Research and Training, New Delhi, 1969 (Methods of Teaching Social Studies).

Theodore Edgar-Creative Thinking, John Wiley and Sons, New York, 1956 (Conventional and unconventional Teaching Techniques).

Thomas E. Clayton-Teaching and Learning-A Psychological Perspective, Prentice Hall Inc., Englewood Cliffs, N.J., 1965 (Passage to Learning).

Thomas N. Risk-Principles and Practices of Teaching in Secondary Schools, American Book Company, 1965 (Methods of Teaching different subjects).

Wang, M. and Walberg, H. (1983). 'Evaluating educational programmes', *Educational Evaluation and Policy Analysis*, 5, 347-66.

Wang, M.C. and Palincsar, A.S. (1989). 'Teaching students to assume an active role in their learning'. In M.G. Reynolds (ed.) *Knowledge Base for the Beginning Teacher*, Oxford: Pergamon.

Weinstein, R. (1986). 'Students' perceptions of schooling', *Elementary School Journal*, 83(4), 297-312.

William Heard Kilpatrick-Philosophy of Education, The MacMillan, New York, 1957 (Some conventional Teaching Techniques).

Wittrock, M.C. (1986). 'Students thought processes'. In M.C. Wittrock (ed.) *Handbook of Research on Teaching*, 3rd edn., London: Macmillan.

Woods, P. (1990). *The Happiest Days? How Pupils Cope with School*, London: Falmer Press.